LEDERMANN · LEDERMANN · HANNAMANN

Prüfungsschwerpunkte im materiellen Strafrecht

Prüfungsschwerpunkte im materiellen Strafrecht

Dr. Judith Ledermann
Richterin am Oberlandesgericht München
Hauptamtliche Arbeitsgemeinschaftsleiterin

Klaus Ledermann
Oberstaatsanwalt bei der Generalstaatsanwaltschaft
am OLG München

Dr. Isolde Hannamann
Richterin am Amtsgericht Wolfratshausen
derzeit wissenschaftliche Mitarbeiterin beim BGH

3., neubearbeitete Auflage, 2014

Bibliografische Information der Deutschen Nationalbibliothek | Die Deutsche Nationalbibliothek verzeichnet diese Publikation in der Deutschen Nationalbibliografie; detaillierte bibliografische Daten sind im Internet über www.dnb.de abrufbar.

3. Auflage, 2014
ISBN 978-3-415-05127-0

© 2005 Richard Boorberg Verlag

Das Werk einschließlich aller seiner Teile ist urheberrechtlich geschützt.
Jede Verwertung, die nicht ausdrücklich vom Urheberrechtsgesetz zugelassen ist,
bedarf der vorherigen Zustimmung des Verlages. Dies gilt insbesondere für
Vervielfältigungen, Bearbeitungen, Übersetzungen, Mikroverfilmungen
und die Einspeicherung und Verarbeitung in elektronischen Systemen.

Satz: Dörr + Schiller GmbH, Curiestraße 4, 70563 Stuttgart | Druck und Bindung: Laupp & Göbel, Talstraße 14, 72147 Nehren

Richard Boorberg Verlag GmbH & Co KG | Scharrstraße 2 | 70563 Stuttgart
Stuttgart | München | Hannover | Berlin | Weimar | Dresden
www.boorberg.de

Inhaltsverzeichnis

Abkürzungs- und Literaturverzeichnis	9
Vorab – Allgemeine Tipps	13
A. Zu diesem Buch	13
B. Tipps für den Referendar	14
I. Zum Lernen mit diesem Buch	14
II. Zur Bearbeitung einer Klausur	15
Teil 1 Einstieg – Fehlen Prozessvoraussetzungen?	19
A. Anwendbarkeit deutschen Strafrechts, §§ 3 ff.	19
B. Strafantrag	20
C. Keine Verfolgungsverjährung, §§ 78 ff.	21
I. Bestimmung der Verjährungsfrist	21
II. Beginn der Verjährung festlegen	21
III. Verjährungsunterbrechungen erkennen	21
D. Sonstige Prozessvoraussetzungen nach dem StGB	22
E. Bedeutung des Rechtsstaatsprinzips (Art. 20 Abs. 3 GG) und des Gebots des „Fair Trial"	22
F. Verfahrensrecht	22
Teil 2 „Schuldspruch" – Materiellrechtliche Würdigung	25
A. Ausgewählte Probleme des Allgemeinen Teils	25
I. Die Deliktsformen	25
1. Die vorsätzlichen Begehungsdelikte	25
2. Die Fahrlässigkeitsdelikte	27
3. Die Unterlassungsdelikte	35
4. Die Gefährdungsdelikte	39
5. Die erfolgsqualifizierten Delikte	41
II. Der subjektive Tatbestand	43
1. Allgemeines	43
2. Gegenstand des Vorsatzes	44
3. Die Vorsatzformen	45
4. Sonderfall: Alternativer Vorsatz	49
III. Irrtümer	50
1. Der Tatbestandsirrtum nach § 16	50
2. Der umgekehrte Tatbestandsirrtum	52
3. Der Irrtum über privilegierende Tatbestandsmerkmale nach § 16 Abs. 2	53
4. Der Verbotsirrtum nach § 17	53
5. Der Irrtum über das Vorliegen von Rechtfertigungsgründen (Erlaubnistatbestandsirrtum)	54
6. Der umgekehrte Erlaubnistatbestandsirrtum	56
7. Der Irrtum über das Vorliegen von Entschuldigungsgründen	56
8. Der Irrtum im Zusammenhang mit Strafausschließungsgründen	57
IV. Versuch und Rücktritt	57
1. Vorgeschlagenes Prüfungsschema	58
2. Strafbarkeit des Versuchs	58
3. Fehlende Vollendung	60
4. Umfänglicher Vollendungsvorsatz	60

		5. Unmittelbares Ansetzen	61
		6. Sonderprobleme	62
		7. Folgen für die Strafzumessung	66
		8. Rücktritt vom Versuch	67
		9. § 30	75
	V.	Täterschaft und Teilnahme	78
		1. Allgemeines und Grundsätze der Abgrenzung	78
		2. Die Mittäterschaft	79
		3. Die mittelbare Täterschaft	81
		4. Anstiftung	84
		5. Beihilfe	86
		6. Grundsätze der (limitierten) Akzessorietät – §§ 28, 29	88
	VI.	Rechtfertigung und Schuldausschluss sowie fehlende Strafbarkeit aus sonstigen Gründen	90
		1. Allgemeines	90
		2. Die wichtigsten Rechtfertigungs- und Entschuldigungsgründe	92
B.	Schwerpunkte aus dem Besonderen Teil		107
	Abschnitt 1: Straftaten gegen Persönlichkeitswerte		107
	I.	Tötungsdelikte	107
		1. Totschlag, § 212	107
		2. Die Mordmerkmale	118
		3. Aussetzung, § 221	126
		4. Anhang: Schwangerschaftsabbruch, §§ 218 ff.	129
	II.	Körperverletzungsdelikte	132
		1. Körperverletzung, § 223	132
		2. Qualifikationen	136
	III.	Freiheitsdelikte	140
		1. Nötigung, § 240	140
		2. Bedrohung, § 241	146
		3. Freiheitsberaubung, § 239	146
		4. Geiselnahme, § 239 b	149
		5. Hausfriedensbruch, § 123	152
		6. Nachstellung (Stalking), § 238	154
	IV.	Ehrdelikte	156
		1. Beleidigung, § 185	156
		2. Üble Nachrede, § 186	159
		3. Verleumdung und Kreditgefährdung, § 187	159
	Abschnitt 2: Straftaten gegen Vermögenswerte		160
	I.	Eigentumsdelikte	160
		1. Sachbeschädigung, § 303	160
		2. Diebstahl, §§ 242 ff.	162
		3. Unterschlagung, § 246	175
		4. Raub, § 249	178
		5. Räuberischer Diebstahl, § 252	188
		6. Unbefugter Gebrauch eines Fahrzeugs, § 248 b	190
	II.	Vermögensdelikte	191
		1. Betrug, § 263	191
		2. Computerbetrug, § 263 a	204
		3. Erpressung, § 253	209
		4. Erpresserischer Menschenraub, § 239 a	212
		5. Untreue, § 266	214
		6. Missbrauch von Scheck- und Kreditkarten, § 266 b	218
		7. Hehlerei, § 259	220

Abschnitt 3: Straftaten gegen Gemeinschaftswerte 224
I. Straftaten gegen die Rechtspflege und andere staatliche Interessen 224
1. Falsche Verdächtigung, § 164 224
2. Vortäuschen einer Straftat, § 145 d 227
3. Aussagedelikte, §§ 153–163 229
4. Strafvereitelung, §§ 258, 258 a. 236
5. Begünstigung, § 257 240
6. Geldwäsche und Verschleierung unrechtmäßig erlangter Vermögenswerte, § 261 242
7. Widerstand gegen Vollstreckungsbeamte, § 113. 246
II. Urkundsdelikte 250
1. Urkundenfälschung, § 267. 250
2. Fälschung technischer Aufzeichnungen, § 268, und Datenfälschung, § 269 257
3. Delikte zum Schutz der Wahrheit in öffentlichen Urkunden, §§ 271, 348. 258
4. Urkundenunterdrückung, § 274. 259
5. Geldfälschung/Inverkehrbringen von Falschgeld, §§ 146, 147 260
III. Bestechungsdelikte 262
1. Vorteilsannahme und Vorteilsgewährung, §§ 331, 333. 262
2. Bestechlichkeit und Bestechung, §§ 332, 334 265
3. Abgeordnetenbestechung bzw. -bestechlichkeit, § 108 e. 267
4. Bestechlichkeit und Bestechung im geschäftlichen Verkehr, § 299. . . . 267
5. Wettbewerbsbeschränkende Absprachen bei Ausschreibungen, § 298. . . 267
IV. Brandstiftungsdelikte. 269
1. Brandstiftung, § 306 270
2. Schwere Brandstiftung, § 306 a 273
3. Besonders schwere Brandstiftung, § 306 b. 276
4. Brandstiftung mit Todesfolge, § 306 c 279
5. Fahrlässige Brandstiftung, § 306 d 280
6. Herbeiführen einer Brandgefahr, § 306 f 280
V. Verkehrsdelikte und Vollrausch. 280
1. Trunkenheit im Verkehr, § 316 280
2. Gefährdung des Straßenverkehrs, § 315 c 285
3. Gefährlicher Eingriff in den Straßenverkehr, § 315 b 288
4. Unerlaubtes Entfernen vom Unfallort, § 142 290
5. Räuberischer Angriff auf Kraftfahrer, § 316 a 295
6. Fahren ohne Fahrerlaubnis, § 21 StVG. 297
7. Vollrausch, § 323 a, und die Grundsätze der actio libera in causa 297
Abschnitt 4: Internetstrafrecht 303
1. Anwendbarkeit deutschen Strafrechts 303
2. Materielle Strafbarkeit 305
3. Ausspähen von Daten, § 202 a. 306
4. Abfangen von Daten, § 202 b, und Vorbereitungshandlungen gemäß § 202 c 307
5. Sonderprobleme 308
C. Konkurrenzen 310
I. Handlungseinheit und Handlungsmehrheit 310
1. Die tatbestandliche Handlungseinheit 311
2. Die sog. „natürliche" Handlungseinheit 312
3. Die fortgesetzte Handlung 312
II. Tateinheit und Tatmehrheit 313
1. Tateinheit 313
2. Tatmehrheit 317
3. Hinweise zur Formulierung 317

	III. Wahlfeststellung und Postpendenzfeststellung.	318
	1. Allgemeine Voraussetzungen.	319
	2. Echte Wahlfeststellung	320
	3. Unechte Wahlfeststellung.	321
	4. Postpendenzfeststellung	321

Teil 3   „Rechtsfolgenausspruch" – Strafzumessung, §§ 38 ff. 323

A. Übersicht über die Sanktionsmöglichkeiten. 323
B. Strafzumessung 324
   I. Bestimmung des anzuwendenden Strafrahmens. 324
      1. Das anzuwendende Gesetz 324
      2. Regelstrafrahmen und Sonderstrafrahmen 324
      3. Strafrahmenverschiebung, § 49 Abs. 1 326
   II. Zwischenschritt: Weitere Eingrenzung der „angemessenen" Strafe . . . 327
      1. Leitgesichtspunkte für die Bemessung der Strafe 327
      2. Spielraumtheorie 327
   III. Strafzumessung i. e. S. 328
      1. Die in § 46 Abs. 2 S. 2 genannten Strafzumessungstatsachen. 329
      2. Weitere Strafzumessungsgesichtspunkte 329
      3. Das Doppelverwertungsverbot, § 46 Abs. 3 330
   IV. Entscheidung zwischen Geld- und Freiheitsstrafe 331
      1. Geldstrafe, §§ 40 ff. 331
      2. Freiheitsstrafe, §§ 38, 39 332
      3. Für die mündliche Prüfung. 333
   V. Gesamtstrafenbildung 335
      1. Grundfall: § 53 Abs. 1 335
      2. Besonderheit: Nachträgliche Gesamtstrafenbildung, § 55. 336
   VI. Strafaussetzung zur Bewährung, §§ 56 ff. 339
      1. Freiheitsstrafen von bis zu einem Jahr 339
      2. Freiheitsstrafen von zwischen einem und zwei Jahren 339
   VII. Sonstiges 339
      1. Verwarnung mit Strafvorbehalt, § 59 339
      2. Absehen von Strafe, § 60 340
      3. Verfall und Einziehung, §§ 73 ff. 340
      4. Entzug der Fahrerlaubnis und Fahrverbot 340

Anhang: Beispiele zur Sachverhaltsformulierung 343

Stichwortverzeichnis 347

Abkürzungs- und Literaturverzeichnis

a. A.	andere Ansicht
a. a. O.	am angegebenen Ort
a. E.	am Ende
a. F.	alte Fassung
a.l.i.c.	actio libera in causa
Abs.	Absatz
Abschn.	Abschnitt
abw.	abweichend
AG	Amtsgericht
Alt.	Alternative
Anm.	Anmerkung
Arg.	Argumentation
Art.	Artikel
Ausn.	Ausnahme
Az.	Aktenzeichen
BAK	Blutalkoholkonzentration
BayObLG	Bayerisches Oberstes Landesgericht
Bd.	Band
BGB	Bürgerliches Gesetzbuch
BGBl.	Bundesgesetzblatt
BGH	Bundesgerichtshof
BGHR	BGH-Rechtsprechung in Strafsachen (zitiert nach Paragraf, Stichwort u. lfd. Nummer)
BGHSt	Entscheidungen des Bundesgerichtshofs in Strafsachen
Blei	Blei, Strafrecht II, Besonderer Teil, 12. Aufl., München 1983
Bsp.	Beispiel
BT	Besonderer Teil
BT-Drs.	Drucksache des Deutschen Bundestags
BtMG	Gesetz über den Verkehr mit Betäubungsmitteln
Buchst.	Buchstabe
BVerfG	Bundesverfassungsgericht
BVerfGE	Entscheidungen des Bundesverfassungsgerichts
BVerfGG	Bundesverfassungsgerichtsgesetz
bzgl.	bezüglich
bzw.	beziehungsweise
CuR	Computer und Recht
d. h.	das heißt
dol. dir	dolus directus
dol. evt.	dolus eventualis
EGMR	Europäischer Gerichtshof für Menschenrechte
Einl.	Einleitung
EUBestG	EU-Bestechungsgesetz
F	Fischer, Strafgesetzbuch und Nebengesetze, Kommentar, 60. Aufl., 2013
f.	folgend
ff.	fortfolgend
GA	Goltdammer's Archiv für Strafrecht
GG	Grundgesetz
ggfs.	gegebenenfalls
grds.	grundsätzlich
GrS	Großer Senat

GrSenBGH	Großer Senat des BGH
GWB	Gesetz gegen Wettbewerbsbeschränkungen
h. L.	herrschende Lehre
h. M.	herrschende Meinung
hins.	hinsichtlich
Hrsg.	Herausgeber
HS	Halbsatz
i. e. S.	im engeren Sinn
i. S.	im Sinne
i. S. d.	im Sinne des
i. V. m.	in Verbindung mit
insb.	insbesondere
IntBestG	Gesetz zur Bekämpfung internationaler Bestechung
J.	Jahre
JMBl. NW	Justizministerialblatt für das Land Nordrhein-Westfalen
Joachimski/Haumer	Joachimski/Haumer, Strafverfahrensrecht, 6. Aufl. 2010
JR	Juristische Rundschau
JW	Juristische Wochenschrift
JZ	Juristenzeitung
Kfz	Kraftfahrzeug
KorrBekG	Korruptionsbekämpfungsgesetz
Krey, BT Bd. 1	Krey, Strafrecht Besonderer Teil, Bd. 1, 12. Aufl., 2002
Krey, BT Bd. 2	Krey, Strafrecht Besonderer Teil, Bd. 2, 13. Aufl., 2002
Lackner/Kühl	Lackner/Kühl, Strafgesetzbuch mit Erläuterungen, 23. Aufl., 1999
LK	Leipziger Kommentar zum Strafgesetzbuch, 11. Aufl., 1992 ff.; 33. Lfg. 2000
M-G	Meier-Goßner, Strafprozessordnung, Kommentar, 55. Aufl., 2012
m. w. N.	mit weiteren Nachweisen
m. z. N.	mit zahlreichen Nachweisen
max.	maximal
MDR	Monatsschrift für Deutsches Recht
mind.	mindestens
Mo.	Monate
MRK	Konvention zum Schutz der Menschenrechte
n. F.	neue Fassung
nachträgl.	nachträglich
NJW	Neue Juristische Wochenzeitschrift
Nr.	Nummer
NStZ	Neue Zeitschrift für Strafrecht
NStZ-RR	NStZ-Rechtsprechungs-Report-Strafrecht
o. Ä.	oder Ähnliches
obj.	objektiv
Otto	Otto, Grundkurs Strafrecht, Die einzelnen Delikte, 6. Aufl., 2002
Rengier, BT Bd. 1	Rengier, Strafrecht, Besonderer Teil Bd. 1, Vermögensdelikte, 4. Aufl., 2000
RG	Reichsgericht
RGSt	Entscheidungen des Reichsgerichts in Strafsachen
RiStBV	Richtlinien für das Strafverfahren und das Bußgeldverfahren
Rn.	Randnummer
s.	siehe
S.	Satz
S.	Seite
s. o.	siehe oben
s. u.	siehe unten
Sch/Sch	Schönke/Schröder, Strafgesetzbuch, Kommentar, 28. Aufl., 2010

sog.	so genannt
StGB	Strafgesetzbuch
StPO	Strafprozessordnung
StrR	Strafrecht
StrRG	Gesetz zur Reform des Strafrechts
StV	Strafverteidiger
StVG	Straßenverkehrsgesetz
subj.	subjektiv
TS	Tagessatz
UWG	Gesetz gegen den unlauteren Wettbewerb
VerpflG	Verpflichtungsgesetz
vgl.	vergleiche
VOB/A	Verdingungsordnung für Bauleistungen
VOL/A	Verdingungsordnung für Leistungen
VRS	Verkehrsrechtssammlung
Wessels, AT	Wessels/Beulke, Strafrecht Allgemeiner Teil, 32. Aufl., 2002
Wessels, BT Bd. 1	Wessels/Hettinger, Strafrecht Besonderer Teil, Bd. 1, 26. Aufl., 2002
Wessels, BT Bd. 2	Wessels/Hillenkamp, Strafrecht Besonderer Teil, Bd. 2, 25. Aufl., 2002
Wo.	Woche
z. B.	zum Beispiel
z. T.	zum Teil
Ziff.	Ziffer
ZPO	Zivilprozessordnung

Vorab – Allgemeine Tipps

A. Zu diesem Buch

Während es für die Vorbereitung auf das Erste Staatsexamen eine Fülle von Lehrbüchern zum materiellen Strafrecht gibt, tendiert das entsprechende Angebot für den Rechtsreferendar gegen Null. Diesen an ein Lehrbuch für Studenten zu verweisen, wird seiner *speziellen Situation vor dem Zweiten Staatsexamen* aber nicht gerecht: So ist aufgrund der Einbindung in die Referendarausbildung häufig *kaum Zeit*, die in der Regel mehrbändigen Werke zum AT und BT noch einmal durchzuarbeiten, am liebsten hätte der Referendar eine Vorgabe, was „examensrelevant" ist und was beruhigt ausgelassen werden kann. Zudem sind viele Dinge aus der Vorbereitung für das Erste Staatsexamen doch noch so bekannt, dass die Ausführungen, die sich an einen Studienanfänger richten, nicht erforderlich sind; andererseits sind sie vielleicht nicht mehr so parat, dass das Überfliegen einschlägiger „Schemata" genügen würde. Oft verspürt der Referendar nun Reue, dass er für das Erste Staatsexamen das Strafrecht so stiefmütterlich vernachlässigt hatte ... Schließlich wäre selbst das komplette Durcharbeiten eines mehrbändigen Strafrechtslehrbuchs, das sich an den Studenten richtet, für den Referendar nicht ausreichend, weil in diesen Werken in aller Regel die *zusätzlichen Anforderungen*, die eine Examensklausur aus dem Zweiten Staatsexamen an den Bearbeiter stellt, nicht abgedeckt werden, da es dort stets nur um die Fragestellung „Strafbarkeit der Beteiligten" geht. Mit der für den praxisunerfahrenen Referendar häufig schwierigen Umsetzung der gefundenen Ergebnisse in eine Anklageschrift, ein Urteil oder eine Revisionsbegründungsschrift wird dieser dagegen allein gelassen.

1

Bei der Konzeption dieses Buches wurde daher versucht, diese spezielle Interessenlage zu berücksichtigen. Dies erforderte vor allem eine ständige Beschränkung des Stoffes. Selbstverständlich kann keine Garantie dafür übernommen werden, dass andere als die hier dargestellten Straftatbestände im Examen nicht auftauchen werden; vielmehr ist sogar vom Gegenteil auszugehen. Die Ausführungen dieses Buches sollten daher eher als *„Basiswissen"* verstanden werden, dessen Verinnerlichung einerseits Zeit sparen hilft, da schon aus zeitlichen Gründen nicht jedes Standardproblem in der Klausur wieder von vorn herausgearbeitet werden kann, und das andererseits das Problembewusstsein und das nötige strukturelle Verständnis schafft, auf dessen Grundlage die in einer Klausur auftauchenden Einzelfragen erkannt und eigenständig bearbeitet werden können. Diese Art der Stoffvermittlung entspricht auch der tiefen Überzeugung der Autoren, dass es nicht nur Zeitverschwendung, sondern sogar gefährlich ist, zu viele Einzelfälle auswendig zu lernen, da dies meistens auf Kosten der Erarbeitung grundlegender Strukturen und Zusammenhänge geht. Trauen Sie sich zu, auf der Grundlage eines soliden Basiswissens selbst zu denken und selbst zu argumentieren – Sie haben alle schon das Abitur und ein Staatsexamen geschafft, Sie können es!

2

Da es – anders als im Ersten Examen – im Zweiten Examen viel weniger auf *Meinungsstreitigkeiten* ankommt, erfolgt die Darstellung der Probleme daher auch viel „abgespeckter" als in Lehrbüchern, die sich an Studenten richten. Wie auch die Praxis (und die aus der Praxis stammenden Examensprüfer!) haben wir uns vor allem an der *BGH-Rechtsprechung* orientiert. Entsprechend der Zielsetzung unseres Buches haben wir auf einen großen Fußnotenapparat verzichtet, zum Nachlesen wird (außer auf Entscheidungen) überwiegend nur auf für den Referendar „zumutbare", da zur Grundausstattung gehörende Werke verwiesen. Viel Wert wurde auf *Querverweise* zum Prozessrecht und auf *Hinweise* zur Abfassung einer praxisnahen Arbeit gelegt, um auch materiellrechtliche Ausführungen jeweils zu den möglichen komplexen Fragestellungen einer Examensklausur in Beziehung zu setzen. An erfahrungsgemäß „brenzligen" Stellen finden Sie *Formulierungsvorschläge*, die Sie nicht bevormunden, sondern lediglich Hilfestellung sein sollen. Da die Frage der *Strafzumessung* zumindest im

3

Bayerischen Staatsexamen unter vielerlei Gesichtspunkten eine Rolle spielen kann und auch spielt, wurde diesem Thema ein eigenes Kapitel gewidmet.

4 Der **Aufbau des Buches** orientiert sich an den Schritten, die Sie bei der Abfassung eines Strafurteils durchlaufen müssten: Kann ein Urteil ergehen, oder steht ein Verfahrenshindernis entgegen (= Teil 1)? Wie muss der Schuldspruch lauten (= Teil 2)? Was wäre ein „korrekter" Rechtsfolgenausspruch (= Teil 3)?

Besonders markiert haben wir:

> Merksätze, Definitionen
> u. Ä. („merke")

und

> **TIPP:** Tipps, praktische Hinweise
> u. a. („beachte")

Wir hoffen, dass Ihnen dieses Buch in Ihrer Vorbereitung eine echte Hilfe sein wird, und wünschen Ihnen Gutes Gelingen! Übrigens: Für Anregungen, Hinweise und Kritik jeder Art sind wir im Interesse einer ständigen Verbesserung des Buches immer dankbar.

B. Tipps für den Referendar

I. Zum Lernen mit diesem Buch

5 Auch wenn Sie nur wenig Zeit für Strafrecht erübrigen können, lesen Sie parallel zu diesem Buch wenigstens Ihren Gesetzestext und legen Sie einen Fischer aufgeschlagen daneben. Unterstreichen und kommentieren Sie sich Gelesenes sofort an der entsprechenden Stelle, sonst fällt es früher oder später dem Vergessen anheim, und das Lesen war Zeitverschwendung. Investieren Sie so viel Zeit wie möglich darin, im Fischer zu einem Thema auch noch die umliegenden Randnummern zu lesen. Er ist – zumindest in Bayern – Ihr zugelassenes Hilfsmittel, und Sie werden überrascht sein, wie viel darin steht (wenn auch nicht immer dort, wo man es sucht ...).

Auch Referendaren aus Bundesländern, die im Examen keine oder keine eigenen Kommentare zulassen, ist diese Vorgehensweise trotzdem zu empfehlen, da durch die vergleichende Arbeit mit dem Kommentar das Memorieren mit Sicherheit viel leichter fällt, als wenn Sie dieses (oder ein anderes) Buch einfach „einmal durchlesen". Dieses Buch und der Kommentar ergänzen sich in der Weise, dass das Buch die Strukturen verständlich machen soll, in die dann die vielen Details, die der Kommentar bietet, systematisch korrekt eingeordnet werden können. Haben Sie die Strukturen verstanden, werden viele im Kommentar dargestellten Entscheidungen Ihnen logisch, teilweise geradezu zwingend erscheinen, sodass Sie auf diese Weise Speicherkapazität einsparen können. Und auch wenn Sie in der Examensklausur eine Entscheidung, auf die es angeblich ankommt, nicht kennen, werden Sie bei ausreichendem Verständnis der Strukturen durch eigenes Nachdenken wahrscheinlich zu demselben, zumindest aber zu einem vertretbaren Ergebnis kommen. Dies gilt übrigens selbstverständlich auch für Referendare, die im Examen einen Kommentar benutzen dürfen, da nicht jede relevante Entscheidung kommentiert ist oder in der Hitze des Gefechts aufgefunden wird.

Denken Sie außerdem daran, ausreichend Zeit zumindest auf das Revisionsrecht mit den dort immer wiederkehrenden prozessrechtlichen Problemen zu verwenden, z. B. durch Lektüre des ebenfalls in dieser Reihe erschienenen Lehrbuchs „Strafprozessrecht" von Joachimski/Haumer. Im Bayerischen Examen ist sehr häufig eine der zwei Strafrechtsklausuren aus dem Revisionsrecht, und mit entsprechender Vorbereitung ist es relativ leicht, dort zu punkten.

Haben Sie mehr Zeit und/oder Interesse für das materielle Strafrecht, lesen Sie komplizierte Fragestellungen auch noch in einem umfangreicheren Lehrbuch oder im Schönke/Schröder nach. Es hilft wirklich beim Merken, wenn man Fragestellung und Lösung auch wirklich verstanden hat.

II. Zur Bearbeitung einer Klausur

Verbindliche Hinweise, wie man am besten an eine Klausur heranzugehen hat, kann es nicht geben. Jeder muss selbst herausfinden, welche Vorgehensweise für ihn am besten ist – und dazu sollte jeder so viele Klausuren (unter „echten" Bedingungen!) schreiben, wie es nur geht. Entwickeln Sie im Laufe der Zeit eine Routine, von der Sie dann nicht mehr abweichen. Egal wie sinnvoll sie anderen scheinen mag, sie gibt Ihnen jedenfalls nervliche Stabilität in der Prüfungssituation. Versuchen Sie aber trotzdem, **„sinnvolle" Routinen** zu entwickeln und vermeiden Sie schädliche Routinen: Erst einmal wirklich alles zu unterstreichen, mag zwar beruhigen, ist aber reiner Aktionismus, der die Übersichtlichkeit sogar eher mindert.

Oft wissen Sie in einer Klausur ja noch gar nicht, worauf es hinausläuft, welche Informationen also überhaupt relevant sein werden.

Daher folgender Vorschlag:

TIPP: Lesen Sie als Allererstes die Aufgabenstellung auf der letzten Seite. Dieses Wissen stellt alles, das Sie dann lesen, schon einmal in den richtigen Kontext. Lesen Sie dann den gesamten Aufgabentext, ohne etwas zu unterstreichen! Markieren Sie höchstens Formulierungen, hinter denen Sie „Winke mit dem Zaunpfahl" vermuten, mit einem Leuchtstift, damit diese später nicht wieder in Vergessenheit geraten. Lesen Sie dann den Aufgabentext sofort ein zweites Mal, Sie werden sehen, dass Sie Ihr Bedürfnis zu unterstreichen nun viel besser kontrollieren können und nur noch wirklich Heraushebenswertes markieren.

Sollten Sie beim ersten Lesen gesehen haben, dass es irgendwie um zeitliche Abläufe oder die Einhaltung von **Fristen** gehen könnte, empfiehlt es sich, statt einfach jedes Datum im Text zu unterstreichen (und dann bei der späteren Bearbeitung mühsam das dazugehörige Ereignis suchen zu müssen), gleich einen eigenen Zettel anzulegen, auf dem alle relevanten Daten in chronologischer Reihenfolge eingetragen werden (dafür zunächst große Abstände lassen, erneutes Abschreiben ist Zeitverschwendung!).

Ob Sie dann für verschiedene Aspekte verschiedene Farben verwenden (z.B. blau für Unstreitiges, rot für Streitiges/Problematisches ... oder: blau für Materiellrechtliches, rot für prozessuale Fragen ... oder ...), ist Ihnen überlassen. In diesem Fall sollte sich bei Ihnen aber bereits durch die entsprechende Bearbeitung zahlreicher Übungsklausuren eine gewisse Routine entwickelt haben, sodass Sie in der Examensklausur nicht unnötig Zeit dafür aufbringen müssen, über eine besonders „sinnvolle" Unterstreichung nachzudenken.

Der folgende Rat sollte eigentlich völlig überflüssig sein: **Lesen** Sie den Sachverhalt **gründlich**! Bei den regelmäßigen Auswertungen des Bayerischen Justizministeriums (Landesjustizprüfungsamt) kommt immer wieder heraus, dass auf einer Liste der „Top Ten" immer wiederkehrender Fehler bei der Bearbeitung von Examensklausuren das Ausgehen von einem falschen **Sachverhalt** mit Abstand der häufigste Grund für das Misslingen einer Klausur ist (dicht gefolgt von der Nichtbeachtung der **konkreten Aufgabenstellung**)! Dagegen rangierten Fehler bei der Rechtsanwendung überraschenderweise stets ganz am Ende der Liste ...

Entwickeln Sie dann im Laufe der Übungsklausuren eine ungefähre **Zeiteinteilung**, von der Sie im Examen nur noch in Fällen allergrößter Not abweichen. Wie lange Sie „denken" und wie lange Sie „schreiben", hängt natürlich auch von Ihrer Schreibgeschwindigkeit und Ihrer Fähigkeit zu formulieren ab (lässt sich beides trainieren!). Bedenken Sie aber, dass Sie im Zweiten Examen in der Regel kein Gutachten, sondern eine Arbeit, deren Ergebnis gleich am Anfang steht, erstellen müssen. Sie können also nicht (oder nur unter ganz großen Schwierigkeiten) während des Schreibens einer plötzlichen Erkenntnis folgend alles umstellen. Daher sollte der Anteil der Bearbeitungszeit, den Sie mit „Denken" zubringen, größer sein als in den Klausuren des Ersten Staatsexamens. Zwingen Sie sich, am Ende des zugestandenen „Denkzeitraums" eine Lösung zu haben, entscheiden Sie alle noch offen Fragen notfalls „aus dem Bauch heraus" und bauen darauf Ihre – zumindest folgerichtige – Lösung auf. Schreiben Sie dann alles hin, ohne das Ergebnis noch einmal in Frage zu stellen. Die Zeit für Bedenken ist nun vorbei. Es ist grundsätzlich besser, eine vollständige, auf einem Fehler aufbauende, aber folgerichtige Arbeit abzugeben, als eine in sich völlig widersprüchliche oder nur rudimentäre. Fallen Ihnen in Ihrer Lösung plötzlich *gravierende* Fehler auf, können Sie, wenn noch Zeit bleibt, im Hilfsgutachten darlegen, wie alles eigentlich hätte anders ausgehen müssen; ansonsten ist es eleganter, bis zum Schluss zu seiner eigenen Lösung zu stehen.

9 Verwenden Sie bei Rechtsmitteln nicht zu viel Zeit auf die **Prüfung der Zulässigkeit**. Diese ist vom Aufgabensteller meist nur zum „Auffüllen" mit einzelnen Problemen versehen; ein Schwerpunkt wird hier selten liegen. Gehen Sie außerdem davon aus, dass im Zweifel das in Frage stehende[1] Rechtsmittel zulässig sein wird (bei Fristproblemen notfalls über die Wiedereinsetzung in den vorigen Stand), da andernfalls die gesamte Begründetheit im Hilfsgutachten zu prüfen wäre – und eine solche Klausur gilt bei den Aufgabenstellern nicht als „schön".

10 Achten Sie beim Abfassen der Klausur auf ein ordentliches **äußeres Erscheinungsbild**, nutzen Sie das zur Verfügung gestellte Papier, indem Sie häufig neue Absätze machen und ruhig einmal ganze Zeilen leer lassen. Jeder neue „Teil" einer Klausur sollte auf einem neuen Blatt begonnen werden; wenn Sie über einen Teil noch im Zweifel sind, können Sie auch schon mal unproblematische Teile abarbeiten und die Arbeit erst am Schluss in die richtige Reihenfolge bringen. Geben Sie sich Mühe, dass Ihre Schrift leserlich bleibt – ein Korrektor, der schon wegen der Entzifferung Ihrer Schrift entnervt ist, wird Ihre Arbeit inhaltlich kaum entgegenkommend beurteilen.

11 Inhaltlich sollten Sie versuchen, möglichst **kurze Sätze** zu schreiben. Dieser Stil zwingt Sie, alles bereits durchdacht zu haben, alles in kürzester Zeit „abzuhaken" und wirkt außerdem noch souverän. Denken Sie daran, dass der Korrektor in der Regel eine „Check-Liste" haben wird, auf der er große und kleine Punkte notiert hat. Verschenken Sie auch keine kleinen Punkte, sondern spulen Sie brav Definitionen, Abgrenzungskriterien und Standardproblemchen herunter. Gerade gute Bearbeiter verschenken hier oft Punkte, offenbar weil es ihnen zu öde oder zu selbstverständlich erscheint. Umgekehrt sollten schwache Kandidaten sich zwingen, diese „Kleinigkeiten" nicht zu sehr auszuführen, da sie sonst in Zeitnot bei der Bearbeitung der wirklichen Probleme kommen und die Klausur eine falsche **Gewichtung** der einzelnen Punkte aufweisen wird. Wenn Sie merken, dass Sie mit der Zeit nicht auskommen werden, sparen Sie Zeit an den Stellen, an denen es ohnehin die wenigsten Punkte geben wird, dies ist vor allem bei reiner Abschreibeleistung der Fall. Machen Sie durch Auslassungspunkte deutlich, dass Sie wissen, dass hier eigentlich mehr hingehört. Beispiele: Adressen der benannten Zeugen; große Personalien des Angeklagten; notfalls: Rubrum; notfalls: zur Last gelegte Taten (Wiedergabe des gesetzlichen Tatbestands). Umgekehrt sollten Sie, auch wenn es nach reiner Schreibarbeit aussieht, folgende Bereiche wenn möglich sorgfältig ausarbeiten, da hier wesentliche Notenunterschiede stecken: Tatbestand/Sachverhalt; abwägende Beweiswürdigung („Dagegen hat der Zeuge X ausgesagt, …"). **Zusatzfragen** im Bearbeitervermerk müssen auch bei absoluter Zeitnot wenigstens kurz angesprochen werden, da ein „Übersehen" eines immerhin ausdrücklich angesprochenen Problems unentschuldbar wäre.

12 Vergessen Sie nicht vor lauter Zeitdruck das schriftliche **Subsumieren**. Es genügt nicht, dass Sie sich bei der Erstellung der Lösungsskizze Gedanken machen, warum irgendwelche Tat-

---

[1] Dies gilt natürlich nur unter der Voraussetzung, dass man wenigstens das richtige, statthafte Rechtsmittel gefunden hat. Wer natürlich statt eines Antrags auf Wiedereinsetzung in den vorigen Stand einen Antrag auf Wiederaufnahme des Verfahrens erwägt, kommt auch mit obigem Tipp auf keinen grünen Zweig …

bestandsmerkmale o. Ä. Ihrer Meinung nach erfüllt sind, wenn Sie diese Gedanken nicht auch zu Papier bringen.

Bei **Meinungsstreitigkeiten** lässt sich für das Zweite Examen grundsätzlich empfehlen, der BGH-Meinung zu folgen oder diese zumindest als in der Praxis letztlich maßgebend darzustellen. Dies gilt für alle „Rollen", die Sie als Referendar einzunehmen haben: Ein Richter kann natürlich auch gegen die ständige BGH-Rechtsprechung entscheiden, sein Urteil wird aber mit großer Sicherheit in der nächsten Instanz aufgehoben. Als Referendar sollten Sie sich aber bemühen, ein revisionssicheres Urteil abzufassen. Der Staatsanwalt ist über das **Legalitätsprinzip** (§ 152 Abs. 2 StPO) verpflichtet, Strafbarkeit zu bejahen, soweit es auch der BGH tut; umgekehrt ist er zwar nicht gehindert, nach BGH-Rechtsprechung strafloses Verhalten anzuklagen, erntet damit aber relativ sicher einen Freispruch – eine von vornherein aussichtlose Anklage sollten Sie als Referendar aber ebenfalls nicht abliefern. In der Rolle des Verteidigers schließlich können Sie an sich jede beliebige Rechtsauffassung vertreten, müssen aber bei Beratungsklausuren Ihren Mandanten darauf hinweisen, wenn das Gericht vermutlich anders entscheiden wird. Wollen Sie im Plädoyer oder in einer Rechtsmittelbegründungsschrift von eindeutiger BGH-Rechtsprechung abweichen, dürfen Sie nicht vergessen, diese zuerst recht gründlich darzulegen und dann ein gutes Argument zu liefern, warum der BGH Ihrer Meinung folgen sollte – dass das für Ihren Mandanten günstiger wäre, ist kein ausreichender Grund!

Teil 1
Einstieg – Fehlen Prozessvoraussetzungen?

Während in Strafrechtslehrbüchern zum Ersten Examen auf mögliche Verfahrenshindernisse schon deshalb nicht eingegangen werden muss, weil die examenstypische Fragestellung „Strafbarkeit der Beteiligten" diese Frage ausklammert, kann hier auf eine – kurze – Darstellung der wichtigsten Verfahrenshindernisse im Bereich des StGB nicht verzichtet werden, da diese bei der Abfassung einer praxisorientierten Entscheidung natürlich berücksichtigt werden müssen. Besteht ein Verfahrenshindernis, kann eben trotz ansonsten gegebener Strafbarkeit der Beteiligten keine Verurteilung erfolgen!

Es soll allerdings nicht verkannt werden, dass zumindest bislang etwaige Verfahrenshindernisse nicht gerade den Schwerpunkt einer Klausur bildeten; ausschweifende Darstellungen sind daher auch in einer Klausur nicht zu empfehlen, es geht vielmehr darum, mögliche „Fallen" des Aufgabenstellers auch zu erkennen.

> Verfahrenshindernis ist das Fehlen einer Prozessvoraussetzung[1], das so schwer wiegen muss, dass von seinem Vorhandensein oder Nichtvorhandensein die Zulässigkeit des gesamten Verfahrens abhängig gemacht werden muss[2].

Rechtsfolge ist grundsätzlich[3], dass es nicht zu einem Freispruch, sondern einer **Verfahrenseinstellung** kommen muss, wobei zwischen der Einstellung durch Urteil (§ 260 III StPO) und der Einstellung durch Beschluss (§ 206a StPO) zu unterscheiden ist[4].

Lesen Sie ergänzend zu den folgenden Ausführungen die zusammenfassende Darstellung in **M-G Einl. Rn. 141 ff.**

A. Anwendbarkeit deutschen Strafrechts, §§ 3 ff.

Die §§ 3 bis 7 legen den Anwendungsbereich des deutschen Strafrechts fest. Nach Ansicht des BGH[5] handelt es sich hierbei um eine Prozessvoraussetzung, deren Fehlen ein Verfahrenshindernis begründet. Wichtigstes Anknüpfungsprinzip ist das **Territorialitätsprinzip**, wie es in den §§ 3 und 4 zum Ausdruck kommt; d.h. unter das deutsche Strafrecht fallen die im Inland begangenen (vgl. hierzu die Definition in § 9) Taten – unabhängig von der Nationalität von Täter und Opfer. Beachten Sie, dass nach der Rechtsprechung des BGH bei Mittätern für jeden überall dort ein Tatort begründet ist, wo einer von ihnen gehandelt hat, und dass dies selbst dann gilt, wenn sich das Handeln eines Mittäters auf Tatbeiträge beschränkt, die für sich gesehen nur Vorbereitungshandlungen sind[6].

Es wird ergänzt in § 5 durch das **Schutzprinzip** (Anwendbarkeit des deutschen Strafrechts zum Schutz des Staates und seiner Institutionen[7] sowie seiner Bürger[8]) sowie das **Staatsan-**

---

1 M-G Einl. Rn. 142, der allerdings noch zwischen „Befassungsverboten" und „Bestrafungsverboten" unterscheiden will.
2 BGHSt 32, 345 (350).
3 Eine Ausnahme ist die fehlende sachliche Zuständigkeit (die gem. § 6 StPO in jeder Lage des Verfahrens von Amts wegen zu prüfen ist): Hier ergeht keine Einstellung des Verfahrens, sondern eine Verweisung der Sache an das sachlich zuständige Gericht. Wegen der Details lesen Sie hierzu M-G § 6 Rn 3–5.
4 Zu dem Verhältnis s. M-G § 206a Rn. 6 unter Hinweis auf die von ihm nicht geteilte Ansicht des BGH!
5 BGH NStZ 86, 320; NStZ 95, 440 f. jeweils m.w.N.
6 BGH NStZ-RR 2009, 197.
7 Sog. Staatsschutzprinzip, Bsp.: § 5 Nr. 1, 2, 3b, 4, 5a, 10.
8 Sog. Individualschutzprinzip, Bsp.: § 5 Nr. 6, 6a, 7. Dieses Prinzip wird auch als passives Personalitätsprinzip bezeichnet.

gehörigkeitsprinzip (Anwendbarkeit des deutschen Strafrechts auf deutsche Bürger auch im Ausland)[9].

Für bestimmte, in allen Kulturstaaten geächteten Delikte gilt schließlich das **Weltrechtsprinzip**, sodass hier deutsches Strafrecht unabhängig vom Tatort oder der Staatsangehörigkeit von Täter oder Opfer zur Anwendung kommt.

Diese Prinzipien werden durch § 7 ergänzt, wonach das deutsche Strafrecht (hilfsweise) zur Anwendung kommt, wenn die an sich zuständige ausländische Strafjustiz aus tatsächlichen oder rechtlichen Gründen an der Durchsetzung ihres Strafanspruchs gehindert ist. Lesen Sie hierzu sorgfältig die gesetzliche Vorschrift und markieren Sie sich die Varianten (Abs. 1: Tat gegen einen Deutschen; Abs. 2 Nr. 1: Tat eines Deutschen; Abs. 2 Nr. 2: Tat eines in Deutschland festgenommenen, nicht ausgelieferten Ausländers).

Wegen weiterer Einzelheiten lesen Sie im Fischer die Vorbemerkungen zu § 3.

B. Strafantrag

17 Hierbei handelt es sich um ein besonders examensträchtiges Thema; dass eine Straftat ein Antragsdelikt ist und ein entsprechender Strafantrag fehlt (oder noch eingeholt werden müsste), wird zu gern übersehen.

> **TIPP:** Aus Examenssicht ist hier besonders zu denken an das Antragserfordernis bei:
> - Hausfriedensbruch: § 123 Abs. 2
> - Beleidigung: § 194
> - Geheimnisverletzungen: § 205
> - einfacher (vorsätzlicher oder fahrlässiger) Körperverletzung: § 230
> - Haus- und Familiendiebstahl: § 247
> - Diebstahl und Unterschlagung geringwertiger Sachen: § 248a
> - unbefugter Gebrauch eines Fahrzeugs: § 248b Abs. 3
> - Wilderei: § 294
> - Bestechlichkeit und Bestechung im geschäftlichen Verkehr: § 301
> - Sachbeschädigung: § 303 c

Für alle Antragsdelikte gelten die §§ 77 ff. Entscheidend ist besonders die Beachtung der Drei-Monats-Frist ab Kenntnis des Berechtigten von Tat **und Täter** gem. § 77b Abs. 1, 2. Hierbei ist allerdings zu berücksichtigen, dass diese Frist für jeden Strafantragsberechtigten gesondert läuft (§ 77b Abs. 3), sodass in manchen Fällen möglicherweise noch von jemandem Strafantrag gestellt werden könnte, der als Berechtigter bislang noch gar keine Kenntnis von der Tat erhalten hatte (vgl. z.B. die weiteren Strafantragsberechtigten in § 301 II).

18 Wichtig ist, bei den Antragsdelikten zu unterscheiden, ob die Tat nur auf Strafantrag verfolgt wird, oder ob der Strafantrag durch die Bejahung des *besonderen öffentlichen Interesses an der Strafverfolgung* durch die Staatsanwaltschaft ersetzt werden kann (so z.B. bei Körperverletzung, Diebstahl geringwertiger Sachen, Angestelltenbestechung, Sachbeschädigung). In diesen Fällen empfiehlt es sich, die zu der jeweiligen Vorschrift im Fischer angegebene Nummer der **RiStBV** im Meyer-Goßner[10] nachzuschlagen, wo sich regelmäßig Anhaltspunkte dafür finden, unter welchen Umständen dieses Interesse zu bejahen ist. Haben Sie Sorge, in der Examenshektik daran nicht zu denken, schreiben Sie sich schon vorher die entsprechenden Nummern der RiStBV neben die jeweilige Strafantragsvorschrift in Ihr Gesetz!

---

9 Bsp.: § 5 Nr. 8, 9, 12, 13. Dieses Prinzip wird auch als aktives Personalitätsprinzip bezeichnet.
10 Die RiStBV ist ebenfalls im Schönfelder-Ergänzungsband abgedruckt, der z.B. in Baden-Württemberg zugelassenes Hilfsmittel ist.

C. Keine Verfolgungsverjährung, §§ 78 ff.

Ein weiteres examensträchtiges Verfahrenshindernis ist die Verjährung. Sie sollten sofort hellhörig werden, wenn die Zeitabstände nach dem Klausurtext relativ groß sind, d.h. mehr als einen Jahreswechsel beinhalten. Die kürzeste Verjährungsfrist beträgt 3 Jahre (§ 78 Abs. 3 Nr. 5)!

Im Rahmen der Verjährung gibt es einige Probleme, die es zu meistern gilt:

I. Bestimmung der Verjährungsfrist

Die Verjährungsfrist bestimmt sich nach § 78 und hängt davon ab, mit welcher Höchststrafe das jeweilige Delikt bedroht ist. Delikte, die nur mit einer Geldstrafe oder mit höchstens einem Jahr Freiheitsstrafe geahndet werden können, verjähren in drei Jahren (§ 78 Abs. 3 Nr. 5), Delikte mit einer Ahndung bis 5 Jahre in 5 Jahren (§ 78 Abs. 3 Nr. 4), bis 10 Jahren in 10 Jahren (§ 78 Abs. 3 Nr. 3), Delikte mit einer Höchststrafe von mehr als 10 Jahren in 20 Jahren (§ 78 Abs. 3 Nr. 2); bei der Strafandrohung „lebenslänglich" gilt grundsätzlich die Verjährungsfrist von 30 Jahren (§ 78 Abs. 3 Nr. 1), Ausnahmen sind Mord und Völkermord, die überhaupt nicht verjähren (§ 78 Abs. 2).

> **TIPP:** Wichtig zu beachten ist, dass **Qualifikationstatbestände** wegen ihrer erhöhten Strafdrohung möglicherweise anders verjähren als der Grundtatbestand – während Strafschärfungen oder Strafmilderungen aufgrund von Vorschriften des Allgemeinen Teils (z.B. wegen Beihilfe, vgl. § 27 Abs. 2 S. 2) oder für besonders schwere oder minder schwere Fälle gem. § 78 Abs. 4 außer Betracht zu bleiben haben.

In Ausnahmefällen kann es vorkommen, dass die Verjährung ruht, d.h. die Frist einfach nicht weiterläuft, vgl. § 78b. Der wichtigste Anwendungsfall ist § 78b Abs. 3, wonach bei einer Tat, wegen der schon ein erstinstanzliches Urteil (in offener Verjährung) ergangen ist, Verjährung nicht mehr eintreten kann.

Insbesondere im Hinblick auf große Wirtschaftsstrafverfahren ist die Vorschrift des § 78b Abs. 4 angefügt worden, um die z.B. in den Fällen des Betrugs und der Untreue gem. § 78c Abs. 3 (i.V.m. § 78 Abs. 3 Nr. 4) an sich nach zehn Jahren eintretende absolute Verjährung auf 15 Jahre zu verlängern. Voraussetzung hierfür ist eine Anklage zum Landgericht (was ggfs. schon bei der Abfassung der staatsanwaltschaftlichen Abschlussverfügung berücksichtigt werden müsste – „mit Akten an das *Landgericht* ..."!).

II. Beginn der Verjährung festlegen

Der Lauf der Verjährung beginnt gem. § 78a **mit Beendigung** der Tat bzw. mit dem noch späteren Erfolgseintritt. Hier spielt die *Abgrenzung zwischen Vollendung und Beendigung* ihre wesentlichste Rolle. Sollte die Frage der Verjährung in der Klausur problematisch sein, kontrollieren Sie anhand der Kommentierung im Fischer zu dem jeweiligen Delikt, ob Ihre Auffassung vom Beendigungszeitpunkt zutreffend ist!

III. Verjährungsunterbrechungen erkennen

Die Wirkung einer Verjährungsunterbrechung besteht darin, dass anschließend der Lauf der Verjährung von neuem beginnt, vgl. § 78c Abs. 3 S. 1. Dies geht allerdings nicht in alle Ewigkeit so, sondern kann max. zu einer Verdopplung der in § 78 Abs. 3 genannten Verjährungsfristen führen, d.h. unabhängig von neuerlichen Unterbrechungen tritt dann die sog. absolute Verjährung ein (§ 78c Abs. 3 S. 2). Für die Klausur kann es darauf ankommen, die wichtigsten Gründe für eine Unterbrechung zu kennen, um sich nicht in die Irre locken zu lassen. Diese sind:

- die erste Beschuldigtenvernehmung (Datum der Vernehmung bzw. ihrer Anordnung durch die Staatsanwaltschaft)
- jeder Durchsuchungsbeschluss (Datum des Beschlusses, vgl. Abs. 2 S. 1)
- jeder Haftbefehl (Datum des Haftbefehls, vgl. Abs. 2 S. 1)
- die Anklage (Zeitpunkt des Eingangs der Anklageschrift mit Akten bei Gericht[11])
- jeder Strafbefehl (Datum des Erlasses, vgl. Abs. 2 S. 1)[12]

Lesen Sie aber im Ernstfall, wenn Verjährung im Raum steht, gründlich jede einzelne Nummer des § 78c Abs. 1, es gibt noch eine Reihe von weiteren Unterbrechungsgründen!

D. Sonstige Prozessvoraussetzungen nach dem StGB

23 Weitere Verfahrenshindernisse sind die Strafunmündigkeit von Tätern unter 14 Jahren (§ 19), die Jugendlichkeit des Täters, wenn gegen ihn die Privatklage erhoben werden soll (§ 80 JGG) und das Fehlen einer in manchen Fällen (vgl. §§ 90 Abs. 4, 90b Abs. 2, 97 Abs. 3, 104a, 194 Abs. 4, 353a Abs. 2, 353b Abs. 4) erforderlichen behördlichen Ermächtigung.

E. Bedeutung des Rechtsstaatsprinzips (Art. 20 Abs. 3 GG) und des Gebots des „Fair Trial"

24 Ob sich unmittelbar aus dem Rechtsstaatsprinzip oder aus einer Verletzung des Gebots des „Fair Trial" Verfahrenshindernisse ableiten lassen, ist umstritten[13], wird aber vom BGH grundsätzlich abgelehnt, da die Konturen der Rechtsfigur des Prozesshindernisses verschwimmen würden, wenn man die Einleitung oder Fortsetzung eines Strafverfahrens allein davon abhängig machen würde, ob bestimmte Umstände als Verstoß gegen den Fair-Trial-Grundsatz bewertet würden[14]. Nur als *ultima ratio* erkennt der BGH die Möglichkeit eines aus der Verfassung abgeleiteten Verfahrenshindernisses an[15]. Besondere Aktualität hat diese Rechtsprechung im Zusammenhang mit der Frage, welche Konsequenzen daraus resultieren, wenn ein *V-Mann* der Polizei die erlaubten Grenzen eines tatprovozierenden Verhaltens überschreitet (sog. **agent provocateur**). Entgegen einer Entscheidung des Europäischen Gerichtshofs für Menschenrechte[16], der in einem solchen Fall das Verfahren wegen eines Verfahrenshindernisses eingestellt hat, bleibt der BGH auch für diese Fälle bei seiner Rechtsprechung, wonach diese Umstände, die einen in den Urteilsgründen festzustellenden Verstoß gegen Art. 6 Abs. 1 S. 1 MRK begründen können, lediglich *bei der Strafzumessung* berücksichtigt werden können; im Extremfall kann deshalb die Verwarnung mit Strafvorbehalt gem. § 59 oder die Einstellung des Verfahrens wegen Geringfügigkeit (§ 153 StPO) die einzig schuldangemessene Sanktionsmöglichkeit sein[17].

F. Verfahrensrecht

25 Auch wenn es sich bei dem vorliegenden Buch um ein Lehrbuch des materiellen Strafrechts handelt, soll zumindest kurz auf die Konsequenzen eingegangen werden, die der Prüfling im

---

11 BGH NStZ-RR 1997, 209f. Sie sollten sich – z.B. für die mündliche Prüfung – den § 199 Abs. 2 an § 78c Abs. 1 Nr. 6 kommentieren. Nach einer Entscheidung des BayObLG (NJW 1998, 3213f.) liegt ein die Verjährung unterbrechender Akteneingang auch bei Übermittlung der Akte per Fax vor.
12 Urteile dagegen haben keine Unterbrechungswirkung, weil mit ihrem Erlass die weitere Verjährung ohnehin nach § 78 Abs. 3 bis zum rechtskräftigen Abschluss des Verfahrens gehemmt ist!
13 Vgl. M-G Einl. Rn. 147ff. m.w.N.
14 BGHSt 32, 345 (351f.).
15 BGH StV 2001, 89ff. (91).
16 EGMR NStZ 1999, 47ff.
17 Vgl. hierzu auch die Ausführungen in Rn. 811.

verfahrensrechtlichen Bereich beachten muss, wenn ein Verfahrenshindernis inmitten steht[18].
- Ob ein Verfahrenshindernis vorliegt, kann das Gericht im **Freibeweisverfahren** ermitteln[19].
- Das Vorliegen eines Verfahrenshindernisses ist von Amts wegen und in jeder Lage des Verfahrens zu berücksichtigen (also auch dann, wenn sich bisher niemand darauf berufen hat!), solange keine vollständige Rechtskraft eingetreten ist; hieraus folgt:
  - dass eine Strafanzeige gar nicht erst zu weiteren Ermittlungen führt[20]; es ergeht eine staatsanwaltschaftliche Verfügung auf der Grundlage des § 152 StPO („Der Anzeige wird keine Folge geleistet; Gründe: ...");
  - dass ein bereits eingeleitetes Strafverfahren gem. § 170 Abs. 2 StPO einzustellen ist;
  - dass nach bereits erfolgter Anklage das Gericht die Eröffnung des Hauptverfahrens gem. § 204 StPO ablehnen bzw. nach bereits erfolgter Eröffnung das Verfahren gem. § 206a StPO einstellen muss;
  - dass ein sich erst in der Hauptverhandlung herausstellendes Verfahrenshindernis grundsätzlich zur Einstellung des Verfahrens im Urteil führt, § 260 Abs. 3 StPO. Hiervon gibt es allerdings Ausnahmen: Ist das Verfahren bereits entscheidungsreif, hat ein Freispruch (im Interesse des Angeklagten) Vorrang vor einer Verfahrenseinstellung. Fehlt es neben einer Prozessvoraussetzung außerdem an der Zuständigkeit des Gerichts, hat das Gericht das Verfahren an das zuständige Gericht zu verweisen (Grund: vielleicht beurteilt dieses das Vorliegen der Prozessvoraussetzungen anders – Ausnahme: § 269 StPO). Und besteht ein Verfahrenshindernis nur hinsichtlich einer von mehreren tateinheitlich begangenen Taten (z.B. fehlt der Strafantrag bzgl. der tateinheitlich mit einem anderen Delikt verwirklichten einfachen Körperverletzung), so erfolgt insofern keine förmliche Einstellung; vielmehr erfolgt lediglich im Urteil ein Hinweis, dass diese Tat wegen eines Prozesshindernisses nicht zur Ahndung anstand[21].

---

18 Vgl. hierzu auch M-G Einl. 154.
19 BGHSt 16, 164 ff. (166); 21, 81; 22, 90 ff.; NStZ 85, 420 (str., vgl. die Nachweise bei M-G Einl. Rn. 152).
20 Vgl. § 152 Abs. 2 StPO: „wegen aller verfolgbaren Straftaten".
21 Entsprechend würde die Staatsanwaltschaft insofern keine Einstellungsverfügung gem. § 170 Abs. 2 StPO treffen, sondern neben der im Übrigen zu fertigenden Anklage lediglich einen Vermerk dieses Inhaltes schreiben (und im Wesentlichen Ergebnis der Ermittlungen kurz darstellen, warum die Verfolgung dieses an sich ebenfalls verwirklichten Delikts unterblieb).

Teil 2
„Schuldspruch" – Materiellrechtliche Würdigung

A. Ausgewählte Probleme des Allgemeinen Teils
I. Die Deliktsformen

Die einzelnen Delikte des Besonderen Teils lassen sich nach den unterschiedlichsten Kriterien kategorisieren. So können etwa, im Hinblick auf die *Tatfolge*, Tätigkeitsdelikte (wie etwa die Aussagedelikte) von Erfolgsdelikten unterschieden werden[1]. Andere Differenzierungsansätze stellen auf den *Täterkreis* (Allgemeindelikte – Sonderdelikte[2]) oder die *Verhaltensform* des Täters ab (Tätigkeitsdelikte – Unterlassungsdelikte). Denkbar ist auch eine Unterscheidung zwischen Dauer- und Zustandsdelikten oder zwischen Verletzungs- und Gefährdungsdelikten. Auf *subjektiver Ebene* sind die Vorsatz- von den Fahrlässigkeitsdelikten abzugrenzen.

Im Hinblick auf die Zielvorgabe dieses Buches sollen im Folgenden einige Deliktsgruppen, die für die Praxis besonders bedeutsam erscheinen, näher besprochen werden.

1. Die vorsätzlichen Begehungsdelikte

Die große Mehrheit der Delikte, mit denen Sie es in der praktischen Arbeit zu tun haben werden, sind die allgemeinen (Vorsatz-)Begehungsdelikte. An dieser Gruppe haben Sie zu Beginn Ihrer Ausbildung sicherlich den Prüfungsaufbau und die Grundprobleme des Strafrechts (wie Handlungsqualität, Kausalität, usw.) gelernt. Da sich dieses Buch nicht zum Ziel gesetzt hat, die Grundzüge des Strafrechts neu zu vermitteln, darf dieses grundsätzliche Wissen vorausgesetzt werden. Ein Prüfungsschema, das Sie an die jeweils typischen Problempunkte und die Abgrenzungsfragen erinnert, könnte wie folgt aussehen:

I. *Vorüberlegungen bzw. eventuelle Vorprüfungsfragen[3]*
   1. *Vorliegen einer strafrechtlich relevanten Handlung (Abgrenzung etwa zu Reflexen, zu „vis absoluta", Schlafwandeln u. Ä.)*
   2. *Abgrenzung zu Fahrlässigkeitsdelikten*
II. *Objektiver Tatbestand*
   1. *Vorliegen etwaiger täterspezifischer (z. B. Amtsträgereigenschaft), aber auch objektspezifischer Merkmale (ist z. B. die Leibesfrucht ein Mensch i. S. d. § 212)*
   2. *Eintritt des tatbestandlichen Erfolgs (Abgrenzung zum Versuchsdelikt)*
   3. *Tatbestandsverwirklichende Handlung*
   4. *Kausalität und Zurechnungsfragen (objektive Zurechnung)*
III. *Subjektiver Tatbestand: Vorsatz (Abgrenzung zum Fahrlässigkeitsdelikt) und eventuelle weitere subjektive Merkmale*
IV. *Eventuelle objektive Strafbarkeitsbedingungen (z. B. die „Rechtmäßigkeit" i. S. d. § 113 Abs. 3 oder die „Nichterweislichkeit" i. S. d. § 186) – dies kann auch erst im Anschluss an die Schuld geprüft werden*

---
1 Wobei hier die erfolgsqualifizierten Delikte eine zusätzliche Sonderstellung einnehmen.
2 Bei denen eine tatbestandlich umschriebene Tätereigenschaft vorliegen muss (z. B. Amtsträger i. S. der §§ 331 ff. oder Arzt i. S. d. § 203).
3 Wenn hier und im Folgenden von Vorüberlegungen oder Vorprüfungsfragen gesprochen wird, so soll dies v. a. als Denkhilfe verstanden werden, nicht aber heißen, dass diese Punkte, wenn sie in Frage stehen, etwa unter einem Gliederungspunkt „Vorprüfung" zu erläutern sind. Systematisch werden diesbezügliche Ausführungen je nach Einzelfall unterschiedlich einzuordnen sein (etwa im Hilfsgutachten, wenn ein Delikt mangels Handlungsqualität gar nicht in eine Anklage aufgenommen wird oder [im Hinblick auf eine eventuelle Abgrenzung vom Vorsatzdelikt] z. B. im Rahmen der Ausführungen des Fahrlässigkeitsdelikts, wenn das Vorsatzdelikt verneint wird).

V. *Rechtswidrigkeit (regelmäßig indiziert, solange nicht Rechtfertigungsgrund eingreift)*
VI. *Schuld*
   1. Allgemeine Schuldfähigkeit (v. a. §§ 19, 20 und 3 JGG)
   2. Eventuelle Entschuldigungsgründe
VII. *Eventuelle Strafausschließungs- (z. B. Angehörigeneigenschaft i. S. d. § 258 Abs. 6, § 36) oder Strafaufhebungsgründe (z. B. tätige Reue i. S. d. § 306 e)*

Viele der aufgelisteten Prüfungs- bzw. Abgrenzungspunkte werden in den jeweiligen Erläuterungen zum Besonderen Teil beim jeweiligen Delikt, aber auch im Rahmen der weiteren Ausführungen zum Allgemeinen Teil aufgegriffen werden.

Ergänzend sollen hier lediglich zwei Stichworte angesprochen werden:

28 a) Für die Frage der **Handlung** im strafrechtlichen Sinne gilt der „sozial-normative", also am Tatbestand orientierte *Handlungsbegriff*. Lesen Sie hierzu bei **Fischer Vor § 13 Rn. 3 ff.**, wo die maßgebliche Problematik hierzu kurz aufzeigt wird[4].

29 b) Zur Frage der **Kausalität** soll kurz an die wesentlichen Schlagworte erinnert werden: Ausgangspunkt für die Kausalitätsprüfung ist zunächst die *Bedingungstheorie*, die davon ausgeht, dass alle Bedingungen, die den Erfolg letztlich verursacht haben, gleichwertig sind (auch „Äquivalenztheorie"). Man wird daher im Rahmen der **„conditio-sine-qua-non-Formel"** zu dem Ergebnis kommen, dass jede Bedingung, die nicht hinweggedacht werden kann, ohne dass der Erfolg in seiner konkreten Form entfiele, kausal ist. Dass diese rein tatsächliche Ursächlichkeit allein noch keine Aussage im Hinblick auf eine strafrechtliche Verantwortung treffen kann, ist unbestritten. Andernfalls würde im Extremfall etwa der Waffenhändler für sämtliche mit den von ihm verkauften Waffen begangenen Straftaten (mit)verantwortlich zu machen sein. Es ist daher zu folgern, dass die Kausalität zwar als Voraussetzung bejaht werden muss, es jedoch zusätzlich eines Korrektivs bzw. einer Eingrenzung bedarf. Während v. a. früher vielfach versucht wurde, entsprechende Eingrenzungen direkt über den Begriff der Kausalität vorzunehmen (vgl. etwa die Adäquanztheorie), behilft sich die neuere, überzeugende Lehre mit der **Lehre der objektiven Zurechnung**. Hierbei wird auf einer von der Frage der Kausalität getrennten Ebene gefragt, ob dem Täter der konkrete Erfolg im Einzelfall auch zugerechnet werden darf. Auch die Rechtsprechung, die lange dogmatisch die Begrenzungen im Rahmen der Kausalität vornahm, nähert sich in Einzelfällen mehr und mehr den Grundgedanken dieser Lehre, ohne diese aber letztlich als solche zu übernehmen. Hierauf wird im Rahmen der Fahrlässigkeitsdelikte unter Rn. 44 ff. noch etwas genauer eingegangen werden.

Im Rahmen der Vorsatzdelikte führt die Verneinung der Kausalität/objektiven Zurechnung dazu, dass der Täter nicht mehr wegen des vollendeten Delikts bestraft werden kann. Eine Verfolgung wegen des versuchten Delikts hängt von der Strafbarkeit des Versuchs bei dem jeweiligen Delikt ab.

30 Im Hinblick auf den Kausalitätsbegriff soll noch an einige Einzelprobleme erinnert werden:
– So bedarf es etwa dann einer differenzierten Kausalitätsprüfung, wenn mehrere unabhängige Ursachen zusammenwirken, jede für sich allein aber den Erfolg herbeigeführt hätte *(alternative Kausalität)*. Die einfache „conditio-sine-qua-non-Formel" würde hier zu dem Ergebnis kommen, dass keine der beiden Handlungen kausal ist, da man sehr wohl jede Handlung für sich hinwegdenken könnte, ohne dass der Erfolg entfiele. Hierfür wird daher eine Modifizierung der Formel dahingehend angenommen, dass von mehreren Bedingungen, die zwar alternativ, nicht jedoch kumulativ hinweggedacht werden könnten, ohne dass der (konkrete) Erfolg entfiele, jede für sich kausal ist. Verabreichen etwa zwei Täter unabhängig jeweils eine tödliche Giftdosis, so sind beide Handlungen kausal.
– Reserveursachen und hypothetische Kausalverläufe sind im Rahmen der Kausalitätsprüfung unbeachtlich. Da es auf den konkreten Erfolg ankommt, bleibt eine Handlung also

---

[4] Instruktiv auch Wessels, AT, Rn. 85 ff.

auch dann uneingeschränkt kausal, wenn der Erfolg später aufgrund anderer Ursachen gleichfalls eingetreten wäre (Bsp.: Tötung eines Sterbenden). Denken Sie in diesem Zusammenhang auch daran, dass schon die *Beschleunigung des Erfolgseintritts* für die Annahme der Kausalität ausreichend ist.
- Auch ein atypischer Kausalverlauf steht der Bejahung der Kausalität nicht entgegen (Bsp.: Das an sich nicht schwer verletzte Opfer stirbt, da es ein Bluter ist). Selbst eine Mitwirkung des Opfers oder eines Dritten wird hier regelmäßig dann unerheblich bleiben, wenn die vom Täter gesetzte Ursache im Erfolg fortwirkt. Einschränkungen kann es hier allerdings über die objektive Zurechnung (bei Drittverhalten) bzw. auf subjektiver Ebene (Vorstellungen über den wesentlichen Kausalverlauf) geben.

TIPP: Beachten Sie generell bei der Bearbeitung von Praxisarbeiten des Zweiten Staatsexamens, dass es nicht nur unnötig, sondern sogar falsch sein kann, ein Prüfungsschema wie das hier vorgeschlagene immer in jedem einzelnen Punkt auszuführen. Sie haben bei den meisten Klausurtypen gerade kein Gutachten mehr zu erstellen.
Es wäre daher nicht praxisgerecht, wenn Sie etwa stets die Frage der Handlungsqualität, das Fehlen von objektiven Strafbarkeitsbedingungen oder die Schuldfähigkeit nach §§ 19, 20 ansprechen würden, selbst wenn keinerlei Anhaltspunkte ersichtlich sind, die dies in Zweifel ziehen könnten. Gleiches gilt auch für die Rechtswidrigkeit und die Schuld. Im Hinblick auf diese Punkte wird für die unproblematischen Fälle empfohlen, (allenfalls) in einem Satz klarzustellen, dass auch Rechtswidrigkeit und Schuld gegeben sind, da keine Anhaltspunkte ersichtlich sind, die dies in Frage stellen würden. Dies zeigt, dass Sie an diese Punkte gedacht haben, überlastet die Arbeit aber nicht mit Überflüssigem.

2. Die Fahrlässigkeitsdelikte

a) Vorgeschlagenes Prüfungsschema

O. *Vorprüfung:*
  1. *Kein vorsätzliches Handeln*
  2. *Strafbarkeit der fahrlässigen Begehung*
I. *Tatbestandsmäßigkeit*
  1. *Erfolgseintritt*
  2. *Objektive Sorgfaltspflichtverletzung*
  3. *Objektive Vorhersehbarkeit*
  4. *Kausalität/Objektive Zurechenbarkeit*
II. *Rechtswidrigkeit*
III. *Schuld (v. a. subjektive Vorhersehbarkeit und Vermeidbarkeit)*

Vieles im Rahmen der Fahrlässigkeitsdelikte ist gerade in dogmatischer Hinsicht umstritten und uneinheitlich. Dies hat zwangsläufig Auswirkungen auf ein vorzuschlagendes Prüfungsschema. Anders als bei klar strukturierten Vorsatzdelikten kommt es je nach vertretener Ansicht und je nach konkretem Delikt zu unterschiedlicher Begriffsbildung und folglich unterschiedlicher dogmatischer Gliederung (vgl. etwa die unterschiedlich interpretierten Fragen der Zurechnung oder der Vorhersehbarkeit). Der vorgeschlagene Aufbau soll und kann Ihnen daher nur als Leitfaden dienen. Zwängen Sie aber nicht jede Fahrlässigkeitsprüfung gewaltsam in dieses oder ein anderes starres Gerüst, sondern erörtern Sie die jeweils bedeutsamen Punkte in einer strukturell nachvollziehbaren Reihenfolge.

b) Allgemeines

Die Fahrlässigkeitsdelikte sind gekennzeichnet durch eine *ungewollte* Tatbestandsverwirklichung. Sie stehen demnach zwingend in einem aliud-Verhältnis zu den Vorsatzdelikten[5].

---
5 F § 1 Rn. 36.

> Fahrlässig handelt, wer (subjektiv vorwerfbar) die im Verkehr erforderliche Sorgfalt außer Acht lässt.

Eine Differenzierung innerhalb dieses Deliktstyps lässt sich nach dem Grad der Fahrlässigkeit vornehmen. Dabei liegt *unbewusste Fahrlässigkeit* vor, wenn der Täter die Tatbestandsverwirklichung nicht erkannt hat, sie jedoch bei Einhaltung der gebotenen und erforderlichen Sorgfalt hätte voraussehen müssen. *Bewusste Fahrlässigkeit* ist indes anzunehmen, wenn er die Erfolgsverwirklichung durchaus für möglich hielt, allerdings ernsthaft und nicht nur vage darauf vertraute (und dies auch durfte), dass der Erfolg tatsächlich nicht eintreten würde. Diese Differenzierung hat zwar für die Frage der Strafbarkeit keine Bedeutung, spielt jedoch im Rahmen der *Strafzumessung* eine Rolle. In verschiedenen Strafnormen, respektive bei vielen erfolgsqualifizierten Delikten, wird darüber hinaus leichtfertiges Verhalten gefordert. *„Leichtfertigkeit"* meint dabei eine erhöhte Form von Fahrlässigkeit.

34 Allgemein lässt sich sagen, dass die *Abgrenzung* auf subjektiver Seite (*bewusste Fahrlässigkeit oder bedingter Vorsatz*), häufig im Rahmen von Tötungsdelikten, ein wesentliches Problem in Klausuren darstellt. Hier gilt es begrifflich sauber und streng am festgestellten Sachverhalt zu arbeiten. Kommen Sie (bzw. das Gericht) zu dem Ergebnis, dass der Täter den Eintritt des Erfolgs zwar für möglich erachtete, ihn jedoch nicht wollte und auch nicht billigte, so ist das entsprechende Vorsatzdelikt zu verneinen und es bleibt allenfalls eine Verurteilung wegen eines Fahrlässigkeitsdelikts (vgl. im Einzelnen zu den Abgrenzungsfragen unten Rn. 73 ff. und Rn. 214).

> **TIPP:** Beachten Sie dabei jedoch immer, dass die bloße Verneinung des Vorsatzes noch nicht die automatische Bejahung der Fahrlässigkeit bedeutet, sondern dass es vielmehr erforderlich bleibt, deren allgemeine Voraussetzungen explizit zu prüfen!

35 Ein Problem stellt in diesem Zusammenhang die Frage dar, ob trotz dieses aliud-Verhältnisses im Rahmen des **„in dubio pro reo"-Grundsatzes** die Möglichkeit besteht, (zumindest) wegen eines Fahrlässigkeitsdelikts zu verurteilen, wenn Zweifel am Vorliegen eines Vorsatzes bestehen, jedenfalls aber Fahrlässigkeit *oder* Vorsatz vorliegen. Alternativ wäre theoretisch auch an eine wahldeutige Verurteilung entweder wegen Vorsatz- oder Fahrlässigkeitsdelikts zu denken, die jedoch an der fehlenden Gleichwertigkeit der Begehungsformen scheitert[6]. Nach h.M. stellen die Fahrlässigkeitsdelikte **Auffangtatbestände** (auch) für den Fall dar, dass Vorsatz letztlich nicht nachzuweisen ist[7].

36 Da es gerade Voraussetzung der Fahrlässigkeitsdelikte ist, dass der Erfolg nicht gewollt ist, sind **Anstiftung und Teilnahme**, die eine akzessorische vorsätzliche Haupttat erfordern, beim Fahrlässigkeitsdelikt begrifflich **nicht möglich**.

Auch einen **Versuch** eines Fahrlässigkeitsdelikts gibt es aus dem gleichen Grund **nicht**.

Handeln mehrere gemeinsam fahrlässig, so sind sie (mangels gemeinsamen Tatplans) *Nebentäter* (nicht Mittäter), die jeweils für sich die Strafbarkeitsvoraussetzungen erfüllen müssen.

37 **TIPP:** Vergessen Sie auch nie, dass fahrlässiges Verhalten nur strafbar ist, wenn es im Gesetz ausdrücklich strafbewehrt ist (§ 15).

So sollten Sie auch etwa bei Irrtümern, die zur Folge haben, dass der Vorsatz entfällt, aber eine Strafbarkeit wegen fahrlässigem Begehen grundsätzlich erhalten bleibt (wie z.B. beim Erlaubnistatbestandsirrtum – vgl. dazu unter Rn. 94 ff.), bedenken, dass auch in diesen Fällen eine Strafbarkeit wegen Fahrlässigkeit nur dann in Frage kommt, wenn das Gesetz fahrlässiges Handeln unter Strafe stellt.

---

[6] Vgl. auch unten Rn. 795 f.
[7] F § 15 Rn. 19, BGHSt 17, 210 (anders noch BGHSt 4, 340: dort Wahlfeststellung).

Im Tenor eines Urteils bzw. im Strafvorwurf in der Anklageschrift wird beim Fahrlässigkeitsdelikt die Begehungsform mit aufgenommen, d. h. Sie tenorieren „... ist schuldig der fahrlässigen Körperverletzung". Ob umgekehrt die „vorsätzliche" Begehungsweise im Tenor ausdrücklich auszusprechen ist, hängt davon ab, ob auch die fahrlässige Begehung strafbar wäre. Ist dies nicht der Fall, hat die Bezeichnung als „vorsätzlich" als überflüssig zu unterbleiben. Ist innerhalb derselben Norm auch die fahrlässige Begehung unter Strafe gestellt, muss zur Klarstellung die Bezeichnung „vorsätzlich" verwendet werden. Gibt es eine eigene Fahrlässigkeitsnorm (z. B. § 229), wird bei vorsätzlicher Begehungsweise teilweise die ausdrückliche Bezeichnung als „vorsätzlich" als überflüssig (wegen Angabe des – anderen – Paragraphen), teilweise aber als erforderlich angesehen.

c) Sorgfaltspflichtverletzung

TIPP: Um die Verletzung einer Sorgfaltspflicht im Einzelfall feststellen zu können, müssen Sie in einem ersten gedanklichen Schritt für den jeweiligen Tatbestand Maß und Umfang der Sorgfaltspflichten festlegen. Danach sollten Sie in einem zweiten Schritt das konkrete Verhalten des Täters daran messen.

38

aa) Maß und Umfang der Sorgfaltspflichten

Das **Maß der Sorgfalt** bestimmt sich aus einer „ex ante-Sicht" nach den Anforderungen, die an einen einsichtigen, besonnenen und gewissenhaften Menschen in der konkreten Situation (und konkret individuellen, sozialen Rolle[8]) gestellt werden können.

39

Es setzt sich demnach zusammen aus einer objektiven und einer subjektiven Komponente.

Somit ist zunächst zu fragen, welche allgemeinen Pflichten bzw. Gebote bestehen, die jeweiligen Rechtsgüter zu schützen oder zu bewahren. Wie weit reicht die allgemeine im Verkehr gebotene Sorgfalt – wie weit reichen die so genannten *„Durchschnittsanforderungen"*? Dies kann sich aus dem allgemeinen Lebensverständnis, aus Erfahrungssätzen, aus Normen allgemeiner Art oder Vorschriften (etwa dem WaffG, Brandschutzbestimmungen, DIN-Normen oder der StVO) ergeben, wobei allerdings nicht jede Norm oder Anweisung verbindlich den Umfang der rechtlich relevanten Pflichten definiert. Auch wird ein Verstoß gegen solche Normen nicht automatisch zur Annahme einer Sorgfaltspflichtverletzung im strafrechtlichen Sinne führen. Oft werden diese Normen/Vorschriften jedoch ein starkes Indiz darstellen, was insbesondere in Klausuren regelmäßig ein gutes Argument begründen kann.

Ergänzend ist dann zu prüfen, ob sich abstrakt aus der individuellen und sozialen Position bzw. Situation für den Handelnden *erweiterte Sorgfaltspflichten* ergeben. Dies wird regelmäßig bei verschiedenen Berufsgruppen der Fall sein. Für Ärzte, Gastwirte, wohl auch Rechtsanwälte u. a. gelten damit erhöhte Sorgfaltsmaßstäbe für Betätigungen in ihrem Berufsfeld. Beachten Sie auch, dass gesteigerte Sorgfaltsmaßstäbe auch bei pflichtwidriger Tätigkeitsübernahme[9] in Betracht kommen können. So begründet etwa die sorglose Übernahme spezieller Tätigkeiten (z. B. auf dem Heilsektor), zu denen man nicht oder nicht ausreichend qualifiziert ist, erhöhte Sorgfaltspflichten.

Als weiterer Aspekt ist schließlich die *konkrete Situation* zu beachten. So kann auch die Einhaltung der zulässigen Höchstgeschwindigkeit im Einzelfall selbstredend eine Sorgfaltspflichtverletzung darstellen, wenn aufgrund der Situation eine niedrigere Geschwindigkeit geboten wäre (etwa bei spielenden Kindern).

Soweit besteht wohl weitgehend Einigkeit. Umstritten ist allerdings, inwieweit subjektives, individuelles *Spezialwissen oder Spezialkönnen* bei der Frage der Sorgfaltspflichtverletzung

40

---

[8] Vgl. zu diesem Aspekt die im Folgenden dargestellten Meinungsdifferenzen.
[9] Sch/Sch § 15 Rn. 136; F § 222 Rn 8.

einfließen darf. Sind also etwa an den, der eine bestimmte Straßenkreuzung kennt, erhöhte Maßstäbe im Hinblick auf seine Sorgfalt zu stellen? Während ein Teil der Literatur dies als zu weitgehend verneint und hier eine Objektivierung annimmt, bejaht eine andere, überzeugende Ansicht die Einbeziehung und Berücksichtigung individueller Aspekte[10]. Demnach muss sich also derjenige, der die Straßenkreuzung kennt, diese besondere Kenntnis anrechnen lassen. Gleiches gilt für den im Beruf überdurchschnittlich qualifizierten Arzt oder Handwerker. Die Kritik, es käme damit zur Benachteiligung des besonders Begabten, kann nicht überzeugen. Es ist durchaus zumutbar, von jedem die Sorgfalt, zu der er in der Lage ist, zu fordern. Auch im Hinblick auf das Schutzinteresse Dritter ist dies durchaus billig. Wer etwa subjektiv aufgrund seines Spezialkönnens in der Lage wäre, einem anderen zu helfen, von dem kann dies auch verlangt werden.

41 Beachten Sie im Zusammenhang mit den Sorgfaltspflichten im Straßenverkehr, dass der BGH hier den sog. **Vertrauensgrundsatz** geprägt hat. Er schränkt die grundsätzlich sehr weitreichenden Sorgfaltsanforderungen im Straßenverkehr[11] dahingehend ein, dass derjenige, der sich pflichtgemäß verhält, auch auf das pflichtgemäße Verhalten der anderen Verkehrsteilnehmer vertrauen darf, solange keine Anhaltspunkte für untypisches, unerwartetes Verhalten ersichtlich sind[12]. In der Literatur wird dies vielfach als ein Fall des so genannten „erlaubten Risikos" gesehen, das sich darauf gründet, dass vereinzelt bei Verhaltensweisen (wie etwa Teilnahme am Straßenverkehr) ein gewisses Endrisiko einer Rechtsgutgefährdung in Kauf genommen werden muss[13].

bb) Verhaltensprüfung am festgestellten Sorgfaltsmaßstab

42 Haben Sie danach den konkreten Sorgfaltsmaßstab für den Einzelfall festgestellt, ist damit das konkrete Verhalten des Täters zu vergleichen. Entspricht dieses Verhalten nicht den hierbei umschriebenen Anforderungen, so liegt eine Sorgfaltspflichtverletzung vor, da die im Rechtsverkehr gebotene und erforderliche Sorgfalt außer Acht gelassen wurde.

In der Sachverhaltsdarstellung des Urteils bzw. im Anklagesatz kann eine Sorgfaltspflichtverletzung beispielsweise folgendermaßen formuliert werden:

> *„… Dabei verstieß er gegen die ihm obliegende Pflicht, in der gegebenen unübersichtlichen Situation die Geschwindigkeit zu reduzieren. Durch dieses Fehlverhalten kam es zu einem Zusammenstoß mit dem Radfahrer X, wodurch dieser massive Kopfverletzungen erlitt. Der Zusammenstoß hätte bei Einhaltung der gebotenen und erforderlichen Sorgfalt vermieden werden können."*

Unerlässlich ist es dabei an dieser Stelle Ihrer Arbeit, auch die maßgeblichen **Tatsachen**, die die Sorgfaltspflichtverletzung begründen, aufzuführen (z.B. die tatsächlich gefahrene im Vergleich zur erlaubten Geschwindigkeit und die Beschreibung der Situation). Es genügt nicht und wäre auch unrichtig, hier nur sinngemäß zu formulieren, dass der Täter „sorgfaltswidrig" handelte.

Die **rechtliche Schlussfolgerung** und die Argumentation, warum Sie dies als Sorgfaltsverletzung würdigen, ist dagegen nach den eben dargestellten Grundsätzen erst unter dem Abschnitt der rechtlichen Ausführungen (bei der Anklage also im „Wesentlichen Ergebnis der Ermittlungen") zu erörtern.

---

10 So etwa Sch/Sch § 15 Rn. 138 ff.; teilweise auch Wessels, AT, Rn. 669 f., mit Hinweisen auf die Gegenmeinung; vgl. auch F § 222 Rn. 5 ff.
11 So muss der Autofahrer grds. auch mit unerwarteten Zufällen oder unverständigem Verhalten von Passanten rechnen und seine Fahrweise/Geschwindigkeit entsprechend darauf einstellen, vgl. F § 222 Rn. 14 ff.
12 Vgl. dazu die Einzelfälle bei F § 222 Rn 15 ff.
13 So z.B. Sch/Sch § 15 Rn. 144 ff.

d) Objektive Vorhersehbarkeit

Voraussetzung für strafbares fahrlässiges Verhalten ist zudem, dass der Erfolg in seiner konkreten Ausgestaltung in der konkreten Situation für den Täter aus der „ex ante-Sicht" überhaupt vorhersehbar war. Auch hier werden Normen (etwa technische) und Gebote oder Verbote oft einen hilfreichen Anhaltspunkt dafür geben, was im Einzelfall vorhersehbar ist. Beachten Sie, dass nach der hier gewählten Systematik an dieser Stelle ein *objektiver* Maßstab zugrunde zu legen ist. Ob der Täter *subjektiv* in der konkreten Situation in der Lage war, den Erfolg vorauszusehen, ist dann erst auf der Schuldebene bei der subjektiven Vorhersehbarkeit zu prüfen[14]. Bei § 222 fasst Fischer diese Fragen in dem einen Prüfungspunkt „Voraussehbarkeit des Erfolges" zusammen[15]. Für die Klausurbearbeitung können aus Gründen der Übersichtlichkeit durchaus gute Gründe für den letzteren Weg sprechen. Für diesen Fall sollten Sie jedoch durch entsprechende Formulierungen klarstellen, dass Sie zwischen objektiven und subjektiven Kriterien zu unterscheiden wissen.

43

Probleme im Zusammenhang mit der Vorhersehbarkeit können auftreten bei völlig untypischen Kausalverläufen bzw. Erfolgseintritten, die außerhalb jeglicher Lebenserfahrung liegen. So wird hier regelmäßig dann eine Erörterung dieser Frage geboten sein, wenn etwa nach einem Verkehrsunfall der Tod erst viel später im Krankenhaus durch Infektionen oder Vorschädigungen eintritt. Eine eindeutige Grundregel lässt sich hier nicht aufstellen. Ein Gefühl für die Problematik können Sie bekommen, wenn Sie die Einzelfallbeispiele in den Kommentaren[16] überfliegen. Es muss jedoch davor gewarnt werden, eine dort aufgeführte, scheinbar passende Fallkonstellation auf den Klausurfall zu übertragen, ohne eigene Argumente hinzuzufügen. Berücksichtigen Sie dabei, dass tendenziell eher keine zu hohen Anforderungen an die Vorhersehbarkeit zu stellen sind und dass es genügt, den Erfolg im Ergebnis sowie den Kausalverlauf in seinen wesentlichen Grundzügen vorhersehen zu können. Die Grenze bilden nach der Rechtsprechung erst solche Erfolge, die außerhalb jeglicher Lebenserfahrung liegen oder nicht mehr im unmittelbaren Zusammenhang mit dem schädigenden Ereignis stehen. So kann eine Vorhersehbarkeit etwa bejaht werden bei Tod aufgrund späterer Lungenentzündung bei unfallbedingtem Krankenhausaufenthalt[17] (allerdings dann u. U. nicht mehr, wenn der Patient bereits wieder auf dem Weg der Besserung ist und der Tod aufgrund Verschluckens beim Essen eintritt[18]), bei tödlichem Verlauf einer unbefugten Fahrt mit dem ungesicherten Kfz des Täters[19] oder bei Verwendung einer unbedacht abgelegten Schusswaffe. Eine Sonderstellung nehmen die Fälle des *Eingreifens Dritter* ein[20]. Auch hier kann es im Einzelfall an der Vorhersehbarkeit fehlen, wobei aber beispielsweise ärztliche Kunstfehler (welche nicht zu den schweren gehören) die Vorhersehbarkeit nicht unbedingt beseitigen[21]. Freilich spielen viele dieser Fallgestaltungen oft auch in die Frage der Zurechenbarkeit hinein.

e) Zurechnungsprobleme insbesondere anhand der Lehre der objektiven Zurechenbarkeit

Nicht für jeden Erfolg, den der Handelnde nach strengen Kausalitätsgrundsätzen verursacht hat, kann dieser verantwortlich gemacht werden, selbst wenn er sorgfaltswidrig handelte. Es bedarf vielmehr eines (normativen) Korrektivs, um bei Erfolgsdelikten (egal ob vorsätzlicher oder fahrlässiger) die Zurechnung völlig untypischer, unvermeidbarer oder von Dritten verursachter Erfolge einzugrenzen. Soweit besteht im Wesentlichen in Literatur und Rechtsprechung Einigkeit. Heillos umstritten und vielfach von Einzelentscheidungen geprägt ist indes

44

---

14 Wie hier: Sch/Sch § 15 Rn. 181; Wessels, AT, Rn. 667/692; F § 15 Rn. 17.
15 F § 222 Rn. 25 ff.; so wohl auch in weiten Teilen die Rspr.
16 F § 222 Rn. 27; Sch/Sch § 15 Rn. 186 f.
17 BGH VRS 20, 278.
18 So etwa BGH in NJW 1982, 295.
19 BGH VRS 20, 282.
20 Hierzu F § 222 Rn. 26 f.
21 BGH NJW 1982, 296.

die Frage, wie diese Eingrenzung dogmatisch zu erfolgen hat. Ohne intensiver auf diese Diskussion einzugehen, sollen an dieser Stelle die Problematik selbst und die **klassischen Fallgruppen** in Erinnerung gerufen werden.

Unbestritten ist zunächst Voraussetzung für die Zurechnung eines Erfolges die **kausale** Verknüpfung zwischen Handlung und Erfolg. Eine Handlung ist gemäß der bereits dargestellten *„conditio-sine-qua-non-Formel"*[22] der *Bedingungstheorie* dann ursächlich für einen Erfolg, wenn sie nicht hinweggedacht werden kann, ohne dass der Erfolg entfiele.

Klar ist jedoch auch, dass diese rein ursächliche Verbindung viel zu weit ginge. Hier greifen nun die Versuche ein, mit Hilfe eines angemessenen Korrektivs verschiedene Sonderfälle auszublenden. Es geht dabei v. a. um die Fälle, in denen:
- der Erfolg völlig atypisch ist;
- das Verhalten des Täters das allgemeine Lebensrisiko nicht überschreitet oder sogar eine Risikoverringerung darstellt;
- ein Dritter oder das Opfer selbst freiverantwortlich und vorsätzlich in den Ablauf eingreift;
- der Erfolg auch bei hypothetisch rechtmäßigem Verhalten eingetreten wäre (fehlender Pflichtwidrigkeitszusammenhang) oder
- der Erfolg außerhalb des Schutzzwecks der verletzten Norm liegt.

In all diesen Fällen kann es u. U. an einer Zurechenbarkeit (auf der Tatbestandsebene) fehlen. Während die Rechtsprechung in diesen Fällen zumeist (begriffsdogmatisch durchaus bedenklich) die Kausalität verneint, beruft sich die überwiegende Literatur auf verschiedene Ausgestaltungen der **Lehre der objektiven Zurechenbarkeit**, wonach definitorisch der Täter nur dann strafrechtlich verantwortlich gemacht werden darf, wenn sich gerade die spezifische, durch den Täter geschaffene Gefahr im Erfolg verwirklicht hat.

> **TIPP:** Dabei ist es in einer Klausur des Zweiten Staatsexamens regelmäßig nicht geboten, zu tief in die Dogmatik einzusteigen. Wichtiger ist, das Problem zu erfassen, systematisch richtig einzuordnen, argumentativ zu erörtern und zu einem vertretbaren Ergebnis zu kommen. Diskutieren Sie diese Problematik nur, wenn sich Ihnen Hinweise bieten, dass die Zurechnung in Frage steht. Zeigen Sie in entsprechenden Problemfällen, dass Sie das Problem erkannt haben und begründen Sie Ihr Ergebnis anhand der Schlagworte der Fallgruppen.

Die erste Überlegung sollte stets sein, ob der Täter überhaupt eine rechtlich relevante Gefahr (selbst) geschaffen hat. Dies könnte etwa bei den Fallgruppen des *fehlenden Schutzzwecks der Norm*[23] oder im Bereich des *allgemeinen Lebensrisikos*[24] zweifelhaft sein. Auch kann möglicherweise unter dem Schlagwort „Unterbrechung des Zurechnungszusammenhangs" eine Zurechnung verneint werden (etwa beim Hinzutreten eines Dritten, der dadurch eine neue, nicht mehr dem Erstverursacher zurechenbare Gefahrenkette schafft).

Problematisch kann auch die Abgrenzung sein, ob es bereits an der Zurechnung und damit an der Tatbestandsmäßigkeit fehlt, oder ob erst die Rechtswidrigkeit zu verneinen ist (so etwa in Fällen der *Risikoverringerung*, wo ein „Täter" in einen laufenden Kausalverlauf helfend eingreift, dadurch aber selbst eine Verletzung oder einen Schaden verursacht). Handelt also der, der einen anderen zur Seite schubst, um ihn vor einem herannahenden Auto zu retten, schon nicht tatbestandsmäßig oder nur gerechtfertigt (mutmaßliche Einwilligung)? Eine denkbare Differenzierung könnte hier unter dem Gesichtspunkt erfolgen, ob der „Täter" einen sicher bevorstehenden Schaden nur abschwächt (z. B. Ablenken eines Schlages durch Dritten auf eine weniger lebensbedrohliche Stelle) mit dem Ergebnis, dass hier kein eigenes Risiko

---

22 S. o. Rn. 29.
23 Bsp.: Begeht der Täter eine Geschwindigkeitsüberschreitung zu einem weit vor dem späteren Unfall liegenden Zeitpunkt, so fehlt es am Schutzzweckzusammenhang, da das Geschwindigkeitsgebot nicht bezweckt, zu vermeiden, dass jemand später an einem anderen Ort ankommt und dadurch später an der Unfallstelle gewesen wäre (so etwa Wessels, AT, Rn. 674).
24 Bsp.: Wer einen Dritten bei schlechtem Wetter ins Freie schickt, wo er später (wie erhofft) vom Blitz erschlagen wird, begründet grds. keine rechtlich missbilligte Gefahr.

geschaffen wurde (dann schon nicht tatbestandsmäßig), oder wie im Beispielsfall zwar ein eigenes Schadensereignis schafft, das jedoch im Ergebnis weniger erheblichen Schaden hervorruft (dann gerechtfertigt).

Etwas ausführlicher soll noch auf zwei weitere typische Fallgruppen eingegangen werden:

aa) Eine Zurechnung (bzw. Kausalität nach der Rechtsprechung) entfällt grundsätzlich dann, wenn derselbe Erfolg auch eingetreten wäre, wenn der Handelnde – hypothetisch gesehen – pflichtgemäß gehandelt hätte (Stichwort „**rechtmäßiges Alternativverhalten**")[25]. In diesen Fällen fehlt es an dem erforderlichen Zusammenhang zwischen Pflichtwidrigkeit und Erfolg (sog. *Pflichtwidrigkeitszusammenhang*)[26]. 45

Problematisch ist, wie im Hinblick auf den „in dubio"-Grundsatz zu verfahren ist, wenn nicht mit der erforderlichen Sicherheit nachzuweisen ist, dass der Erfolg hypothetisch in diesen Fällen tatsächlich ausgeblieben wäre. Nach der h. M. sowie der Rechtsprechung soll sich dies zu Gunsten des Täters auswirken[27], eine Zurechnung also ausscheiden. Anders verfährt indes die sog. „Risikoerhöhungstheorie", wonach bereits eine (deutliche) Steigerung des Risikos für das Schutzgut zur Erfolgszurechnung genügen soll[28] und Zweifel dem Täter nicht zu Gute kommen sollen.

Eine besondere Behandlung durch den BGH erfahren hierbei allerdings die Konstellationen, bei denen ein *alkoholbedingt fahruntüchtiger KFZ-Lenker einen Unfall verursacht*. Der BGH stellt hierbei einen neuen Vergleichsmaßstab (hinsichtlich seiner Kausalitätsprüfung) auf. Er geht dabei davon aus, dass ein angetrunkener Fahrer aufgrund seines Zustands umsichtiger und damit langsamer fahren müsse als andere Verkehrsteilnehmer. Die auf diesem Wege ermittelte (hypothetische) Geschwindigkeit wird nunmehr in den Vergleich einbezogen, sodass zu fragen ist, ob der Unfall auch bei dieser (verringerten) Geschwindigkeit passiert wäre (Entsprechendes soll auch für den Lenker eines fahruntüchtigen KFZ gelten)[29].

bb) Eine Teilnahme an einer **freiverantwortlichen Selbstgefährdung** soll nach inzwischen übereinstimmender Ansicht in Rechtsprechung und h. L. mangels Zurechnung schon nicht tatbestandsmäßig sein, wenn sich im Erfolg das vom Opfer eingegangene Risiko verwirklicht. Als typischen Fall können Sie hier an die Strafbarkeit eines Drogendealers denken. Lässt sich erweisen, dass der Abnehmer sich der Risiken und Gefahren des Drogenkonsums bewusst war, so scheidet eine strafbare Mitwirkung an einem Körperverletzungs- oder gar Tötungsdelikt aus, wenn der Abnehmer im Zuge des Drogenkonsums zu Tode kommt[30]. Kommen Sie also zu dem Ergebnis, dass der Geschädigte sich freiwillig und wissentlich selbst schädigt oder verletzt, so ist eine Mitwirkung daran schon auf Tatbestandsebene als strafloses Verhalten zu beurteilen. Die Frage einer objektiven Zurechnung oder fehlenden Rechtswidrigkeit stellt sich in diesen Fällen gar nicht mehr. Die Grenze bilden allerdings Fälle, in denen der Täter über überlegenes Wissen verfügt und somit einem mittelbaren Täter gleichsteht[31]. Beachten Sie in diesem Zusammenhang auch die oft erforderliche Abgrenzung (nach der Tatherrschaft) zu den Fällen der **einverständlichen Fremdgefährdung**[32]. 46

Im Rahmen der Fahrlässigkeitsdelikte führt die Verneinung des Kausalität/objektiven Zurechnung dazu, dass der Täter (wegen dieses Delikts) nicht strafbar ist: Die Vollendung ist 47

---

25 Vgl. BGHSt 11, 1 ff.; St 28, 230.
26 Bsp.: Ein Autofahrer vergisst, vor dem Abbiegen zu blinken; ein Kind läuft ihm ins Fahrzeug. Es stellt sich heraus, dass das Kind im Spiel das Auto überhaupt nicht gesehen hatte, sich also bei ordnungsgemäßem Blinken nicht anders verhalten hätte. Hier kann zwar die *Handlung* (Abbiegen) nicht hinweggedacht werden, ohne dass der Erfolg entfiele, wohl aber die *Pflichtwidrigkeit* (fehlendes Blinken).
27 Vgl. Sch/Sch § 15 Rn. 177 ff.; BGHSt 30, 228 ff. (strenger BGHSt 37, 127 für Unterlassungsdelikte).
28 Vgl. dazu F Vor § 13 Rn. 26.
29 Vgl. hierzu F Vor § 13 Rn. 34; BGH NStZ 2013, 231 f.
30 Vgl. etwa BGH vom 11. 4. 2000 in NStZ 2001, 206 ff.
31 Vgl. im Einzelnen F Vor § 13 Rn. 36.
32 F Vor § 13 Rn. 37.

dem Täter nicht zurechenbar und ein Versuch scheitert am fehlenden Vorsatz. Sollte die Zurechnung nach Ihrer Würdigung entfallen, so könnten Sie dies z. B. in der Weise darstellen:

> *"Durch sein Verhalten (konkrete Tatsachen ausführen) hat der Beschuldigte zwar eine Verletzung des X (kausal) herbeigeführt, jedoch scheidet eine Strafbarkeit dennoch aus, da ihm der konkrete Erfolg nicht zurechenbar ist. (folgt Begründung)"*

f) Subjektive Zurechnungsfragen auf der Ebene der Schuld

48 An dieser Stelle sollte im Rahmen der Fahrlässigkeitsschuld geprüft werden, ob der Täter nach seinen persönlichen Fähigkeiten und seiner individuellen Situation in der Lage war, die gebotenen (unter Rn. 39 ff. erörterten) Sorgfaltspflichten zu erkennen und einzuhalten (**subjektive Vermeidbarkeit** des Erfolgs). Es sind dabei all die individuellen Aspekte zu prüfen, die eine subjektive Vorwerfbarkeit im Einzelfall ausschließen könnten (z. B. der psychische und physische Zustand, eventuelle emotionale Einflüsse, u. U. auch eine Unzumutbarkeit normgerechten Verhaltens). Im Unterschied zu den oben vorgenommenen Erwägungen zum konkreten Sorgfaltsmaßstab, der nach der hier vertretenen Ansicht ja auch unter Heranziehung *grundsätzlicher* individueller Fähigkeiten erfolgt, geht es hier darum, solchen Fällen Rechnung zu tragen, bei denen trotz der theoretischen Fähigkeit, die entsprechende Sorgfalt zu wahren, *besondere Umstände des Einzelfalles* dies unter den gegebenen Umständen doch wiederum einschränken (etwa affektive Erregung, momentane körperliche Mängel). Ein Arzt, der aufgrund seiner Erfahrung grundsätzlich in der Lage ist, bei zumutbarer Sorgfalt auch eine überdurchschnittlich riskante und schwierige Operation zu meistern, ist möglicherweise dazu dann nicht in der Lage, wenn er zu dieser Tätigkeit in einer emotionalen Zwangslage gedrängt wird.

49 Außerdem muss bei den Erfolgsdelikten der Erfolg auch **subjektiv voraussehbar** gewesen sein, d. h. der Täter muss subjektiv nach individuellen Kenntnissen, Zustand und Fähigkeiten in der Lage gewesen sein, den konkreten Erfolg vorherzusehen. Nach der Rechtsprechung reicht es, wenn der Erfolg als solcher – ohne den gesamten Kausalverlauf – (subj.) vorsehbar war. Dies ist z. B. nicht anzunehmen bei solchen Geschehensabläufen, die weit außerhalb der Lebenserfahrung liegen[33]. An dieser Stelle erfolgt auch die *Abgrenzung der einfachen (unbewussten) von der bewussten Fahrlässigkeit* (s. o. Rn. 33).

50 Diese subjektive Vorwerfbarkeit kann im Sachverhalt wie folgt formuliert werden:

> *"... hätte er bei Einhaltung der gebotenen, erforderlichen und zumutbaren Sorgfalt die Gefahr (des Erfolgseintritts) erkennen und vermeiden können ..."* [einfache Fahrlässigkeit]

oder:

> *"... er tat dies, obwohl er durchaus mit der Möglichkeit (des Erfolgseintritts) rechnete. Er vertraute dabei pflichtwidrig darauf, dass der Erfolg nicht eintreten würde. Bei Einhaltung der gebotenen, erforderlichen und zumutbaren Sorgfalt hätte er (den Erfolg) vermeiden können ..."* [bewusste Fahrlässigkeit]

---

33 Sch/Sch § 15 Rn. 200.

3. Die Unterlassungsdelikte

Unterschieden werden kann zwischen den *echten* und den *unechten* Unterlassungsdelikten. Die echten Unterlassungsdelikte beschreiben einen Verstoß gegen eine positiv im Gesetz geregelte **Gebotsnorm** durch Untätigbleiben. Beispiele: Die unterlassene Hilfeleistung (§ 323 c) und die Nichtanzeige geplanter Straftaten (§ 138); vgl. aber auch z. B. § 123 Abs. 1 2. Alt.

51

Die unechten Unterlassungsdelikte stellen das Gegenstück zu den Tätigkeitsdelikten dar. Sie erfassen also Verstöße gegen **Verbotsnormen** durch Untätigbleiben. Voraussetzung hierfür ist jedoch, dass eine Rechtspflicht zum Handeln besteht und die Unterlassung einem aktiven Tun gleichzustellen ist (vgl. § 13) und die folgenden Ausführungen.

Beachten Sie noch, dass manche Tatbestände in ihrem Wortlaut bereits Tun und Unterlassen gleichstellen (etwa § 225), bzw. dass die Auslegung eine solche Gleichwertigkeit ergibt (§ 266), sodass ein Unterlassen unmittelbar tatbestandsmäßig ist.

a) Vorgeschlagenes Prüfungsschema

I. Vorüberlegung: Abgrenzung Tun/Unterlassen
II. Objektive Tatbestandsmäßigkeit
   1. Erfolgseintritt
   2. Nichtvornahme der möglichen (und gebotenen) Handlung
   3. Bestehen einer Handlungspflicht (Garantenstellung)
   4. Kausalzusammenhang und Zurechenbarkeit
   5. Gleichwertigkeit Tun/Unterlassen
III. Subjektiver Tatbestand
IV. Rechtswidrigkeit, Schuld

52

b) Vorüberlegung

Die erste Weichenstellung, die in manchen Fällen durchaus Probleme aufwerfen kann, ist die Frage, ob bei der rechtlichen Beurteilung eines Verhaltens von einem *Tun oder* einem *Unterlassen* auszugehen ist. Bei mehrschichtigen oder längeren Verhaltensabläufen wird es durchaus vorkommen, dass bei streng kausaler Betrachtung sowohl ein vorwerfbares Unterlassen, wie auch ein Tun für einen Erfolg ursächlich war. So hatte etwa schon das Reichsgericht im sog. „Radleuchtenfall"[34] zu prüfen, ob das Unterlassen der Anbringung einer ordnungsgemäßen Fahrradbeleuchtung oder die Verursachung des nachfolgenden Unfalls mit dem Fußgänger als aktives Tun maßgeblich sein sollte. Es ist daher die grundlegende Vorabentscheidung zu treffen, welche Handlungsform als die rechtlich relevante erscheint. Dies hat durchaus praktische Relevanz, da ein Unterlassen bei unechten Unterlassungsdelikten nur strafbar sein kann, wenn eine Rechtspflicht zum Handeln bestanden hat.

53

Nach einhelliger Meinung ist für die Abgrenzung auf den **Schwerpunkt des strafrechtlich relevanten Verhaltens** abzustellen[35]. Die Abwägung hat dabei nicht aus rein äußerlicher Betrachtungsweise zu erfolgen, sondern bedarf einer normativen **Wertung**. Als maßgebliches Kriterium soll hier auf den *sozialen Handlungssinn* abgestellt werden. Lassen Sie bei dieser Abgrenzung durchaus Ihr natürliches Verständnis einfließen – stellt sich die Handlung danach als Unterlassung oder als positives Tun dar? So können Unterlassungen als Folge eines Handlungsablaufes/positiven Tuns durchaus in den Hintergrund gedrängt werden. Demnach muss auch im oben erwähnten „Radleuchtenfall" richtigerweise ein Tätigkeitsdelikt angenommen werden. Gleiches gilt etwa für einen LKW-Fahrer, der nicht anhält, obwohl in seinem Fahrzeug ein Verbrechen begangen wird. Hier spricht die Wertung für ein aktives (Beihilfe-)Tun durch Weiterfahren[36].

---

[34] RGSt 63, 392.
[35] Vgl. F Vor § 13 Rn. 17 oder Sch/Sch Vor § 13 Rn. 158, jeweils mit Hinweisen auf die Rspr.
[36] So z. B. F Vor § 13 Rn. 17 a.

Zwei regelmäßige Problemkonstellationen sollen hier noch kurz erwähnt werden, nämlich die so genannten **Rettungsfälle** und die Fälle **abgebrochener ärztlicher Behandlung**.

- Bei den **Rettungsfällen** besteht weitestgehend Einigkeit, dass ein aktives Tun dann anzunehmen ist, wenn bereits laufende Rettungsversuche oder bestehende effektive Möglichkeiten durch aktives Eingreifen verhindert werden (etwa Zerstörung eines durch Dritte zugeworfenen Rettungsringes oder eines Schlauchboots). Beim Abbruch einer vom Täter selbst eingeleiteten Rettungsmaßnahme (ein zugeworfenes Seil wird wieder zurückgezogen), soll danach unterschieden werden, ob dem Opfer im Moment des Abbruchs bereits eine Rettungsmöglichkeit eröffnet war (es also z. B. das Seil bereits ergriffen hatte). Entzieht der Täter dann doch noch die Hilfe, so soll aktives Tun angenommen werden. Bloßes Unterlassen ist indes dann anzunehmen, wenn der Täter Hilfe oder Hilfsgegenstände schlichtweg verweigert[37].
- Umstrittener sind die Fälle, in denen **ein Arzt lebenserhaltende technische Hilfsmaßnahmen beendet**. Während die eine Meinung hier ein Tun annehmen will und sich auf die aktive Abschaltungshandlung beruft, soll nach anderer (zustimmungswürdiger) Ansicht ein Unterlassen angenommen werden[38]. Bei normativer Wertung handelt es sich nämlich richtigerweise um ein Unterlassen weiterer Hilfsmaßnahmen (gleich dem Abbruch manueller Rettungsversuche), die allein aus technischen Gründen auf Apparaturen übertragen wurden. Zudem würde man unbilligerweise sonst solche Ärzte bevorzugen, die Maschinen verwenden, welche von selbst abschalten, wenn nicht ein regelmäßiger Impuls erfolgt.

c) Bestehen einer Handlungspflicht (Garantenstellung)

54 Grundlage für eine strafrechtliche Zurechnung eines tatbestandlichen Erfolges ist im Rahmen der Unterlassungsdelikte die **Nichtvornahme einer Handlung**, zu der der Täter objektiv in der Lage (**physisch-reale Möglichkeit der Erfolgsverhinderung**[39]) und **verpflichtet** gewesen wäre.

Die dogmatische Grundlage für diese Pflicht, die **Garantenstellung,** soll sich nach traditioneller Ansicht aus verschiedenen Fallgruppen ergeben (vgl. dazu sogleich). Die neuere Literatur, die an dieser Fallgruppenbildung v. a. das Fehlen sachlicher Kriterien kritisiert, unterscheidet im Hinblick auf die Stellung des Täters zum Opfer bzw. zum Rechtsgut zwischen Überwacher- und Beschützergaranten. Während sich die *Überwachergarantenstellung* auf allgemeine Sicherungspflichten aufgrund einer Gefahrenquelle, für die der „Täter" die Verantwortung trägt, gegenüber jedermann gründet (Verkehrssicherungspflichten, Aufsichtspflichten gegenüber Dritten, Ingerenz), bestehen *Beschützergarantenstellungen* gegenüber bestimmten individualisierten Rechtsgütern (familiäre Beziehung, Amtsträgerpflichten, freiwillige Übernahme von Obhutspflichten).

Die Rechtsprechung folgt im Wesentlichen der *Fallgruppeneinteilung*. Danach soll sich eine Garantenstellung ergeben können aus:
- *Gesetz* (familienrechtlich z. B. § 1353 BGB unter Ehegatten, § 1601 ff. BGB für Verwandte, Kinder usw., berufsrechtlich wie etwa bei Polizeibeamten oder Anstaltsleitern u. Ä.)
- *tatsächlicher Übernahme der Gefahr für das Rechtsgut* (vertraglich oder faktisch z. B. Arztbehandlung)
- *besonderem Vertrauensverhältnis* (z. B. enge Hausgemeinschaft, Seilschaft)
- *Ingerenz*, also aus der Herbeiführung einer Gefahrenlage (z. B. Zurücklassen eines geschaffenen Verkehrshindernisses, übermäßige Alkoholabgabe eines Wirtes an Gast, der sodann ein KFZ führt). Beachten Sie, dass nach der Rechtsprechung speziell die naheliegende

---

[37] Sch/Sch Vor § 13 Rn. 159 f.
[38] Sch/Sch Vor § 13 Rn. 160; Wessels, AT, Rn. 703 f; tendenziell, wenn auch in anderer Sachverhaltskonstellation, wohl auch BGHSt 40, 257 (265).
[39] Zur Problematik der zurechenbaren Herbeiführung der Handlungsunfähigkeit F § 13 Rn. 79: sog. omissio libera in causa.

Gefahr des *konkret* eingetretenen Erfolgs durch das Täterverhalten herbeigeführt worden sein muss[40].

– *Sachherrschaft* (z.B. Betreiber von Rummelplätzen, Sportanlagen, Tierhalter, u.U. auch bereits Gastgeber in Privatwohnung)

Einen umfangreichen Überblick über die Fallgruppen im Einzelnen finden Sie bei **Fischer § 13 Rn. 11 ff.**[41], die Sie lesen sollten, um ein Gefühl dafür zu bekommen, welche Bereiche bzw. Konstellationen die Prüfung eines Unterlassungsdeliktes nahelegen. Besonders umstritten ist der Bereich der Ingerenz (etwa im Zusammenhang mit der Frage, ob *schuldloses* (bejahend die h.M.) oder sogar *rechtmäßiges* Verhalten[42] eine Garantenstellung begründen kann).

TIPP: Ob Sie in der praktischen Fallbearbeitung dogmatisch der herkömmlichen oder der neueren Einteilung der Garantenstellungen folgen, ist nicht erheblich. Entscheidender ist, Ihre Entscheidung nicht allein auf eine Kommentarstelle zu gründen, sondern argumentativ zu belegen.

d) Kausalzusammenhang und Zurechenbarkeit

Auch im Rahmen der Unterlassungsdelikte ist Voraussetzung für ein strafbares Unterlassen der Nachweis der Kausalität. Die herkömmliche „conditio-sine-qua-non-Formel" ist hierbei nicht tauglich, da es an einer Handlung fehlt, die hinweggedacht werden könnte.

55

> Nach der h.M. wird demnach hier insoweit modifiziert gefragt, ob die rechtlich geforderte Handlung nicht **hinzugedacht** werden kann, ohne dass der Erfolg mit an Sicherheit grenzender Wahrscheinlichkeit entfiele[43].

Ein Problem kann dabei die Frage bereiten, ob dabei i.S. dieser Definition der konkrete oder der abstrakte Erfolg maßgeblich sein soll. In Anlehnung an BGH JZ 73, 173 könnte man etwa bei dem Fall, in dem ein Vater seine Kinder nicht aus dem Fenster des 2. Stocks seines brennenden Hauses warf, sondern sie letztlich aus Angst, sie könnten durch den Sturz zu Schaden kommen, verbrennen ließ, darauf abstellen, ob der Tod durch Verbrennen (konkreter Erfolg) oder der Tod allgemein, also auch etwa durch Sturzverletzungen, mit an Sicherheit grenzender Wahrscheinlichkeit ausgeblieben wäre. Der BGH wählte letzteren Weg, um die Zurechnung zu Gunsten des Unterlassenden einzugrenzen. Hierfür spricht sicherlich, dass eine Eingrenzung grundsätzlich erforderlich ist, insbesondere da sonst, würde man nur auf den Tod durch Verbrennen abstellen, der Unterlassende auch dann strafbar wäre, wenn er eine Alternative unterlassen würde, die den sicheren Tod für die Kinder bedeuten würde (etwa Wurf aus dem Fenster des 20. Stocks). Als ein besserer Weg erscheint es jedoch, die gebotene Einschränkung auch hier im Rahmen der *objektiven Zurechnung* vorzunehmen[44]. Demnach wäre im vorliegenden Fall im Rahmen der Prüfung des Pflichtwidrigkeitszusammenhangs danach zu fragen, ob der gleiche tatbestandliche Erfolg (hier Tod der Kinder), gleich welcher konkreten Art, auch bei pflichtgemäßem Verhalten eingetreten wäre, was die Straflosigkeit zur Folge hätte. Umstritten ist dabei allerdings, ob es i.S.d. „in-dubio-Grundsatzes" hierbei genügen soll, dass der Erfolgseintritt (gleich welcher Art) nur nicht ausschließbar ist[45], oder ob die Erfolgzurechnung bereits dann zu bejahen ist, wenn eine Möglichkeit zur Gefahrverminderung ungenützt gelassen wird, durch die die Rettungschance möglicherweise erhöht gewesen wäre (so die Risikoerhöhungslehre). Nach einer Entscheidung des BGH aus dem Jahr 2011[46] streitet für den Angeklagten hier der Grundsatz „in dubio pro reo", wobei es allerdings nicht genügt, dass der Eintritt desselben tatbestandlichen

---

40 BGH NStZ-RR 2009, 366.
41 Zu dem Sonderproblem strafbarer Untätigkeit bei beobachtetem Suizid vgl. Rn. 212.
42 Sehr str. – zum Meinungsstand s. F § 13 Rn. 50 ff.
43 Wobei der BGH in NStZ-RR 2002, 303 ff. den Grad von „einiger Wahrscheinlichkeit" hat ausreichen lassen.
44 Wessels, AT, Rn. 712.
45 So etwa Wessels, AT, Rn. 713.
46 BGH NStZ 2011, 31.

Erfolgs nur gedanklich „nicht ausschließbar" ist; vielmehr muss sich dies aufgrund bestimmter Tatsachen so verdichten, dass die Überzeugung vom Gegenteil mit an Sicherheit grenzender Wahrscheinlichkeit vernünftigerweise ausgeschlossen ist.

e) Gleichwertigkeit

56 Die so genannte **Entsprechungsklausel** des § 13 Abs. 1, 2. HS fordert, dass das Unterlassen einem Handeln durch aktives Tun entspricht, d. h. so nahekommt, dass es dem Unrechtstypus des Begehungsdeliktes entspricht. Dies wird regelmäßig nur bei Delikten Probleme aufwerfen, die eine spezifische Begehungsweise fordern (z. B. Heimtücke oder Zwang). Hier wäre zu prüfen, ob das Unterlassen gerade diesen speziellen Anforderungen, die an das aktive Tun gestellt werden, entspricht.

> **TIPP:** Es wäre in einer praktischen Arbeit allerdings überflüssig, bei unproblematischer Konstellation zu diesem Punkt mehr als einen feststellenden Satz zu schreiben.

f) Subjektiver Tatbestand, Rechtswidrigkeit und Unzumutbarkeit als Schuldausschließungsgrund

57 Vergessen Sie auch hier nicht die Prüfung des Vorsatzes, wobei dieser jedoch unter einem leicht abgewandelten Blickwinkel zu erörtern ist, da ein bewusstes, gewolltes und zielgerichtetes (aktives) Verhalten ja gerade nicht vorliegt.

> Entscheidend muss sein, ob der Unterlassende sämtliche Merkmale des Tatbestandes in sein Bewusstsein aufnahm.

Im Einzelnen gehören bei den Unterlassungsdelikten zum **Gegenstand des Vorsatzes** die Umstände, die die Handlungspflicht (aber auch die Zumutbarkeit der Erfolgsabwendung) begründen, die Erfolgsgefahr und die Kausalität, sowie das willentliche Untätigbleiben trotz des Bewusstseins, dass der Erfolg durch sein Tun zu diesem Zeitpunkt noch vermieden werden könnte[47]. Zudem wird von der h. M. gefordert, dass der Unterlassende auch die konkrete Handlung, die den Erfolg hätte vermeiden können, kennt, bzw. sie ihm zumindest mitbewusst ist[48]. Hiervon zu trennen ist allerdings die Frage, ob er auch wissen muss, dass er zur Handlung *verpflichtet* ist. Hierbei handelt es sich nach der h. M. um eine Gebotsnorm und nicht ein Tatbestandsmerkmal oder einen tatbestandsrelevanten Umstand. Es reicht daher, dass er die Umstände, die seine Pflicht begründen, kennt. Das „Nicht-Wissen" um seine rechtliche Pflicht begründet letztlich nur einen nach § 17 zu beurteilenden Gebotsirrtum[49].

Ein Irrtum über die die Garantenstellung begründenden Umstände als solche ist ein Tatbestandsirrtum, ein Irrtum über die Grenzen der Garantenstellung allerdings wiederum nur ein einem Verbotsirrtum gleichzustellender Gebotsirrtum.

58 Im Rahmen der *Rechtswidrigkeitsprüfung* sollten Sie v. a. die Problematik einer möglichen **Pflichtenkollision** im Auge behalten. Hiernach kann die Rechtswidrigkeit möglicherweise dann entfallen, wenn der Täter auf Kosten der einen Pflicht einer höherrangigen Pflicht nachkommt oder bei mehreren gleichrangigen Pflichten nur eine von mehreren gleichwertigen Handlungen – auf Kosten eines anderen Rechtsguts – vornehmen kann.

59 Als *Schuldausschließungsgrund* ist schließlich noch die **Zumutbarkeit des normgerechten Verhaltens** zu prüfen. Im Rahmen einer *Interessenabwägung* ist hier auf die Umstände des Einzelfalls einzugehen und zu fragen, ob der Garant eigene billigenswerte und verhältnismä-

---

[47] Dieser zeitliche Aspekt ist sehr wichtig. So hat der BGH die Verurteilung eines Elternpaares, das sein Kind verhungern ließ, wegen Tötung durch Unterlassen aufgehoben, da das Tatgericht keine Feststellungen dazu getroffen hatte, ob die Eltern die Möglichkeit des Todeseintritts erkannt und gebilligt hatten **zu einem Zeitpunkt**, zu dem Rettung noch möglich gewesen wäre und die Eltern auch dies erkannt hätten – BGH NStZ 07, 469.
[48] Sch/Sch § 15 Rn. 94.
[49] Sch/Sch § 15 Rn. 96; F § 13 Rn. 48.

ßige Interessen gefährden würde, wenn er, wie grundsätzlich geboten, tätig würde. Daran wäre etwa dann zu denken, wenn ihm selbst eine Strafverfolgung droht oder er sich selbst gefährden würde. Dogmatisch herrscht hierbei allerdings Streit, ob dies nicht schon im Rahmen der Kausalität oder der Handlungspflicht, also bei der objektiven Tatbestandsmäßigkeit zu erörtern ist[50]. Diese unterschiedliche Behandlung kann im Hinblick auf die Folgen eines Irrtums über die Zumutbarkeit (Tatbestandsirrtum oder Irrtum über Schuldausschließungsgrund?) durchaus von Bedeutung sein. Aus unserer Sicht erscheint es sinnvoll, diese Frage erst auf der Schuldebene zu diskutieren, da Handlungspflicht und Kausalität auch in diesen Konstellationen erst einmal zu bejahen sind. Allein aufgrund der individuellen Konfliktsituation erscheint es geboten, ausnahmsweise auf der Schuldebene ein Korrektiv vorzunehmen.

Beachten Sie bei der Strafzumessung die Vorschrift des § 13 Abs. 2. Danach besteht für unechte Unterlassungsdelikte eine *fakultative Milderungsmöglichkeit* nach § 49 Abs. 1, da die verbrecherische Energie bei Unterlassungstaten u. U. geringer sein kann (was etwa bei Grenzfällen der Zumutbarkeit normgerechten Verhaltens naheliegt).

60

TIPP: In den Tenor (Urteil) bzw. Schuldvorwurf (Anklageschrift) ist das Unterlassen nicht aufzunehmen.

Für die Klausurarbeit soll noch der Hinweis erfolgen, stets an „versteckte" mögliche Unterlassungsdelikte zu denken. Sie bergen die Gefahr, übersehen zu werden, da sie sich oft zunächst nicht aufdrängen. Ein aktives Tun, das im Klausurtext beschrieben ist, ist leicht erkennbar und weckt automatisch in der Klausur Ihre Aufmerksamkeit. Ein Unterlassen zeichnet sich aber gerade dadurch aus, dass nichts getan wurde.

61

TIPP: Nützen Sie also auch hier wieder eventuelle Andeutungen in der Klausur (etwa Formulierungen wie „... während X dabeistand ..." oder andere Hinweise auf Dritte) und überlegen Sie am Besten bei allen im Sachverhalt erwähnten Personen kurz, ob nicht irgendeine Form von Unterlassen in Betracht kommt. Achten Sie schließlich darauf, dass auch bei Unterlassungsdelikten im Anklagesatz oder im Urteilssachverhalt sämtliche die Strafbarkeit begründenden Umstände explizit dargestellt werden – insbesondere auch der Vorsatz und die Kausalität.

> *Beispiel:*
> *„... obwohl er aufgrund seiner Verwandtschaft (hier oder an anderer Stelle ggfs. konkretisieren) verpflichtet und nach den Umständen auch in der Lage (ggfs. ausführen) gewesen wäre, dem X durch ... zu Hilfe zu kommen, was ihm auch bewusst war, tat er nichts und überließ den X seinem Schicksal. Aufgrund dieser Untätigkeit starb X durch ... Bei rechtzeitiger Vornahme der Handlung hätte X gerettet werden können. Dem Angeklagten war dabei bewusst, dass dem X ohne sein Eingreifen der Tod drohte und er diesen durch sein Handeln mit an Sicherheit grenzender Wahrscheinlichkeit hätte verhindern können. Er nahm den Tod des X jedoch zumindest billigend in Kauf. (eventuell zusätzliche Ausführung wie z. B. Zumutbarkeitserwägungen)"*

4. Die Gefährdungsdelikte

Zu unterscheiden sind in dieser Deliktsgruppe die **abstrakten** und die **konkreten Gefährdungsdelikte**. Den Grund der Strafbewehrung bildet hier (bereits) die Gefährdung anderer Rechtsgüter, nicht erst deren Verletzung. Während die konkreten Gefährdungsdelikte hierbei allerdings eine tatsächliche, eben eine konkrete Gefährdung der geschützten Rechtsgüter

62

---

50 So z. B. Wessels, AT, Rn. 739, und Teile der Rspr.

voraussetzen, die positiv festgestellt werden muss, begründet bei den abstrakten Gefährdungsdelikten bereits die generelle Gefährlichkeit des umschriebenen Verhaltens die Strafbarkeit. Bei Letzteren ist somit der Nachweis einer tatsächlich verursachten konkreten Gefahr nicht erforderlich.

> Eine konkrete Gefahr liegt nach neuerer Rechtsprechung vor, wenn nicht bloß der Eintritt eines Verletzungserfolgs wahrscheinlich ist, sondern das jeweilige Rechtsgut in eine Existenzkrise geraten ist, weil alle Zeichen auf eine unumkehrbare Rechtsgutverletzung hindeuten[51].

TIPP: Beschränken Sie sich jedoch nicht auf die Wiedergabe einer solchen Formel. Entscheidend ist einmal mehr, dass Sie Ihren Schluss begründen (ließ z. B. der Täter dem Geschehen freien Lauf, sodass der mögliche Erfolgseintritt nur noch vom Zufall abhing? Konnte er das Geschehen überhaupt beherrschen? Waren potenzielle Opfer tatsächlich in der Nähe oder am Tatort zu erwarten?). Beachten Sie dabei aber vor allem, dass es dabei stets (nur) um das Vorliegen einer tatsächlichen, konkreten Gefährdung, nicht dagegen einer tatsächlichen Rechtsgutbeeinträchtigung geht.

Verneinen Sie in der konkreten Situation den Eintritt einer konkreten Gefahr, so kommt es nicht mehr darauf an, ob diese in jedem Fall ausgeblieben wäre oder nur ausnahmsweise ausblieb.

TIPP: Vergessen Sie nicht, dass sich bei Vorsatztaten der Vorsatz, wenigstens in bedingter Form, auch auf die Gefährdung beziehen muss. Beachten Sie dies auch bei den Formulierungen im Rahmen eines Anklagesatzes, Plädoyers oder Urteils. Ein Vorsatz bzgl. eines tatsächlichen Schadenseintritts ist dagegen nicht erforderlich, sodass es der Annahme eines vorsätzlichen Gefährdungsdelikts (z. B. § 315c Abs. 1) nicht entgegensteht, dass der Täter auf das Ausbleiben eines Unfalls, einer Verletzung o. Ä. vertraute. Maßgeblich ist nur, dass er die von ihm verursachte Gefährlichkeit der Lage erkannte und billigend in Kauf nahm.

> *Beispiel:*
> „... Dem Angeschuldigten war dabei bewusst, dass es bei diesem Vorgehen nur noch vom Zufall abhing, ob der Zeuge Z erhebliche Verletzungen
> [= Verletzungsgefahr] oder sogar den Tod erleiden würde [= Todesgefahr]; diese Möglichkeit nahm er billigend in Kauf, wobei er auf einen guten Ausgang vertraute [= bewusste Fahrlässigkeit bzgl. des Verletzungs-/Tötungserfolgs]."

Dogmatisch wird man die konkreten Gefährdungsdelikte, im Unterschied zu den abstrakten, als eine Sonderform der Erfolgsdelikte sehen können[52], bei denen der Erfolg bereits in der Gefährdung eines Rechtsguts besteht.

Eine Sonderform der abstrakten Gefährdungsdelikte stellen im Übrigen die so genannten **potenziellen Gefährdungsdelikte**[53] dar. Bei ihnen handelt es sich um solche Delikte, bei denen im Rahmen von ausfüllungsbedürftigen Tatbestandsmerkmalen eine zusätzliche Wertung durch Sie gefordert wird, ob das konkrete Vorgehen nach generellen Grundsätzen gefahrgeeignet ist. Am Beispiel der gefährlichen Körperverletzung mittels einer das Leben gefährdenden Behandlung (§ 224 Abs. 1 Nr. 5) heißt das z. B., dass im Einzelfall zu prüfen ist, ob die konkrete Vorgehensweise *generell geeignet* ist, das Leben zu gefährden. Eine konkrete Lebensgefährdung braucht indes gerade nicht nachgewiesen werden (Ähnliches gilt für das Merkmal der „Geeignetheit" im Rahmen des § 186).

Für die Klausur dürften unter den konkreten Gefährdungsdelikten v. a. die §§ 315c (Gefährdung des Straßenverkehrs), 306a Abs. 2 (Schwere Brandstiftung) und 250 Abs. 1 Nr. 1c

---

51 Sch/Sch Vor § 306 Rn. 5.
52 So etwa F Vor § 13 Rn. 18 mit Hinweis auf die abw. BGH-Ansicht in BGHSt 26, 180!
53 Vgl. F Vor § 13 Rn. 19; Sch/Sch Vor § 306 Rn. 3.

(Schwerer Raub), unter den abstrakten die §§ 145 d (Vortäuschen einer Straftat), 153 ff. (Aussagedelikte), 186 (Üble Nachrede), 224 Abs. 1 Nr. 5 (Gefährliche Körperverletzung) und 316 (Trunkenheit im Verkehr) relevant sein.

TIPP: Achtung: Vergessen Sie nicht, auch bei Vorliegen eines tatsächlichen Erfolgs (also nicht nur einer Gefahr), die bezeichneten Delikte zu prüfen. Der tatsächliche Tod eines Menschen im Rahmen einer unter die Voraussetzungen des § 315 c fallenden Fahrt etwa sperrt nicht die Anwendung des Gefährdungsdelikts[54]. Vorbehaltlich allgemeiner Konkurrenzregeln können diese nämlich selbstverständlich neben echten Erfolgsdelikten bestehen.

5. Die erfolgsqualifizierten Delikte

a) Vorgeschlagenes Prüfungsschema

I. *Verwirklichung des Grunddelikts*
II. *Kausaler Eintritt des qualifizierten Erfolgs*
III. *Zusammenhang zwischen deliktsspezifischer Gefahr und Erfolgsqualifikation*
IV. *Subjektiver Tatbestand:*
   1. *Vorsatz hinsichtlich Grunddelikt*
   2. *(Wenigstens) Fahrlässigkeit hinsichtlich des qualifizierten Erfolgs*
   3. *Ggf. Leichtfertigkeit*

63

b) Allgemeines

Die erfolgsqualifizierten Delikte stellen so genannte Mischtatbestände i. S. einer Verknüpfung von Vorsatz und Fahrlässigkeit dar. Dabei muss zunächst die vorsätzliche Begehung des Grundtatbestands bejaht werden.

64

TIPP: Es kann im Rahmen von Klausuren des Zweiten Staatsexamens, die nicht ein Gutachten fordern, mitunter geboten sein, diese Prüfung inzident im Rahmen des erfolgsqualifizierten Delikts vorzunehmen. Das mag zwar etwas unübersichtlicher sein als eine gesonderte Vorabprüfung, entspricht jedoch jedenfalls dann den Anforderungen an eine Praxisarbeit, wenn das Grunddelikt im Wege der Gesetzeskonkurrenz hinter dem erfolgsqualifizierten Delikt zurücksteht und somit selbst gar nicht mehr im Strafausspruch bzw. Antrag erscheinen darf (so etwa im Verhältnis § 227 zu § 224).

Besondere Probleme im Zusammenhang mit den erfolgsqualifizierten Delikten können auftauchen bei der Frage des Versuchs (vgl. dazu Rn. 105 ff.) und bei der Tatbegehung durch mehrere Beteiligte[55].

TIPP: Merken Sie sich für diesen Fall, dass grundsätzlich hinsichtlich jedes Beteiligten gesondert, anhand individueller subjektiver Prüfung, zu untersuchen ist, inwieweit ihm die qualifizierte Folge zugerechnet werden kann (§ 29).

Beachten Sie dabei z. B. auch die Möglichkeit, dass der Mittäter (bzw. Anstifter) u. U. aufgrund eines erfolgsqualifizierten Delikts bestraft werden kann, wenn sich der von ihm mitgetragene gemeinschaftliche (bzw. Anstifter-)Vorsatz zwar nur auf den Grundtatbestand bezog, ihm jedoch hinsichtlich der qualifizierten Folge, die sein Mittäter letztlich eigenständig verursachte, Fahrlässigkeit zur Last fällt (vgl. auch § 18!). So kann etwa der Angestiftete wegen eines vorsätzlichen Tötungsdeliktes zu verurteilen sein, wenn er über den gemeinschaftlichen (Körperverletzungs-)Vorsatz hinweg das Opfer (zumindest bedingt) vorsätzlich tötete, während der Anstifter wegen Anstiftung zur Körperverletzung mit Todesfolge bestraft werden kann. Dies dann, wenn der Anstiftervorsatz eine Körperverletzung umfasste, die in

---

[54] Stichwort: „Hier hat sich die konkrete Gefahr bereits in einem Schadenseintritt realisiert".
[55] Vgl. dazu F § 18 Rn. 5.

ihrer konkreten Vorgehensweise derart geplant war, dass es sich auch dem Anstifter hätte aufdrängen müssen, dass diese Vorgehensweise möglicherweise den Tod des Opfers herbeiführen könnte, er also mit der qualifizierten Folge hätte rechnen müssen[56]. Anders wäre es freilich, wenn die qualifizierte Folge einen Exzess darstellt, hinsichtlich dessen dem Beteiligten gerade kein Vorwurf gemacht werden kann.

c) Die besonderen Voraussetzungen

65 Neben dem vorsätzlichen Grunddelikt haben Sie dann zunächst den jeweils geforderten **qualifizierten Erfolg** zu prüfen. Oft wird das der „Tod" eines Opfers sein (vgl. v. a.: §§ 227, 251, 306c, 221 Abs. 3, 239a Abs. 3 oder 179 Abs. 6 i. V. m 176 b). Dabei ist zunächst die **Kausalität** zwischen dieser Folge und dem Grunddelikt festzustellen. Darüber hinaus bedarf es jedoch nach allgemeiner Meinung noch einer weitergehenden „Beziehung", i. S. eines erhöhten Unrechtsgehalts. Diese wird allgemein darin gesehen, dass der qualifizierte Erfolg gerade auf der dem Grunddelikt anhaftenden spezifischen Gefahr beruhen muss[57]. Im Einzelnen ist hier vieles streitig. Die Rechtsprechung hat dabei bislang meist auf einen so genannten **Unmittelbarkeitszusammenhang** abgestellt (so v. a. bei der Körperverletzung mit Todesfolge, wo der BGH darauf abstellt, ob der Tat**handlung** [nicht dem Taterfolg!] die spezifische Gefahr anhaftet), scheint dies jedoch in neueren Entscheidungen nicht mehr so starr zu sehen, sondern am Einzelfall normspezifisch zu bestimmen[58].

Verschiedene Ansichten in der Literatur wollen stattdessen im Rahmen der Kausalität ansetzen oder erhöhte subjektive Anforderungen stellen[59].

Richtig erscheint es jedoch, mit der wohl überwiegenden neueren Literatur weiterhin am Begriff der **spezifischen, dem Grunddelikt innewohnenden Gefahr** festzuhalten, diese jedoch nicht pauschal, sondern deliktsspezifisch zu definieren[60]. Dabei sollten vorab nach den Grundsätzen der objektiven Zurechnung solche Erfolge ausgesondert werden, die dem Täter etwa aufgrund freiverantwortlicher Selbstgefährdung oder Drittverhalten nicht zuzurechnen sind.

66 Eine weitere Besonderheit sollten Sie noch im Rahmen der subjektiven Prüfung bedenken. Bei der Prüfung der **Fahrlässigkeit** im Hinblick auf den qualifizierten Erfolg wird die *Sorgfaltspflichtverletzung* regelmäßig durch die (vorsätzliche) Begehung der Haupttat bejaht werden können. Die Fahrlässigkeitsprüfung wird deshalb weitestgehend auf die Frage der (objektiven und subjektiven) *Vorhersehbarkeit* (s. o. Rn. 43) beschränkt werden können. Diese Vorhersehbarkeit muss dabei allerdings auch hinsichtlich des oben erläuterten spezifischen Gefahrenzusammenhangs bejaht werden.

67 Schließlich wird für zahlreiche erfolgsqualifizierte Delikte zusätzlich die Annahme von **Leichtfertigkeit** vorausgesetzt. Begrifflich handelt es sich dabei um eine gesteigerte Form der Fahrlässigkeit (allerdings nicht gleichzusetzen mit bewusster oder grober Fahrlässigkeit) in der Form, dass die gebotene Sorgfalt in ungewöhnlich hohem Maße verletzt wird. Der Begriff stellt auf die jeweilige Tatsituation ab und berücksichtigt die individuellen Fähigkeiten des Täters[61]. Hierbei können z. B. ein besonders hoher Grad an Wahrscheinlichkeit im Hinblick auf den Erfolgseintritt, besonders leichtsinniges oder sorgloses Verhalten des Täters o. Ä. eine Rolle spielen.

Ist diese zusätzliche Voraussetzung im Wortlaut der jeweiligen Norm erwähnt (vgl. z. B. §§ 251, 239a Abs. 3; dagegen nur einfache Fahrlässigkeit v. a. bei § 227!), so haben Sie dies auch explizit zu prüfen. Beachten Sie, dass durch die Aufnahme der Worte „*...wenigstens/*

---

[56] F § 18 Rn. 6; Sch/Sch § 18 Rn. 7; BGH JZ 1986, 765.
[57] So z. B. Sch/Sch § 18 Rn. 4 oder F § 18 Rn. 2.
[58] Vgl. BGHSt 33, 322.
[59] Vgl. dazu die ausführlichen Erläuterungen bei Sch/Sch § 18 Rn. 4.
[60] In diesem Sinne etwa Sch/Sch § 18 Rn. 4, F § 18 Rn. 2.
[61] Zum Begriff F § 15 Rn. 20, Wessels, AT, Rn. 662, und ausführlich Sch/Sch § 15 Rn. 205.

zumindest leichtfertig ..." in die Gesetzesformulierung der jeweiligen Tatbestände nunmehr eindeutig klargestellt ist, dass auch vorsätzliches Verhalten erfasst wird. Dadurch ist der frühere Streit im Rahmen der Konkurrenzen, ob erfolgsqualifizierte und Vorsatz-Delikte sich als „aliud" ausschließen, beseitigt. Richtig ist i. S. der früheren „Konkurrenzlösung" davon auszugehen, dass grundsätzlich beide nebeneinander bestehen können, dass das Verhältnis vielmehr im Einzelfall auf der Ebene der Konkurrenz zu prüfen ist.

II. Der subjektive Tatbestand

1. Allgemeines

Im Hinblick auf die Zielvorgabe dieses Buches wird bewusst darauf verzichtet, den Bereich des objektiven Tatbestands allgemein zu erläutern. Es darf dazu auf die Ausführungen zu den einzelnen Delikten verwiesen werden. Da jedoch der Bereich des subjektiven Tatbestands oftmals Probleme in Klausuren aufzuwerfen scheint, soll diesem ein eigenes Kapitel mit besonderen Hinweisen für die Praxisarbeit gewidmet werden. **68**

Der subjektive Tatbestand, der sich aus der jeweiligen Vorsatzform (bei Vorsatzdelikten) und sonstigen subjektiven Merkmalen zusammensetzt, bietet in Klausuren stets eine gute Möglichkeit zu prüfen, ob der Kandidat in der Lage ist, die angesprochenen Probleme strukturell korrekt zu bearbeiten, aber auch die gefundenen Ergebnisse im Rahmen einer praktischen Arbeit im Urteilsstil (im Gegensatz zur gutachterlichen Abhandlung) darzustellen.

> **TIPP:** Ob es um die Abgrenzung zur Fahrlässigkeit, Vorsatzfragen bei Mittätern oder Irrtumsproblematiken geht, stets wird von Ihnen erwartet werden, dass Sie sauber am Sachverhalt arbeiten und zu klaren Ergebnissen kommen. Ein häufiger Fehler bei Referendarsarbeiten ist es nämlich, dass zwar die theoretischen Erwägungen etwa zur Vorsatzfrage (oft wie im Ersten Examen ausführlich im Gutachtenstil) abgehandelt werden, dass aber der konkrete Bezug zum Sachverhalt fehlt oder dass es versäumt wird, aus den abstrakten Erwägungen tatsächliche und verbindliche Schlussfolgerungen und Feststellungen zu treffen.

Probleme ergeben sich auch daraus, dass innere Vorgänge aus der Natur der Sache heraus regelmäßig schwer oder gar nicht belegbar sind. Hinzu kommt, dass es – zumindest in der Praxis – die Ausnahme sein wird, dass ein Täter gerade hinsichtlich seiner inneren Vorstellungen volle Offenheit an den Tag legen wird.

> **TIPP:** Man wird daher oft auf objektive Kriterien (z. B. Gefährlichkeit des Vorgehens) oder allgemeine Lebenserfahrungen (stellt der Erfolg eine typische, zu erwartende Folge dar) zurückgreifen oder Rückschlüsse aus Äußerungen des Täters auf seine Vorstellungen ziehen müssen.

Allerdings ersetzt selbst eine Reihe von Indizien bzw. Argumenten nie Ihre tatsächliche Schlussfolgerung im Einzelfall. So reicht es eben gerade nicht aus, einen Vorsatz im Urteil (aber auch in der Anklage oder im Plädoyer) damit zu begründen, dass es sich für den Täter in der gegebenen Situation „hätte aufdrängen *müssen*" oder dass ein Täter „den Tod nach der Lebenserfahrung bei der vorliegenden Vorgehensweise grundsätzlich immer in Kauf nehmen *muss*".

> Erforderlich ist es vielmehr, aus diesen Argumenten die verbindliche Feststellung zu treffen, dass der Täter auch tatsächlich den Vorsatz *hatte*, also etwa „... daher *war* es ihm bewusst, dass ...", oder „... aufgrund dessen *nahm* er den Tod seines Opfers billigend in Kauf".

Reine Möglichkeiten, selbst solche, die sich aufdrängen, können nicht die richterliche Überzeugung im Einzelfall ersetzen. Achten Sie auch darauf, ob die Schlussfolgerungen zur subjektiven Seite plausibel (ein Wurf mit einem kleinen Stein begründet nur schwerlich einen

Tötungsvorsatz) und v. a. vollständig sind. Gerade das Fehlen einer vollständigen, umfassenden Prüfung bietet immer wieder einen Revisionsgrund. Stets muss das Gericht erkennen lassen, dass es auch die Umstände *erkannt und gewürdigt* hat, die den Vorsatz in Frage stellen können. Lassen die Darlegungen dies vermissen, stellt dies einen sachlich-rechtlichen Mangel dar.

> **TIPP:** Beachten Sie diese Anforderungen auch in einer Revisionsklausur! Für die Praxis-Klausur, egal ob Urteil, Anklage oder Plädoyer, soll ausdrücklich daran erinnert werden, dass im Sachverhalt bzw. Anklagesatz immer, auch bei einer unproblematischen Konstellation, wenigstens ein Satz zur subjektiven Seite enthalten sein muss.

Dieser hat die jeweilige Handlungsform – vorsätzlich oder fahrlässig – zu umschreiben, ohne diese Begriffe dabei wörtlich zu zitieren. (zu den entsprechenden Formulierungen s. im Folgenden). Es wäre allerdings verfehlt, bei klarem Sachverhalt, v. a. dann, wenn der Sachverhalt die subjektive Seite zweifelsfrei umschreibt, hier übertrieben ausführlich zu argumentieren. So kann es etwa als überflüssig und sogar falsch angesehen werden, bei einem klaren Kaufhausdiebstahl ohne weitere Besonderheiten ausführlichere Erörterungen zu beginnen, dass es dem Täter bewusst war, dass die Sache fremd war usw. Oft wird in solch klaren Fällen ein kurzer Zusatz genügen, wie etwa „... dies war ihm auch bewusst." oder „Er handelte gerade um ..." oder „... er handelte dabei in dem Wissen und zu dem Zweck ..."[62].

Auch sollten Sie im Zweiten Examen mit einer allgemeinen Diskussion verschiedener Vorsatztheorien, die Sie letztlich gar nicht vertreten, zurückhaltend sein (s. dazu Rn. 56). Ausführliche Erörterungen werden von Ihnen aber regelmäßig dann erwartet, wenn es um einen Grenzfall zur bewussten Fahrlässigkeit geht, wenn Sie im Sachverhalt Anzeichen entdecken, die den Vorsatz in Frage stellen könnten oder wenn sich etwa aus dem Vortrag der Beteiligten Anhaltspunkte ergeben, dass verschiedene Theorien vetreten werden.

2. Gegenstand des Vorsatzes

69 Verkürzt dargestellt beinhaltet der Vorsatz das Wissen und Wollen von Tat (einschließlich des wesentlichen Kausalverlaufs), Tatbestandsvoraussetzungen und Erfolg, sowie sämtlicher objektiven Umstände (z. B. besonderer Tatmodalitäten wie „grausam") und die Vorstellung vom Beherrschen des Tatverlaufs (in Abgrenzung zur bloßen Hoffnung auf zufälligen Erfolgseintritt oder zu Wünschen).

Merken Sie sich, dass der Vorsatz regelmäßig ein Spiegelbild des objektiven Tatbestands sein muss, also alles, was dort geprüft wurde, umfassen muss (was auch in Ihrer Sachverhaltsdarstellung zum Ausdruck kommen muss!).

Die zwei Ebenen von Wissen (intellektuelles Element) und Wollen (voluntatives Element) sollten Sie dabei stets, auch bei unproblematischen Fällen, sauber trennen.

Rufen Sie sich für die Vorsatzprüfung v. a. folgende Punkte noch einmal ins Gedächtnis:
- Hinsichtlich des Tatobjekts genügt es regelmäßig, dass der Täter dieses für sich nur gattungsmäßig bestimmt (z. B. irgendeinen Menschen).
- Der Vorsatz braucht sich nicht auf die objektiven Bedingungen der Strafbarkeit und die allgemeine Rechtswidrigkeit an sich zu erstrecken (vgl. § 17).
- In zeitlicher Hinsicht gilt, dass der Vorsatz sämtliche Tatbestandsmerkmale **zum Zeitpunkt der Tatausführung** erfassen muss. Eventuelle Kenntnis (genauer Vorsatz) erst nach Tatvollendung – so genannter „dolus subsequenz" – aber ggfs. noch vor Erfolgseintritt führt nicht

---

[62] Andererseits ist aber von einer salvatorischen Klausel am Ende des Sachverhalts („Der Angekl. handelte mit Wissen und Wollen sämtlicher Tatbestandsmerkmale") abzuraten, da dies zu sehr nach einer Leerformel ohne konkreten Feststellungsinhalt klingt.

mehr zur (Vorsatz-)Strafbarkeit, umgekehrt kann aber der nachträgliche Wegfall des Vorsatzes auch nicht mehr entlasten.
- Erforderlich ist ein aktuelles Bewusstsein, nicht nur ein im Unterbewussten gelagertes Wissen. Allerdings soll ein so genanntes **sachgedankliches Mitbewusstsein** (z.B. bei Berufswaffenträgern hinsichtlich des Beisichführens einer Waffe) genügen[63], wobei es hier sicherlich zu Abgrenzungsschwierigkeiten zur bewussten Fahrlässigkeit kommen kann.
- Hinsichtlich der deskriptiven Merkmale im Tatbestand (z.B. „Beschädigen") ist auf die Kenntnis des natürlichen Sinngehaltes abzustellen. Bei den normativen Merkmalen (z.B. „fremd"; „enteignen" ...) kommt es auf die so genannte **Parallelwertung in der Laiensphäre** an, d.h. der Täter muss den rechtlich-sozialen Bedeutungsgehalt, nicht aber die strenge juristische Definition in sein Bewusstsein aufgenommen haben[64].
- Das Wollen der Tat ist nicht dahingehend zu verstehen, dass der Erfolg dem Täter unbedingt auch erwünscht sein muss.
- Zu trennen ist der Vorsatz von zusätzlichen besonderen subjektiven Tatbestandsvoraussetzungen, wie etwa der Zueignungsabsicht beim Diebstahl oder der Bereicherungsabsicht beim Betrug (vgl. dazu im Einzelnen bei den jeweiligen Kapiteln).

3. Die Vorsatzformen

a) Absicht (dolus directus 1. Grades)

Die stärkste Form des Vorsatzes (auch dol. dir. 1. Grades) bildet die „Absicht". Sie ist dann anzunehmen, wenn es dem Täter gerade auf den Erfolg ankommt, er also mit zielgerichtetem Erfolgswillen handelt[65]. Dieses Erfolgsziel kann mit dem Motiv deckungsgleich sein, muss aber nicht. Auch kann das Erfolgsziel nur Durchgangsziel zu einem eigentlich angestrebten Zweck sein. Wenn Sie also die Vorsatzform Absicht prüfen, so stellen Sie auf den konkreten tatbestandlichen Erfolg ab und fragen Sie, ob der Täter gerade deshalb handelte, um diesen Erfolg zu erreichen (und sei es auch nur als Durchgangsstadium). Dabei ist es auch unschädlich, wenn er Zweifel hat, ob der Erfolg tatsächlich eintritt[66]. Entscheidend ist sein Wissen um die grundsätzliche Eignung seines Vorgehens (und somit die Möglichkeit des Erfolgseintritts) und sein Wollen. Achten Sie darauf, dass die gesetzliche Formulierung „Absicht" nicht zwingend Absicht i.S. der Vorsatzform sein muss. Dies ist im Einzelfall zu prüfen (Kommentar!). Auch die regelmäßig der Absicht entsprechende Formulierung „um zu" muss dem nicht immer entsprechen. In der Klausur können Sie die Vorsatzform Absicht in Formulierungen wie „... in der Absicht ..." aber auch „... um zu ..." fassen.

70

b) Direkter Vorsatz (dolus directus 2. Grades)

Im Unterschied zur Absicht, die gerade zweckgerichtetes Vorgehen verlangt, erfordert der direkte Vorsatz (nur), dass der Täter um die Verwirklichung weiß oder diese als sicher voraussieht. Dass ihm in Einzelfällen der Erfolgseintritt eigentlich unerwünscht ist, steht der Bejahung dieser Vorsatzform auch hier nicht entgegen[67]. Für die Formulierungen in der Praxis können Sie hier durchaus die Begriffe *„wissen"* und *„wollen"* verwenden.

71

c) Bedingter Vorsatz (dolus eventualis)

Die größten Abgrenzungsschwierigkeiten sowohl in der Klausur wie auch in der Praxis der Strafgerichte bietet zweifellos die Vorsatzform des dolus eventualis. Freilich wird dabei die Abgrenzung zu den Formen des dolus directus in der Regel kaum Probleme aufwerfen. Diese Differenzierung hat in der Klausur auch eine geringere Bedeutung, da auch der bedingte Vor-

72

---

63 F § 15 Rn. 4, Sch/Sch § 15 Rn. 51.
64 Wessels, AT, Rn. 242 f.
65 Wessels, AT, Rn. 211.
66 Sch/Sch § 15 Rn. 67, F § 15 Rn. 6.
67 F § 15 Rn. 7.

satz eine vollwertige Vorsatzform ist, sodass der Schuldspruch bei normalen Vorsatzdelikten letztlich von der konkreten Form des Vorsatzes unabhängig ist (außer natürlich das Gesetz fordert ausdrücklich etwa eine „Absicht"). Von Bedeutung ist diese Abgrenzung dagegen für die konkrete *Strafzumessung* oder als Kriterium für die fakultative Versuchsmilderung (vgl. dort).

aa) Praktische Probleme bei der Abgrenzung des bedingten Vorsatzes

73 Die eigentlichen Probleme stellen sich bei der *Abgrenzung zur Fahrlässigkeit*. Hierbei ist zunächst die Frage zu klären, welche Anforderungen an die innere Tatseite zu stellen sind. Welche Kriterien sollen maßgeblich sein, um den Schluss zu ziehen, dass der Täter nicht nur (bewusst) fahrlässig, sondern (zumindest) bedingt vorsätzlich gehandelt hat? Für das Erste Examen haben Sie sich sicher ausführlich mit den zahlreichen *Abgrenzungstheorien*[68] hierzu auseinandergesetzt. Im Zweiten Examen können Sie diesen Theorienstreit in aller Regel übergehen.

> **TIPP:** Ersparen Sie sich und dem Korrektor ausführliche dogmatische und theoretische Erläuterungen zu Meinungen, denen Sie sich letztlich nicht anschließen. Eine Ausnahme gilt allerdings dann, wenn sich im Sachverhalt Anhaltspunkte ergeben, wenn etwa ein Sachvortrag des Verteidigers genau die eine oder andere Theorie zur Grundlage seines Antrags macht. Hier wird von Ihnen erwartet, sich damit auseinanderzusetzen. In der Regel sollte es aber genügen, die Problematik der Abgrenzung aufzuzeigen, u. U. darzustellen, dass es hierzu unterschiedlichste Ansichten gibt (allenfalls unter stichwortartiger Erwähnung des maßgeblichen Kriteriums, u. U. auch nur im Hilfsgutachten) und dann eine klare Linie hinsichtlich des von Ihnen vertretenen Wegs zu halten. Das Wichtigste aber ist, Argumente aus dem Sachverhalt zu schöpfen. Der Korrektor im Zweiten Examen will in allererster Linie Ihre Fähigkeit überprüfen, einen konkreten Sachverhalt richtig zu erfassen, die Probleme zu erkennen und anhand der Argumente des Falles eine stimmige und nachvollziehbare Schlussfolgerung zu ziehen.

74 Sicherlich häufiger werden Sie mit dem Grundproblem der subjektiven Seite einer Praxisprüfung konfrontiert werden, dem Problem der *Nachweisbarkeit* der inneren Tatseite. Wenn in der Klausur der Täter behauptet, nichts gewusst zu haben, nicht mit dem Tod seines Opfers gerechnet zu haben oder auf guten Ausgang vertraut zu haben, so kann dies entweder eine Vorgabe des Aufgabenstellers sein, dass hier wirklich von fehlendem Vorsatz auszugehen ist, oder es kann für Sie die Aufforderung sein, (wie in der Praxis und im Gegensatz zum vorgegebenen Sachverhalt im Ersten Examen) aus dem übrigen Sachverhalt Anhaltspunkte heranzuziehen, die das Gegenteil belegen.

Hierbei können Ihnen die Kriterien der jeweiligen Abgrenzungsmeinung, aber auch die allgemeine Lebenserfahrung Hilfe leisten. Behauptet etwa der Täter, der von einer gewissen Entfernung auf eine Menschenmenge geschossen hat, er habe darauf vertraut, niemanden tödlich zu treffen, oder er sei in der Lage, so sicher zu zielen, dass er nur (nichttödliche) Verletzungen hervorrufe, so wird dies relativ einfach als Schutzbehauptung abzutun sein, da dies jeglicher Lebenserfahrung widerspricht.

> **TIPP:** Achten Sie daher bei Vorsatzfragen immer ganz genau darauf, was der Sachverhalt Ihnen an die Hand gibt und bedenken Sie, dass Behauptungen und Schlussfolgerungen (etwa von Täter, Zeugen, Staatsanwalt, Verteidiger ...) von Ihnen hinterfragt werden müssen. Passen Sie andererseits aber auf, dass Sie nicht einfach Vorsatz unterstellen, wenn der Sachverhalt nichts dazu hergibt!

75 An dieser Stelle ist noch auf Folgendes aus dem Bereich des Prozessrechts hinzuweisen: Haben Sie sich etwa **im Rahmen einer Revisionsklausur** mit den Feststellungen des Gerichts zur inneren Tatseite auseinanderzusetzen, so achten Sie genau darauf, was Sie angreifen kön-

---

[68] Vgl. hierzu unten Rn. 76.

nen. Hat das Gericht die eine oder andere Feststellung zur inneren Tatseite getroffen, so lässt sich diese Schlussfolgerung nicht einfach damit angreifen, dass z. B. gerügt wird, das Gericht hätte aufgrund dieser oder jener Aussage *zu einem anderen Ergebnis* kommen müssen. Dies ist eine Frage der Beweiswürdigung, die nur in den bekannten engen Grenzen angreifbar ist[69]. Möglich bleibt aber die Rüge dahingehend, dass sich das Gericht *nicht mit allen Punkten auseinandergesetzt* hat, die den Vorsatz in Zweifel ziehen könnten (Sachrüge, sog. Darstellungsrüge[70]). Solche Umstände können sich sowohl auf das Wissens- als auch auf das Willenselement auswirken, was auch sauber zu trennen ist. So muss sich das Gericht in den Urteilsgründen damit auseinandersetzen, wenn für den Täter in der konkreten Situation ein tödlicher Verlauf fernliegend war (Wissenselement) oder wenn Anhaltspunkte dafür bestehen, dass er im konkreten Fall ernsthaft und nicht nur vage auf einen nichttödlichen Ausgang vertraute (Willenselement).

Möglich bleibt es grundsätzlich auch, zu rügen, dass das Gericht aufgrund der getroffenen Feststellungen *rechtlich* falsche Schlussfolgerungen gezogen hat. Etwa dann, wenn die Gründe beinhalten, dass es dem Täter zwar nicht zu widerlegen ist, dass er auf einen guten Ausgang vertraute (was Fahrlässigkeit bedeuten würde), das Gericht jedoch wegen der objektiven Gefährlichkeit dennoch bedingten Vorsatz annahm. Dies wäre eine fehlerhafte rechtliche Folgerung. Nur wenn das Gericht aufgrund dieser oder jener Umstände zur Überzeugung kommt, dass der Täter nicht auf den guten Ausgang vertrauen konnte und dies auch nicht tat, kann Fahrlässigkeit verneint werden.

bb) Abgrenzungstheorien

In aller Kürze sollen hier die maßgeblichen Theorien in Erinnerung gerufen werden.

76

Verschiedene Mindermeinungen[71] stellen darauf ab, ob der Täter die konkrete, reale Möglichkeit der Erfolgsverwirklichung erkannt und dennoch gehandelt hat („**Möglichkeitstheorie**"). Noch weiter geht die „**Entscheidungstheorie**", die es genügen lässt, dass sich der Täter bewusst für ein gefährdendes Handeln entscheidet. Diese Ansichten werden von der herrschenden Meinung zu Recht als zu weitgehend abgelehnt, v. a. da sie das voluntative Element des Vorsatzes zu wenig berücksichtigen und den Bereich des Vorsatzes zu weit in den Bereich der Fahrlässigkeit ausdehnen. Als zu eng, da nur einen Teilaspekt erfassend, wird die „**Gleichgültigkeitstheorie**" gesehen, die es ausreichen lässt, wenn der Täter den Erfolg aus Gleichgültigkeit gegenüber dem Schutzgut in Kauf nimmt. Nach der „**Wahrscheinlichkeitstheorie**" soll es auf die Vorstellung des Täters dahingehend ankommen, inwieweit er den Erfolg für wahrscheinlich hält. Auch diese Meinung sieht sich letztlich der Kritik ausgesetzt, zu einer klaren Abgrenzung nicht in der Lage zu sein[72].

Die Rechtsprechung (wie auch Teile der Literatur) folgt vom Ansatz den so genannten „**Einwilligungstheorien**" (oder auch „Billigungstheorien").

77

> Nach ständiger Rechtsprechung soll bedingter Vorsatz dann anzunehmen sein, wenn der Täter den Erfolg für möglich hält respektive ihn als nicht ganz fernliegend erkennt und billigend in Kauf nimmt. Eine wohl inzwischen herrschende Literaturansicht stellt begrifflich hingegen darauf ab, ob der Täter die Möglichkeit der Tatbestandsverwirklichung ernstgenommen hat und sich damit bewusst abfindet[73].

In der Vielzahl der Fälle werden der Weg der Rechtsprechung und der der h. Lit. zu gleichen Ergebnissen führen.

---

69 Vgl. dazu etwa Joachimski/Haumer S. 294 ff.
70 Lesen Sie hierzu Joachimski/Haumer, S. 305 f.
71 Die einzelnen Theorien sollen hier nur angerissen werden – vgl. im Einzelnen F § 15 Rn. 9a ff. und die entsprechenden Lehrbücher.
72 Vgl. zu sämtlichen Meinungen auch Wessels, AT, Rn. 217 ff. und ausführlich Sch/Sch § 15 Rn. 72 ff.
73 Vgl. dazu die Nachweise bei F § 15 Rn. 9 e; Sch/Sch § 15 Rn. 83.

TIPP: Egal für welchen der beiden Ansätze Sie sich entscheiden, erinnern Sie sich bei Ihrer Prüfung immer an den Grundsatz, dass auch der bedingte Vorsatz, wie jede Vorsatzform, stets ein Wissens- und ein Wollenselement haben muss und dass Sie beides nachweisen und positiv feststellen müssen.

Somit haben Sie als ersten Schritt festzustellen, dass der Täter um die Möglichkeit des Erfolgseintrittes wusste oder zumindest damit rechnete. Kommen Sie dabei zu dem Ergebnis, dass der Täter diese Möglichkeit gar nicht bedacht hat, so sind Sie mit der Vorsatzprüfung bereits am Ende.

Da der Täter sowohl beim bewusst fahrlässigen, wie beim bedingt vorsätzlichen Handeln die Möglichkeit des Erfolgseintrittes erkennt, ist das maßgebliche Unterscheidungskriterium nach der Rechtsprechung, ob er den Erfolg auch wollte, d.h. billigend in Kauf nahm.

Zur Abgrenzung von der bewussten Fahrlässigkeit an dieser Stelle noch einmal die Kurzformel, die auch als Formulierung in der Praxis verwendet werden kann:

> Bewusst fahrlässig handelt, wer mit dem Erfolgseintritt zwar rechnet, aber ernsthaft und nicht nur vage darauf vertraut, der Erfolg werde nicht eintreten – bedingt vorsätzlich hingegen handelt, wer den Eintritt des Erfolgs als nicht ganz fernliegend erkennt, also (zumindest) für möglich hält und wenigstens billigend in Kauf nimmt, also hinnimmt.

Formulieren Sie demnach *im Rahmen der Sachverhaltsdarstellung* also etwa:

> *„... wobei es dem Angeschuldigten/Angeklagten dabei bewusst war, dass sein Opfer durch sein Verhalten zu Tode kommen könnte. Er nahm dies jedoch zumindest billigend in Kauf."*

78 Die Eingrenzung des Begriffes der „billigenden Inkaufnahme" ist umstritten und hat in einer Gesamtschau der Umstände zu erfolgen. Dabei ist zunächst unproblematisch festzuhalten, dass selbstverständlich nicht zu fordern ist, der Täter müsse den Erfolg im natürlichen Wortsinn „wollen". Dies würde ja gerade einen direkten Vorsatz begründen. Entsprechende Einlassungen des Angeklagten etwa dahingehend, er habe den Tod ja gar nicht gewollt, sind daher in der Praxis im Rahmen des bedingten Vorsatzes oft nur von begrenzter Bedeutung. Nach der Rechtsprechung kann die billigende Inkaufnahme vielmehr bereits gegeben sein, wenn der Täter den Erfolg **hinnimmt**, auch wenn ihm dieser eigentlich als solcher **unerwünscht** ist[74], er sich aber dennoch, etwa zur Erreichung seines eigentlichen Zieles, **damit abfindet und weiterhandelt**. Auch wurde in verschiedenen Entscheidungen des BGH bestätigt, dass ein bedingter Vorsatz auch dann bejaht werden kann, wenn der Täter den Eintritt des Erfolges letztlich nur noch **dem Zufall überlässt**[75], wobei er auf einen guten Ausgang aber nicht vertrauen kann. Auch fließen in verschiedene neuere Entscheidungen Begriffe wie „Gleichgültigkeit" und „Einverstandensein" mit ein, die begrifflich (nicht aber unbedingt vom systematischen Ansatz) der oben dargestellten wohl herrschenden Meinung in der Literatur durchaus nahekommen.

TIPP: Beachten Sie unbedingt für Ihre praktische Arbeit, dass Sie sich bei Ihren *rechtlichen* Ausführungen nicht damit begnügen dürfen, die Formulierungen aus der Sachverhaltsdarstellung (s. obigen Formulierungsvorschlag) zu übernehmen (oder allgemein umzuformulieren) und etwa nur abstrakt festzustellen, dass der Täter „die Möglichkeit des Erfolgseintritts erkannte und den Erfolg zumindest billigend in Kauf nahm, bzw. sich damit abfand oder es dem Zufall überließ". Im Rahmen der rechtlichen Würdigung wird vielmehr nun von Ihnen verlangt, diese abstrakten Schlussfolgerung aus dem Sachverhalt bzw. aus Ihren Feststellungen *mit konkreten Geschehensabläufen zu belegen*.

---

74 BGHSt 7, 363; 36, 1 ff. (9).
75 BGHSt 36, 1 ff. (11); NStZ 1999, 507.

Wesentliche Indizien können hierbei sein:

Die konkrete Vorgehensweise, Äußerungen vor, während und nach der Tat, das konkrete Interesse des Täters am Eintritt gerade des fraglichen Erfolges, Planungsweise, aber auch Nachtatverhalten und die allgemeine Lebenserfahrung.

Letztlich kommt es für Sie darauf an, in einer *Gesamtschau der Umstände* zu einem Schluss zu kommen. Im Rahmen der Tötungsdelikte z.B. stellt die Gefährlichkeit der Vorgehensweise regelmäßig ein sehr wesentliches Indiz dar. Fragen Sie sich ggfs. auch, ob der Täter (der dies behauptet) bei der Würdigung aller Umstände tatsächlich noch auf einen guten Ausgang vertrauen konnte. Beachten Sie aber, dass auch ein starkes Indiz nicht ausreichen muss. Erinnern Sie sich noch einmal, dass stets auch all die Umstände, die *gegen* die Annahme des Vorsatzes sprechen, durch das Gericht zu prüfen sind. Gerade etwa bei schwerwiegenden Delikten werden vom BGH strenge Anforderungen an die Prüfung der inneren Tatseite gestellt. So können die gleichen Indizienpunkte, die eben aufgelistet wurden, den Vorsatz selbstverständlich auch in Frage stellen. Diese umfassende Prüfung muss aus den Darlegungen des Gerichts ersichtlich sein. Gleiches gilt sicherlich für die der Objektivität unterliegenden Ausführungen des Staatsanwalts. Eine Sonderstellung könnte in diesem Zusammenhang eine „Verteidigerklausur" einnehmen, bei der Sie ja gerade die Interessen des Angeklagten zu vertreten haben. Hier kann es durchaus angemessen sein, im Rahmen Ihrer „Rolle" günstige Mindermeinungen zu vertreten und Belastendes nicht in den Vordergrund zu stellen[76]. Da Sie jedoch auch hier umfassend arbeiten sollen, sollten Sie auch in diesen Fällen zeigen, dass Sie alle Probleme, auch die Ihren Mandanten belastenden, erkannt haben. Dies kann im Rahmen des Hilfsgutachtens, u.U. aber auch dadurch geschehen, dass Sie quasi zur Sicherheit die belastenden Argumente im Plädoyer (oder Schriftsatz) ansprechen und ausräumen.

TIPP: Mitunter werden Ihnen „auffällige" Akzentuierungen bestimmter Äußerungen oder Tatumstände einen Hinweis auf die Problematik des Einzelfalles geben. Prüfen Sie gerade solche Auffälligkeiten besonders sensibel (warum wird mir gerade dieser Teil der Aussage oder dieses Handlungsdetails mitgeteilt?) und greifen Sie diese ggfs. in Ihrer Argumentation auf.

4. Sonderfall: Alternativer Vorsatz

Vorstellbar sind Fallkonstellationen, bei denen der Täter Umstände nicht klar einschätzen kann, er aber verschiedene, sich ausschließende Möglichkeiten in seinen Vorsatz einbezieht. Dies ist etwa denkbar, wenn ein Täter auf einen Verfolger und dessen Hund einen Schuss abgibt, wobei er entweder den Menschen oder den Hund töten will (§§ 211 ff. bzw. 303). Nach (umstrittener) h.M. soll demnach Tateinheit zwischen tatsächlich vollendetem und versuchtem Delikt angenommen werden – bei fehlender Vollendung eines Delikts zweifacher tateinheitlicher Versuch[77]. Beachten Sie allerdings, dass kein Fall des alternativen Vorsatzes, sondern nach den oben dargestellten Grundsätzen bedingter Vorsatz vorliegt, wenn ein Täter auf ein Opfer schießt, wobei es ihm egal ist, ob er es tödlich trifft oder nur verletzt, er also die tödliche Gefahr erkennt/ernst nimmt, aber billigend in Kauf nimmt bzw. sich damit abfindet.

79

---

[76] Dies gilt freilich nicht im Rahmen einer Beratungsklausur, hier ist im Interesse des Mandanten die wahrscheinliche, möglicherweise sogar die ungünstigste Ansicht des Gerichts zugrunde zu legen, um das weitere Vorgehen zu beraten.

[77] Falls Versuch strafbar und keine Subsidiarität – vgl. F § 15 Rn. 11 und zum Meinungsstreit Wessels, AT, Rn. 231 ff.

III. Irrtümer

80 Machen Sie sich vorweg noch einmal deutlich, dass in den Praxisarbeiten nicht alles, was im Aufgabentext der Klausuren erscheint, als Tatsache hingenommen werden kann. Dies stellt, auch gerade bei den Irrtümern, ein gewisses Problem dar. Behauptet der Angeklagte etwa, er habe dies und jenes nicht gewusst oder er habe geglaubt, er werde angegriffen, so bedeutet das noch lange nicht, dass Sie das als wahr unterstellen und etwa einen Irrtum (welcher Art auch immer) annehmen müssen. Vielmehr ist diese Einlassung zunächst einer Würdigung zu unterziehen. Möglicherweise werden sich aus dem Sachverhalt Ansatzpunkte ergeben, die solche Aussagen als reine Schutzbehauptungen erscheinen lassen. Allerdings sind Äußerungen wie die oben beispielhaft erwähnten oft durchaus ein Hinweis, dass die Irrtumsproblematik von Ihnen aufgegriffen und gewürdigt werden soll – unterstellen Sie also nicht ohne gutes Argument, dass der Täter den wahren Sachverhalt gekannt habe!

1. Der Tatbestandsirrtum nach § 16

81

Gegenstand des Irrtums:	Merkmale des Tatbestands
Rechtsfolge:	Vorsatzausschluss nach § 16 Abs. 1 (bei eventuell verbleibender Fahrlässigkeitsstrafbarkeit)

82 Inhaltlich kann alles, was Gegenstand des Vorsatzes sein muss, auch Gegenstand eines Tatbestandsirrtums i. S. d. § 16 sein. Hinsichtlich der rechtlichen Folge gilt:

Irrt der Täter über Umstände, die zum gesetzlichen Tatbestand gehören, gleich ob deskriptiver (z. B. Mensch wird irrtümlich für ein Tier gehalten) oder normativer Art (z. B. Fremdheit einer Sache wird verkannt), so ist er sich des sozialen Bedeutungsgehaltes seines Tuns (i. S. der Strafrechtsnorm) nicht bewusst. Er handelt damit ohne den Vorsatz, etwas Verbotenes zu tun, sodass eine Bestrafung wegen einer vorsätzlichen Tat ausscheidet. Das gilt nicht nur, wenn der Handelnde „positiv" irrt, also falsche Umstände annimmt, sondern auch, wenn er Umstände gar nicht kennt. Freilich scheidet die Annahme eines Irrtums i. S. v. § 16 aus, wenn der Täter die Möglichkeit eines Tatbestandselements immerhin in Betracht zieht oder er lediglich Zweifel an dessen Vorliegen hegt, da er dann hinsichtlich dieses Tatbestandsmerkmals zumindest bedingt vorsätzlich handelt (billigende Inkaufnahme). Beachten Sie auch bei den normativen Merkmalen, also solchen, die eine gewisse Wertung voraussetzen, dass es regelmäßig genügt, wenn der Täter diese begrifflich kennt und die dafür maßgeblichen tatsächlichen Umstände richtig erkennt. Nicht vorausgesetzt wird für die Bejahung des Vorsatzes, dass er auch rechtlich richtig subsumiert; es genügt, dass er den rechtlich-sozialen Bedeutungsgehalt des jeweiligen Tatbestandsmerkmals richtig erfasst hat. Dies ist am Maßstab einer so genannten **„Parallelwertung in der Laiensphäre"** zu beurteilen. So kann etwa die falsche Definition des Ent- bzw. Zueignungsbegriffs im Rahmen des Diebstahls nicht dazu führen, dass der Täter sich auf einen vorsatzausschließenden Irrtum berufen darf.

Liegt ein relevanter Irrtum bzgl. eines objektiven Tatbestandsmerkmals vor, ist die gesetzliche Folge, dass vorsätzliches Handeln entfällt (§ 16), und zwar auch in den Fällen, in denen der Irrtum verschuldet war (Sonderfall allerdings § 323 a). Es bleibt aber die Möglichkeit einer Strafbarkeit wegen Fahrlässigkeit. Dies freilich nur, wenn das entsprechende Delikt eine Strafbarkeit wegen Fahrlässigkeit vorsieht **und** fahrlässiges Verhalten nachgewiesen werden kann.

TIPP: Achtung: Die Annahme eines irrtumsbedingten Vorsatzausschlusses begründet nicht automatisch eine Fahrlässigkeitsstrafbarkeit!

83 Eine Besonderheit in diesem Zusammenhang sind die Fälle des **„error in objecto"** bzw. des **„error in persona"**. Dabei irrt der Täter nicht über sein Handeln im eigentlichen Sinne, sondern über sein Zielobjekt bzw. sein Opfer (der Täter will A töten, tötet jedoch tatsächlich den B, den er im Dunkeln irrtümlich für A hält). Ein solcher Irrtum ist grundsätzlich bei *Gleichwertigkeit* von tatsächlichem und vorgestelltem Objekt/Subjekt *unbeachtlich*, da in einem solchen Fall der Vorsatz konkret auf das tatsächlich getroffene Objekt gerichtet und dieses von der „Wertigkeit" auch richtig erfasst war (Folge: Der Täter ist schuldig des Totschlags). Fehlt es dagegen an der Gleichwertigkeit der Objekte, würde sich also die rechtliche Würdigung je nach vorgestelltem oder tatsächlichem Angriffsziel ändern (z.B. bei vorgestelltem Schuss auf eine Sache wird tatsächlich ein Mensch anvisiert und getötet), soll dieser Irrtum beachtlich bleiben (Folge: Der Täter wäre der fahrlässigen Tötung in Tateinheit mit versuchter Sachbeschädigung schuldig).

Abzugrenzen davon ist die so genannte **„aberratio ictus"**, die sich am besten als „Fehlgehen der Tat" definieren lässt. Bei dieser Konstellation irrt der Täter nicht über das eigentliche Ziel, er *verfehlt* es lediglich (der Täter will A töten und zielt auch tatsächlich auf ihn, der Schuss verfehlt allerdings den A und tötet den daneben stehenden B). Während eine Mindermeinung hierbei eine Unbeachtlichkeit des Irrtums annimmt, da der Vorsatz ja immerhin gerade auf die Tötung eines Menschen und daher eines gleichwertigen „Subjekts" gerichtet war – mit der Folge der Bestrafung wegen vollendeten vorsätzlichen Tötungsdelikts –, kommt die überzeugende h.M. zu einer tateinheitlichen Bestrafung wegen versuchten Tötungsdelikts des anvisierten Opfers und fahrlässiger Tötung des tatsächlich Getroffenen. Dieser Ansicht ist zu folgen, wenn man richtigerweise streng auf den konkreten Vorsatz abstellt, der Grundlage für die Zurechnung strafbaren Verhaltens sein muss[78]. Denn der Vorsatz richtete sich im Gegensatz zum „error in persona" gerade nicht auf das tatsächlich getroffene Opfer. 84

Beachten Sie aber, dass die Bewertung eine andere sein muss, wenn festgestellt werden kann, dass der Täter auch den Tod des „Zufallsopfers" zumindest billigend in Kauf genommen hatte. In diesem Fall wäre er neben der Versuchsstrafbarkeit auch hinsichtlich des „Zufallopfers" wegen **vorsätzlichen** vollendeten Tötungsdelikts zu bestrafen[79]. Prüfen Sie also jeweils sehr genau den festzustellenden Vorsatz (was wollte der Täter, was nahm er dafür [mit] in Kauf, wie konkret hat er sein Ziel individualisiert). So wird man etwa bei Schüssen aus großer Distanz auf eine Gruppe von Menschen regelmäßig zu dem Ergebnis kommen müssen, dass der Schütze mit dem (bedingten) Vorsatz handelte, auch andere als das anvisierte Opfer zu treffen und zu töten, da er nicht darauf vertrauen kann, dass er aufgrund der Situation (Entfernung, Bewegung) „zuverlässig" treffen wird. Gleiches wird oft bei Schüssen auf Verfolger gelten, da es kaum nachvollziehbar sein wird, dass nur der Verfolger A, und nicht auch der Verfolger B getroffen werden sollte.

Schließlich soll hier noch der **Irrtum über den Kausalverlauf** in Erinnerung gerufen werden. Unzweifelhaft muss auch der Kausalverlauf (in seinen wesentlichen Zügen) vom Vorsatz erfasst sein, sodass Fehlvorstellungen grundsätzlich relevant sein können. Allerdings sollten Sie hier noch zurückhaltender mit der Annahme eines vorsatzausschließenden Irrtums sein. Zum einen ist es natürlich nicht erforderlich (da zumeist gar nicht möglich), dass der Täter jedes Detail des Tatablaufs planen und wollen muss. Zum anderen wird ein Irrtum immer dann verneint werden müssen, wenn der Kausalverlauf **adäquat** verläuft, d.h. **in den Grenzen der allgemeinen Lebenserfahrung voraussehbar ist und eine andere Würdigung lebensfremd wäre**[80]. Nur bei erheblichen Abweichungen der Vorstellung vom tatsächlichen Kausalverlauf wird man daher zu dem Ergebnis kommen, dass „diese Entwicklung" nicht mehr vom Vorsatz des Täters umfasst ist. Die Folge ist dann, dass die alles in Gang setzende Handlung des Täters **nur als Versuch** gewertet wird, auch wenn der angestrebte Erfolg (über Umwegen letztlich doch noch) eingetreten ist[81]. 85

---

78 Wie hier etwa Wessels, AT, Rn. 250 ff.; so auch F § 16 Rn. 6.
79 So auch BGH NStZ 2009, 210.
80 Wessels, AT, Rn. 258; F § 16 Rn. 8.
81 Vgl. F § 16 Rn. 7.

TIPP: Anzumerken ist, dass es in solchen Fällen häufig nicht nur am Vorsatz des Täters, sondern bereits an der objektiven Zurechenbarkeit des konkreten Erfolgs fehlen wird[82], sodass man zur Irrtumsproblematik dann gar nicht mehr kommt.

Einen Sonderfall hierbei können schließlich die *mehraktigen Geschehensabläufe* darstellen (der Täter will A durch Schüsse töten; tatsächlich lebt A nach diesen aber noch und stirbt erst durch Ertrinken, als der Täter die vermeintliche Leiche – ohne eigentlichen Tötungsvorsatz – verschwinden lassen will und dazu im See versenkt). Während eine Ansicht hier die Akte trennt und zu Bestrafung wegen versuchter Tötung und fahrlässiger Tötung gelangt, sieht die überzeugende h. M. hier einen Fall einer unbeachtlichen Abweichung vom vorgestellten Kausalverlauf (jedenfalls dann, wenn der konkrete Ablauf im Hinblick auf das Endziel nicht völlig die Grenzen der Vorhersehbarkeit überschreitet) mit der Folge der Verurteilung wegen des vorsätzlichen vollendeten Delikts. Dieser Ansicht ist zu folgen, da der gesamte Verlauf durch die mit Tötungsvorsatz begangene Ersthandlung ausgelöst wurde, als Einheit gesehen werden sollte und letztlich regelmäßig noch im Rahmen allgemeiner Lebenserfahrung voraussehbar war, also adäquat verlief[83].

86 Bei Unterlassungsdelikten schließlich werden nur die *Umstände*, die die Garantenstellung (bzw. die allgemeine Rechtspflicht zum Handeln) begründen, zum Tatbestand gerechnet[84]. Nur Fehlvorstellungen hierüber können daher einen Tatbestandsirrtum nach § 16 begründen. Irrt der Täter indes über die Folgen (Grenzen, Umfang u. Ä.) dieser Handlungspflicht, so stellt dies einen Gebotsirrtum dar, der nach den Grundsätzen des § 17 zu beurteilen ist.

2. Der umgekehrte Tatbestandsirrtum

87

Gegenstand des Irrtums:	Irrtümliche Annahme von tatbestandsbegründenden Umständen
Rechtsfolge:	Strafbarkeit wegen untauglichen Versuchs (falls Versuch strafbar)

88 Stellt sich umgekehrt der Täter Umstände (genauer: Tatbestandsmerkmale) vor, die bei ihrem Vorliegen eine Straftat begründen würden, so kann sich das zu seinen Lasten auswirken. Er ist dann nämlich wegen *untauglichen Versuchs* zu bestrafen, wenn die Tat eine Versuchsstrafbarkeit vorsieht. So wird hier regelmäßig als Beispielsfall der Schuss auf einen bereits Toten genannt. Gleiches gilt, wenn der Täter irrtümlich glaubt, der erstrebte Vorteil sei rechtswidrig (versuchter Betrug).

> **Merke:**
> Ein Irrtum, der zu Gunsten des Handelnden wirkt, wirkt sich in seiner umgekehrten Form regelmäßig zu seinen Ungunsten aus[85]!

---

[82] So auch Wessels, AT, Rn. 259 f. Zur Zurechnung s. o. Rn. 29.
[83] Wessels, AT, Rn. 262 ff.; Sch/Sch § 15 Rn. 58. Vgl. auch F § 16 Rn. 9 zur Ablehnung des sog. „dolus generalis". Ergänzend soll hier auf eine BGH-Entscheidung in NJW 2002, 1057 ff. hingewiesen werden, in der die umgekehrte Konstellation erörtert wird, in der der Täter die Tötungshandlung erst in einem späteren Teilakt begehen will, das Opfer jedoch ohne Wissen und Wollen seitens des Täters bereits früher zu Tode kommt. Der BGH stellt klar, dass eine Verurteilung wegen vorsätzlicher Tötung über die Rechtsfigur des unwesentlichen Abweichens vom Kausalverlauf nur in Frage kommt, wenn der Täter mit der ersten Teilhandlung auch schon ins Versuchsstadium der Tötung eingetreten ist.
[84] Vgl. GrSenBGH St 16, 155.
[85] F § 16 Rn. 2.

3. Der Irrtum über privilegierende Tatbestandsmerkmale nach § 16 Abs. 2

89

Gegenstand des Irrtums:	Irrtümliche Annahme von privilegierenden Tatbestandsmerkmalen
Rechtsfolge:	Vorsatzbestrafung nur nach dem milderen Gesetz

Glaubt der Täter, ihm käme ein privilegierendes Merkmal zu Gute, so ist er nach § 16 Abs. 2 wegen eines Vorsatzdeliktes nur nach dem milderen Gesetz zu bestrafen. So etwa, wenn er glaubt, auf Verlangen i. S. d. § 216 zu töten. *Der umgekehrte Fall*, dass der Täter tatsächlich vorliegende Privilegierungsumstände nicht kennt, führt nach h. M. zur vollen Strafbarkeit wegen des schweren Delikts[86].

90

4. Der Verbotsirrtum nach § 17

91

Gegenstand des Irrtums:	Kenntnis der Verbotsnorm
Rechtsfolge differenziert:	a) bei Vermeidbarkeit: Unbeachtlichkeit des Irrtums (mit der Möglichkeit der Strafmilderung nach § 49) b) bei Unvermeidbarkeit: Schuldausschluss

Kennt der Täter die jeweilige Verbotsnorm nicht, so hält er zwar sein Handeln für erlaubt, er verkennt aber nicht den tatsächlichen (von juristischen Wertungen losgelösten) Sozialgehalt seines Tuns. Es fehlt ihm lediglich die *Unrechtseinsicht*. Diese Differenzierung rechtfertigt es, ihn in diesem Fall nur noch begrenzt zu schützen. Beachten Sie, dass die Frage der Unrechtseinsicht nicht mehr Teil des Vorsatzes ist, sondern Teil der Schuld (s. Rechtsfolge des § 17). Beim Verbotsirrtum ist hinsichtlich der Rechtsfolge zu differenzieren, ob der Irrtum für den Täter vermeidbar oder unvermeidbar war. Dem Begriff der **Vermeidbarkeit** kommt daher in diesem Zusammenhang zentrale Bedeutung zu. Hierbei werden an den Täter hohe Anforderungen gestellt[87]. So soll er alle Erkenntniskräfte einsetzen, hinterfragen, nicht vorschnell urteilen und seine und die allgemeine Lebenserfahrung einbeziehen. Stets spielen hier Kriterien wie Bildung, Vorkenntnisse, Erfahrung, Schwere des Einzelfalls u. Ä. eine Rolle. Eventuellen Zweifeln muss er nachgehen; u. U. trifft ihn sogar eine Erkundigungspflicht (v. a. bei Teilnahme am öffentlichen Geschäftsleben). Doch selbst bei eingeholten Auskünften Rechtskundiger kann in Ausnahmefällen noch von ihm erwartet werden, Zweifel anzumelden, wenn etwa die Person des Auskunfterteilers selbst nicht über die erforderliche Erfahrung oder Kompetenz verfügt[88]. An einen selbst Rechtskundigen sind dabei besondere Anforderungen zu stellen[89].

92

Kommen Sie zu dem eher seltenen Ergebnis, dass der Irrtum unvermeidbar war, so handelte der Täter ohne Schuld[90].

Im Fall der Vermeidbarkeit dagegen sieht S. 2 (lediglich) die – fakultative! – Möglichkeit einer Strafrahmenverschiebung nach § 49 vor, während der Täter weiterhin wegen der vorsätzlichen Tat strafbar bleibt.

---

[86] Differenzierend hierbei allerdings F § 16 Rn. 12, der dies bei schuldspezifischen Privilegierungsmerkmalen ebenfalls annimmt, bei solchen des Unrechtstatbestands allerdings nur Bestrafung wegen des leichteren Straftatbestands annimmt (z. B. Diebstahl einer fälschlich für wertvoller gehaltenen geringwertigen Sache).
[87] Zu dem Ganzen: F § 17 Rn. 7–9 c.
[88] Wessels, AT, Rn. 466.
[89] Sch/Sch § 17 Rn. 18.
[90] Beihilfe und Notwehr dagegen bleiben allerdings möglich.

93 Glaubt der Handelnde umgekehrt, er verwirkliche einen Straftatbestand, der tatsächlich jedoch gar nicht existiert, so begeht er ein *strafloses Wahndelikt*[91].

5. Der Irrtum über das Vorliegen von Rechtfertigungsgründen (Erlaubnistatbestandsirrtum)

94

Gegenstand des Irrtums:	Irrtümliche Annahme der Voraussetzungen eines (theoretisch existierenden) Rechtfertigungsgrundes
Rechtsfolge (str.):	Entfallen des Vorsatzes in Form der Vorsatzschuld (entsprechend § 16 Abs. 1) bei eventuell verbleibender Bestrafung wegen Fahrlässigkeit (Teilnahme, Versuch und Notwehr bleiben möglich)

95 Seit jeher ist heftig umstritten, wie ein Irrtum über das Vorliegen eines Rechtfertigungsgrundes zu behandeln ist. Der Streit betrifft dabei allerdings im Wesentlichen nur die Konstellation, bei der der Handelnde irrtümlich von einem Sachverhalt ausgeht, *bei dessen Vorliegen tatsächlich ein anerkannter Rechtfertigungsgrund eingreifen würde*. Der in der Praxis wahrscheinlich häufigste Fall ist hier sicherlich die Putativnotwehr. Ein solcher Irrtum wird (allerdings terminologisch nicht ganz einheitlich) als **Erlaubnistatbestandsirrtum** bezeichnet.

Davon abzugrenzen sind die Fälle, bei denen der Handelnde von einem *tatsächlich gar nicht existierenden Rechtfertigungsgrund* ausgeht (z. B. die Annahme, dass man bei besonderer Eilbedürftigkeit zu Gesetzesübertretungen berechtigt ist), bzw. die *Grenzen eines anerkannten Rechtfertigungsgrundes verkennt* (er etwa glaubt, dass er auch nach längst beendetem Angriff noch zur „Notwehr" berechtigt sei). In diesen letzteren Fällen ist nach weitgehend einhelliger Meinung ein **Erlaubnis- bzw. indirekter Verbotsirrtum** anzunehmen, der wie § 17 zu behandeln ist. Die unterschiedliche Behandlung im Vergleich zum Irrtum über das Vorliegen eines anerkannten Rechtfertigungsgrundes begründet sich wiederum in dem Vorstellungsbild des Handelnden. Während er im letzteren Fall nach seinen Vorstellungen an sich rechtstreu, da gerechtfertigt handelt, und er sich lediglich über tatsächliche Umstände irrt, irrt er beim Erlaubnisirrtum über rechtliche Befugnisse. Er beurteilt also die von ihm (richtig) eingeschätzte tatsächliche Situation rechtlich falsch. Dies rechtfertigt es, ihm diese Fehlvorstellung im Rahmen der Vermeidbarkeit auch zuzurechnen.

Die Abgrenzung, über was sich der Täter tatsächlich geirrt hat, kann im Einzelfall schwer zu treffen sein. Dies gilt insbesondere im Bereich der Notwehr mit ihren Voraussetzungen der Gebotenheit und der Erforderlichkeit der Notwehrhandlung. Glaubt der Täter etwa, dass er in der konkreten Situation keine andere Möglichkeit hat, als ohne Vorwarnung in lebensgefährlicher Weise gegen den Angreifer vorzugehen, so irrt er sich über die tatsächlichen Voraussetzungen der Gebotenheit seiner Notwehrhandlung (Erlaubnistatbestandsirrtum). Ein bloßer Erlaubnisirrtum läge hingegen vor, wenn der Täter annimmt, man wäre *stets* dazu berechtigt, sich *ohne Vorwarnung* gegen einen unbewaffneten Angreifer in potenziell lebensbedrohlicher Weise zu verteidigen. Einmal mehr wird von Ihnen daher verlangt werden, sich sauber an die getroffenen Feststellungen zu halten. Umgekehrt könnten hier im Rahmen einer Revisionsklausur rügbare Mängel vorliegen (wurden die tatsächlichen Feststellungen – die oft selbst nicht angreifbar sind – rechtlich richtig gewürdigt?).

Der eigentliche **Erlaubnistatbestandsirrtum** kennzeichnet sich also durch den Irrtum über *tatsächliche Umstände*, genauer über die Voraussetzungen eines Rechtfertigungsgrundes. Der Handelnde verkennt somit zwar die Situation, verhält sich aber dennoch aus seiner Sicht *rechtstreu*[92]. Es erscheint somit angemessen, ihm zwar diese Fehleinschätzung im Rahmen

---

91 Zur Abgrenzung vom untauglichen Versuch s. u. Rn. 109.
92 So auch BGHSt 3, 105 (107).

eventueller Fahrlässigkeitshaftung zuzurechnen, ihn aber dennoch von der Bestrafung wegen vorsätzlich rechtswidrigen Verhaltens freizustellen. Nach der herrschenden Meinung entfällt daher in diesen Fällen der Vorsatz. Gemäß § 16 Abs. 1 verbleibt jedoch eine eventuelle Strafbarkeit wegen Fahrlässigkeit, wenn der Straftatbestand dies vorsieht.

Im Detail bestehen jedoch erhebliche Unterschiede hinsichtlich der Begründung und den Folgen[93].

a) Vorsatztheorie und strenge Schuldtheorie

Als völlig unvereinbar mit dem geltenden Recht wird die *Vorsatztheorie* gesehen, die die direkte Anwendbarkeit des § 16 bejaht, mit dem Argument, dass auch das Unrechtsbewusstsein Teil des Vorsatzes sein soll. Fehle dieses, so liege auch kein Vorsatz vor.

96

Die *strenge Schuldtheorie* kommt dagegen zu dem Ergebnis, dass in diesen Irrtumsfällen allein die Folgen des § 17 eingreifen sollen. Sie begründet dies damit, dass das Unrechtsbewusstsein als selbstständiges Schuldmerkmal eingestuft wird und hierunter ohne Ausnahme auch die Fehlvorstellung über eine vermeintliche Rechtfertigung zu fassen sein soll. Diese Ansicht kommt allerdings oft zu unbillig hart erscheinenden Ergebnissen und wird daher weitestgehend von der herrschenden Meinung abgelehnt.

b) Die eingeschränkte Schuldtheorie

Nach dieser Ansicht[94] sei **analog** § 16 der Vorsatz zu verneinen, da Tatbestandsmerkmale und Rechtfertigungsgründe (und entsprechend auch die Fehlvorstellungen hierüber) gleich zu behandeln seien. Kritisiert wird hieran, dass eine solche Gleichstellung gerade nicht ohne Weiteres anzunehmen sei. Während der Handelnde im ersten Fall gar nicht von der Warnfunktion der Norm erreicht wird, weiß er im zweiten Fall sehr wohl, dass er grundsätzlich Unerlaubtes tut. Er beruft sich lediglich auf einen Erlaubnissatz. In so einem Fall sei es jedoch angemessen, ihm besondere Prüfungspflichten aufzuerlegen[95].

97

Ein weiterer Aspekt dieser Theorie ist von erheblicher praktischer Bedeutung. Es wird hierbei nämlich vertreten, dass konsequenterweise durch die analoge Anwendung des § 16 bereits die Tatbestandsmäßigkeit des Handelns entfalle und damit auch die Möglichkeit der Teilnahme ausscheide. Auch dies ist nach Ansicht der Kritiker unbillig.

c) Die rechtsfolgenverweisende eingeschränkte Schuldtheorie

Nach weit verbreiteter Ansicht[96] soll der Vorsatz eine Doppelfunktion haben, nämlich zum einen als eigentlicher *Tatbestands*vorsatz und zum anderen auf der Vorwerfbarkeits-, also Schuldebene. Während bei einem Erlaubnistatbestandsirrtum der eigentliche Tatbestandsvorsatz erhalten bleibe, soll die so genannte *Vorsatzschuld* entfallen. Somit wird der Irrtum lediglich hinsichtlich seiner Rechtsfolgen dem Tatbestandsirrtum nach § 16 Abs. 1 gleichgestellt. Die Bestrafung wegen Vorsatzes entfällt (allerdings erst auf der Ebene der Schuld), eine Fahrlässigkeitsbestrafung bleibt vorbehaltlich der jeweiligen Norm erhalten. Als Konsequenz ist hier auch strafbare Teilnahme eines bösgläubigen Dritten möglich. In verschiedenen neueren Entscheidungen könnte sich eine Annäherung des BGH an diese Ansicht andeuten, wenn etwa formuliert wird, dass in solchen Fällen der *Vorwurf* vorsätzlichen Verhaltens entfalle[97] oder dass ein solcher Irrtum „... wie ein Irrtum nach § 16 zu beurteilen sei ..."[98].

98

---

[93] Instruktiv hierzu und mit Nachweisen zu den einzelnen Ansichten F § 16 Rn. 20 ff.
[94] So auch der BGH in ständiger Rechtsprechung (z. B. NStZ 1996, 34 f.), allerdings mit gewissen neuen Tendenzen (s. dazu sogleich).
[95] 93 So etwa Wessels, AT, Rn. 477.
[96] So z. B. F § 16 Rn. 22 d m.w.N., oder Wessels, AT, Rn. 478.
[97] BGH NJW 2000, 1348.
[98] BGHSt 31, 264 (286).

6. Der umgekehrte Erlaubnistatbestandsirrtum

99

Gegenstand des Irrtums:	Nichtkenntnis eines tatsächlich vorliegenden Rechtfertigungsgrundes
Rechtsfolge (str.):	a) Rspr. und Teil der Lit.: Bestrafung wegen vollendeter Vorsatztat b) Gegenansicht: (analoge) Bestrafung wegen Versuchs

100 Handelt der Täter in Unkenntnis eines tatsächlich vorliegenden Rechtfertigungsgrundes, so fehlt es insofern an dem subjektiven Rechtfertigungselement[99], sodass völlige Straffreiheit jedenfalls nicht eintreten kann. Streitig ist jedoch, ob in einem solchen Fall volle Strafbarkeit (wegen Vollendung) oder geminderte Strafbarkeit (nur) wegen Versuchs vorliegen soll. Das Argument für eine Strafbarkeit wegen des vollendeten Vorsatzdelikts ist das Abstellen auf die Tätervorstellung. Kennt er die ihn begünstigende Situation gar nicht, so kann sie ihm auch nicht zu Gute kommen[100]. Die Gegenansicht indes sieht den Erfolgsunwert durch den objektiv vorliegenden Rechtfertigungsgrund verringert und will daher auf die Versuchsstrafbarkeit zurückgreifen[101].

7. Der Irrtum über das Vorliegen von Entschuldigungsgründen

101

Gegenstand des Irrtums:	Irrtümliche Annnahme eines (tatsächlich existierenden) Entschuldigungsgrundes
Rechtsfolge differenziert:	a) bei Unvermeidbarkeit: Handeln ohne Schuld b) bei Vermeidbarkeit: Strafmilderung nach § 49 Abs. 1

102 Glaubt der Handelnde aufgrund Verkennung tatsächlicher Umstände irrtümlich, es läge ein tatsächlich anerkannter Entschuldigungsgrund vor, so handelt er ohne Schuld, wenn dieser Irrtum für ihn unvermeidbar[102] war. Ausdrücklich regelt dies § 35 Abs. 2 S. 1 für den entschuldigenden Notstand (Putativnotstand). Nach wohl klar herrschender Meinung soll dies aber auch bei den sonstigen Entschuldigungsgründen gelten[103].

War der Irrtum hingegen vermeidbar, so sieht § 35 Abs. 2 S. 2 eine obligatorische Strafmilderung nach § 49 Abs. 1 vor. Nach h. A. soll auch dies wiederum für alle sonstigen Entschuldigungesgründe gelten.

Unbeachtlich ist dagegen nach einhelliger Meinung der Irrtum über die Existenz eines vermeintlichen oder die Grenzen eines tatsächlichen Entschuldigungsgrundes, aber auch ein tatsächlich vorliegender Entschuldigungsgrund, wenn der Täter die hierfür maßgeblichen Umstände nicht kennt und/oder nicht mit dem erforderlichen subjektiven Rettungswillen handelt[104]; in diesen Fällen handelt der Täter nicht entschuldigt, sondern ist voll strafbar[105].

---

99 h. M., vgl. Sch/Sch Vor § 32, Rn. 13 ff.
100 So BGHSt 2, 112 f.
101 So F § 16 Rn. 23; Wessels, AT, Rn. 279; Sch/Sch Vor § 32 Rn. 15. Sog. Kompensationsgedanke: Durch die obj. vorliegende Rechtfertigungssituation wird der objektive Tatbestand kompensiert; die fehlende subjektive Seite der Rechtfertigung führt dazu, dass nur mehr der subjektive Tatbestand als strafwürdig übrig bleibt, dies entspricht der typischen Versuchssituation. Auch der BGH hat in jüngerer Zeit in BGHSt 38, 144 ff. (155) zu §§ 218, 218a (allerdings im Hinblick auf deren Besonderheit) in vergleichbarer Situation nur einen Versuch angenommen.
102 Begriff wie bei § 17.
103 Sch/Sch § 16 Rn. 31 m. w. N.; Wessels, AT, Rn. 489.
104 Vgl. F § 35 Rn. 8.
105 Bei der Strafzumessung kann dann aber das objektive Vorliegen aller oder eines Teils der Voraussetzungen strafmildernd berücksichtigt werden.

8. Der Irrtum im Zusammenhang mit Strafausschließungsgründen

103

Gegenstand des Irrtums:	Irrtümliche Annahme eines persönlichen Strafausschließungsgrundes
Rechtsfolge (str.):	a) Rechtsprechung: Irrtum ist unbeachtlich b) Gegenansicht: differenzierend nach Art der Strafausschließungsgründe unbeachtlich oder volle Strafbefreiung (Teilmeinung hier: § 35 Abs. 2 analog)

Der häufigste Problemfall dieser Konstellation dürfte sich im Zusammenhang mit § 258 Abs. 6 im Rahmen der Strafvereitelung ergeben, wenn nämlich der Täter in der Fehlvorstellung handelt, für einen Angehörigen zu vereiteln. Die Rechtsprechung und Teile der Literatur stellen hier allein darauf ab, ob die Voraussetzungen objektiv vorliegen. Es sei egal, was der Handelnde annehme, der Vorsatz müsse sich nicht auf sie beziehen. Wenn der persönliche Strafausschließungsgrund objektiv nicht vorliege, so sei deshalb auch der Irrtum unbeachtlich und der Täter „normal" zu bestrafen[106]. Allenfalls wäre theoretisch in solchen Fällen ein Verbotsirrtum denkbar.

104

Unbeachtlich sind aus den gleichen Erwägungen nach h. M. im Übrigen auch Irrtümer betreffend die objektiven Strafbarkeitsbedingungen.

Andere Teile der Literatur hingegen wollen bei den Strafausschließungsgründen eine Differenzierung vornehmen[107]. Die von der Rechtsprechung vertretene Ansicht passe demnach nur auf solche Strafausschließungsgründe, die letztlich auf (allgemeinen) staatspolitischen Zwecken gründen, wie etwa die parlamentarische Äußerungsfreiheit nach § 36 als Ausprägung der Indemnität. Bei Strafausschließungsgründen, die auf eher notstandsähnliche Konfliktlagen zurückgehen, sei es hingegen sehr wohl angebracht, auf die subjektive Komponente abzustellen. Die Tätervorstellung erlange hier maßgebliche Bedeutung. Nach einigen dieser Vertreter sei § 35 Abs. 2 entsprechend anzuwenden (d. h. eventuell Handeln ohne Schuld), nach einer anderen Teilansicht sollen diese Strafausschließungsgründe unabhängig von der objektiven Lage bei der entsprechenden Tätervorstellung unmittelbar gelten (Subjektivierung der Strafausschließungsgründe)[108].

Diese unterschiedlichen Ansichten haben auch Bedeutung für die umgekehrte Konstellation, wenn nämlich der Handelnde keine Kenntnis von dem tatsächlich objektiv vorliegenden Strafausschließungsgrund hat. Nach der Ansicht der Rechtsprechung ist auch diese Fehlvorstellung unbeachtlich, was dem Handelnden freilich in dieser Konstellation zu Gute kommt (d. h. der Strafausschließungsgrund greift ein). Anders sieht dies die Gegenmeinung, die konsequenterweise auch hier auf die Tätervorstellung abstellt. Danach sei er voll strafbar, wenn er in Unkenntnis der objektiven Lage etwa Strafvereitelung begehe.

IV. Versuch und Rücktritt

Prüfungsrelevante Schwierigkeiten sind beim Versuch auf den verschiedensten Ebenen denkbar. So kann schon das Aufspüren einer möglichen Versuchsstrafbarkeit eine erste Hürde darstellen, etwa im Falle der Irrtümer, bei denen in einzelnen Fällen trotz scheinbarer objektiver Vollendung nur Versuchsstrafbarkeit übrig bleibt (etwa bei Unkenntnis eines Einverständnisses bei der Diebesfalle). Bei der eigentlichen Versuchsprüfung liegen Probleme häufig in der Abgrenzung des „unmittelbaren Ansetzens" von der straflosen Vorbereitungshandlung (insbesondere auch in der Konstellation mit mehreren Tatbeteiligten), in den Besonderheiten ein-

105

---

106 So (allgemein) auch F § 16 Rn. 27; anders aber bei § 258 Rn. 39.
107 So etwa Sch/Sch § 16 Rn. 34; § 258 Rn. 39.
108 Weitere Einzelheiten s. bei § 258 (Rn. 552).

zelner Deliktstypen (etwa bei Unterlassungsdelikten oder im Zusammenhang mit Regelbeispielen) und in der Frage eines eventuellen Rücktritts.

1. Vorgeschlagenes Prüfungsschema

106
I. Strafbarkeit des Versuchs
II. Fehlende Vollendung
III. Umfänglicher Vollendungsvorsatz
IV. Unmittelbares Ansetzen
V. Kein Rücktritt vom Versuch

2. Strafbarkeit des Versuchs

107 Nach § 23 Abs. 1 ist der Versuch eines Verbrechens stets strafbar. Die Verbrechensdefinition ergibt sich aus § 12 Abs. 1. Es kommt dabei auf die Mindeststrafandrohung an, die ein Jahr oder mehr betragen muss. Zu beachten ist dabei § 12 Abs. 3, wonach Milderungen (etwa nach § 27 Abs. 2 i. V. m. § 49), Verschärfungen oder schwere bzw. minder schwere Fälle (z. B. § 213) für diese Einteilung unberücksichtigt bleiben. Anderes gilt jedoch für Qualifikationen, bzw. Privilegierungen, die einen neuen Deliktstyp begründen können.

Sonstige Vergehen sind in der Versuchsform nur strafbar, wenn dies im Gesetz ausdrücklich normiert ist.

Eine (strafbare) „Versuchsform" eines Fahrlässigkeitsdeliktes gibt es nicht, da die Fahrlässigkeit gerade nur vorliegt, wenn der Erfolg eben nicht gewollt ist.

Strafbare Sonderformen des Versuchs sind der *untaugliche Versuch* (vgl. § 23 Abs. 3) und der *fehlgeschlagene Versuch*.

a) Untauglicher Versuch

108 Ein Versuch ist dann **untauglich**, wenn der Täter irrtümlich von einer Sachlage ausging, die bei tatsächlichem Vorliegen seine Strafbarkeit begründet hätte, und er auch von der Vollendungsmöglichkeit ausging (umgekehrter Tatbestandsirrtum), tatsächlich sein Handeln aber nie geeignet war, den vorgestellten Tatbestand zu verwirklichen.

Dabei kann sich sein Irrtum auf die Tauglichkeit des *Objekts* (versuchte Tötung einer Leiche; „gestohlene" Sache war nicht fremd, sondern gehörte dem Täter), auf die Tauglichkeit des *Mittels* (Giftmenge wird irrtümlich zu gering dosiert) oder auf die des *Subjekts* (irrtümliche Annahme des Täters im Zuge eines Amtsdelikts, er sei Amtsträger) beziehen. Diese Fehlvorstellungen sind hinsichtlich der Strafbarkeit unbeachtlich, bei der Strafzumessung ist neben dem für alle Fälle des Versuchs geltenden § 23 Abs. 2 (fakultative Strafmilderung nach § 49 Abs. 1) auch die speziell für den untauglichen Versuch geltende Vorschrift des **§ 23 Abs. 3** zu beachten (fakultative Milderung gemäß § 49 Abs. 2 oder sogar Absehen von Strafe). Letzteres setzt allerdings voraus, dass die Vollendung nicht nur absolut unmöglich war, sondern der Täter dies auch noch **aus grobem Unverstand**[109] **verkannt** hat.

109 Abzugrenzen vom untauglichen Versuch ist das **straflose Wahndelikt**. Auch ein solches kann von vornherein nicht zur Vollendung führen. Auch hier hält der Täter dies jedoch für möglich (und sich daher auch für strafbar). Im Unterschied zum untauglichen Versuch irrt der Täter hier jedoch nicht über Sachverhaltselemente bzw. Tatbestandsmerkmale (Irrtum auf Tatsachenebene), sondern hält sein richtig erkanntes Verhalten irrtümlich für strafbar (Irrtum auf rechtlicher Ebene), man kann also von einem *umgekehrten Verbotsirrtum* sprechen (Nichte wird fälschlich als Verwandte i. S. d. § 173 eingestuft; Homosexualität oder Verwünschung mit Unheil wird für strafbar gehalten). Unproblematisch sind hierbei die Fälle, in denen eine

---

109 Lesen Sie hierzu die Beispiele bei F § 23 Rn. 7.

vorgestellte Norm gar nicht existiert. Schwierigkeiten bereitet jedoch der Bereich der Fehlvorstellung über den konkreten Umfang normativer Tatbestandsvoraussetzungen. Das Problem ist darin begründet, dass solche Fehlvorstellungen dann zu einem straflosen Wahndelikt führen, wenn man sie als Irrtum über eine rein rechtliche Frage des Verbots sieht, andererseits aber dann zu einem strafbaren Versuch führen können, wenn man davon ausgeht, dass der Irrtum außerhalb der Norm liegende Umstände betrifft. Im Einzelnen ist hier vieles umstritten. Die Rechtsprechung ist uneinheitlich. So soll etwa die fälschliche Annahme, eine Urkunde liege auch vor, wenn kein Aussteller ersichtlich ist, ein Wahndelikt begründen, während die irrtümliche Annahme, die Staatsanwaltschaft sei zur Abnahme von Eiden befugt, einen strafbaren Versuch begründen soll[110].

TIPP: In der Klausur empfiehlt es sich, (etwas vergröbernd) danach zu differenzieren, ob ein Irrtum über Tatsachen/Umstände vorliegt (dann immer strafbarer Versuch) oder ob ein Irrtum über rechtliche Zusammenhänge vorliegt (dann Wahndelikt, wenn der Irrtum einen *strafrechtsspezifischen* Begriff betrifft[111]; dagegen Versuch, wenn der Irrtum einen Begriff aus dem *außerstrafrechtlichen* Bereich betrifft[112]).

b) Fehlgeschlagener Versuch

Strafbar ist auch der **fehlgeschlagene Versuch**. Wenn er auch von der Systematik weniger als eine eigene Fallgruppe neben untauglichem Versuch und Wahndelikt, sondern eher als ein (mögliches) Stadium jeder Versuchshandlung zu sehen ist, soll er dennoch aus Gründen der Übersicht an dieser Stelle erwähnt werden.

> Ein Versuch gilt dann als fehlgeschlagen, wenn die Fortführung der Tat bis zur Vollendung aus Sicht des Täters aus objektiven oder subjektiven Gesichtspunkten nicht mehr bzw. nicht ohne erhebliche zeitliche Verzögerung möglich ist[113].

Bei der Abgrenzung muss darauf abgestellt werden, welcher *konkrete Tatplan* dem Handeln zugrunde lag, ob es dem Täter also möglich wäre, aus seiner Sicht ohne relevante zeitliche Zäsur, eventuell auch unter Einsatz eines anderen ihm zur Verfügung stehenden Mittels die Vollendung fortzusetzen. Fehlgeschlagen ist ein Versuch somit immer dann, wenn dies, was der Täter erkennt, nicht möglich ist, also eine *tatsächliche Unmöglichkeit* vorliegt (der Täter hat z.B. sämtliche Patronen verschossen und hat aus seiner Sicht keine Möglichkeit, nachzuladen oder eine andere „taugliche" Waffe einzusetzen; der aufgebrochene Tresor erweist sich als leer). Kein fehlgeschlagener Versuch soll indes vorliegen bei einer *rechtlichen Unmöglichkeit*, etwa einem unerwarteten Einverständnis eines Vergewaltigungsopfers, da es dem Täter ja weiterhin möglich bleibt, sein Ziel auch unter Anwendung von Gewalt zu erreichen[114]. Fehlgeschlagen ist ein Versuch im Übrigen auch, wenn dem Täter tatsächlich existierende *alternative Mittel* zur Vollendung *nicht bekannt oder nicht vertraut* sind (der Einbrecher, dem es nicht gelingt, mit seinem mitgeführten Werkzeug den Tresor zu öffnen, ist zur Bedienung eines zufällig am Tatort aufgefundenen Spezialbohrers nicht in der Lage), oder die Vollendung etwa aufgrund einer (erkannten) Verwechslung des Opfers für den Täter *sinnlos* wird[115].

TIPP: Bedeutsam wird das Problem des fehlgeschlagenen Versuchs vor allem für die Frage eines strafbefreienden Rücktritts, da ein solcher in diesen Fällen ausscheidet (s. u. Rn. 127).

---

110 Zum Meinungsstand hins. der Abgrenzung und mit Hinweisen auf die Rechtsprechung zu den angeführten Beispielen Sch/Sch § 22 Rn. 84 ff.; vgl. auch F § 22 Rn. 51 ff.
111 Z. B. den Begriff der Urkunde in § 267.
112 Z. B. den zivilrechtlichen Begriff „fremd" in § 242, die zivilrechtlich zu beantwortende Frage der Rechtswidrigkeit eines angestrebten Vermögensvorteils in § 263, die öffentlich-rechtliche Frage der Zuständigkeit der Staatsanwaltschaft für die Abnahme von Eiden i. R. d. § 154.
113 Zum fehlgeschlagenen Versuch s. auch F § 24 Rn. 6 ff.
114 BGHSt 39, 246; a. A. z. B. Sch/Sch § 24 Rn. 9 f.
115 F § 24 Rn. 8; Wessels, AT, Rn. 628.

3. Fehlende Vollendung

111 Die Straftat darf noch nicht vollendet, d.h., der objektive Tatbestand darf noch nicht (vollständig) erfüllt sein. Das maßgebliche Stadium der Versuchsstrafbarkeit liegt folglich zwischen Vorbereitungshandlung und Vollendung. Das straflose **Vorbereitungsstadium** ist die Phase, in der zwar schon die Vollendung angestrebt wird, die *Schwelle des unmittelbaren Ansetzens*[116] jedoch gerade noch nicht überschritten wurde. Typischerweise sind hierunter das Auskundschaften, Abklärungen, Bereitstellung von Gerät oder Waffen u.Ä. zu fassen. Nur in einigen besonders geregelten Ausnahmefällen ist auch ein Handeln in diesem frühen Stadium bereits strafbar (z.B. §§ 275, 149, 96 oder auch § 267 Abs. 1, 1. Alt.; zur Sonderregelung des § 30 s. u.). Da das Gesetz die Handlungen in diesen Sonderfällen als eigenständige Vollendungen sieht, ist dabei seinerseits auch wiederum ein Versuchsstadium denkbar (etwa bei § 96 Abs. 2; vgl. auch § 267 Abs. 2).

112 Zeitlicher Endpunkt des Versuchsstadiums ist die **Vollendung**. Sie tritt dann ein, wenn sämtliche Tatbestandsmerkmale der jeweiligen Norm erfüllt sind. Weiterreichende subjektive Ziele oder Vorstellungen des Täters spielen dabei keine Rolle mehr (so liegt selbstverständlich auch dann bereits Vollendung vor, wenn der Täter sein Opfer eigentlich erst in der Wohnung berauben wollte, dies jedoch bereits im Auto tat). Wann im Einzelfall Vollendung vorliegt, hängt von der jeweiligen Norm ab.

Warum es im konkreten Fall nicht zur Vollendung kommt, spielt für die Versuchsstrafbarkeit an dieser Stelle erst mal keine Rolle. So kann der Grund in objektiven Kriterien (Untauglichkeit des Mittels, Täters oder Opfers), subjektiven Elementen (wesentliche Abweichung vom vorgestellten Kausalverlauf mit der Folge eines nicht zurechenbaren Erfolgs), in zeitlichem Abbruch oder auf der Rechtfertigungsebene (Unkenntnis von objektiv vorliegender Rechtfertigungslage[117], so z.B. auch bei Fällen der Einwilligung durch einen „agent provocateur") liegen.

113 Abzugrenzen von der Vollendung ist die **Beendigung** der Tat, die mit Abschluss des Gesamtgeschehens eintritt, etwa dann, wenn die Tat aus Sicht des Täters seinen Abschluss findet (z.B. endgültige Beutesicherung bei „Wegnahmedelikten"), oder wenn eine Fortsetzung nicht mehr möglich ist (z.B. Verlust der Beute nach Vollendung). Eigene Bedeutung hat der Zeitpunkt der Beendigung im Übrigen z.B. bei der Frage der *sukzessiven Mittäterschaft und der Beihilfe*, die (nur) bis zu diesem Zeitpunkt möglich ist, für die *Möglichkeit, noch qualifizierende Merkmale zu verwirklichen*, und beim maßgeblichen Zeitpunkt des Beginns der *Verjährung* (§ 78 a).

114 Hingewiesen werden soll an dieser Stelle auf die **Unternehmensdelikte**. Bei diesen ist (ab Überschreitung der Vorbereitungsphase) bereits Vollendung anzunehmen. Eine eigene Versuchsstrafbarkeit i.S. der §§ 22 ff. scheidet daher aus; ein Rücktritt ist daher bei diesen Delikten nicht möglich[118]. Statt dessen sehen entsprechende Vorschriften im Besonderen Teil in der Regel die Möglichkeit „Tätiger Reue" vor, um einen Anreiz zum Opferschutz auch nach Tatbestandsvollendung noch zu setzen.

Nach Änderung des bedeutsamen § 316a mit dem 6. StrRG fallen unter diese Gruppe jedoch nur noch eher seltene Vorschriften (z.B. § 184 Abs. 1 Nr. 4 oder § 307)[119].

4. Umfänglicher Vollendungsvorsatz

115 Der Vorsatz muss auf unbedingte und vollständige Vollendung gerichtet sein. Es reicht daher nicht aus, wenn etwa der Anstifter eine tatsächliche Vollendung gar nicht will. Der sog. „agent provocateur" ist somit auch nicht wegen Versuchs strafbar. Auch reicht es nicht aus,

---

116 Dazu sogleich unter Rn. 116 ff.
117 Streitig, s. hierzu oben Rn. 100.
118 F § 11 Rn. 28 a.
119 Mehr Beispiele bei F § 11 Rn. 28.

wenn sich der Handelnde noch die letzte Entscheidung vorbehält, *ob* er die Tat tatsächlich begehen will, somit also noch ein weiterer Willensimpuls nötig ist. Unerheblich im Rahmen des Vorsatzes ist jedoch andererseits, ob der Täter bei festem Entschluss noch gewisse Zweifel an dem Gelingen hegt oder ob die Vollendung noch von weiteren objektiven Bedingungen außerhalb seines Einflussbereichs abhängt.

Im Übrigen gelten hinsichtlich Umfang (Wissen und Wollen) die gleichen Voraussetzungen wie beim Vollendungsdelikt. So genügt der bedingte Vorsatz, wenn dieser auch für das Vollendungsdelikt ausreicht. Ebenso müssen eventuelle besondere subjektive Elemente vorliegen (z. B. Zueignungsabsicht beim Diebstahl). Irrtümer, die im Rahmen der Vollendung den Vorsatz und somit die Strafbarkeit beseitigen, sind auch beim Versuch beachtlich.

5. Unmittelbares Ansetzen

Das für die Abgrenzung vom straflosen Vorbereitungsstadium maßgebliche Kriterium ist das unmittelbare Ansetzen (§ 22). Das Gesetz stellt dabei auf die Vorstellung des Täters ab. Konkret erfolgt die Abgrenzung nach h. M. im Wege einer *gemischt subjektiv-objektiven Methode*[120].

116

a) Subjektives Element

Danach ist in **subjektiver** Hinsicht zunächst der *konkrete Täterplan* (der auch erst kurzfristig gefasst sein kann) zu untersuchen. Dabei ist von Bedeutung, wie sich der Täter das Vorgehen im Detail vorstellt. Nur wenn er nach seiner Vorstellung die maßgebliche Schwelle des Beginns der Ausführung – nach ständiger Rechsprechung[121] die Schwelle des „Jetzt geht es los" – überschritten hat, kommt strafbarer Versuch in Betracht. Ist nach seiner Vorstellung hingegen noch eine weitere Entschlussfassung – ein weiterer **Willensimpuls** – seinerseits nötig, so bleibt er im Bereich der Vorbereitungshandlungen.

117

In BGH NStZ 2012, 85 klingelte der Täter mit einsatzbereitem Messer in der Hand an der Haustür des Opfers in der Vorstellung, dieses werde die Tür öffnen und er werde den Überraschungsmoment nutzen, um sofort zuzustechen. Stattdessen öffnete überraschenderweise eine andere, zufällig anwesende Person, weshalb der Täter unverrichteter Dinge wieder abzog. Der BGH bejahte unmittelbares Ansetzen (und damit einen strafbaren fehlgeschlagenen Versuch!), da der Täter nach seiner Vorstellung mit dem Klingeln bereits die Schwelle zum „Jetzt geht es los" überschritten habe.

An einem weiteren Beispiel soll die Bedeutung der Tätervorstellung für die Abgrenzung noch einmal hervorgehoben werden.

So genügt es für die Überschreitung der Versuchsschwelle, wenn ein Täter vergiftete Speisen so deponiert (und sich dies auch vorstellt), dass das Opfer sie zwangsläufig finden und verspeisen wird. Hingegen ist im gleichen Fall lediglich eine straflose Vorbereitungshandlung dann anzunehmen, wenn er die Speisen zwar bereits mit dem Gift versetzt hat, die eigentliche Verabreichung jedoch noch zurückstellt und die Speisen aus seiner Sicht so deponiert, dass das Opfer sie noch gar nicht erlangen soll (vgl. hierzu allerdings ergänzend unter dem Punkt „Sonderproblem: Mittelbare Täterschaft"). Sie sehen, dass eine bloße Fundstelle im Kommentar hier nicht unbedingt den Schlüssel zur Lösung bieten kann, da eine objektiv gleich gelagerte Situation zu den unterschiedlichsten Ergebnissen führen kann.

---

120 Etwa F § 22 Rn. 7; Sch/Sch § 22 Rn. 32 (begrifflich „individuell-objektive Theorie"); Wessels, AT, Rn. 599 ff.
121 Vgl. nur BGH NStZ 2013, 156 ff.

TIPP: Denken Sie bei der Arbeit am Fall daher auch hier daran, bei der entsprechenden Aufgabenstellung eindeutige Feststellungen zur subjektiven Seite zu treffen. Anders als beim Gutachtenstil ist es unentbehrlich, dass bei der Sachverhaltsdarstellung etwa i. R. einer Anklageschrift oder eines Urteils die Vorstellung des Täters zweifelsfrei dargestellt wird. So wären hier etwa Formulierungen vorstellbar wie:

> „ ... wobei er der Überzeugung war, dass es nunmehr ohne weiteren Zwischenschritt zur Vollendung kommen würde ..." oder „... in dem festen Entschluss, nunmehr seinen Plan in die Tat umzusetzen, begann er ..., wobei er davon ausging, dass er damit alles aus seiner Sicht für die Vollendung Erforderliche getan hatte ...".

Haben Sie bei Ihrer Arbeit von einem bereits festgestellten Sachverhalt auszugehen, wie etwa bei der Revisionsklausur, so prüfen Sie, ob aus den Urteilsfeststellungen die richtige Folgerung gezogen wurde. Wird z.B. aus einer Urteilsfeststellung wie: „... betrat er die Geschäftsräume, um zu erforschen, ob er seinen Raubplan heute im Hinblick auf die Personalstärke und Kundenfrequenz umsetzen könnte ..." auf Versuch geschlossen, so kann dies einen materiellrechtlichen Fehler darstellen, da die Feststellungen in subjektiver Hinsicht noch kein unmittelbares Ansetzen begründen (weiterer Willensentschluss vorbehalten) und somit die rechtliche Würdigung als Versuch nicht tragen.

b) Objektives Element

118 In **objektiver** Hinsicht muss der Täter zur Tatbestandsvollendung *nach seinem Plan* unmittelbar angesetzt haben. Dies ist in der Regel dann unproblematisch, wenn er bereits einen Teil des Tatbestands verwirklicht hat und nur weitere Teile oder der Erfolg selbst noch ausstehen.

Schwieriger stellen sich jedoch die Fälle dar, in denen noch keine Teilverwirklichung vorliegt. Zur Abgrenzung hat der BGH hierzu **Leitgedanken** entwickelt, die bei der Einzelfallbearbeitung unbedingt herangezogen werden sollten.

> Danach ist ein unmittelbares Ansetzen dann anzunehmen, wenn der Täter Handlungen vorgenommen hat, die nach seiner Vorstellung der eigentlichen Tatbestandsverwirklichung zwar noch unmittelbar vorgelagert sind, bei ungestörtem Fortgang aber in diese unmittelbar einmünden.

Dabei wird teilweise das Kriterium der *unmittelbaren räumlichen oder zeitlichen Nähe zum Taterfolg* herangezogen[122]. Nach anderer Ansicht soll man nicht formal auf diese Grenzen fixiert sein, sondern den (materiell-wertenden) Gedanken der *unmittelbaren Gefährdung des Rechtsgutes* einbeziehen[123].

Da es auch hier auf die Vorstellungen des Täters ankommt, braucht die Gefahr tatsächlich nicht eingetreten sein.

6. Sonderprobleme

a) Versuch von Unterlassungsdelikten

119 Bei unechten – aber auch (versuchsbewehrten) echten – Unterlassungsdelikten stellt sich regelmäßig vor allem das Problem des *maßgeblichen Zeitpunkts des Versuchsbeginns* – die Frage also, wann die durchgehend vorliegende Untätigkeit als unmittelbares Ansetzen zu werten ist. Denklogisch käme eine Zeitspanne zwischen dem frühestmöglichen Moment, zu dem der Täter handeln könnte, um den Erfolg zu verhindern, und dem letztmöglichen Zeitpunkt, zu dem er den Erfolg (gerade) noch abwenden könnte, in Frage. Zum Teil wird auch

---
122 Z. B. BGHSt 43, 177 (179); Wessels, AT, Rn. 601.
123 Sch/Sch § 22 Rn. 42; BGHSt 40, 257 ff.

auf das Verstreichenlassen der „am meisten Erfolg versprechenden" Handlungsmöglichkeit abgestellt, was jedoch schon wegen der begrifflichen Unschärfe und der damit verbundenen Rechtsunsicherheit zweifelhaft erscheint. Nach Ansicht des BGH kommt es nicht unweigerlich auf die letzte Rettungschance an, vielmehr kann schon beim ersten Untätigbleiben Versuch gegeben sein, wenn dadurch eine Rechtsgutgefährdung eintritt[124]. Daraus folgt aber ebenfalls, dass auch nicht zwingend der Zeitpunkt der ersten Handlungsmöglichkeit der maßgebliche sein muss. Sinnvoll und systematisch erscheint es daher, auch bei den Unterlassungsdelikten die Grundsätze der Versuchsprüfung anwenden und nicht starr auf den einen oder anderen Zeitpunkt abstellen. Im Einzelnen kommt es also wie beim Tätigkeitsdelikt darauf an, ob man auf den *Unmittelbarkeitszusammenhang* oder eine *Gefährdung* für das Rechtsgut abstellt. Folglich tendiert letztere Ansicht dazu, auch beim Unterlassen für den Versuchsbeginn eine solche Gefährdung vorauszusetzen[125]. Wer diese konkrete Gefährdung nicht für zwingend erforderlich hält, sondern darauf abstellt, ob die Handlung bei unbeeinflusstem Fortgang in die Vollendung mündet, kommt u.U. früher zu einem versuchsbegründenden unmittelbaren Ansetzen[126]. Zu bedenken ist aber auch hier, dass die Vorstellung des Täters und nicht allein die tatsächliche Gefährdungslage ausschlaggebend ist.

An zwei kurzen Beispielen soll dies noch einmal verdeutlicht werden:

In Anlehnung an BGHSt 40, 257 ff. ist ein Versuchsbeginn bereits dann zu bejahen, wenn ein behandelnder Arzt seinem auf künstliche Ernährung angewiesenen Patienten erstmals mit der Absicht, ihn verhungern zu lassen, keine lebenswichtige Sondennahrung mehr verabreicht. Bereits dadurch wäre aus seiner Sicht eine unmittelbare Gefährdung gegeben und die Schwelle zum „Jetzt geht es los" überschritten.

Anders könnte allerdings die Konstellation einzustufen sein, bei der sich eine Mutter entschließt, ihr Kind verhungern zu lassen, und demzufolge nun von einer (möglicherweise ohnehin nicht regelmäßig verabreichten) Abendmahlzeit absieht, sodass aus ihrer Sicht noch gar keine unmittelbare Gefährdung des Kindes vorliegt[127]. Bei strenger Anwendung der Ansicht, die eine solche Gefährdung gar nicht erfordert, müsste man allerdings auch hier u.U. bereits einen Versuch bejahen.

b) Versuch bei Tatbeteiligung mehrerer

Im Falle der **Mittäterschaft** ist von einem Versuchsbeginn – und zwar für alle Mittäter – i.S. der heute nahezu unstreitigen „**Gesamtlösung**" dann auszugehen, wenn auch nur einer der Mittäter ins Versuchsstadium eintritt. Dies rechtfertigt sich aus der vollen gegenseitigen Zurechnung bei der Mittäterschaft. Daher ist auch ein Mittäter, der selbst eigentlich erst in einem späteren Stadium der Tatbegehung seinen Beitrag hätte leisten sollen, wegen Versuchs strafbar, wenn seine Mittäter bereits das Versuchsstadium erreicht haben.

120

Umstritten in diesem Zusammenhang ist die Konstellation, in der ein Täter nur irrtümlich davon ausgeht, die handelnde Person sei sein Mittäter („Schein-Mittäter"), tatsächlich verhält diese sich jedoch völlig legal. Gegen die wohl h.M. bejaht der 4. Strafsenat des BGH unter dem Gedanken des untauglichen Versuchs hier dennoch eine Strafbarkeit[128]. Richtiger dürfte jedoch sein, wegen mangelnden gemeinsamen Tatentschlusses und damit fehlender Zurechenbarkeit fremder Handlungen hier die Versuchsstrafbarkeit abzulehnen, solange der in Frage stehende Täter nicht selbst Handlungen zur Tatbestandsverwirklichung vorgenommen hat[129].

---

124 BGHSt 40, 257 ff.
125 S. Sch/Sch § 22 Rn. 51; F § 22 Rn. 32; tendenziell auch BGHSt 38, 360.
126 Vgl. dazu F § 22 Rn. 32 f.
127 So etwa Sch/Sch § 22 Rn. 51.
128 BGHSt 40, 299; zustimmend F § 22 Rn. 23, 23 a.
129 So etwa Sch/Sch § 22 Rn. 55, 55 a; Wessels, AT, Rn. 612; i.E. wohl auch BGH 2. Senat St 39, 236, NStZ 1994, 264.

121 Noch umstrittener ist die Frage des Versuchsbeginns bei der **mittelbaren Täterschaft**. Das Meinungsspektrum reicht vom Zeitpunkt des Beginns der Einwirkung auf den Tatmittler bis zum Zeitpunkt des Beginns der Ausführungshandlung durch den Tatmittler. Nach der wohl herrschenden Meinung soll darauf abgestellt werden, ob die Einwirkung des mittelbaren Täters soweit abgeschlossen ist, dass er das Tatgeschehen bereits aus der Hand gegeben hat und das Rechtsgut somit aus seiner Sicht ohne weitere Zwischenakte schon unmittelbar gefährdet ist[130]. Konkret sollte dabei geprüft werden, ob die Vollendung nur noch von der Handlung des Tatmittlers abhängt, der mittelbare Täter hierauf keinen Einfluss mehr hat und die tatbestandsmäßige Handlung in engem zeitlichen Zusammenhang zu erwarten ist[131]. Dies ist regelmäßig aber noch nicht der Fall, wenn der Handlungsbeginn aus Sicht des Hintermannes erst zu einem späteren Zeitpunkt erfolgen soll, der Tatmittler noch erkennbar Vorbehalte hegt oder wenn noch weitere Zwischenakte erforderlich sind. Die Frage, ob das Werkzeug gut- oder bösgläubig ist, ist bei der Festlegung dieses Zeitpunkts zu beachten, geht aber nach richtiger Ansicht nicht über eine indizielle Bedeutung hinaus[132]. So wird regelmäßig für den Hintermann ein gutgläubiges Werkzeug leichter vorauszuberechnen sein, während Unklarheiten über die Handlungsbereitschaft des bösgläubigen Werkzeugs den Versuchsbeginn hemmen können.

Soll das Opfer als Tatmittler gegen sich selbst eingesetzt werden, so kommt es darauf an, ob es sich bereits derart in den Wirkungskreis des Tatmittels begeben hat, dass sein Verhalten nach dem Tatplan bei ungestörtem Fortgang unmittelbar in die Tatbestandsverwirklichung münden kann[133].

Dies spielt v. a. bei den Fällen eine Rolle, in denen dem Opfer eine Falle gestellt wird. Bei den so genannten „Giftfallen" muss also entscheidend darauf abgestellt werden, ob das Opfer aus Sicht des Täters mit Sicherheit (und nicht nur möglicherweise) erscheint, bereits unmittelbaren Zugang zu den bereitgestellten, vergifteten Speisen hat und diese auch zu sich nehmen wird.

c) Versuch im besonders schweren Fall

122 Ein durchaus praxis- bzw. klausurrelevantes Problem betrifft die Frage, ob und ggfs. wann ein versuchtes Delikt als besonders schwerer Fall eingestuft werden kann. Systematisch und begrifflich ist dabei zunächst davon auszugehen, dass richtigerweise zwar ein Versuch **als** besonders schwerer Fall eingestuft werden kann, es begrifflich aber keinen „Versuch **eines** besonders schweren Falles" gibt, da die Merkmale des besonders schweren Falles als *Strafzumessungsregeln* und nicht als (Qualifikations-)Tatbestandsmerkmale einzuordnen sind[134]. Das unmittelbare Ansetzen i. S. d. § 22 muss sich jedoch auf den Tatbestand beziehen. Somit kann ein Versuch nur dann begründet werden, wenn der Täter (auch) zur Verwirklichung des Grundtatbestandes ansetzt[135]. Bereits bei der Frage der Einstufung der den besonders schweren Fall kennzeichnenden Merkmale, etwa der Regelbeispiele bei § 243, beginnt allerdings der Meinungsstreit. Der BGH sieht die Regelbeispiele z. T. (in den Senaten nicht einheitlich) als *tatbestandsähnliche Merkmale*[136]. Dies hat letztlich zur Folge, dass ein besonders schwerer Fall eines Versuchs (z. B. nach § 243) schon dann bejaht werden könne, wenn nur zum Regelbeispiel angesetzt wurde, ohne dass dies aber vollendet sein müsse (s. im Folgenden). Dem widersprechen weite Teile der Literatur, da es nach allgemeinen Versuchsgrundsätzen gerade nicht genügen könne, nur zu Regelbeispielen, also zu Strafzumessungskriterien anzusetzen.

---

130 Z. B. BGHSt 40, 268; F § 22 Rn. 24 ff.; Wessels, AT, Rn. 613.
131 BGHSt 43, 180.
132 Sch/Sch § 22 Rn. 54 f.
133 BGHSt 43, 180.
134 F § 46 Rn. 97.
135 Sch/Sch § 22 Rn. 58; F § 46 Rn. 100.
136 Z.B. BGHSt 33, 374.

Für die Frage, ob ein besonders schwerer Fall eines Versuchs im Einzelnen angenommen werden kann, sollte daher zwischen verschiedenen in Frage kommenden Konstellationen differenziert werden.

Dabei ist zunächst zu unterscheiden zwischen den **Regelbeispielen** und den **unbenannten Fällen** des besonders schweren Falles (z. B. § 212 Abs. 2). Bei Letzteren ist an einen besonders schweren Fall des Versuchs jedenfalls dann zu denken, wenn die Gesamtschau der Tat und das Unrechts- und Schuldgewicht negativ aus dem Rahmen fallen, sodass der normale Strafrahmen unbillig (niedrig) erschiene. Bei den Regelbeispielen hingegen sollten Sie sich als Grundgedanken vor Augen führen, dass diese gerade eine gewisse Indizwirkung für einen erhöhten Unrechtsgehalt verkörpern sollen. Prüfen Sie also jeweils, ob der Versuch im Einzelfall diese Indizwirkung (sog. *Regelwirkung*) überhaupt entfaltet, d. h. ob es geboten erscheint, den Versuch als besonders schweren Fall einzustufen. Im Einzelnen können folgende drei Fallgruppen unterschieden werden:

aa) Unumstritten ist zunächst, dass ein besonders schwerer Fall dann angenommen werden kann, wenn das **Grunddelikt im Versuch steckengeblieben ist, das Regelbeispiel jedoch vollendet** ist (nach dem Einbruch wird ein Täter bei der Wegnahme gefasst: Strafbarkeit wegen versuchten Diebstahls in einem besonders schweren Fall gem §§ 242, 243 Abs. 1 S. 1, S. 2 Nr. 1, 22, 23)[137].

bb) Wurde das **Grunddelikt vollendet, das Regelbeispiel jedoch nur versucht** (Diebstahl aus einem Gebäude, das der Dieb verschlossen erwartete, das aber offen stand), so soll nach h. M. ebenfalls ein besonders schwerer Fall in Betracht kommen – allerdings wohl nicht über die Indizwirkung, die nur im Fall eines tatsächlich „vollendeten" Regelbeispiels eintreten könnte, sondern als *unbenannter* besonders schwerer Fall aufgrund einer Gesamtwürdigung des Unrechts der Tat[138]. Im Beispielsfall wäre der Täter demnach strafbar wegen vollendeten Diebstahls in einem besonders schweren Fall gem. §§ 242, 243 Abs. 1 S. 1, (S. 2 Nr. 1).

cc) Wurden **sowohl Grunddelikt wie auch Regelbeispiel nur versucht** (der Dieb wird beim Versuch, ein verschlossenes Gebäude aufzubrechen, ertappt), erhebt sich wiederum die Frage, ob ein nur versuchtes Regelbeispiel seine strafschärfende Indizwirkung entfalten kann[139], ebenso bestehen umso berechtigtere Zweifel, ob in einem solchen Fall noch über eine Gesamtwürdigung ein besonders schwerer Fall angenommen werden kann[140].

Der BGH hat demgegenüber in BGHSt 33, 370 selbst dem nur versuchten Regelbeispiel eine (mögliche) Indizwirkung zugesprochen. Er begründet dies mit seiner bereits oben dargestellten Einstufung der Regelbeispiele als tatbestandsähnliche Merkmale. Dies läge nahe, da sie einen höheren Schuldgehalt begründen. Es entspreche aber gerade den allgemeinen Regeln der Strafzumessung, dass höhere Schuld Grundlage für höhere Strafe sei. Im Beispielsfall wäre der Täter dann strafbar wegen eines versuchten Diebstahls in einem besonders schweren Fall gem. §§ 242, 243 Abs. 1 S. 1, (S. 2 Nr. 1), 22, 23.

Zusammenfassend lässt sich für das Examen festhalten, dass in jeder Konstellation, solange zum Grunddelikt wenigstens unmittelbar angesetzt wurde, das Vorliegen eines (versuchten oder vollendeten) Delikts in einem besonders schweren Fall zumindest erörtert werden muss, wenn das Regelbeispiel voll verwirklicht oder dazu zumindest ebenfalls angesetzt wurde. Ob Sie den besonders schweren Fall dann wegen der (zu diskutierenden! „in der Regel"!) Indizwirkung oder aufgrund einer Gesamtwürdigung (d. h. nur § 243 Abs. 1 S. 1) bejahen oder aufgrund des verminderten Unrechts infolge eines nur versuchten Regelbeispiels verneinen, ist für Ihre Note sicher völlig egal!

---

[137] F § 46 Rn. 103.
[138] So F § 46 Rn. 102 (auch mit Nachweisen zur Gegenansicht); zweifelnd wegen des grundsätzlich verminderten Unrechts bei nur versuchtem Regelbeispiel Sch/Sch § 243 Rn. 44.
[139] Ablehnend F § 46 Rn. 101 m. w. N.
[140] Vgl. Sch/Sch § 243 Rn. 44.

Ergänzend noch zwei Punkte:
(1) Nach klar herrschender Meinung soll auch beim Versuch in einem besonders schweren Fall die Möglichkeit der Strafrahmenverschiebung nach § 23 Abs. 2 zur Anwendung kommen[141].
(2) Gemäß § 244 Abs. 1 Nr. 3 ist der Wohnungsdiebstahl statt wie früher als Regelbeispiel des besonders schweren Falles nunmehr als echter Qualifikationstatbestand geregelt. Ein Einbruchsversuch in eine Wohnung, bei dem der Dieb überrascht wird, ist somit (nach jeder Meinung) als unmittelbares Ansetzen zur qualifizierten Form und somit als Versuch denkbar, wenn dadurch (nach allgemeinen Grundsätzen) auch zur unmittelbaren Vollendung des Grunddelikts angesetzt wird (s. sogleich).

d) Versuch von erfolgsqualifizierten Delikten

123 Generell lässt sich hier differenzieren zwischen dem **Versuch der Erfolgsqualifikation** und dem sog. **erfolgsqualifizierten Versuch**[142]. Im ersten Fall ist der qualifizierte Erfolg vom Tätervorsatz erfasst, aber tatsächlich noch nicht eingetreten. Ein Versuch der Erfolgsqualifikation (mit der Folge des höheren Strafrahmens) ist natürlich nur bei den Delikten möglich, bei denen die erfolgsqualifizierte Folge nicht nur fahrlässig, sondern auch vorsätzlich herbeigeführt werden kann. Dabei ist es grundsätzlich unerheblich, ob das Grunddelikt vollendet oder ebenfalls erst versucht ist.

In der Konstellation des erfolgsqualifizierten Versuchs ist die qualifizierende Folge hingegen bereits eingetreten, das Grunddelikt jedoch nur im Versuchsstadium steckengeblieben. Hier soll wegen Versuchs des erfolgsqualifizierten Delikts (also aus dem erhöhten Strafrahmen) dann zu bestrafen sein, wenn die erfolgsqualifizierte Folge bereits fahrlässig verursacht wurde **und** das jeweilige Delikt hinsichtlich der Erfolgsqualifikation bereits an die Tatbestands**handlung** des Grunddelikts anknüpft und nicht erst an dessen Vollendung bzw. Erfolg[143]. Bsp. § 251: Versuchter Raub mit Todesfolge, wenn die schwere Folge gerade typische Folge der Raub*handlung* ist. Weitere Voraussetzung muss sein, dass der Versuch des Grunddelikts überhaupt strafbar ist, da auch eine eingetretene Erfolgsqualifikation nicht die Vollendung des Grunddelikts als Grundlage für eine Bestrafung ersetzen kann[144]. Dieses Problem stellt sich vor allem bei der Aussetzung (vgl. unten Rn. 250).

7. Folgen für die Strafzumessung

124 § 23 Abs. 2 stellt klar, dass der *Strafrahmen* beim Versuch nach § 49 Abs. 1 gemildert werden **kann**. Für diese Entscheidung ist eine Gesamtabwägung von Tat und Täterpersönlichkeit nötig. Dabei ist umstritten, ob in diese Abwägung tatsächlich *alle Umstände* einzubeziehen sind (z.B. auch etwa Vorstrafen u. Ä.)[145] oder ob eine eingeschränkte Abwägung nur hinsichtlich der *versuchsspezifischen Aspekte* (zu diesen s. sogleich Buchst. a bis c) zu erfolgen hat[146]. In jedem Fall wird aber *drei versuchsspezifischen Kriterien* dabei besondere Bedeutung beigemessen. Wird von Ihnen bereits eines dieser Kriterien als gering beurteilt, so liegt eine Strafmilderung nahe:
a) Gefährlichkeit des Versuchs
   (Berücksichtigung findet hier etwa das eingesetzte Tatwerkzeug, der Grad von Verletzungen und die konkrete Vorgehensweise)
b) Maß der kriminellen Energie
   (maßgebliche Bedeutung gewinnt hierbei z.B. die Vorsatzform oder die Motivlage)

---

141 BGHSt 33, 377; F § 46 Rn. 104.
142 Sch/Sch § 18 Rn. 8 ff.; F § 18 Rn. 7 ff.
143 S. F § 18 Rn. 7.
144 Streitig, vgl. F § 18 Rn. 8 m.w.N.
145 So die ständige Rspr.; vgl. auch F § 23 Rn. 4.
146 So Sch/Sch § 23 Rn. 7.

c) Nähe des Taterfolgs
(Beachten Sie hier v. a., dass die Nähe des Taterfolgs nichts damit zu tun hat, ob es sich um einen beendeten oder einen unbeendeten Versuch handelt; bei beiden kann die Nähe des Erfolgs groß oder gering sein. Trotzdem wird in den meisten Fällen beim beendeten Versuch der Taterfolg eher naheliegen, sodass aus diesem Grund eine Strafmilderung eher nicht in Betracht kommt.)

Entscheiden Sie sich gegen eine Strafrahmenverschiebung, so ist der Versuch jedenfalls bei der Strafzumessung i. e. S. zu Gunsten des Täters zu werten. Bejahen Sie eine Strafrahmenverschiebung, so soll nach herrschender Meinung zwar der reine Umstand, dass nur Versuch vorliegt, bereits verbraucht sein, sodass er nicht mehr als allgemeiner Zurechnungsgrund herangezogen werden darf, es können jedoch im Rahmen einer Gesamtabwägung die *Einzelumstände*, die die (Versuchs-)Tat kennzeichnen, bei der Strafzumessung Berücksichtigung finden (so z. B. die Tatsache, dass die Tat *weit vor der Vollendung* steckengeblieben ist)[147].

TIPP: Wichtig für die Klausur ist im Ergebnis, dass das Urteil sich mit der Frage der Strafrahmenverschiebung auseinandergesetzt hat und eine Abwägung erkennen lässt.

8. Rücktritt vom Versuch

a) Allgemeines zum Rücktritt

Da die Rücktrittsthematik ein immer aktuelles Thema in Praxis und Klausur darstellt, sollten die wesentlichen Grundzüge dieses Problems unbedingt zu Ihrem festen Wissensbestand gehören.

125

TIPP: Legen Sie sich ein Aufbau- bzw. Prüfungsschema zurecht, anhand dessen Sie den jeweiligen Fall prüfen und das Ihnen garantiert, dass Sie die typischen Problemfelder nicht übersehen.

Bei der Subsumtion sollten Sie die relevanten **Schlagworte** des jeweils strittigen Prüfungspunktes in der Klausur erwähnen (etwa „Rücktrittshorizont" oder „autonome Motive"; s. dazu im Folgenden), die Problemerörterung dabei jedoch nicht auf bloße Leerformeln beschränken.

Hinweise auf eine mögliche Rücktrittsproblematik können sich im Klausurentext aus den verschiedensten Formulierungen ergeben (z. B. wird als Hinweis auf Vollendungsverhinderung erwähnt, dass der Täter Hilfe verständigte oder es wird als Hinweis auf Rücktritt vom unbeendeten Versuch dargelegt, dass das Opfer auch nach dem Messerstich keine Reaktion zeigte und der Täter von weiteren Angriffen absah).

Geprägt ist der Rücktrittsgedanke von einem möglichst effektiven Opferschutz. Unter diesem Aspekt hat sich eine durchaus täterfreundliche Rechtsprechung entwickelt, die in vielen Fällen an das Rücktrittsverhalten nur geringe Anforderungen stellt, wenn nur die Vollendung ausbleibt.

Von der Systematik stellt der Rücktritt einen **persönlichen Strafaufhebungsgrund** da, sodass nur derjenige in den Genuss der Straffreiheit kommt, der persönlich zurückgetreten ist. Eine übergreifende Wirkung für Teilnehmer besteht nicht (s. dazu im Einzelnen unten).

Zu beachten ist, dass zudem nur hinsichtlich genau der Tat, von der auch zurückgetreten wurde, Straffreiheit eintritt. Liegt eine weitere Tat in Tateinheit vor, so bleibt diese unberührt, wenn sich der Rücktritt nicht auch auf sie bezog (z. B. weil sie bereits vollendet war!). Dies gilt insbesondere auch dann, wenn durch „eine Handlung" mehrere Angriffe auf Leib und Leben verschiedener Menschen vorliegen. Hier stehen mehrere versuchte Körperverletzungs-

---

147 So mit dem BGH nun auch F § 23 Rn. 5.

oder Tötungsdelikte in Tateinheit, sodass hinsichtlich jeder einzelnen versuchten Tat ein Rücktritt gesondert zu prüfen ist[148].

Wäre eine Tat eigentlich im Wege der Gesetzeskonkurrenz verdrängt gewesen, so lebt sie wieder auf. Eine Ausnahme von diesem Grundsatz stellt jedoch der § 30 dar. Gelangt nämlich eine Verabredung mehrerer zu einer Tat ins Versuchsstadium der Tat selbst (sodass der § 30 dadurch verdrängt wird), erfolgt sodann aber ein Rücktritt, so lebt die Strafbarkeit wegen § 30 *nicht* wieder auf[149] (zur Gegenausnahme siehe unten Rn. 142).

TIPP: Bedenken Sie also bei einer Rücktrittsprüfung hinsichtlich eines Straftatbestandes, dass u. U. eine Strafbarkeit wegen anderer Tatbestände bleibt.

Diese müssen dann selbstverständlich ihrerseits vollumfänglich in objektiver und subjektiver Hinsicht vorliegen und in Sachverhalt und rechtlicher Begründung dargestellt werden. Dabei gilt auch:

TIPP: Umschreiben Sie im Sachverhalt den ursprünglichen Tatvorsatz (nicht nur den hinsichtlich des verbliebenen Delikts) und stellen Sie sodann den Rücktritt dar.

Bleibt etwa bei einem Rücktritt vom versuchten Tötungsdelikt (nur) eine gefährliche Körperverletzung, so könnte dies wie folgt lauten:

> *„... versetzte er seinem Opfer einen wuchtigen Stich in Richtung Brust, um es zu töten. Als sich sein Opfer daraufhin jedoch an den Arm griff, erkannte er, dass er sein Opfer nur unwesentlich am Unterarm verletzt hatte. Obwohl er dazu weiterhin in der Lage gewesen wäre, sah er daraufhin von weiteren Angriffen ab und entfernte sich vom Tatort ..."* (Strafbarkeit gem. § 224 StGB).

Beachten Sie bei der *Strafzumessung* bzgl. des verbleibenden Delikts, dass bei einem erfolgreichen Rücktritt der Vorsatz hinsichtlich des ursprünglichen (nun aber nicht mehr zu verurteilenden) Delikts oder etwa hinsichtlich eines Mordmerkmals grundsätzlich *nicht strafschärfend* berücksichtigt werden darf[150]. Einfließen dürfen solche Gesichtspunkte allenfalls (Vorsicht!) unter dem Aspekt einer strafschärfenden, gesamttatbezogenen kriminellen Planungssorgfalt oder dann, wenn die ursprünglichen Mordmotive auch im Rahmen einer einfachen Körperverletzung eine erhöhte Verwerflichkeit begründen[151]. Ein misslungener Rücktrittsversuch oder eine nachträgliche Hilfe für das Opfer kann allerdings umgekehrt strafmildernd berücksichtigt werden.

b) Vorgeschlagenes Prüfungsschema

126   I. *Kein fehlgeschlagener Versuch*
II. *Abgrenzung, ob*
     a) *unbeendeter oder*
     b) *beendeter Versuch vorliegt*
falls a):
III. *Aufgeben der weiteren Ausführung*
IV. *freiwillig*

---

148 BGH NStZ 2012, 562 f.
149 F § 30 Rn. 18 m. w. N.
150 BGH NStZ 2013, 158.
151 BGH in NJW 2002, 3217 f. für die Heimtücke.

falls b):
III. Verhinderung der weiteren Vollendung
IV. freiwillig
V. Sonderfragen (§ 24 Abs. 1 S. 2/Abs. 2)

c) Kein fehlgeschlagener Versuch

Ein Rücktritt ist ausgeschlossen, wenn der Versuch bereits fehlgeschlagen ist[152]. Es macht daher Sinn, diese Frage vorab zu prüfen. Das Institut als solches ist inzwischen nach der ganz herrschenden Meinung anerkannt. Die systematische und begriffliche Einordnung allerdings ist in weiten Zügen in Rechtsprechung und Literatur noch ungefestigt. So kann etwa die Abgrenzung, ob ein Versuch fehlgeschlagen ist oder ein Absehen von der weiteren Vollendung unfreiwillig war, Probleme aufwerfen.

127

> Fehlgeschlagen ist der Versuch nach dem BGH dann, wenn aus Sicht des Täters die Fortsetzung nicht mehr oder zumindest nicht ohne zeitliche Zäsur bzw. Ingangsetzen einer neuen Kausalkette möglich ist.

Kein fehlgeschlagener Versuch ist jedoch anzunehmen, wenn der Täter davon ausgeht, mit den zur Verfügung stehenden Mitteln noch zur Vollendung gelangen zu können, auch wenn er ursprünglich eine Fortsetzung nicht geplant hatte[153]. Der BGH vertritt hier im Rahmen seiner sog. „**Gesamtbetrachtungslehre**" eine rücktrittsfreundliche Linie (s. dazu sogleich im Folgenden).

Fehlgeschlagen kann ein Versuch auch dann sein, wenn die weitere Tatausführung dem Täter völlig *sinnlos* erscheint, etwa in Fällen der zu spät erkannten Opferverwechslung[154].

Davon abzugrenzen sind die Fälle, in denen die weitere Tatausführung dem Täter sinnlos erscheint, weil er bis zu diesem Zeitpunkt bereits sein **außertatbestandliches Ziel** (z.B. „Denkzettel verpassen") erreicht hat. Da außertatbestandliche Ziele (strafrechtlich) irrelevant sind, führt dies nicht dazu, dass der Versuch als fehlgeschlagen anzusehen ist[155]. Nach einer Entscheidung des Großen Senats des BGH sei entscheidend, dass er von der Vollendung eben dieses Tatbestandes freiwillig absehe bzw. die Vollendung verhindere. Allerdings müsse in solchen Fällen besonders streng darauf geachtet werden, ob nicht bereits nach allgemeinen Grundsätzen ein beendeter Versuch oder ein fehlgeschlagener Versuch vorliege, der einen Rücktritt ausschließe[156]. (Zum fehlgeschlagenen Versuch, insbesondere zu den weiteren Fallkonstellationen s. auch oben Rn. 110.)

d) Abgrenzung unbeendeter/beendeter Versuch

Für die Frage, welche weiteren Anforderungen an das Verhalten des Zurücktretenden zu stellen sind, haben Sie nach diesen Vorprüfungen nun die Abgrenzung zu treffen, ob ein beendeter oder ein unbeendeter Versuch vorliegt. Maßgeblich ist hierbei nach gefestigter Rechtsprechung[157] der so genannte **Rücktrittshorizont**, d.h. die Sicht des Täters nach Abschluss der letzten Ausführungshandlung. Rechnet er in diesem Moment mit dem Eintritt des Erfolgs, oder hält er diesen auch nur für möglich, so ist der Versuch beendet. Gleiches gilt, wenn er in Verkennung der Ungeeignetheit seiner Handlung irrtümlich davon ausgeht, dass der Erfolg eintreten könne[158]. **Unerheblich ist dabei der (ursprüngliche) Tatplan**[159]. Es kommt gerade

128

---

[152] F § 24 Rn. 6.
[153] BGHSt 33, 297.
[154] F § 24 Rn. 8; im Ergebnis (= kein strafbefreiender Rücktritt) ebenso, wenn man mit der früheren BGH-Rechtsprechung stattdessen auf die mangelnde Freiwilligkeit des Tatabbruchs in diesen Fällen abstellt.
[155] Hierzu F § 24 Rn. 9.
[156] BGHSt 39, 221 ff.
[157] Aus neuerer Zeit etwa BGH NStZ 2011, 35.
[158] Hierzu etwa GrSenBGH in St 39, 221 ff.
[159] BGH NStZ 2009, 688.

nicht darauf an, was sich der Täter im Vorfeld hinsichtlich der Vollendung bzw. Beendigung gedacht hat, ob er etwa geplant hatte, sein Opfer mit nur einem Messerstich zu töten. Entscheidend ist allein, wie er die Situation nach seinem letzten Handlungsabschnitt beurteilt, ob er also den Eintritt des Todes nach diesem einen Stich für möglich hält. An dieses „Für-möglich-Halten" sind nach dem BGH nur geringe Anforderungen zu stellen[160], dies gilt v. a. bei besonders gefährlichen Handlungen. Es kommt zu diesem Zeitpunkt auch nicht mehr darauf an, ob der Täter den Erfolg i. S. d. Vorsatzes noch (bedingt) wollte, sondern nur auf seine Vorstellung, ob er eintreten könne[161]. Von einem beendeten Versuch ist demnach u. U. sogar dann auszugehen, wenn sich der Täter bei ursprünglichem Vollendungsvorsatz nach Abschluss der letzten Ausführungshandlung gar keine Gedanken über die Frage des Erfolgseintritts gemacht hat[162]. Dies entspricht einem der Grundgedanken des Rücktritts. Ein solcher Täter verdient das *Rücktrittsprivileg* nicht, da er sich gerade nicht hinreichend von seiner Tat distanziert. Auch soll es für die Annahme eines beendeten Versuchs genügen, dass der Täter lediglich die tatsächlichen Umstände, die den Erfolgseintritt nahelegen, erkennt.

129 Geht der Täter dagegen nach Abschluss der letzten Ausführungshandlung davon aus, dass der Erfolg nicht eintreten werde (und sei es auch nur aufgrund Verkennung des tatsächlichen Gefährdungsgrades), er ihn aber noch herbeiführen könnte (Abgrenzung zum fehlgeschlagenen Versuch), so ist der Versuch unbeendet. Gleiches soll nach der rücktrittsfreundlichen **„Gesamtbetrachtungslehre"** des BGH für den Fall gelten, in dem ein Täter zunächst mit der Möglichkeit des Erfolgseintritts rechnet, aber in *unmittelbarem zeitlichen* Zusammenhang erkennt, dass er sich geirrt hat und mit dieser neuen Kenntnis von weiterem Handeln Abstand nimmt, obwohl ein solches aus seiner Sicht mit den vorliegenden Mitteln und ohne wesentliche zeitliche Zäsur noch möglich wäre[163]. Entscheidend ist dabei aber, dass der Vorgang (bisheriger Tatverlauf und weiterer, unterlassener Tatverlauf) sich als **einheitlicher Lebensvorgang** darstellt. Der maßgebliche Zeitpunkt für die Einschätzung durch den Täter soll dabei derjenige sein, in dem er seinen Irrtum erkennt.

130 Schwierigkeiten können in diesem Zusammenhang dann auftreten, wenn sich das Täterverhalten in **mehrere Handlungsabschnitte** gliedert, die jeweils das Versuchsstadium erreichen, es letztlich aber nicht zur Vollendung kommt. Kann ein Täter hier umfassend zurücktreten, wenn er im Rahmen des letzten Teilabschnitts erkennt, dass der Erfolg ohne weiteres Zutun nicht eintreten wird, und letztlich von der weiteren Vollendung absieht?

Der BGH entscheidet hier regelmäßig rücktrittsfreundlich. In seiner Entscheidung BGHSt 40, 75 ff. wird dazu ausgeführt, dass es dabei auf das *Verhältnis der Tatabschnitte zueinander* ankomme. Liege eine **natürliche Handlungseinheit** vor, so ist bis zuletzt von einem einzigen unbeendeten Versuch auszugehen. Ein – den Rücktritt ausschließender – fehlgeschlagener Versuch hinsichtlich der ersten Handlungsphasen sei (entgegen den Anhängern der „Einzelakttheorie") nicht anzunehmen, solange sich die Handlung als ein *einheitlicher Lebenssachverhalt* darstelle[164]. Der Täter kann demnach durch bloßes Ablassen zurücktreten. Dementsprechend hat der BGH in BGHSt 34, 53 ff. einen umfassenden Rücktritt vom versuchten Tötungsdelikt bejaht, obwohl der erste Handlungsabschnitt, nämlich das versuchte Überfahren des Opfers mit dem Auto, fehlging. Der Täter hatte nämlich sogleich das Auto verlassen und begonnen, sein Opfer nunmehr zu würgen. Von diesem Würgen ließ er schließlich freiwillig ab. Da dieser zweite Teil sich nach dem BGH als Fortsetzung des ursprünglichen Tötungsplans darstellte und nicht als neuer Lebensvorgang zu sehen war, war ein vollum-

---

160 BGHSt 35, 90.
161 NStZ 99, 300.
162 BGHSt 40, 306 ff. (Formel „Wer nichts denkt, hält alles für möglich").
163 BGHSt 39, 227 f.; zu allem auch F § 24 Rn. 15–17. Weiter ist nach BGH NStZ 2012, 688 f. für eine rechtswirksame Korrektur des Rücktrittshorizonts erforderlich, dass die Änderung der Situationseinschätzung im engsten *räumlichen* Zusammenhang erfolgt.
164 Vgl. auch BGHSt 39, 232; BGH NStZ-RR 2002, 428 (bei einer Tat im Rechtssinne); entsprechend für Rücktritt vom mehraktigen Unterlassungsdelikt: BGH NJW 2003, 1057 f. Bestätigung dieser Rechtsprechung in BGH NStZ 07, 339 f.

fänglicher Rücktritt möglich[165]. Umgekehrt geht der BGH von einem nicht mehr rücktrittsfähigen fehlgeschlagenen Versuch im ersten Teilabschnitt aus, wenn der Täter nach dem Misslingen des vorgestellten Tatablaufs zu der Annahme gelangt, er könne die Tat nicht mehr ohne zeitliche Zäsur mit den bereits eingesetzten oder anderen bereitliegenden Mitteln vollenden, sodass ein erneutes Ansetzen notwendig sei, um zu dem gewünschten Ziel zu gelangen[166]. Maßgeblich sind daher immer die konkreten Feststellungen zum Vorstellungsbild des Täters. Beachten Sie dabei aber, dass es immer auf die genaue Vorstellung des Täters im Moment des Fehlgehens ankommt. Hätte nämlich im oben geschilderten Fall festgestellt werden können, dass der Täter davon ausging, mit dem Würgen sein Opfer gar nicht mehr töten (sondern allenfalls noch verletzen) zu können, so wäre ein Rücktritt vom Tötungsversuch wegen Fehlschlagens des Versuchs ausgeschlossen gewesen.

Der BGH bejaht in diesem Zusammenhang auch die Möglichkeit des Rücktritts vom Versuch eines **erfolgsqualifizierten Delikts**, *selbst wenn die qualifizierende Folge bereits eingetreten ist*[167]. Er begründet dies mit dem Argument, dass der Rücktritt sich nach dem Gesetzeswortlaut nur *auf die Vollendung der Tat des Grunddelikts* beziehen kann. Befindet sich dieses noch im Versuchsstadium, so bleibt ein Rücktritt weiter möglich, was auch für die Qualifikationsdelikte gelten müsse. Die Gegenmeinung, die einen Rücktritt in dieser Konstellation ausschließen will, beruft sich darauf, dass der Erfolg in dem bezeichneten Fall ja schon eingetreten ist, ein strafbefreiender Rücktritt demnach somit auch nicht mehr verdient wäre. **131**

TIPP: Für die konkrete Arbeit am Fall heißt das, für die Abgrenzung zwischen beendetem, unbeendetem und fehlgeschlagenem Versuch zunächst den maßgeblichen Zeitpunkt zu finden, in dem die Vorstellung des Täters zu prüfen und festzustellen ist, um dann Anknüpfungspunkte zu suchen, die auf die konkrete Vorstellung des Täters rückschließen lassen. Achten Sie im Aufgabentext auf Hinweise, aus denen sich ergibt, wie ernst der Täter die Gefahr des Erfolgseintritts nimmt. Indizien ergeben sich möglicherweise aus abgedruckten Äußerungen von Täter oder Opfer. Ebenso kann die erkennbare Wirkung des bisherigen Handelns (z. B. deutlich wahrnehmbare blutende Verletzungen im Bereich des Lebenszentrums, die potenziell tödliche Folgen und somit die Möglichkeit des Erfolgseintrittes auch für den Täter nahelegen) oder die Reaktion und die Handlungs- bzw. Fluchtfähigkeit des Opfers (unbeeinträchtigtes Weiterkämpfen kann unbeendeten Versuch nahelegen) eine Rolle spielen. **132**

e) Beim unbeendeten Versuch: Ablassen von der weiteren Tatvollendung

Die Differenzierung zwischen unbeendetem und beendetem Versuch entscheidet über die weiteren Anforderungen, die an einen strafbefreienden Rücktritt zu stellen sind. Beim unbeendeten Versuch genügt es, freiwillig von der weiteren Vollendung der Tat abzulassen und sich somit von der Tat und dem drohenden Erfolg zu distanzieren. Beim versuchten Unterlassungsdelikt ist hierfür allerdings ein aktives Tun erforderlich[168]. Dieses Aufgeben muss jedoch **ernst gemeint** und **endgültig** sein. Es kann demnach grundsätzlich nicht genügen, nur von einer Art der Ausführung Abstand zu nehmen oder die Handlung nur zu unterbrechen. Allerdings soll einem Rücktritt nach der neueren Auslegung des Begriffes „endgültig" durch den BGH nicht entgegenstehen, wenn der Täter grundsätzlich tatgeneigt bleibt, d. h. sich vorbehält, die Tat irgendwann doch noch zu begehen[169]. Dies mag unbefriedigend erscheinen, da er weiterhin rechtsfeindlich gesinnt bleibt, erscheint jedoch richtig, wenn man eben auf die konkrete Tatbegehung abstellt. Kein endgültiges Ablassen i. S. der Norm soll dagegen vorliegen, wenn der Täter die Tat sogleich und mit nur unwesentlichen Modifikationen fortzuführen plant. **133**

---

165 Ebenso in neuerer Zeit BGH NStZ 07, 399.
166 BGH NStZ 2009, 628.
167 BGHSt 42, 160 ff.; vgl. hierzu F § 18 Rn. 10.
168 Vgl. hierzu näher unten Rn. 138.
169 BGHSt 39, 230 f.; BGHSt 35, 184 (186), ähnlich BGH NStZ 2002, 28.

TIPP: Stellen Sie bei diesen Grenzfragen darauf ab, ob die vom Täter geplanten Fortsetzungsakte im Falle ihrer Verwirklichung sich als Fortsetzung der vorangegangenen Tat, also als ein **einheitlicher Lebensvorgang** darstellen (dann kein Rücktritt möglich) oder als neues Ansetzen zu qualifizieren sind (dann bleibt Rücktritt von der ersten Tat möglich)[170].

Die „Tat" i. S. der Norm ist als materiellrechtlicher Tatbestand zu verstehen. Dies gewinnt Bedeutung bei der Frage, ob ein **Teil-Rücktritt** *bei mehreren in Tateinheit stehenden Delikten oder einem qualifizierten Delikt* möglich ist. Nach herrschender Meinung soll es demnach z. B. möglich sein, bei einem versuchten Raubmord nur hinsichtlich des versuchten Mords zurückzutreten, während der Raub vollendet wird[171]. Umstrittener ist die Frage, ob von einem Qualifikationstatbestand zurückgetreten werden kann. Der BGH verneint dabei in einer Entscheidung die Rücktrittsmöglichkeit für einen Täter, der im Rahmen des § 250 Abs. 1 Nr. 1a seine Waffe nach Versuchsbeginn wegwirft, da er sie bei Beginn schon mit sich führte (was für die Bejahung des § 250 Abs. 1 Nr. 1a ja bereits genügt) und somit den Qualifikationstatbestand bereits erfüllt habe. Hier soll nur noch ein Gesamtrücktritt durch Aufgeben der gesamten Tat möglich sein[172]. Gleiches gilt für die *Verwendung* einer Waffe als Qualifikationstatbestand, z. B. bei § 250 II Nr. 1, § 177 IV Nr. 1[173], wenn der Täter die Waffe erst einmal eingesetzt hat. Ein erfolgreicher Teil-Rücktritt (mit der Folge der Strafbarkeit nur wegen des Grunddelikts) dürfte indes dann vorliegen, wenn der Täter *vor Eintritt der Qualifikationsfolge* von dessen Verwirklichung Abstand nimmt[174].

f) Freiwilligkeit

134 Nur wer **freiwillig**, d. h. aus **autonomen Motiven** von der weiteren Vollendung absieht, kann strafbefreiend zurücktreten. Der Täter muss dabei *ohne äußere oder innere Zwangslage* handeln und *„Herr seiner Entschlüsse"* geblieben sein. Er muss also die weitere Tathandlung abbrechen, obwohl er weiter handeln könnte. **Unfreiwillig** handelt er hingegen, wenn er aus *heteronomen Gründen*, also aus vom Willen unabhängigen Motiven von der weiteren Vollendung absieht bzw. abgehalten wird (wobei hier die Fälle des fehlgeschlagenen Versuchs vorab auszuscheiden sind). Beachten Sie dabei, dass auch sittlich verwerfliche Motive oder ein Überreden durch Dritte der Freiwilligkeit grundsätzlich nicht entgegenstehen. Unfreiwilligkeit kann allerdings dann anzunehmen sein, wenn der Täter aus psychischen Zwängen oder aufgrund eines Schocks gar nicht mehr in der Lage ist, weiter zu handeln. Allerdings schließen Schuldunfähigkeit und Rausch die Freiwilligkeit nicht grundsätzlich aus[175].

Genau zu differenzieren ist in den Fällen, in denen der Täter aus *Angst vor Entdeckung bzw. Bestrafung* ablässt. Beides muss die Freiwilligkeit zunächst nicht grundsätzlich ausschließen. Von einem unfreiwilligen Ablassen ist in diesen Fällen jedoch regelmäßig dann auszugehen, wenn es dem Täter entweder überhaupt auf Heimlichkeit ankam oder wenn aufgrund äußerer Veränderungen die Fortsetzung aus Sicht des Täters mit einem *unverhältnismäßig höherem Risiko* verbunden ist[176].

Maßgeblich kommt es bei der Frage der Motivation also auf die *innere Einstellung des Täters* an – und zwar **im Zeitpunkt nach der letzten Ausführungshandlung**.

TIPP: Versuchen Sie, diese herauszuarbeiten und festzustellen, und bewerten Sie sie dann nach den angeführten Grundsätzen. Beachten Sie dabei aber, dass Zweifel darüber, ob die Motive freiwillig oder unfreiwillig waren, nach dem Grundsatz „in-dubio-pro-reo" zu

---

170 Vgl. hierzu Wessels, AT, Rn. 641; Sch/Sch § 24 Rn. 38; F § 24 Rn. 26.
171 BGHSt 33, 142 (144).
172 BGH in NStZ 1984, 216; ebenso F § 24 Rn. 27; a. A. Sch/Sch § 24 Rn. 113 und Wessels, AT, Rn. 643.
173 Lesen Sie hierzu BGH NJW 2007, 1699.
174 F § 24 Rn. 27.
175 Lesen Sie die zahlreichen Fallbeispiele bei F § 24 Rn. 22f.
176 BGH NStZ 2011, 545; F § 24 Rn. 23. Dazu bedarf es im Urteil entsprechender Feststellungen zur Einschätzung des Risikos durch den Täter!

Gunsten des Täters wirken müssen (sodass im Zweifel Freiwilligkeit zu bejahen ist). Wären allerdings sämtliche (einzig) in Frage kommenden Gründe jeweils unfreiwillig, so darf der Rücktritt auch ohne Festlegung auf einen bestimmten Grund als unfreiwillig gewertet werden.

Nach dem auch in diesem Punkt rücktrittsfreundlichen BGH ist es im Übrigen *nicht* einmal erforderlich, dass der Täter sein *strafbares Handeln insgesamt* aufgibt. Lässt er von der Vollendung der einen Tat ab, um dennoch weiterhin eine *andere Tat* zu begehen, so soll hinsichtlich der ersten Tat nach dem BGH Rücktritt möglich sein. Der BGH beruft sich bei dieser sog. **„empirisch-psychologischen Betrachtungsweise"** v. a. auf den Wortlaut des § 24[177]. Die Gegenansicht in weiten Teilen der Literatur will dagegen auf dogmatisch unterschiedliche Weise darauf abstellen, ob der Täter tatsächlich zu normgerechtem Verhalten zurückgekehrt ist und sich somit das Privileg des Rücktritts verdient hat („normative Lehren")[178].

g) Beim beendeten Versuch: Aktives Verhindern der Vollendung

Gelangt man zum Ergebnis, dass ein beendeter Versuch vorliegt, so kann ein bloßes Abbrechen der weiteren Vollendungshandlung nicht mehr genügen. Das Gesetz fordert hier ein aktives Tun. Nur wenn der Täter durch sein Tun die bereits *aus seiner Sicht* für das Opfer bestehende Gefahr verhindert, kann er noch in den Genuss der Straffreiheit gelangen. Sein Tun muss dabei zum einen **subjektiv vom Rettungswillen getragen sein** (zufällige und ungewollte Rettung genügt nicht) und zum anderen für die Erfolgsverhinderung (zumindest mit-) **kausal** werden. Beachten Sie, dass diese neue Kausalitätsreihe das maßgebliche Kriterium ist. Die Annahme des strafbefreienden Rücktritts ist dem Täter demnach nicht etwa aufgrund des Umstands verwehrt, dass er auch andere, bessere Möglichkeiten der Erfolgsverhinderung gehabt hätte, solange die von ihm gewählte Vorgehensweise auch erfolgreich war[179]. Allerdings stellt der BGH in BGHSt 31, 49 hierzu klar, dass ein Täter nicht auf möglicherweise unzureichende Mittel zurückgreifen darf, wenn ihm bessere zur Verfügung stehen. Letztere muss er in diesen Fällen ausschöpfen und darf nicht dem Zufall bewusst Raum bieten.

135

Die eigentliche Rettungshandlung muss er nicht zwingend persönlich vornehmen. Es kann durchaus ausreichen, sich der Hilfe Dritter zu bedienen. Freilich genügt es dabei nicht, lediglich das Opfer sich selbst retten zu lassen.

Versagt das gewählte Mittel dennoch (z. B. aufgrund eines Kunstfehlers des herbeigerufenen Arztes), so geht dies grundsätzlich zu Lasten des Täters, der das **Erfolgsabwendungsrisiko** trägt. An eine Einschränkung dieses Risikogrundsatzes soll jedoch etwa dann zu denken sein, wenn das Opfer selbst willentlich die Rettungsmaßnahmen unterbindet oder wenn der Erfolg letztlich in nicht zurechenbarer Weise aufgrund wesentlicher Abweichung vom Kausalverlauf eintritt[180].

Auch im Rahmen des beendeten Versuchs muss der Täter im Übrigen **freiwillig** handeln. Es gelten hier die gleichen Grundsätze wie beim unbeendeten Versuch (s. o.).

h) Sonderfall des § 24 Abs. 1 S. 2

Ist das *Handeln des Täters nicht einmal mitursächlich für das Ausbleiben des Erfolgs*, so sind die Voraussetzungen des § 24 Abs. 1 S. 2 zu prüfen. An der Kausalität fehlt es etwa dann, wenn der Versuch objektiv (ohne Wissen des Täters) fehlgeschlagen oder (von Anfang an) untauglich war (so etwa auch bei einem fälschlich für beendet gehaltenen Versuch), oder der Erfolg ohne Wissen des Täters durch Dritte verhindert wird. Straffreiheit kann der Täter in diesen Fällen bereits durch **freiwilliges und ernsthaftes Bemühen** um Erfolgsverhinderung

136

---

177 BGHSt 33, 144 ff.
178 Nachweisbar bei F § 24 Rn. 20, der selbst der BGH-Ansicht folgt.
179 BGHSt 33, 295 (301); BGH in NJW 2000, 42.
180 So z. B. Sch/Sch § 24 Rn. 62 ff.

erlangen. Stets ist hier jedoch die subjektive Komponente von besonderer Bedeutung. Der Täter *muss davon ausgehen, dass die Vollendung noch möglich* ist. Ein erkannter fehlgeschlagener Versuch schließt den Rücktritt wie oben dargelegt aus.

Prüfen Sie in einem solchen Fall folgende drei Punkte:
aa) *Vollendung der Tat ist ohne Handeln des Täters ausgeblieben*
bb) *Bemühen um Erfolgsverhinderung*
cc) *Ernsthaft und freiwillig*

Zu Punkt cc) ist anzumerken, dass hierbei *hohe Anforderungen* zu stellen sind, besonders, wenn höherrangige Rechtsgüter bedroht sind[181]. Um sich das Rücktrittsprivileg zu verdienen, muss der Täter *alles tun, was aus seiner Sicht nötig* ist, um den Erfolg zu vermeiden. Steht ein Menschenleben auf dem Spiel, muss der Täter nach BGHSt 33, 295 ff. sogar das „Bestmögliche" tun. Überträgt er Dritten die Vornahme von Rettungsmaßnahmen, muss er sich grundsätzlich vergewissern und überprüfen, ob diese die notwendigen Maßnahmen durchführen[182]. Beachten Sie, dass teilweise vertreten wird, die Fallkonstellationen, bei denen der Erfolg trotz Rücktrittsbemühungen des Täters letztlich aufgrund eines wesentlich abweichenden Kausalverlaufs doch eintritt, ebenfalls unter diese Fallgruppen des § 24 Abs. 1, S. 2 zu fassen (so etwa der Tod des verletzten Opfers aufgrund Unfalls auf dem Transport ins Krankenhaus). Lässt sich hier erweisen, dass der Täter sich ernsthaft und freiwillig um die Verhinderung des Erfolgs bemüht hat, so soll ihm ebenfalls das Rücktrittsprivileg zu Gute kommen[183].

i) Rücktritt bei mehreren Tatbeteiligten

137 Der Rücktritt ist ein *persönlicher Strafaufhebungsgrund*. Ein Rücktritt eines Mitbeteiligten an der Tat beseitigt demnach nicht auch die Strafbarkeit aller anderen Beteiligten. § 24 Abs. 2 S. 1 verlangt dementsprechend die (freiwillige) *Verhinderung des Erfolges durch jeden Einzelnen*. Bedenken Sie bei mehreren Beteiligten also immer, dass eine individuelle Prüfung jedes Einzelnen zu erfolgen hat. Es genügt dabei nicht, wenn der Einzelne bei der endgültigen Vollendungshandlung nur passiv bleibt, seinen Tatbeitrag nicht leistet (außer er stellt dabei auch aus seiner Sicht sicher, dass die Vollendung ohne sein Zutun unmöglich geworden ist) oder die übrigen Beteiligten nur umzustimmen versucht; erforderlich ist vielmehr grundsätzlich die aktive und erfolgreiche Verhinderung.

Beachten Sie, dass § 24 Abs. 2 nicht zwischen beendetem und unbeendetem Versuch unterscheidet. Des Weiteren spricht die Vorschrift nicht von „Mittätern", sondern von „Beteiligten" – über § 24 Abs. 2 ist demnach auch für den Gehilfen trotz seines vollendeten Beihilfebeitrags Straffreiheit möglich, wenn er anschließend die Vollendung der Haupttat freiwillig verhindert.

Unterbleibt der Erfolg unabhängig vom Bemühen des Einzelnen, so gilt § 24 Abs. 2 S. 2, 1. Alt., der dem Abs. 1 S. 2 entspricht (ernsthaftes und freiwilliges Bemühen).

Als Besonderheit ist aber auf Abs. 2 S. 2, 2. Alt. zu achten, wonach ausnahmsweise auch bei Erfolgseintritt ein strafbefreiender Rücktritt des Einzelnen möglich ist. Dies nämlich dann, wenn er sich freiwillig und ernsthaft um die Verhinderung bemüht hat und sein ursprünglicher Beitrag *nicht kausal* für den Erfolgseintritt war. Achten Sie dabei aber darauf, dass die bloße Beseitigung der Kausalität des eigenen Beitrags nur dann ausreichend sein kann, wenn der Beteiligte davon ausging, dass dies auch für die gesamte Verhinderung des Erfolgs ausreichend war (sonst kein „ernsthaftes Bemühen").

---

181 Vgl. F § 24 Rn. 36.
182 Allerdings hat es der BGH in NStZ 2008, 329 dann doch ausreichen lassen, dass der Täter, der Vater des Opfers, der Mutter lediglich zurief, sie solle den Krankenwagen rufen, da es keine Anhaltspunkte dafür gegeben habe, dass sie dieser Aufforderung nicht nachkommen würde oder könne.
183 So z.B. Wessels, AT, Rn. 646.

j) Sonderfall: Rücktritt bei Unterlassungsdelikten

Das Problem liegt hier regelmäßig darin, sich im Hinblick auf die „verkehrte" Ausgangssituation (Unterlassen als strafbewehrtes Verhalten – Aufgeben der weiteren Vollendung dagegen als aktives Tun) nicht verwirren zu lassen. Ein strafbefreiender Rücktritt fordert hier stets ein aktives Tun, was sich zwangsläufig aus der Natur des Delikts ergibt. Ein weiter Teil der Literatur will auch hier nach den allgemeinen subjektiven Kriterien zwischen unbeendetem und beendetem Versuch unterscheiden[184]. Glaubt der Täter im maßgeblichen Zeitpunkt demnach, dass die ihm eigentlich obliegende Handlung (z.B. Zuwerfen eines Rettungsringes an einen Ertrinkenden) den Erfolg noch verhindern könnte, so sei von unbeendetem Versuch auszugehen. Hier würde es genügen, wenn er die ihm obliegende Handlung nun noch vornimmt, das Erfolgsabwendungsrisiko soll der Täter nach Vornahme seiner Rücktrittshandlung nicht mehr tragen. Anders wäre es, wenn die von ihm zu fordernde Aktion aus seiner Sicht ohnehin nicht mehr Erfolg versprechend wäre (Ertrinkender ist bereits bewusstlos), allerdings eine alternative Rettungshandlung noch möglich wäre (etwa ärztliche Hilfe holen). In diesem Fall soll ein beendeter Versuch gegeben sein, bei dem der Täter für einen wirksamen Rücktritt die nun erforderliche Rettungsmaßnahme ergreifen muss und das Erfolgsabwendungsrisiko zu tragen hat.

138

Der BGH stellt dagegen den Versuch des Unterlassungsdelikts regelmäßig einem beendeten Versuch gleich, da wie beim beendeten Versuch eines Tätigkeitsdelikts den Täter von vornherein eine Pflicht zum Tätigwerden trifft – Rücktritt durch (weiteres) Unterlassen scheidet daher ohnehin aus[185]. Er lässt es für die Annahme eines strafbefreienden Rücktritts genügen, dass die Handlung des Täters letztlich für den *Nichteintritt* des Erfolg *kausal* war. Nach (nunmehr) wohl einhelliger Ansicht aller Senate ist es dabei gleichgültig, ob er bei der Auswahl seiner Handlung den optimalen Weg gewählt hat oder ob bessere Alternativen bestanden hätten, solange der gewählte Weg erfolgreich war[186].

Nach Ansicht des BGH[187] soll allerdings in Fällen des *untauglichen* versuchten Unterlassungsdelikts, in denen eine Erfolgsverhinderung von vornherein objektiv gar nicht mehr möglich war (wenn z.B. das Opfer [unerkannt] bereits tödlich verletzt ist), ein Rücktritt deshalb ausgeschlossen sein, da die Vollendung eben gar nicht mehr vermeidbar sei[188]. Die Gegenansicht[189] hält dem entgegen, dass die Tatsache, dass der Täter den Erfolg – auch durch aktives Tun – gar nicht mehr abwenden hätte können, für sich allein nur dazu führe, dass mangels Kausalität nur ein (untauglicher) Unterlassungsversuch anzunehmen sei. Hier sei aber – wie beim untauglichen Begehungsversuch auch – ein strafbefreiender Rücktritt nach § 24 Abs. 1 S. 2 so lange möglich, wie der Täter die Untauglichkeit seines Versuchs nicht erkannt habe und sich ernsthaft und freiwillig bemühe, den Erfolgseintritt noch zu verhindern.

9. § 30

Einen Sonderfall der vorverlagerten strafrechtlichen Verantwortlichkeit bereits für Vorbereitungshandlungen stellt § 30 dar. In der Praxis gewinnt die Vorschrift etwa bei versuchten Auftragsmorden (z.B. BGH NStZ 99, 25), Mittätersuche per Zeitungsannonce oder im Rahmen von Internetangeboten (vgl. etwa BGH NStZ 98, 403 – Kinderangebot für sexuellen Missbrauch im Internet) an Bedeutung.

139

§ 30 Abs. 1 erfasst den Fall der versuchten Anstiftung, Abs. 2 die sonstigen Beteiligungsformen. Da § 30 keine selbstständige Strafnorm darstellt, ist im Tenor das geplante Verbrechen

---

[184] So – und m.w.N. – z.B. Sch/Sch § 24 Rn. 27 ff.
[185] BGH NJW 2003, 1058; ebenso F § 24 Rn. 5.
[186] BGH NJW 2002, 3719, i. V. mit der Stellungnahme des 1. Senats in NJW 2002, 3720; BGH NJW 2003, 1058.
[187] BGH NStZ 1997, 485; NJW 2000, 1732.
[188] So z.B. BGH NStZ 2012, 29; vgl. auch F § 24 Rn. 5.
[189] Z.B. Wessels, AT, Rn. 745.

mit anzugeben[190]. Die Strafe richtet sich nach dem Strafrahmen der Haupttat, ist jedoch, im Gegensatz zum allgemeinen Versuch, *zwingend* nach § 49 Abs. 1 zu mildern. Vorab ist allerdings zu prüfen, ob nicht ein minder schwerer Fall des jeweiligen Verbrechens (soweit gesetzlich vorgesehen) in Betracht kommt, sodass von vornherein von einem Sonderstrafrahmen auszugehen wäre (der dann noch gem. § 30 Abs. 1 S. 2 i. V. m. § 49 Abs. 1 zu mildern wäre). Daran ist etwa zu denken, wenn die Planung noch recht oberflächlich war.

Bei der Strafzumessung i. e. S. darf der Umstand an sich, dass es bei Vorbereitungshandlungen blieb, nicht berücksichtigt werden, da dieser Umstand ja gerade den (verschobenen) Strafrahmen begründet hat.

§ 31 regelt die dem § 24 angenäherten Voraussetzungen des Rücktritts.

Denken Sie im Übrigen daran, dass in den hier relevanten Fallkonstellationen möglicherweise (ersatzweise) § 111 in Betracht kommen kann.

Da sich der Strafgrund eher abstrakt in dem rechtsfeindlichen Willensentschluss und in der inneren Bindung als in der konkreten objektiven Gefährlichkeit begründet, spielt die **subjektive Komponente** auch hier eine maßgebliche Rolle.

Die Vorstellung der Beteiligten muss sich dabei auf ein zu begehendes **Verbrechen** i. S. d. § 12 richten[191]. Nach der Rechtsprechung des BGH[192] ist § 30 (Abs. 2) auch dann erfüllt, wenn die Teilnehmer bei der Verabredung noch mehrere Begehungsmöglichkeiten ins Auge fassen und in ihren Willen aufnehmen, jedoch nur eine davon ein Verbrechen i. S. v. § 12 ist.

Allgemein gilt: Das Verbrechen muss hinreichend **konkretisiert**, nicht aber bereits detailliert festgelegt sein.

> Als Merksatz kann hier gelten, dass der andere die Tat aufgrund der Planung begehen könnte, wenn er wollte.

Der **Entschluss** muss **endgültig und unbedingt** auf Vollendung gerichtet sein. Zwar kann die tatsächliche Ausführungsweise noch von Bedingungen abhängig gemacht werden, die Frage des „Ob" muss jedoch bereits entschieden sein. Bloße Vorgespräche reichen nicht aus. Unerheblich ist es, wenn die Tat tatsächlich nicht vollendet werden kann.

a) § 30 Abs. 1 – Versuchte Anstiftung

140 Die allgemeinen Grundsätze des unmittelbaren Ansetzens (auf Seiten des Anstiftenden) finden hier ebenso Anwendung wie die sonstigen Voraussetzungen der Anstiftung (v. a. doppelter Anstiftervorsatz). Ein einzelner, bestimmter Adressat ist nicht nötig. Es ist ausreichend, wenn er aus einer Personenmehrheit individualisierbar ist. Warum die Anstiftung letztlich fehlgeht, ist unerheblich, insbesondere kann Strafbarkeit nach § 30 auch bei versuchter Anstiftung eines bereits zur Tat entschlossenen Täters („omnimodo facturus") gegeben sein (Unterschied zu § 26!).

Wie bei der Anstiftung genügt bedingter Vorsatz, insbesondere dass der Anstifter billigend in Kauf nimmt, dass der Anzustiftende die Aufforderung ernst nimmt und die Tat ausführen wird[193]. Allerdings entfällt eine Strafbarkeit dann, wenn der Anstiftende davon ausging, dass die Tat ohne seine Mitwirkung (die er zu verweigern plant) nicht möglich wäre[194].

Auch Kettenanstiftung ist i. R. des § 30 denkbar (Abs. 1, S. 1, 2. Alt.).

---

190 Beispiele: „Der Angeklagte ist strafbar wegen fünf tatmehrheitlicher Verabredungen zum Raub" (= § 30 Abs. 2, 3. Alt.); „Der Angeklagte ist schuldig eines Versuchs der Anstiftung zum Mord" (= § 30 Abs. 1 S. 1, 1. Alt.)
191 Zur Problematik, ob die Verbrechenseigenschaft beim Vorbereitenden und beim Haupttäter gegeben sein muss, sowie zur Bedeutung des § 28 i. V. m. § 30 vgl. Sch/Sch § 30 Rn. 10 ff.
192 NStZ 2011, 158.
193 F § 30 Rn. 9.
194 BGH NStZ 1998, 404.

b) § 30 Abs. 2 – Sonstige Vorbereitungshandlungen

In Abs. 2 der Norm werden drei Handlungsalternativen aufgezählt. **141**

Das **Sich-Bereiterklären** erfordert eine ernst gemeinte Erklärung, ein Verbrechen begehen zu wollen i. S. eines „Sich-Erbietens" oder der Annahme einer Aufforderung. Umstritten ist, ob die Erklärung dem Adressaten zugehen muss[195].

Die **Annahme des Anerbietens** setzt eine Einverständniserklärung mit einer Verbrechensbegehung durch andere voraus. Vorangegangen sein muss demnach ein Anerbieten durch einen anderen, das allerdings aus dessen Sicht nicht zwingend ernst gemeint sein muss.

Die **Verabredung** schließlich ist eine ernst gemeinte, hinreichend konkretisierte, den Grad von Vorüberlegungen übersteigende Übereinkunft zwischen mind. zwei Tätern zur gleichwertigen, also *mittäterschaftlichen* Begehung eines Verbrechens (Täter-Gehilfen-Verhältnis genügt nicht). Ein innerer, geheimer Vorbehalt des einen Beteiligten wird nur relevant, wenn dieser davon ausgeht, ohne seine Mitwirkung wäre eine Ausführung gar nicht möglich. Der Vorbehalt berührt im Übrigen nicht die Strafbarkeit des anderen (umstritten ist allerdings, ob der andere in diesem Fall wegen Verabredung[196] oder nach einer der beiden anderen Alternativen des Abs. 1[197] zu bestrafen ist). Fehlt es auf Seiten eines Beteiligten an der Ernstlichkeit, so kommt für den anderen eine Bestrafung aufgrund einer der beiden anderen Alternativen des § 30 Abs. 1 in Frage.

c) Konkurrenzverhältnis zur Haupttat

Sobald die Haupttat in das Versuchsstadium eintritt, ist § 30 durch diese grundsätzlich verdrängt (*Subsidiarität*). Tritt der Täter dann nach § 24 zurück, so lebt § 30 **nicht** wieder auf. Vom Grundsatz der Subsidiarität gelten jedoch, je nach Konstellation, verschiedene *Ausnahmen*[198]. Bedeutsam ist etwa der Fall, dass die tatsächlich ausgeführte Tat hinsichtlich ihrer Schwere hinter der geplanten zurückbleibt. In diesem Fall kommt es zu einer tateinheitlichen Verurteilung wegen der begangenen Tat und § 30. Entsprechend bleibt bei nur versuchter tatsächlicher (milderer) Tat, von der dann zurückgetreten wird, die Strafbarkeit wegen § 30 (Verabredung zur schwereren Tat) bestehen (vgl. auch oben Rn. 125). **142**

d) Konkurrenzen innerhalb des § 30

Verabreden sich die Täter zu mehreren Verbrechen (§ 30 Abs. 2), kommt es nach selbst innerhalb des BGH umstrittener Ansicht hinsichtlich des Konkurrenzverhältnisses nicht darauf an, ob sie sich in einem oder mehreren Kommunikationsvorgängen verabreden, sondern allein darauf, in welchem Konkurrenzverhältnis die zu begehenden Taten aufgrund des Tatplans stehen werden[199]. **142a**

> **TIPP:** Da dies ein sehr aktueller Streit mit großer Relevanz für die Strafzumessung ist, erscheint er in hohem Maß examensrelevant.

Es ist anzunehmen, dass die jeweiligen Argumentationen auch auf die Begehungsformen nach § 30 Abs. 1 übertragen werden können (fünf tateinheitliche versuchte Anstiftungen zum Mord oder fünf tatmehrheitliche versuchte Anstiftungen zum Mord, wenn in einer Anstiftungshandlung zu fünf tatmehrheitlichen Morden angestiftet werden sollte.)

---

195 Nach wohl h. M. nicht; so etwa F § 30 Rn. 10.
196 So Sch/Sch § 30 Rn. 29.
197 So F § 30 Rn. 12 a.
198 F § 30 Rn. 18.
199 So BGH NStZ 2010, 209; a. A. BGH NJW 2011, 2375; F § 30 Rn. 16.

V. Täterschaft und Teilnahme
1. Allgemeines und Grundsätze der Abgrenzung

143 Abgrenzungsprobleme zwischen Täterschaft und Teilnahme, respektive zwischen Mittäterschaft und Beihilfe oder Anstiftung und mittelbarer Täterschaft kommen häufig in Klausuren vor. Die Entscheidung zwischen Täterschaft und Teilnahme ist von praktischer Bedeutung im Hinblick auf den Schuldspruch (auch etwa bei der Frage der Versuchsstrafbarkeit), aber auch hinsichtlich der Strafhöhe im Hinblick auf eine eventuelle Strafrahmenverschiebung.

> **TIPP:** Als Einstiegsüberlegung sollten Sie sich fragen, ob die Tat aus der Sicht des Handelnden als eigene Tat (Täterschaft) oder als die eines anderen zu sehen ist (Teilnahme). Dies genügt zwar nicht für eine saubere juristische Abgrenzung, kann jedoch für die grundsätzliche Weichenstellung äußerst hilfreich sein.

Die gebotene saubere dogmatische Abgrenzung lässt sich auf zweierlei vertretbare Arten durchführen: Mit der **Tatherrschaftslehre** (sogleich unter Buchst. a) und mit der **subjektiven Theorie** der Rechtsprechung (sogleich unter Buchst. b).

Zu eng und unzureichend ist dagegen die (veraltete) formal-objektive Theorie, die die Täterschaft allein davon abhängig machen will, wer die Ausführungshandlung begeht.

144 **a)** Die überwiegende Literatur entscheidet die Frage nach der Täterschaft nach der **Tatherrschaft**. Diese setzt sich aus objektiven und subjektiven Merkmalen zusammen.

> Als Täter mit Tatherrschaft soll demnach derjenige anzusehen sein, der planvoll-lenkend und vom Vorsatz gesteuert als Zentralfigur des Geschehens die Herrschaft über die Tat in der Art hat, dass er die Tatbestandsverwirklichung nach eigenem Willen steuern und hemmen kann[200].

145 **b)** Die Rechtsprechung indes geht im Rahmen der von ihr vertretenen **subjektiven Theorie** maßgeblich vom Willen des Handelnden aus:

> Will er die Tat als eigene, handelt er also mit Täterwillen („animus auctoris"), oder sieht er die Tat als die eines anderen, die er lediglich fördern will?

Die ursprüngliche strenge Linie der Rechtsprechung hatte demnach zur Folge, dass selbst der, der den vollen Tatbestand allein verwirklichte, u. U. nur Gehilfe sein sollte (so etwa beim Handeln auf militärischen Befehl). Inzwischen ist auch der BGH von dieser strengen Auslegung, die auch mit dem Wortlaut des § 25 Abs. 1 schwerlich zu vereinbaren war, abgerückt und entscheidet in einer **wertenden Betrachtung**, bei der er regelmäßig auch (objektive) Elemente der Tatherrschaft heranzieht[201]. Folgende Kriterien spielen hierbei eine Rolle und sollten auch von Ihnen ggfs. argumentativ herangezogen werden:
– der Umfang der Tatbeteiligung[202]
– ein eventuelles enges Verhältnis zur Tat
– der Grad des eigenen Interesses an Tat und Taterfolg
– die eigentliche Tatherrschaft bzw. der Wille zur Tatherrschaft.

Welchem Weg Sie auch folgen, in weiten Zügen können Sie für beide Theorien mit denselben Abgrenzungskriterien arbeiten. Beschränken Sie sich dabei aber nicht auf Leerformeln, sondern belegen Sie Ihre Argumentation mit Fakten aus dem Sachverhalt.

---

[200] Vgl. etwa Wessels, AT, Rn. 513; weitere Nachweise bei Sch/Sch Vor § 25 Rn. 62 ff.
[201] So exemplarisch BGH NStZ 2003, 253 f; BGH NStZ 2009, 321.
[202] Hierzu ist nicht unbedingt eine Beteiligung am Kerngeschehen erforderlich, vielmehr genügt bereits ein „auf der Grundlage gemeinsamen Wollens fördernder Beitrag aus, der sich auf eine Vorbereitungs- oder Unterstützungshandlung beschränken kann". – Vgl. aus neuerer Zeit BGH NStZ 2009, 29.

Ergänzend soll in diesem Zusammenhang noch auf einige Punkte hingewiesen werden: **146**

– Der Kreis der möglichen Täter ist bei **Sonderdelikten** im Hinblick auf die besonderen (subjektiven) Anforderungen an den möglichen Täter begrenzt (so kann etwa ein Nicht-Postbeamter nicht wegen § 354 bestraft werden, sondern nur wegen § 242 ggfs. in Tateinheit mit Beihilfe zu § 354)[203]. Dies darf über die Anwendung der o.g. Abgrenzungskriterien nicht übersehen werden! Besonderheiten gelten unter diesem Blickwinkel auch für **die eigenhändigen Delikte und die Pflichtdelikte** (Untreue, Amtsdelikte, Verkehrsunfallflucht …)[204].

– Im Rahmen der Fahrlässigkeitsdelikte wird regelmäßig **Nebentäterschaft** statt Mittäterschaft anzunehmen sein[205]. Diese liegt dann vor, wenn mehrere Täter ohne Wissen (ohne gemeinsamen Tatplan) voneinander nebeneinander tätig werden. Nebentäterschaft ist jedoch auch bei Vorsatzdelikten denkbar (etwa wenn mehrere gleichzeitig auf ein Opfer schießen, ohne voneinander zu wissen). Bei Nebentäterschaft gibt es keine gegenseitige Zurechnung der Tatbeiträge!

– (Allein-)Täterschaftliches Handeln wird im Tenor nicht ausdrücklich ausgesprochen. So lautet der Schuldspruch **nicht** „*… ist schuldig des Diebstahls als Täter bzw. in Täterschaft*".
Auch die mittelbare Täterschaft (s. sogleich im Folgenden) ist ganz normale Täterschaft und wird nicht im Tenor aufgenommen. Gleiches muss für die Mittäterschaft gelten. Formulieren Sie also den Schuldspruch **nicht**: „*… ist schuldig des gemeinschaftlichen Diebstahls/bzw. des Diebstahls in Mittäterschaft*".

– Denken Sie daran, dass jegliche Abweichung der Tatbeteiligung von der in der Anklageschrift zugrunde gelegten, die sich im Rahmen der Hauptverhandlung erweist, eines **rechtlichen Hinweises nach § 265 StPO** bedarf (auch etwa Wechsel von Mittäterschaft und Einzeltäterschaft).

– Eine Wahlfeststellung zwischen Täterschaft und Teilnahme scheidet wegen ihres unterschiedlichen Schweregrads stets aus.

– Möglich ist allerdings grundsätzlich die Anwendung des „in dubio pro reo"-Grundsatzes, wenn zumindest feststeht, dass Teilnahme in jedem Fall vorlag. Begründet wird dies mit einem *Stufenverhältnis*, wobei auch das Argument eine Rolle spielt, dass der Teilnehmervorsatz jedenfalls im Tätervorsatz als der stärkeren Form enthalten ist.

– Besondere Sorgfalt ist im Rahmen der Strafzumessung bei der Frage eventueller doppelter Strafrahmenmilderungen und der Anwendbarkeit des § 50 anzuwenden[206].

2. Die Mittäterschaft

§ 25 Abs. 2 setzt die gemeinschaftliche Begehung der Tat voraus. **147**

> Kurz gefasst heißt „gemeinschaftliche Begehung", dass ein gemeinsamer Tatentschluss, bzw. gemeinsamer Tatplan, und gemeinschaftliche Tatbestandsverwirklichung vorliegt.

Hierfür genügt nicht das bloße Kennen des Plans oder ein Billigen. Vielmehr ist ein *funktionelles Zusammenwirken*, ein gegenseitiges Sich-Ergänzen gleichwertiger Partner nötig[207]. Im Hinblick auf die vollumfängliche gegenseitige Erfolgszurechnung[208] ist hier eine saubere Einzelprüfung für sämtliche Mittäter geboten.

---

203 F § 25 Rn. 16.
204 Hierzu Wessels, AT, Rn. 520 f.
205 Lesen Sie hierzu unbedingt F § 25 Rn. 24 ff. zur Figur der sog. „fahrlässigen Mittäterschaft".
206 Vgl. dazu F § 28 Rn. 7.
207 F § 25 Rn. 11 ff.; Wessels, AT, Rn. 526.
208 Im Rahmen des § 28 (vgl. dazu im Folgenden).

a) Gemeinsamer Tatentschluss bzw. Tatplan

148 Zunächst erfordert die Mittäterschaft einen **gemeinsamen Tatentschluss bzw. Tatplan**. Sämtliche Mittäter müssen die Tat subjektiv als eigene Tat wollen. Hierfür kann auch eine konkludente Einigung ausreichen. Auch kann die Einigung sukzessiv, *sogar bis zur Beendigung* (d.h. auch noch nach Vollendung) erfolgen (siehe hierzu untern c)).

Es müssen nicht sämtliche Einzelheiten der Tat besprochen worden sein. Im Übrigen ist es auch nicht zwingend nötig, dass die Mittäter sich gegenseitig kennen.

b) Mitwirkungshandlung

149 Weitere (objektive) Voraussetzung für die Mittäterschaft ist eine **Mitwirkungshandlung**. Umstritten ist indes, welche konkreten Anforderungen an dieses Mitwirken zu stellen sind.

Maßgebend für den BGH ist dabei (in Abgrenzung zur Beihilfe), welcher Art und welchen Umfangs die Beteiligung ist, mit welcher Willensrichtung (Wille zur Tatherrschaft?) sie geleistet wird, welchen Grad das Interesse am Erfolg hat, und inwieweit die Durchführung der Tat vom Willen und Einfluss des Täters abhängt[209]. Dies soll in einer *Gesamtschau* beurteilt werden. Die Rechtsprechung setzt aber jedenfalls voraus, dass es sich um einen *wesentlichen Tatbeitrag* handelt, ohne den die Tat wenn auch nicht unmöglich, so doch wenigstens erschwert wäre[210]. Nach wohl herrschender Ansicht braucht der Mittäter dazu aber nicht zwingend am eigentlichen Kerngeschehen bzw. der eigentlichen Ausführungshandlung mitzuwirken[211]. Jeder nicht ganz untergeordneter, fördernde Tatbeitrag kann (muss aber nicht) genügen, wenn der Tatbeitrag bei der Tatausführung selbst fortwirkt. Selbst eine bloße psychische Unterstützung kann u.U. ausreichen[212]. Auch muss der Mittäter nicht zwingend am Tatort anwesend sein. Es kann im Einzelfall auch eine Vorbereitungshandlung genügen. So soll etwa bei Organisationsdelikten der „Drahtzieher" im Hintergrund auch Mittäter sein können. Dies erscheint überzeugend, da in Fällen, in denen der eigentliche Täter, der am meisten Eigeninteresse an der Tat hat, im Hintergrund bleibt, nicht auf formale Gesichtspunkte der Beteiligung abgestellt werden sollte. Freilich ist die Rechtsprechung hier eher streng. Auch sollten Sie in diesen Grenzfällen beachten, dass regelmäßig um so strengere Anforderungen an den gemeinsamen Tatentschluss (s.o. Rn. 148) zu stellen sind, je unbedeutender die Mitwirkungshandlung ist. Besteht die aktive Handlung des vermeintlichen Täters etwa in bloßen Fahrdiensten oder im Abtransport der zu sichernden Beute[213], so sollten Sie hinsichtlich der Planungsbeteiligung besonders ausführlich argumentieren, wenn Sie dennoch Mittäterschaft annehmen.

150 Bejahen Sie eine Mittäterschaft, hat dies die **volle Erfolgszurechnung** für jeden einzelnen Mittäter zur Folge, allerdings nur im Rahmen der Grenzen des § 28 (vgl. dazu gleich) und bis zur Grenze der einseitigen Exzesshandlung. Bei *Exzesshandlungen* sollten Sie sorgfältig prüfen, was noch vom gemeinsamen Tatplan, ggfs. auch als eingeplante Variante, erfasst war. Genügen soll es für eine Zurechnung dabei u.U. bereits, wenn der Mittäter dieser Alternative völlig gleichgültig gegenüberstand[214]. Auch muss natürlich nicht jedes Detail explizit besprochen sein. Es wird hier einmal mehr vom Einzelfall und von guter Argumentation abhängen, ob Sie zu einer *wesentlichen Abweichung vom vorgestellten Kausalverlauf* (und somit zu einem Exzess) kommen, die dem Mittäter dann auch nicht zuzurechnen ist.

---

209 BGH StV 1999, 428 ff.; BGH in NStZ 2002, 482; BGH in NStZ 2002, 375 ff.
210 NStZ 1991, 91.
211 Vgl. etwa F § 25 Rn. 16; Wessels, AT, Rn. 529 mit Hinweis auf die Gegenmeinungen in der Literatur.
212 Die sich aber auch konkret fördernd ausgewirkt haben muss (Abgrenzung zur reinen – nicht weiter fördernden – Billigung, die allein *keine* strafbare Beteiligung darstellt!).
213 Eine die Täterschaft begründende Mitwirkungshandlung kann auch nach Vollendung, bis Beendigung erfolgen!
214 F § 25 Rn. 20. So auch BGH NStZ 2012, 563: Es genügt für die Zurechnung regelmäßig, dass mit den Handlungen des anderen Mittäters nach den Umständen des Falles zu rechnen war, auch wenn der Angeklagte sie sich nicht besonders vorgestellt hat. Dasselbe gilt, wenn ihm die Handlungsweise des Mittäters gleichgültig ist.

Unter dem gleichen Aspekt ist auch die Frage der Zurechnung eines „*error in objecto*" zu prüfen. Handelte der Ausführende im Rahmen der Absprache, so soll dieser Irrtum auch für den Mittäter unbeachtlich sein. Auf diese Weise kann man sogar als Mittäter eines versuchten Mordes an sich selbst strafbar sein[215]!

c) Besonderheit: Sukzessive Mittäterschaft

Sukzessive Mittäterschaft liegt vor, wenn sich der Täter der Tat eines anderen nach deren Beginn, aber vor deren Beendigung anschließt[216]. Auch hierfür ist die Unterscheidung zwischen Vollendung und Beendigung also wieder relevant! Voraussetzungen sind Kenntnis und Billigung des bisher Geschehenen, (nach der Rechtsprechung) ein entsprechender Täterwille sowie ein aktiver, den Erfolg fördernder (oder vertiefender) Beitrag des Hinzutretenden.

150a

Fehlt es an der Tatherrschaft (Lit.)/dem Täterwillen (BGH), kommt lediglich Beihilfe in Betracht. Wirkt sich der Beitrag des Beitretenden überhaupt nicht (mehr) aus, liegt weder sukzessive Mittäterschaft noch Beihilfe vor – in Betracht kommt dann allenfalls eine Strafbarkeit wegen (untauglichen) Versuchs.

Streitig ist, ob dem hinzutretenden Mittäter auch die Erschwerungsgründe, die bereits vor seinem Hinzutreten verwirklicht waren (z.B. die Verwirklichung eines Regelbeispiels nach § 243 I Nr. 2), zugerechnet werden können, soweit sie ihm zumindest bekannt sind und nachträglich vom gemeinsamen Plan erfasst werden[217].

Tatteile oder Erfolge, die vor dem Hinzutreten schon vollständig abgeschlossen waren (z.B. abgeschlossene Schäden bei Vermögensdelikten), dürfen dem Hinzutretenden auch nach neuerer Rechtsprechung nicht strafschärfend zugerechnet werden, selbst wenn er sie kennt und billigt[218].

3. Die mittelbare Täterschaft

a) Allgemeines und Fallgruppen

Mittelbarer Täter ist derjenige, der kraft überlegener Stellung die Tat als eigene **durch einen anderen** (Tatmittler) begeht. Demnach wird er wie ein normaler Täter bestraft (im Tenor wird die mittelbare Täterschaft *nicht* erwähnt). Das Handeln seines „Werkzeugs" wird ihm wie eigenes zugerechnet. Entscheidend ist, dass der Hintermann kraft überlegener Stellung oder überlegenem Sachwissen Tat und Ablauf planvoll lenkt und in Händen hält. Nach h.M. können Werkzeug und Opfer dabei auch identisch sein (z.B. in Fällen der unbewussten Selbstschädigung durch vergiftete Getränke oder der erzwungenen Selbsttötung)[219].

151

Zumeist charakterisiert sich die mittelbare Täterschaft dadurch, dass der *Tatmittler* ohne Vorsatz, irrtumsbedingt, rechtmäßig oder schuldlos handelt und daher *selbst nicht Täter* ist.

Folgende Fallgruppen sollten Ihnen bekannt sein:
– Der Tatmittler handelt (irrtumsbedingt) *vorsatzlos oder ohne eine vom Gesetz zusätzlich geforderte Absicht*[220] (v.a. die Fälle, in denen der mittelbare Täter beim Hintermann einen Irrtum erweckt, fallen hierunter; ebenso kann auch ein nur fahrlässiges Handeln des Vordermannes hier in Frage kommen).

---

215 F § 25 Rn. 18a.
216 Vgl. zu dem Ganzen F § 25 Rn. 21f.
217 So mit der Rspr. F § 25 Rn. 22; a.A. die wohl h. Lit., Argumentation bei Sch/Sch § 25 Rn. 91.
218 BGH NStZ 2010, 146f.: Die Angeklagten hatten sich – zunächst gutgläubig – an einem Vermögensschwindel, der auf Ratenzahlung beruhte, beteiligt. Der BGH monierte, dass das LG **bei der Strafzumessung** auch den Schaden durch Ratenzahlungen berücksichtigt hatte, die vor dem Eintritt der Bösgläubigkeit erfolgt waren.
219 Z.B. Wessels, AT, Rn. 539a.
220 Denken Sie insb. an die Absicht rechtswidriger Zueignung bei § 242.

- Der Tatmittler handelt (irrtumsbedingt) *rechtmäßig* (so etwa bei einer durch den Hintermann zu Unrecht veranlassten polizeilichen Festnahme oder bei durch den mittelbaren Täter vorgetäuschter Notwehr).
- Der Tatmittler handelt *schuldlos*, entweder aufgrund vermeintlichen (Nötigungs-)Notstands oder aufgrund unvermeidbaren Verbotsirrtums oder im Zustand der Schuldunfähigkeit.
- Der Tatmittler handelt *objektiv tatbestandslos* (so etwa bei der veranlassten Selbsttötung). Achten Sie hierbei jedoch stets auf die **Abgrenzung zur straflosen Anstiftung zur Selbstschädigung**, die grundsätzlich dann anzunehmen ist, wenn und solange der Vordermann noch freiverantwortlich handelt. Der BGH zog hierbei im so genannten „Sirius-Fall" Art und Tragweite des erweckten Irrtums als Kriterium dafür heran, ob überlegenes Wissen des Hintermannes bestand[221].
- Der Tatmittler handelt zwar vorsätzlich, aber *ohne die vom Gesetz geforderten besonderen persönlichen Merkmale* (so etwa wenn ein Urkundsbeamter einen Nicht-Urkundsbeamten zu einer falschen Beurkundung veranlasst).

Prüfen Sie in all diesen Fällen streng die Anforderungen, die an die mittelbare Täterschaft des Hintermannes gestellt werden. Hat dieser etwa den Irrtum provoziert, die vermeintliche Notwehrlage vorgetäuscht, die Schuldunfähigkeit herbeigeführt? Allerdings kann es auch genügen, dass er eine entsprechende Situation nur planvoll für seine Tat ausnützt. Entscheidend kommt es darauf an, ob er die Tat steuert, die Handlung in Gang bringt und es somit von seinem Willen abhängt, ob und wann die Tat geschieht.

Ausnahmsweise kann auch in Fällen, in denen der Vordermann vorsätzlich, irrtumsfrei und schuldhaft handelt, mittelbare Täterschaft in Frage kommen. Nach dem BGH[222] soll dies bei so genannten *Organisationsstrukturen* wie der Mafia, politischem Zwang (z.B. NS-Diktatur, Zwangs-Regime, aber auch Mauerschützen-Fälle) oder vergleichbaren befehlshierarchischen Systemen, u.U. aber sogar im Rahmen von engen wirtschaftlichen Unternehmensstrukturen denkbar sein, bei denen der Hintermann nicht nur das „Sagen" hat, sondern überdies Macht über den Vordermann ausüben kann, also letztlich wiederum die lenkende Tatherrschaft besitzt. Man spricht hier vom **„Täter-hinter-dem-Täter"**[223].

TIPP: Es wird allerdings empfohlen, bei Annahme dieser Fälle sehr zurückhaltend zu sein und sie als **seltene Ausnahmefälle** zu sehen.

Nach Ansicht des BGH soll auch in den Fällen des *vermeidbaren Verbotsirrtums* eine mittelbare Täterschaft möglich sein. Dies könnte deshalb fraglich sein, da der Vordermann selbst in diesen Fällen verantwortlicher Täter ist. Richtigerweise muss jedoch auch in diesen Fällen darauf abgestellt werden, ob der Hintermann die Tat in der Weise in Händen hält, dass bei ihm eine vom Täterwillen getragene, objektive Tatherrschaft zu bejahen ist[224]. Denn auch in diesen Fällen handelt der Tatmittler, ob vermeidbar oder nicht, ohne Unrechtseinsicht.

Keine mittelbare Täterschaft ist möglich bei den eigenhändigen Delikten, wie etwa Meineid (vgl. hier aber § 160) und den Sonderdelikten.

Für einen Exzess des Tatmittlers haftet der Hintermann nicht.

---

221 BGHSt 32, 38.
222 BGHSt 40, 236.
223 Vgl. auch F § 25 Rn. 7 ff.
224 F § 25 Rn. 5; Wessels, AT, Rn. 542 je mit Hinweis auf den BGH (z.B. St 35, 347 „Katzenkönig").

b) Irrtumsproblematiken

Besonders klausurrelevant sind schließlich die möglichen **Irrtumskonstellationen**: **152**
- Glaubt der Hintermann irrtümlich, der Vordermann handle schuldlos, so liegt zwar subjektiv mittelbare Täterschaft vor, objektiv aber nur vollendete Anstiftung, nach der auch zu bestrafen ist. Der Anstiftervorsatz soll dabei im weiteren Tätervorsatz enthalten sein.
- Glaubt der Hintermann umgekehrt, der Vordermann würde schuldhaft handeln, was tatsächlich aber nicht der Fall ist, ist ebenfalls (nur) vollendete Anstiftung anzunehmen, da der Hintermann nur mit Anstiftervorsatz handelte.
- Nimmt der Hintermann irrig an, der Vordermann handle vorsätzlich, so liegt keine mittelbare Täterschaft vor, da der Hintermann von einer Tat ausgeht, bei der der Vordermann Herr des Geschehens ist. Er handelt allenfalls mit Anstiftervorsatz. Mangels Vorsatzes auf Seiten des Vordermannes jedoch fehlt es an der für die Anstiftung erforderlichen vorsätzlichen Haupttat, sodass für den Hintermann eine Bestrafung wegen vollendeter Anstiftung ausscheidet. In Frage kommt hier lediglich noch eine Strafbarkeit wegen versuchter Anstiftung – allerdings nur für die Fälle des § 30.
- Äußerst umstritten ist die Fallkonstellation, bei der der Hintermann glaubt, der Vordermann handle ohne Vorsatz, dieser aber tatsächlich bösgläubig ist. Die Rechtsprechung nimmt hier regelmäßig mittelbare Täterschaft an, da deren Voraussetzungen („Ausnützung eines Werkzeugs") vorlägen. Nach der Tatherrschaftslehre indes scheitert eine (mittelbare) Täterschaft daran, dass eine Tatherrschaft ja nur vorgestellt ist, tatsächlich Tatherrschaft aber nicht vorliegt. In der Literatur wird demnach teilweise eine vollendete Anstiftung[225], teilweise ein Versuch mittelbarer Deliktsbegehung bejaht.
- Ein „error in objecto" bzw. „error in persona" auf Seiten des Tatmittlers soll nach einer (wohl herrschenden) Meinung in der Literatur auf Seiten des Hintermannes wie eine „aberratio ictus" behandelt werden (also als Versuch hinsichtlich des gewollten Opfers in Tateinheit mit Fahrlässigkeitsdelikt hinsichtlich des tatsächlichen Opfers). Es bestehe kein sachlicher Unterschied, ob ein mechanisches oder ein menschliches Werkzeug „fehlgehe". Dies solle auch unabhängig davon gelten, ob der Vordermann gutgläubig oder bösgläubig ist. Eine a. A. stellt durchaus überzeugend darauf ab, ob der Hintermann dem Vordermann die Individualisierung seines Opfers überlassen habe (so etwa durch Überlassung eines Fotos) oder ob er ihm klare Vorgaben gemacht hat (etwa denjenigen zu töten, der in einer genau vorgegebenen Wohnung wohne). Nur im letzteren Fall soll eine „aberratio ictus" angenommen werden, wenn der Vordermann sein Ziel dennoch „verwechsle". Hatte er die genaue Zielauswahl aber dem Handelnden überlassen, so soll ihm dessen Objektsverwechslung wie eine eigene zugerechnet werden mit der Folge eines (für die Strafbarkeit unbeachtlichen) „error in objecto"[226].

Auch der BGH hat dieses Ergebnis im Falle einer **Anstiftung** in der Konstellation, dass dem Ausführenden die Zielauswahl überlassen war, angenommen[227]. Bereits im Jahre 1990 hat allerdings der 4. Senat, ebenfalls für die Anstiftung, noch weitergehend entschieden, dass der „error in persona" des Angestifteten für den Anstifter selbst dann unbeachtlich sein soll (mit der Folge Verurteilung wegen Anstiftung zum vollendeten Mord), wenn dem Angestifteten das Opfer beschrieben wurde und ein Lichtbild überlassen war, die Verwechslung aber (dennoch) nicht außerhalb der allgemeinen Lebenserfahrung, i. S. eines wesentlichen Abweichens vom Kausalverlauf, lag[228]. Aus der dortigen Begründung, u. a. damit, dass eine differenzierte Behandlung von Hintermann und Ausführendem einer besonderen Rechtfertigung bedürfe, ließe sich der Schluss ziehen, dass diese Ansicht auch auf die mittelbare Täterschaft, jedenfalls bei dolosen bzw. wissentlich handelnden Tatmittlern, übertragen werden kann.

---

225 So etwa Wessels, AT, Rn. 549.
226 Vgl. Wessels, AT, Rn. 550; Sch/Sch § 25 Rn. 52 f.
227 BGH NStZ 1998, 294 ff. (1. Senat).
228 BGHSt 37, 214 ff.

4. Anstiftung

153 In Abgrenzung zu den Täterschaftsformen kennzeichnet die Anstiftung als Teilnahmeform die fehlende eigene Tatherrschaft. Freilich kann auch der Anstifter ein eigenes Interesse an der Tat haben, es wird dies sogar der Regelfall sein, maßgeblich ist jedoch, dass es *nicht seine Tat* ist und er auch nicht die alleinige Kontrolle über die Ausführung hat. Sein Beitrag erschöpft sich in dem *Bestimmen zur Tat, dem Hervorrufen des Tatentschlusses*.

a) Vorgeschlagenes Prüfungsschema

154 *I. Vorliegen einer rechtswidrigen und vorsätzlichen Haupttat (zumindest im Versuchsstadium)*
II. Kausale Anstiftungshandlung (Hervorrufen des Tatentschlusses/Bestimmen)
III. Doppelter Vorsatz:
  1. „Eigener" Vorsatz auf Vollendung der Haupttat, einschließlich aller Tatbestandsvoraussetzungen
  2. Vorsatz im Hinblick auf den Tatentschluss des Haupttäters

b) Haupttat

155 Angestiftet werden kann nur zu strafbarem Verhalten. Eine Anstiftung zu straflosem Verhalten (wie Selbsttötung) ist nicht strafbar. Die Tat, zu der angestiftet werden soll, muss wenigstens bis ins Stadium des (strafbaren) Versuchs gelangt sein[229]. Es muss sich um eine **vorsätzliche**[230] **rechtswidrige**, aber nicht zwingend schuldhafte Tat des Täters handeln. So kann auch ein schuldunfähiger Haupttäter angestiftet werden (beachten Sie allerdings die Abgrenzung zur mittelbaren Täterschaft[231]). Ebenso ist das Vorliegen von persönlichen Strafausschließungsgründen beim Täter für den Anstifter irrelevant.

Die Tat muss wenigstens **mitursächlich** auf die Einflussnahme des Anstifters zurückzuführen sein.

(Ausführlich zur „limitierten Akzessorietät" und den Fallgruppen des § 28 s. sogleich unter Rn. 163 ff.)

c) Anstiftungshandlung

156 Das maßgebliche objektive Element ist das Bestimmen des anderen zur Begehung einer fremden Tat. Der Anstifter **ruft den Tatentschluss beim Handelnden hervor**. Dabei soll nach klar h. M. ein *zielgerichtetes Einwirken* erforderlich sein, ein bloßes Setzen objektiver Reize kann ebenso wenig genügen wie bloße allgemeine Ratschläge, da es sich um einen Akt der Willensbeeinflussung handeln muss. Als Mittel können in Frage kommen: Belohnung, Überreden, Frage, Drohung oder Irrtumserregung. Beachten Sie bei den letzten beiden Beispielen aber wieder die Abgrenzung zur mittelbaren Täterschaft.

Der Einfluss des Anstifters muss zumindest **mitursächlich** für die spätere Tat geworden sein.

> Ein bereits zur Tat Entschlossener („omnimodo facturus") kann nicht mehr angestiftet werden. Hier kommt allerdings noch psychische Beihilfe oder versuchte Anstiftung unter den Voraussetzungen des § 30 in Betracht[232].

Ist der Täter dagegen noch unentschlossen und überredet der Anstifter ihn letztlich, so kann Anstiftung auch dann vorliegen, wenn der Vordermann die Tat bereits erwogen hatte. Äußerst umstritten ist der Fall, in dem der Täter bereits zu einer Grundtat entschlossen ist, der Anstif-

---

[229] Sonst liegt nur eine versuchte Anstiftung vor, die nur in den Fällen des § 30 strafbar ist.
[230] Anstiftung zur Fahrlässigkeitstat gibt es nicht!
[231] Ausnutzung eines schuldunfähigen Werkzeugs für die eigene Tat (s. o. Rn. 151)
[232] BGH NStZ-RR 1996, 1 ff.

ter ihn dann aber *zu einer schwereren Tat* (z. B. einer Qualifikation[233]) überredet (sog. „**Aufstiftung**"[234] bzw. „**Hochstiftung**"[235]). Nach herrschender Ansicht soll der Anstifter hier voll haften[236], während eine Mindermeinung die Strafbarkeit auf psychische Beihilfe (zum qualifizierten Delikt) beschränkt. Ist der Täter umgekehrt bereits zu Grunddelikt und Qualifikation entschlossen und bewirkt der „Anstifter", dass nur noch das Grunddelikt begangen wird (sog. „**Abstiftung**")[237], so soll nach überzeugender Ansicht[238] nur psychische Beihilfe in Betracht kommen, da der Täter zu der Tat in Form des letztlich begangenen Grunddelikts bereits vollumfänglich entschlossen war.

Möglich ist auch Anstiftung zur Beihilfe (im Übrigen auch Beihilfe zur Anstiftung[239]), Anstiftung durch ein menschliches Werkzeug, also in mittelbarer Täterschaft, und Anstiftung zur Anstiftung („**Kettenanstiftung**"). Im Hinblick auf die Haupttat, deren Strafrahmen ja maßgeblich ist, ist Anstiftung zur Anstiftung gleichzusetzen mit Anstiftung zur Haupttat; Anstiftung zur Beihilfe ist demnach Beihilfe zur Haupttat[240].

d) „Doppelter" Vorsatz

Der Vorsatz muss einerseits auf die Hervorrufung des Tatenschlusses beim Ausführenden und andererseits auf die Vollendung einer vom eigenen Vorsatz voll umfassten bestimmten Tat gerichtet sein („doppelter Vorsatz").

157

Diesbezüglich muss der Anstiftende selbst alle tatbegründenden Merkmale von seinem Vorsatz umfasst haben. So etwa auch geforderte „Absichten" des Täters[241], die er allerdings nicht selbst teilen muss. Er muss dazu die Tat in *hinreichend konkretisierbarer Art* in seinem Vorstellungsbild haben. Die Tat muss eine bestimmte Tat sein. Es genügt nicht nur eine bestimmte „Gattung", wie z. B. Diebstahl. Nicht erforderlich ist es indes, dass sämtliche Einzelheiten bereits feststehen müssen. So muss er insbesondere nicht zwingend immer schon das Opfer kennen. Ähnliches gilt für den Täterkreis. Auch diesbezüglich kann es genügen, wenn der Täter aus einem *bestimmbaren Personenkreis* stammt. An dieser Stelle kann die **Abgrenzung zu § 111** bedeutsam werden, bei dem der Täterkreis gerade ein unbestimmter ist. Die Tat bei § 111 muss zwar ebenfalls grundsätzlich eine bestimmte sein, jedoch weniger konkretisiert als bei der Anstiftung. So kommt etwa keine Anstiftung in Betracht, wenn nur ganz allgemein zu Diebstählen aufgefordert wird. Entscheidend soll sein, dass ein gewisses konkret-individualisierbares Geschehen erkennbar wird.

Schließlich muss der Anstifter auch gerade die *Vollendung der Tat* durch den Angestifteten wollen. Hier ist die *Abgrenzung zum Lockspitzel* („**agent provocateur**") zu ziehen. Dieser will nur den Versuch, um dann rechtzeitig noch die Vollendung zu verhindern, und ist demnach nicht Anstifter[242]. Dies soll im Übrigen auch dann gelten, wenn Vollendung und Beendigung auseinanderfallen und der Lockspitzel (erst) die Beendigung verhindert, solange jedenfalls noch keine Rechtsgutverletzung eingetreten ist.

Hinsichtlich der Frage, wie sich eine **Personen- bzw. Objektsverwechslung des Angestifteten** auf die Frage der Strafbarkeit des Anstifters auswirken kann, wird auf die Darstellung im Rahmen Irrtumsproblematiken bei der mittelbaren Täterschaft, Rn. 152, verwiesen.

---

233 Bsp.: Derjenige, der bereits zum Raub entschlossen war, wird nun angestiftet, eine Waffe mitzuführen.
234 F § 26 Rn. 5.
235 Wessels, AT, Rn. 571.
236 Also wegen Anstiftung zum qualifizierten Delikt; So BGHSt 19, 339; F § 26 Rn. 5; a. A. Sch/Sch § 26 Rn. 8.
237 Bsp.: Derjenige, der zum Raub mit Waffen entschlossen war, wird überredet, den Raub ohne Waffe zu begehen.
238 Z. B. F § 26 Rn. 5.
239 Was nach BGH NStZ 1996, 562 als Beihilfe zur Haupttat zu werten ist.
240 Vgl. F § 26 Rn. 19.
241 F § 26 Rn. 10.
242 Vgl. F § 26 Rn. 12; Wessels, AT, Rn. 573 f. mit Hinweis auf die neuere BGH-Rechtsprechung.

5. Beihilfe

a) Vorgeschlagenes Prüfungsschema

158
I. Vorliegen einer rechtswidrigen, vorsätzlichen Haupttat (zumindest im Versuchsstadium)
II. Tatfördernde Beihilfehandlung
III. Doppelter Vorsatz:
   1. Vorsatz hinsichtlich eigener Beihilfehandlung
   2. Vorsatz hinsichtlich vorsätzlicher, rechtswidriger Haupttat

b) Allgemeines

159 Auch die Beihilfe ist Förderung einer **fremden** Tat. Die Tatherrschaft liegt dabei stets beim Haupttäter. Es wird in Klausuren oft eine Abgrenzung verlangt, ob der Handelnde (Mit-)Täter oder Teilnehmer ist, oder ob sein Verhalten eventuell sogar gänzlich straflos ist.

> Als Grundsatz gilt zunächst: Wer sämtliche Tatbestandsvoraussetzungen in seiner Person selbst erfüllt, ist stets Täter. Wer umgekehrt gar keine Unterstützungsabsicht hat, oder eine Tat nur passiv zur Kenntnis nimmt, allenfalls duldet, kann (vorbehaltlich den Grundsätzen der Unterlassungsdelikte) grundsätzlich nicht strafbar sein.

Alles was dazwischen fällt, ist anhand der einschlägigen Kriterien (Tatherrschaft, subjektive Ebene) im Einzelfall zu prüfen, und es werden bei guter Argumentation sicher oft verschiedene Ergebnisse vertretbar sein.

Hinsichtlich der Beihilfe gilt zunächst, dass *fahrlässige Beihilfe* ebenso **straflos** ist, wie *versuchte Beihilfe* (selbst bei Verbrechen). Streng zu trennen ist davon allerdings die *Beihilfe zum Versuch*, die bei strafbewehrtem Versuch der Haupttat sehr wohl strafbar ist[243]. Beihilfe zur Anstiftung und Beihilfe zur Beihilfe entspricht Beihilfe zur Haupttat, was auch beim Strafausspruch zu bedenken ist. Schließlich ist der zeitliche Rahmen einer möglichen Beihilfe zu beachten.

> Beihilfe ist möglich zu jedem Zeitpunkt von den ersten Vorbereitungshandlungen bis zur Beendigung der Tat, selbst nach Vollendung (sukzessive Beihilfe) und auch zur mitbestraften Nachtat.

Spätere Unterstützungshandlungen können indes allenfalls als Begünstigung oder Strafvereitelung strafbar sein. Bei der *sukzessiven Beihilfe* sind Tatteile, die bereits geschehen sind, dem Teilnehmer zurechenbar, wenn er diese kennt und sie von seinem Gesamtplan erfasst sind. Allerdings sind auch hier vollständig abgeschlossene Geschehnisse nicht mehr zurechenbar[244]. Für den Exzess des Haupttäters gelten die Grundsätze der Anstiftung entsprechend. Förderung mehrerer Taten durch nur eine Beihilfehandlung ist nur eine Beihilfe[245].

Die Strafe für Beihilfe ergibt sich nach § 27 Abs. 2 aus der Haupttat, sie ist jedoch zwingend nach den Grundsätzen des § 49 Abs. 1 zu mildern. Beachten Sie, dass dann bei der *Strafzumessung i.e.S.* der Umstand, dass „nur" Beihilfe vorliegt, nicht noch einmal strafmildernd berücksichtigt werden darf.

---

[243] Beachten Sie hierzu die Rücktrittsmöglichkeit des Gehilfen nach § 24 I S. 1!
[244] BGH NStZ 2012, 264: Nachdem zwei andere Beteiligte dem Opfer Verletzungen zugefügt hatten, mischte sich die Angeklagte mit den Worten „Komm, gib die Kohle raus" ein. Der BGH stellte klar, dass die Angekl. dadurch „nur" eine Beihilfe zur schweren räuberischen Erpressung, nicht aber auch eine Beihilfe zur gefährlichen Körperverletzung begangen hatte.
[245] BGH NStZ 2009, 443; F § 27 Rn. 31 m.w.N. zur aktuellen Rechtsprechung.

c) Haupttat

Die Beihilfe ist wie die Anstiftung akzessorisch, also von einer tatsächlich begangenen, vorsätzlichen und rechtswidrigen Haupttat abhängig. Die Haupttat muss zumindest ins Stadium des strafbewehrten Versuchs gelangt sein. Tritt der Haupttäter zurück, so bleibt der Teilnehmer dennoch strafbar.

160

d) Beihilfehandlung

Als objektive Voraussetzung ist stets die Beihilfehandlung zu prüfen. Sie muss nicht zwingend bei der Ausführung selbst erbracht werden. Auch im Vorbereitungsstadium und selbst vor dem Tatentschluss des Haupttäters ist sie grundsätzlich denkbar (wo sie dann aber sorgfältig von der Anstiftung abzugrenzen ist). Sie kann grundsätzlich *physischer oder psychischer* (Ermutigung, Bestärkung, Sicherung, Ratschlag) Art sein. Denkbar ist sogar bloßes „Dabeisein" oder reines Billigen, wenn dadurch bewusst die Tat gefördert werden soll[246] und dies in irgendeiner Weise dem Täter gegenüber zum Ausdruck gebracht wird. Grundsätzlich sollten Sie sich aber merken, dass allein das Dabeisein oder sogar das ausdrückliche Billigen der Tat gerade als Förderungsbeitrag nicht ausreicht. Hat der „Teilnehmer" hinsichtlich des bedrohten Rechtsguts eine Garantenstellung, kommt in solchen Fällen statt psychischer Beihilfe auch Täterschaft durch Unterlassen in Betracht. Voraussetzung ist dann natürlich, dass der Dabeistehende überhaupt Tatherrschaft hat bzw. nach der Rechtsprechung die Tat „als eigene" will.

161

Entscheidend kommt es immer darauf an, dass die Beihilfehandlung **die Tat fördert, erleichtert oder die Rechtsgutverletzung verstärkt**. Strittig ist dabei jedoch, ob man hier auf die allgemeinen Kausalitätsgrundsätze abzustellen hat, ob also die Beihilfehandlung für den **Erfolg** selbst zumindest mitursächlich sein muss. In diesem Sinne argumentiert ein Großteil der Lehre[247]. Nach der älteren Rechtsprechung genügt es jedoch, wenn die Beihilfeleistung in irgendeiner Weise für die Tat, also auch etwa nur für die **Tathandlung förderlich** war[248]. In neueren Entscheidungen hat der BGH diesen Grundsatz dahingehend präzisiert, dass die **Tatbegehung** durch die Beihilfehandlung in irgendeiner Weise tatsächlich erleichtert oder gefördert werden muss, „conditio sine qua non" muss sie jedoch nicht sein[249]. Dies erscheint überzeugend, da nach dem Gesetzeswortlaut des § 27 bereits die Förderung der Tat unter Strafe gestellt ist und der kausale Erfolg des Haupttäters gerade nicht mehr im Einflussbereich des Teilnehmers ist und ihm auch nicht zugerechnet wird. Das Gewicht des Tatbeitrags ist dann für die Strafzumessung relevant[250].

Wird die Tat letztlich ohne Einfluss der Beihilfehandlung begangen (die überlassene Waffe wird nicht genützt, da der Täter eine andere erlangt), so wird – wenn wirklich keine irgendwie geartete (evt. auch nur psychische) Förderung festzustellen ist – straflose versuchte Beihilfe anzunehmen sein.

Beachten Sie im Übrigen noch, dass es grundsätzlich nicht darauf ankommt, dass zwischen Täter und Helfer eine Willensabstimmung besteht. Der Helfer kann auch dann wegen Beihilfe strafbar sein, wenn der Täter von der Hilfe gar nichts weiß oder er den Helfer gar nicht kennt. Dies gilt natürlich nicht für Förderungsbeiträge, die vor allem psychisch wirken sollen[251].

---

246 Z. B. weil sich der Täter sonst nicht traut oder er bestärkt wird; BGH in NStZ 2002, 139. Dies erfordert aber entsprechende Feststellungen (im Urteil oder in der Klausurangabe)!
247 Z. B. Sch/Sch § 27 Rn. 10 mit dem Argument, dass sonst die Beihilfe zu einem selbstständigen, losgelösten Delikt verkommen könnte.
248 BGHSt 2, 130 f.
249 BGH NStZ 2012, 264; zustimmend auch etwa Wessels, AT, Rn. 582; vgl. auch F § 27 Rn. 14 ff.
250 F § 27 Rn. 14.
251 Interessant in diesem Zusammenhang ist die Entscheidung BGH NStZ 2012, 347 f. Der Angeklagte stand vor dem Tatobjekt „Schmiere" und war bereit einzugreifen, wenn es nötig werden sollte – jedoch ohne dass der Täter hiervon etwas wusste. Der BGH verneinte eine strafbare Beihilfe, da die Tat durch dieses Verhalten noch nicht objektiv gefördert worden sei; eine solche Förderung sei lediglich vorbereitet worden.

Heftig diskutiert werden die Fälle der so genannten **„neutralen Alltagshandlungen"** oder des **„sozialadäquaten Verhaltens"**. Kann ein normales, alltägliches oder berufstypisches Verhalten eine strafbare Beihilfehandlung begründen, anders gesagt, soll eine solche Handlung strafbar sein, da sie die Tathandlung förderte, u. U. sogar für den Erfolg kausal war? Es geht hierbei etwa um Fälle wie den Verkauf von Schusswaffen durch den berechtigten Händler oder die Beratung des Rechtsanwaltes, des Steuerberaters oder des Bankberaters (z. B. über zweifelhafte Finanzmodelle). Auszugehen ist wohl von dem Grundsatz, dass bloße vage Vorstellungen oder ein allgemeines Risiko dahingehend, dass die Hilfe für etwas Illegales ausgenützt werde, noch keine Strafbarkeit für den Hilfeleistenden begründen können. Mit dem BGH[252] sollte die Abgrenzung jedoch im Einzelfall auf der subjektiven Ebene erfolgen: Erkennt die fragliche Person also die Tatgeneigtheit des Täters und nimmt die Gefahr eines Strafdelikts billigend in Kauf, so kann strafbare Beihilfe vorliegen.

e) Doppelter Vorsatz

162 Die Beihilfe fordert Vorsatz zum einen hinsichtlich der eigenen Beihilfehandlung und zum anderen hinsichtlich der zu verwirklichenden Haupttat, wobei bedingter Vorsatz genügt.

Der Vorsatz muss demnach auch die Tatsache der Förderung der Haupttat umfassen. Derjenige, der glaubt, seine „Beihilfehandlung" sei gar nicht tauglich, die Tat zu fördern, oder sie sei nur tauglich, die Tat bis ins Versuchstadium gelangen zu lassen („agent provocateur"), bleibt straflos.

Der Vorsatz muss sich weiter auf die *Vollendung einer für den Handelnden vorsätzlichen und rechtswidrigen Tat* beziehen. Die beihilfefähige Haupttat muss dabei in ihren wesentlichen Umständen erfasst sein. Die Anforderungen an das konkrete Vorstellungsbild sind hierbei allerdings etwas geringer als bei der Anstiftung. Da der Gehilfe (anders als der Anstifter, der die Tat letztlich selbst vorzeichnet) sich nur anschließt, genügt es, dass der wesentliche Unrechtsgehalt und die Angriffsrichtung der Tat vom Vorsatz erfasst sind[253]. Selbst eine andere rechtliche Einordung der Haupttat ist unschädlich (d. h. steht einer Bestrafung wegen Beihilfe nicht entgegen), sofern es sich nicht um eine grundsätzlich andere Tat handelt[254]. Hieraus folgt umgekehrt, dass keine Beihilfe geleistet werden kann, solange die Haupttat noch gar nicht in ihren wesentlichen Grundzügen erkennbar bevorsteht[255].

6. Grundsätze der (limitierten) Akzessorietät – §§ 28, 29

163 Wie dargestellt hängen die Teilnahmedelikte von einer Haupttat ab, nach der sich grundsätzlich auch die Strafe für den Teilnehmer richtet. Diese Akzessorietät ist jedoch nicht völlig unbeschränkt. Vielmehr spricht man von einer **limitierten Akzessorietät**, da die Haupttat zwar rechtswidrig und vorsätzlich sein muss, nicht jedoch schuldhaft begangen zu sein braucht (d. h. es ist denkbar, dass jemand wegen Anstiftung oder Beihilfe verurteilt wird, obwohl niemand wegen der Haupttat verurteilt wird).

Zudem regeln die **§§ 28, 29** verschiedene Akzessorietätslockerungen.

So bestimmt § 29, dass jeder Beteiligte nur nach seiner individuellen Schuld bestraft wird. Achten Sie also etwa beim Notstand oder Notwehrexzess darauf, dass der Teilnehmer, bei dem dieser Schuldausschließungsgrund nicht vorliegt, dennoch strafbar bleibt. Gleiches gilt

---

Der BGH hätte sicher anders entschieden, wenn der Täter vom „Schmiere-Stehen" des Angeklagten gewusst und sich deshalb sicherer gefühlt hätte!
252 BGH NStZ 2000, 34; vgl. auch F § 27 Rn. 16 ff.; Sch/Sch § 27 Rn. 10 a ff.
253 Ständige Rechtsprechung, z. B. BGH NStZ 2011, 399; NStZ 2012, 264: „Einzelheiten der Haupttat braucht der Gehilfe nicht zu kennen und auch keine bestimmten Vorstellungen von ihr zu haben".
254 BGH NStZ 2011, 399.
255 So ist z. B. das Unterstellen eines gestohlenen Pkw, der irgendwann später an irgendwen verkauft werden soll, noch keine Beihilfe zur Hehlerei (sondern allenfalls Begünstigung).

bei §§ 21 und 20, bei Letzterem ist allerdings bei Wissen des Teilnehmers um den Zustand des Handelnden stets an die mittelbare Täterschaft zu denken.

Von besonderer Bedeutung ist auch der **§ 28**. Achten Sie bei dieser Vorschrift auf eine saubere Prüfung, die etwa so aussehen könnte: **164**

I. Vorliegen eines **täter**bezogenen (persönlichen) Merkmals (in Abgrenzung zu den tatsächlichen bezogenen Merkmalen)
II. Abgrenzung zwischen
   1. strafbarkeitsbegründenden Merkmalen (dann Abs. 1)
   2. oder strafschärfenden, mildernden oder ausschließenden Merkmalen (dann Abs. 2)
III. Unterschiedliche Rechtsfolge:
   1. nach Abs. 1: zwingende Strafmilderung nach § 49 Abs. 1
   2. nach Abs. 2: so genannte Tatbestandsverschiebung

a) Täterbezogene (persönliche) Merkmale

Nur wenn Sie diese bejahen, kann § 28 zur Anwendung kommen. D. h. der erste Schritt wird sein zu prüfen, ob im Rahmen der Tatbegehung solche Merkmale vorliegen. Dies stellt nicht selten eine erhebliche Schwierigkeit dar, da es eine Definition, die einen klaren Schluss im Einzelfall zulässt, nicht gibt. Zwar definiert § 14 die besonderen persönlichen Merkmale als besondere persönliche Eigenschaften, Verhältnisse oder Umstände. Allerdings hilft auch dies nur begrenzt weiter, da es bei den einzelnen Merkmalen jeweils auf deren Funktion im Rahmen des einzelnen Tatbestands ankommt. Sie sollten daher im Kommentar die Einzelfallbeispiele nachlesen[256], wobei Sie jedoch auch beachten sollten, dass viele Konstellationen umstritten sind. So fallen unter die „Eigenschaften" etwa Alter oder Geschlecht, unter die Gruppe „Verhältnisse" etwa die Amtsträgereigenschaft, ein besonderes Treueverhältnis oder die Verwandtschaft und unter die Gruppe der „Umstände" die Garantenstellung (strittig), die Gewerbsmäßigkeit oder auch die Notstandslage (strittig). **165**

TIPP: Nützen Sie bei Ihrer Argumentation im Einzelfall als Einstieg die Legaldefinition des § 14 und bilden Sie sich dann im Einzelfall Ihr Urteil.

Tatbezogene Merkmale sind dagegen solche, die den sachlichen Unrechtsgehalt der Tat kennzeichnen wie Tatmittel, Begehungsweise, aber auch der Vorsatz und besondere Absichten (etwa im Rahmen des § 242 – strittig) auf subjektiver Ebene. Hierbei endet in diesen Fällen also die Prüfung des § 28, eine abweichende Bestrafung nach dieser Norm für den Teilnehmer scheidet aus.

Von besonderer Schwierigkeit ist die **Einordnung der Mordmerkmale**, da diese unterschiedlichster Natur sind. Überzeugend erscheint es, mit der wohl h. M. zwischen der 2. Gruppe als tatbezogene Merkmale und den Gruppen 1 und 3 als täterbezogene Merkmale zu differenzieren[257]. Auch hier ist jedoch im Einzelfall einiges streitig. So soll z. B. nach Schönke/Schröder[258] auch die „Heimtücke" täterbezogenes Merkmal sein. Auch bei den „niedrigen Beweggründen" werden z. T. Differenzierungen im Einzelfall vorgenommen.

b) Abgrenzung Abs. 1 und Abs. 2

Haben Sie das täterbezogene Merkmal bejaht, so ist nun streng zwischen Abs. 1 und Abs. 2 zu trennen. Abs. 1 beschreibt die Merkmale, die eine besondere **Strafbarkeit begründen**, so etwa die Amtsträgereigenschaft bei echten Amtsträgerdelikten oder die Gewerbsmäßigkeit bei §§ 180a Abs. 2 oder 181a Abs. 2. Fehlt ein solches Merkmal nun beim Teilnehmer, so ist des- **166**

---
256 Z. B. F § 28 Rn. 3a ff.
257 F § 211 Rn. 90 ff.
258 Sch/Sch § 211 Rn. 49.

sen Strafe zwar grundsätzlich dem Hauptdelikt zu entnehmen, aber zwingend nach § 49 Abs. 1 zu mildern. Abs. 1 stellt somit eine Strafzumessungsregel dar[259].

Solche Merkmale, die die **Strafe schärfen** (z. B. „gewerbsmäßig" im Rahmen von § 243, „Anvertrautsein" i. S. § 246 Abs. 2, aber auch die Amtsträgerschaft bei unechten Amtsträgerdelikten wie etwa bei der Körperverletzung im Amt), sie **mildern** (z. B. §§ 21, 35) oder sie **ausschließen** (z. B. § 258 Abs. 6), fallen unter Abs. 2. Danach wird nur der, bei dem diese Merkmale vorliegen, nach der verschärften bzw. gemilderten Strafandrohung bestraft. Abs. 2 stellt daher letztlich eine Tatbestandsverschiebung dar.

Auch hierbei stellen die **Mordmerkmale** wieder einen besonderen Problemfall dar. Die Rechtsprechung begreift sie als tatbestandsbegründend und fasst sie daher unter § 28 Abs. 1, während die h. Lit. sie unter § 28 Abs. 2 fassen will, da sie nach dieser Ansicht (nur) eine Form der Qualifikation darstellen[260].

VI. Rechtfertigung und Schuldausschluss sowie fehlende Strafbarkeit aus sonstigen Gründen

1. Allgemeines

167 Auch bei Vorliegen sämtlicher objektiver und subjektiver Tatbestandsvoraussetzungen kann eine Tat aus verschiedenen rechtssystematischen Gründen dennoch straflos sein. Zum einen kann das Handeln rechtmäßig oder entschuldigt sein. Es kann aber auch ein Fall von Schuldunfähigkeit, ein persönlicher oder sachlicher Strafausschließungs- oder ein Strafaufhebungsgrund vorliegen. Wenn auch die Dogmatik und die strenge Gliederungssystematik in einer Praxisarbeit nicht mehr die gleiche herausragende Bedeutung hat wie in einem Gutachten des Ersten Examens, so sollten Sie dennoch auch in der Praxisarbeit versuchen, eine ordentliche Aufbaustruktur (Tatbestand, Rechtswidrigkeit, Schuld) einzuhalten, um den jeweiligen Grund für eine fehlende Strafbarkeit systematisch wie dogmatisch richtig einordnen zu können. Dies schon allein im Hinblick auf die unterschiedlichen Folgen, die sich je nach dogmatischer Begründung aus der Straflosigkeit ergeben können. So ist etwa **Teilnahme** an nicht-rechtswidrigem Verhalten nicht möglich, wohl aber an nur entschuldigtem Verhalten. Wichtig ist die Differenzierung etwa auch im Hinblick auf die **Notwehr**. Gegen seinerseits gerechtfertigtes Verhalten ist keine Notwehr zulässig, sehr wohl aber (grundsätzlich) gegen entschuldigtes Verhalten. Auch im Rahmen der **Irrtümer** ergeben sich hier wesentliche Unterschiede[261].

a) Allgemeines zur fehlenden Rechtswidrigkeit

168 Von großer praktischer Bedeutung sind die Fälle, in denen ein Verhalten **gerechtfertigt oder schon gar nicht von rechtswidriger Natur** ist.

> **TIPP:** Als Ausgangspunkt gilt jedoch zunächst der Grundsatz, dass tatbestandsmäßiges Handeln regelmäßig die Rechtswidrigkeit indiziert. Ergeben sich aus Ihrer Sicht keine Ansatzpunkte, die dies in Frage stellen, so sollten Sie auf jegliche weitere Ausführungen verzichten und sich mit der Feststellung des Umstandes begnügen, dass das Verhalten „(auch) rechtswidrig war" bzw. „keine Anhaltspunkte ersichtlich sind, die die Rechtswidrigkeit in Frage stellen".

Einzig bei den so genannten offenen Tatbeständen, die die Bejahung der Rechtswidrigkeit ausdrücklich fordern, müssen Sie diese auch bei unproblematischem Sachverhalt **explizit bejahen**. Als wichtigster Tatbestand ist hier § 240 (Nötigung) in Erinnerung zu rufen.

---

259 F § 28 Rn. 7.
260 Vgl. F § 211 Rn. 94.
261 S. Rn. 80 ff.

Das Gesetz nennt unter den §§ 32 ff. lediglich zwei Rechtfertigungsgründe ausdrücklich, **169** nämlich § 32 und § 34. Tatsächlich müssen Sie jedoch eine Vielzahl von so genannten „Erlaubnissätzen"[262] beachten, die in den verschiedensten Rechtgebieten verstreut sind. Von besonderer Wichtigkeit sind dabei:
- die Selbsthilfe nach §§ 229, 561, 859 und 1029 BGB
- der zivilrechtliche Notstand nach §§ 228, 904 BGB
- das Festnahmerecht nach § 127 StPO
- die rechtfertigende Einwilligung und die mutmaßliche Einwilligung
- die rechtfertigende Pflichtenkollision
- die Wahrnehmung berechtigter Interessen nach § 193
- das elterliche Erziehungsrecht, Amtsbefugnisse (v. a. §§ 81 ff. StPO) und das politische Widerstandsrecht

Beachten Sie als Grundsatz bei den Rechtfertigungsgründen, dass es grundsätzlich nicht **170** genügen kann, dass die *Rechtfertigungslage objektiv* vorliegt. Um ein gerechtfertigtes Handeln anzunehmen, muss der Handelnde sich dessen auch *bewusst* sein und aufgrund des Rechtfertigungsgrunds handeln[263]. Fehlt es an der subjektiven Komponente, so bleibt sein Verhalten grundsätzlich strafbar. Im Einzelnen ist hierbei jedoch vieles umstritten. So soll der Täter bei Fehlen der subjektiven Voraussetzungen nach einer Ansicht wegen vollendeten Delikts strafbar sein, da nur die vollständige Kongruenz der objektiven und subjektiven Rechtfertigungsvoraussetzungen die Rechtswidrigkeit beseitigen kann. Nach anderer Ansicht soll dagegen nur eine Bestrafung wegen Versuchs bleiben, da durch das objektive Vorliegen der rechtfertigenden Lage zumindest der objektive Tatbestand „kompensiert" wird[264]. Glaubt der Täter umgekehrt irrtümlich, ein Rechtfertigungsgrund wäre gegeben, so liegt ein Erlaubnistatbestandsirrtum vor[265].

Schließlich ist umstritten, welchen *Grad* die subjektive Komponente haben muss. Nach einer Meinung soll es genügen, wenn der Handelnde sich der rechtfertigenden Lage (nur) bewusst ist, wobei z. T. sogar ein „Für-möglich-Halten" als ausreichend gesehen wird[266]. Nach anderer Ansicht soll zusätzlich auch eine gezielte Handlungsintention im Hinblick auf den Rechtfertigungsgrund Voraussetzung sein. Dies erscheint überzeugend, will man die allgemeinen dogmatischen Anforderungen an die subjektive Seite konsequent auch hier beibehalten. Bei der Notwehr ist demnach etwa ein Handeln mit Verteidigungswillen erforderlich[267].

Bedenken Sie schließlich immer, dass bei *absichtlicher Herbeiführung* einer Rechtfertigungslage grundsätzlich keine Rechtfertigung in Frage kommt. Dies ergibt sich (richtigerweise) nicht allgemein oder aus einem allgemeinen Missbrauchs-Grundsatz, sondern aus der jeweiligen Einzelprüfung der einzelnen Erlaubnissätze (bei Notwehrprovokation etwa im Rahmen der Gebotenheit).

b) Allgemeines zu den Entschuldigungsgründen

Während etwa bei Schuldunfähigkeit bereits eine Schuldvoraussetzung fehlt, bewirken die **171** Entschuldigungsgründe bei ihrem Vorliegen eine so starke Herabsetzung des Schuldgehalts, dass eine Strafbarkeit nicht mehr angemessen wäre[268]. Der Täter befindet sich bei den fraglichen Situationen regelmäßig in einer Konflikts- bzw. Motivationsnotlage, die es zu berücksichtigen gilt und in der er die „Nachsicht der Rechtsordnung" findet[269]. Trotz bestehenden

---

262 Begriff und Zusammenstellung: Wessels, AT, Rn. 282.
263 H. M. – vgl. z. B. Wessels, AT, Rn. 275; F § 32 Rn. 25, jeweils mit Hinweisen auf die Rspr.
264 Vgl. F § 32 Rn. 27.
265 Vgl. dazu oben Rn. 94 ff. und Rn. 99 ff.
266 So etwa Sch/Sch Vor §§ 32 Rn. 14.
267 BGH NStZ 1996, 29 f.; Wessels, AT, Rn. 275. Ebenso F § 32 Rn. 25.
268 Wessels, AT, Rn. 432.
269 So etwa Sch/Sch Vor § 32 Rn. 110/111.

Tatunrechts (tatbestandsmäßiges und rechtswidriges Handeln) wird in diesen Situationen deshalb auf den Schuldvorwurf verzichtet.

Als wesentliche Beispiele sollten Sie hierbei kennen:
- den entschuldigenden Notstand nach § 35
- die Notwehrüberschreitung nach § 33
- das Handeln auf einen fälschlich für verbindlich gehaltenen rechtswidrigen Befehl (str.)[270]
- den allgemeinen Entschuldigungsgrund aus den Grundsätzen der Glauben- und Religionsfreiheit nach Art. 4 GG (str.)
- die schuldausschließende Pflichtenkollision.

c) Strafausschließungs- und Strafaufhebungsgründe

172 Als **Strafausschließungsgründe** bezeichnet man Umstände, aufgrund derer trotz Vorliegen einer rechtswidrigen und schuldhaften Tat die Strafbarkeit entfällt. Abzugrenzen sind sie von den *Schuld*ausschließungsgründen, bei denen es bereits an einer Voraussetzung der Schuld fehlt[271]. Der jeweilige Umstand muss bereits **bei der Tatbegehung** vorgelegen haben. Begründen sie sich auf persönliche Umstände oder Verhaltensweisen, so handelt es sich um *persönliche* Strafausschließungsgründe. Bedeutsam sind hier v. a. § 258 Abs. 6 oder § 177 Abs. 3. Sie kommen nur dem Teilnehmer zu Gute, bei dem sie tatsächlich vorliegen (vgl. §§ 28 Abs. 2, 29). Notwehr gegen ein solcherart strafloses Verhalten bleibt möglich.

Begründet sich die Straflosigkeit auf allgemeine Umstände, so kann man mit Schönke/Schröder[272] von *sachlichen* Strafausschließungsgründen sprechen. Als bedeutsames Beispiel wird hier die Erweislichkeit der Wahrheit einer Behauptung im Rahmen von § 186 genannt[273].

Umstände, die **erst nachträglich** eintreten, werden als **Strafaufhebungsgründe** bezeichnet. Wichtigstes Beispiel hier ist der strafbefreiende Rücktritt.

In der Klausur könnten Sie diese Fallgruppen etwa in der Weise formulieren:

> *Die Handlung des Täters erfüllt den Tatbestand des ... (wird ausgeführt). Er handelte dabei auch rechtswidrig und schuldhaft. Allerdings entfällt die Strafbarkeit, da ..."*
> bzw.:" *Sein Verhalten bleibt aber dennoch straflos, da ..."*

2. Die wichtigsten Rechtfertigungs- und Entschuldigungsgründe

a) Die Notwehr (§ 32)

aa) Vorgeschlagenes Prüfungsschema

173 *I. Notwehrlage*
 1. Angriff auf ein notwehrfähiges Rechtsgut
 2. gegenwärtig
 3. rechtswidrig
II. Notwehrhandlung
 1. erforderlich
 2. geboten
III. Subjektive Verteidigungsabsicht

---

[270] Wessels, AT, Rn. 450; Sch/Sch Vor § 32 Rn. 121.
[271] Hierunter fallen etwa §§ 19, 20, soweit der Verbotsirrtum nach § 17.
[272] Sch/Sch Vor § 32 Rn. 131.
[273] Allerdings ist die „Nichterweislichkeit der Wahrheit" andererseits nach h. M. objektive Strafbarkeitsbedingung.

bb) Die Notwehrlage

Verteidigung ist nur zulässig gegen einen **rechtswidrigen, gegenwärtigen Angriff** auf ein geschütztes Rechtsgut. 174

(1) Notwehrfähiges Rechtsgut

Notwehrfähig ist jede Art von Rechtsgut (also z. B. auch der Besitz, das Recht am eigenen Bild, die Intimsphäre oder die Nachtruhe, nicht aber die Ehe als solche, wenn etwa der Ehemann seine Frau beim Ehebruch ertappt[274]) oder rechtlichem Interesse, nicht aber die allgemeine Rechtsordnung[275]. Dabei ist es gleichgültig, ob sich der Angriff gegen den Verteidiger selbst oder einen Dritten richtet, da § 32 in Abs. 2 in vollem Umfang auch die Nothilfe, also den Schutz Dritter, umfasst. Eine Einschränkung gilt bei der Nothilfe allerdings insoweit, als dass diese *gegen* den erkennbaren Willen des Inhabers des angegriffenen Rechtsguts *nicht* zulässig sein soll[276]. Bei Nothilfe zu Gunsten des Staates bzw. öffentlicher Interessen gilt grundsätzlich, dass der Staat dazu selbst in der Lage und verpflichtet ist. Ein übereifriger Bürger kann sich daher nicht darauf berufen, die öffentliche Ordnung in eigener Initiative schützen zu wollen[277]. 175

Beachten Sie im Übrigen, dass auch Hoheitsträger, respektive Polizeibeamten, sich neben ihren hoheitlichen Befugnissen auch auf § 32 berufen können[278].

(2) Gegenwärtiger, rechtswidriger Angriff

> Unter **Angriff** i. S. der Norm ist eine unmittelbar bevorstehende oder noch nicht abgeschlossene Verletzung eines Rechtsgutes durch menschliches Verhalten zu verstehen[279]. 176

Streitig ist, ob dieses Verhalten *tatsächliche Handlungsqualität* aufweisen muss. Bejaht man dies, so stellt ein nicht willensmäßig kontrollierbares Verhalten, wie etwa ein Sturz, ein Schubsen oder Stolpern einer Person, das Dritte zu verletzen droht, demnach keinen Angriff dar[280]. Verlangt man keine Handlungsqualität[281], so wird es in den genannten Fällen jedenfalls an der Rechtswidrigkeit des Angriffs mangeln, sodass hier nach beiden Ansichten letztlich nur Notstandsregeln in Betracht kommen.

Ein Angriff ist nur dann **gegenwärtig**, wenn er unmittelbar bevorsteht, begonnen hat oder noch fortdauert. Regelmäßig bleibt somit Notwehr auch noch z. B. gegen den fliehenden Dieb möglich, solange der Angriff nicht endgültig abgeschlossen ist. Nicht möglich ist indes Notwehr als Präventivmaßnahme, also gegen vermutliche *spätere* Angriffe (hier kommt aber u. U. § 34 in Betracht). Diese gilt es sauber von den unmittelbar bevorstehenden Angriffen abzugrenzen, bei denen eine Rechtsgutverletzung unmittelbar zu erwarten ist (Erheben der Hand zum Schlag, Anlegen eines Gewehres, u. U. aber auch bereits die Vorstufe, wie etwa der Griff zur Waffe). Beachten Sie, dass es hier nicht auf das unmittelbare Ansetzen i. S. der Versuchsstrafbarkeit ankommt. Die Gegenwärtigkeit kann vielmehr bereits früher vorliegen. Kriterium sollte sein, ob die Handlung unmittelbar in eine Rechtsgutverletzung umschlagen kann und der Willensentschluss des Handelnden bereits zu Tage getreten ist. Bei der *Verteidigung gegen Drohungen* (z. B. im Rahmen einer Nötigung oder einer Erpressung) ist hinsichtlich der Gegenwärtigkeit des Angriffs zu differenzieren: Das angedrohte, zukünftige Übel ist noch 177

---

274 Vgl. dazu Sch/Sch § 32 Rn. 5 a.
275 Vgl. den Überblick bei F § 32 Rn. 7 ff.; differenzierend zur „Staatsnotwehr" Sch/Sch § 32 Rn. 6 f.
276 F § 32 Rn. 11.
277 F § 32 Rn. 11.
278 Vgl. hierzu Sch/Sch § 32 Rn. 42 b, c; F Vor § 32 Rn. 6 (jeweils m. z. N., auch zur Gegenansicht).
279 Vgl. F § 32 Rn. 5 ff.
280 So z. B. Wessels, AT, Rn. 325 (m. w. N.); offen gelassen von Sch/Sch § 32 Rn. 3. Allerdings soll es auch nach dieser Ansicht nicht erforderlich sein, dass die Handlung *gezielt* auf einen Angriff gerichtet sein muss.
281 So wohl F § 32 Rn. 5 (ebenfalls m. w. N.).

kein (eine Notwehrmaßnahme erlaubender) gegenwärtiger Angriff. Dagegen ist der Angriff auf die Handlungsfreiheit des Genötigten zwar gegenwärtig[282], jedoch ist hiergegen nicht jede Verteidigungsmaßnahme erforderlich und geboten i. S. d. § 32.

178 Der Angriff muss schließlich **rechtswidrig** sein. Notwehr kommt somit nicht in Betracht gegen gerechtfertigte Angriffe (also etwa keine Notwehr gegen Notwehr oder gegen eine berechtigte Festnahme nach § 127 StPO). Eine Notwehrhandlung wird regelmäßig auch dann abzulehnen sein, wenn der spätere Verteidiger sich freiwillig in eine einverständliche Schlägerei begeben hat. Mit Schönke/Schröder[283] wird man richtigerweise davon ausgehen müssen, dass es hierbei bereits an einem rechtswidrigen Angriff fehlt, jedenfalls solange sich die Schlägerei im Rahmen des zu erwartenden bewegt.

Schuldhaft muss der Angriff nicht begangen sein.

cc) Die Notwehrhandlung

179 Die Handlung muss sich als Verteidigungshandlung gegen den Angreifer selbst richten, sie muss geeignet, erforderlich und geboten sein. Richtet sich eine Abwehrhandlung (auch) gegen Rechtsgüter Dritter (von denen kein Angriff ausgeht), so kann insofern allerdings eine Rechtfertigung nach anderen Regeln (§ 34 oder § 904 BGB) bzw. ein Entschuldigungsgrund in Frage kommen.

(1) Grundsätzliches zur Notwehrhandlung

180 Eine Verteidigungshandlung ist dann i. S. der Norm **erforderlich**, wenn sie nach objektiver Lage (also nicht nur aus Sicht des Handelnden, sondern aus der ex-ante-Sicht eines besonnenen Betrachters[284]) geeignet ist, den Angriff auf der Stelle zu beenden bzw. zu unterbrechen oder wenigstens zu verringern.

Zwar muss der Verteidiger dabei regelmäßig die relativ *mildeste* Alternative wählen[285], doch wurden in ständiger Rechtsprechung zahlreiche Grundsätze aufgestellt, die ihm gewisse Erleichterungen in der Wahl seiner Verteidigungsmittel und seiner Vorgehensweise gewähren. So gilt dabei zuallererst, dass er eine (mildere) Handlungsalternative nur wählen muss, wenn diese *in gleicher Weise Erfolg versprechend* ist. Ein Risiko hinsichtlich der Tauglichkeit muss er dabei nicht eingehen. Diese Erleichterungen sind vom Grundsatz auch durchaus angemessen, denn es wäre nicht zumutbar, wenn der Betroffene in der Angriffssituation lange Abwägungen vornehmen müsste, um sich nicht selbst strafbar zu machen, und sich damit zudem einem erheblich größeren Risiko aussetzen würde. So gilt ferner nach ständiger Rechtsprechung, dass der Verteidiger grundsätzlich *das Abwehrmittel, das er zur Hand hat*, einsetzen darf[286], also auch etwa eine Schusswaffe. Auch muss er sich *nicht* grundsätzlich *vorrangig um Hilfe durch Dritte oder die Polizei* bemühen (dies allenfalls, wenn etwa polizeiliche Hilfe unmittelbar vor Ort ist oder absolut risiko- und mühelos zu erreichen wäre). So entschied der BGH, dass ein Schüler, der im Pausenhof in eine Auseinandersetzung mit Mitschülern verwickelt wurde, sich nicht um Hilfe der anwesenden Lehrer bemühen muss, sondern zum Messer als Verteidigungsmittel greifen darf[287]. Schließlich muss der Angegriffene grundsätzlich auch *nicht den Weg der Flucht ergreifen oder ausweichen* (zu den Ausnahmen vgl. im Folgenden). Dies wird damit begründet, dass das Recht dem Unrecht nicht zu weichen braucht. Auch soll die Notwehr mittels Waffen nicht bereits deshalb ausgeschlossen sein, weil sich der spätere Verteidiger bereits im Vorfeld in der Erwartung einer

---

[282] F § 32 Rn. 18.
[283] Sch/Sch § 32 Rn. 23 unter Hinweis auf § 228; nicht so deutlich F § 32 Rn. 22.
[284] Wessels, AT, Rn. 337; Sch/Sch § 32 Rn. 34; in sich widersprüchlich F § 32 Rn. 28 (objektive Sicht) und Rn. 29 (Sicht des Betrachters).
[285] Dies ergibt sich bereits aus dem Gesetzesbegriff der „Erforderlichkeit", vgl. F § 32 Rn. 30.
[286] BGH NStZ 2002, 140.
[287] BGH NJW 1980, 2263.

Auseinandersetzung bewaffnet hatte[288] oder der Besitz der Waffe als solche nicht rechtmäßig war[289].

Beachten Sie auch, dass § 32 ausdrücklich **keine Verhältnismäßigkeitsprüfung** hinsichtlich der betroffenen Rechtsgüter vorschreibt. So gilt grundsätzlich, dass etwa auch bei bloßen Angriffen auf Sachwerte erhebliche Rechtsgutverletzungen bis hin zum Tod des Angreifers grundsätzlich von der Norm gerechtfertigt sein können.

(2) Einschränkungen im Zusammenhang mit der Gebotenheit und der Erforderlichkeit

Einschränkungen von diesen grundsätzlich großzügigen Handlungsmöglichkeiten ergeben sich jedoch aus den Begriffen der „**Erforderlichkeit**" und der „**Gebotenheit**", wobei allerdings die begriffliche Abgrenzung dieser Elemente und der einzelnen Fallgruppen nicht ganz einheitlich und z. T. unscharf erfolgt.

181

(a) Einschränkungen im Zusammenhang mit der „Erforderlichkeit"

Was in der jeweiligen Situation (noch) erforderlich ist, bestimmt sich aus den Umständen des jeweiligen Einzelfalls, regelmäßig nach der so genannten „**Kampflage**". Hierbei sind im Rahmen einer Abwägung die maßgeblichen Umstände der Tat, wie z. B. körperliche oder zahlenmäßige Überlegenheit, eingesetzte Mittel und Waffen oder die Schwere der drohenden Folge abzuwägen. Gerade etwa beim Einsatz tödlicher oder auch nur potenziell tödlicher Mittel (Schusswaffe, Messerstich in Richtung Lebenszentrum) durch den Verteidiger wird daher *stets* zunächst zu prüfen sein, ob nicht eine weniger gefährliche Vorgehensweise genauso Erfolg versprechend gewesen wäre, den Angriff zu beenden[290] (wie etwa Stich in Richtung Bein). Auch soll ein potenziell tödlicher Einsatz von (Schuss-)Waffen regelmäßig durch Warnschuss oder Warnruf *angedroht* werden müssen. Freilich gilt all das wiederum nur, wenn die „Kampflage" dies ohne relevante Risikosteigerung zulässt[291].

182

Wenn Sie zu dem Ergebnis kommen, dass die jeweilige Handlung „erforderlich" i. S. der Norm ist, so werden grundsätzlich auch ungewollte, schwerere Folgen von § 32 erfasst. Dies begründet sich darin, dass der maßgebliche Aspekt der eben dargestellten Erforderlichkeitsprüfung die *Handlung* und nicht der Erfolg ist. So kann etwa auch ein sich lösender tödlicher Schuss gerechtfertigt sein, wenn der Handelnde die Waffe eigentlich nur als Schlagwerkzeug (als milderes Mittel) einsetzen wollte. Gleiches gilt, wenn ein Warnschuss versehentlich trifft[292].

TIPP: Wenn Sie also mit der Frage konfrontiert sind, ob die jeweilige Handlung noch erforderlich und geboten ist, so haben Sie dies am konkreten Sachverhalt zu prüfen. Es wird in der Regel nicht genügen, mit den allgemeinen Grundsätzen (wie etwa „ein tödlicher Einsatz einer Schusswaffe ist immer nur nach Androhung zulässig" oder „auf Ausweichen muss sich der Angegriffene nie beschränken") zu argumentieren, eben weil diese so nicht allgemein gelten.

Argumentieren Sie am Einzelfall und wägen Sie ab, wobei es sicherlich oftmals Grenzfälle gibt, die so oder so vertretbar sind (und die im Übrigen auch für den Handelnden ja in der angespannten Situation oft in Sekundenschnelle eingeschätzt und beurteilt werden müssen).

---

288 Sch/Sch § 32 Rn. 36; F § 32 Rn. 43.
289 BGH NStZ 2011, 82.
290 BGH NStZ-RR 1997, 194.
291 BGH in NStZ-RR 1999, 40 f.; BGH in NStZ 2002, 140.
292 Vgl. dazu F § 32 Rn. 31.

(b) Einschränkungen im Zusammenhang mit der „Gebotenheit"

183 Im Rahmen der Frage, ob die Handlung auch „**geboten**" ist, ist zu prüfen, ob nicht im Einzelfall unter dem Blickwinkel des Rechtsmissbrauchs[293] **ausnahmsweise** von einer Einschränkung des Notwehrrechts auszugehen und ein anderes Verhalten bei der Abwehr des Angriffs gefordert werden muss. Im Wesentlichen kommen hier folgende Fallgruppen in Betracht:
- Regelmäßig ist es gegenüber *Kindern, Geisteskranken*, aber auch gegenüber engen *Familienangehörigen*[294] geboten, Abwehrmaßnahmen so weit wie möglich zu minimieren und –
§ soweit zumutbar – u. U. auch ganz auf sie zu verzichten (sozialethische Schranken des Notwehrrechts).
- Eine weitere Einschränkung kann sich bei *einem krassen Missverhältnis zwischen dem angegriffenen Rechtsgut und der drohenden Verletzung* ergeben (z. B. Schüsse zur Verteidigung von Bierkrügen, Schüsse auf Apfeldiebe, Zufahren auf den Besetzer einer Parklücke). Seien Sie in solchen Fällen jedoch nicht zu schnell mit einer Annahme eines solchen Ausnahmefalls, denn als Grundsatz gilt immer das oben Gesagte, dass nämlich grundsätzlich keine Verhältnismäßigkeitsabwägung hinsichtlich der betroffenen Rechtsgüter vom Gesetz vorgesehen ist, also eben auch etwa Sachwerte mit körperlicher Gewalt verteidigt werden dürfen.
- Schließlich soll auch derjenige, *der die Notwehrlage herbeigeführt bzw. provoziert hat,* Einschränkungen unterliegen[295]. Mit der h. M. ist hierbei zu differenzieren zwischen demjenigen, der die Situation gerade deshalb herbeiführt, um sodann den Angreifer seinerseits zu verletzen (Absichtsprovokation), und demjenigen, der die Situation in sonstiger vorwerfbarer Weise herbeigeführt hat (wobei bei letzterer Fallgruppe umstritten ist, ob das Hervorrufen „rechtswidrig" oder „nur" sozialethisch verwerflich sein musste und ob ein enger zeitlicher Zusammenhang zwischen Provokation und Angriff erforderlich ist[296]).

Bei den bezeichneten Fallgruppen hat der Handelnde die vorrangige Pflicht, defensiv zu agieren. Er muss also *ausweichen* und ggfs. fliehen. Nur wenn dies nicht möglich ist, kann er aktiv werden, muss sich hier jedoch noch strenger auf das mildeste Mittel beschränken, u. U. auch unter Inkaufnahme gewisser Risiken[297]. Bei der Absichtsprovokation wird teilweise sogar vertreten, dass der Handelnde sich überhaupt nicht auf Notwehr berufen kann[298].

dd) Der Verteidigungswille

184 Nach der herrschenden Auffassung kann sich auf Notwehr nur berufen, wer die Notwehrsituation als solche erkennt und *zur Verteidigung*, also mit Verteidigungswillen handeln will[299]. Dabei ist es unschädlich, wenn auch andere Motive wie Wut, Hass oder Rache mit einfließen, solange sie den Verteidigungswillen nicht nebensächlich werden lassen. Die Gegenansicht will es genügen lassen, dass der Handelnde die Notwehrsituation als solche erkennt oder gar nur für möglich hält[300].

---

293 Mit diesem Grundansatz arbeitet jedenfalls die heute h. M.; vgl. F § 32 Rn. 36; Wessels, AT, Rn. 342, Sch/Sch § 32 Rn. 46.
294 Für Ehepartner aber tendenziell mit gewissen Einschränkungen: BGH NStZ-RR 2002, 204, F § 32 Rn. 37.
295 Vgl. F § 32 Rn. 41 ff. Zur Rechtsprechung in neuerer Zeit lesen Sie BGH NStZ 2009, 626 und BGH NStZ 2011, 82. In letzterer Entscheidung betont der BGH, dass zwar nach ständiger Rechtsprechung das Notwehrrecht dann unter dem Gesichtspunkt der Gebotenheit eine Einschränkung („Schutzwehr statt Trutzwehr") erfährt, wenn der Verteidiger gegenüber dem Angreifer ein *pflichtwidriges* Verhalten an den Tag gelegt hat, das bei vernünftiger Würdigung des Einzelfalls den folgenden Angriff als eine adäquate und voraussehbare Folge der Pflichtverletzung des Angegriffenen erscheinen lässt; dass dies aber gerade nicht gilt, wenn es sich um ein rechtlich gebotenes oder erlaubtes Tun des Angegriffenen handelt.
296 In diesem Sinne und mit ausführlicher Darstellung des Meinungsstands, auch des BGH, Sch/Sch § 32 Rn. 59.
297 Für die schuldhafte Provokation etwa BGH NStZ 2002, 425 ff.
298 So Wessels, AT, Rn. 347; wohl auch F § 32 Rn. 42; ebenso BGH NStZ 1983, 452; a. A. Sch/Sch § 32 Rn. 57.
299 BGH NStZ 1996, 29 f.; Wessels, AT, Rn. 350a; offen F § 32 Rn. 25.
300 Sch/Sch § 32 Rn. 63.

ee) Irrtumsfragen

Glaubt der Handelnde irrtümlich, dass eine Notwehrlage vorliegt oder dass sein Verhalten geboten und erforderlich war, so handelt er in **Putativnotwehr**. Hier liegt ein Fall des **Erlaubnistatbestandsirrtums** vor, wonach (je nach vertretener Ansicht) die Bestrafung wegen Vorsatzes ausscheidet, allerdings eine solche wegen Fahrlässigkeit möglich bleibt, soweit diese im jeweiligen Fall strafbewehrt ist und Fahrlässigkeit nachgewiesen werden kann (Näheres dazu bei Rn. 94 ff.).

Irrt er sich dagegen über die Grenzen der Notwehr, also etwa darüber, dass er ein Verteidigungsmittel benützen darf, das grundsätzlich gar nicht erforderlich ist, so handelt er in einem **Verbotsirrtum**[301]. Gleiches gilt allgemein, wenn er sich über die Grenzen der Notwehr irrt, also etwa glaubt, auch noch nach Abschluss und Beendigung des Angriffs zurückschlagen zu dürfen.

Kennt er andererseits die Notwehrlage nicht, so ist er (je nach vertretener Meinung – vgl. oben unter Rn. 99 ff.) wegen vollendetem Delikt oder Versuch zu bestrafen.

b) Der Notstand (§ 34)

aa) Vorgeschlagenes Prüfungsschema

I. *Notstandslage*
  1. *Gefahr für notstandsfähiges Rechtsgut*
  2. *Gegenwärtigkeit*
II. *Erforderliche Notstandshandlung (geeignet und relativ mildestes Mittel)*
III. *Interessenabwägung*
IV. *Angemessenheit der Tat als Gefahrenabwehr*
V. *Subjektiver Notstandswille*

bb) Die Notstandslage

TIPP: Beachten Sie vorab, dass der Rechtfertigungsgrund des § 34 von der Struktur eher subsidiär ist. Vorrangig sind also speziellere Rechtfertigungsgründe zu prüfen. Besonders sollten Sie hierbei an die zivilrechtlichen Notstandsregelungen, aber auch an die Notwehr denken. Nur wenn diese nicht anwendbar sind, kommt die Prüfung des § 34 in Betracht.

Der Notstand nach § 34 unterscheidet sich in verschiedenen Punkten von der Notwehr. Ein erster Unterschied ergibt sich schon bei den zu schützenden **Rechtsgütern**. Neben den Rechtsgütern des Handelnden selbst und denen Dritter kommen im Gegensatz zu § 32 auch Rechtsgüter der Allgemeinheit in Betracht, wie etwa die Sicherheit des Straßenverkehrs vor Betrunkenen, die demokratische Rechtsordnung u. Ä. Die im Gesetzeswortlaut bezeichneten Rechtsgüter sind nur beispielhaft.

> Von einer **Gefahr** i. S. der Norm ist auszugehen, wenn nach vernünftiger Lebensansicht der Eintritt eines Schadens wahrscheinlich ist.

Nach **Fischer** etwa heißt das, dass die Möglichkeit des Eintritts naheliegt oder eine begründete Besorgnis besteht. Die bloße Möglichkeit soll nicht genügen[302]. Diese Prognose sollte aus der Sicht eines objektiven Betrachters und nicht nur aus der Sicht des Handelnden getroffen werden[303] Der BGH hat hier unterschiedlich gewertet. So wurde beim Gefahrenbegriff z. T.

---

[301] 269 F § 32 Rn. 52.
[302] F § 34 Rn. 4.
[303] So übereinstimmend z. B. F § 34 Rn. 4, Wessels, AT, Rn. 304; umstritten ist jedoch, ob dies ex-ante (so Sch/Sch) oder ex-post (so Fischer) zu beurteilen ist; vgl. zum Streitstand Wessels Rn. 304 und ausführlich Sch/Sch § 34 Rn. 13 ff.

darauf abgestellt, ob der Schadenseintritt wahrscheinlicher ist als sein Ausbleiben[304]. In späteren Entscheidungen soll es darauf ankommen, ob der Eintritt „ernstlich zu befürchten ist"[305], wenn nicht „gegengehandelt" wird. Beachten Sie, dass es an dieser Stelle regelmäßig nicht entgegensteht, wenn der Handelnde die Gefahr selbst sogar schuldhaft hervorgerufen hat[306]. Die Grenze bildet allerdings (hier wie bei der Notwehr) der Fall, in dem jemand eine entsprechende Lage gerade dazu provoziert hat, um so die spätere Rechtsgutverletzung vornehmen zu können[307].

Die Gefahr kann dem Handelnden oder Dritten drohen.

> **Gegenwärtig** ist die Gefahr dann, wenn dieser Schadenseintritt bei natürlicher Fortentwicklung der Dinge aus ex-ante-Sicht sofort oder in absehbarer Zeit zu erwarten ist, falls Abwehrmaßnahmen unterbleiben[308].

Beachten Sie, dass es hier im Unterschied zum Begriff des gegenwärtigen Angriffs in § 32 auch ausreichen kann, wenn die konkrete Rechtsgutverletzung oder ein konkreter Angriff noch nicht unmittelbar bevorsteht, sondern etwa erst in absehbarer Zeit (etwa am Folgetag) droht, allerdings die Gefahr *gerade jetzt abgewandt* werden muss. Allerdings kann eine bloß vage Möglichkeit nicht genügen. Auch *Dauergefahren*, die jederzeit in eine Rechtsgutverletzung umschlagen können, fallen hierunter (so etwa ein einsturzgefährdetes Gebäude). Auch die Fälle, in denen von einer Person wiederholt wiederkehrende Straftaten zu befürchten sind (ohne dass im Moment ein gegenwärtiger rechtswidriger Angriff i. S. d. § 32 bevorsteht), können hier Berücksichtigung finden. Der BGH bejaht hier eine gegenwärtige Gefahr, wenn der Schaden jederzeit eintreten kann, selbst wenn die Möglichkeit besteht, dass er noch eine gewisse Zeit ausbleibt[309]. Allerdings muss für ein Eingreifen gefordert werden, dass die drohende Gefahr insoweit konkret ist, als dass sie *jederzeit tatsächlich in die Rechtsgutverletzung umschlagen kann*, und dass sie nur durch sofortiges Handeln unterbunden werden kann.

cc) Die Notstandshandlung

188 Die konkrete Notstandshandlung muss geeignet, objektiv erforderlich und das relativ mildeste Mittel sein. Dies ergibt sich (wenn auch nicht ausdrücklich) aus der Formulierung des Gesetzestextes „... nicht anders abwendbaren Gefahr ...". Eine Handlungsweise ist dann geeignet, wenn die Gefahrabwehr durch sie nicht ganz unwahrscheinlich ist[310]. Besteht demnach nur eine Handlungsalternative, so ist diese auch erforderlich, und die Frage der relativ mildesten Variante entfällt. Bestehen indes mehrere Handlungsalternativen, so ist die *relativ mildeste* zu wählen. Es sind hier also nach allgemeinen Grundsätzen **Zumutbarkeitserwägungen** anzustellen. Im Gegensatz zur Notwehr (dort nur ausnahmsweise) ist dabei grundsätzlich auch eine Flucht, Ausweichmöglichkeit oder das Herbeirufen fremder Hilfe *vorrangig* in Anspruch zu nehmen[311].

dd) Interessenabwägung

189 Entsprechend dem Wortlaut der Norm hat (anders als bei der Notwehr) eine **Interessenabwägung** im Hinblick auf die betroffenen Interessen, namentlich der Rechtsgüter zu erfolgen. Nur wenn das geschützte Interesse wesentlich überwiegt, kann das Handeln durch § 34 gerechtfertigt sein. In diese Abwägung haben alle wesentlichen Umstände einzufließen. So

---

304 Z. B. BGHSt 13, 70 (hier im Rahmen der §§ 315 ff.).
305 BGHSt 22, 341 (345), auch im Rahmen von Verkehrsdelikten.
306 Vgl. allerdings sogleich zur Relevanz dieses Punktes bei der Frage der Angemessenheit.
307 F § 34 Rn. 11.
308 So z. B. BGH NJW 2003, 2464 ff. im „Haustyrannen-Fall".
309 BGH NJW 2003, 2464 ff. („Haustyrannen-Fall").
310 Sch/Sch § 34 Rn. 19; F § 34 Rn. 10.
311 F § 34 Rn. 9; Wessels AT Rn. 308.

sind hier von Bedeutung die Art der betroffenen Rechtsgüter (Leib und Leben oder nur Sachwerte), der Grad der drohenden Gefahr oder die Art der drohenden Schäden. Auch können hier etwa beruflich bedingte Gefahrtragungspflichten eine Rolle spielen.

Da es keine Klassifizierung von Leben geben kann (und damit insoweit kein überwiegendes Interesse), kann es **keine Rechtfertigung einer Tötung** eines anderen über § 34 geben. Das gilt selbst dann, wenn nur dadurch ein anderes oder das eigene Leben gerettet werden kann, auch wenn etwa mehrere Leben durch die Handlung gerettet werden könnten und selbst dann, wenn das „zu opfernde" Leben vermeintlich schon am Erlöschen ist. Hier käme allenfalls der Entschuldigungsgrund nach § 35 oder ein übergesetzlicher Entschuldigungsgrund in Betracht.

ee) Angemessenheit

In einer zweiten, sozialethischen Wertungsstufe ist zudem zu prüfen, ob die eigentlich zulässige Handlung nicht ausnahmsweise doch als unzulässig, da **unangemessen** oder unbillig, anzusehen ist. Auch hier sind wieder die Umstände des Einzelfalls heranzuziehen. An folgende typische Fallgruppen sollten Sie dabei denken:

– Eine Handlung kann dann unangemessen sein, wenn sie in den *essenziellen Kern der Grund- oder Freiheitsrechte* eingreift. Der klassische Fall der gewaltsam erzwungenen Blutspende fällt etwa hierunter. Trotz überwiegenden Interesses (Rettung von Leben gegenüber geringem Eingriff) muss das Recht auf informationelle Selbstbestimmung und der Schutz vor Zwang hier Vorrang haben.
– Eine weitere Einschränkung kann sich aus der besonderen Stellung des Handelnden ergeben, wenn dieser besonderen *Gefahrtragungspflichten* unterliegt (wie etwa der Polizeibeamte) und es ihm daher zuzumuten ist, besondere Gefahren hinzunehmen.
– Auch der Aspekt der *verschuldeten Selbstverursachung der Situation* kann die Angemessenheit der nachfolgenden Verteidigungshandlung in Frage stellen.
– Schließlich können überwiegende Interessen der Allgemeinheit entgegenstehen[312].

190

ff) Der Notstandswille

Hinsichtlich des subjektiven Erfordernisses und der entsprechenden Irrtumsfolgen gilt das gleiche wie bei der Notwehr. Nach richtiger Ansicht muss also als leitendes (nicht zwingend einziges) Motiv des Handelns der Wille der Gefahrabwehr vorliegen.

191

c) Einverständnis und Einwilligung

aa) Differenzierung zwischen Einverständnis und Einwilligung

Eine Tat kann auch dann gerechtfertigt sein, wenn der betroffene Rechtsgutinhaber auf seinen Rechtsschutz verzichtet. Ein solcher Fall einer **rechtfertigenden Einwilligung** ist jedoch von dem Fall eines – bereits den Tatbestand ausschließenden – **Einverständnisses** zu unterscheiden[313]. Letzteres liegt dann vor, wenn der Betroffene bei einem Delikt, das seinen Unrechtsgehalt gerade daraus ableitet, dass es gegen den Willen oder ohne Zustimmung des Betroffenen begangen wird, mit dem Vorgehen einverstanden ist, also diesen entgegengesetzten Willen gerade nicht hat. Die Fälle des Einverständnisses sind somit auf bestimmte Delikte begrenzt, die entweder ausdrücklich diesen entgegenstehenden Willen beinhalten (z. B. § 181 Abs. 1 Nr. 2) oder diesen ihrer Natur nach voraussetzen (z. B. §§ 202 f., 123, 177). Gerade die Delikte, die Gewalt oder Drohung (was den entgegenstehenden Willen nahezu zwangsläufig immer indiziert) voraussetzen, fallen hierunter, so v.a. §§ 249, 239, 240, aber auch § 242

192

---

312 Vgl. auch das Bsp. bei Wessels AT Rn. 317, wonach es unangemessen sein soll, wenn ein mittelloser Schwerkranker sich das benötigte Geld für die ärztliche Behandlung stiehlt, da es dem Bestohlenen nicht aufgebürdet werden kann, die Pflichten der Sozialgemeinschaft zu tragen.
313 Diese Terminologie ist nicht einheitlich, aber verbreitet (F Vor § 32 Rn. 3b, c bezeichnet beide Fälle als Einwilligung, stellt jedoch begrifflich bzw. in Klammern den Unterschied dar).

("Wegnahme"). Umstritten ist, ob auch die ärztlichen Heileingriffe unter die Fallgruppe des tatbestandsausschließenden Einverständnisses gefasst werden müssen[314].

Beachten Sie, dass eine im Vordringen befindliche Meinung die Unterscheidung zwischen Einverständnis und rechtfertigender Einwilligung nicht mehr treffen, sondern vielmehr alle Konstellationen bereits auf der Tatbestandsebene erfassen will. Dies hätte durchaus praktische Bedeutung, da das Einverständnis tatsächlicher Natur ist und anderen Voraussetzungen unterliegt als die Einwilligung (vgl. dazu sogleich).

TIPP: Mit der (noch) h.M sollte jedoch die Unterscheidung beibehalten werden, da generell verbotene Eingriffshandlungen zunächst nun mal abstrakt einen Unwert darstellen. Ein weiteres Argument ist der Wortlaut des § 228, der die Wirkung einer Einwilligung ausdrücklich auf der Ebene der Rechtswidrigkeit ansiedelt[315].

bb) Voraussetzungen der Einwilligung und des Einverständnisses

193 Im Folgenden werden die Voraussetzungen der rechtfertigenden Einwilligung und – sofern davon abweichend – des tatbestandsausschließenden Einverständnisses dargestellt:

(1) Der Betroffene muss Inhaber des Rechtsguts und somit überhaupt **verfügungsberechtigt** sein, und das **Rechtsgut muss generell zur Disposition des Betroffenen** stehen. Hier scheiden folglich die Delikte aus, die Allgemeininteressen schützen sollen. Nicht zur Disposition steht überdies das Rechtsgut „Leben" (vgl. § 216). Die Einwilligung im Hinblick auf die körperliche Unversehrtheit steht nach § 228 unter dem Vorbehalt des Verstoßes (wohlgemerkt durch die *Tat*, nicht durch die Einwilligung) gegen die guten Sitten. Als zu weitgehend abzulehnen ist indes die z.T. vertretene Ansicht, dass dieser Sittenwidrigkeitsvorbehalt für sämtliche Rechtsgüter gelten soll.

Beachten Sie, dass § 228 nach h.A. auch für Fahrlässigkeitsdelikte gilt; in diesen Fällen wird dann nicht in die (vorsätzliche) Herbeiführung des Erfolgs, sondern in die (fahrlässige) Gefährdung des Schutzgutes durch die Pflichtverletzung eingewilligt. Nach neuerer Rechtsprechung ist eine Einwilligung in eine Lebensgefährdung zwar grundsätzlich möglich; sie ist aber sittenwidrig und damit unbeachtlich, wenn die Grenze zur konkreten Todesgefahr überschritten ist[316].

Beachten Sie weiter, dass noch vor der Frage der rechtfertigenden Einwilligung die Abgrenzung zwischen Fremdgefährdung und (grds. strafloser) Selbstgefährdung vorzunehmen ist – diese richtet sich nach der Frage der Tatherrschaft, wobei überlegenes Wissen des einen die Tatherrschaft des anderen ausschließen kann[317]. Nur im Fall der (strafbaren) Fremdgefährdung stellt sich anschließend die Frage nach einer rechtfertigenden Einwilligung.

194 *(2)* Der Betroffene muss ferner **einwilligungsfähig** sein. Nach der h.M.[318] genügt hierfür die tatsächliche, natürliche Einsichts- und Urteilsfähigkeit, also die Fähigkeit, Tragweite und Folgen richtig beurteilen zu können. Diese Fähigkeit kann fehlen bei Kindern (hier käme eine Einwilligungserklärung durch die gesetzlichen Vertreter in Betracht), aber auch etwa bei Betrunkenen. Eine Gegenmeinung will indes differenzieren und zumindest im Bereich der Vermögensdelikte zivilrechtliche Geschäftsfähigkeit fordern[319]. Das hierbei angeführte Argument, es könne im Hinblick auf die Einwilligungsfähigkeit nicht zwischen zivilrechtlichen und strafrechtlichen Anforderungen differenziert werden, kann jedoch nicht überzeugen, da Strafrecht und Zivilrecht durchaus unterschiedliche Zielsetzungen und damit einhergehend auch andere Voraussetzungen haben können. Richtigerweise sollte man daher hier auf das

---

314 Vgl. dazu Rn. 261 ff.
315 So auch Sch/Sch Vor § 32 Rn. 29 f., 33 a mit Hinweis auch auf den BGH; Wessels, AT, Rn. 363.
316 BGH NStZ 2009, 148 f. (Teilnahme an illegalen Autorennen).
317 BGH NStZ 2011, 341.
318 Etwa BGHSt 12, 379 ff.; Wessels, AT, Rn. 374; F Vor § 32 Rn. 3 c; Sch/Sch Vor § 32 Rn. 40.
319 Nachweise bei Sch/Sch Vor § 32 Rn. 39.

tatsächliche Verständnis des Rechtsgutinhabers abstellen, das nicht schematisch von Alterszahlen, sondern vielmehr von Entwicklungsstand und individueller Konstitution abhängt.

An dieser Stelle ergibt sich auch der erste Unterschied zum tatbestandsausschließenden **Einverständnis**. Aufgrund seines tatsächlichen Charakters genügt hierfür schon die **natürliche Willensfähigkeit** des Betroffenen. Auf die Verstandesreife kommt es dabei nicht an.

(3) Die Einwilligung muss grundsätzlich **frei von Willensmängeln** sein. Zur Unwirksamkeit der Erklärung führen daher (regelmäßig) Täuschungen, Drohungen und Nötigungen, wenn sie für die Erklärung der Einwilligung ursächlich waren[320]. Auch Irrtümer können die Wirksamkeit der Erklärung hindern, wobei jedoch solche, die nur Begleitumstände erfassen, in der Regel unbedeutend sind. Des Weiteren muss die Erklärung ernst gemeint sein, sodass eine Schein- oder Scherzerklärung keine Wirksamkeit entfaltet[321]. Schließlich kann in Fällen unzureichender oder falscher ärztlicher Aufklärung die erklärte Einwilligung u. U. bestandslos sein, da sich der Erklärende nicht über Umfang und Bedeutung im Klaren ist[322]. Ist die Einwilligung aufgrund eines für den Täter nicht erkennbaren Willensmangels unwirksam, wird das Vertrauen des Täters dadurch geschützt, dass ein Erlaubnistatbestandsirrtum angenommen werden kann. Dieser führt dazu, dass sein Angriff als nicht rechtswidrig anzusehen ist, sodass das Opfer sich nicht auf Notwehr, sondern allenfalls auf Notstand berufen kann[323].

195

Auch an diesem Punkt gilt für das **Einverständnis** etwas anderes. Aufgrund dessen tatsächlichen Charakters sind hier Willensmängel und Täuschung regelmäßig irrelevant, solange es nur *freiwillig* zustande gekommen ist.

(4) Die Einwilligung muss ferner **vor der Tat ausdrücklich oder schlüssig zum Ausdruck gebracht werden und zum Zeitpunkt der Rechtsgutverletzung auch noch fortbestehen**. Vorher ist die Erklärung frei widerruflich.

196

Dies gilt wiederum nicht für das **Einverständnis**, das nur tatsächlich vorliegen muss.

(5) Nach richtiger Auffassung ist auch hier wieder auf **subjektiver Seite** erforderlich, dass der Handelnde die Einwilligung kennt und aufgrund dessen handelt[324]. Fehlt es hieran, ist der Täter – je nach vertretener Ansicht[325] – wegen vollendeten oder versuchten Delikts zu bestrafen.

197

Dagegen entfaltet das **Einverständnis** auch dann seine den objektiven Tatbestand ausschließende Wirkung, wenn der Täter von seinem Vorliegen keine Kenntnis hat. In diesem Fall ist der Täter lediglich wegen Versuchs strafbar.

d) Die mutmaßliche Einwilligung

Die mutmaßliche Einwilligung stellt einen weiteren, selbstständigen Rechtfertigungsgrund dar, der dann eingreift, wenn (1) die grundsätzliche Möglichkeit einer Einwilligung durch den Betroffenen besteht, (2) diese Einwilligung mutmaßlich auch erteilt werden würde, (3) aber nicht (rechtzeitig) erlangt werden kann.

198

(1) Die mutmaßliche Einwilligung unterliegt grundsätzlich den gleichen Voraussetzungen wie die tatsächlich erklärte Einwilligung, eben nur mit der Ausnahme, dass sie nicht erklärt oder zum Ausdruck gebracht wird. Auch hier ist demnach zu prüfen, ob das Rechtsgut überhaupt einwilligungsfähig ist usw. (s. o.).

---

320 F Vor § 32 Rn. 3 b; differenzierend und z. T. einschränkend: Sch/Sch Vor § 32 Rn. 47 f.
321 Sch/Sch Vor § 32 Rn. 49.
322 Näheres hierzu vgl. F § 228 Rn. 13 ff.
323 Sch/Sch Vor § 32 Rn. 50.
324 F Vor § 32 Rn. 3 c; anders wiederum Sch/Sch Vor § 32 Rn. 51: Kenntnis genügt, Motivation durch diese ist nicht erforderlich.
325 Vgl. oben Rn. 100.

199 *(2)* Der wesentliche Problempunkt ist die Frage, ob der Betroffene die Einwilligung mutmaßlich erklärt *hätte*. Entscheidend hierbei ist, dass sich diese Frage **nach dem hypothetischen Willen des Betroffenen** und nicht etwa nach einer objektiven Interessenabwägung richtet. Zur Ermittlung dieses hypothetischen Willens sind sämtliche Umstände des Einzelfalls heranzuziehen (etwa Patientenverfügungen, frühere Aufzeichnungen, frühere Äußerungen gegenüber Dritten u. Ä.). Nur wenn sich hier keine Anhaltspunkte ergeben, wird man auf die objektiven Maßstäbe zurückgreifen, was heißt, dass dann davon auszugehen ist, dass der Wille des Betroffenen in Übereinstimmung mit den allgemein vernünftigen Ansichten und Werturteilen gesehen wird[326]. Ist dagegen ein entgegenstehender Wille des Betroffenen erkennbar, ist dieser, mag er auch objektiv unvernünftig erscheinen, stets beachtlich[327]. Zu beurteilen ist dies zum Zeitpunkt der Tat. Stellt sich nachträglich heraus, dass das Verhalten doch nicht dem Willen des Betroffenen entsprach, so bleibt das Verhalten dennoch gerechtfertigt, wenn dieser tatsächliche Wille zur Tatzeit nicht erkennbar war und die Prüfung seitens des Handelnden gewissenhaft erfolgte[328]. Diese Problematik spielt v. a. bei den Fallgruppen der ärztlichen Behandlungen Bewusstloser, aber neuerdings auch bei der Frage der Sterbehilfe eine Rolle[329].

(3) Weitere Voraussetzung ist, dass die tatsächliche Einwilligung nicht bzw. nicht rechtzeitig erlangt werden kann. Hieraus ergibt sich die **Subsidiarität der mutmaßlichen Einwilligung**.

Für die Irrtumsfragen gelten die allgemeinen Grundsätze.

e) Der entschuldigende Notstand nach § 35
aa) Allgemeines und Unterschiede zu § 34

200 Den vielleicht bedeutsamsten Entschuldigungsgrund stellt § 35 dar. Werden seine Voraussetzungen bejaht, handelt der Täter ohne Schuld. Rechtswidrig bleibt sein Verhalten jedoch sehr wohl. Das hat zur Folge, dass – im Unterschied zu § 34 – strafbare Teilnahme am Handeln ebenso wie Notwehr gegen das Verhalten des Täters möglich bleibt. Ein weiterer wesentlicher Unterschied zu § 34 liegt auf der Irrtumsebene. Während der Irrtum über das Vorliegen von Umständen, die eine Notstandslage begründen würden, zum vorsatzausschließenden Erlaubnistatbestandsirrtum führt[330], regelt § 35 Abs. 2 diesen Fall für den entschuldigenden Notstand ausdrücklich anders. Ein solcher Irrtum hat demnach zur Folge, dass die Schuld ausgeschlossen ist, wenn der Irrtum unvermeidbar war. War er jedoch vermeidbar, so ist der Täter wegen vorsätzlicher Tat (ganz normal) strafbar, die Strafe ist jedoch nach Abs. 2 S. 2 gemäß § 49 Abs. 1 (zwingend!) zu mildern.

> **TIPP:** Beachten Sie, dass § 35 Abs. 2 nur bei einem Irrtum über die Umstände (= Tatsachen), die eine Notstandslage begründen würden, eingreift, nicht aber bei einem Irrtum über den Umfang des Entschuldigungsgrundes (hier gilt wie auch bei § 34 der § 17).

Im Unterschied zu § 34 (wo jedes Rechtsgut in Frage kommt) berechtigt im Rahmen von § 35 nur eine **Gefahr für die Rechtsgüter Leben, Leib und Freiheit** zur Notstandshandlung.

An einem typischen Fall, in dem § 35 zu prüfen ist, nämlich die Falschaussage vor Gericht unter Zwang und Bedrohung, zeigt sich ein weiterer Unterschied: Der Rechtfertigungsgrund des § 34 scheidet regelmäßig aus, da meist kein wesentliches Überwiegen der geschützten Interessen anzunehmen sein wird. Ein schuldausschließender Notstand kann indes in Frage kommen, wenn kein alternativer Schutz denkbar ist und auch keine Handlungsalternative für

---

[326] BGHSt 35, 246.
[327] Sch/Sch Vor § 32 Rn. 57 (Beispiel: Patientenverfügung).
[328] Sch/Sch Vor § 32 Rn. 58; Wessels, AT, Rn. 382.
[329] Vgl. dazu unten Rn. 213 und Rn. 261 ff.
[330] S. o. Rn. 94 ff.

den Täter (wie Aussageverweigerungsrechte) besteht. Es handelt sich hier um den Sonderfall des „Nötigungsnotstands", in dem der Täter selbst Opfer ist.

Eine weitere durchaus relevante Konstellation in diesem Zusammenhang stellt die Tötung eines Familienmitglieds im Schlaf, das die Familie über lange Zeit „tyrannisierte", dar. Der BGH hat in einem solchen Fall eine Verurteilung aufgehoben, da das erkennende Gericht nicht die Möglichkeit des entschuldigenden Notstands (bzw. eines Irrtums hierüber) geprüft hat. Dies wäre aber in diesen Fällen naheliegend. Allerdings weist der BGH in seiner Zurückverweisung darauf hin, dass insbesondere an die Voraussetzungen der anderweitigen Abwendbarkeit der Gefahr hohe Anforderungen zu stellen sein werden[331].

bb) Vorgeschlagenes Prüfungsschema

I. Objektive Notstandslage
   1. Gegenwärtige Gefahr für Rechtsgut Leben, Leib oder Freiheit
   2. Gefahr für sich oder Nähebeziehung zum mutmaßlichen Opfer
II. Notstandshandlung
III. Keine Zumutbarkeit i. S. d. § 35 Abs. 1 S. 2
IV. Subjektiver Notstandswille

201

cc) Die Notstandslage

Es muss eine gegenwärtige Gefahr[332] für eines der abschließend aufgezählten Rechtsgüter Leben, Leib oder Freiheit vorliegen. Ob unter „Leben" dabei auch das ungeborene Leben fällt, ist strittig[333]. Unter „Freiheit" ist im Wesentlichen nur die Fortbewegungsfreiheit (i. S. d. § 239), nicht dagegen jegliche Handlungs- oder Willensbetätigungsfreiheit (i. S. d. § 240) zu verstehen, wobei jedoch nach einer Ansicht auch die sexuelle Selbstbestimmungsfreiheit mit erfasst werden soll[334].

202

Die Gefahr muss für den Täter selbst, einen Angehörigen (vgl. § 11) oder einer ihm nahestehenden Person bestehen. Unter die letzte Gruppe fallen etwa Lebensgefährten, Mitbewohner oder nahe Freunde.

dd) Die Notstandshandlung

Als Grundsatz gilt, dass auch hier, wie bei § 34, die Handlung geeignet und erforderlich sein muss[335]. Aus dem Wortlaut „... nicht anders abwendbar(en) ..." ergibt sich aber zudem ausdrücklich, dass die Verteidigungshandlung die *„ultima ratio"* sein muss. Stehen mehrere Möglichkeiten zur Verfügung, so muss nach dem **Verhältnismäßigkeitsgrundsatz** die *relativ mildeste* gewählt werden. Allerdings kann auch im Rahmen des § 35 in Extremfällen (etwa zur Rettung des eigenen Lebens ohne Alternativmöglichkeit) auch die Tötung eines Menschen entschuldigt sein. Hierbei werden jedoch besonders sorgfältige Abwägungen geboten und ein strenger Maßstab erforderlich sein müssen.

203

Beachten Sie, dass wie bei § 34 auch hier bereits in diesem Prüfungsschritt – also im Rahmen der Frage der geeigneten, erforderlichen und verhältnismäßigen Handlung – **Zumutbarkeitserwägungen** angestellt werden müssen. Nach richtiger Ansicht ist diese Prüfung der Zumutbarkeit ausdrücklich zu trennen von der Regelung in § 35 Abs. 1 **S. 2**[336]. Während dort zu fra-

---

331 BGH NJW 2003, 2464 ff., auch mit dem Hinweis, dass Notwehr mangels unmittelbarem Angriff und § 34 auf der Ebene der Interessenabwägung (Rechtsgut Leben) ausscheidet.
332 Begriff wie bei § 34.
333 Zum Meinungsstand (verneinend) F § 35 Rn. 3; (bejahend) Sch/Sch § 35 Rn. 5.
334 So Wessels, AT, Rn. 436; a. A. F § 35 Rn. 5, Sch/Sch § 35 Rn. 8.
335 Sch/Sch § 35 Rn. 13; beachten Sie, dass F dies bei § 35 nicht so erwähnt; kommentieren Sie sich daher (so weit in Ihrem Bundesland zulässig/in Bayern ist es zulässig!) an den Gesetzeswortlaut „nicht anders abwendbar" die Fundstelle F § 34 Rn. 9.
336 So ausdrücklich etwa Sch/Sch § 35 Rn. 13 a und Wessels, AT, Rn. 439.

gen ist, ob die Gefahr, *die gerade nicht anders abgewendet werden kann*, sowie deren Folgen nicht aufgrund besonderer Umstände **hinzunehmen** sind, gilt es hier zu prüfen, ob nicht doch eine andere, **mildere** Art der Gefahrabwendung zumutbar ist. Wird dies bejaht, kommt es auf S. 2 gar nicht mehr an, da die Voraussetzungen des § 35 damit schon nicht gegeben sind.

In der Rechtsprechung wird hierbei betont, dass zwar kein Heroismus verlangt werden darf, dass es aber durchaus zumutbar sein kann, nicht den bequemsten Weg zu gehen, sich vielmehr nach allen Kräften um eine angemessene, weniger einschneidende Handlungsweise zu bemühen, ggfs. auch auszuweichen, Hilfe Dritter in Anspruch zu nehmen und eventuell sogar gewisse eigene Risiken hinzunehmen. Zumutbar sollen demnach alle (Erfolg versprechenden) Maßnahmen sein, die der durchschnittliche, sittlich denkende Mensch unter den gegebenen individuellen Begleitumständen ergreifen würde[337].

ee) Zur Frage der Zumutbarkeit i.S.d. § 35 Abs. 1 S. 2

204 Nach § 35 Abs. 1 S. 2 scheidet die Berufung auf den Entschuldigungsgrund aus, wenn dem Täter die Hinnahme der (nicht anders abwendbaren) Gefahr und der potenziellen Folge zuzumuten war. Das Gesetz nennt in diesem Zusammenhang als zwei beispielhafte Fälle die Selbst-Verursachung und die besonderen Rechtsverhältnisse.

> **TIPP:** Beachten Sie aber, dass diese weder abschließend noch ohne Weiteres zwingend sind. Es kann also nicht ausreichen, sich ohne Argumentation auf einen möglicherweise vorliegenden Regelfall zu berufen und § 35 damit ohne weitere Erörterung abzulehnen. Wichtiger ist es, mit der „ratio" zu argumentieren und den Einzelfall abzuwägen. Hier werden Sie die Umstände (konkreter Grad der Gefahr, bedrohtes Rechtsgut, Beziehung zum Opfer, Vorgeschichte u. Ä.) heranziehen müssen und zu fragen haben, ob eine Hinnahme der Gefahr nach alldem noch zumutbar ist.

(1) Als erste Fallgruppe nennt das Gesetz die **„Selbst-Verursachung"** der Gefahr. Grundsätzlich wird hier von der h.M. kein schuldhaftes Verhalten gefordert. Jede Verursachung soll genügen können, soweit gerade durch sie die Zumutbarkeit der Gefahrhinnahme gerechtfertigt wird[338]. Daher wird teilweise gefordert, dass das Verhalten, das die Gefahr verursachte, wenigstens objektiv pflichtwidrig sein musste[339].

Besondere Probleme wirft die Konstellation auf, in der ein *Angehöriger* oder eine nahestehende Person des Handelnden *als Bedrohter* beteiligt ist. Nach richtiger, dem Sinn und Zweck entsprechender Ansicht soll der Fall, dass diese dritte Person die Gefahr, die der Handelnde dann beseitigen will, selbst verursacht hat, nicht unter den Ausschluss des Satzes 2 fallen. Hat umgekehrt der Handelnde die Gefahr verursacht, droht diese aber nun der dritten Person, so wäre es ebenfalls untunlich und regelmäßig unzumutbar, es nunmehr dem Täter zu versagen, die (unschuldig beteiligte) dritte Person entschuldigt zu retten. Aus diesem Grund wird § 35 hier dennoch angenommen werden können[340]. § 35 Abs. 1 S. 2 erhält damit vor allem für die Fälle Bedeutung, in denen der Täter eine ihm selbst drohende Gefahr selbst verursacht hat.

(2) Die zweite Fallgruppe betrifft die **besonderen Rechtsverhältnisse** (v.a. Rettungsleute, Polizeibeamten, Soldaten u. Ä.), denen aufgrund ihrer besonderen Stellung mehr zugemutet werden kann. Auch hier gilt jedoch, dass es auf den Einzelfall ankommt. Nicht die bloße Zugehörigkeit zu einer entsprechenden Berufsgruppe begründet gleich eine allgemeine erhöhte Zumutbarkeit. Abzustellen ist vielmehr darauf, ob sich *gerade aus dieser Stellung* die erhöhte Zumutbarkeit ergibt. Sachverhalte, die nicht im Zusammenhang mit dieser besonderen Stellung stehen, sind daher auch für diese Gruppen ohne Belang[341].

---

337 Vgl. dazu die Hinweise bei Sch/Sch § 35 Rn. 14 auf die jeweiligen BGH-Entscheidungen.
338 F § 35 Rn. 11.
339 So etwa Wessels, AT, Rn. 441 m.w.N.
340 F § 35 Rn. 11; Wessels, AT, Rn. 441; a.A. Sch/Sch § 35 Rn. 20a.
341 Sch/Sch § 35 Rn. 25.

Nach Fischer[342] sind weitere Fallgruppen denkbar, wie etwa Unverhältnismäßigkeit zwischen Gefahr und Tat oder beim Vorgehen gegen rechtmäßige behördliche Handlungen, wie Festnahmen. Schönke/Schröder[343] nennt darüber hinaus weitere Ansatzpunkte (geringer Grad der Gefahr, allgemeine Gefahrtragungspflichten wie familiäre Garantenstellung, allgemeine Sozialnot), die eine Duldungspflicht begründen können.

Beachten Sie, dass nach § 35 Abs. 1 S. 2, 2. HS im Falle der Bejahung des § 35 Abs. 1 S. 2, **1. Alt.** eine Entschuldigung ausscheidet, aber die Möglichkeit einer Strafrahmenverschiebung nach § 49 Abs. 1 besteht. Ob eine solche Milderung bejaht wird, steht im pflichtgemäßen Ermessen des Gerichts, d. h. es ist eine umfassende Abwägung der relevanten Umstände (z. B. der Grad des Verschuldens der Gefahr) erforderlich. Im Fall der **2. Alt.** (besondere Rechtsverhältnisse) bleibt lediglich die Möglichkeit, diesem Umstand im normalen Strafrahmen bei der Strafzumessung i. e. S. Rechnung zu tragen.

ff) Subjektiver Notstandswille

Auch im Rahmen des § 35 greift die Entschuldigung nur, wenn der Täter *in Kenntnis der Umstände und gerade zur* Rettung handelt.

f) Der Notwehrexzess nach § 33

Einen weiteren Entschuldigungsgrund[344] stellt der § 33 dar. Danach bleibt derjenige, der unter dem Einfluss und aufgrund eines der dort genannten *asthenischen Affekte* (d. h. Verwirrung, Furcht, Schrecken) die Grenzen der Notwehr überschreitet, unbestraft. Auf diese Weise wird der besonderen psychischen Belastungssituation eines Angriffs Rechnung getragen.

Dabei ist allerdings zwischen dem so genannten *intensiven* und dem *extensiven* Notwehrexzess zu unterscheiden.

Der *extensive* Notwehrexzess liegt dann vor, wenn im Zeitpunkt der Handlung schon gar keine Notwehrsituation (mehr) vorliegt, also die zeitlichen Grenzen der Notwehr überschritten werden. Es ist umstritten, ob § 33 auf den extensiven Notwehrexzess Anwendung finden soll[345]. Der BGH verneint dies sowohl für die Zeit vor Beginn der Notwehrlage[346] als auch für die Zeit nach Beendigung der Notwehrlage[347].

Handelt der Täter außerhalb der zeitlichen Grenzen, weil er annimmt, er dürfe sich schon oder noch zu diesem Zeitpunkt verteidigen, liegt ein Erlaubnisirrtum vor, der nach § 17 zu behandeln ist; hält er (auch z. B. infolge von Verwirrung, Furcht und Schrecken) dagegen irrtümlich die tatsächlichen Voraussetzungen einer Notwehrlage für gegeben (Putativnotwehr), handelt es sich um einen Erlaubnistatbestandsirrtum, der analog § 16 Abs. 1 zum Entfallen der Vorsatzschuld führt (vgl. zur Irrtumsabgrenzung oben Rn. 95).

§ 33 jedoch betrifft den *intensiven* Notwehrexzess, also den Fall, in dem der Täter in einer realen Notwehrsituation (die Sie also zunächst als Voraussetzung zu prüfen haben) die Grenzen der Notwehr überschreitet, z. B. öfter als erforderlich zusticht. Grundsätzlich endet dabei die Rechtfertigung, und es bleibt (vorbehaltlich etwaiger Irrtümer) bei der normalen Strafbarkeit (im Beispielsfall also u. U. sogar wegen vorsätzlichen Totschlags oder gar Mordes). Um jedoch der psychischen Situation des Verteidigers gerecht zu werden, sieht § 33 den Ausschluss der Schuld vor, wenn er dabei unter dem Einfluss von *Verwirrung, Furcht oder Schrecken* handelte. Beachten Sie dabei zweierlei: Zum einen sind diese *asthenischen* Affekte

---

342 F § 35 Rn. 13 f.
343 Sch/Sch § 35 Rn. 31 ff.
344 So dogmatisch die ganz h. M.
345 So z. B. Sch/Sch § 33 Rn. 7.
346 So ausdrücklich z. B. BGH NStZ-RR 2002, 203 ff.
347 So BGH NStZ 2002, 141 f. Zustimmend F § 33 Rn. 5; a. A. Wessels, AT, Rn. 447 m. w. N.

nicht analogiefähig, sondern abschließend, und zudem streng von den *sthenischen* Affekten, wie Wut, Zorn, Hass oder Kampfeseifer zu trennen. Zum anderen müssen sie *zumindest mitursächlich* für den Exzess gewesen sein.

TIPP: Lassen Sie sich in der Praxisarbeit nicht zu leicht zur Anwendung dieser Norm verleiten. Nur weil in irgendeiner Einlassung des Täters von Angst oder Furcht die Rede ist, darf nicht zu bereitwillig diese umfassende Exkulpation herangezogen werden.

Zu Recht geht der BGH davon aus, dass § 33 wegen seiner essenziellen Folgen den Ausnahmefall darstellen muss. Er fordert daher für die genannten Affekte einen *hohen Grad*, nämlich derart, dass aufgrund dessen die Fähigkeit, das Geschehen richtig zu verarbeiten, erheblich eingeschränkt sein muss[348]. Für die Bejahung der Norm müssen Sie daher entsprechende Anhaltspunkte anführen können.

Beachten Sie auch, dass grundsätzlich § 33 auch dann eingreifen kann, wenn dem Täter die Überschreitung der Grenzen bewusst ist, er aber von seinem Affekt hingerissen wird[349]. Auch scheidet seine Anwendung nicht bereits dann aus, wenn er in vorwerfbarer Weise in die entsprechende Situation geraten ist. Erst wenn er nachweisbar absichtlich die Lage provoziert hat, kann der Entschuldigungsgrund, wie auch schon die Notwehr, nicht mehr Platz greifen. Umstritten ist der Fall, in dem sich der Täter planmäßig in eine Auseinandersetzung begibt. Der BGH will hier § 33 verneinen[350].

Ebenfalls nicht anwendbar ist § 33 beim Putativnotwehrexzess, bei dem der Handelnde schon irrtümlich von einem Angriff ausgeht und dabei auch noch über das zulässige Maß hinausschießt, denn die Anwendung von § 33 setzt nach BGH eine bestehende Notwehrlage voraus (s.o.). Der BGH löst diese Fälle, indem er im Hinblick auf das vorsätzliche Delikt zunächst das Vorliegen eines Erlaubnistatbestandsirrtums prüft und (bejahendenfalls) dann hinsichtlich des dann übrig bleibenden Fahrlässigkeitsdelikts prüft, ob der Täter trotz seines psychischen Zustands in der Lage gewesen wäre zu erkennen, dass eine Notwehrlage nicht (mehr) vorlag. Wird dies verneint, so entfällt auch der Fahrlässigkeitsvorwurf[351].

g) Weitere Rechtfertigungs- und Entschuldigungsgründe

207 Es gibt noch zahlreiche weitere Konstellationen, die entweder die Rechtswidrigkeit oder die Schuld beseitigen. Es sollen hier nur noch einige exemplarisch in Erinnerung gerufen werden.

So kann das Festnahmerecht des § 127 StPO durchaus einmal praktische Bedeutung auch in Klausuren gewinnen. Denken Sie auch an die (ungeschriebenen) Möglichkeiten der „Pflichtenkollision"[352], die „Sozialadäquanz"[353], die „Unzumutbarkeit normgerechten Verhaltens"[354] oder das Handeln auf dienstliche Weisung bzw. Befehl (mit der Differenzierung zwischen verbindlichem und unverbindlichem, sowie rechtmäßigem und unrechtmäßigem Befehl)[355].

---

348 BGH NStZ-RR 1997, 194.
349 F § 33 Rn. 8.
350 BGHSt 39, 133; F § 33 Rn. 7. Es kann wohl regelmäßig bereits das Vorliegen der erforderlichen psychischen Ausnahmesituation kaum bejaht werden, wenn man sich bewusst eine entsprechende Situation sucht.
351 Sehr instruktiv: BGH NStZ 2002, 141 f.; ebenso BGH NStZ 2011, 630. Nach a. A. soll die entsprechende Anwendung von § 33 in Betracht kommen, wenn der Irrtum über die Notwehrlage unvermeidbar war, vgl. Sch/Sch § 33 Rn. 8 m.w.N.
352 Dazu etwa F Vor § 32 Rn. 11 und 15.
353 S. F Vor § 32 Rn. 12.
354 F Vor § 32 Rn. 14 (dort sehr unauffällig); ausführlich: Sch/Sch Vor § 32 Rn. 122 ff.
355 Vgl. F Vor § 32 Rn. 16 und Wessels, AT, Rn. 450.

TIPP: Für die Klausur im Zweiten Examen gilt: Wenn Sie nicht gerade ein Gutachten zu schreiben haben, so vermeiden Sie auch gutachterliche Ausführungen. Gerade auf der Ebene der Rechtswidrigkeit oder Schuld ist die Versuchung groß, alle möglichen Rechtfertigungs- oder Entschuldigungsgründe zu prüfen, um dann doch zu dem offensichtlichen Ergebnis zu gelangen, dass nichts von all dem vorliegt. Zeigen Sie Gespür für den Praxisstil: Erörtern Sie nichts Selbstverständliches, aber lassen Sie auch nichts weg, was als Problem diskutiert werden muss. Achten Sie auf offene (ausdrückliches Berufen auf den einen oder anderen Rechtfertigungsgrund) oder versteckte Hinweise in der Klausur (z. B. die Erwähnung von Angst im Hinblick auf § 33, der Hinweis, der Täter sei davon ausgegangen, er habe „nichts Unrechtes getan" …), die die eine oder andere Prüfung nahelegen. Stellen Sie das Ergebnis voran (Urteilsstil!) und begründen Sie dann die einzelnen Voraussetzungen (wobei natürlich dabei auch die Gegenargumente erörtert werden müssen).

Freilich kann sich in den Fällen, in denen ein Rechtfertigungs- oder Entschuldigungsgrund von Ihnen bejaht wird, ein Aufbauproblem stellen: Erörtert man z. B. im Verteidigerplädoyer erst sämtliche möglicherweise äußerst klausurrelevanten Probleme zum Tatbestand, um dann festzustellen, dass die Strafbarkeit doch nicht gegeben ist (was ja fast einem Gutachtensstil gleichkäme), oder verbannt man diese Ausführungen in das Hilfsgutachten und stellt sofort das Ergebnis voran etwa mit der Ergänzung, „… es kann offen bleiben, ob der Tatbestand erfüllt ist, da jedenfalls der Rechtfertigungsgrund … gegeben ist"?

In letzterer Variante würde das Hilfsgutachten dann zum Hauptteil der Klausur werden, was vielleicht vom Klausursteller auch nicht gewollt ist. Daher kann es durchaus sinnvoll sein, die wesentlichen Ausführungen regelmäßig in der Form der „zwar … aber …"-Formulierung in den Haupttext zu nehmen, indem man zunächst ausführt, dass zwar[356] das Verhalten des Täters eigentlich den fraglichen Straftatbestand erfüllt (einschließlich der Erörterung der hier aufgetauchten Probleme), und dann aber feststellt, dass hier aber ein Rechtfertigungsgrund o. Ä. vorliegt. Dieser Aufbau sollte vor allem dann gewählt werden, wenn die Gegenpartei (insbesondere im Plädoyer oder schon während des Ermittlungs- oder Hauptverfahrens) auf Fragen außerhalb der Rechtfertigung bzw. Entschuldigung Bezug nimmt (dann müssen Sie sich mit deren Argumentation auseinandersetzen) oder etwa die Rechtfertigung o. Ä. nur einen von mehreren Mittätern betrifft.

B. Schwerpunkte aus dem Besonderen Teil

Abschnitt 1: Straftaten gegen Persönlichkeitswerte

I. Tötungsdelikte

In Klausuren bilden Tötungsdelikte häufig den Rahmen für zahlreiche materielle Probleme aus dem Allgemeinen Teil. Hierzu wird zunächst auf die Ausführungen unter A verwiesen. Ergänzend werden im Folgenden noch einige immer wiederkehrende Schwerpunkte vertieft.

208

1. Totschlag, § 212

a) Schutzgut

Schutzgut ist das menschliche Leben. Dieses genießt absoluten Schutz. Was jedoch genau „menschliches Leben" i. S. der Norm ist, kann, etwa bei Tathandlungen gegen einen Fötus oder gegenüber Hirntoten, die künstlich am Leben erhalten werden, auch einmal problematisch sein.

209

Nach allgemeiner Ansicht beginnt das menschliche Leben (anders als die Rechtsfähigkeit i. S. § 1 BGB) *mit dem Geburtsbeginn*, also den Eröffnungswehen. Das Neugeborene muss in diesem maßgeblichen Zeitpunkt selbstständig leben, aber nicht notwendig (längerfristig) lebens-

---

[356] Diese Formulierung zeigt auch in der Praxis, dass es auf diesen Punkt letztlich nicht mehr ankommt, erlaubt aber, die hierzu gehörenden Probleme dennoch zu erörtern (z. B. für den Fall, dass das Gericht doch meint, dass es auf diesen Punkt ankommt).

fähig sein. Pränatale Einwirkungen sind somit nicht vom Schutzzweck der §§ 211, 212 erfasst, da der maßgebliche Zeitpunkt für die Beurteilung strafrechtlichen Verhaltens der des Einwirkens und nicht der des Erfolgseintritts ist, und der nasciturus im Zeitpunkt der Einwirkung noch nicht geschütztes Subjekt ist[357]. Die Folge ist, dass vorsätzliches Einwirken auf das Ungeborene allenfalls im Rahmen von § 218 (hierzu s. Rn. 246 ff.) strafbar sein kann, selbst wenn das Kind zunächst lebend geboren wird und erst dann an den Folgen der bereits zuvor begangenen Einwirkung stirbt. Fahrlässiges Einwirken kann allenfalls als Körperverletzung gegen die Mutter strafbar sein.

Uneingeschränkten Schutz genießen selbstverständlich auch unheilbar Kranke (zur Frage der Sterbehilfe s. sogleich unten).

Als Ende des menschlichen Lebens i. S. der Norm wird nach heute wohl h. M. der *Hirntod* angesehen, unabhängig davon, ob Kreislauf und Atmung künstlich aufrechterhalten werden. Dies ist jedoch keineswegs unbestritten, wobei die Diskussion diesbezüglich nicht nur auf juristischer, sondern auch auf religiöser, ethischer und medizinischer Ebene geführt wird. Für die Hirntodtheorie spricht das therapeutische Argument, dass der Hirntod irreversibel ist, und das anthropologische Argument, dass es ohne das Gehirn mit seiner einzigartigen Bedeutung für die Manifestation des Geistes an *menschlichem* Leben fehle[358]. So regelt auch § 3 Abs. 2 Nr. 2 Transplantationsgesetz (TPG) die Feststellung des Hirntods als Mindestvoraussetzung für eine Entnahme von Organen. Daher wäre etwa eine Organentnahme bei einem Hirntoten, dessen künstlich erhaltener Kreislauf dadurch zum Erliegen kommt, kein Tötungsdelikt.

b) Vorgeschlagenes Prüfungsschema

210   *I. Objektiver Tatbestand:*
        1. Tötung eines anderen Menschen
        2. Kausalität und Zurechnung
      II. Vorsatz
      III. Rechtswidrigkeit, Schuld

c) Dogmatische Einordnung, Selbsttötung, Sterbehilfe

211   Dogmatisch wird das Verhältnis zwischen § 212 und § 211 von Rechtsprechung und weiten Teilen der Literatur (noch immer) unterschiedlich gesehen. Während in der Literatur Mord überwiegend als unselbstständige Qualifikation zum „einfachen" Tötungsdelikt nach § 212 angesehen wird, nimmt der BGH zwei unabhängige, selbstständige Tatbestände an. Im Hinblick auf Wortlaut und Schutzgut spricht viel für die Einstufung der Literatur[359]. Trotzdem sollten Sie in einer Klausur des Zweiten Staatsexamens eher der BGH-Ansicht folgen, da der Korrektor als Praktiker hierzu ebenfalls eher neigen wird. Relevant wird diese Einstufung v. a. für die Anwendung des § 28 bei mehreren Beteiligten (vgl. dazu Rn. 217 ff.), aber auch hinsichtlich der für die Urteilspraxis bedeutsamen Frage, ob bei Verurteilung wegen Mordes auch die Voraussetzungen des § 212 explizit bejaht und der Paragraf zitiert werden muss.

aa) Selbsttötung und Mitwirkungshandlungen

212   Nicht strafbewehrt ist die (versuchte) **Selbsttötung**. Dies ergibt sich schon begrifflich, da nur die *Tötung eines anderen* strafbar ist. Daraus folgt, dass auch jede Mitwirkung an der Selbsttötung in Form von Beihilfe, Anstiftung oder fahrlässiger Unterstützung straflos sein muss. Dies gilt jedoch nur, solange der Suizident **freiverantwortlich** handelt. Dies ist dann nicht mehr der Fall, wenn er etwa durch Zwang oder Täuschung als Werkzeug gegen sich selbst eingesetzt wird oder wenn der „Hintermann" überlegenes Wissen hinsichtlich der Risikolage

---

[357] F Vor § 211 Rn. 6, 8; BGHSt 31, 351; z. T. diff. Sch/Sch Vor § 211 Rn. 15, der strenger auf den Zeitpunkt der Auswirkung abstellt.
[358] Vgl. Krey, BT Bd. 1, Rn. 17.
[359] So etwa Krey, BT Bd. 1, Rn. 27; Wessels, BT Bd. 1, Rn. 69; Sch/Sch Vor § 211 Rn. 5, 6.

hat. In diesen Fällen kann *Tötung in mittelbarer Täterschaft* in Betracht kommen. Gleiches kann bei Schuldunfähigen oder Kindern gelten.

Wer somit eine Schusswaffe herumliegen lässt oder einem anderen überlässt, bleibt hinsichtlich der Tötungsdelikte straffrei, wenn die Waffe von einem Suizidenten freiverantwortlich verwendet wird (anders aber, wenn es zu einem Unfall kommt oder wenn ein Kind die Waffe einsetzt).

Umstritten ist in diesem Zusammenhang allerdings die Frage, ob (zumindest für Garanten) eine **Pflicht zum Tätigwerden,** also zur Verhinderung bzw. zur Hilfe besteht, wenn der Suizid eines Dritten bemerkt wird, mit der Konsequenz, dass bei Untätigkeit eine Strafbarkeit wegen *Tötung durch Unterlassen* in Betracht kommt. Einigkeit besteht in diesem Zusammenhang immerhin soweit, dass, entsprechend den obigen Grundsätzen, eine Handlungspflicht dann zu bejahen ist, wenn der Suizident nicht freiverantwortlich handelt oder erkennbar um Hilfe bittet[360]. Wenn allerdings der Wille oder der mutmaßliche Wille des Betroffenen auf Selbsttötung gerichtet ist und dieser Wille freiverantwortlich war, so soll nach der herrschenden Literatur konsequenterweise dieser Willen relevant sein und keine Pflicht zum Tätigwerden bestehen[361]. Der BGH hingegen forderte bislang ein Tätigwerden unabhängig vom freien Entschluss und erkennbarem Willen des Betroffenen[362]. Die Pflicht zum Tätigwerden soll grundsätzlich dann einsetzen, wenn der Suizident das Geschehen (etwa wegen bereits eingetretener Handlungsunfähigkeit) nicht mehr selbst beherrschen kann und somit ein *„Tatherrschaftswechsel"* eingetreten ist. So soll z.B. der Ehemann grundsätzlich verpflichtet sein, seine bereits bewusstlose Frau zu retten, selbst wenn keine Zweifel bestehen, dass diese sich freiverantwortlich für den Tod entschieden hat. Allerdings versucht auch der BGH diesen Grundsatz insofern einzugrenzen, als er letztlich eine Handlungspflicht u.U. im Einzelfall wegen Unzumutbarkeit verneint. So kann aus Sicht eines Arztes etwa die Zumutbarkeit verneint werden, das irreversibel geschädigte Leben einer unheilbar kranken Patientin, die eindeutig aus dem Leben scheiden will, „um jeden Preis" zu erhalten[363]. Zu Recht stieß diese Entscheidung wegen ihrer dogmatischen Unschärfe, der Willkürgefahr und der Missachtung des Patientenwillens auf heftige Kritik. In anderen, jüngeren Entscheidungen zeichnet sich nunmehr jedoch die Tendenz ab, dass der BGH dem *Willen des Betroffenen* größere Bedeutung zusprechen will, sodass bei Feststellung eines eindeutigen (mutmaßlichen) Willens u.U. eine Strafbarkeit entfallen kann[364]. Schließlich ist auch nach BGH die medizinische Behandlung einschließlich intensivmedizinischer Maßnahmen rechtswidrig, wenn sie dem (festgestellten) Patientenwillen widerspricht[365].

bb) Sterbehilfe

In diesem Zusammenhang soll auch noch auf das Problem der **Sterbehilfe** bzw. des **Behandlungsabbruchs** eingegangen werden. Begrifflich kann nach dem BGH[366] nur dann von Sterbehilfe gesprochen werden, wenn das Grundleiden eines Kranken nach ärztlicher Überzeugung unumkehrbar (irreversibel) ist, einen tödlichen Verlauf angenommen hat und der Tod in kurzer Zeit eintreten wird. Liegt zwar eine unheilbare Erkrankung vor, steht der Tod aber noch nicht unmittelbar bevor, ist der Abbruch einer einzelnen, lebenserhaltenden Maßnahme (z.B. der künstlichen Ernährung) keine Sterbehilfe im eigentlichen Sinne[367].

213

Außerdem ist begrifflich zwischen aktiver und passiver Sterbehilfe zu unterscheiden.

---

360 Wobei der Nicht-Garant hier nach § 323c strafbar sein soll.
361 F Vor § 211 Rn. 12, Sch/Sch Vor § 211 Rn. 41; Schroth S. 53.
362 So BGHSt 32, 307ff. (Wittig-Fall): Wille zum Freitod unbeachtlich.
363 BGHSt 32, 369ff.
364 BGH NJW 1988, 1532.
365 BGH NJW 2010, 2963ff. (Fall Putz), NJW 2011, 161f.
366 BGHSt 40, 257ff.
367 In der Literatur wird diese Konstellation teilweise als Sterbehilfe im weiteren Sinne oder als „Hilfe zum Sterben" bezeichnet.

Die *aktive* Sterbehilfe, also ein aktives Handeln mit lebensverkürzender Wirkung, ist grundsätzlich unzulässig und rechtswidrig. Unzulässig bleibt dies auch dann, wenn der Patient ein solches Handeln unzweideutig und freiverantwortlich wünscht. Denn trotz der Straflosigkeit der Selbsttötung ist das Rechtsgut Leben nicht in dem Sinne verfügbar, dass ein anderer es durch aktives Tun zerstören dürfte (vgl. § 216). Eine Sonderstellung hierbei nehmen allerdings solche Handlungen ein, die etwa im Zuge schmerzlindernder ärztlicher Maßnahmen als unbeabsichtigte Folge lebensverkürzende Wirkung haben (sog. **indirekte Sterbehilfe**). Die dogmatische Begründung der nahezu einhellig anerkannten Straflosigkeit solcher Maßnahmen ist jedoch stark umstritten. Während manche das ärztliche Verhalten nach den Grundsätzen von Notstand oder Einwilligung als gerechtfertigt ansehen[368] bzw. die Straflosigkeit auf fehlenden Vorsatz gründen, stellen andere Vertreter in der Literatur darauf ab, dass ein solches Verhalten begriffslogisch bzw. nach dem sozialen Sinn schon gar nicht als Tötungshandlung zu sehen ist oder als sozialadäquates Handeln anzusehen sei[369].

Davon zu unterscheiden ist die *passive* Sterbehilfe (bzw. Hilfe zum Sterben), also der Abbruch der weiteren Behandlung bzw. die Nichtbehandlung, sodass der Tod eintritt.

In den Fällen, in denen der Sterbevorgang bereits unmittelbar eingesetzt hat, der Tod also nach ärztlicher Prognose in Kürze bevorsteht, ist nach der Rechtsprechung des BGH[370] ein Behandlungsabbruch bzw. ein Verzicht auf lebensverlängernde Maßnahmen durch den Arzt zulässig und nicht strafbar. Der BGH hat nämlich klargestellt, dass der Arzt im Hinblick auf die Menschenwürde und die Achtung des Lebens i. S. der Art. 2, 1 GG das Recht des Patienten auf ein menschenwürdiges Sterben zu respektieren hat, sodass der Arzt in diesen Fällen nicht verpflichtet ist, verlöschendes Leben um jeden Preis zu erhalten. Entsprechende Versuche können für den Arzt im Einzelfall unzumutbar sein[371]. Allerdings sollte hier ein eher strenger Prüfungsmaßstab angesetzt werden.

Hat der Sterbevorgang hingegen noch nicht eingesetzt, liegt also keine Sterbehilfe im eigentlichen Sinn vor, so kann ein Abbruch der Behandlung oder eine Nichtaufnahme dann ebenfalls straflos (gerechtfertigt[372] oder mangels Schutzzwecks der Norm schon nicht tatbestandsmäßig) sein, wenn dies dem tatsächlichen oder mutmaßlichen Willen des Patienten entspricht, da hier das Selbstbestimmungsrecht des Patienten Vorrang genießt.

Unproblematisch sind hier die Fälle, in denen der Patient seinen Willen noch ernsthaft und freiverantwortlich fassen und eindeutig entsprechend äußern kann. Untersagt dieser eine Behandlung, darf der Arzt sie nicht gegen seinen Willen zwangsweise durchführen[373].

Liegt keine ausdrückliche Erklärung vor, etwa weil der Patient bereits bewusstlos ist, so ist der mutmaßliche Wille entscheidend. Dabei werden subjektive Umstände (individuelle Wertvorstellungen, religiöse Grundvorstellungen, frühere Äußerungen[374]), sowie u. U. subsidiär eventuell auch objektive Wertmaßstäbe abgewogen[375]. Liegt eine Patientenverfügung (Legaldefinition in § 1901a Abs. 1 S. 1 BGB!) vor, ist diese für Ärzte, Pflegepersonal und Betreuer grundsätzlich bindend (vgl. § 1901a Abs. 1 S. 2 BGB). Zutreffend erscheint, insofern den in der Patientenverfügung geäußerten Patientenwillen selbst als Rechtfertigungsgrund für unterlassene medizinische Behandlungen anzusehen, sodass es nicht des Umwegs über die Bestellung eines Betreuers (der dann den Willen des Patienten „äußert") bedarf[376].

---

368 BGHSt 42, 305 (wobei offen gelassen wird, ob nicht bereits die Tatbestandsmäßigkeit entfällt – jedenfalls Notstand nach § 34).
369 S. zum Meinungsstand Sch/Sch Vor 211 ff. Rn. 26.
370 BGHSt 40, 257 (260).
371 BGHSt 32, 379.
372 BGHSt 40, 260 f; BGH NStZ 2011, 274.
373 BGH NJW 1988, 1532; St 46, 279; vgl. auch F § 211 Rn. 42.
374 In BGH 2010, 2963 ff. hält der BGH sogar ein Abstellen auf den mutmaßlichen Willen der bewußtlosen Patientin für überflüssig, da ihr wirklicher, vor Eintritt ihrer Einwilligungsfähigkeit geäußerter Wille zweifelsfrei festgestellt gewesen sei.
375 BGHSt 40, 257 ff.
376 So auch F Vor § 211 Rn. 53a.

Beachten Sie schließlich, dass durch den BGH[377] die Fälle des aktiven Behandlungsabbruchs (im konkreten Fall wurde ein Schlauch zur Magensonde oberhalb der Bauchdecke der Patientin auf Rat des angeklagten Rechtsanwalts durchtrennt) ausdrücklich dem Unterlassen einer (weiteren) Behandlung gleichgestellt wurden. Es ist fraglich, ob damit die bisherige begriffliche Unterscheidung zwischen (erlaubter) passiver und (verbotener) aktiver Sterbehilfe überhaupt beibehalten werden sollte.

d) Tötungsvorsatz

Auf subjektiver Seite müssen sowohl die Tathandlung als auch der „Erfolg" des Todes vom Vorsatz des Täters umfasst sein (zu den Mordmerkmalen s. u.), wobei bedingter Vorsatz genügt[378]. Der bedingte Tötungsvorsatz ist ständiger Streitpunkt in der Praxis und oft Gegenstand von Klausurproblemen. Im Folgenden soll weitestgehend auf die Anforderungen der Rechtsprechung Bezug genommen werden. Nach den allgemeinen Grundsätzen ist es erforderlich, dass der Täter *die Möglichkeit des Eintritts des Todes erkannt (Wissenselement) und diese Folge zumindest billigend in Kauf genommen* hat (Willenselement). Achten Sie hier auf eine **saubere Abgrenzung von der bewussten Fahrlässigkeit**. Muss etwa nach der Beweisaufnahme davon ausgegangen werden, dass der Täter die Möglichkeit des Todes zwar erkannte, aber ernsthaft damit rechnete, dass der Erfolg nicht eintreten werde, so bleibt nur Fahrlässigkeit. Wird hingegen festgestellt, dass der Täter den Tod zwar nicht unbedingt beabsichtigte, aber als Folge jedenfalls hinnahm bzw. eine entgegenstehende Beteuerung unglaubwürdig ist, da er in keiner Weise auf einen guten Ausgang vertrauen konnte, so kann dies bedingten Vorsatz begründen[379].

214

TIPP: Prüfen Sie bei dieser Frage sehr präzise, was etwa im Urteil festgestellt wurde bzw. was durch Sie festgestellt werden kann. Ergibt sich daraus, dass der Täter den Tod seines Opfers etwa zum Zwecke, um jeden Preis fliehen zu können, als Folge wenigstens hingenommen hatte, so legt dies den bedingten Tötungsvorsatz nahe. Wird im Urteil dagegen z. B. festgestellt, dass er mit tödlichen Folgen schon gar nicht rechnete, so ist der Schluss auf Vorsatz unzulässig. Insbesondere genügt es nicht – ein wiederkehrender Fehler in Referendarklausuren! – das Vorliegen eines zumindest bedingten Vorsatzes damit zu begründen, dass dem Täter aber die Gefährlichkeit seines Tuns „hätte klar sein müssen"; diese Floskel begründet nur einen Fahrlässigkeitsvorwurf!
Wird schließlich festgestellt, dass er die Möglichkeit des Todes erkannte und es ihm gleichgültig war, ob der Tod eintreten würde, so hängt es von der von Ihnen vertretenen Theorie zum bedingten Vorsatz (s. die Ausführungen dort) ab, wie Sie sich entscheiden. AchtenSie in solchen Fällen, in denen u. U. verschiedene Ergebnisse vertretbar sind, ggfs. auch auf die von Ihnen geforderte „Rolle" in der Klausur (Anwaltsrevision, Plädoyer des Staatsanwalts).

Ein maßgeblicher Anhaltspunkt für die von Ihnen zu treffenden rechtlichen Schlussfolgerungen wird oft die *Einlassung des Angeklagten* sein. Würde man diese allerdings stets unkritisch hinnehmen und seine Folgerungen nur auf diese Einlassungen gründen, so wäre ein Tötungsvorsatz in der Praxis faktisch nicht mehr nachweisbar. Vielmehr haben Sie eine Ihnen eventuell vorgelegte Aussage kritisch zu prüfen und an den übrigen Umständen und Angaben zu messen. Diesbezüglich hat der BGH in ständiger Rechtsprechung festgelegt, dass auch die *objektiven Umstände der Tat* Beachtung finden müssen und der Schluss von objektiven Umständen auf die subjektive Seite des Täters grundsätzlich möglich ist. Besonders *gefährliche Vorgehensweisen* können dabei einen Tötungsvorsatz, insbesondere die voluntative Seite, nahelegen[380], begründen diesen aber keineswegs automatisch und befreien daher nicht von einer sorgfältigen Einzelprüfung und Abwägung der Gesamtumstände. Objektive

---

377 BGH NJW 2010, 2963 ff.; vgl. auch F Vor § 211 Rn. 61 ff.
378 F § 212 Rn. 6; Sch/Sch § 212 Rn. 5.
379 Lesen Sie hierzu unbedingt die Ausführungen in F § 212 Rn. 7–16.
380 Z. B. BGH NStZ 2000, 583 f.; ebenso BGH NStZ 2011, 210; BGH NStZ 2012, 207: „Wer den möglichen Erfolg vorhersieht und trotzdem so handelt, nimmt offenbar den vorhergesehenen Erfolg billigend in Kauf".

Anhaltspunkte und Kriterien, die Sie bei dieser Abwägung verwenden können, sind etwa das *Angriffsmittel* (Schusswaffe, Sprengstoff, besonders langes oder besonders gefährliches Messer), die *Angriffsrichtung* (Stiche ins Lebenszentrum, Schnitte am Hals), die *Angriffsintensität* (mehrere Stiche, lang andauerndes Würgen), die *Unkontrollierbarkeit der Folge* (Schießen aus weiter Entfernung, Stiche in bewegter Situation), aber auch etwaige *Äußerungen* bei oder vor der Tat sowie ggfs. auch das *Nachtatverhalten*. Auch bei äußerst gefährlichen Gewalthandlungen können Spontanität der Tatbegehung, affektive Erregung und starke Alkoholisierung aber auch wieder gegen ein Vorherrsehen des Tötungserfolgs und damit gegen das Wissenselement des Vorsatzes sprechen[381]. Umkehrt ist nach ständiger Rechtsprechung zu berücksichtigen, dass unter normalen Umständen eine Mensch vor der Tötung eines anderen Menschen stärker zurückschreckt als vor dessen bloßer Verletzung[382]. Diese Hemmschwelle kann zwar überwunden werden (wie die vielen Tötungsdelikte im echten Leben zeigen) und führt auch nicht dazu, dass der Schluss von der besonderen Gefährlichkeit des Handelns auf das voluntative Element nicht mehr möglich wäre; sie zwingt aber dazu, in der Gesamtbetrachtung auch nach Anhaltspunkten Ausschau zu halten, die dafür sprechen könnten, das der Täter im konkreten Fall doch ernsthaft und nicht nur vage auf den nichttödlichen Ausgang vertraute. Solche Anhaltspunkte können z.B. das Fehlen eines Tötungsmotivs, das vor oder nach der Tat gezeigte Verhalten und sogar die bisherige Unbestraftheit sein[383].

Achten Sie schließlich auf die korrekte Formulierung: Kommen Sie zum Ergebnis, die Indizien genügen für einen bedingten Vorsatz, müssen Sie schreiben, dass Sie (das Gericht/die Staatsanwaltschaft) deshalb davon *überzeugt* sind (ist), dass der Angeklagte die Möglichkeit des Todes *sah* und *billigte* (und nicht nur „sehen musste").

TIPP: Zusammenfassend sollten Sie beachten, dass die Vorsatzfrage, insbesondere beim dol. evt., ausdrücklich erörtert und die Abgrenzung zur Fahrlässigkeit dargelegt werden muss. Die Hemmschwellentheorie sollte nicht nur beachtet, sondern auch erwähnt werden. Das Gericht muss erkennen lassen, dass es auch alle Umstände berücksichtigt hat, die den Vorsatz in Frage stellen könnten. Auch das Wissen des Täters um die grundsätzliche Gefährlichkeit einer Vorgehensweise begründet keinen automatischen Schluss auf das Wollen. Gerade bei Revisionsklausuren sollten Sie daher genau auf die Ausführungen des Gerichts in diesem Zusammenhang achten. Werden die richtigen rechtlichen Schlussfolgerungen aus den Feststellungen zur subjektiven Seite gezogen? Wird ersichtlich, dass das Gericht alle Aspekte gewürdigt hat, die gegen einen Vorsatz sprechen? Falls nein, so besteht die Möglichkeit zur Sachrüge in Form der Darstellungsrüge.

e) Rücktritts- und Notwehrprobleme

215 Im Rahmen der **Rücktrittsproblematik** wird oftmals vor allem die Frage, ob ein beendeter oder ein unbeendeter Versuch vorliegt, Probleme aufwerfen. Bedenken Sie auch hier, dass die bloße Einlassung des Täters, er habe nach seiner letzten Ausführungshandlung nicht damit gerechnet, dass der Tod möglicherweise eintreten könnte (was einen unbeendeten Versuch begründen würde), von Ihnen im Zweiten Staatsexamen nicht unbedingt als wahr und richtig unterstellt werden darf. Vielmehr haben Sie auch hier abzuwägen, ob die übrigen Feststel-

---

[381] BGH NStZ 2011, 338; ähnlich: BGH NStZ 2010, 511. Anderseits kann Alkohol die sonst vorhandene Hemmschwelle vermindern und damit ein Argument für das Vorliegen des voluntativen Elements sein.
[382] Z.B. BGH NStZ-RR 1998, 101, BGH NStZ 2001, 475 f.; BGH NStZ 2009, 503; BGH NStZ 2010, 511 ff; BGH NStZ 2011, 338. Diese Rechtsprechung wird von der Literatur (nicht vom BGH selbst) als „Hemmschwellentheorie" bezeichnet. Auch wenn 2012 der 4. Strafsenat des BGH (BGH NStZ 2012, 384 ff.) einen Freispruch mit der Begründung aufgehoben hat, der Hinweis des LG auf eine „Hemmschwellentheorie" entbehre jedes argumentativen Gewichts, ist – entgegen anders lautender Prophezeiungen (z.B. von Fahl, „Das Ende der Hemmschwellentheorie – Ein Nachruf", JuS 2013, 499) – nicht davon auszugehen, dass der BGH damit das Postulat der umfassenden Gesamtbetrachtung aller für und gegen den Vorsatz sprechenden Umstände aufgegeben hat. Und an der verhaltensbiologischen Erkenntnis der Tötungshemmung wird wohl auch zukünftig nicht gezweifelt werden. Daher sollten Sie in der Klausur weiterhin ruhig den Begriff der Hemmschwelle verwenden und alle für und gegen einen Vorsatz sprechenden Aspekte gegeneinander abwägen.
[383] BGH vom 4.4.2013, 3 StR 37/13.

lungen und Anknüpfungstatsachen etwas anderes ergeben. Ein gewichtiges Indiz wird sich etwa in der *Erkennbarkeit der Verletzungsschwere* für den Täter finden lassen. Sticht der Täter seinem Opfer etwa mit einem Messer in die Brust und bemerkt er an der blutenden Wunde, dass er es auch (dort) verletzt hat, so spricht vieles dafür, dass er zumindest damit rechnete (nicht: rechnen *musste*), dass er sein Opfer potenziell lebensgefährlich verletzt hat. Dann wird ein beendeter Versuch naheliegen.

Ein weiteres Kriterium hierbei kann auch das *Nachtatverhalten des Opfers* darstellen. Zeigt sich dieses nämlich offensichtlich von dem Angriff unbeeindruckt, geht eventuell sogar zum Gegenangriff über, so kann dies durchaus die Einlassung des Täters bestätigen, dass dieser nicht damit rechnete, sein Opfer ernsthaft verletzt zu haben (was einen unbeendeten Versuch begründen würde).

Bei der Prüfung einer möglichen **Notwehrlage** kann etwa die Frage eine Rolle spielen, ob der Einsatz eines lebensgefährlichen Mittels geboten und erforderlich i.S.d. § 32 war. Dies ist anhand der „*Kampflage*" im Einzelnen zu prüfen. Der Griff zur Waffe, wenn der Angegriffene diese zur Hand hat, ist dabei grundsätzlich zulässig. Regelmäßig ist es jedoch erforderlich, den Einsatz vorher anzudrohen und eine möglichst wenig gefährdende Einsatzweise vorzuziehen, wenn dies jeweils Erfolg versprechend ist. Auch ist an mögliche Notwehreinschränkungen zu denken, wenn sich der Täter zuvor freiverantwortlich in die „Notlage" begeben hat. So ist es regelmäßig nicht zulässig, im Rahmen einer Schlägerei, die der Täter verursacht hat, nun, da er dabei angegriffen wird, ein Messer oder eine andere gefährliche Waffe einzusetzen (s. hierzu oben Rn. 183).

216

f) Probleme der Teilnahme (i.V.m. § 28) und der Mittäterschaft

Bedeutsam kann auch die Frage sein, wie Täter und Teilnehmer zu bestrafen sind, wenn Mordmerkmale nur bei einem der beiden vorliegen bzw. unterschiedliche Merkmale gegeben sind. Fallkonstellationen dieser Art werfen schon wegen der unterschiedlichen dogmatischen Behandlung des Verhältnisses zwischen Totschlag und Mord[384] erhebliche Probleme auf[385]. Als Grundsatz gilt die Akzessorietät der Teilnahme, d.h. die Strafbarkeit des Teilnehmers richtet sich grundsätzlich danach, wie die Haupttat beim Täter rechtlich zu qualifizieren ist. Akzessorietätslockerungen können sich jedoch aus § 28 (i.V.m. § 29) ergeben.

217

Nach § 28 Abs. 1 ist die Strafe nach § 49 Abs. 1 zu mildern, wenn persönliche Merkmale, die die Strafbarkeit **begründen**, beim Teilnehmer fehlen. § 28 Abs. 2 indes stellt klar, dass persönliche Merkmale, die die Strafe **schärfen**, nur bei dem Beteiligten relevant sind, bei dem sie vorliegen.

aa) Da für § 28 nur *besondere persönliche Merkmale* eine Rolle spielen, ist der erste Schritt, die Mordmerkmale herauszufiltern, die überhaupt persönliche Merkmale i.S.d. § 28 sind[386]. Nach weit überwiegender Meinung stellen die **Merkmale der 1. und 3. Gruppe** täterbezogene, und damit persönliche Merkmale i.S.d. § 28 dar. Die Mordmerkmale der 2. Gruppe sind dagegen tatbezogene Merkmale und spielen daher für die Frage des § 28 keine Rolle. Schönke/Schröder fasst entgegen der h.M. das Merkmal der „Heimtücke" unter die täterbezogenen Merkmale[387].

218

Bei den tatbezogenen Merkmalen bleibt es daher beim Grundsatz der strengen Akzessorietät. Wird etwa zu einem „grausam" zu begehenden Mord angestiftet, der dann allerdings dieses Merkmal doch nicht erfüllt, so bleibt es bei einer Strafbarkeit des Anstifters wegen Anstiftung zum Totschlag (allenfalls in Tateinheit mit versuchter Anstiftung zum Mord nach § 30).

bb) Kommen Sie demnach zu dem Ergebnis, dass täterbezogene Mordmerkmale vorliegen, so prüfen Sie nun, je nach dem von Ihnen vertretenen dogmatischen Ansatz, in einem zweiten

219

---
384 S. o. Rn. 211.
385 Instruktiv und übersichtlich hierzu Wessels, BT Bd. 1, Rn. 144 ff. und Schroth S. 59.
386 Zu den Mordmerkmalen im Einzelnen vgl. unten Rn. 227 ff.
387 Sch/Sch § 211 Rn. 49.

Schritt die jeweilige Strafbewehrung bzw. den Strafrahmen der einzelnen Tatbeteiligten nach § 28.

Nach dem von der *Rechtsprechung* vertretenen Ansatz, wonach § 211 ein selbstständiger Tatbestand ist, kommt dabei nur **§ 28 Abs. 1** in Betracht. Es bleibt somit grundsätzlich bei der Akzessorietät, d.h. entscheidend ist, wie die durch den Täter begangene Haupttat rechtlich zu qualifizieren ist[388].

TIPP: In der Klausur sollten Sie der Ansicht des BGH folgen, da die Klausur von Praktikern gestellt und von Praktikern korrigiert wird. Auch wenn die andere Ansicht nicht „falsch" ist; stresst sie eventuell den Korrektor, und das gilt es auf jeden Fall zu vermeiden.

Begeht der Täter einen Mord, so ist der Teilnehmer, auch wenn er selbst kein Mordmerkmal (z. B. das Motiv der Habgier) verwirklicht, wegen Anstiftung oder Beihilfe *zum Mord* zu bestrafen, sofern er jedenfalls vom Vorliegen des Mordmerkmals beim Täter Kenntnis hat (dieses also in seinen Vorsatz mit aufgenommen hat)[389]. Der Umstand, dass das Mordmerkmal beim Gehilfen selbst nicht vorliegt, er also das Motiv zwar kennt, aber nicht teilt, bewirkt nach § 28 Abs. 1 allerdings eine *Strafrahmenverschiebung* nach § 49 (zusätzlich zu der des § 27 Abs. 2 S. 2). Nach einer neueren Entscheidung des BGH[390] soll allerdings in dem Fall, dass der Täter das Mordmerkmal „habgierig" erfüllt, *weil* er von dem Anstifter (der selbst nicht aus Habgier handelt) für den Auftragsmord bezahlt wird, dieser Umstand durch Annahme einer „Sperrwirkung" Berücksichtigung finden: Zwar wäre im konkreten Fall der Strafrahmen wegen § 30 I 2 (Versuchte Anstiftung) und § 28 I (selbst nicht habgierig) zweimal zu mildern gewesen, sodass (theoretisch) von einer Mindeststrafe von 6 Monaten auszugehen sei[391], es sei aber zu berücksichtigen, dass bei einer versuchten Anstiftung (nur) zum Totschlag wegen der dann nur einmaligen Strafmilderung eine Mindeststrafe von 2 Jahren zu verhängen wäre. Diese dürfte (praktisch) nicht unterschritten werden (= Sperrwirkung)[392].

Begeht der Täter umgekehrt „nur" einen Totschlag, so ist auch der Teilnehmer nur wegen Anstiftung oder Beihilfe *zum Totschlag* zu bestrafen, auch wenn in seiner Person ein täterbezogenes Mordmerkmal vorliegt[393].

Die *herrschende Literatur* käme hier zu einem anderen Ergebnis. Sieht man § 211 nämlich als Qualifikationstatbestand zu § 212, so muss die Frage, wie das Fehlen der Mordmerkmale beim Teilnehmer zu behandeln ist, nach **§ 28 Abs. 2** behandelt werden. Danach wird dieselbe Tat für jeden Täter oder Teilnehmer getrennt nach den bei ihm persönlich vorliegenden Mordmerkmalen beurteilt.

Begeht der Täter also einen Mord, so kann der Teilnehmer – wenn er persönlich keine Mordmerkmale verwirklicht – trotzdem nur wegen Anstiftung oder Beihilfe *zum Totschlag* verurteilt werden. (Achtung: Dies gilt übrigens auch dann, wenn der ohne eigene Mordmerkmale handelnde Teilnehmer *irrtümlich* davon ausgeht, dass beim Täter ein täterbezogenes Mordmerkmal vorliege. Es macht unter dem Gesichtspunkt des § 28 Abs. 2 nämlich keinen Unterschied, ob der Teilnehmer zu Recht oder zu Unrecht annimmt, der Täter verwirkliche in seiner Person ein Mordmerkmal, solange der Teilnehmer selbst jedenfalls in seiner Person keines verwirklicht!) Umgekehrt kann der Teilnehmer, wenn er selbst z. B. aus Habgier handelt, wegen Anstiftung oder Beihilfe *zum Mord* bestraft werden, auch wenn der Täter mangels eigener Erfüllung von Mordmerkmalen „nur" einen Totschlag begeht.

---

388 Vgl. hierzu F § 211 Rn. 94 ff., der selbst allerdings die Gegenansicht vertritt (in Rn. 98).
389 Würde dagegen schon der Vorsatz des Gehilfen im Hinblick auf das Mordmerkmal fehlen, so käme auch die Rechtsprechung (über die Irrtumsregeln) nur zu einer Beihilfe zum Totschlag.
390 BGH NStZ 2006, 34 f.
391 Zur Strafrahmenverschiebung s. auch unten Rn. 805.
392 Ebenso BGH NStZ 2006, 288.
393 Vgl. etwa Sch/Sch § 211 Rn. 52 mit dem Hinweis auf die Möglichkeit des § 212 Abs. 2 in diesen Fällen; § 211 Rn. 95 (ohne diesen Hinweis).

TIPP: Beachten Sie, dass nach dieser Ansicht keine Strafrahmenverschiebung für irgendjemanden vorzunehmen ist, da § 28 Abs. 1 gerade nicht angewandt wird!

Eine Besonderheit stellen schließlich die Fälle dar, in denen der Teilnehmer weiß, dass der Täter ein bestimmtes Mordmerkmal verwirklicht, und dieses zwar nicht teilt, jedoch in seiner Person ein *anderes* täterbezogenes Mordmerkmal erfüllt (sog. „**Kreuzung von Mordmerkmalen**"). Während der Teilnehmer nach Ansicht der h.L. unproblematisch wegen Anstiftung oder Beihilfe zum Mord strafbar ist, da er jedenfalls in seiner Person ein täterbezogenes Mordmerkmal erfüllt, tut sich die Rechtsprechung hier schwerer[394].

220

Streng genommen fehlt nach dieser Ansicht in diesen Konstellationen beim Teilnehmer das (konkrete) persönliche Merkmal, das die Strafbarkeit des Täters begründet (vgl. Wortlaut des § 28 Abs. 1), sodass nach den oben dargestellten Grundsätzen der Teilnehmer wegen der strengen Akzessorietät zwar ebenfalls wegen Beihilfe zum Mord zu verurteilen wäre, seine Strafe aber gem. § 28 Abs. 1 (neben einer eventuellen Milderung nach den Regeln der Beihilfe) zwingend zu mildern wäre. Gerade in den Fällen der Beihilfe würde diese doppelte Milderung jedoch nach dem BGH zu unbilligen Ergebnissen führen, da auf Seiten des Teilnehmers ja ebenfalls ein Mordmerkmal vorliegt. Folgerichtig hat der BGH entschieden, dass in den Fällen, in denen beim Teilnehmer ein „gleichartiges" Mordmerkmal gegeben ist (im entschiedenen Fall waren Verdeckungsabsicht auf der einen und niedrige Beweggründe auf der anderen Seite gegeben), die Möglichkeit bestehen soll, von einer Milderung nach § 28 Abs. 1 abzusehen[395]. Nicht endgültig geklärt ist, ob dieser Grundsatz nur für verschiedene täterbezogene Mordmerkmale oder allgemein gelten soll[396]. Dass in der Sache auch beim BGH noch Bewegung ist, zeigt eine Entscheidung des 5. Strafsenats aus 2006[397], in der auf die systematischen Argumente gegen die Ansicht des BGH hingewiesen und ausdrücklich **offen gelassen** wurde, ob für die täterbezogenen Merkmale § 28 Abs. 1 oder Abs. 2 gilt.

Beachten Sie, dass die oben dargestellten Grundsätze auf Fälle der **Mittäterschaft** nicht ohne Weiteres übertragbar sind. Insbesondere ist der von der Rechtsprechung herangezogene § 28 Abs. 1 ausdrücklich nur auf akzessorische Teilnehmer (Anstifter oder Gehilfe) anwendbar.

221

Liegt also bei zwei Mittätern nur bei einem von beiden ein persönliches Mordmerkmal vor, ist nach dem von der h.L. vertretenen Weg über § 28 Abs. 2 der eine wegen Mordes und der andere wegen Totschlags zu bestrafen[398]. An sich im Widerspruch zu seiner dogmatischen Einstufung der Delikte hat der BGH in einer neueren Entscheidung dies ebenso gesehen und Mittäterschaft bei Mord und Totschlag bejaht[399].

Beachten Sie im Übrigen, dass nach den allgemeinen Grundsätzen nicht erforderlich ist, dass jeder Mittäter selbst an der Ausführungshandlung beteiligt sein muss, sondern für die gegenseitige Zurechnung auch schon die Beteiligung an einer Vorbereitungshandlung genügen kann.

g) Konkurrenzen

Konkurrenzfragen treten in der Praxis bei den Tötungsdelikten v.a. im Zusammenhang mit Raubdelikten, Waffendelikten, Sexualdelikten und im Zusammenhang mit Körperverletzungsdelikten regelmäßig dann auf, wenn die Tat im Versuchsstadium blieb. Es sollen hier nur beispielhaft einige problematische Fallkonstellationen angesprochen werden. Im Kommentar finden Sie Einzelfragen bei den jeweiligen Paragrafen.

222

---

394 352 Vgl. hierzu F § 211 Rn. 96.
395 BGHSt 23, 39 f.
396 Zu den Variationen bei unterschiedlichen Merkmalen vgl. Sch/Sch § 211 Rn. 54.
397 BGH NJW 06, 1008 ff.
398 Vgl. Sch/Sch § 211 Rn. 43.
399 BGHSt 36, 231; ebenso BGH NStZ 2009, 637.

Besondere Schwierigkeiten bereiten v. a. die Konkurrenzverhältnisse bei den *Waffendelikten* (insb. im Hinblick auf das Führen einer Waffe gem. § 4 WaffG)[400]. Hinsichtlich des Tatbestandes des unerlaubten Führens z. B. kommt Tateinheit nur in Betracht, wenn die Tötungsabsicht bereits bei Beginn des Besitzes bestand, ansonsten ist Tatmehrheit anzunehmen. Achten Sie darauf, dass die Abgabe der tödlichen Schüsse eine Zäsur darstellen kann, sodass die Phasen vorher, währenddessen und nachher im Hinblick auf die Waffendelikte u. U. getrennt geprüft werden müssen.

Beim *Raubmord* ist nach (nunmehr) einhelliger Rechtsprechung Tateinheit auch mit § 251 möglich, da der Tod, wenn er (zumindest) bedingt gewollt war, zugleich auch leichtfertig verursacht wurde[401].

Hinsichtlich des Verhältnisses zwischen *Körperverletzung* und Tötungshandlung ist mit der Einheitstheorie des BGH davon auszugehen, dass in jedem Tötungsvorsatz zugleich der Körperverletzungsvorsatz (als notwendiges Durchgangsstadium) enthalten ist. Freilich tritt das Körperverletzungsdelikt bei vollendetem Tötungsdelikt als subsidiär zurück. Bleibt Letzteres jedoch im Versuchsstadium, so ist Tateinheit mit (eventuell gefährlicher) Körperverletzung anzunehmen, um den vollen Unrechtsgehalt der Tat klarzustellen (denn nicht jeder Tötungsversuch muss unbedingt schon zu einer Verletzung des Opfers führen)[402].

Geht der Vorsatz der Täters während der Verletzungshandlung vom Verletzungsvorsatz zum Tötungsvorsatz über, muss sorgfältig aufgeklärt werden, an welchen der Verletzungshandlungen das Opfer schließlich starb. Steht fest oder kann nicht ausgeschlossen werden, dass der Tod bereits auf Handlungen zurückzuführen ist, die noch ohne Tötungsvorsatz erfolgten, ist der Täter (nur) wegen Körperverletzung mit Todesfolge in Tateinheit[403] mit versuchtem Totschlag strafbar[404].

Tateinheit zwischen versuchtem Mord und Totschlag (bzw. umgekehrt) ist ebenfalls möglich, so wenn *während der Tat* ein Mordmerkmal wegfällt (bzw. hinzutritt)[405].

h) Strafzumessungsfragen und § 213

223 Beachten Sie, dass die Strafandrohung bei **Mord** (zu den Mordmerkmalen s. sogleich) zwingend lebenslänglich ist[406]. Scheiden Strafrahmenverschiebungen aus, so dürfen hier daher keine Strafzumessungskriterien erörtert werden. Falsch wäre es demnach, hier etwa ein Geständnis zu Gunsten des Angeklagten anzuführen, da keine Strafzumessung i. e. S. erfolgen kann. Auch der minder schwere Fall nach § 213 gilt (jedenfalls nach dem BGH und der wohl h. M. in der Literatur) bei § 211 **nicht**. Allein wenn eine Strafrahmenverschiebung etwa nach Versuchsgrundsätzen oder wegen verminderter Schuldfähigkeit über § 49 Abs. 1 erfolgt, gelangt man in den Bereich einer zeitigen Freiheitsstrafe, bei deren Bemessung die allgemeinen Grundsätze für die Strafzumessung gelten.

224 Eine für die Praxis äußerst bedeutsame Strafzumessungsregel für Fälle des **Totschlags** stellt der § 213 dar. Für die Klausurbearbeitung kann die Norm auch im Rahmen einer Revisionsrüge (Sachrüge) Bedeutung erlangen. (Hat das Gericht die Norm überhaupt bedacht und erörtert; hat es die Voraussetzungen richtig geprüft; hat es das Verhältnis zur allgemeinen Strafrahmenverschiebung nach § 49 Abs. 1 beachtet?)

---

400 Wobei Waffendelikte nicht sehr examensrelevant sind.
401 F § 251 Rn. 7; BGHSt 39, 100 (GrS). Vgl. auch unten Rn. 399.
402 Zu beiden Konstellationen vgl. F § 211 Rn. 107.
403 Bzw. bei deutlicher Zäsur in Tatmehrheit.
404 BGH NStZ 2009, 266; BGH NStZ 2010, 699.
405 Vgl. F § 211 Rn. 106.
406 Zur restriktiv zu behandelnden seltenen Ausn. des BGH bei der Heimtücke i. S. der „Rechtsfolgenlösung" s. Rn. 238. Beachten Sie auch, dass das BVerfG bei zu lebenslänglicher Haft verurteilender Strafe sogar eine Verkürzung wegen Verfahrensverzögerungen – s. hierzu unten Rn. 811 – aufgrund der „strukturellen Besonderheiten des Mordtatbestandes" abgelehnt hat: BVerfG NStZ 2006, 680 ff.

a) Als ersten Schritt bei der Prüfung des § 213 sollten Sie erörtern, ob ein Fall des § 213 1. Alt. vorliegt, also einer der ausdrücklich genannten *Provokationsfälle*. Ist dies der Fall, so ist eine Strafrahmenverschiebung zwingende Folge[407]. Erst danach ist (ggfs.) weiter zu prüfen, ob die 2. Alt. vorliegt oder nachrangig ein Fall einer Strafrahmenverschiebung nach § 49 Abs. 1, z. B. i. V. m. § 21 in Frage kommt.

225

Im Rahmen des § 213 1. Alt. sollten Sie folgende Punkte prüfen:

I. *Misshandlung oder schwere Beleidigung*
II. *Ohne eigene Schuld*
III. *Dadurch (Kausalität) zum Zorn gereizt*
IV. *Hierdurch (Kausalität) auf der Stelle zur Tat hingerissen*

aa) Ein **Provokationsfall** i. S. der 1. Alt. setzt zunächst *eine Misshandlung oder schwere Beleidigung* des Täters oder seines Angehörigen (§ 11 Abs. 1 Nr. 1) voraus. Diese muss durch das Opfer selbst, nicht etwa durch Dritte, erfolgt sein und muss in jedem Fall so erheblich sein, dass sie die massive Reaktion (Angriff auf das Leben) einigermaßen verständlich macht. Stets ist eine **Gesamtbetrachtung** vorzunehmen. Eine Misshandlung muss nicht zwingend eine körperliche sein. Eine schwere Beleidigung muss nicht zwingend eine Ehrverletzung i. S. d. § 185 sein. Es kann auch eine Kränkung genügen. Bei der Gesamtschau ist ein objektiver Maßstab anzulegen, sodass es nicht unbedingt auf die subjektive Ansicht des Täters ankommen muss. Es kann auch ausreichen, dass viele leichtere Kränkungen im Zusammenwirken das Merkmal der schweren Beleidigung erfüllen[408].

bb) Der Täter muss „ohne eigene Schuld" provoziert worden sein. Er darf die Provokation nicht verursacht oder gefördert haben, wobei berechtigte Vorhalte oder eine nicht vorwerfbare Auslösung durchaus unschädlich sein können. Das Kriterium sollte sein, ob das spätere Opfer seinerseits verständlich handelte.

cc) Dadurch (Kausalität!) muss der Täter **zum Zorn gereizt** worden sein. Hierunter fallen alle zornnahen Erregungen, insbesondere die sthenischen Affekte wie Wut und Empörung[409]. Eine verminderte Schuldfähigkeit ist keine notwendige Voraussetzung.

dd) Hierdurch muss der Täter „auf der Stelle zur Tat hingerissen worden sein". „Auf der Stelle" bedeutet dabei nicht in streng zeitlicher Hinsicht „sofort", sondern stellt vielmehr auf den so genannten „*motivationspsychologischen Zusammenhang*" ab. Es kommt dabei darauf an, dass der durch die Kränkung verursachte Zorn noch fortbesteht und beherrschenden Einfluss auf die Tat hat, was u. U. auch noch nach Stunden der Fall sein kann[410]. Auch hier ist die **Kausalität** zu prüfen. Ein vorher bereits zur Tat entschlossener Täter kann sich nicht auf § 213 berufen.

Ist der verursachte „Zorn" nicht das einzige Motiv, so ist zu prüfen, ob ihm eine entscheidende „Schlüsselstellung" zukam[411] oder er wenigstens nicht nur untergeordnetes Motiv war[412].

ee) Schließlich ist zu beachten, dass nach dem BGH die nur irrtümliche Annahme des Täters, eine Beleidigung liege vor, den § 213 1. Alt. nicht begründen kann. Es muss darauf ankommen, dass die Beleidigung vom Opfer als solche gemeint war. Allerdings kann hier die 2. Alt. (sonstiger minder schwerer Fall) einschlägig sein[413].

---

407 BGHSt 25, 222; NJW 1995, 1910.
408 Dazu F § 213 Rn. 5; Sch/Sch § 213 Rn. 5.
409 Sch/Sch § 213 Rn. 8.
410 F § 213 Rn. 9a; Sch/Sch § 213 Rn. 9 m. w. N.
411 So Sch/Sch § 213 Rn. 10 mit Hinweis auf den BGH.
412 F § 213 Rn. 9.
413 F § 213 Rn. 6a.

226 **b)** Liegt kein Fall der 1. Alt. vor, so ist anschließend zu prüfen, ob ein sonstiger minder schwerer Fall i. S. der 2. Alt. vorliegt. Im Rahmen einer Gesamtabwägung unter Heranziehung aller tat- und täterbezogenen Umstände (z. B. Vorgeschichte, Erregung, notwehrähnliche Situation, auch Provokationen unter der Schwelle der 1. Alt.) ist dabei zu fragen, *ob die Tat in einem solchen Maß vom Üblichen abweicht, dass der normale Strafrahmen unangemessen schiene*. Beachten Sie, dass hier auch die gesetzlichen Minderungsgründe (wie §§ 22, 23 oder § 21) heranzuziehen sind und allein bereits einen minder schweren Fall i. S. § 213 2. Alt. begründen können, aber nicht müssen. Das Gericht hat vorab das Vorliegen eines minder schweren Falles nach § 213 zu prüfen (Revision!). Es hat jedoch im Ergebnis ein Ermessen, ob es letztlich den Strafrahmen des § 213 oder den nach den allgemeinen Strafmilderungen wie etwa §§ 22 f. bzw. 21, 49 verschobenen Strafrahmen des § 212 heranzieht. Entscheidend ist hierbei, welchen Strafrahmen das Gericht nach pflichtgemäßem Ermessen für schuldangemessener hält[414]. Es ist dabei auch möglich, den Strafrahmen doppelt zu mindern, solange dabei nicht gegen § 50 verstoßen wird, also nicht etwa gesetzliche Minderungsgründe doppelt herangezogen werden. So ist es etwa denkbar, dass das Gericht unter Berücksichtigung der Tatsache, dass der Täter im Zustand der eingeschränkten Schuldfähigkeit handelte, einen Fall des § 213 2. Alt. bejaht und zudem im Anschluss eine weitere Minderung nach den Grundsätzen der §§ 22 f. vornimmt. Eine weitere Minderung aufgrund des § 21 wäre hingegen nach dem oben Gesagten unzulässig.

> **TIPP:** Achten Sie in Klausuren also vor allem darauf, ob das Gericht bei Vorliegen von Anhaltspunkten § 213 überhaupt und ggfs. in richtiger Reihenfolge geprüft hat, und ob der Strafrahmen der richtige ist (bei § 213: 1 Jahr bis 10 Jahre; bei § 212 i. V. m. § 49 Abs. 1: 2 Jahre bis 11 Jahre, 3 Monate; bei doppelter Milderung im Rahmen des § 212: 3 Monate bis 7 Jahre, 6 Monate[415]).
> Haben Sie selbst zu prüfen, ob Sie den § 213 bejahen, ist zu empfehlen, die Schwelle im Hinblick auf das hochrangige Rechtsgut „Leben" nicht zu niedrig anzusetzen[416].

2. Die Mordmerkmale

227 In § 211 Abs. 2 sind abschließend die Mordmerkmale aufgelistet, die nach dem Gesetzeswortlaut zwingend die Folge des Abs. 1, lebenslange Strafe, begründen. In ihnen kommt die besondere Verwerflichkeit der Tötung zum Tragen, die diese absolute Strafe grundsätzlich rechtfertigt. Freilich wird nicht erst seit der einschneidenden BVerfG-Entscheidung[417] eine Korrektur bzw. Einschränkung dieser Absolutheitslösung gefordert. Das BVerfG hat in dieser Entscheidung die Gültigkeit der aktuellen Fassung der Norm nicht in Frage gestellt, hat aber ausdrücklich eine **restriktive Auslegung** unter Berücksichtigung des verfassungsrechtlichen **Verhältnismäßigkeitsgrundsatzes** gefordert. In welcher Weise dies erfolgen soll, hat das Gericht allerdings offen gelassen.

Aufgrund dessen wollen weite Teile der Literatur eine so genannte positive oder negative *Typenkorrektur* vornehmen. Demnach soll nicht bereits das bloße Vorliegen des jeweiligen Merkmals für die Bejahung eines Mordes genügen. Vielmehr sei es erforderlich, in einer *Gesamtabwägung* zusätzlich die Verwerflichkeit festzustellen[418].

Der BGH beschränkt sich im Wesentlichen darauf, einzelne Merkmale enger auszulegen. In der Entscheidung des Großen BGH-Senats[419] wurde allerdings versucht, die Vorgabe des Verfassungsgerichts in der Weise umzusetzen, dass bei Bejahung des Heimtückemerkmals auf-

---

[414] Dies gilt allerdings nach h. M. (BGHSt 25, 222, F § 213 Rn. 17 ff.) nicht für die 1. Alt. des § 213; dort ist zwingend der Strafrahmen des § 213 heranzuziehen.
[415] Vgl. zur Strafrahmenverschiebung auch unten Rn. 805.
[416] So auch F § 213 Rn. 15.
[417] BVerfGE 45, 267.
[418] Vgl. etwa F § 211 Rn. 5; Sch/Sch § 211 Rn. 10 m. w. N.
[419] BGHSt 30, 105 ff.

grund der außergewöhnlicher Umstände des Einzelfalles[420] die *Rechtsfolge* durch eine ausnahmsweise durchgeführte *Strafrahmenverschiebung entsprechend § 49* modifiziert wurde. Diese Entscheidung, die auf heftige Kritik stieß[421], wirft die Frage auf, ob dies auch für andere Merkmale gelten soll. Der BGH hat diese Lösung bislang nicht ausdrücklich auf andere Mordmerkmale übertragen.

> **TIPP:** Für Ihre Klausurbearbeitung ist zu raten, entsprechende Korrekturversuche sehr restriktiv zu handhaben. Diskutieren Sie das Problem der Abweichung vom „Normalfall" der lebenslangen Strafe nur dann, wenn sich Anhaltspunkte für einen Sonderfall aus dem Sachverhalt aufdrängen. Sinnvoll ist es (auch bei der Heimtücke), vorrangig bereits bei der Frage des Vorliegens des Mordmerkmals einen strengen Prüfungsmaßstab anzusetzen.

Beachten Sie schließlich, dass nach ständiger Rechtsprechung des BGH auch eine Verurteilung wegen Mordes aufgrund wahldeutiger Tatsachenfeststellungen möglich ist[422]. So kann z.B. ein Angeklagter wegen Mordes schuldig gesprochen werden, wenn nach den Feststellungen der Angeklagte entweder sein Opfer getötet hat, um einen vorausgegangenen erzwungenen Geschlechtsverkehr zu verdecken (Verdeckungsabsicht), oder es nach einem vorausgegangenen einvernehmlichen Geschlechtsverkehr getötet hat, um sich der als lästig empfundenen Person zu entledigen (sonstige niedrige Beweggründe). Die Urteilsgründe müssen in diesem Fall beide Abläufe schildern, die nach Überzeugung des Gerichts in Betracht kommen, und weitere Möglichkeiten müssen sicher ausgeschlossen sein.

227a

a) Mordlust

Die Mordmerkmale lassen sich in drei Gruppen einteilen. Die Mordlust bildet mit den nächsten drei Merkmalen die erste Gruppe, die sich auf die besondere Verwerflichkeit des Beweggrundes gründet.

228

> Entscheidend bei diesem eher seltenen Mordmerkmal ist, dass es dem Täter gerade darauf ankommen muss, sein Opfer sterben zu sehen, dies also sein *Motiv* darstellt. Nur darin sieht er den Zweck seines Handelns.

In Fällen, in denen das Opfer dem Täter etwa keinerlei sozialen oder situationsbedingten Grund geliefert hat und der Täter aus Zeitvertreib, Angeberei oder sportlichem Vergnügen tötete, kann dieses Merkmal naheliegen. Allerdings muss das Motiv positiv festgestellt werden. Bloße Grundlosigkeit genügt nicht. Erforderlich ist stets eine Gesamtabwägung.

Bedingter Vorsatz genügt bei diesem Merkmal *nicht*.

b) Zur Befriedigung des Geschlechtstriebs

Tötet der Täter, um sich in der Tötung oder danach, an der Leiche, sexuell zu befriedigen, so liegt dieses Merkmal vor. Ebenso reicht es aus, wenn das Opfer getötet wird, um somit den Geschlechtsverkehr zu erzwingen. Es kommt nicht darauf an, ob die Befriedigung tatsächlich eintritt.

229

Bedingter Vorsatz hinsichtlich des Todeserfolgs kann ausreichen.

Wird das Merkmal bejaht, so ist die Annahme des Merkmals „niedriger Beweggründe" im gleichen Motivationszusammenhang ausgeschlossen. Allerdings ist an letzteres Merkmal zu denken, wenn der Täter „nur" zur *Erregung* seines Geschlechtstriebs handelt[423].

---

420 Zu denken wäre beispielsweise an notwehrähnliche Situationen, Mitleidstaten oder „gerechten Zorn".
421 V. a. dahingehend, dass dadurch die Grenzen richterlicher Rechtsfortbildung überschritten würden, eine Art minder schwerer Fall des Mordes geschaffen würde und die Gefahr bestehe, dass das erkennende Gericht im Hinblick auf die „bequeme" Rechtsfolgenlösung Mordmerkmale sorglos bejahen könnte.
422 Vgl. BGH NStZ 2012, 441 ff.
423 Sch/Sch § 211 Rn. 16.

c) Habgier

230 Habgier liegt vor, wenn der Täter sich unmittelbar durch die Tat eine Mehrung seines Vermögens bzw. eine Aussicht darauf erhofft.

Dies ist regelmäßig beim Raubmörder oder beim Auftragsmörder, aber auch bei dem, der für eine Erbschaft tötet, der Fall. Der erstrebte Gewinn braucht nicht erheblich zu sein. Kein Fall von Habgier i.S. der Norm liegt indes vor, wenn die Wegnahmeabsicht erst nach der Tat gefasst wird. Umstritten ist die Fallkonstellation, bei der sich der Täter eine *Ersparnis von Aufwendungen* durch die Tötung erhofft. Der BGH hat die Annahme eines Habgiermordes hierbei für den Unterhaltspflichtigen bejaht, der sich durch die Tötung die Befreiung von seiner Zahlungspflicht erhofft hat[424]. Schönke/Schröder[425] kritisiert diese Ansicht als zu weitreichend, da ein Bereicherungsstreben i.S. der Norm nicht auch bei bloßem Vermögens-Erhaltungsstreben angenommen werden kann.

Ein Bereicherungsinteresse allein genügt jedoch nicht.

Zudem muss der Täter aus einem besonders verwerflichen, noch über bloße Gewinnsucht hinaus gesteigerten und sittlich abstoßenden Gewinnstreben um jeden Preis handeln.

So jedenfalls sieht es der BGH und ein Teil der Literatur[426]. Das Gewinnstreben braucht nicht das einzige Motiv der Tat zu sein, es muss jedoch tatbeherrschend und bewusstseinsdominant sein[427]. Auch hier ist eine **Gesamtabwägung** erforderlich, v.a. beim Vorliegen eines Motivbündels. So kann etwa bei akuter Drogensucht diese Verwerflichkeit zumindest in Frage gestellt sein[428].

Auch bei diesem Merkmal kann *bedingter Vorsatz hinsichtlich des Todeserfolgs* genügen.

d) Niedrige Beweggründe

231 Niedrig sind Beweggründe dann, wenn die Tötung aus Motiven erfolgt, die nicht nur verwerflich, sondern nach allgemeiner sittlicher Anschauung besonders verachtenswert und auf niedrigster Stufe einzuordnen sind.

Wiederum ist aber stets eine sorgfältige **Gesamtabwägung** nötig. Hierbei können etwa Aspekte, wie (Miss-)Verhältnis zwischen Tat und Anlass zur Tat (Nichtigkeit, Willkür, bewusstes und grundloses Abreagieren frustrationsbedingter Aggression), Vorgeschichte und Beziehung zum Opfer (längeres beidseitiges Hassverhältnis [spräche eher gegen niedrige Beweggründe] oder bloße Zugehörigkeit des Opfers zu einer Gruppe oder Glaubensrichtung [spräche eher dafür]), individuelle Persönlichkeitsmängel des Täters (Persönlichkeitsstörungen, Schuldfähigkeitsaspekte) und eventuelle provokationsbedingte Affektdurchbrüche (Spontaneität oder auch sog. „verständliche" Wut, die gegen die Annahme des Merkmals sprechen kann), sowie eigenes Verschulden eine Rolle spielen. Auch können kulturelle und soziale Ansichten von ausländischen Tätern Einfluss auf die Abwägung nehmen (Beispiel „Ehrenmord"), allerdings ist der Maßstab für die Bewertung eines Beweggrundes grundsätzlich den Vorstellungen der Rechtsgemeinschaft der Bundesrepublik Deutschland zu entnehmen[429].

---

424 BGHSt 10, 399; so auch Wessels, BT Bd. 1, Rn. 94; F § 211 Rn. 11.
425 Sch/Sch § 211 Rn. 17.
426 Z. B. BGHSt 29, 318; F § 211 Rn. 10; Wessels, BT Bd. 1, Rn. 94; dagegen mehr abstellend auf Gefährlichkeitskriterien, statt auf die Verwerflichkeit: Sch/Sch § 211 Rn. 17.
427 BGH NJW 1995, 2365.
428 Vgl. hierzu F § 211 Rn. 12.
429 F § 211 Rn. 29 ff.

Besondere Probleme treten regelmäßig bei Motiven wie Eifersucht, Wut oder Hass auf. Erforderlich ist hier nach der Rechtsprechung, dass diese Gefühlsregungen ihrerseits auf niedriger Gesinnung beruhen[430].

Bei einem Motivbündel muss das *Hauptmotiv* einen niedrigen Beweggrund darstellen[431].

TIPP: Denken Sie daran, dass die Bejahung der Habgier bzw. der Verdeckungsabsicht die Annahme der niedrigen Beweggründe hinsichtlich des jeweils selben Aspekts ausschließt.

Bedingter Vorsatz hinsichtlich des Todeserfolgs kann genügen.

e) Heimtücke

Die Heimtücke und die nächsten beiden Merkmale bilden die zweite Gruppe der Mordmerkmale, nämlich die der besonders gefährlichen bzw. verwerflichen Tatausführung.

232

> Heimtückisch handelt nach den Grundsätzen der Rechtsprechung, wer in feindseliger Willensrichtung die Arglosigkeit und die aufgrund dessen bestehende Wehrlosigkeit bewusst zur Tat ausnutzt.

In dieser erweiterten Definition sind folgende fünf Prüfungspunkte enthalten (das Mordmerkmal „Heimtücke" ist äußerst klausurrelevant!):
– Arglosigkeit,
– Wehrlosigkeit,
– Kausalzusammenhang,
– bewusstes Ausnutzen,
– das von der Rechtsprechung geforderte Merkmal der feindlichen Willensrichtung.

aa) Arglos ist, wer sich im maßgeblichen Zeitpunkt, nämlich zu Beginn der Tötungshandlung (beim Versuch im Zeitpunkt des unmittelbaren Ansetzens), keines Angriffs auf sein Leben seitens des Täters versieht. Die Arglosigkeit entfällt demnach, wenn das Opfer den Angriff erwarten konnte und musste. Arglosigkeit (und damit Heimtücke) ist allerdings nicht ausgeschlossen, wenn das Opfer den Angriff im letzten Moment erkennt und Abwehrversuche unternimmt[432]. Auch steht etwa ein genereller, berufsbedingter Argwohn (z.B. von Polizisten oder Wachbeamten) der Arglosigkeit nicht grundsätzlich entgegen[433]. Die Rechtsprechung war und ist, v.a. im Zuge der oben dargelegten Entscheidung des BVerfG[434], uneinheitlich und Schwankungen unterlegen. Während ursprünglich als maßgeblich gesehen wurde, ob sich das Opfer eines Angriffs auf sein *Leben* versehen konnte[435], sollte später bereits *offene Feindseligkeit* auch ohne die Erwartung eines tätlichen Angriffs genügen, die Arglosigkeit zu beseitigen[436]. Die neuere, überzeugende Tendenz geht nunmehr wieder dahin, dass es maßgeblich darauf ankommen soll, ob das Opfer im entscheidenden Zeitpunkt mit nicht unerheblichen *Angriffen auf seine körperliche Unversehrtheit* rechnen konnte[437]. Demnach ist Arglosigkeit selbst bei vorangegangener Auseinandersetzung (jedenfalls bei nur verbaler) nicht zwingend ausgeschlossen[438]. Selbst wenn das Opfer aufgrund einer vorangegangenen Auseinandersetzung zunächst mit tätlichen Angriffen rechnete, kann Arglosigkeit vorliegen, wenn im Zeitpunkt der Tötungshandlung die Auseinandersetzung aus Sicht des Opfers beendet schien und mit weiteren Angriffen nicht mehr zu rechnen war[439]. Auch eine

233

---
430 BGH NStZ 2002, 84 und 368; aus neuerer Zeit BGH NStZ 2011, 35.
431 F § 211 Rn. 19; einschränkend Sch/Sch § 211 Rn. 18 (muss Tat nicht prägen).
432 F § 211 Rn. 36; BGH NStZ 2002, 368 f.
433 BGHSt 41, 79.
434 BVerfGE 45, 265.
435 BGHSt 7, 221.
436 BGHSt 27, 322.
437 BGHSt 33, 363 ff.; NStZ 1999, 506 f.; NStZ 2002, 368; vgl. F § 211 Rn. 37.
438 BGH NStZ 2009, 30.
439 BGHSt 39, 353 (369 – Mauerschütze); NStZ 1984, 261.

„feindselige Atmosphäre" und darauf beruhende latente Angst des Opfers allein steht der Annahme von Heimtücke nicht entgegen, wenn das Opfer jedenfalls im Tatzeitpunkt nicht konkret mit Feindseligkeiten des Täters rechnete[440]. Schließlich soll nach neuerer Rechtsprechung sogar dann Arglosigkeit nicht ausgeschlossen sein, wenn der Täter dem Opfer *offen* feindselig entgegentritt, aber die Zeitspanne zwischen dem Erkennen der Gefahr und dem unmittelbaren Angriff so kurz ist, dass dem Opfer keine Möglichkeit der Abwehr bleibt[441]. Auf der anderen Seite hat der BGH[442] in einer späteren Entscheidung wieder das Mordmerkmal der Heimtücke verneint, da der Täter die Tat zuvor angekündigt hatte. Selbst wenn das Opfer sich zwischenzeitlich wieder entspannt hätte und objektiv „ahnungslos" gewesen wäre, habe der Täter subjektiv kaum von der „Ahnungslosigkeit" des Opfers ausgehen können, sodass es zumindest am „Ausnutzungsbewusstsein" (dazu sogleich) gefehlt habe.

Abzustellen ist im Rahmen der Heimtücke darauf, ob der Täter unter Ausnutzung der bestehenden natürlichen Arglosigkeit die Wehrfähigkeit des Opfers ausschalten will. In diesem Sinne bejaht der BGH die Arg- und Wehrlosigkeit auch bei Schlafenden und Betrunkenen, die ihre grundsätzliche Verteidigungsfähigkeit „mitnehmen", verneint Heimtücke jedoch bei Kleinkindern und Besinnungslosen, die grundsätzlich gar nicht in der Lage sind, Angriffe zu erkennen, bzw. sich zur Wehr zu setzen[443]. Schaltet der Täter jedoch die natürlichen Abwehrinstinkte aus, so kann Heimtücke auch gegenüber einem Kleinkind zu bejahen sein. Dies wird etwa der Fall sein, wenn das vergiftete Getränk gesüßt wird, um ein Ausspucken zu verhindern[444]. Beachten Sie, dass bei der Tötung eines Klein- oder Kleinstkindes auch darin Heimtücke liegen kann, das die Arg- und Wehrlosigkeit eines schutzbereiten Dritten ausgenutzt wird – dies kann jede Person sein, die den Schutz eines Kleinkindes dauernd oder vorübergehend übernommen hat und diesen im Augenblick der Tat ausübt oder dies deshalb nicht tut, weil sie dem Täter vertraut[445].

Ganz ausnahmsweise muss nach BGH nicht einmal Arglosigkeit zu Beginn der Tötungshandlung selbst vorliegen, wenn nämlich der Täter das Opfer mit Tötungsvorsatz planmäßig in einen Hinterhalt lockt und die entsprechenden Vorkehrungen und Maßnahmen bei Ausführung der Tat vorliegen[446]. Letztlich läuft dies auf eine Vorverlagerung des maßgeblichen Zeitpunkts für die Arglosigkeit auf den Beginn der planmäßigen Handlung als solchen hinaus. Seien Sie aber vorsichtig mit der Annahme eines solchen Ausnahmefalls.

234 **bb)** Das Opfer ist wehrlos, wenn seine grundsätzlich bestehende natürliche Wehrfähigkeit aufgrund der Arglosigkeit aufgehoben oder erheblich reduziert ist.

235 **cc)** Die Wehrlosigkeit muss gerade auf der Arglosigkeit beruhen. Dieser **Kausalzusammenhang** kann dann fehlen, wenn sich das Opfer freiwillig wehrlos gemacht hat (z. B. bei einverständlicher Fesselung vor Beginn der Tathandlung) oder etwa zwangsläufig im Rahmen einer bereits vor Beginn der Tathandlung bestehenden Gefangenschaft wehrlos (aber nicht arglos) ist.

236 **dd)** Der Täter muss die Arg- und Wehrlosigkeit seines Opfers **bewusst ausnützen** (im subjektiven Tatbestand zu prüfen). Das heißt allerdings nicht, dass er sie selbst herbeigeführt haben muss. Eine Ausnützung einer gegebenen Situation, etwa ein zufälliges Vorbeikommen des Opfers an einer geeigneten Stelle, reicht aus[447]. Entscheidend für diese Voraussetzung ist vielmehr, dass der Täter die Situation und deren Bedeutung für das Opfer richtig erfasst und

---

440 BGH NStZ 2009, 501.
441 BGH NStZ 06, 502 f.: „Insoweit spielt es keine Rolle, ob der Täter von vornherein mit Tötungsvorsatz handelte oder aber ob er unmittelbar von der zunächst beabsichtigten Körperverletzung zur Tötung überging."; ebenso BGH NStZ 2009, 29.
442 BGH NStZ 07, 268. Vgl. auch BGH NStZ 07, 330.
443 Vgl. F § 211 Rn. 42 ff. mit zahlreichen Hinweisen auf den BGH; Sch/Sch § 211 Rn. 25 b.
444 BGHSt 8, 216 (218).
445 BGH NStZ 2013, 158 f.
446 BGH NStZ 2010, 450.
447 Vgl. etwa Sch/Sch § 211 Rn. 25, der allerdings richtigerweise klarstellt, dass eine Ausnutzung einer bestehenden *Wehr*losigkeit allein nicht ausreicht. Vgl. auch BGH NStZ 2006, 338 f.

dies bewusst und gewollt für seine Tat nützt. Als Kriterium kann hier herangezogen werden, ob die durch die Arglosigkeit begründete Wehrlosigkeit **die Tat wenigstens erleichtert**. Zudem muss richtigerweise die konkrete Situation des Opfers wenigstens mitursächlich für die Tötungshandlung an sich gewesen sein[448].

Diese subjektive Voraussetzung muss neben dem allgemeinen Vorsatzerfordernis sorgfältig hinterfragt werden. Bei der Prüfung kann die Gemütsverfassung und Planung des Täters eine Rolle spielen. So kann Wut, Verbitterung (oder andere affektive Erregung) oder Spontaneität u.U. dazu führen, dass er die Situation gar nicht bewusst als solche sah bzw. ausnützte[449]. Andererseits steht selbst eine den § 21 begründende Affektlage nicht grundsätzlich entgegen[450]. Denken Sie auch daran, dass diese Vorraussetzung im Rahmen der subjektiven Tatbestandsvoraussetzungen (z.B. in einer Sachverhaltsdarstellung) ggfs. dargestellt werden muss. Das könnte beispielsweise in einer wie am Ende dieses Gliederungspunktes vorgeschlagenen Weise erfolgen.

ee) Nach der Rechtsprechung wird zudem eine **feindliche Willensrichtung** seitens des Täters gefordert[451]. Daran kann es in den Fällen fehlen, in denen der Täter zum (vermeintlich) Besten seines Opfers handelt (z.B. „Erlösung" von Schwerstkranken oder bei [misslungenen] Mitnahmesuizid[452]). Diese Fälle werden aber die absolute Ausnahme sein, insbesondere deshalb, da der Täter nicht rein subjektiv-individuell eine Wertung und Entscheidung über Leben und Tod treffen darf, sondern eine objektiv nachvollziehbare Wertung unter normativer Betrachtung das Ergebnis stützen muss[453]. Sie sollten diese Voraussetzung daher nur dann problematisieren, wenn sich dafür Anhaltspunkte ergeben.

237

Wie oben bereits dargestellt hat die Rechtsprechung ihre Konsequenzen aus der Entscheidung des BVerfG (E 45, 267) in Bezug auf das Merkmal der Heimtücke dahingehend gezogen, dass sie für sehr enge Ausnahmefälle auf der Rechtsfolgenseite die entsprechende Anwendung des § 49 in Betracht zog. Eine Einengung des Tatbestandsmerkmals (auf der Tatbestandsebene) hingegen lehnt sie (zumindest nach der aktuellen Tendenz) ab. Weite Teile der Literatur kritisieren die Praxis der Rechtsprechung als zu weitreichend und fordern demgegenüber (tatbestandseinschränkend) zudem einen **besonders verwerflichen Vertrauensbruch**. Nach Schönke/Schröder[454] soll der Leitgedanke hierbei der eventuelle „Missbrauch sozial-positiver Vertrauensmuster" sein, d.h. eine individuell zu prüfende Beziehung. Ein Überfall auf einen unbekannten, zufällig vorbeikommenden Passanten von hinten könnte demnach im Extremfall keinen Heimtücke-Mord darstellen.

238

Bedingter Vorsatz hinsichtlich des Todeserfolgs kann auch bei diesem Merkmal genügen.

Folgende Formulierung der Heimtücke (hier im Anklagesatz einer Anklageschrift) wird vorgeschlagen:

239

> *„... Dem Angeschuldigten war dabei bewusst, dass sich das Opfer aufgrund dieser Situation (Anm.: z.B. aufgrund eines Hinterhalts o.Ä.; dies wäre vorab tatsächlich darzustellen) keines Angriffes auf seine körperliche Unversehrtheit versah und sich aufgrund dessen in keiner Weise zur Wehr setzen konnte. Dem Angeschuldigten ging es bei seinem Vorgehen gerade darum, diese Situation auszunutzen, um jeglichen Widerstand auszuschalten ..."*

---

448 Sch/Sch § 211 Rn. 25.
449 Vgl. z.B. BGH NStZ 2012, 270 f.
450 F § 211 Rn. 44, 80a.
451 BGHSt 9, 385; vgl. F § 211 Rn. 48.
452 Hier entfällt die feindliche Willensrichtung allerdings dann nicht, wenn der Täter nicht nur zum (vermeintlich) Besten der Getöteten handelt, sondern mit der Tat auch weitergehende Ziele, z.B. Rachegelüste, verfolgt: So BGH NStZ 06, 338 f.
453 Vgl. etwa Sch/Sch § 211 Rn. 25a; F § 211 Rn. 48.
454 Sch/Sch § 211 Rn. 26.

f) Grausam

240 Fügt der Täter seinem Opfer in gefühlloser und unbarmherziger Gesinnung gesteigerte Schmerzen oder Qualen zu, so handelt er grausam i. S. der Norm.

Die subjektive Seite ist dabei besonders sorgfältig zu prüfen. Bejahen Sie das Merkmal nicht übereilt und v. a. nicht mit dem Argument, dass eine Tötungshandlung der Sache nach regelmäßig grausam ist. Nötig ist eine über das „normale" Maß von Tötungen gesteigerte Grausamkeit. Beachten Sie auch noch, dass das grausame Vorgehen in der Tötungshandlung selbst und nicht in vorangegangenen Handlungen, die noch nicht zur Tötungshandlung gehören, liegen muss, und dass Grausamkeit ausscheidet, wenn das Opfer etwa aufgrund Bewusstlosigkeit die Leiden nicht mehr bewusst verspüren kann.

g) Gemeingefährliche Mittel

241 Nach der Rechtsprechung des BGH verwirklicht der, der Mittel zur Tötung einsetzt, die in der konkreten Anwendung für ihn nicht mehr beherrschbar und zudem geeignet sind, eine Gefahr für Leib oder Leben einer größeren Anzahl Menschen zu begründen, das Mordmerkmal „mit gemeingefährlichen Mitteln"[455].

Eine Teilmeinung in der Literatur fordert demgegenüber eine Lebensgefahr für *unbeteiligte* Dritte[456].

Gemeingefährliche Mittel werden regelmäßig bei Sprengstoffanschlägen, Maschinenpistolen gegen Menschenmengen, Steinwürfen auf eine dicht befahrene Straße, aber auch bei Brandstiftungen und dem Einsatz von Molotow-Cocktails nahe liegen. Dabei ist jedoch zu prüfen, ob nicht der Täter aus seiner Sicht eine Gefahr für Dritte ausschließen konnte, was etwa der Fall ist, wenn er ein (z.B. einsames) Gebäude anzündet, in dem sich, was der Täter weiß, außer dem Opfer keine dritte Person aufhält. Ebenso kann der Einsatz eines Pkw zu einer „Geisterfahrt" auf der Autobahn ein gemeingefährliches Mittel darstellen, wenn in der konkreten Tatsituation eine Mehrzahl von Menschen an Leib und Leben gefährdet werden, weil der Täter die Ausdehnung der Gefahr nicht in seiner Gewalt hat. Dass der Pkw nach seiner Natur nicht „gemeingefährlich" ist, ist nicht relevant[457]. Der „einfache" Einsatz einer Pistole, selbst wenn der Täter damit rechnet, bei einem Fehlschuss eventuell einen Dritten zu treffen, fällt mangels konkreter, nicht beherrschbarer Drittgefährdung einer größeren Anzahl nicht unter dieses Merkmal. Auch reicht es nicht aus, wenn der Täter eine vorhandene Situation, die eine entsprechende Gemeingefahr beinhaltet, nur ausnutzt. Dies gilt selbst dann, wenn er die Situation zuvor selbst (allerdings noch ohne Tötungsvorsatz) geschaffen hat. Erforderlich ist vielmehr der *zielgerichtete Einsatz* des Mittels. So lehnt der BGH die Annahme von „gemeingefährlichen Mitteln" ab, wenn der Täter ein Haus zunächst fahrlässig in Brand setzt und daraufhin, nunmehr mit Tötungsvorsatz, ein Opfer darin trotz Garantenstellung zu Tode kommen lässt[458]. Insbesondere ist die Verwirklichung dieses Mordmerkmals grundsätzlich nicht durch Unterlassen möglich (es sei denn, der Täter handelt bei Gefahrsetzung – z.B. bei Anzünden des Hauses – mit Tötungsvorsatz)[459].

h) Ermöglichungs- und Verdeckungsabsicht

242 Die Ermöglichungs- und Verdeckungsabsicht stellen die dritte Gruppe der Mordmerkmale dar, nämlich die des besonders verwerflichen Ziels.

---

[455] BGHSt 34, 13, sowie BGH JZ 1985, 640; vgl. F § 211 Rn. 59.
[456] Sch/Sch § 211 Rn. 29; Krey, BT Bd. 1, Rn. 61.
[457] BGH NStZ 06, 503 f.
[458] BGHSt 34, 13.
[459] BGH NStZ 2010, 87; vgl. auch F § 211 Rn. 61 (mit Kritik gegen diese Rechtsprechung).

Das Merkmal setzt voraus, dass der Täter eine Tötungshandlung begeht, um eine andere Straftat zu ermöglichen oder zu verdecken.

Die Tötung muss jedoch nicht unbedingt notwendiges Mittel sein, die Tat zu **ermöglichen**. Es reicht aus, wenn durch sie die Tat aus Sicht des Täters **erleichtert** wird. Maßgeblich kommt es hinsichtlich der Absicht des Täters bei beiden Alternativen auf die Tötungs*handlung*, nicht den Tod (als „Erfolg") selbst an. Erforderlich ist aber immer, dass der Täter die andere Tat gerade *durch* die Tötungshandlung ermöglichen bzw. verdecken will.

Typische Fälle der **Verdeckungsabsicht** sind etwa die Tötung des Tatzeugen oder des Verfolgers.

aa) Begriff der „anderen Tat"

Eine „andere Tat" i.S. der Norm ist jede versuchte oder vollendete, vorsätzliche oder fahrlässige (beim Ermöglichen scheidet begriffsnotwendig allerdings eine fahrlässige Tat aus) *strafbare* Handlung. Nicht hierunter fallen Ordnungswidrigkeiten oder sonstige verwerfliche, aber straflose Verhaltensweisen[460]. In Frage käme in diesen Fällen allerdings das Mordmerkmal der „niedrigen Beweggründe". Keine *andere* Tat liegt vor, wenn der Täter sich ohnehin bereits entschlossen hat, einen Raubmord zu begehen, also die Tötung bereits von Anfang an in seinem Vorsatz erfasst ist (Tötungsdelikt kann nicht durch Tötung ermöglicht bzw. verdeckt werden). Die Tat kann die eines anderen, etwa eine frühere Tat eines jetzigen Mittäters, oder die des Handelnden selbst sein.

243

bb) Verhältnis Tötungshandlung – andere Tat

Lange Zeit wurden in den einzelnen Strafsenaten des BGH unterschiedliche Meinungen im Hinblick auf das Verhältnis der Tötungshandlung zur „anderen Tat" i.S. der Norm vertreten. Vor allem nach der erwähnten Forderung des BVerfG nach restriktiver Anwendung[461] wurden in diesem Zusammenhang Versuche unternommen, das Mordmerkmal einzugrenzen[462]. Inzwischen besteht unter den Senaten weitgehend Einigkeit, dass eine grundsätzliche tatbestandliche Einschränkung etwa bei Fehlen einer zeitlichen Zäsur zwischen den Tathandlungen, bei spontanem Handeln, bei Identität der Angriffrichtung bei Vortat und Verdeckungstat oder bei Fehlen einer Planung der Tötungshandlung (zumindest derzeit) **nicht** angenommen wird. In all den Fällen soll die Bejahung des Mordmerkmals möglich sein. Demnach genügt es für die Annahme von Verdeckungsabsicht, wenn der Täter während der Begehung eines anderen Delikts (z.B. einer Körperverletzung) realisiert, dass ihn das Opfer später anzeigen wird, und deshalb „nahtlos" zu Tötungshandlungen übergeht. Insbesondere kommt es nicht darauf an, dass konkurrenzrechtlich dann eine natürliche Handlungseinheit und gerade nicht tatmehrheitliche Taten vorliegen werden.

244

Noch umstritten ist der Fall, dass eine vorangegangene bedingt vorsätzliche Tötungshandlung *ohne Zäsur* in eine unbedingt gewollte Tötung mit Verdeckungsabsicht *umschlägt*. Der BGH hat in diesen Fällen v.a. mit dem Argument, es liege keine „andere Tat" vor, das Mordmerkmal abgelehnt[463]. Ist allerdings eine Zäsur und ein neuer Willensentschluss erkennbar, so bleibt es möglich, das Merkmal zu bejahen[464].

cc) Subjektive Seite

In **subjektiver** Hinsicht ist die Absicht nötig, die andere Tat zu ermöglichen oder zu verdecken. So muss eine *Verdeckungsabsicht* da verneint werden, wo sich der Täter bereits ent-

245

---

460 Sch/Sch § 211 Rn. 32.
461 BVerfGE 45, 267.
462 Vgl. zur Entwicklung der BGH-Rechtsprechung, insb. der des 2. Senats, Sch/Sch § 211 Rn. 32a, b.
463 So z.B. BGH NStZ-RR 2009, 239.
464 BGH in NJW 1990, 2758, NStZ-RR 1998, 67; NJW 1992, 919; NStZ 2002, 253.

deckt und erkannt wähnt. Wird in dieser Situation etwa noch ein Verfolger oder ein Zeuge getötet, um einen Vorsprung zu erlangen oder die Überführung im Prozess zu erschweren, so stellt dies keinen Fall des Verdeckungsmordes dar, kann aber sehr wohl einen „niedrigen Beweggrund" begründen. In gleicher Weise fehlt es an dem subjektiven Element der Verdeckungsabsicht, wenn der Täter annimmt, dass die andere Tat ohnehin nicht entdeckt würde[465]. Umgekehrt steht der Annahme eines Verdeckungsmordes nicht bereits entgegen, dass nur die Tat (nicht aber der Täter) bereits bekannt ist.

Im Übrigen kann auch die Absicht, außerstrafrechtliche *Konsequenzen* (wie z. B. die Zwangsvollstreckung) zu vermeiden, genügen. Da es auf die Absicht des Täters, also die subjektive Vorstellung ankommt, steht der Bejahung des Mordmerkmals nicht entgegen, dass die Tat tatsächlich gar nicht begangen wurde bzw. gar nicht zu begehen ist; auch genügt es, wenn der Täter die tatsächlich vorliegende Ordnungswidrigkeit für eine Straftat *hält*[466]. Ebenfalls reicht es aus, wenn der Täter irrtümlich davon ausgeht, die andere Tat sei rechtswidrig, auch wenn tatsächlich etwa (objektiv) Notwehr vorlag[467]. Umgekehrt soll es den Täter entlasten, wenn er irrtümlich glaubt, die Tat wäre nicht strafbar[468].

TIPP: Beachten Sie: Der Bejahung dieses Mordmerkmals steht trotz der tatbestandlich geforderten Absicht nicht entgegen, dass der Täter hinsichtlich des Tötungserfolgs eventuell nur bedingten Vorsatz hat. Denn die Absicht bezieht sich auf die Motivation zur Tötungshandlung, nicht unbedingt auf deren Erfolg. Eine solche Differenzierung kann vor allem dann geboten sein, wenn der Täter eine Handlung vornimmt, die für sich schon der Ermöglichung oder Verdeckung dient, und die dann auch noch zum Tod des Opfers führt.

(Bsp.: Der Täter sticht das Opfer nieder, damit es ihm auf der Flucht nicht folgt. Da der Täter annimmt, dass das Opfer ihn ohnehin nicht wiedererkennen würde, kommt es ihm auf dessen Tod nicht an, er nimmt ihn aber billigend in Kauf. Das Opfer verstirbt: Der Täter ist wegen Mordes [Verdeckungsabsicht] zu bestrafen.)

3. Aussetzung, § 221

246 Dieses Delikt findet sich erstaunlich häufig in Examensklausuren wieder, gleichzeitig ist es alles andere als einfach. Dies rechtfertigt eine etwas detailliertere Betrachtung.

a) Schutzgut

246a ist das Leben und die körperliche Unversehrtheit.

b) Vorgeschlagenes Prüfungsschema

246b I. *Tatbestandsmäßigkeit*
  1. *Objektiver Tatbestand*
    a) *Tatobjekt: ein anderer Mensch*
    b) *Tathandlung:* – *in eine hilflose Lage versetzen (Abs. 1 Nr. 1) oder*
           – *in hilfloser Lage pflichtwidrig im Stich lassen (Abs. 1 Nr. 2)*
    c) *Erfolg: dadurch konkrete Gefahr des Todes oder einer schweren Gesundheitsschädigung*
  2. *Vorsatz*
  II. *Rechtswidrigkeit*

---

[465] Hierzu BGH NStZ 2011, 34.
[466] F § 211 Rn. 63.
[467] F § 211 Rn. 63; Sch/Sch § 211 Rn. 33.
[468] BGH NStZ 1998, 352 f.; anders allerdings Sch/Sch § 211 Rn. 33, der durchaus überzeugend darauf abstellt, dass die Verwerflichkeit der Einstellung in den Fällen bleibt, in denen die Tat nur für nicht verfolgbar oder straflos (aber rechtswidrig) gehalten wird; demnach soll nur die irrtümliche Vorstellung, die Tat sei nicht rechtswidrig, den Täter entlasten.

III. Schuld
IV. Qualifikation
  1. mit Strafrahmen 1 J.–10 J. (Abs. 2)
     - Tatobjekt ist eigenes Kind oder anvertraute Person (Abs. 2 Nr. 1) oder
     - schwere Gesundheitsschädigung ist tatsächlich eingetreten (Abs. 2 Nr. 2)
  2) mit Strafrahmen 3 J.–15 J. (Abs. 3)
     - Tod ist tatsächlich eingetreten
V. Minder schwere Fälle gem Abs. IV.

c) Objektiver Tatbestand

aa) Versetzen in hilflose Lage (Abs. 1 Nr. 1)

Eine hilflose Lage ist gegeben, wenn eine Person der (grds. abstrakten) Gefahr des Todes oder einer schweren Gesundheitsschädigung ausgesetzt ist *ohne die Möglichkeit eigener oder fremder Hilfe*[469]. Die Tathandlung des „Versetzens" meint allgemein die Herbeiführung einer solchen Lage – sei es durch ein örtliches Verbringen des Opfers an einen Ort, wo diese Gefahren drohen, sei es aber auch nur durch andere Einwirkung auf das Opfer (oder die Situation) ohne räumliche Veränderung (z. B. durch Wegnahme wärmender Kleidung im Freien bei Minusgraden).

247

Nach der Rechtsprechung liegt auch ein „Versetzen" vor, wenn der Täter körperlich auf das Opfer einwirkt, es z. B. an einem abgeschiedenen Ort niederschlägt oder niedersticht[470] (zu den Konkurrenzfragen s. sogleich). Ebenfalls soll es sich um einen Fall des Versetzens handeln, wenn der Täter das Opfer an potenziell gefährlicher Stelle hilflos allein lässt[471].

Soweit eine Garantenstellung nach allgemeinen Regeln besteht, kann ein Versetzen auch durch Unterlassen begangen werden, insb. indem das Opfer nicht davon abgehalten wird, sich selbst in eine hilflose Lage zu bringen.

bb) Pflichtwidriges Im-Stich-Lassen in hilfloser Lage (Abs. 1 Nr. 2)

Nach der Rechtsprechung des BGH ist diese Alternative ein echtes Unterlassungsdelikt[472], nämlich das Unterlassen von Hilfeleistungen, zu der der Täter aufgrund seines besonderen Verhältnisses zum Opfer verpflichtet wäre. Eine Strafrahmenverschiebung nach § 13 Abs. 2 scheidet damit stets aus[473]. Ein Unterlassen kann gegeben sein, wenn der Täter einfach untätig bleibt, aber auch, wenn er sich ohne Hilfe zu leisten entfernt. In Abgrenzung zu einem Sich-Entfernen, das unter Nr. 1 fallen würde, ist darauf abzustellen, dass im Rahmen des Nr. 2 die hilflose Lage schon ohne das Verlassen des Opfers gegeben sein muss („*in hilfloser Lage* im Stich lassen"), während im Rahmen des Nr. 1 die hilflose Lage erst durch das Verlassen entstehen darf („in hilflose Lage *versetzen*")[474].

247a

> *Beispiel:*
> *Das Opfer stürzt aus nicht mehr aufklärbaren Gründen über die Balkonbrüstung und hält sich mit schwindenden Kräften von außen noch fest, während es um Hilfe ruft. In dieser Situation kommt der Täter ihm nicht zur Hilfe*[475].

---

469 F § 221 Rn. 8.
470 Z.B. BGH NJW 2008, 2199 f.
471 So F § 221 Rn. 8 m. w. N.
472 BGH NJW 2012, 546.
473 So auch BGH NStZ 2012, 210; BGH NStZ 2013, 210 f.
474 F § 221 Rn. 11.
475 So der festgestellte Sachverhalt in BGH NJW 2012, 546.

Eine entsprechende Garantenstellung für diese Alternative kann sich aus einer bestehenden Obhutsbeziehung oder aus allgemeinen Regeln ergeben[476]. Streitig ist eine solche Rechtspflicht, wenn der Täter die hilflose Lage des Opfers durch eine versuchte Tötungshandlung herbeigeführt hat: Während der 1. Strafsenat des BGH hier bereits auf Tatbestandsebene eine Rechtspflicht zum anschließenden Tätigwerden verneint hat[477], hat der 2. Strafsenat auch in solchen Fällen grundsätzlich eine Garantenstellung aus Ingerenz bejaht[478]. Allerdings träte dann die Aussetzung als mitbestrafte Nachtat auf Konkurrenzebene zurück[479].

cc) Konkrete Gefahr des Todes oder einer schweren Gesundheitsschädigung

247b In jedem Fall muss Folge der Tathandlung sein, dass das Opfer dadurch in eine konkrete Gefahr des Todes oder einer schweren Gesundheitsschädigung gerät. Der Zusammenhang zur vorher festzustellenden hilflosen Lage besteht darin, dass sich in der konkreten Gefahr gerade die Hilflosigkeit des Opfers konkretisieren muss[480].

Bestand bereits vor der Tathandlung eine konkrete schwere Gefahr, so genügt es, wenn sich diese infolge der Tat feststellbar erhöht.

d) Vorsatz

248 In subjektiver Hinsicht ist Vorsatz (mind. dol. ev.) hinsichtlich aller Tatbestandsmerkmale zu verlangen, der Täter muss also erkennen, dass sein Verhalten zu einer bedrohlichen Verschlechterung der Lage des Hilfsbedürftigen führt[481].

e) Qualifikationen

249 Die erhöhte Strafdrohung für die Qualifikationen in Abs. 2 und Abs. 3 führt zur Einstufung der Tat (dann) als Verbrechen. Dabei sind Abs. 2 Nr. 2 und Abs. 3 Erfolgsqualifikationen, für die § 18 gilt, sodass insoweit genügt, dass (wenigstens) Fahrlässigkeit hinsichtlich der schweren Folge vorlag. In der schweren Folge muss sich gerade die spezifische Gefahr der Aussetzung niedergeschlagen haben[482].

f) Versuchsstrafbarkeit

250 Während der Versuch des Grunddelikts nach Abs. 1 mangels ausdrücklicher Anordnung nicht strafbar ist, ist der Versuch der Verbrechenstatbestände der Abs. 2 und 3 gem. § 23 Abs. 1 durchaus strafbar. Damit macht sich strafbar, wer versucht, sein eigenes Kind in eine hilflose Lage zu versetzen (Versuch der Qualifikation nach Abs. 2 Nr. 1) oder wer erfolgreich eine andere Person in eine hilflose Lage versetzt und dabei billigend in Kauf nimmt oder sogar hofft, dass sie dadurch tatsächlich eine schwere Gesundheitsschädigung erleidet oder stirbt, was letztlich aber nicht passiert (Versuch der Erfolgsqualifikation nach Abs. 2 Nr. 2 oder Abs. 3 bei vollendetem Grunddelikt).

Zu beachten ist aber, dass – da der Versuch des Grunddelikts nicht strafbar ist – die Variante des (lediglich fahrlässig) erfolgsqualifizierten Versuchs nach hier vertretener Auffassung ebenfalls nicht strafbar sein kann[483]. Wer also nur versucht, eine andere Person in eine hilflose Lage zu versetzen, und bereits dadurch fahrlässig deren Tod herbeiführt (Bsp: der Täter will das Opfer in den einsamen Wald verbringen, bei dem Versuch, es zu diesem Zweck in

---

476 Vgl. hierzu F § 221 Rn. 4 ff.
477 BGH NStZ-RR 1996, 131.
478 Vgl. zu der allgemeinen Frage, ob aus vorsätzlichem aktiven Tun Garantenpflichten zur Abwendung gleichgerichteter Erfolge entstehen können: F § 13 Rn. 55 ff. m. w. N. zum Meinungsstand.
479 F § 221 Rn. 57; siehe hierzu auch unten g).
480 F § 221 Rn. 9. Zu der Schwierigkeit der Abgrenzung der einzelnen Tatbestandsmerkmale F § 221 Rn. 16, 17.
481 F § 221 Rn. 19.
482 F § 221 Rn. 23.
483 Vgl. zu dieser Problematik oben Rn. 123 und F § 18 Rn. 8.

sein Auto zu zwingen, bricht er ihm aber bereits ungewollt das Genick), ist lediglich wegen fahrlässiger Tötung strafbar. Dies macht sich beim Strafrahmen durchaus bemerkbar (§ 222: Geldstrafe bis 5 Jahre; § 221 Abs. 3: 3 Jahre bis 15 Jahre, mit einer evtl. Strafrahmenverschiebung gem. § 23 Abs. 2: 6 Monate bis 11 Jahre 3 Monate)!

g) Konkurrenzen

Werden durch eine Aussetzungshandlung mehrere Personen in eine gefährliche Lage gebracht, liegen mehrere tateinheitliche Fälle des § 221 vor. 251

aa) Im Verhältnis zu Tötungsdelikten

Handelt der Täter einer Aussetzung nicht nur hinsichtlich einer Todesgefahr, sondern sogar hinsichtlich eines Todeserfolgs vorsätzlich, verdrängt das Tötungsdelikt die Aussetzung wegen des weitergehenden Vorsatzes. Dies gilt auch dann, wenn die konkrete Todesgefahr nicht zum Tod des Opfers geführt hat, also nur ein versuchtes Tötungsdelikt vorliegt. Tritt der Täter vom Versuch des Tötungsdelikts aber wirksam zurück, soll nach umstrittener Ansicht allerdings die Strafbarkeit gem. § 221 wieder aufleben[484]. 251a

Begeht der Täter ein vorsätzliches Tötungsdelikt durch Unterlassen und verwirklicht damit zugleich den Tatbestand des § 221 Abs. 1 Nr. 2 i.V.m. Abs. 3, ist er zwar wiederum (nur) wegen des vorsätzlichen Tötungsdelikts strafbar, nach Ansicht des BGH soll § 221 Abs. 3 aber zu Lasten des Täters eine Sperrwirkung entfalten, wenn die Mindeststrafe für das Tötungsdelikt wegen einer anzuwendenen Strafrahmenverschiebung gem. §§ 13 Abs. 2, 49 Abs. 1 unter die Mindeststrafe des verdrängten § 221 Abs. 1 Nr. 2, Abs. 3 sinken würde[485].

Die fahrlässige Tötung wird dagegen von § 221 Abs. 1, Abs. 3 als lex specialis verdrängt.

bb) Im Verhältnis zu Körperverletzungsdelikten

Durch die körperliche Misshandlung (Bsp: Messerstiche) kann der Täter eine Lage nach § 221 Abs. 1 Nr. 1 herbeiführen; auch das vorsätzliche Körperverletzungsdelikt verdrängt aber § 221, soweit der Vorsatz im Rahmen des § 221 nicht weitergeht. Dies wäre aber der Fall, wenn der Täter neben dem Verletzungsvorsatz auch die *Gefahr des Todes* in seine Vorstellung mit aufnehmen würde – die Folge wäre dann eine Strafbarkeit wegen Körperverletzung in Tateinheit mit Aussetzung[486]. 251b

Entscheidet sich der Täter erst nach vollendeter Körperverletzung, das Opfer an einen einsamen Ort zu bringen (um sich Ärger vom Hals zu halten), ist wegen des neuen Tatentschlusses eine tatmehrheitliche Verurteilung möglich.

§ 229 wird von § 211 Abs. 1, Abs. 2 Nr. 2 verdrängt.

4. Anhang: Schwangerschaftsabbruch, §§ 218 ff.

Dieses Delikt war bisher nicht besonders examensrelevant. Doch gehören die §§ 218 ff. zu den am meisten umstrittenen Regelungen des StGB, sodass gewisse Grundkenntnisse schon vorliegen sollten, gerade auch mit Blick auf eine mündliche Prüfung. Dies spricht für eine – wenn auch geraffte – Darstellung in diesem Buch. 252

---

[484] F § 221 Rn. 28.
[485] BGH NJW 2012, 546. Bei F § 221 Rn. 28 leider irreführend/falsch kommentiert; richtig müsste es heißen: „…könnte daher gem. § 13 II die Strafe für vorsätzliche Verursachung des Todes NIEDRIGER sein als für fahrlässige gem. I Nr. 2 i.V.m. III".
[486] Sehr knapp F § 221 Rn. 28.

a) Schutzgut

252a ist das ungeborene Leben ab dem Moment der Einnistung der Eizelle in der Gebärmutter (Nidation). Ob die Gesundheit der Schwangeren ebenfalls durch die §§ 218 ff. geschützt werden soll (d.h. der Schutz vor einer Gesundheitsbeschädigung durch nichtärztliche Abbrüche), ist streitig; überwiegend wird dieser Schutzzweck als allenfalls nachrangig angesehen[487].

b) Vorgeschlagenes Prüfungsschema

252b
I. Tatbestandsmäßigkeit, § 218 Abs. 1
   1. Objektiver Tatbestand
      a) Tatobjekt: lebender, bereits eingenisteter Embryo im Mutterleib
      b) Tathandlung: jede Handlung, die auf den Tod des Embryos abzielt (oder ihn in Kauf nimmt)
      c) Erfolg: Absterben der Leibesfrucht
   2. Vorsatz
II. Rechtswidrigkeit
   1. allgemeine Rechtfertigungsgründe
   2. medizinisch-soziale Indikation, § 218a Abs. 2 (ohne Frist)
   3. kriminologische Indikation, § 218a Abs. 3 (12-Wochen-Frist)
III. Straflosigkeit nach § 218a Abs. 1
IV. Schuld
V. besonders schwere Fälle für den Dritten, § 218 Abs. 2
VI. persönliche Strafmilderung für die Schwangere, § 218 Abs. 3
VII. persönliche Strafausschließungsgründe für die Schwangere
   1. keine Vollendung, § 218 Abs. 4 S. 2
   2. Abbruch nach Beratung durch Arzt bis zur 22. Woche, § 218a Abs. 4 S. 1
VIII. Absehen von Strafe für die Schwangere in Fällen des Handelns in Notsituationen, § 218a Abs. 4 S. 2 (fakultativ)

c) Objektiver Tatbestand

252c Der zeitliche Schutzbereich des § 218 beginnt mit der Einnistung der befruchteten Eizelle in die Gebärmutter und endet mit dem Beginn der Geburt (Eröffnungsphase). Auch Handlungen, die sich in erster Linie gegen die Mutter richten, können – sofern die Möglichkeit des Tötens der Leibesfrucht zumindest billigend in Kauf genommen wird – den Tatbestand des Schwangerschaftsabbruchs erfüllen. Dies soll nach BGH sogar für den Fall der versuchten Selbsttötung durch die Mutter gelten[488]. Grundsätzlich ist auch der versuchte Schwangerschaftsabbruch strafbar (§ 218 Abs. 4 S. 1), für die Schwangere[489] greift aber der persönliche Strafausschließungsgrund des § 218 Abs. 4 S. 2.

d) Vorsatz

252d Ein fahrlässig herbeigeführter Abbruch ist jedenfalls nicht nach den §§ 218 ff. strafbar; es sollte aber nicht übersehen werden, dass der Abbruch, der ohne Einwilligung der Schwangeren erfolgt, bei dieser in der Regel zu Gesundheits- und körperlichen Beeinträchtigungen führen wird, die als solche unter die §§ 223 ff. fallen können[490].

---

[487] So F Vor § 218 Rn. 2 m.w.N.
[488] BGHSt 11, 17; ebenso F § 218 Rn. 5 (str.).
[489] Nicht aber für eventuelle Gehilfen!! (Dies gilt für alle an die Person der Schwangeren gebundenen Vergünstigungen, also für § 218 Abs. 3 [geringerer Strafrahmen], § 218 Abs. 4 S. 2 [Straflosigkeit des Versuchs], § 218a Abs. 4 S. 1 [Abbruch bis zur 22. Woche] und § 218a Abs. 4 S. 2 [Absehen von Strafe, wenn die Schwangere sich in der Zeit bis zu dem Eingriff in besonderer Bedrängnis befunden hat]).
[490] Vgl. F § 218 Rn. 12.

e) Rechtswidrigkeit

Die Rechtfertigungsgründe des § 218a Abs. 2, 3 (Indikationslagen) schließen die allgemeinen Rechtfertigungsgründe nicht aus[491], sondern stellen lediglich Spezialfälle des rechtfertigenden Notstands dar[492]. Allerdings stellt die Einwilligung der Schwangeren allein noch keine Rechtfertigung dar (denn nicht sie, sondern ihr ungeborenes Kind wird durch die §§ 218 ff. geschützt). Sie ist aber Voraussetzung für das Eingreifen einer Indikationslage, wie sich bereits aus dem Wortlaut ergibt (unterstreichen!); wegen der Problematik bei Minderjährigen, Geisteskranken oder komatösen Schwangeren vgl. F § 218a Rn. 16, 16a.

253

Hinsichtlich der Indikationen ist zu erwähnen, dass durch die neue Regelung des § 218a Abs. 2 die Abtreibung eines (möglicherweise) schwerbehinderten Kindes nicht mehr nur bis zur 22. Woche (was bereits wegen der bedenklichen Nähe an die extrauterine Lebensfähigkeit kritisiert worden war), sondern sogar bis zum Geburtsbeginn straffrei möglich ist[493].

Schließlich sollten Sie sich die subsidiäre Strafnorm des § 218b, die nur den Arzt, nicht aber die Schwangere betrifft, an § 218a kommentieren: Diese Vorschrift tritt zurück, wenn der Abbruch als solcher ohnehin schon strafbar ist (in § 218b unterstreichen!), kann aber bei ansonsten straffreiem Abbruch eingreifen, wenn bei der Feststellung der Indikationslage unkorrekt vorgegangen wurde.

f) Straflosigkeit des Schwangerschaftsabbruchs gem. § 218a Abs. 1

§ 218a trat in der jetzt gültigen Fassung des Schwangeren- und Familienhilfeänderungsgesetz (SFHÄndG[494]) vom 21. 8. 1995 am 1. 10. 1995 in Kraft, nachdem das BVerfG in zwei Entscheidungen[495] eine Reihe von verfassungsrechtlichen Vorgaben aufgestellt hatte[496].

253a

Dogmatische Schwierigkeiten entstanden dadurch, dass das BVerfG zwar einerseits den (nicht gerechtfertigten) Schwangerschaftsabbruch als grundsätzlich rechtswidrig (i. S. eines Verstoßes gegen die Rechtsordnung als solche) bezeichnete, andererseits aber in seinem 2. Fristenregelungsurteil es für verfassungsrechtlich vertretbar hielt, für Abbrüche ohne Indikationslage in den ersten zwölf Wochen der Schwangerschaft nach entsprechender Beratung keine Sanktionen folgen zu lassen (sog. Beratungsschutzkonzept). Danach sollen „beratene Abbrüche", für die keine Indikation nach § 218a Abs. 1 oder 2 vorliegt, „**tatbestandslos, aber rechtswidrig**" sein[497]. Mit einem sauberen strafrechtlichen Aufbau ist diese Vorgabe kaum zu vereinbaren[498]. In der Klausur wäre zu empfehlen, die dogmatische Problematik „links liegen" zu lassen und den Fall lediglich ergebnisorientiert (Anklage oder Einstellung? Verurteilung oder Freispruch?) anhand der Normen zu prüfen.

Die Voraussetzungen für einen (für die Schwangere wie für den Arzt) straflosen „beratenen Abbruch" sind:
- ausdrückliches Verlangen der Schwangeren
- Beratung mit Nachweis durch Bescheinigung mind. drei Tage vor dem Abbruch (= Bedenkzeit)
- Vornahme durch einen Arzt
- innerhalb zwölf Wochen ab Empfängnis

---

[491] F § 218 Rn. 13.
[492] F § 218a Rn. 14 m. w. N.
[493] Wegen der hiermit einhergehenden ethischen Probleme lesen Sie F § 218a Rn. 21 ff.
[494] BGBl. I 1050.
[495] 1. Fristenregelungsurteil (BVerfGE 39, 1 ff.) und 2. Fristenregelungsurteil (BVerfGE 88, 203 ff.).
[496] Zu der geschichtlichen Entwicklung und der Rechtsprechung des BVerfG im Einzelnen kann auf die ausführliche Darstellung bei F Vor § 218 Rn. 2a ff. verwiesen werden.
[497] BVerfGE 88, 203 ff. (208, 373 ff.).
[498] S. hierzu auch F § 218a Rn. 4.

Zu beachten ist, dass sich der Arzt dennoch noch gem. § 218c strafbar machen kann, wenn er gewisse Formalien nicht einhält. Diese Strafbarkeit tritt aber zurück, wenn schon der Abbruch als solcher gem. § 218 strafbar ist (in § 218c unterstreichen!).

g) Konkurrenzen

253b Die mit der Vornahme eines Schwangerschaftsabbruchs einhergehenden (einfachen) **Körperverletzungen** zum Nachteil der Schwangeren werden in der Regel durch den § 218 konsumiert. Soweit allerdings die Körperverletzung Verbrechensqualität erlangt (in den Fällen der §§ 226, 227), können diese Verbrechen nicht durch das Vergehen des Schwangerschaftsabbruchs verdrängt werden, es ist vielmehr Tateinheit gegeben[499]. Ob dies auch für die Fälle der §§ 224, 226 gilt, ist streitig[500].

Die **vorsätzliche Tötung** einer Schwangeren kann zugleich (Tateinheit) ein Schwangerschaftsabbruch sein, wenn der Täter von der Schwangerschaft Kenntnis hatte oder mit ihrem Vorliegen jedenfalls rechnete[501]. Zu den möglichen Konstellationen, wenn ein Kind den Abbruch (zunächst) überlebt, vgl. F § 218 Rn. 6.

II. Körperverletzungsdelikte

1. Körperverletzung, § 223

254 Der § 223 stellt den Grundtatbestand der Körperverletzungsdelikte dar.

> **TIPP:** Denken Sie in diesem Zusammenhang auch an § 230, wonach für die einfache vorsätzliche und fahrlässige Körperverletzung stets ein Strafantrag oder die Bejahung des besonderen öffentlichen Interesses durch die Staatsanwaltschaft erforderlich ist!

Nach § 223 Abs. 2 ist (nunmehr) auch der Versuch der einfachen Körperverletzung strafbar.

a) Schutzgut

255 Schutzgut der Norm ist die körperliche Unversehrtheit auch i. S. d. körperlichen Wohlbefindens sowie die Gesundheit eines anderen Menschen.

b) Vorgeschlagenes Prüfungsschema

256 *I. Tathandlung*
  1. körperliches Misshandeln oder
  2. Gesundheitsschädigung
II. Vorsatz
III. Rechtswidrigkeit, Schuld

c) Die Tathandlung

257 Die für den Grundtatbestand des § 223 geforderte Tathandlung erfordert entweder **eine körperliche Misshandlung** oder eine **Schädigung der Gesundheit**.

---

499 So nun auch BGHSt 28, 11 ff. (17).
500 Dafür F § 218 Rn. 21; Sch/Sch § 218 Rn. 68; ablehnend BGHSt 28, 11 ff. (16) – diese Entscheidung könnte allerdings durch das 6. StrRG überholt sein.
501 BGHSt 11, 15 (str.)

aa) Körperliche Misshandlung

> Die **körperliche Misshandlung** ist eine üble, unangemessene Behandlung, durch die das Opfer entweder in seinem körperlichen Wohlbefinden oder seiner körperlichen Unversehrtheit nicht unerheblich beeinträchtigt wird.

258

Ein Schmerzempfinden ist hierfür jedoch nicht zwingend erforderlich. Auch eine starke Gemütserregung oder eine Erschütterung des seelischen Wohlbefindens können genügen, wenn dadurch (mittelbar) das körperliche Wohlbefinden nicht ganz unerheblich beeinträchtigt wird[502]. So können wiederholte nächtliche Belästigungsanrufe oder andere dauerhafte massive Lärmbelästigungen hierunter fallen, wenn sie relevante Auswirkungen auf das körperliche Wohlbefinden (am Tage) haben[503]. Bloßes Ekelgefühl soll dagegen in der Regel nicht genügen, da dieses die fehlende körperliche Einwirkung nicht ersetzen kann. Gleiches soll gelten für kurzzeitige körperliche Reaktionen, wie Zittern o. Ä. nach einem Angsterlebnis. Anderes kann wiederum für verursachte Magenschmerzen oder längere Übelkeit gelten.

TIPP: Sie sehen, dass es keine starre Definition gibt, welche Handlung i. V. m. welcher Folge unter § 223 zu subsumieren ist. Argumentieren Sie daher im Einzelfall unter Heranziehung der Definition, beschränken Sie sich aber nicht auf die bloße Wiedergabe der Definition. Berücksichtigen Sie bei Ihrer Argumentation die Kriterien des Körperlichkeitsbezugs und der (objektiv zu bestimmenden) Erheblichkeit.

So wird das Abschneiden einer Haarsträhne regelmäßig keine erhebliche Beeinträchtigung der körperlichen Unversehrtheit darstellen, während das Abschneiden oder Abrasieren aller bzw. besonders auffallender Haarpartien durchaus den Tatbestand verwirklichen kann. Vermeiden Sie aber bei unproblematischen Fallkonstellationen, wie etwa Faustschlägen, Tritten, Kopfstößen o. Ä. überflüssige dogmatische Diskussionen und ausgedehnte Subsumtionen. In solch klaren Fällen wird eine bloße Feststellung ausreichen, dass *„... die Handlung eine körperliche Misshandlung darstellt."*

Mit Sicherheit würde es Ihnen negativ angerechnet werden, wenn Sie hier Selbstverständlichkeiten unnötig problematisieren.

bb) Gesundheitsschädigung

> Das Merkmal der **Gesundheitsschädigung** setzt einen pathologischen Zustand voraus, der etwa durch Ansteckung, aber auch z. B. durch Umweltverunreinigung oder Verabreichung von Schlafmitteln verursacht oder gesteigert werden kann.

259

Auch kann das Aufrechterhalten eines schon bestehenden Krankheitszustands oder eines Schmerzzustands genügen[504]. Schließlich soll auch das Herbeiführen eines Rauschzustands oder die Förderung bzw. Steigerung einer Sucht hierunter fallen können (wobei jedoch hierbei regelmäßig das Problem der Einwilligung und der freiverantwortlichen Selbstgefährdung eine Rolle spielen wird). So kann es z. B. eine Körperverletzung in mittelbarer Täterschaft darstellen, wenn ein Jugendlicher zum Beweis seiner „Männlichkeit" dazu getrieben wird, sich selbst zu berauschen, wobei er erkennbar die Gefahren nicht richtig einzuschätzen weiß[505].

Ein häufiges Problem stellt in diesem Zusammenhang auch das Überlassen von Betäubungsmitteln an Drogenabhängige dar. Hier ist es durchaus zweifelhaft und stets am Einzelfall zu erörtern, ob ein Abhängiger zustandsbedingt in der Lage ist, freiverantwortlich zu entscheiden.

---

502 F § 223 Rn. 4, 6.
503 Krey, BT Bd. 1, Rn. 189 ff.
504 Sch/Sch § 223 Rn. 5.
505 So etwa Krey, BT Bd. 1, Rn. 206 ff.

(1) Sonderproblem AIDS-Ansteckung und andere Infizierungen

260 Nach allgemeiner Meinung stellt bereits die Infizierung mit **AIDS** (oder einer anderen Krankheit) und nicht erst der tatsächliche Ausbruch der Krankheit eine Gesundheitsbeschädigung und somit tatbestandlich eine gefährliche Körperverletzung (nämlich mittels einer das Leben gefährdenden Handlung i. S. von § 224 Abs. 1 Nr. 5, aber auch in der Form der Nr. 1, 2. Alt.) dar[506]. Mit Fischer[507] und Schönke/Schröder[508] ist richtigerweise davon auszugehen, dass eine vollendete Körperverletzung ab Übertragung der Krankheit (unabhängig vom tatsächlichen Ausbruch) vorliegt. Dies ist in der Regel nach einigen Tagen bis Wochen der Fall. Somit liegt konsequenterweise unmittelbar beim ungeschützten sexuellen Verkehr noch keine Vollendung vor, sondern erst dann, wenn der Virus im Körper des Infizierten auftritt.

Freilich wird es oft schwierig sein, die Kausalität mit der erforderlichen Sicherheit nachzuweisen. Es bleibt dann aber zumindest die Versuchsstrafbarkeit (bei zumindest billigender Inkaufnahme). Zur Abgrenzung auf subjektiver Seite vom Tötungsdelikt vgl. sogleich bei § 224.

Beachten Sie in diesem Zusammenhang auch stets die Frage einer eventuellen tatbestandsausschließenden einverständlichen Handlungsweise des Opfers.

(2) Sonderproblem Stalking/Mobbing

Einwirkungen auf das seelische Wohlbefinden stellen grds. keine Gesundheitsbeschädigung dar, allerdings ist die Grenze zur Körperverletzung in Form der Gesundheitsbeschädigung dort überschritten, wo es aufgrund der – an sich tatbestandslosen – psychischen Belastungen zu einem somatisch objektivierbaren pathologischen Zustand kommt[509]. In der Klausur sollten Sie eine Körperverletzung also erst dann bejahen, wenn ein Arzt eine „Krankheit" infolge des psychischen Stresses festgestellt hat.

(3) Sonderproblem ärztlicher Heileingriff

261 Nach der Rechtsprechung verwirklicht jeder ärztliche Eingriff in die körperliche Unversehrtheit erst einmal den Tatbestand der (vorsätzlichen) Körperverletzung, egal ob er *lege artis* erfolgt ist oder nicht[510]. Die Frage der Straflosigkeit stellt sich dabei erst auf der Ebene der Rechtswidrigkeit bzw. der Schuld.

> Der nach den Regeln der ärztlichen Kunst handelnde Arzt handelt dann nicht rechtswidrig, wenn eine Einwilligung des Patienten vorliegt bzw. eine mutmaßliche Einwilligung anzunehmen ist.

An eine wirksame Einwilligung sind jedoch folgende Anforderungen zu stellen:

262 *(a) Einwilligungsfähigkeit und/-befugnis*

Demnach hat grundsätzlich der Patient selbst die Einwilligung zu erklären. Entscheidend muss auf die natürliche Einsichtsfähigkeit abgestellt werden, sodass auch ein Minderjähriger u. U. selbst einzuwilligen hat, wenn er die Bedeutung und Tragweite verstehen und überblicken kann. Fehlt diese Einsichtsfähigkeit jedoch, so hat der gesetzliche Vertreter zu entscheiden.

---

506 BGHSt 36, 1 ff.; 262 ff.
507 F § 223 Rn. 14.
508 Sch/Sch § 223 Rn. 7.
509 F § 223 Rn. 12.
510 Sog. Rechtfertigungslösung – im Unterschied zu der vom Schrifttum überwiegend vertretenen Tatbestandslösung, vgl. F § 223 Rn. 17/19.

Im Jahr 2012 urteilte überraschend das LG Köln, dass die rituelle Beschneidung von minderjährigen Knaben aus religiösen Gründen als Körperverletzung strafbar sei, da sie weder von einem Arzt vorgenommen noch ein Heileingriff sei und die Eltern hierin nicht wirksam winwilligen könnten, da sie nicht dem Wohl des Kindes entspreche. Mit Verabschiedung eines Beschneidungsgesetzes im Dezember 2012 ist dieses Problem wieder aus der Welt: Gemäß § 1631d BGB umfasst die Personensorge nun ausdrücklich auch die Einwilligung in die religiöse Beschneidung des männlichen Kindes durch Ärzte oder – in den ersten sechs Monaten nach der Geburt – durch religiöse Beschneider. **262a**

(b)   Freiheit von Willensmängeln

Eine Einwilligung ist (wie immer[511]) unwirksam, wenn sie durch Täuschung, Zwang oder Irrtümer herbeigeführt wurde. Grundsätzlich erfasst eine Einwilligung nur Behandlungsweisen nach ärztlicher Kunst, niemals aber Kunstfehler. **263**

(c)   Bewusstsein über Umfang und Bedeutung

Um dem Einwilligenden überhaupt die Tragweite der von ihm zu erklärenden Einwilligung zu vermitteln, ist unabdingbare Voraussetzung, dass der Arzt zuvor **aufgeklärt** hat. Die Aufklärung muss vom Arzt selbst gegenüber dem Einwilligungsberechtigten selbst erfolgen (nicht also etwa durch das Pflegepersonal oder durch bzw. gegenüber Angehörige[n]). An Zeitpunkt, Umfang sowie Art und Weise werden hierbei je nach der individuellen Situation durchaus strenge Voraussetzungen geknüpft[512], was in der Praxis zu erheblichen Schwierigkeiten führt. Allerdings kann auf die Aufklärung auch verzichtet werden (unter engen Voraussetzungen kann dieser Verzicht sogar konkludent angenommen werden, etwa wenn sich der Patient dem Arzt uneingeschränkt anvertraut). **Liegt ein Aufklärungsmangel vor, so ist der Eingriff nach ständiger Rechtsprechung nur dann als strafbares Körperverletzungsdelikt zu werten, wenn die Einwilligung bei ordnungsgemäßer Aufklärung unterblieben wäre**[513]. Diese Frage nach einer rechtfertigenden „hypothetischen Einwilligung" ist nicht objektiv, etwa aus Sicht eines vernünftigen Patienten, sondern subjektiv aus Sicht des jeweiligen Patienten zu treffen[514]. Für diese Feststellung gilt der Grundsatz „in dubio pro reo", d. h. bei verbleibenden Zweifeln ist davon auszugehen, dass die Einwilligung erteilt worden wäre[515]. Abzugrenzen ist die hypothetische Einwilligung (wenn die Aufklärung vergessen wurde) von der mutmaßlichen Einwilligung (wenn der Patient nicht befragt werden *konnte*, z. B. wegen Bewusstlosigkeit). **264**

Verweigert der freiverantwortlich entscheidende Patient die Einwilligung, so darf der Arzt im Hinblick auf das Selbstbestimmungsrecht des Patienten nicht tätig werden. Andernfalls würde er sich einer (ggfs. sogar gefährlichen) Körperverletzung strafbar machen. Geht der Arzt irrtümlich von einer wirksamen Einwilligung aus, so handelt es sich um einen Irrtum über das Vorliegen eines Rechtfertigungsgrundes, mit der Folge einer Fahrlässigkeitsstrafbarkeit, falls eine Pflichtverletzung nachweisbar ist. Wird die Einwilligung widerrufen, ist die Behandlung zu beenden.

Denken Sie in diesem Zusammenhang auch an die Einschränkung des § 228 (Verstoß gegen die guten Sitten).

Ergänzend ist zu erwähnen, dass weite Teile der Literatur gegen diese dogmatische Behandlung durch die Rechtsprechung massive Kritik üben[516]. Es sei falsch, solche Handlungen, die

---

511 S. o. Rn. 195.
512 Vgl. F § 228 Rn. 23 ff.
513 Nachweise bei F § 223 Rn. 32.
514 BGH NStZ-RR 2004, 16 f.
515 BGH NStZ-RR 2004, 16 f.; ebenso BGH NStZ 2012, 205: dass bei korrekter Aufklärung die Einwilligung nicht erteilt worden wäre, muss dem Arzt nachgewiesen werden.
516 Zum Meinungsstand F § 223 Rn. 17, 19.

vom Ansatz nur auf Heilung und nicht auf Schädigung der menschlichen Gesundheit angelegt seien, begrifflich als Körperverletzung zu werten. Richtiger sei es, jedenfalls die Eingriffe nach den Regeln ärztlicher Kunst schon nicht unter den Tatbestand des § 223 fallen zu lassen. Misslinge der Eingriff, so fehle es konsequenterweise am Verletzungsvorsatz[517].

d) Exkurs: Prozessuale Besonderheiten bei Privatklagedelikten

265 Die einfache Körperverletzung gehört zu den **Privatklagedelikten**. Das sind bestimmte in § 374 Abs. 1 StPO abschließend aufgezählte, in der Regel leichte Vergehen, die die Allgemeinheit meist wenig berühren. Für sie hat der Gesetzgeber das Privatklageverfahren (§§ 374 ff.) vorgesehen, mit dem ein Privater (der Privatkläger) – ohne Mitwirkung der Staatsanwaltschaft – ein Strafverfahren herbeiführen kann. Voraussetzung ist allerdings, dass das Privatklagedelikt nicht in einer Tat i. S. d. § 264 StPO mit einem Offizialdelikt zusammenfällt. Folgende *prozessuale Besonderheiten* der Privatklagedelikte sollten Sie kennen:
– Die Staatsanwaltschaft erhebt wegen eines Privatklagedelikts nur dann Anklage („öffentliche Klage"), wenn dies im öffentlichen Interesse liegt, § 376 StPO[518]. Zur Frage, wann das *öffentliche Interesse an der Anklageerhebung* zu bejahen ist, beachten Sie die in der Kommentierung von Meyer-Goßner bei § 374 aufgeführten RiStBV-Ziffern. Insbesondere in den Ziff. 229 ff. RiStBV finden sich Vorgaben für die einzelnen Privatklagedelikte.
– Verneint die Staatsanwaltschaft das öffentliche Interesse an einer Anklageerhebung, so stellt sie das Verfahren nach § 170 Abs. 2 StPO ein. Der Anzeigeerstatter wird darauf hingewiesen, dass er den *Privatklageweg* beschreiten kann, §§ 374, 376 StPO. Da es in diesem Fall kein Klageerzwingungsverfahren gibt (§ 172 Abs. 2 S. 2 StPO), unterbleibt die entsprechende Belehrung und bedarf es auch keiner Zustellung der Einstellungsverfügung an den Geschädigten[519], vielmehr reicht die Übersendung per Post. Anders dagegen, wenn die Einstellungsverfügung auch Offizialdelikte betrifft: Dann muss sie zugestellt werden und die Belehrung über das Klageerzwingungsverfahren enthalten.

2. Qualifikationen

a) Gefährliche Körperverletzung, § 224

266 Eine *echte Qualifikation*, nicht etwa einen Fall von Regelbeispielen, stellt der § 224 dar. In ihm (Nr. 1) ist auch die frühere „Vergiftung" aufgegangen.

Zu den *Konkurrenzverhältnissen* gilt: Wenn § 224 bejaht wird, tritt § 223 zurück. § 224 tritt aber seinerseits hinter den vollendeten §§ 226, 227 im Wege der Gesetzeskonkurrenz zurück. Mit § 226 in der Versuchsform ist indes Tateinheit möglich. Hinsichtlich des Verhältnisses mit den Tötungsdelikten gilt, dass Tateinheit zwischen gefährlicher Körperverletzung und versuchtem Tötungsdelikt möglich ist, nicht jedoch mit vollendetem Tötungsdelikt.

Beachten Sie auch den Wortlaut des § 224, wonach ein niedrigerer Strafrahmen für minder schwere Fälle in Betracht kommt. Solche Fälle sind im Rahmen einer allgemeinen Gesamtabwägung zu prüfen, wobei die Grundgedanken, die einen minder schweren Fall des Totschlags nach § 213 begründen, herangezogen werden können[520].

Hinsichtlich der gängigen Definitionen der einzelnen Fallgruppen wird auf die Ausführungen bei Fischer verwiesen.

---

517 Eine a. A. in der Literatur will darauf abstellen, ob der Eingriff quasi per saldo erfolgreich war (dann schon nicht tatbestandsmäßig) oder sich auf den Gesundheitszustand insgesamt negativ ausgewirkt hat (dann allenfalls Einwilligung); s. dazu mit Hinweisen Sch/Sch § 223 Rn. 30.
518 Das öffentliche Interesse an der Anklageerhebung dürfen Sie nicht verwechseln mit dem ebenfalls durch die Staatsanwaltschaft zu prüfenden *besonderen* öffentlichen Interesse an der Strafverfolgung, das bei manchen Antragsdelikten den fehlenden Strafantrag ersetzen kann (z.B. § 248 a).
519 Da ja von dessen Seite keine Frist eingehalten werden muss, ist ein Zustellungsnachweis als Grundlage der Fristberechnung nicht erforderlich.
520 Vgl. dazu oben Rn. 224 ff.

Hier noch ein paar ergänzende Hinweise:

aa) Durch die Aufnahme der „anderen gesundheitsschädlichen Stoffe" in den Gesetzestext der **Nr. 1** des Abs. 1, die auch Bakterien oder Viren enthalten können, kommt nunmehr für die Ansteckung mit AIDS auch diese Variante der gefährlichen Körperverletzung in Betracht.

267

bb) Nach überzeugender Ansicht stellt im Rahmen der **Nr. 2** das „gefährliche Werkzeug" den Oberbegriff dar. Es muss (zumindest potenziell) beweglich sein, sodass es nicht genügt, ein Opfer gegen eine Wand, eine hervorstehende Eisenverankerung oder einen heißen Ofen zu stoßen[521]. Denkbares Werkzeug können auch Chemikalien, ein Hund oder ein beschuhter Fuß[522] sein. Maßgeblich kommt es jedoch darauf an, dass das Werkzeug bzw. die Waffe nach ihrer objektiven Beschaffenheit und nach der Art ihrer Benutzung im konkreten Einzelfall geeignet ist, erhebliche Verletzungen herbeizuführen[523]. Die objektive Beschaffenheit ist also nicht allein ausschlaggebend. So scheidet etwa eine Schere als Werkzeug i. S. dieser Norm aus, wenn einem Opfer gegen dessen Willen die Haare abgeschnitten werden (was ja wie ausgeführt grundsätzlich eine Körperverletzung darstellen kann), da die Schere in dieser konkreten Anwendungsart gerade nicht geeignet ist, erhebliche Verletzungen herbeizuführen. Dagegen kann eine brennende Zigarette sehr wohl unter die Norm fallen[524]. Schließlich ist noch zu beachten, dass das Werkzeug selbst auf den Körper des Opfers einwirken muss. Im Falle eines fahrenden Pkw als gefährliches Werkzeug ist § 224 Abs. 1 Nr. 2 erfüllt, wenn der Pkw gegen das Opfer fährt und es verletzt – nicht dagegen, wenn das Opfer aus dem fahrenden Pkw fällt und sich (erst) durch den Sturz auf die Straße verletzt[525]. An der erforderlichen Einwirkung fehlt es auch, wenn eine scheinbar lebensgefährliche Situation (z.B. eine Strangulation) nur vorgetäuscht wird, da das Tatmittel (der Strick um den Hals) dann keine unmittelbar körperlich veranlasste, sondern nur psychisch vermittelte Wirkungen entfaltet[526].

268

cc) Bei **Nr. 4** des Abs. 1 ist nicht ganz unumstritten, ob im Rahmen der gemeinschaftlichen Begehung eine *Mittäterschaft* erforderlich sein soll (wie bei § 223 a a. F.) oder jede Art der Teilnahme genügen kann. Während eine Mindermeinung Ersteres mit Verweis auf die „ratio legis" weiterhin fordern will[527], sieht die h. M. in der im Wortlaut gegenüber dem alten § 223 a geänderten Fassung eine vom Gesetzgeber bewusste und gewollte Abkehr von diesem Erfordernis. Es soll demnach eben, dem Wortlaut getreu, allein auf die gemeinschaftliche Beteiligung i. S. eines **einverständlichen Zusammenwirkens** ankommen. Daraus folgt aber auch, dass umgekehrt die bloße Mittäterschaft auch nicht unbedingt genügen muss. Erforderlich soll ein bewusstes Zusammenwirken, ggfs. auch von Täter und Teilnehmer sein[528]. Entsprechend hat der BGH[529] entschieden, dass auch das Zusammenwirken von Täter und *Gehilfen* bei einer Körperverletzung jedenfalls dann die Qualifikation des § 224 Abs. 1 Nr. 4 erfüllen kann, wenn der am Tatort anwesende Gehilfe (ohne eigene Verletzungshandlungen zu begehen) die Wirkung der Körperverletzungshandlung des Täters **bewusst** in einer Weise verstärkt, **welche die Lage des Verletzten zu verschlechtern geeignet** ist. Im konkreten Fall hat der BGH es ausreichen lassen, dass bei den festgestellten Verletzungshandlungen des Täters die Gehilfen sich in dessen unmittelbarer Nähe aufhielten, ohne dass ihnen eigene Verletzungshandlungen sicher nachgewiesen werden konnten. Durch diese Verhaltensweise wür-

269

---

521 F § 224 Rn. 8 (so auch die Rspr.; str.).
522 BGH NStZ 2010, 151.
523 F § 224 Rn. 9; std. Rspr., vgl. z. B. BGH NStZ-RR 2009, 50.
524 Etwa BGH NStZ 2002, 30 und 86.
525 So BGH NStZ 07, 405. Nach BGH NStZ 2012, 697 f. scheidet § 224 Abs. 1 Nr. 2 auch dann aus, wenn das Opfer durch gezieltes Anfahren mit dem Pkw zu Fall gebracht wird und sich erst durch den Sturz auf die Straße verletzt. Für § 224 Abs. 1 Nr. 2 müssten also Verletzungen festgestellt werden, die schon durch den körperlichen Kontakt zum Pkw entstanden sind.
526 BGH NStZ 2010, 512. Im zu entscheidenden Fall hatte das Opfer aufgrund eines lose um den Hals gelegten Kabels (verbunden mit Drohrufen „ich bringe dich um") Todesängste und litt noch länger unter Angstzuständen. Der BGH bejahte lediglich eine einfache vorsätzliche Körperverletzung.
527 Z. B. Krey, BT Bd. 1, Rn. 252 b.
528 Z. B. F § 224 Rn. 11; Wessels, BT Bd. 1, Rn. 281.
529 BGH NJW 2002, 3788 f.

den die Abwehrmöglichkeiten des Opfers geschwächt, da durch die Präsenz mehrerer Personen auf der Verletzerseite insbesondere auch wegen des erwarteten Eingreifens der anderen Beteiligten das Opfer in seinen Chancen beeinträchtigt werde, dem Täter der Körperverletzung Gegenwehr zu leisten, ihm auszuweichen oder zu flüchten (gerade dies ist ja auch der Sinn, „mit Verstärkung" auf einen Einzelnen loszugehen). Mit einer derartigen Begehung werde die erhöhte Gefährlichkeit der Körperverletzung begründet, wie sie für die Qualifikationen nach § 224 Abs. 1 kennzeichnend sei.

270 **dd)** Hinsichtlich der **Nr. 5** ist daran zu denken, dass es nur auf die *abstrakte* Eignung, das Leben zu gefährden, und nicht auf die konkrete Verletzung oder Gefährdung ankommt. Es ist gerade nicht erforderlich, dass eine konkrete Lebensgefahr eingetreten ist. Umgekehrt genügt es aber auch nicht, wenn die konkrete Gefährdung erst durch weitere Ereignisse eintritt, da die Behandlung „als solche" generell geeignet sein muss, das Leben zu gefährden[530]. Daher hat der BGH das „bloße Werfen auf die Fahrbahn" nicht als Handlung i. S. d. § 224 Abs. 1 Nr. 5 angesehen, auch wenn der darauf folgende Unfall durchaus lebensgefährdend war[531]. Beachten Sie dies auch bei den Anforderungen an den Vorsatz. Demnach genügt es, wenn der Täter die allgemeinen Umstände, die die abstrakte Gefährlichkeit begründen, kennt.

Unter die Nr. 5 kann auch der ungeschützte Verkehr eines HIV-Kranken mit einem unwissenden Partner fallen[532]. Trotz vielfältiger Kritik vertritt der BGH hierbei hinsichtlich der subjektiven Seite die Auffassung, dass selbst dann kein bedingter Tötungsvorsatz gegeben sein soll, wenn der Täter um die Gefahr der Ansteckung und den potenziell tödlichen Verlauf der Krankheit weiß. Er begründet dies mit der höheren Hemmschwelle, die auf voluntativer Ebene vor dem Tötungsentschluss stehe. Dagegen seien an den Vorsatz hinsichtlich der Voraussetzungen des § 224 Nr. 5 nur geringe Anforderungen zu stellen[533].

Konkurrenzrechtlich steht die gefährliche Körperverletzung gem. § 224 Abs. 1 Nr. 5 aus Klarstellungsgründen in Tateinheit mit der dadurch verursachten schweren Körperverletzung gem. § 226[534].

b) Schwere Körperverletzung, § 226

271 Die **Erfolgsqualifikation** des § 226 Abs. 1 fordert neben dem Vorliegen einer vorsätzlichen Körperverletzung auch eine kausale, wenigstens fahrlässig[535] verursachte Folge i. S. dieser Norm[536]. Eine erheblich verschärfte Strafandrohung regelt der Abs. 2 für den Fall, dass die Folge wissentlich oder sogar absichtlich herbeigeführt wird.

Beachten Sie, dass der BGH seine bisherige Rechtsprechung zu § 226 Abs. 1 Nr. 2 aufgegeben hat und nunmehr bei der Bewertung der „Wertigkeit" des Körperglieds die Berücksichtigung der individuellen Körperbeschaffenheit des Opfers (samt Vorschädigungen) zulässt[537] – bei bereits fehlendem Mittelfinger ist der Zeigefinger daher ein wichtiges Glied i. S. d. Norm!

c) Körperverletzung mit Todesfolge, § 227

272 Es handelt sich um ein **erfolgsqualifiziertes** Delikt, bei dem die vorsätzliche Verletzungshandlung die Todesfolge wenigstens (§ 18) fahrlässig verursacht. Da regelmäßig bereits in der Verletzungshandlung eine Sorgfaltspflichtverletzung zu sehen ist, beschränkt sich die Prüfung der Fahrlässigkeit hinsichtlich der Folge im Wesentlichen auf die *Vorhersehbarkeit*.

---

530 So z. B. BGH NStZ 2011, 90.
531 BGH NStZ 2010, 276.
532 BGHSt 36, 1 ff., 262 ff.
533 BGHSt 36, 9 ff., wo allerdings klargestellt wird, dass nicht auf die übliche isolierte Prüfung von kognitiver und voluntativer Seite verzichtet werden darf; i. E. so auch BGHSt 36, 266 f.
534 BGH NStZ 2009, 572.
535 D. h. möglich ist auch die leichtfertige oder vorsätzliche Herbeiführung der Folge.
536 Die Aufzählung in § 226 ist dabei abschließend.
537 BGH NStZ 2007, 470; vgl. auch F § 226 Rn. 7.

Daran kann es etwa dann fehlen, wenn der Erfolg erst durch das Eingreifen Dritter oder durch eigenes Opferverhalten eintritt[538].

Hinsichtlich der Kausalität ist zu beachten, dass es nach der Rechtsprechung auf den „Todeserfolg" in seiner konkreten Gestalt ankommt. Daher sind z.B. weitere Messerstiche nach einem tödlich wirkenden (aber nicht sofort tötenden) Messerstich eines anderen Tatbeteiligten für den konkreten Todeserfolg kausal, wenn sie den Sterbevorgang beschleunigt haben[539]. Kann dagegen die späte Verletzungshandlung den Todeserfolg nicht mehr fördern (und auch nicht beschleunigen), „weil schon alles getan ist", kommt eine Zurechnung nicht – auch nicht nach den Grundsätzen der sukzessiven Täterschaft – in Betracht[540].

Handelt der Täter im Hinblick auf die Todesfolge nicht nur fahrlässig (oder leichtfertig), sondern sogar vorsätzlich, stellt sich die Frage nach dem Verhältnis des § 227 zu den §§ 211 ff. Hier spricht der Wortlaut des § 18 („*wenigstens* fahrlässig") für die sog. *Konkurrenzlehre*, nach der in diesen Fällen zwar neben den §§ 211 ff. auch der Tatbestand des § 227 verwirklicht ist, dieser aber im Wege der Gesetzeskonkurrenz (Spezialität) verdrängt wird[541].

Besondere Bedeutung im Rahmen des § 227 hat die besondere „enge Beziehung"[542] zwischen Tat und (Todes-)Folge. Neben der allgemeinen Kausalitätsvoraussetzung wird dabei zudem gefordert, dass der Tathandlung gerade die spezifische Gefahr des Todes innewohnt und diese sich unmittelbar in der Todesfolge niedergeschlagen hat[543]. Fehlt es an diesem **Unmittelbarkeitszusammenhang**, dessen konkrete Bestimmungsweise allerdings strittig ist, so soll nach dem BGH statt § 227 *Körperverletzung in Tateinheit mit fahrlässiger Tötung* in Betracht kommen (was vom Strafrahmen einen erheblichen Unterschied macht!). Wenn man sich die konkrete Rechtsprechung hierzu ansieht, so wird man feststellen, dass hier keine allzu strengen Anforderungen gestellt werden. So kann etwa auch ein selbstschädigendes Panik- und Fluchtverhalten, das etwa durch ursächliche Benommenheit bedingt wird, ausreichend sein[544]. Der erforderliche Zusammenhang ist jedoch dann fraglich, wenn die Todesfolge erst durch zeitlich abgrenzbares Drittverhalten oder *eigenverantwortliches oder willentliches Opferverhalten* (Überfahrenwerden beim Ausweichversuch; Sturz in den Tod bei Fluchtversuch) herbeigeführt wird[545].

Beachten Sie bei der Prüfung dieses Unmittelbarkeitszusammenhangs, dass der BGH seit dem so genannten „Hochsitzfall"[546] darauf abstellt, ob der Tat**handlung** (also *nicht* notwendigerweise dem Tat**erfolg**) die spezifische Gefahr des Todes anhaftet. Entscheidend ist also nicht der Grad der durch die Tathandlung verursachten Verletzungsintensität, sondern die Gefährlichkeit der konkreten Handlungsweise. So wurden die Voraussetzungen einer Körperverletzung mit Todesfolge auch dann bejaht, wenn der Tod nach einem nächtlichen Überfall mit Zurücklassen in gefesseltem Zustand aufgrund schreckbedingten Herzversagens eintritt oder die Tat sich in dem Hinabstürzen von einem Hochsitz erschöpft (was „nur" den Bruch eines Knöchels zur Folge hatte), der Tod aber später aufgrund ärztlichen Fehlverhaltens im Krankenhaus durch Lungenembolie eintritt. Wenn auch die in letzterer Fallkonstellation gezogenen Schlussfolgerungen auf durchaus berechtigte Kritik gestoßen sind[547], so ist doch der auch in späteren Entscheidungen beibehaltene Grundsatz[548] mit der h.M. durchaus zu begrüßen. Es erscheint angemessen und dem Schutzzweck der Norm gerecht zu werden, wenn als Bezugspunkt eben die Gefährlichkeit der Handlung als das eigentlich vorwerfbare Verhalten,

---

538 So i.E. F § 222 Rn. 26 f.
539 BGH NStZ-RR 2009, 309.
540 BGH NStZ 2009, 631.
541 In diesem Sinn auch F § 227 Rn. 12.
542 BGHSt 31, 98.
543 F § 227 Rn. 3; BGHSt 31, 96 ff.; 33, 323.
544 F § 227 Rn. 4.
545 F § 227 Rn. 4; kritisch differenzierend, mit z.T. abw. Ansicht Wessels, BT Bd. 1, Rn. 301.
546 BGHSt 31, 96 ff.
547 Vgl. Nachweis bei F § 227 Rn. 3c.
548 Z. B. BGHSt 41, 116 ff.; BGH NStZ-RR 2009, 78.

und nicht der Erfolg herangezogen wird, da sonst lebensgefährliche Handlungen, die glücklicherweise zunächst eine nur leichte Verletzung verursachen, grundsätzlich nicht unter die Norm fallen könnten. Als wesentliche Folge für die Subsumtion ergibt sich daraus auch, dass es auf die Voraussehbarkeit des Todes im Zeitpunkt der Tathandlung (und nicht erst später) ankommt.

> **TIPP:** Für die Klausurbearbeitung sollten Sie genau auf die Feststellungen zur subjektiven Seite achten. Ergibt sich aus den Angaben, dass der Täter bei seiner Vorgehensweise tödliche Folgen für möglich hielt und in Kauf nahm, so deutet dies auf ein (bedingt vorsätzliches) Tötungsdelikt hin, was dann dem § 227 grundsätzlich vorgeht.
> Eine mögliche Formulierung i. S. d. § 227 könnte dahingehend lauten, dass der Täter „bei seinem Handeln bei gebotener Sorgfalt auch mit tödlichen Folgen hätte rechnen müssen".

§ 227 sieht in Abs. 2 einen geminderten Strafrahmen für minder schwere Fälle vor. Auch hier bestimmt sich die Frage des Vorliegens eines solchen Falles nach den allgemeinen Grundsätzen unter besonderer Beachtung der Kriterien des § 213[549].

III. Freiheitsdelikte

1. Nötigung, § 240

a) Geschütztes Rechtsgut

273 § 240 schützt die Freiheit der Willensbildung und -betätigung gegen Zwang.

b) Vorgeschlagenes Prüfungsschema

274 *I. Objektiver Tatbestand*
   1. Tathandlung: Einsatz eines Nötigungsmittels (Zwang)
      a) Gewalt oder
      b) Drohung mit einem empfindlichen Übel
   2. dadurch abgenötigtes Verhalten
   3. Nötigungsspezifischer Zusammenhang zwischen Mittel und Erfolg
II. Subjektiver Tatbestand: Vorsatz
III. Rechtswidrigkeit, Abs. 2
   1. Fehlen von Rechtfertigungsgründen
   2. Verwerfliche Mittel-Zweck-Relation
IV. Schuld
V. Strafzumessung, insb. besonders schwere Fälle, Regelbeispiele: Abs. 4 S. 2

c) Gewalt

275 Nach dem ganz herrschenden[550] **körperlichen Gewaltbegriff**[551] ist Gewalt ein durch das Täterverhalten – jedenfalls auch – körperlich vermittelter[552] Zwang, der dazu bestimmt und geeignet ist, tatsächlichen oder erwarteten Widerstand zu überwinden.

---

549 Vgl. oben Rn. 224 ff.
550 F § 240 Rn. 8; Krey, BT Bd. 1, Rn. 341 ff.; Wessels, BT Bd. 1, Rn. 383; BGHSt 1, 145 (147); NStZ 1995, 541 f.;1995, 592 (593); BayObLG MDR 1996, 409; OLG Zweibrücken NJW 1996, 866 (867).
551 In der Praxisklausur können Sie die Lehrmeinung vernachlässigen, die als Gewalt i. S. d. § 240 jede gegenwärtige Zufügung eines empfindlichen Übels ansieht (Sch/Sch Vor §§ 234 ff. Rn. 6), mit der Begründung, es sei nicht einsichtig, weshalb die Drohung mit dem empfindlichen Übel tatbestandsmäßig ist, nicht aber seine unmittelbare Verwirklichung. Gegen diese Ansicht spricht der Wortlaut der Norm.
552 Hinsichtlich der Körperlichkeit des Zwangs wird auf die Auswirkung beim Opfer abgestellt, nicht mehr wie früher das RG (RGSt 64, 115 f.) auf das Angriffsverhalten des Täters.

Die Rechtsprechung[553] fordert zudem eine, wenn auch nur geringe, körperliche Kraftanwendung des Täters. Für diesen Gewaltbegriff werden der Wortsinn und das Bestimmtheitsgebot angeführt. Demgegenüber ist der „vergeistigte" Gewaltbegriff[554], den der BGH in einigen Entscheidungen vertreten hatte, zwischenzeitlich nach der 2. Sitzblockade-Entscheidung des BVerfG[555] wieder zurückgedrängt worden. Das **BVerfG** hat in dieser Entscheidung mit Bindungswirkung nach § 31 BVerfGG entschieden, dass es gegen Art. 103 Abs. 2 GG verstoße, wenn Strafgerichte bei Sitzblockaden für die Annahme nötigender Gewalt die „bloße körperliche Anwesenheit" des Täters i.V. m. rein psychischer Zwangswirkung beim Opfer genügen lassen[556].

Andererseits hat das BVerfG es in einer späteren Entscheidung[557] als verfassungsrechtlich unbedenklich angesehen, Gewalt zu bejahen, wenn die Blockierer sich zusätzlich anketten. Die Begründung, die darauf abstellt, dass sich die Blockierer wegen der Ankettung nicht mehr leicht entfernen oder entfernt werden konnten, überzeugt freilich nicht, da das BVerfG zuvor nur darauf abgestellt hatte, ob ein Blockierer von einem Pkw leicht hätte überfahren werden können, es also „nur" ein psychisches Hindernis sei. Daran dürften Ketten auch nichts ändern.[558]

TIPP: In der Praxisklausur sollten Sie daher den körperlichen Gewaltbegriff vertreten.

In den problematischen Fällen kommen aber auch die Vertreter des körperlichen Gewaltbegriffs nicht immer zum selben Ergebnis. Wie immer ist deshalb unabhängig von ergangenen Entscheidungen Ihre Argumentation gefragt. Um sich einen Überblick über die entschiedenen Fälle zu verschaffen, sollten Sie dennoch die Beispielsfälle bei **Fischer § 240 Rn. 23–29** lesen.

Wichtige Einzelfälle:
– Für die *Blockade eines Kfz* durch *einen oder wenige Fußgänger* wird – i.S. der zitierten BVerfG-Entscheidung – von manchen[559] Gewalt mangels körperlicher Zwangswirkung verneint, der Zwang wirke nur psychisch. Denn aus physischen Gründen sei der Kfz-Führer nicht daran gehindert, den Fußgänger zu überfahren. Er sei dies nur aus psychischen Gründen. Andere[560] bejahen Gewalt, da der/die Blockierer ein auch körperlich wirkendes Hindernis bilde(n). Die von der Rechtsprechung geforderte körperliche Kraftentfaltung wird bereits im Hinstellen oder Hinsetzen und damit im Aufbauen des Hindernisses gesehen. Mit der zitierten BVerfG-Entscheidung lässt sich dies schwerlich vereinbaren.
– Blockiert ein Fußgänger einen anderen Fußgänger oder einen Radfahrer, so liegt hierin freilich eine körperliche Gewalteinwirkung, weil Fußgänger und Radfahrer auch physisch daran gehindert sind, den Fußgänger zu übergehen bzw. überfahren.
– Körperlich wirkender Zwang wird relativ einhellig bejaht bei *Verkehrsblockaden* durch den *Weg versperrende Fahrzeuge*, durch eine *Menschenmenge* oder wenn *weitere körperliche Momente* hinzutreten, die Beteiligten sich z.B. gegen Fahrzeuge stemmen oder um sich treten[561].

---

553 BGH NStZ 1982, 158 (159 f.).
554 BGHSt 23, 46 (54); BayObLG NJW 1990, 59. Hiernach genügte eine wenn auch geringe Kraftentfaltung des Täters bereits, wenn sie nur psychischen Zwang auslöst, den das Opfer als physisch empfindet. Das wurde bejaht, wenn das Opfer ihm gar nicht, nur mit erheblicher Kraftentfaltung oder in unzumutbarer Weise begegnen kann. Denn in diesen Fällen sei die Zwangseinwirkung auf das Opfer ebenso intensiv wie bei körperlich wirkendem Zwang.
555 BVerfGE 92, 1 = NJW 1995, 1141. Lesen Sie hierzu F § 240 Rn. 14 ff.
556 So die Interpretation der Entscheidung durch Krey, BT Bd. 1, Rn. 340i (m.w.N.) und BGH NStZ 1995, 541f.
557 BVerfG 104, 92 = NJW 02, 1031.
558 So auch F § 240 Rn. 20.
559 Hruschka, JZ 1995, 737 (745) m.w.N.
560 Krey, BT Bd. 1, Rn. 341 ff.
561 Bsp. bei F § 240 Rn. 23 m.w.N.

- Führt die *Blockade* durch einen Fußgänger dazu, dass der *erste Pkw die Fahrbahn für weitere Fahrzeugführer versperrt*, ist jedenfalls insoweit körperliche Zwangswirkung gegeben (sog. „Zweite-Reihe-Rechtsprechung"[562]).
- Lesen Sie auch zu den zahlreichen Konstellationen im *Straßenverkehr* **Fischer, § 240 Rn. 27–29**. Problematisch sind insbesondere Fälle wie das bedrängende Auffahren[563] auf der Überholspur, der abrupte Fahrbahnwechsel oder das plötzliche Abbremsen. In diesen Fällen kommt übrigens auch Nötigung durch die Drohung mit einem empfindlichen Übel in Betracht.

Nach überwiegender Ansicht kann sich auch *Gewalt gegen Sachen* (Ausräumen der Wohnung, Sperren der Wasser- und Stromzufuhr, Hausbesetzung, Zerstechen der Autoreifen) beim Opfer körperlich auswirken[564]. Auch hier müssen Sie argumentieren.

Auch *Gewalt gegen Dritte* („Dreiecksnötigung") kann nach dem körperlichen Gewaltbegriff tatbestandsmäßig sein[565]: Die körperliche Zwangswirkung liegt hier beim Dritten. Erforderlich ist zudem, dass der Genötigte den Vorgang als Zwang empfindet[566].

Ebenso ist selbst nach dem körperlichen Gewaltbegriff *Gewalt durch Unterlassen* möglich, z. B. Nichtwiederaufsperren nach vorsatzlosem Einsperren[567]. Denken Sie daran, dass dann aber eine Garantenstellung bzgl. der Abwendung des körperlich wirkenden Zwangs vorliegen muss!

Die Unterscheidung zwischen *vis absoluta* (Gewalt, die eine Gegenwehr ausschließt) und *vis compulsiva* (Gewalt, die lediglich den Willen des Opfers beugt) ist grundsätzlich für den Gewaltbegriff des § 240 ohne Belang, da nach ganz h. M.[568] beide Erscheinungsformen von § 240 erfasst sein können.

d) Drohung mit einem empfindlichen Übel

276 Die Drohung mit einem empfindlichen Übel muss **zumindest scheinbar ernsthaft** sein. Der Täter muss den Eintritt des empfindlichen Übels in der Hand haben oder dies vorgeben. Die Drohung ist auch konkludent möglich, insbesondere durch aktuelle Zufügung eines empfindlichen Übels, soweit hiermit, wie regelmäßig, zugleich angedroht wird, die Übelszufügung fortzusetzen[569]. Nicht ausreichend ist die bloße Warnung, bei der die Folge vom Warnenden nicht beeinflusst werden kann. Nicht erforderlich ist, dass der Täter die Drohung wahrmachen will, die Drohung ausführbar ist oder gerade der Täter selbst das angedrohte Übel zufügen will. Ausreichend ist, dass das Opfer die Drohung ernst nehmen sollte und auch ernst nahm (sonst Versuch). Es genügt auch, dass sich das Übel gegen Dritte richtet, falls die Drohung auch dem Genötigten als Übel erscheint.

Empfindliches Übel bedeutet nach dem herrschenden **individualisierten Maßstab**[570], dass die Androhung geeignet ist, diesen Bedrohten in dieser Lage zu dem bezweckten Verhalten zu veranlassen. Demgegenüber stellen die Befürworter eines objektiven Maßstabs[571] auf einen besonnenen Durchschnittsmenschen ab.

---

562 Vgl. F § 240 Rn. 17.
563 Beachten Sie hier die Entscheidung des BVerfG NStZ 2007, 397: Da es auf das Maß der Kraftentfaltung nicht ankommt, kann auch das Betätigen des Gaspedals (körperlich) Gewalt sein!
564 Vgl. F § 240 Rn. 25 m. w. N.
565 Vgl. F § 240 Rn. 26.
566 Darauf, dass das Gewaltopfer dem Genötigten nahesteht, kann es nach überwiegender Ansicht (Krey, BT Bd. 1, Rn. 355 m. w. N.; Sch/Sch § 240 Rn. 6) nicht ankommen.
567 Vgl. F § 240 Rn. 22.
568 F § 240 Rn. 9, 9a; Krey, BT Bd. 1, Rn. 329; beide auch mit Nachweisen zur abw. Ansicht, die die vis absoluta ausnehmen will.
569 Vgl. hierzu F § 240 Rn. 35 sowie BGH NStZ 2007, 468 und BGH NStZ 2010, 570 (beide allerdings zu § 177)
570 BGHSt 31, 195 (201); NStZ 1992, 278; F § 240 Rn. 32a m. w. N. Arg.: Beim Schutz der individuellen Willensfreiheit sei nur ein subjektiver Maßstab sachgerecht.
571 Krey, BT Bd. 1, Rn. 326 m. w. N.; Sch/Sch § 240 Rn. 9/10. Arg.: Völlig ungewöhnliche Reaktionen sollen ausgeschieden werden.

Die *Drohung mit einem Unterlassen*[572] war nach der früheren Rechtsprechung[573] nur tatbestandsmäßig, wenn der Täter eine Pflicht zum Handeln hat[574]. Treffe den Täter nämlich keine Pflicht zum Handeln, sei ihm das Unterlassen also grundsätzlich erlaubt, so erweitere er lediglich den Handlungsspielraum des Betroffenen[575]. Die inzwischen h. M.[576] verlangt eine solche Pflicht zum Handeln nicht mehr. Sie argumentiert, dass es auch beim aktiven Tun irrelevant ist, ob der Täter zum angedrohten Verhalten berechtigt ist oder nicht. Entscheidend ist deshalb – wie beim aktiven Tun allein, ob das angekündigte Übel empfindlich und die Zweck-Mittel-Relation verwerflich ist[577]. Regelmäßig nicht verwerflich ist es, wenn der Täter lediglich den Handlungsspielraum des Bedrohten erweitert **und die Autonomie seiner Entschlüsse nicht in strafwürdiger Weise angreift**[578]. Regelmäßig verwerflich sei es, wenn dem Opfer im Falle einer Weigerung droht, dass sich seine Verhältnisse verschlechtern[579]. Diese Auffassung wirft freilich die Frage nach der dogmatischen Stellung der Verwerflichkeitsfrage auf – siehe hierzu sogleich unter Buchstabe h) bb) (Rn. 280 a). Bleibt man mit dem BGH bei der Einordnung auf der Ebene der Rechtswidrigkeit, hat sich durch die geschilderte Änderung der Rechtsprechung die Prüfung der Strafbarkeit einer Drohung durch Unterlassen von der Ebene der Tatbestandsmäßigkeit auf die Ebene der Rechtswidrigkeit verlagert.

e) Nötigungserfolg

Sobald das Opfer beginnt, sich dem Willen des Täters entsprechend zu verhalten, ist die Tat vollendet. 277

TIPP: Beachten Sie, dass der Nötigungserfolg nicht die bloße „Duldung" des Nötigungsmittels sein kann.

f) Kausalität und nötigungsspezifischer Zusammenhang zwischen Mittel und Erfolg

Über die Kausalität i. S. einer „conditio sine qua non" hinaus muss nach allgemeiner Ansicht[580] zwischen Mittel und Erfolg ein nötigungsspezifischer Zusammenhang bestehen: Die Opferreaktion muss gerade die dem Nötigungsmittel eigentümliche Zwangswirkung widerspiegeln. Nimmt das Opfer das abgenötigte Verhalten beispielsweise nicht aus Furcht vor den angedrohten Folgen, sondern auf Rat der Polizei ein, so kommt nur Nötigungsversuch in Frage. 278

---

572 Bsp.: Kaufhausdetektiv stellt der Ladendiebin in Aussicht, eine Anzeigeerstattung nur dann zu verhindern, wenn sie sich sexuell gefällig zeigt.
573 BGH NStZ 1982, 286 (287).
574 Im Bsp. also nur, wenn der Kaufhausdetektiv verpflichtet gewesen wäre, die Anzeigeerstattung zu verhindern. Da er eine solche Pflicht natürlich nicht hat, lehnte die früher h. M. in solchen Fällen Nötigung ab. Gegenbeispiel: Arbeitgeber droht damit, eine Einstellungszusage nicht einzuhalten, falls die künftige Arbeitnehmerin sich nicht sexuell gefällig zeigt. Hier trifft den Arbeitgeber eine Pflicht zum Handeln, nämlich seine Einstellungszusage einzuhalten, sodass das Drohen mit dem Unterlassen – unter den weiteren Tatbestandsvoraussetzungen – in diesem Fall auch nach früherer h. M. tatbestandsmäßig ist.
575 Im Bsp.: Die Handlungsmöglichkeiten der Ladendiebin werden erweitert: Zur Alternative, eine Strafanzeige zu erhalten, tritt die Alternative hinzu, durch sexuelle Handlungen einer Strafanzeige zu entgehen. Demgegenüber erweitert sich der Handlungsspielraum der Arbeitnehmerin im obigen Bsp. nicht. Beachten Sie: Diese Wertung würde also nach der früheren Rspr. im Fall des Ladendetektivs bereits die Tatbestandsmäßigkeit entfallen lassen.
576 BGHSt 31, 195 (202); F § 240 Rn. 34; Sch/Sch § 240 Rn. 9/10 u. 20.
577 BGHSt 31, 195 (202) Im Bsp. mit der Ladendiebin wird die Verwerflichkeit bejaht.
578 BGH a. a. O., F § 240 Rn. 34 m. w. N.
579 Roxin, JR 1983, 333 (336). Im Bsp. des Ladendetektivs ist daher Nötigung zu bejahen.
580 BGH NJW 1995, 2643 (2644); Sch/Sch § 240 Rn. 14; F § 240 Rn. 55 ff., 55 b.

g) Subjektiver Tatbestand

279 Grundsätzlich genügt Eventualvorsatz. Umstritten ist, ob dies auch für den Nötigungserfolg gilt oder ob dieser beabsichtigt sein muss. Nach der Rechtsprechung[581] genügt Eventualvorsatz. Die Gegenauffassung[582] fordert wegen des Merkmals „Zweck" in § 240 Abs. 2 Absicht.

h) Rechtswidrigkeit

aa) Fehlen von Rechtfertigungsgründen

280 Ein Verhalten, das schon nach allgemeinen Grundsätzen gerechtfertigt ist, kann nicht verwerflich i.S.d. § 240 Abs. 2 sein. Aus diesem Grund sind immer erst allgemeine Rechtfertigungsgründe **vor** § 240 Abs. 2 StGB zu prüfen[583]! Denken Sie vor allem an die folgenden Rechtfertigungsgründe:
- *Wahrnehmung berechtigter Interessen*, § 193, ist auf andere Delikte als Ehrdelikte nach h.M.[584] **nicht** übertragbar.
- Einen echten Rechtfertigungsgrund kann das Grundrecht der *Versammlungsfreiheit*, Art. 8 GG, i.V.m. dem VersG darstellen. Es können sich nur Deutsche darauf berufen. Blockadeaktionen Einzelner sind freilich nicht erfasst. Bei kollektiven Demonstrationen gilt: **Notwendige Behinderungen durch zulässige[585] Demonstrationen** sind grundsätzlich **erlaubt.** Darüber hinausgehende Behinderungen finden keine Rechtfertigung: nach dem BGH[586], weil insofern keine Friedlichkeit mehr vorliege, nach dem BVerfG[587], weil Demonstrationen unzulässig seien, bei denen die Behinderung Außenstehender beabsichtigt und nicht nur als Nebenfolge hingenommen wird. Denn Demonstrationen sind Mittel *geistiger* Auseinandersetzung.
- Einen Rechtfertigungsgrund des *zivilen Ungehorsams* gibt es **nicht**. Er stünde im Widerspruch zum demokratischen Mehrheitsprinzip[588]. Vgl. auch Art. 20 Abs. 4 GG.

bb) Verwerfliche Zweck-Mittel-Relation, Abs. 2

280a Über die dogmatische Einordnung der Verwerflichkeitsklausel besteht Uneinigkeit. Nach dem Wortlaut ist dieser Streit schwer nachvollziehbar. Spricht das Gesetz doch ausdrücklich von der „Rechtswidrigkeit".

Dennoch sollte der Referendar wissen, dass das BVerfG mehrfach geurteilt hat, der Klausel komme angesichts der außerordentlichen Weite des Tatbestands eine „tatbestandsbegrenzende" Funktion zu[589]. Hieraus wird nun teilweise gefolgert, dann müsse die Verwerflichkeit bereits auf Tatbestandsebene geprüft werden; ein nicht verwerfliches Verhalten sei schon nicht tatbestandsmäßig[590]. Der BGH hat jedoch klargestellt, dass die Frage auf der Rechtswidrigkeitsebene anzusiedeln ist. Die Bedeutung des § 240 Abs. 2 StGB liege darin, dass hierdurch eine Ausnahme von dem Grundsatz gemacht werde, dass durch die Tatbestandsmäßigkeit die Rechtswidrigkeit indiziert sei. Wegen des besonders weiten Tatbestands des § 240 Abs. 1 StGB müsse die Rechtswidrigkeit stets – ausdrücklich und eben anhand des Verwerflichkeitskriteriums – geprüft werden[591].

---

581 BGHSt 5, 245 (246).
582 Sch/Sch Vor §§ 234 ff. Rn. 25; Wessels, BT Bd. 1, Rn. 419 fordert dies zumindest im Falle der Gewalt gegen Sachen. Zweifelnd F § 240 Rn. 53 a.E.
583 So auch F § 240 Rn. 38 a; a.A. Sch/Sch § 240 Rn. 33.
584 Krey, BT Bd. 1, Rn. 375 m.w.N. auch für die Gegenansicht; F § 193 Rn. 4; § 240 Rn. 39.
585 Zulässig ist die Demonstration, wenn sie ordnungsgemäß nach dem VersG angemeldet und friedlich durchgeführt wird oder wenn es sich um eine zulässige Spontan- oder Eildemonstration handelt.
586 BGHSt 23, 46 (57).
587 BVerfGE 73, 206 (249 f.). Dies ergebe sich aus dem Gesetzesvorbehalt in Art. 8 Abs. 2 GG und dem Recht auf Auflösung einer Versammlung nach § 15 VersG bei einer unmittelbaren Gefährdung der öffentlichen Sicherheit.
588 Vgl. auch hierzu BVerfGE 73, 206 (250 ff.).
589 BVerfG NJW 91, 971; NJW 93, 1519, NJW 02, 1031.
590 Nachweise bei F § 240 Rn. 38.
591 BGHSt 35, 279.

Wird mit Gewalt genötigt **und** erfüllt die Gewaltanwendung bereits einen anderen Straftatbestand (z.B. §§ 223ff., § 303), so ist die Verwerflichkeit (ausnahmsweise) indiziert. In sonstigen Fällen ist die verwerfliche Zweck-Mittel-Relation aufgrund einer umfassenden **Abwägung** unter Berücksichtigung aller Umstände des Einzelfalls positiv festzustellen. Verwerflichkeit verlangt einen erhöhten Grad sittlicher Missbilligung[592] und wird auch als **Sozialwidrigkeit** bezeichnet[593]. Maßgeblich ist dabei die **Verquickung von Mittel und Zweck**, nicht isoliert Zweck oder Mittel. Zweck ist hierbei nur das abgenötigte Verhalten, nicht die Motivation oder ein Fernziel, welche aber bei der Strafzumessung Berücksichtigung finden. Im Einzelnen gilt:

- *Bagatellen* scheiden aus (z.B. Verstellen einer Parklücke[594], Blockade für wenige Minuten).
- Der *Einsatz eines verwerflichen Mittels* auch zur Erreichung eines erlaubten Zwecks ist in aller Regel verwerflich.
- Die Verwerflichkeit kann trotz erlaubten Mitteleinsatzes bei sozialwidrigem Zweck vorliegen, insbesondere wenn *zu einem verbotenen Verhalten genötigt* wird.
- Verwerflichkeit ist auch gegeben, wenn ein an sich legitimes Mittel für einen an sich erlaubten Zweck eingesetzt wird, aber in keinerlei innerem Zusammenhang dazu steht (*Inkonnexität*) oder völlig inadäquat ist (*Missverhältnis*) (Bsp.: Täter droht mit Strafanzeige wegen anderen Vorfalls, um die Begleichung einer fälligen Forderung zu erzwingen).
- Verwerflich ist die Missachtung des Vorrangs staatlicher Zwangsmittel (*Selbstjustiz*)[595]. Auch die Durchsetzung zustehender Ansprüche mittels eigenmächtigen Zwangs ist in der Regel verwerflich[596].

Lesen Sie für Spezialfälle wie Straßenblockaden, Straßenverkehrsbehinderungen, Arbeitskampf, etc. **Fischer Rn. 46 ff.**

Irrtümer über die Verwerflichkeit werden nach den Grundsätzen des Erlaubnistatbestandsirrtums behandelt.

i) Konkurrenzen

Soweit die Nötigung zum Tatbestand gehört und nicht darüber hinausgeht, wird § 240 aus Spezialitätsgründen verdrängt von den §§ 113, 177ff., 239a, 239b, 249ff. Dagegen wird § 241 als Nötigungsmittel von der vollendeten ebenso wie von der versuchten Nötigung konsumiert.

j) Sonstiges

Auch wenn in der Klausur des Aufgabentyps „Staatsanwaltschaftliche Abschlussverfügung" zumeist Einstellungen nach §§ 153 ff. StPO ausgeschlossen werden, sollte Ihnen die besondere Einstellungsmöglichkeit nach § 154 c StPO wenigstens bekannt sein.

---

592 Formulierung der Rechtsprechung: z.B. BGHSt 17, 328 (331); 19, 263 (268).
593 Formulierungen der Lehre: F § 240 Rn. 41 m.w.N. Auch in der Rechtsprechung wird zunehmend auf soziale Unerträglichkeit abgestellt: BGHSt 18, 389 (391 ff.); BayObLG NJW 1992, 521 (522).
594 Nach der 2. Sitzblockadeentscheidung des BVerfG wird man bereits die Gewaltanwendung durch den Fußgänger, der einen Parkplatz reserviert, kaum bejahen können. Nötigung durch den Parkplatz reservierenden Fußgänger scheitert aber jedenfalls wegen Geringfügigkeit an dem Verwerflichkeitserfordernis. Nach ganz h.M. begeht aber der Pkw-Führer, der daraufhin den Fußgänger mit dem Pkw aus der Parklücke drängt, eine verwerfliche Nötigung. Der Fußgänger stellt sich zwar gegen das sog. Prioritätsprinzip im Straßenverkehr, wonach der Parkplatz dem zuerst gekommenen Pkw-Führer zusteht. Hierbei handelt es sich aber nach h.M. nicht um ein notwehrfähiges individuelles Rechtsgut. Außerdem ist der Straßenverkehr geprägt vom Gebot der gegenseitigen Rücksichtnahme. S. zum Ganzen: F § 240 Rn. 49.
595 BGHSt 39, 133 (137).
596 Sch/Sch § 240 Rn. 21 m.w.N.; F § 240 Rn. 41a.

2. Bedrohung, § 241

284 § 241 *schützt* den Rechtsfrieden des Einzelnen. Die Vorschrift birgt kaum Probleme. Daher nur einige Hinweise:

- Im *Bedrohungstatbestand* des Abs. 1 genügt es, dass der Bedrohte die **Drohung ernst nehmen sollte**. Ob er sie ernst nahm oder der Drohende sie wahr machen wollte, ist unerheblich. Gedroht werden muss mit einem künftigen bestimmten Verhalten, das die wesentlichen Merkmale eines Verbrechens i. S. d. § 12 Abs. 1 aufweist. Die Drohung ist auch konkludent und durch Vermittlung über andere Personen möglich. Das angedrohte Verbrechen kann sich auf den „Empfänger" der Drohung oder auf eine diesem nahestehende Person beziehen[597].
- Für den *Vortäuschungstatbestand* des Abs. 2 ist Voraussetzung, dass es sich um eine tatsächlich nicht bevorstehende Tat handelt („falsche Warnung"). Das Vortäuschen ist konkludent möglich (z. B. Einschleusen einer Bombenattrappe).
- *Konkurrenzen:* § 241 wird von den zugleich durch die Bedrohung verwirklichten oder versuchten Tatbeständen der §§ 240, 113, 177, 253, 255 konsumiert, wenn die Bedrohung dort zum Tatbestand gehört. Idealkonkurrenz ist z. B. möglich mit §§ 126, 145 d. Die gleichzeitige Bedrohung mehrerer führt zu gleichartiger Idealkonkurrenz.
- Im Gegensatz zu § 240 ist § 241 ein Privatklagedelikt mit den unter Rn. 265 dargestellten prozessualen Besonderheiten.

3. Freiheitsberaubung, § 239

a) Geschütztes Rechtsgut

285 § 239 schützt die – ggfs. auch nur potenzielle – Fortbewegungsfreiheit, d. h. die Freiheit, den derzeitigen Aufenthaltsort zu verlassen und sich fortzubewegen.

b) Vorgeschlagenes Prüfungsschema

286 *I. Objektiver Tatbestand*
    1. Tatobjekt: anderer Mensch mit potenziellem Fortbewegungswillen
    2. Taterfolg: Verlust der körperlichen Möglichkeit zur Ortsveränderung
    3. Tathandlung: Verhindern der Ortsveränderung
    4. Fehlen eines tatbestandsausschließenden Einverständnisses
II. Subjektiver Tatbestand: Vorsatz
III. Rechtswidrigkeit, Schuld
IV. Erfolgsqualifikationen (Verbrechen):
    – *Abs. 3 Nr. 1: über eine Woche*
    – *Abs. 3 Nr. 2: schwere Gesundheitsschädigung*
    – *Abs. 4: Tod des Opfers*

c) Tatobjekt

287 Taugliches Opfer ist jeder andere Mensch, der den natürlichen Willen zur Fortbewegung bilden kann und sich fortbewegen könnte, wenn er wollte. Beachten Sie, dass diese wohl noch h. M.[598] zwischenzeitlich nicht mehr von Fischer vertreten wird[599], der abw. einen aktuellen Fortbewegungswillen fordert. Fehlt jede Fortbewegungsmöglichkeit, wie beim Säugling und Schwerstbehinderten, so ist Freiheitsberaubung nicht möglich. Unerheblich ist nach der

---

597 Vgl. hierzu auch F § 35 Rn. 7.
598 BGHSt 32, 183 (188); Sch/Sch § 239 Rn. 1; Wessels, BT Bd. 1, Rn. 370 (allerdings mit erster Skepsis im Hinblick auf den neuen § 239 Abs. 2).
599 F § 239 Rn. 4 ff.; beachten Sie, dass der fehlende – potenzielle oder aktuelle – Fortbewegungswille nur die Bestrafung wegen **vollendeter** Freiheitsberaubung ausschließt, je nach Vorstellung des Täters aber ein (untauglicher) Versuch vorliegen kann, vgl. hierzu auch F § 239 Rn. 5!

h.M., ob das Opfer die Freiheitsberaubung bemerkt oder einen konkreten Willen hat, sich fortzubewegen.

Umstritten ist daher auch die Behandlung *Schlafender und Bewusstloser:* Nach einer Ansicht[600] scheidet Freiheitsberaubung während der Dauer dieses Zustands grundsätzlich aus und kommt nur in Betracht, wenn der Täter den Zustand der Bewegungsunfähigkeit verlängert, ein Aufwachen nicht ausgeschlossen werden kann und der Täter insofern zumindest bedingten Vorsatz hat. Die Gegenauffassung[601] lässt auch den mutmaßlichen Fortbewegungswillen Schlafender oder Bewusstloser genügen.

d) Taterfolg

Erfolg ist der auch kurzfristige Verlust der körperlichen Möglichkeit einer Ortsveränderung. Nach h.M.[602] liegen allerdings Bagatellfälle außerhalb des Normschutzbereichs. Für die Bewertung sind die Dauer und die Intensität der Einwirkung auf die Fortbewegungsfreiheit entscheidend. In der Regel genügen bereits wenige Sekunden Freiheitsverlust[603], einige Minuten in jedem Fall. Nicht geschützt ist nach h.M. die Entscheidung, *wie* sich das Opfer am Ort bewegt oder vom Ort wegbewegt, solange eine Ortsveränderung auf andere Weise noch zumutbar ist[604]. Im Einzelnen scheiden sich hier die Geister: Die Wegnahme der Kleider Nacktbadender wird von den meisten[605] als keine Freiheitsberaubung angesehen, ebenso wenig das Versperren einer Tür, wenn mühelos aus dem Fenster gestiegen werden kann, anders freilich bei einiger Fensterhöhe.

288

e) Tathandlung

Tathandlung ist das aktive oder passive Verhindern der Ortsveränderung durch „Einsperren" oder „auf andere Weise". Während für das Einsperren (bzw. Nicht-Aufsperren: § 13!) eine physische Wirkung erforderlich ist, kann die Beschränkung „auf andere Weise" auch durch psychische Schranken erreicht werden. Tatmittel sind hier Gewalt. i.S. körperlich wirkenden Zwangs, Drohung oder ein sonstiger psychischer Zwang von einigem Gewicht, während das Tatmittel der List umstritten ist[606]. Beachten Sie, dass § 239 nicht die Freiheit schützt, einen bestimmten Ort aufzusuchen – eine „Aussperrung" oder ein „Rausschmiss" sind daher nicht tatbestandsmäßig[607].

289

Willigt das Opfer in die Beschränkung seiner Fortbewegungsfreiheit ein, ist der Tatbestand ausgeschlossen (tatbestandsausschließendes Einverständnis); streitig ist wiederum, ob dies auch im Fall eines durch List erschlichenen Einverständnis gelten soll[608].

f) Versuch/Vollendung/Beendigung

Der Versuch ist strafbar (Abs. 2)! Praktische Bedeutung hat dies vor allem für den untauglichen Versuch, da die Tat bereits ab kurzem Zeitablauf vollendet ist. § 239 ist Dauerdelikt.

290

---

600 Krey, BT Bd. 1, Rn. 315; Sch/Sch § 239 Rn. 2; F § 239 Rn. 5.
601 LK § 239 Rn. 13 m.w.N.
602 Krey, BT Bd. 2, Rn. 313 m.w.N.; RGSt 7, 259 (260).
603 OLG Hamm JMBl. NW 1964, 31.
604 F § 239 Rn. 9 m.w.N.
605 Sch/Sch § 239 Rn. 6 m.w.N.; F § 239 Rn. 9.
606 Vgl. F § 239 Rn. 8; Sch/Sch § 239 Rn. 6.
607 F § 239 Rn. 2.
608 Dies wird von einigen (Sch/Sch § 239 Rn. 6; Krey, BT Bd. 1, Rn. 314, Fn. 23 m.w.N.) abgelehnt, weil das faktisch bestehende Einverständnis entscheidend sei. Deshalb müsse zwischen durch List bewirkter Freiheitsberaubung (Opfer lässt sich von falschem Polizisten festnehmen) und erschlichenem Einverständnis (Opfer wird durch Vorwand des Täters dazu gebracht, in das Eingesperrtsein einzuwilligen) unterschieden werden. Die Gegenauffassung (Lackner/Kühl § 239 Rn. 5; tendenziell OLG Zweibrücken GA 1981, 94 [95]) argumentiert, dass es inkonsequent sei, zwar die List als Mittel der Freiheitsberaubung zuzulassen, das durch List erschlichene Einverständnis aber mit tatbestandsausschließender Wirkung auszustatten.

Vollendet ist es, sobald die Freiheit entzogen, beendet, sobald die Freiheit wiedererlangt ist. Auch das weitere Bestehenlassen der Freiheitsberaubung ist tatbestandsmäßig.

g) Sonderfall: Mittelbare Täterschaft

291 Übersehen Sie nicht die Möglichkeit mittelbarer Täterschaft. Bsp.: Der Täter täuscht die zuständigen Strafverfolgungsorgane und veranlasst sie zu einer Festnahme[609].

h) Rechtswidrigkeit

292 Häufig ist die Tat gerechtfertigt: Verschaffen Sie sich einen Überblick über die zahlreichen Rechtfertigungsmöglichkeiten bei **Fischer § 239 Rn. 12**.

i) (Erfolgs-)Qualifikationen, § 239 Abs. 3, Abs. 4, § 18

293 Lesen Sie zu den Qualifikationen die Kommentierung bei **Fischer § 239 Rn. 15 f.** Umstritten ist lediglich, ob Abs. 3 Nr. 1 wegen der nun geänderten Formulierung keine Erfolgsqualifikation i. S. d. § 18 mehr ist (dann muss auch der Erfolg vom Vorsatz erfasst sein)[610] oder sich an der vorherigen Beurteilung durch die Gesetzesänderung nichts geändert hat, weil dies auch nicht Absicht des Gesetzgebers war[611].

j) Konkurrenzen

294 Für die Konkurrenzen ist entscheidend, ob die **Freiheitsberaubung notwendiger Bestandteil oder regelmäßige Begleiterscheinung** eines anderen Straftatbestandes ist, dann **Gesetzeseinheit, oder** ob ihr innerhalb des deliktischen Geschehens **Eigenbedeutung** zukommt, **dann Tateinheit**[612]. Im Einzelnen bedeutet dies:
- § 239 wird von den vollendeten besonderen *Freiheitsdelikten* wie §§ 177, 249 und 255 konsumiert, soweit nicht ein darüber hinausgehendes Unrecht verwirklicht ist.
- Im *Verhältnis zu § 240* ist § 239 speziell, wenn sich der Nötigungserfolg in einer Freiheitsberaubung erschöpft, § 240 also das Mittel für § 239 ist. § 239 und § 240 stehen in Tateinheit, wenn das abgenötigte Verhalten über die Freiheitsberaubung hinausgeht, § 239 quasi das Mittel für § 240 war, da hier § 240 eine eigenständige Bedeutung hat. Hingegen wird § 239 von § 240 konsumiert, wenn die Freiheitsberaubung bloße Begleiterscheinung der Nötigung ist.
- Im *Verhältnis zu den Körperverletzungsdelikten* der §§ 223 ff. wird im Falle einer bestehenden Zweckrelation in beide Richtungen (Freiheitsberaubung, um zu verletzen, oder Körperverletzung, um an der Fortbewegung zu hindern) Tateinheit angenommen. § 239 wird aber konsumiert, wenn die Freiheitsberaubung nur Nebenfolge der Körperverletzung ist (Bsp.: erhebliche Verletzungen lassen Fortbewegung nicht mehr zu).
- Im Verhältnis zu einer versuchten Qualifikation der Abs. 3 oder 4 muss das vollendete Grunddelikt in Idealkonkurrenz (§ 52) stehen, damit deutlich wird, dass dieses nicht nur versucht war.

k) Menschenraub, § 234

295 Der Menschenraub gem. § 234 ist ein *Spezialfall der Freiheitsberaubung*, der bestimmte qualifizierende Absichten des Täters voraussetzt. Seine Prüfungsrelevanz ist im Gegensatz zu den verwandten Tatbeständen der Geiselnahme (§ 239 b) und vor allem des erpresserischen Menschenraubs (§ 239 a) relativ gering. Denken Sie aber in Aussetzungsfällen immer auch an § 234. Am besten notieren Sie sich § 234 neben § 221. Die 1. Alt. des Abs. 1 ist übrigens auch

---

609 Vgl. BGHSt 3, 4.
610 So F § 239 Rn. 15; Sch/Sch § 239 Rn. 12 m. w. N.
611 So Krey, BT Bd. 1, Rn. 321 m. w. N.
612 Wessels, BT Bd. 1, Rn. 378. Lesen Sie hierzu auch unten Rn. 784 ff.

erfüllt, wenn sich das Opfer bereits in hilfloser Lage befindet und der Täter diesen Zustand zu verlängern bzw. zu verschlimmern beabsichtigt. § 234 verdrängt als lex specialis § 239. Beachten Sie auch, dass § 234 eine Katalogtat für die *Überwachung der Telekommunikation* nach § 100 a StPO (S. 1 Nr. 2) ist.

4. Geiselnahme, § 239 b

Trotz einer Mindeststrafdrohung von 5 Jahren werden die Geiselnahme (§ 239 b) und der strukturverwandte erpresserische Menschenraub (§ 239 a) in Klausuren gerne übersehen. Lassen Sie sich nicht von den Gesetzestiteln in die Irre führen: Immer, wenn der Täter **über eine andere Person Gewalt ausübt und zugleich ein weiteres Ziel verfolgt** (bei § 239 a vermögensbezogen, bei § 239 b ist nötigungsähnlich jedes weitere Ziel erfasst), müssen Sie an diese Delikte denken, **auch** und gerade **im Zwei-Personen-Verhältnis**. Da § 239 a neben der freiheits- und körperschützenden Komponente auch dem Vermögensschutz dient und sich insofern an den Erpressungstatbestand anlehnt, wird er im Anschluss an die Erpressung (vgl. Rn. 466 ff.) behandelt werden. Die wesentlichen Probleme, insbesondere die Tatbestandsmerkmale des ersten Teilakts und die restriktive Tatbestandsauslegung, sind aber identisch.

296

a) Geschütztes Rechtsgut

§ 239 b schützt die Freiheit des zu Nötigenden und die Freiheit und Unversehrtheit des Entführten.

297

b) Vorgeschlagenes Prüfungsschema

I. Abs. 1, 1. Alt.:
  1. Objektiver Tatbestand:
    a) Tatobjekt: jeder Mensch
    b) Tathandlung: Entführen oder Sich-Bemächtigen
  2. Subjektiver Tatbestand
    a) Vorsatz mind. als dol. evtl.
    *b) Absicht, das Opfer **oder** einen Dritten zu nötigen mittels*
      aa) Drohung mit dem Tod des Entführten
      bb) schwerer Körperverletzung des Entführten oder
      cc) Freiheitsentziehung des Entführten von über einer Woche Dauer
II. Abs. 1, 2. Alt.:
  1. Objektiver Tatbestand: Ausnutzen einer vom Täter bzw. Tatbeteiligten durch eine solche Handlung geschaffenen Lage zu einer solchen Nötigung
  2. Subjektiver Tatbestand: Vorsatz
III. Tatbestandsrestriktion
IV. Rechtswidrigkeit, Schuld
V. Strafzumessung, insb. tätige Reue, Abs. 2 i. V. m. § 239 a Abs. 4
VI. Erfolgsqualifikation, Abs. 2 i. V. m. § 239 a Abs. 3

298

c) Abs. 1, 1. Alt.

aa) Opfer

Opfer kann jeder Mensch sein, auch das eigene Kind[613].

299

---

613 BGHSt 26, 70 (71).

bb) Tathandlung: Entführen oder Sich-Bemächtigen

300 *Entführen* ist das Verbringen des Opfers an einen anderen Ort, an dem es dem ungehemmten Einfluss des Täters ausgesetzt ist.

Die eingesetzten Mittel sind dabei irrelevant. Auch List ist erfasst.

Sich-Bemächtigen ist die Begründung physischer Herrschaft über das Opfer, wofür keine Ortsveränderung erforderlich ist, z. B. in Schach halten mit der Waffe, eingesperrt halten. Nach dem BGH[614] genügt es auch, wenn der Täter das Opfer mit einer Scheinwaffe in Schach hält. Irrelevant ist, ob das Opfer seine Lage zutreffend erkennt, sodass § 239b im Gegensatz zu § 239 auch gegenüber einem Säugling möglich ist.

Das Einverständnis der Geisel ist tatbestandsausschließend (z. B. Scheingeisel), nicht aber bei der Ersatzgeisel[615]. Denn durch die Bereitstellung als Ersatzgeisel ändert sich nicht der illegale Zustand der Beherrschung eines anderen Menschen. Ebenso wenig genügt das durch List erschlichene Einverständnis oder das Einverständnis des gesetzlichen Vertreters[616].

cc) Subjektiver Tatbestand

301 Mit dem Vorsatz muss zum Zeitpunkt der Entführung oder des Sich-Bemächtigens die **doppelte Absicht** verbunden sein, eines der abschließend aufgezählten drei Nötigungsmittel einzusetzen, um das Opfer selbst oder einen Dritten zu einer Handlung, Duldung oder Unterlassung beliebiger Art zu veranlassen. Achtung: Im Gegensatz zu § 239a ist es für § 239b irrelevant, ob der Täter einen Anspruch auf dieses Nötigungsziel hat oder zu haben glaubt (z. B. gesetzmäßige Behandlung von Häftlingen), denn hier ist die Rechtswidrigkeit des Ziels kein Tatbestandsmerkmal. Auch § 240 Abs. 2 ist nicht anwendbar.

dd) Versuch und Vollendung

302 Die Tat ist bereits mit dem Entführen oder Sich-Bemächtigen in qualifizierter Nötigungsabsicht *vollendet*. Der *Versuch* beginnt mit dem Beginn der Entführung oder Bemächtigung. Rücktritt ist (nur) bis zur Erlangung der Herrschaftsmacht über das Opfer möglich.

d) Abs. 1, 2. Alt.

aa) Ausnutzen einer vom Täter durch eine solche Handlung geschaffenen Lage zu einer solchen Nötigung

303 In der 2. Tatbestandsalternative muss der Täter selbst oder ein Tatbeteiligter ohne die Absicht i. S. d. 1. Alt. das Opfer entführt oder sich seiner bemächtigt haben. Der Täter muss diese fortdauernde Lage aufgrund eines **nachträglich gefassten Entschlusses** zu einer solchen qualifizierten Nötigung ausnutzen. Nutzen Dritte die Situation derart aus, so erfüllt das den Tatbestand nur, wenn sie selbst die Lage mit aufrechterhalten und damit zu Tatbeteiligten der Entführung werden[617].

bb) Versuch und Vollendung

304 Die Tat ist hier nicht schon mit dem Fassen des Nötigungsvorsatzes, sondern erst mit Beginn der qualifizierten Nötigung zugleich versucht und vollendet[618].

---

[614] BGH NStZ 2002, 31; a. A. F § 239a Rn. 4a f.
[615] Sch/Sch § 239a Rn. 9 m. w. N.; F § 239a Rn. 3, leider ohne dogmatische Einordnung der Frage.
[616] Zu Letzterem: Sch/Sch a. a. O.
[617] F § 239b Rn. 5a.
[618] Str., wie hier BGHSt 26, 309 (310); F § 239b, Rn. 9; Sch/Sch § 239b Rn. 14.

e) Tatbestandsrestriktion

Nachdem 1989 der Anwendungsbereich der §§ 239 a/b auf Zwei-Personen-Verhältnisse erstreckt wurde, erfassen sie auch Sachverhalte, die bislang bereits durch §§ 177 bzw. §§ 253, 255 abgedeckt waren. Um wegen der unterschiedlichen Strafrahmen und des vorverlagerten Vollendungszeitpunkts in §§ 239 a/b Wertungswidersprüche zu vermeiden, sind diese Tatbestände nach einhelliger Ansicht einschränkend auszulegen. Der Große Senat des BGH[619] hat hierfür das Folgende vorgegeben:

305

Die besondere Strafwürdigkeit der §§ 239 a/b liegt in dem typischen **doppelten Zwang:** Über den Zwang hinaus, der im Sich-Bemächtigen bzw. Entführen liegt, muss deshalb ein weiterer dem Nötigungs- oder Erpressungsziel dienender Zwang gewollt sei. Hierfür muss der Täter gerade die geschaffene Zwangslage ausnutzen wollen, um einen weiteren Zwang zu schaffen.

> Erforderlich ist ein zeitlich-funktionaler Zusammenhang zwischen dem ersten, objektiv verwirklichten Teilakt des Entführens oder Sich-Bemächtigens und dem zweiten, in die Vorstellung des Täters verlagerten Teilakt der angestrebten weitergehenden Nötigung oder Erpressung.

Hieran fehlt es, wenn sich im Falle des Sich-Bemächtigens die „erste" Zwangssituation noch nicht *hinreichend stabilisiert* hat, bevor der Täter zum Nötigungs- oder Erpressungszwang übergehen will. Ob sich die Zwangssituation in diesem Sinne hinreichend stabilisiert hat, ist anhand der konkreten Umstände des Einzelfalls zu bestimmen. An der hinreichenden Stabilisierung fehlt es, wenn der Täter im unmittelbaren zeitlichen Zusammenhang *dasselbe* Zwangsmittel einsetzt, um sich des Opfers zu bemächtigen und um das weitere Ziel durchzusetzen: Bringt der Täter beispielsweise das Opfer durch Vorhalten eines Messers in seine Gewalt und zwingt es zugleich oder im unmittelbaren zeitlichen Zusammenhang zum Nötigungs- bzw. Erpressungsziel, so fehlt es an der für §§ 239 a/b typischen *doppelten* Zwangslage. Anders ist es freilich, wenn das Opfer zusätzlich *entführt* ist. Denn bereits durch die *Entführung* wird *regelmäßig* eine *eigenständige Zwangslage* geschaffen, die dann zu weiteren Zwängen ausgenutzt wird. Demgegenüber fehlt der erforderliche zeitlich-funktionale Zusammenhang i. S. d. Ausnutzens, wenn das Nötigungs- oder Erpressungsziel erst nach dem Ende der Bemächtigungs-/Entführungssituation vorgenommen werden soll.

Diese einschränkende Auslegung nimmt der BGH[620] auch im Drei-Personen-Verhältnis vor.

f) Strafzumessung

Übersehen Sie nicht die Möglichkeit der Strafmilderung bei *tätiger Reue* nach § 239b Abs. 2 i. V. m. § 239a Abs. 4. Diese kommt wegen ihres Zwecks, selbst in ausweglosen Situationen noch einen Anreiz zur Aufgabe zu schaffen, auch in Betracht, wenn der Täter nicht freiwillig, sondern z. B. nur wegen des Polizeieinsatzes das Opfer unter Verzicht auf die erstrebte Leistung freigibt[621].

306

g) Erfolgsqualifikation, § 239b Abs. 2 i. V. m. § 239a Abs. 3

Die Erfolgsqualifikation des § 239b Abs. 2 i. V. m. § 239a Abs. 3 setzt voraus, dass der Täter zumindest leichtfertig durch die Tat den Tod des Opfers verursacht. „Durch die Tat" bedeutet, dass sich hierin die tatbestandsspezifische Gefahr verwirklicht (*gefahrspezifischer Zusam-*

307

---

[619] BGH GS NJW 1995, 471. Begründet wird dies mit dem Wortlaut, dem Aufbau und der systematischen Stellung der Norm. In der Literatur wird insb. kritisiert, dass damit der besonders brutal vorgehende, sofort allen Zwang anwendende Täter privilegiert werde: Statt aller F § 239b Rn. 6 a m. w. N., der stattdessen auf die Außenwirkung der qualifizierten Nötigung abstellen will und auf weitere gesetzgeberische Ungereimtheiten hinweist, die aber nur de lege ferenda auszuräumen sind. Insgesamt sind die Leitlinien des BGH aber als anerkannte, zwischenzeitlich gefestigte Rechtsprechung anzusehen.

[620] BGH NStZ 1999, 509 f.

[621] Krey, BT Bd. 2, Rn. 328; Sch/Sch § 239a Rn. 40.

menhang). Dies ist wegen der für Geiselnahmen typischen Situation auch dann gegeben, wenn das Opfer durch das Eingreifen rettungswilliger Dritter, insb. Polizisten, oder bei einer waghalsigen Selbstbefreiungsaktion umkommt[622]. Der BGH[623] hat diesen spezifischen Gefahrenzusammenhang aber abgelehnt, wenn die Geiseln von Polizisten für die Täter gehalten werden und bei Verfolgungsmaßnahmen umkommen. Die Tat ist Dauerdelikt, das erst mit Abschluss des abgenötigten Verhaltens und Freilassung des Opfers beendet ist. Bis zu diesem Zeitpunkt ist auch die Qualifikation möglich.

h) Übersicht zur Abgrenzung

308 Zur Übersicht nachfolgend ein stark reduziertes Schema, das die Systematik der Delikte Nötigung, Erpressung, Geiselnahme und Erpresserischer Menschenraub darstellt. Dabei wird deutlich, dass §§ 239a und 239b jeweils das Entführen oder Sich-Bemächtigen objektiv voraussetzen und sich darüber hinaus die Geiselnahme durch die Absicht einer qualifizierten Nötigung (also Nötigung mit bestimmten qualifizierten Mitteln) auszeichnet, während der erpresserische Menschenraub die Absicht einer qualifizierten Erpressung (also Erpressung mit bestimmten qualifizierten Mitteln) verlangt.

Nötigung	Erpressung	Geiselnahme	Erpresserischer Menschenraub
Nötigung	Nötigung + Vermögensnachteil	Entführen/Sich-Bemächtigen + qualif. Nötigungsabsicht	Entführen/Sich-Bemächtigen + qualif. Erpressungsabsicht

i) Konkurrenzen und Prozessuales

309 Der erpresserische Menschenraub (§ 239a) ist lex specialis zur Geiselnahme (§ 239b), da in der Erpressungsabsicht stets auch eine Nötigungsabsicht enthalten ist. Tateinheit ist aber anzunehmen, wenn neben die Bereicherung ein weiteres Nötigungsziel tritt (z.B. freies Geleit, Fluchtfahrzeug). § 239 Abs. 1 ist aus Spezialitätsgründen verdrängt, Tateinheit ist aber möglich mit § 239 Abs. 2. § 239b Abs. 3 verdrängt § 239 Abs. 4. Aus Spezialitätsgründen verdrängt ist nach h.M.[624] auch § 240. Beachten Sie auch, dass § 239b eine Katalogtat für die *Überwachung der Telekommunikation* nach § 100a StPO (S. 1 Nr. 2) ist.

5. Hausfriedensbruch, § 123

a) Geschütztes Rechtsgut

310 § 123 schützt das Hausrecht, d.h. die Freiheit der Entscheidung darüber, wer sich innerhalb der geschützten Bereiche aufhalten darf und wer nicht[625].

b) Vorgeschlagenes Prüfungsschema

311 *I. Objektiver Tatbestand*
   1. Schutzobjekte:
      a) Wohnung
      b) Geschäftsraum
      c) befriedetes Besitztum
      d) abgeschlossene Räume, zum öffentlichen Dienst/Verkehr bestimmt

---

[622] Krey, BT Bd. 2, Rn. 329 m.w.N.
[623] BGHSt 33, 322 (325).
[624] F § 239b Rn. 10 m.w.N. Das ist allerdings nur für die versuchte Nötigung, jedoch nicht für die vollendete einsichtig, denn für § 239b genügt insofern ja bereits die Nötigungsabsicht.
[625] F § 123 Rn. 2; Wessels, BT Bd. 1, Rn. 573.

2. *Tathandlungen*
   a) *1. Alt.: Eindringen*
   b) *1. Alt. i. V. m. § 13: Eindringen durch Unterlassen*
   c) *(subsidiär:) 2. Alt.: Verweilen ohne Befugnis trotz Aufforderung zum Verlassen*
II. *Subjektiver Tatbestand: Vorsatz*
III. *Rechtswidrigkeit, Schuld*
IV. *Strafantrag, Abs. 2*
V. *Qualifikation: Schwerer Hausfriedensbruch, § 124*

c) Geschützte Räumlichkeiten

Zu den Definitionen der geschützten Räumlichkeiten s. **Fischer Rn. 5–12**. 312

d) Tathandlungen

aa) Eindringen, § 123 Abs. 1, 1. Alt.

Eindringen ist das Betreten gegen den Willen des Hausrechtsinhabers. 313

Inhaber des Hausrechts ist, wem kraft seiner Verfügungsgewalt das Bestimmungsrecht innerhalb des geschützten Bereichs zusteht. Das kann der Eigentümer sein, aber auch ein anderer, der dieses Recht von ihm ableitet, z. B. der *Mieter* (auch gegenüber dem Vermieter bis zur tatsächlichen Räumung). Strittig ist, ob der Vermieter ein Hausrecht gegenüber missliebigen Besuchern des Mieters hat. Die h. M.[626] nimmt ein Restverfügungsrecht an, das dem Vermieter gestattet, Dritten den Zutritt zu verweigern, soweit er dies nach dem Mietvertrag könnte (vertragswidrige Nutzung). Die Rechtsprechung hat dies teilweise auch bejaht, wenn der Mietvertrag über diese Rechte schweigt[627]. In *Wohngemeinschaften* steht das Hausrecht mehreren gemeinsam zu, sodass grundsätzlich jeder für sich voll dispositionsbefugt ist, soweit die Entscheidung dem anderen nicht schlechthin unzumutbar ist[628]. Das gilt auch für Ehegatten. Die Ausübung des Hausrechts ist übertragbar z. B. an Hausangestellte oder Kinder; entscheidend sind dann die Grenzen der Ermächtigung im Einzelfall.

Das *Einverständnis* wirkt *tatbestandsausschließend*. Es wird oft konkludent in genereller Form an alle erteilt, die nicht in *erkennbar* krimineller Absicht eintreten (z. B. in Warenhäusern, Banken) oder an alle, die den Eintritt bezahlt haben (z. B. im Theater), sog. *generelle Zutrittserlaubnis*. Hausfriedensbruch liegt bei Warenhäusern oder Banken dann erst vor, wenn der Täter nach Verhalten oder Erscheinungsbild erkennbar nicht zum berechtigten Personenkreis gehört[629], z. B. der maskierte Bankräuber. Wirksam ist das Einverständnis nur, wenn es bewusst und freiwillig erteilt wurde, nach h. M.[630] auch wenn es erschlichen ist. Deshalb ist der Einsatz von verdeckt ermittelnden Polizeibeamten, die nicht unter § 110e StPO fallen und mit in die Wohnung der observierten Person gehen, bereits wegen des tatbestandsausschließenden Einverständnisses kein Hausfriedensbruch.

Für das *Betreten* ist ein körperlicher Grenzübertritt erforderlich, der in der Regel schon mit einem Körperteil (z. B. der Fuß in der Tür) verwirklicht wird[631].

bb) Eindringen durch Unterlassen, § 123 Abs. 1 1. Alt. i. V. m. § 13

Verbleibt der zunächst unvorsätzlich, gerechtfertigt oder entschuldigt eingedrungene Täter 314
im geschützten Bereich, obwohl er seine mangelnde oder nun weggefallene Befugnis erkennt, so macht er sich des Eindringens durch Unterlassen nach § 123 Abs. 1 1. Alt. i. V. m. § 13 straf-

---

626 OLG Braunschweig NJW 1966, 263 (264); F § 123 Rn. 3. Abw.: Sch/Sch § 123 Rn. 17.
627 OLG Braunschweig NJW 1966, 263 (264); OLG Hamm GA 61, 181 (182).
628 F § 123 Rn. 4, z. B. wegen vorangegangener Rechtsbrüche in der Wohnung.
629 OLG Düsseldorf NJW 1982, 2678 (2679); Wessels, BT Bd. 1, Rn. 591; F § 123 Rn. 17.
630 Wessels, BT Bd. 1, Rn. 587; F § 123 Rn. 23 f.; a. A. OLG München NJW 1972, 2275.
631 F § 123 Rn. 15; noch weitergehend RGSt 39, 440 (441): Hineingreifen ausreichend.

bar. Die Garantenpflicht folgt aus Ingerenz. Auf den subsidiären § 123 Abs. 1 2. Alt. mit dem Erfordernis der Aufforderung muss dann nach h.M.[632] nicht zurückgegriffen werden. Etwas anderes gilt aber dann, wenn der Täter den geschützten Bereich zunächst erlaubt, d.h. mit dem Willen des Berechtigten, betreten hat und sich dann nicht entfernt. Hier scheidet Ingerenz mangels vorherigem vorwerfbaren Tun aus, sodass die 1. Alt. des unechten Unterlassungsdelikts nicht erfüllt ist. Für eine Strafbarkeit nach der 2. Alt. (echtes Unterlassungsdelikt) bedarf es einer – zumindest konkludenten! – Aufforderung.

cc) Verweilen ohne Befugnis trotz Aufforderung zum Verlassen, § 123 Abs. 1 2. Alt.

315 Hier handelt es sich um ein echtes Unterlassungsdelikt, das aber gegenüber der 1. Alt. (auch i.V.m. § 13) subsidiär ist.

e) Rechtswidrigkeit („widerrechtlich", „ohne Befugnis")

316 Mögliche Rechtfertigungsgründe sind insbesondere die mutmaßliche Einwilligung bei Rettungseinsätzen, § 758 ZPO für die Pfändung des Gerichtsvollziehers sowie §§ 92, 102 und 104 StPO für die Strafverfolgungsorgane.

f) Konkurrenzen und Prozessuales

317 Der Hausfriedensbruch ist Dauerdelikt. Zu den Konsequenzen für die Konkurrenzen s.u. C (Rn. 781f.).

§ 123 wird nur auf *Antrag* verfolgt. Die Möglichkeit, ein besonderes öffentliches Interesse an der Strafverfolgung zu bejahen, besteht hier nicht. Fehlt der Antrag, so handelt es sich um ein Prozesshindernis, s. im Einzelnen oben Rn. 17ff. § 123 ist *Privatklagedelikt* mit den in Rn. 265 dargestellten Besonderheiten.

6. Nachstellung (Stalking), § 238

318 § 238 wurde eingeführt mit Wirkung zum 31. 3. 2007[633], ist also eine relativ neue Vorschrift. Gerade im Zusammenhang mit Prominenten wurde die Problematik unter den Begriff „Stalking" schon länger diskutiert.

a) Geschütztes Rechtsgut

319 ist der individuelle Lebensbereich als ein Aspekt der Freiheit der Person; dahinter stehen die Individualrechtsgüter der körperlichen und psychischen Integrität, der Fortbewegungs-, Entschließungs- und Handlungsfreiheit, des informationellen Selbstbestimmungsrechts und der Ehre[634]. Kein Schutzgut ist das Vermögen.

b) Tathandlung

320 ist das Nachstellen, das meint die schwerwiegende Beeinträchtigung der Lebensgestaltung des Opfers durch verschiedene aufgezählte Verhaltensweisen (bitte lesen!). Problematisch ist insbesondere § 238 Abs. 1 Nr. 5, der die Vornahme „anderer vergleichbarer Handlungen" nennt. Ob dies im Hinblick auf die Bestimmtheit der Norm verfassungsgemäß ist, ist zweifelhaft[635]. Was als „vergleichbar" angesehen werden könnte, können Sie bei **Fischer § 238 Rn. 17a nachlesen**.

---

[632] F § 123 Rn. 25 m.w.N. auch zur abw. Lehrmeinung, die hierdurch den ausdrücklichen Willen des Gesetzgebers umgangen sieht. Vgl. auch BGHSt 21, 224 (225).
[633] Gesetz zur Strafbarkeit beharrlicher Nachstellung v. 22.3.2007 (BGBl. I S. 354).
[634] F § 238 Rn. 2.
[635] Vgl. F § 238 Rn. 5ff.

Beachten Sie, dass § 238 Abs. 1 Nr. 2 mit dem Versuch des Kontaktherstellens ein echtes Unternehmensdelikt enthält; auf den Eintritt des Erfolgs kommt es hier nicht an.

Sämtliche in Abs. 1 aufgeführten Handlungen müssen *beharrlich* vorgenommen werden; dieses Wort sollten Sie sich in der ersten Zeile des Abs. 1 unbedingt markieren. Beharrlichkeit setzt voraus, dass die Handlung aus *bewusster Missachtung* des entgegenstehenden (vermutlichen) Willens der betroffenen Person *wiederholt* vorgenommen wird und dass *die Tathandlung selbst* dies sowie die fortdauernde Bereitschaft zu einer solchen Missachtung erkennen lässt[636]. Die Beharrlichkeit ist ein besonderes persönliches Merkmal im Sinne des § 28 Abs. 1[637]. Eine bestimmte zu fordernde Mindestanzahl der nachstellenden Handlungen möchte der BGH ausdrücklich nicht festlegen[638].

Des Weiteren muss der Täter *unbefugt* handeln. Nach Auffassung des Gesetzgebers handelt es sich um ein Tatbestandsmerkmal, nicht erst eine Frage der Rechtswidrigkeit[639]. Grund hierfür ist, dass die Handlungsvarianten des Abs. 1 auch sozialadäquate Handlungen umfassen, sodass durch die Tatbestandsverwirklichung die Rechtswidrigkeit nicht indiziert sei; „unbefugt" meint insbesondere, dass die Handlung gegen den Willen der betroffenen Person erfolgt[640]. Eine Befugnis kann sich jedoch auch aus öffentlich-rechtlichen Vorschriften, zivilrechtlichen Ansprüchen u. a. ergeben. **321**

In allen Fällen muss der Taterfolg die schwerwiegende Beeinträchtigung der Lebensgestaltung sein. Nach den Gesetzesmaterialien verlangt dies eine unzumutbare, über das „übliche" Maß hinausgehende, von der betroffenen Person zu Recht als aufgezwungen empfundene negative Veränderung der äußeren Lebensgestaltung, die über eine bloße Belästigung hinausgeht[641]. **322**

c) Subjektiver Tatbestand

Grundsätzlich reicht bedingter Vorsatz aus; allerdings wird das Merkmal „beharrlich" regelmäßig wohl nur durch direkt vorsätzliche oder gar absichtliche Handlungen erfüllt sein. Hinsichtlich der Verwirklichung des Tatbestandsmerkmals „schwerwiegend" genügt eine Parallelwertung in der Laiensphäre. **323**

d) Qualifikationen

Die Abs. 2 und 3 enthalten Qualifikationen, die sich vor allem darin unterscheiden, welche subjektiven Voraussetzungen jeweils vorliegen müssen. Auf den Eintritt der Gefährdung im Sinne des § 238 Abs. 2 Nr. 2 (Gefahr des Todes oder einer schweren Gesundheitsschädigung) muss sich der Vorsatz des Täters erstrecken, § 18 gilt insofern nicht[642]. Hingegen enthält Abs. 3 eine Erfolgsqualifikation im Sinne des § 18, sodass in Bezug auf die schwere Folge (des Todes) Fahrlässigkeit ausreicht, Vorsatz jedoch auch möglich ist. Zwischen der Tathandlung und dem Eintritt des Todes muss der gleiche spezifische Ursachenzusammenhang vorliegen wie bei § 227. **324**

Ob ein erfolgsqualifizierter Versuch des Abs. 3 möglich ist, ist umstritten, wohl aber abzulehnen, da der Versuch des Grunddelikts hier nicht strafbar ist[643].

---

636 F § 238 Rn. 19.
637 F § 238 Rn. 20.
638 BGH NStZ 2010, 277.
639 BT-Drs. 16/575, 7.
640 F § 238 Rn. 26, der die fehlende Befugnis allerdings nur für die Nummern 1 und 2 des Abs. 1 als zum Tatbestand gehörig ansieht. In den Nummern 3 und 4 sei dagegen schon kein sozialadäquates Handeln möglich, sodass hier eine eventuell vorliegende Befugnis sich erst auf der Ebene der Rechtswidrigkeit auswirken dürfe. Ebenso Sch/Sch § 238 Rn. 26.
641 F § 238 Rn. 23.
642 F § 238 Rn. 35.
643 So F § 238 Rn. 37; ebenso Sch/Sch § 238 Rn. 38; Nachweise zur Gegenmeinung bei F § 22 Rn. 37.

e) Strafantrag

325 § 238 ist in seinem Grunddelikt (Abs. 1) ein Antragsdelikt, das bei Bejahung des besonderen öffentlichen Interesses an der Strafverfolgung jedoch auch ohne Strafantrag verfolgt werden kann, § 238 Abs. 4.

Zu beachten ist, dass mit der Einführung des § 238 die Nachstellung auch in die Liste der Privatklagedelikte (§ 374 Abs. 1 Nr. 5 StPO) aufgenommen wurde.

f) Konkurrenzen

326 § 238 ist kein Dauerdelikt. Mehrere Handlungen nach Abs. 1 gegen dasselbe Tatopfer werden aber in der Regel eine tatbestandliche Handlungseinheit (das heißt nur eine Tat im Rechtssinne) darstellen[644]. Sind gleichzeitig mehrere Personen betroffen, stehen die Verstöße gegen § 238 in gleichartiger Tateinheit. Auch mit zum Zweck des Nachstellens begangenen anderen Straftaten (z. B. §§ 240, 241, 123, 177 usw.) soll Tateinheit möglich sein[645].

IV. Ehrdelikte

327 Bevor man in die Prüfung eines der Tatbestände der Ehrdelikte einsteigt, sollte man sich zuvor die *Systematik* der §§ 185, 186 und 187 klarmachen:
– Äußerungen (nur) dem Betroffenen gegenüber fallen nur unter § 185; es kann sich um Werturteile oder Tatsachenbehauptungen handeln.
– Äußerungen, die (auch) Dritten gegenüber gemacht werden, sind danach zu unterscheiden, ob es sich um Werturteile (dann ist nur § 185 einschlägig) oder Tatsachenbehauptungen handelt. Bei Tatsachenbehauptungen gilt:
  – unwahre Tatsachen: § 187 (und § 188 Abs. 2),
  – nicht erweislich wahre Tatsachen: § 186 (und § 188 Abs. 1),
  – wahre Tatsachen: § 185 i. V. m. § 192.

1. Beleidigung, § 185

a) Geschütztes Rechtsgut

328 Ehre ist der Wert eines Menschen, der diesem kraft seiner Personenwürde, seines sittlichen Verhaltens sowie seiner Leistungen und Eigenschaften für die Erfüllung sozialer Funktionen zukommt und der einen Anspruch dieses Menschen auf Achtung begründet[646].

b) Vorgeschlagenes Prüfungsschema

329 *I. Objektiver Tatbestand*
  1. Kundgabe eines Werturteils (egal, ob dem Betroffenen oder einem Dritten gegenüber) oder einer Tatsache (nur) gegenüber dem Betroffenen
  2. Ehrenrührigkeit der Äußerung
  3. Beleidigungsfähigkeit des Betroffenen
II. Subjektiver Tatbestand
  Vorsatz
III. Qualifikation: Tätliche Beleidigung, § 185, 2. Alt.
IV. Rechtfertigung
  Insbesondere: § 193

---

[644] Ebenso BGH NStZ 2010, 277. Voraussetzung ist, dass die einzelnen Handlungen einen ausreichenden räumlichen und zeitlichen Zusammenhang aufweisen und von einem fortbestehenden einheitlichen Willen des Täters getragen sind.
[645] F § 238 Rn. 39.
[646] Sog. normativer Ehrbegriff, vgl. BGHSt 1, 288 (289): „Ehre ist der Anspruch eines Menschen auf Achtung seiner Persönlichkeit"; zu den verschiedenen Definitionen des Begriffs „Ehre" vgl. F Vor § 185 Rn. 3 ff. und § 185 Rn. 3, 8.

V. Schuld
VI. Strafantrag, § 194

c) Tathandlung

Die – im gesetzlichen Tatbestand nicht genannte – Tathandlung besteht in der Kundgabe der Missachtung oder Nichtachtung. Entscheidend ist, dass sich die ehrkränkende Äußerung an einen anderen richtet und zur Kenntnisnahme durch andere bestimmt ist (nicht so z.B. bei Tagebuchaufzeichnungen). Problematisch ist die Strafbarkeit von ehrverletzenden **Äußerungen im engsten Familienkreis**; dass hier nicht generell ein „rechtsfreier Raum" herrscht, erkennt man schon daran, dass sich selbstverständlich der Ehemann der Beleidigung seiner Ehefrau strafbar machen kann (und umgekehrt!). Jedoch besteht nahezu Übereinstimmung darüber, dass Äußerungen über einen Außenstehenden, die im engsten Kreis getätigt werden, nicht die Strafbarkeit des Kundgebenden begründen sollen (sog. „beleidigungsfreie Sphäre"[647]), wobei die dogmatischen Begründungen für dieses Ergebnis auseinanderfallen[648]. Soll nach einer Ansicht der Rechtfertigungsgrund des § 193 eingreifen[649], ist nach anderer Ansicht im Wege der teleologischen Reduktion bereits die Tatbestandsmäßigkeit zu verneinen, da es entweder am objektiven Merkmal der Kundgabe oder jedenfalls am Kundgabevorsatz fehle[650], wenn der Täter mit der Vertraulichkeit gerechnet habe.

Die Kundgabe kann in einer Vielzahl von Verhaltensweisen bestehen: Meinungsäußerungen, symbolische Handlungen, Zumutung unsittlicher Handlungen, Tätlichkeiten u.a.[651]. Besonders problematisch ist die Einordnung sexueller oder sexualbezogener Handlungen (sog. **Beleidigung mit sexuellem Hintergrund**[652]). Hier ist generell zu verlangen, dass über die Handlung als solche hinaus eine Herabsetzung des Opfers durch den Täter gewollt ist, d.h. der Täter selbst die Handlung als ehrenrührig ansieht.

Im Rahmen der Äußerungen ist *zwischen Werturteilen und Tatsachenbehauptungen zu unterscheiden*. Während die Äußerung von Werturteilen stets nur unter § 185 fallen kann, sind hinsichtlich von Tatsachenbehauptungen die §§ 186, 187 die spezielleren Vorschriften, sodass unwahre oder nicht erweislich wahre Tatsachenbehauptungen gegenüber Dritten nicht unter § 185 fallen, wohl aber unwahre Tatsachenbehauptungen gegenüber dem Betroffenen. Wahre Tatsachenbehauptungen sind grundsätzlich nicht strafbar, es sei denn, sie wirken durch ihre Form oder die Umstände, unter denen sie getätigt werden, ehrverletzend (sog. *Formalbeleidigung*), § 192. Nach BayObLG (NJW 1959, 57) ist für Tatsachenbehauptungen (nur) dem Betroffenen gegenüber die Unwahrheit der Tatsache sogar ungeschriebenes Tatbestandsmerkmal, mit der Folge, dass insofern der Grundsatz „in dubio pro reo" gilt: Lässt sich nicht klären, ob die Tatsache wahr oder unwahr ist, bleibt der Täter straflos.

Aus dem Vorhergehenden ergibt sich folgende Systematik der §§ 185–187:

Äußerung ...	(nur) gegenüber dem Betroffenen	(auch) gegenüber Dritten
von Werturteilen	§ 185	§ 185
von unwahren Tatsachen	§ 185	§ 187

---

647 Das gewünschte Ergebnis wird damit begründet, dass aus dem Schutz des Persönlichkeitsrechts eines Menschen (eingedenk seines „urmenschlichen Bedürfnisses nach einem Sich-Mitteilen-Können", vgl. Sch/Sch Vor §§ 185 ff. Rn. 9a) folge, dass dieser einen Freiraum haben müsse, in dem er sich abwägungsfrei aussprechen könne; vgl. auch BVerfGE 90, 255. Dies soll aber nach h.M. nicht für verleumderische Behauptungen wider besseres Wissen gelten, vgl. Wessels, BT Bd. 1, Rn. 486; Sch/Sch Vor §§ 185 ff. Rn. 9b m.w.N.
648 Vgl. hierzu F § 185 Rn. 12.
649 Z.B. RGSt 71, 159 (164).
650 S. Krey, BT Bd. 1, Rn. 417 f. Vom Ergebnis (teleologische Tatbestandsreduktion) ebenso Sch/Sch Vor §§ 185 ff. Rn. 9a.
651 Vgl. F § 185 Rn. 5–11 d.
652 Hierzu vgl. F § 185 Rn. 11 ff.

von nicht erweislich wahren Tatsachen	„in dubio pro reo"	§ 186
von wahren Tatsachen	straflos; Ausn.: § 192	straflos; Ausn.: § 192

d) Beleidigungsfähigkeit

330 Beleidigungsfähig ist zunächst einmal jeder lebende[653] Mensch, dann nach h. M. alle Personengemeinschaften, Verbände und Kapitalgesellschaften, soweit sie eine rechtlich anerkannte soziale Funktion erfüllen und einen einheitlichen Willen bilden können[654].

Hinzu kommt unter bestimmten Umständen die Beleidigungsfähigkeit **Einzelner**[655] unter einer sog. **Kollektivbezeichnung**[656]. Voraussetzung ist, dass der genannte Personenkreis aufgrund bestimmter Merkmale klar umgrenzt ist und aus der Allgemeinheit deutlich hervortritt[657]. Fehlt es daran, verliert sich die Beleidigung in der Unbestimmtheit und niemand ist beleidigt.

Hier können zwei verschiedene Formulierungen jeweils dazu führen, dass **alle** Angehörigen des bezeichneten Kollektivs in ihrer Ehre verletzt sein können: Zum einen die Behauptung eines ehrenrührigen Umstands bzgl. aller Angehörigen des Kollektivs (Bsp.: alle Mitglieder des Deutschen Bundestags seien Verbrecher); zum anderen die Bezugnahme auf einen, aber nicht näher bestimmten Angehörigen, sodass jeder Einzelne von der Behauptung betroffen sein könnte (Bsp.: unter den Mitgliedern der X-Fraktion befindet sich ein Verbrecher). Voraussetzung in letzterem Fall ist aber, dass der betroffene Kreis zahlenmäßig eher klein ist, wobei die Grenze sich danach bestimmt, bis zu welcher Anzahl jeder Einzelne in den Verdacht geraten kann, der tatsächlich Gemeinte zu sein.

e) Der Rechtfertigungsgrund des § 193

331 Neben den allgemeinen Rechtfertigungsgründen wie Notwehr oder wirksamer Einwilligung normiert § 193 für die Beleidigungsdelikte besondere Rechtfertigungsgründe, von denen die **Wahrnehmung berechtigter Interessen** der praktisch wichtigste ist. Dieser Rechtfertigungsgrund setzt voraus, dass ein schutzwürdiges öffentliches oder privates (grundsätzlich eigenes[658], ideelles oder materielles Interesse mit der Tat verfolgt wird und zusätzlich die Art der Interessenwahrnehmung nach den Umständen berechtigt ist, d. h. die Tathandlung sich nach Abwägung der widerstreitenden Interessen und der im Einzelfall berührten Grundrechte als angemessenes[659] Mittel darstellt. Bei Äußerungen im Rahmen der öffentlichen und politischen Meinungsbildung ist die **Wechselwirkungstheorie**[660] des BVerfG zu beachten, das § 193 als Ausprägung des Art. 5 GG versteht und eine umfassende Güter- und Interessenabwägung verlangt, bei der das Recht auf freie Meinungsäußerung in der Regel Vorrang vor dem Schutz der Ehre des Einzelnen hat, insbesondere in allen Angelegenheiten von öffentlichem Interesse und im politischen Meinungskampf[661]. Nur Schmähkritik, die lediglich der Diffamierung des Betroffenen dient, und die Behauptung von Tatsachen, deren Unwahrheit der

---

[653] Die Ehre Toter ist nur über § 189 geschützt.
[654] Vgl. BGHSt 6, 186; weitere Nachweise bei F Vor § 185 Rn. 12 f. Hieraus folgt umgekehrt, dass andere Personenmehrheiten (wie z. B. die Familie) als solche nicht beleidigungsfähig sind!
[655] Ob die Institution als solche oder aber einzelne Mitglieder beleidigt werden, ist vor allem wesentlich für die Frage, von wem Strafantrag gestellt werden kann.
[656] Lesen Sie hierzu F Vor § 185 Rn. 9–11 a.
[657] Bsp.: „die an dem Einsatz beteiligte Polizei"; nicht dagegen allgemein „die deutsche Polizei".
[658] Zu Ausnahmen s. F § 193 Rn. 14.
[659] Angemessen ist nur ein Mittel, dass zur Erreichung des Zwecks geeignet und zugleich das schonendste mehrerer in Frage kommenden Mittel ist. Anerkannt ist, dass gerade bei öffentlichen Behauptungen (Presse!) unter dem Gesichtspunkt der Angemessenheit im Rahmen des Zumutbaren eine **Erkundigungspflicht** in Bezug auf den Wahrheitsgehalt der Äußerung besteht.
[660] BVerfGE 7, 198 (208 f.): Die allgemeinen Gesetze i. S. d. Art. 5 Abs. 2 GG, die das Grundrecht einschränken können, müssen ihrerseits im Licht der Bedeutung des Grundrechts interpretiert werden.
[661] Vgl. BVerfGE 7, 198 (212); 42, 163.

Äußernde kennt oder die evident ist, ist von dem Schutz der Art. 5 GG, § 193 StGB ausgenommen[662].

In subjektiver Hinsicht ist erforderlich, dass der Täter die Äußerung zum Zwecke der Interessenwahrnehmung tätigte.

f) Konkurrenzen

Zwischen § 185 und den §§ 186, 187 ist Tateinheit möglich, insbesondere, wenn eine unwahre Tatsache gleichzeitig gegenüber einem Dritten und dem Betroffenen selbst behauptet wird. Mehrere tateinheitliche Fälle der Beleidigung liegen vor, wenn durch eine einzige Äußerung mehrere Personen gleichzeitig in ihrer Ehre verletzt werden.

332

2. Üble Nachrede, § 186
a) Vorgeschlagenes Prüfungsschema

I. *Objektiver Tatbestand*
   1. *Tatsache ehrenrühriger Art*
   2. *Kundgabe gegenüber Drittem (durch Behauptung oder Verbreitung)*
   3. *Beleidigungsfähigkeit des Betroffenen*
II. *Subjektiver Tatbestand*
    Vorsatz
III. *Objektive Bedingung der Strafbarkeit*
     = Nichterweislichkeit der Wahrheit der Tatsache
IV. *Qualifikation: öffentlich oder durch Verbreiten von Schriften (§ 186 2. Alt.)*
V. *Rechtswidrigkeit (insb. § 193)*
VI. *Schuld*
VII. *Strafantrag*

333

b) Anmerkungen

Lesen Sie die Ausführungen oben unter Rn. 327 zur Systematik der Ehrdelikte. Der Tatbestand der üblen Nachrede ist also nur zu prüfen, wenn es um Tatsachenbehauptungen gegenüber Dritten geht. Die Nichterweislichkeit der Wahrheit ist dabei **objektive Bedingung der Strafbarkeit**, auf die sich der Vorsatz des Täters nicht zu beziehen braucht, d.h. er macht sich auch dann nach § 186 strafbar, wenn er selbst von der Richtigkeit seiner Behauptung ausging[663]. Ob die behauptete Tatsache wahr ist, ist im Prozess gem. § 244 Abs. 2 StPO von Amts wegen zu prüfen; lässt sich die Wahrheit aber nicht feststellen, geht diese Unsicherheit grundsätzlich zu Lasten des Täters.

Hinsichtlich der Rechtswidrigkeit ist wiederum § 193 zu beachten[664].

3. Verleumdung und Kreditgefährdung, § 187
a) Geschütztes Rechtsgut: Ehre, Vermögen[665]
b) Vorgeschlagenes Prüfungsschema

I. *Objektiver Tatbestand*
   1. *Unwahre Tatsache*

334

335

---

662 S. zu dem Ganzen auch F § 193 Rn. 17 ff.
663 Ja selbst, wenn die Behauptung sogar obj. richtig war, er dies in einem Prozess aber nicht nachweisen kann (z.B. weil kein Beweismittel dafür existiert oder ein vorhandenes Beweismittel wieder verloren ging) – vgl. zu den dogmatischen Bedenken deshalb F § 186 Rn. 13, 13a.
664 S. o. Rn. 331.
665 So z.B. F § 187 Rn. 1 für die Variante der Kreditgefährdung; ebenso Sch/Sch § 187 Rn. 1 m. Nachw. zur Gegenmeinung (nur Ehrdelikt).

2. Ehrenrühriger oder kreditgefährdender Art
3. Kundgabe gegenüber Dritten durch Behauptung oder Verbreitung
4. Beleidigungsfähigkeit des Betroffenen
II. Subjektiver Tatbestand
1. Vorsatz
2. Hinsichtlich der Unwahrheit der Tatsache: wider besseres Wissen
III. Rechtswidrigkeit, Schuld
IV. Strafantrag

c) Anmerkungen

336 Anders als im Rahmen des § 186 ist hier die Unwahrheit der geäußerten Tatsache *Tatbestandsmerkmal* (und nicht objektive Bedingung der Strafbarkeit). Hinsichtlich dieses Merkmals muss der Täter mit (mind.) direktem Vorsatz gehandelt haben, während im Übrigen dol. evt. genügt.

Problematisch ist die Anwendbarkeit des § 193 als Rechtfertigungsgrund im Rahmen des § 187. Zum Teil wird die Ansicht vertreten, die in § 193 geforderte Interessenabwägung könne nie ein überwiegendes Interesse an einer bewussten Lüge gegenüber dem Ehrschutz des Betroffenen ergeben[666]. Nach anderer Ansicht ist § 193 zumindest in Ausnahmefällen auf § 187 anwendbar[667].

Soweit es um die Tatbestandsalternative der Kreditgefährdung geht, kann auch eine juristische Person als Träger des geschützten Rechtsguts Vermögen durch die Tat verletzt werden; dies ist für die Frage, von wem Strafantrag gestellt werden kann oder muss, relevant.

Abschnitt 2: Straftaten gegen Vermögenswerte

I. Eigentumsdelikte

1. Sachbeschädigung, § 303

a) Schutzgüter

337 Schutzgüter sind das Eigentum sowie das Sacherhaltungsinteresse.

b) Vorgeschlagenes Prüfungsschema

338 I. *Objektiver Tatbestand*
 1. *fremde Sache*
 2. *Beschädigen oder Zerstören (Abs. 1)*
 3. *erhebliche Veränderung des Erscheinungsbildes (Abs. 2)*
II. *Subjektiver Tatbestand*
 = *Vorsatz*
III. *Rechtswidrigkeit, Schuld*
IV. *Strafantrag (oder besonderes öffentliches Interesse), § 303 c*

c) Objektiver Tatbestand

339 aa) *Sache* i. S. d. § 303 ist jeder körperliche Gegenstand (§ 90 BGB), unabhängig davon, ob beweglich oder unbeweglich. Es kommt ebenfalls nicht darauf an, welchen Aggregatzustand oder Vermögenswert die Sache hat.

---

[666] So z. B. Sch/Sch § 193 Rn. 2.
[667] F § 193 Rn. 3 m. Hinweisen auf die Rechtsprechung.

bb) Ob die Sache *fremd* ist, richtet sich ebenfalls nach den nach BGB zu beurteilenden Eigentumsverhältnissen. Nur eine Sache, die ausschließlich im Alleineigentum des Täters steht (oder aber herrenlos ist), ist nicht fremd i. S. d. § 303[668].

340

cc) *Beschädigung* bedeutet die Herbeiführung einer nicht nur ganz unerheblichen Substanzverletzung und/oder Funktionsbeeinträchtigung[669]. Unerheblich ist sie dann, wenn mit einem nur geringen Aufwand an Mühe oder Kosten der ursprüngliche Zustand wiederhergestellt werden kann[670]. Fraglich ist, ob im Falle der Funktionsbeeinträchtigung eine irgendwie geartete Einwirkung *auf die Sache* verlangt werden muss. Anlass zu dieser Überlegung gibt eine – auch aus Examensicht – interessante Entscheidung des OLG München[671], wonach eine Sachbeschädigung in Form einer Funktionsbeeinträchtigung auch dann vorliegen soll, wenn eine Radaranlage durch *am Auto* angebrachte Reflektoren beim „Blitzen" so geblendet wird, dass das geschossene Beweisfoto wegen Überbelichtung unbrauchbar wird. Die angebliche Parallele zu dem Fall, in dem das Objektiv *der Anlage* mit Senf beschmiert wurde[672], überzeugt hier nach unserer Ansicht nicht.

341

dd) *Zerstören* bedeutet über das Beschädigen hinaus Substanzvernichtung und/oder völlige Unbrauchbarmachung. Hier ist die Abgrenzung zur (straflosen) Sachentziehung zu beachten, die z. B. vorliegen kann, wenn eine Sache weggeworfen wird, ohne dass sie dabei zu Schaden kommt.

342

ee) Der bisherige Streit, ob auch ohne Verletzung der Substanz oder Beeinträchtigung der funtionsmäßigen Brauchbarkeit eine Sachbeschädigung vorliegt, wenn – z. B. durch Beschmutzen, Beschmieren mit Farbe oder Bekleben mit Plakaten – allein das äußere Erscheinungsbild gegen den Willen des Eigentümers verändert wurde (sog. Verunstaltung), wurde durch den Gesetzgeber durch Einfügung des Abs. 2 entschieden. Danach ist nun jede unbefugte „Veränderung" des äußeren Erscheinungsbildes (sogar durch den Aufbau von Sichthindernissen), die nicht nur unerheblich oder vorübergehend ist, strafbar. „Unerheblich" und „vorübergehend" werden dabei vom Gesetzgeber nicht scharf getrennt. So soll „unerheblich" sein, was nicht unmittelbar auf die Substanz der Sache einwirkt und was nicht dauerhaft ist; „vorübergehend" sind solche Veränderungen, die sich leicht wieder entfernen lassen.

342a

Eine weitere Einschränkung des Tatbestands besteht darin, dass der Täter *unbefugt* handeln muss; es soll sich hierbei um ein Tatbestandsmerkmal handeln[673].

Eine entsprechende Ergänzung in Abs. 2 hat übrigens auch die gemeinschaftliche Sachbeschädigung § 304 erfahren.

d) Subjektiver Tatbestand und Prozessuales

> **TIPP:** Denken Sie daran, dass nur vorsätzliche Sachbeschädigung strafbar ist und zur Verfolgbarkeit der Tat ein Strafantrag oder zumindest die Bejahung des besonderen öffentlichen Interesses gem. § 303 c gehört (Verfahrenshindernis)!

343

Im Übrigen handelt es sich bei § 303 um ein Privatklagedelikt (zu den prozessualen Konsequenzen s. o. Rn. 265).

---

668 Streichen Sie sich die Verweisung in F § 303 Rn. 4 auf § 242 Rn. 5 ff. an!
669 Allerdings ist nur die ursprüngliche Funktion einer Sache durch § 303 geschützt, nicht dagegen eine weitergehende Funktion, die der Eigentümer ihr zumisst.
670 Auch eine sehr einfache Möglichkeit, den ursprünglichen Zustand wieder herbeizuführen, ändert aber an der Sachbeschädigung wohl nichts mehr, wenn sich die verursachte Funktionsbeeinträchtigung bereits unumkehrbar ausgewirkt hat (z. B. weil der entscheidende Vorgang von dem Aufzeichnungsgerät **nicht** aufgezeichnet wurde).
671 OLG München NStZ 07, 271.
672 OLG Köln NZV 99, 136.
673 Vgl. F § 303 Rn. 20.

2. Diebstahl, §§ 242 ff.

a) Geschützte Rechtsgüter

344
– Eigentum
– Gewahrsam[674]

b) Vorgeschlagenes Prüfungsschema

345
I. Objektiver Tatbestand
   1. fremde bewegliche Sache
   2. Wegnahme
      a) Bruch fremden Gewahrsams
      b) Begründung neuen, nicht unbedingt eigenen Gewahrsams
   3. evtl: Qualifikationstatbestand (obj.)
II. Subjektiver Tatbestand
   1. Vorsatz bzgl. aller objektiven Tatbestandsmerkmale
   2. Absicht rechtswidriger Zueignung
      a) Absicht zumindest vorübergehender Aneignung
      b) Vorsatz bzgl. dauernder Enteignung
      c) Bewusstsein der objektiv gegebenen (!) Rechtswidrigkeit der Zueignung
      d) evtl: Vorsatz hinsichtlich des Qualifikationstatbestands
III. Rechtswidrigkeit, Schuld
IV. Strafantrag in den Fällen des §§ 247, 248a StGB
V. in der Strafzumessung: Vorliegen eines Regelbeispiels

c) Objektiver Tatbestand

346 Objektive Tathandlung ist die Wegnahme einer fremden beweglichen Sache.

aa) Diebstahlsobjekt

347 Ob ein Gegenstand taugliches Diebstahlsobjekt ist oder nicht, ist in der Klausur in der Regel unproblematisch. Zur Steigerung des Problembewusstseins lesen Sie aber gelegentlich die Kommentierung bei F § 242 Rn. 3–8. Nur was die *Fremdheit der Sache* angeht, soll hier auf einen wichtigen Aspekt hingewiesen werden:

Die in manchen zivilrechtlichen Vorschriften **fingierte Rückwirkung des Eigentumserwerbs** ist für die Beurteilung der Fremdheit der Sache aus strafrechtlicher Sicht irrelevant, da es für das Strafrecht nur auf den Zeitpunkt der Tathandlung ankommen kann und spätere Änderungen der Eigentumsverhältnisse (seien sie auch zivilrechtlich „rückwirkend") eine ursprünglich straflose Handlung ebenso wenig strafbar machen können wie eine ursprünglich strafbare Handlung straflos[675].

bb) Wegnahme

348 Wegnahme ist der Bruch fremden und Begründung neuen, nicht unbedingt eigenen Gewahrsams[676]. Hier findet die Abgrenzung zwischen Diebstahl und Unterschlagung (s. u. Rn. 373 ff.) statt.

---

[674] Streitig, so aber BGHSt 10, 400 (401); 29, 319 (323).
[675] Im strafrechtlichen Sinn stehen damit z.B. mit dem *Tod des Erblassers* dessen Güter bis zur Ausschlagung durch den Erben in dessen Eigentum; nimmt jemand, der nach dieser Ausschlagung gem. § 1953 Abs. 1 BGB mit Ex-tunc-Wirkung Erbe und Eigentümer wird, bereits vor der Ausschlagung einen Erbschaftsgegenstand an sich, begeht er gleichwohl einen Diebstahl. Einen Hinweis auf diese Problematik gibt F § 242 Rn. 5a (keine Rückwirkung einer Anfechtung).
[676] Definition bei F § 242 Rn. 16.

Gewahrsam ist dabei die von einem natürlichen[677] Herrschaftswillen getragene tatsächliche Sachherrschaft, wobei allerdings nach der Rechtsprechung die Reichweite des Gewahrsams von den Umständen des Einzelfalles und den *Anschauungen des täglichen Lebens* abhängt[678]. *Sachherrschaft* bedeutet hier eine faktische, physisch-reale Einwirkungsmöglichkeit auf die Sache, der unter normalen Umständen keine wesentlichen Hindernisse entgegenstehen.

TIPP: Machen Sie sich klar, dass eine derart schwammige Definition zwar zu vielen Unsicherheiten im Einzelfall führen kann, für eine Klausur jedoch den Vorteil in sich birgt, dass – bei entsprechend sauberer Begründung anhand der Definition – verschiedene Lösungen als (noch) vertretbar gewertet werden können. Lassen Sie sich also nicht verrückt machen!

(1) Gewahrsam

Um den Rahmen des Buches nicht zu sprengen, soll hier nicht weiter auf die vielen Einzelfälle eingegangen werden, die von der Rechtsprechung zum Thema Gewahrsam bereits entschieden wurden. Statt dessen kann auf die Kommentierung bei F § 242 Rn. 12 ff. verwiesen werden. Denken Sie aber daran, dass eine hier gefundene Entscheidung in keinem Fall die eigene Argumentation ersetzt! Hierzu im Folgenden einige Hinweise:

349

– Der Begriff des Gewahrsams im Rahmen des § 242 ist nicht mit dem des Besitzes nach dem BGB identisch[679]. Anders als der Besitz ist der Gewahrsam auch nicht nach § 857 BGB vererblich.
– Sowohl unter dem Aspekt des Herrschaftswillens als auch unter dem der tatsächlichen Sachherrschaft ist daran zu denken, dass nach der Rechtsprechung sog. **sozialübliche Gewahrsamslockerungen** den Gewahrsam nicht entfallen lassen. Daher steht dem Herrschaftswillen nicht entgegen, dass der Gewahrsamsinhaber gerade schläft oder bewusstlos ist[680], und die tatsächliche Sachherrschaft wird z. B. auch bejaht hinsichtlich des Hausrates, wenn der Besitzer in den Urlaub gefahren ist, oder hinsichtlich Gegenständen, von denen man noch weiß, wo man sie liegen gelassen hat[681]. Ein regelmäßig in Klausuren wiederkehrender Fall der sozialüblichen Gewahrsamslockerung ist auch der Autofahrer, der (auf Druck der Täters) aus dem Auto ausgestiegen ist: keine räub. Erpressung, sondern Raub, wenn der Täter nun mit dem Fahrzeug wegfährt, da er den noch bestehenden Gewahrsam des Autofahrers damit bricht.
– Hinsichtlich der Sachen, die sich üblicherweise in einem Herrschaftsbereich befinden, wird – auch ohne dass der Gewahrsamsinhaber von der Existenz des einzelnen Gegenstands Kenntnis haben muss – ein **genereller Herrschaftswille** bejaht. Damit geht z. B. ein Schirm, den man in einem Geschäft verliert, in den Gewahrsam des Geschäftsinhabers über[682]. Dies gilt allerdings nicht im Hinblick auf Sachen, die sich üblicherweise nicht im Herrschaftsbereich befinden. Daher hat z. B. ein Grundstückseigentümer keinen Gewahrsam an Waffen oder Drogen, die ohne sein Wissen auf seinem Grundstück versteckt werden.
– Beachten Sie auch in Ihren Formulierungen, dass niemals eine juristische Person, sondern nur eine natürliche Person Gewahrsamsinhaber sein kann[683]!
– Hat der Täter mit einer anderen Person zusammen **Mitgewahrsam**[684], ist zu unterscheiden: Bei gleichrangigem Mitgewahrsam[685] sind beide Gewahrsamsinhaber durch § 242 geschützt. Der Bruch des gleichrangigen Mitgewahrsams ist daher tatbestandsmäßig. Bei

---

677 D. h. auch Kinder und Geisteskranke können Gewahrsam haben. Nach einer Mindermeinung soll das Element des Herrschaftswillens überflüssig sein (Nachweise zum Meinungsstand bei Sch/Sch § 242 Rn. 29/30).
678 BGHSt 16, 271 (273); 22, 180 (182).
679 Vgl. F § 242 Rn. 11.
680 Selbst wenn die Bewusstlosigkeit ohne Unterbrechung in den Tod übergeht, vgl. BGH JZ 1985, 591 (592).
681 Dagegen erlischt der Gewahrsam an Gegenständen, von denen man nicht weiß, wo man sie verloren hat.
682 F § 242 Rn. 13.
683 So auch F § 242 Rn. 13 a. E.
684 Vgl. hierzu auch die Kasuistik bei F § 242 Rn. 14, 14 a.
685 Bsp.: Mitgewahrsam der Ehegatten am gemeinsam genutzten Hausrat.

gestuftem Mitgewahrsam⁶⁸⁶ ist nur der übergeordnete Gewahrsam gegenüber dem untergeordneten schützenswert, da der untergeordnete Gewahrsam ja ohnehin von der Gewährung durch den übergeordneten Gewahrsamsinhaber abhängt. Daher handelt es sich nur dann um eine tatbestandsmäßige Wegnahme, wenn der untergeordnete Gewahrsamsinhaber den Mitgewahrsam des übergeordneten Gewahrsamsinhabers bricht, nicht aber auch im umgekehrten Fall[687].

- Schwierig kann im Einzelfall die Feststellung sein, ob jemand (untergeordneten) Mitgewahrsam hat oder nur gewahrsamsloser **Gewahrsamsgehilfe** ist. Die Abgrenzung sollte danach getroffen werden, ob die in Betracht kommende **andere** Person nach den Umständen des Einzelfalls und nach der Verkehrsauffassung **Allein**gewahrsam hat. Dies wird von der h. M. z. B. bei kleineren und mittleren Geschäften für den im Geschäft anwesenden und mitarbeitenden Geschäftsinhaber angenommen. Demnach wäre diesem gegenüber ein Verkäufer nur Gewahrsamsgehilfe. Die Entscheidung, ob untergeordneter Mitgewahrsam oder kein eigener Gewahrsam angenommen wird, ist allerdings ohne entscheidende Auswirkung, da der Bruch des Allein- oder übergeordneten Gewahrsams des Geschäftsherrn durch den Verkäufer in jedem Fall eine tatbestandsmäßige Wegnahme darstellt, während der Bruch des – möglicherweise – bestehenden untergeordneten Mitgewahrsams des Verkäufers durch den Geschäftsinhaber in keinem Fall eine tatbestandsmäßige Wegnahme darstellt (s. o.). Und ein Dritter wird durch entsprechende Handlungen zumindest den Gewahrsam des Geschäftsinhabers brechen und damit die Wegnahme vollziehen.

- Bei der Frage, wer den Gewahrsam am Inhalt von **verschlossenen Behältnissen** hat, wenn der Verwahrer des Behältnisses nicht auch den Schlüssel zum Behältnis hat, differenziert der BGH[688] danach, ob es sich um ein leicht fortschaffbares Behältnis handelt (wie z. B. einen abgeschlossenen Koffer oder eine Geldkassette), oder ein Behältnis, das sehr schwer, unhandlich oder mit einem Gebäude fest verbunden ist. In ersterem Fall ist nach der Verkehrsanschauung davon auszugehen, dass derjenige, der den Gewahrsam am Behältnis hat, auch den (Allein-)Gewahrsam an dessen Inhalt hat. Dies gilt insbesondere dann, wenn der Schlüsselinhaber nicht jederzeit auf das Behältnis Zugriff nehmen kann, weil er nicht weiß, wo es sich gerade befindet (Bsp.: der mit der Bahn aufgegebene verschlossene Koffer). Umgekehrt ist allerdings dann an zumindest Mitgewahrsam zu denken, wenn der Schlüsselinhaber jederzeit und unabhängig vom Verwahrer des Behältnisses Zugriff auf dieses nehmen kann. Demzufolge ist auch in dem Fall, in dem das Behältnis aufgrund seiner Beschaffenheit oder Verbindung mit einem Gebäude nicht leicht entfernt werden kann, der Schlüsselinhaber als Alleingewahrsamsinhaber anzusehen. Beachten Sie, dass dieses Problem im Fischer nicht explizit kommentiert ist!

(2) Bruch des Gewahrsams

350 Der Gewahrsam des bisherigen Gewahrsamsinhabers wird gebrochen, wenn dessen Sachherrschaft, d. h. seine tatsächliche (ungehinderte) Eingriffsmöglichkeit gegen oder zumindest ohne seinen Willen beendet wird.

Es drängt sich daher – auch für Klausuren! – die interessante Frage auf, was passiert, wenn der Täter eben nicht gegen, sondern gerade **mit dem Willen des Berechtigten** handelt – oder zumindest dies glaubt. Machen Sie sich an dieser Stelle klar, dass § 242 sowohl den Gewahrsam als auch das Eigentum schützt und dass der Berechtigte (Gewahrsamsinhaber oder Eigentümer) entweder nur in die Wegnahme oder nur in die Zueignung oder aber in beides einwilligen kann.

---

686 Bsp.: untergeordneter Gewahrsam der Putzfrau gegenüber dem übergeordneten Gewahrsam des Hausherrn.
687 Kommentiert bei F § 242 Rn. 14a.
688 BGHSt 22, 180 (183).

(a) Einverständnis mit der Wegnahme

351 Willigt der Gewahrsamsinhaber in die Vollendung der Wegnahme, d.h. den „Bruch" des Gewahrsams wirksam ein, so erfolgt die Beendung seiner Sachherrschaft nicht gegen, sondern mit seinem Willen, es fehlt damit am objektiven Tatbestand des Gewahrsamsbruchs. In diesem Fall liegt daher ein **tatbestandsausschließendes Einverständnis** vor[689], dessen Voraussetzungen und Konsequenzen sich nach den allgemeinen Regeln richten. Das bedeutet u.a., dass die tatbestandsausschließende Wirkung des Einverständnisses davon abhängt, dass es objektiv vorliegt und aufgrund innerlich freier Willensentscheidung zustande gekommen ist[690], aber nicht davon, dass der Täter Kenntnis von dem Einverständnis hat. Handelt der Täter jedoch in Unkenntnis des vorliegenden Einverständnisses, ist er immerhin wegen untauglichen Versuchs strafbar, da sein Vorsatz auf eine Wegnahme gegen den Willen des Berechtigten gerichtet war. Geht der Täter dagegen davon aus, der Gewahrsamsinhaber sei mit der Wegnahme einverstanden, entfällt der subjektive Tatbestand und damit eine Strafbarkeit wegen Diebstahls überhaupt.

Ein solches, auf die Wegnahme begrenztes, Einverständnis kann insbesondere bei einer sog. **Diebesfalle** gegeben sein. Hierbei wird im Interesse der Überführung eines Täters eine Situation geschaffen, in der sich der Täter noch einmal an fremden Sachen vergreifen soll (während eine Zueignung des „Köders" nicht gewollt ist)[691]. Das tatbestandsausschließende Einverständnis mit dem Gewahrsamswechsel führt dazu, dass der Täter, der hiervon nichts weiß, nicht wegen vollendeten, sondern nur wegen versuchten Diebstahls bestraft werden kann[692]!

(b) Einwilligung in die beabsichtigte Zueignung

352 Der mit dem Gewahrsamsinhaber nicht identische Eigentümer kann dagegen wirksam nur in die vom Täter angestrebte Zueignung einwilligen. Tut er dies, ist damit die beabsichtigte Zueignung objektiv nicht mehr rechtswidrig. Da die Rechtswidrigkeit der erstrebten Zueignung im Rahmen des § 242 aber ein normatives Tatbestandsmerkmal (und nicht nur allgemeines Deliktsmerkmal) ist[693], wäre es falsch, in diesem Fall von einer rechtfertigenden Einwilligung auszugehen, die insbesondere nur dann ihre (die Rechtswidrigkeit ausschließende) Wirkung entfaltet, wenn der Täter vom Vorliegen der Einwilligung Kenntnis hat. Vielmehr gilt das Gleiche wie oben:

Hat der Täter Kenntnis von der Einwilligung in die Zueignung, ist sein Vorsatz nicht mehr auf rechtswidrige, sondern auf rechtmäßige Zueignung gerichtet, womit der subjektive Tatbestand und damit eine Bestrafung wegen Diebstahls entfällt. Zur Prüfung der Rechtswidrigkeit der Tat kommt man damit gar nicht mehr. Weiß dagegen der Täter von einer Einwilligung in die Zueignung nichts, so ist sein Vorsatz zwar weiterhin auf die Rechtswidrigkeit der erstrebten Zueignung gerichtet. Mangels objektiver Rechtswidrigkeit der beabsichtigten Zueignung kommt ein vollendeter Diebstahl aber wiederum nicht in Frage, wohl aber ein versuchter (in Form des untauglichen Versuchs).

---

689 Lesen Sie hierzu F § 242 Rn. 22 ff.
690 Dies ist nicht der Fall, wenn der Berechtigte annimmt, keine andere Wahl zu haben, als die Wegnahme zu dulden, so z.B. bei einer **vorgetäuschten Beschlagnahme** durch falsche Polizisten. Ist die Willensentscheidung dagegen zwar innerlich frei, aber aufgrund einer Täuschung zustande gekommen (erschlichenes Einverständnis), kommt statt Diebstahl nur Betrug in Betracht (s.u. Rn. 353).
691 Vgl. F § 242 Rn. 23. Unterscheiden Sie hiervon die Fälle, in denen der Diebstahl lediglich zufällig beobachtet wird. Da hier ein Gewahrsamswechsel nicht erwünscht ist, sondern lediglich geduldet wird, liegt in diesen Fällen auch kein tatbestandsausschließendes Einverständnis vor.
692 Ob darüber hinaus eine vollendete Unterschlagung vorliegt, ist streitig, vgl. F § 242 Rn. 23 m.w.N.; ob Sie eine solche bejahen, wird vor allem davon abhängen, ob Sie nach der Neufassung von § 246 StGB eine teilweise geforderte verfassungskonforme Auslegung i.S. einer bereits bestehenden irgendwie gearteten Herrschaftsbeziehung bejahen oder nicht (vgl. dazu unten Rn. 376).
693 Ganz h.M., vgl. F § 242 Rn. 49 m.w.N.

(c) Abgrenzung Trickdiebstahl – Betrug

353 Maßgeblich ist die Wirkung der Täuschung, die der Täter anwendet: Entscheidet sich das Opfer aufgrund der Täuschung, die Sache dem Täter zu überlassen, liegt ein innerlich freier Willensentschluss vor, der zu einem tatbestandsausschließenden Einverständnis führt. Hier liegt eine (bewusste) Vermögensverfügung aufgrund einer Täuschung i. S. d. § 263 vor[694].

Merkt das Opfer infolge der Täuschung dagegen gar nicht, dass es den Gewahrsam an der Sache verliert, fehlt es an einer Entscheidung i. S. einer Einwilligung, sodass Diebstahl gegeben ist[695].

Bei der Einbeziehung Dritter in die Täuschung ist grundsätzlich danach zu unterscheiden, ob der getäuschte Gewahrsamshüter in einem besonderen Näheverhältnis[696] („im Lager des Gewahrsamsinhabers" – sog. Lagertheorie) zur Sache stand – dann Betrug – oder ob es sich um einen neutralen „außenstehenden" Dritten handelt – dann Diebstahl in mittelbarer Täterschaft[697]. Mehr Einzelheiten hierzu finden Sie im Kapitel „Betrug" (unten Rn. 416 ff.).

(3) Begründung neuen Gewahrsams

354 Nach der Rechtsprechung des BGH ist der Diebstahl dann vollendet, wenn neuer Gewahrsam in der Weise begründet ist, dass der bisherige Gewahrsamsinhaber auf die Sache nicht mehr einwirken kann, ohne zuvor die Verfügungsgewalt des neuen Gewahrsamsinhabers zu beseitigen (sog. Apprehensionstheorie – apprehendere [lat.] = an sich nehmen)[698]. Wann das der Fall ist, entscheidet – wie bei allen Gewahrsamsfragen – die *Lebensauffassung* (s. dazu sogleich).

> **TIPP:** Unter diesem Punkt ist in Klausuren häufig eine Abgrenzung zwischen Vollendung und Versuch gefragt. Arbeiten Sie dabei in einer Klausur im Zweiten Staatsexamen grundsätzlich nur noch auf der Grundlage der Apprehensionstheorie, da diese in der Praxis ausnahmslos angewandt wird.

Auf die übrigen, insbesondere im Hinblick auf Diebstähle in Selbstbedienungsläden vertretenen Ansätze (es genüge zur Vollendung des Diebstahls das Berühren der Sache [Kontrektationstheorie] oder aber es sei – stets – die Fortschaffung [Ablationstheorie] oder sogar die endgültige Bergung der Sache [Illationstheorie] erforderlich), sollten Sie höchstens noch dann eingehen, wenn dies durch das Vorbringen eines Beteiligten im Sachverhalt offensichtlich nahegelegt wird[699].

355 Wann die nach der Apprehensionstheorie erforderliche Begründung neuen Gewahrsams erfolgt ist, entscheidet sich also nach der Lebensauffassung, aus der sich auch folgende **Grundregeln** ergeben[700]:
– Bei kleinen, leichten Sachen genügt zur Wegnahme das Einstecken, da ein Zugriff des bisherigen Gewahrsamsinhabers in die *körperliche Tabusphäre* des Täters nicht ohne Weiteres möglich ist.

---

694 Bsp. „Wechselgeldfalle": Der Täter verwirrt den Kassierer, indem er zunächst einen großen Schein hingibt, dann aber eine Reihe von Angeboten macht, wie er es angeblich „passender" hätte, bis der Kassierer schließlich die Ware, den ursprünglich zur Bezahlung hingegebenen großen Schein und viel zu viel Wechselgeld herausgegeben hat. (Trickdiebstahl dagegen in ähnlicher Situation, wenn der Täter unbemerkt zusammen mit dem Wechselgeld den zur Bezahlung bestimmten Schein wieder einsteckt!)
695 Bsp.: Waren werden im Einkaufswagen versteckt; zwar verlangt der Kassierer aufgrund der Täuschung keine Bezahlung, es handelt sich jedoch nicht um eine *bewusste* Vermögensverfügung.
696 Das von Literatur und Rechtsprechung unterschiedlich definiert wird; Einzelheiten hierzu s. u. Rn. 428.
697 Vgl. F § 242 Rn. 28, § 263 Rn. 79 ff. (82 ff.).
698 BGHSt 16, 271 (274).
699 Wenn z. B. der Beschuldigte einwendet, er habe doch wohl zumindest keinen vollendeten Diebstahl begangen, da er die Sache ja noch gar nicht weggeschafft habe, müsste man kurz (!) einflechten, dass entgegen der Ablationstheorie, die dies zur Voraussetzung habe, nach der vom BGH vertretenen Apprehensionstheorie dies eben nicht erforderlich sei.
700 Lesen Sie hierzu F § 242 Rn. 17–21.

- Bei großen, schweren Sachen ist dagegen in der Regel ein Verlassen des fremden Herrschaftsbereichs erforderlich, da vorher der bisherige Gewahrsamsinhaber noch ohne Weiteres auf die Sache wieder zugreifen kann (hier würde die Apprehensionstheorie also mal zu demselben Ergebnis wie die Ablationstheorie kommen).
- Ob der Täter wegen **Beobachtung** durch einen Verkäufer oder infolge an der Sache angebrachter **Sicherungsetiketten** nur geringe Chancen hat, mit der Beute davonzukommen, ist grundsätzlich irrelevant, da dies nur die Frage der Sicherung der Beute, d.h. der Beendigung, nicht aber der Vollendung des Diebstahls betrifft (Stichwort: „Diebstahl ist kein heimliches Delikt"!)[701].
- Waren, die nicht eingesteckt, sondern im Einkaufswagen (z.B. unter der Jacke des Täters) verborgen werden, gelangen nicht schon dadurch in den Gewahrsam des Täters; vielmehr wird der Gewahrsam erst durch das Hinausschmuggeln aus dem Kassenbereich gebrochen[702].
- Bei Geschäften mit einer **Freiverkaufsfläche** vor dem Geschäft erstreckt sich der Herrschaftsbereich des Inhabers grundsätzlich auch über diese. Nach einer Entscheidung des BayObLG[703] kann jedenfalls dann, wenn der im Innern befindliche Kassenbereich nach der baulichen Gestaltung ohne Weiteres umgangen werden konnte, nicht ohne Weiteres von einem Gewahrsamsbruch ausgegangen werden, wenn hier jemand mit einer nicht bezahlten Ware aus dem Innenbereich angetroffen wird.

d) Subjektiver Tatbestand

aa) Vorsatz

Zunächst muss der Täter zumindest bedingten Vorsatz hinsichtlich aller objektiven Tatbestandsmerkmale haben, d.h. insbesondere hinsichtlich der Fremdheit der Sache und des der Wegnahme entgegenstehenden Willens des bisherigen Gewahrsamsinhabers.

356

bb) Absicht rechtswidriger Zueignung

Darüber hinaus muss er laut Gesetz in der Absicht handeln, die Sache sich (oder einem Dritten) rechtswidrig zuzueignen.

357

Für die Klausur empfiehlt sich folgende Formulierung:

> „..., um [die Sache] ohne Bezahlung für sich zu behalten"

Objekt der Zueignungsabsicht kann dabei nach der heute herrschenden und auch vom BGH vertretenen Vereinigungstheorie[704] **die Sache selbst oder der in ihr verkörperte Sachwert** sein. Die beabsichtigte Zueignung besteht aus einer Aneignungs- und einer Enteignungskomponente:

---

701 Diese Grundregel beruht auf zahlreicher Rechtsprechung und wird immer wieder in Examensklausuren abgeprüft. Es soll an dieser Stelle aber nicht verheimlicht werden, dass es auch eine Gegenmeinung gibt (vgl. Sch/Sch § 242 Rn. 40), die einen Tabubereich ablehnt, da er im Widerspruch zu den tatsächlichen Verhältnissen stehe – da der Zugriff also ohne Weiteres möglich sei (und in der Regel dann ja auch erfolge), erlange der Täter zu keiner Zeit einen den Berechtigten ausschließenden Gewahrsam an der eingesteckten Sache. In der Klausur sollten Sie diese Gegenmeinung allerdings *allenfalls kurz* erwähnen.
702 Nach BGHSt 41, 198 (202 f.) liegt hierin auch ein Diebstahl und kein Betrug, da die Täuschung nicht dazu führt, dass der Kassierer über die verborgene Ware (von der er ja gar nichts weiß) verfügt, sondern nur dazu dient, den Gewahrsamsbruch zu ermöglichen (s. auch oben zur Abgrenzung Diebstahl – Betrug Rn. 353).
703 BayObLG NJW 1997, 3326 (3327).
704 Diese Theorie heißt so, weil sie die früher vertretenen Substanztheorie und Sachwerttheorie miteinander vereinigt, vgl. F § 242 Rn. 35.

(1) Absicht zumindest vorübergehender Aneignung

358 Der Täter muss in der *Absicht* handeln, sich zumindest vorübergehend eine eigentümerähnliche Stellung bzgl. der Sache anzumaßen, d.h. sie oder ihren Sachwert für das eigene Vermögen bzw. für eigene Zwecke zu nutzen (sich anzueignen). Ein (z.B. auf Hass oder Rachegefühlen beruhender) Schädigungswille genügt nicht[705]. Absicht bedeutet hier zielgerichtetes Handeln (sog. dol. dir. 1. Grades)[706]. Anders als bei § 246 bedarf es aus Tatbestandssicht keiner nach außen erkennbaren Manifestation des Zueignungswillens[707]. Davon zu unterscheiden ist allerdings die Frage, wie dem Täter der Zueignungswille nachgewiesen werden kann, wenn er ihn bestreitet. Hier können nach außen erkennbare Zueignungshandlungen (aber auch allein die Umstände der Tat) Indizwirkung entfalten.

Bezieht sich die Aneignungsabsicht auf einen vorgestellten/erhofften Inhalt eines Behältnisses und stellt sich nach der Wegnahme des Behältnisses heraus, dass der tatsächliche Inhalt von dem erhofften abweicht und für den Täter nicht von Interesse ist (sodass der Täter diesen alsbald entsorgt), liegt nach BGH[708] lediglich Versuch vor: Hinsichtlich des tatsächlichen Inhalts besteht keine Aneignungsabsicht, während das beabsichtigte Objekt nicht „erwischt" wird – und auf das Behältnis selbst kam es dem Täter zu keinem Zeitpunkt an (vgl. aber unten Rn. 359).

Es genügt, wenn die Zueignung unter einer Bedingung erfolgen soll, die dann aber nicht eintritt.

(a) Abgrenzung

359 Mangels Aneignungsabsicht liegt kein Diebstahl vor bei:
- Sachbeschädigung ohne vorherigen Eigengebrauch
- bloßer Entziehung der Sache (Aber: Wird ein Behältnis mitgenommen, weil es als Transportmittel für den erstrebten Inhalt dienen soll, handelt es sich nicht mehr um eine bloße Entziehung des Behältnisses, sondern um eine [vorübergehende] Nutzung zu eigenen Zwecken, also eine vorübergehende Aneignung i.S.d. Definition[709]!)
- Nutzung der Sache *zu Gunsten des Eigentümers*

(b) Drittzueignungsabsicht

360 Durch das 6. Strafrechtsreformgesetz (1998) wurde der Tatbestand des § 242 dahingehend erweitert, dass nunmehr auch die Absicht, die Sache *einem Dritten* zuzueignen, genügt. Im Interesse einer sauberen Subsumtion sollten Sie in der Klausur allerdings deutlich machen, welche Variante der Zueignungsabsicht Ihrer Meinung nach vorliegt. Beachten Sie, dass – auch schon nach altem Recht – ein *Sich*zueignen vorliegt, wenn der Täter die Sache oder ihren Sachwert trotz der Weitergabe an einen Dritten zuvor seinem eigenen Vermögen zuführt. Dies ist der Fall, wenn der Täter die Sache entweder entgeltlich weitergibt oder aber sie in eigenem Namen verschenkt und damit eigene Aufwendungen erspart. Raum für die Annahme einer Drittzueignungsabsicht besteht mithin vor allem dann, wenn der Täter die Sache unentgeltlich weitergibt, ohne eigene Aufwendungen damit ersparen zu wollen, also z.B. nur um den bisherigen Eigentümer zu schädigen oder um den Dritten zu erfreuen bzw. einen entsprechenden Auftrag des Dritten auszuführen.

---

[705] BGH NStZ 2011, 699 (zum identischen Tatbestandsmerkmal beim Raub).
[706] Sch/Sch § 242 Rn. 61/62; § 15 Rn. 70; F § 242 Rn. 41.
[707] F § 242 Rn. 43.
[708] BGH NStZ 06, 686f.
[709] Dies wird leider bei F § 242 Rn. 41 a/b nicht hinreichend deutlich.

(2) Vorsatz dauernder Enteignung

Zugleich muss der Täter auch zumindest billigend in Kauf (= dol. evt.) nehmen, dass der bisherige Eigentümer durch sein Verhalten auf Dauer aus seiner Eigentümerposition verdrängt wird (Enteignung).

361

(a) Abgrenzung

Kein Vorsatz dauernder Enteignung und damit kein Diebstahl liegt vor bei nur (vorübergehender) **Gebrauchsanmaßung (sog. furtum usus)**[710], was aber nur unter folgenden Voraussetzungen anzunehmen ist[711]:

362

- Der Täter muss den Willen zur Rückgabe der Sache bereits im Zeitpunkt der Wegnahme gehabt haben; fasst er ihn erst später, hat er den Tatbestand des Diebstahls bereits vollendet, sodass der gute Wille nur noch bei der Strafzumessung Berücksichtigung finden kann[712].
- In der Vorstellung des Täters muss die Rückgabe ohne wesentliche Wertminderung erfolgen (nicht so in den Sparbuchfällen, s. u.).
- Die geplante Rückgabe muss der Wiederherstellung der alten Eigentümerposition dienen; d.h. nicht ausreichend ist, die Sache dem bisherigen Eigentümer als angeblich neue Sache (erneut) zu verkaufen – hier wäre, was die alte Eigentumsbeziehung zur Sache angeht, trotz allem eine dauerhafte Enteignung angestrebt!
- Die geplante Rückführung muss ohne nennenswerte Schwierigkeiten für den Eigentümer funktionieren, es darf also nicht nur vom Zufall abhängen, ob der Eigentümer seine Sache wiederbekommt oder nicht (klassisches Beispiel: der Pkw wird unverschlossen irgendwo am Straßenrand abgestellt).
- Schließlich darf die Gebrauchsanmaßung nach der Vorstellung des Täters nicht so lang andauern, dass der Eigentümer sich gezwungen sehen muss, einen Ersatz für die weggenommene Sache zu besorgen.

(b) Besonderheiten

Ein besonderes Problem unter dem Aspekt der dauernden Enteignung bieten die Fälle, in denen Sparbücher, Ausweise und Automatenkarten nach ihrer Verwendung durch den Täter wieder zurückgegeben werden sollen:

363

- Ein **Sparbuch** ist für den Täter eine fremde Sache, da gem. § 952 BGB das Recht am Papier dem Recht aus dem Papier folgt. Durch die geplante Abhebung des Spargutbabens eignet sich der Täter den im Sparbuch verkörperten Sachwert an; da eine Rückgabe ohne die der Abhebung entsprechende Wertminderung nicht mehr möglich ist, ist der Vorsatz auch auf dauernde Enteignung gerichtet. Unabhängig von einer eventuellen Rückgabeabsicht erfüllt also bereits die Ansichnahme eines fremden Sparbuchs zum Zwecke der Geldabhebung den Tatbestand des Diebstahls.
- Bei der Entwendung von **Ausweisen** ist zu unterscheiden: Möchte der Täter den Ausweis dauerhaft im Rechtsverkehr nutzen, so hat er die Absicht, sich dessen Substanzwert anzueignen; der Inhaber des Ausweises wird auf diese Weise auch dauerhaft enteignet. Bezweckt der Täter dagegen nur, mittels des Ausweises eine dem Inhaber zustehende Leistung (z. B. Sozialhilfe) sich auszahlen zu lassen und dann den Ausweis zurückzugeben, so ist sein Wille nicht auf Zueignung des Ausweises gerichtet: Der Substanzwert soll dem Inhaber nicht dauerhaft entzogen werden und die zu Unrecht erhaltene Leistung ist kein in dem Ausweis verkörperter Sachwert. Vielmehr ist die Wegnahme des Ausweises lediglich

---

710 Was nur im Falle eines Pkw strafbar wäre, vgl. § 248 b StGB.
711 Lesen Sie hierzu auch F § 242 Rn. 38–40.
712 Handelt der Täter dagegen umgekehrt bei der Wegnahme mit Rückgabewillen, den er aber später fallen lässt, ist zu unterscheiden, ob er zu dieser Zeit die Sache noch für sich gebraucht (dann ab diesem Zeitpunkt Unterschlagung) oder ob er erst nach abgeschlossenem Gebrauch sich gegen die Rückgabe entscheidet (dann allenfalls § 248 b StGB wegen der vorherigen Nutzung).

eine (straflose) Gebrauchsanmaßung, während das Auszahlenlassen mittels Vorlage des Ausweises einen Betrug darstellt.
- Ebenso gelagert ist der Fall beim Missbrauch von **Automatenkarten**. Nur wenn der Täter nach der Geldabhebung die Karte behalten oder vernichten will, kommt insoweit ein Diebstahl in Betracht (vorübergehende Aneignung und dauerhafte Enteignung des Substanzwertes). Bei geplanter Rückgabe scheidet ein Diebstahl aus, da die Karte selbst nicht dauerhaft entzogen werden soll und – anders als beim Sparbuch – die Karte als solche auch keinen Sachwert hat, der durch die Auszahlung des Geldes gemindert würde. Die Karte ist vielmehr nur der Schlüssel, um an das Geld der Bank heranzukommen. Es bleibt daher lediglich der Tatbestand des § 263a.

(3) Bewusstsein der Rechtswidrigkeit der beabsichtigten Zueignung

(a) Objektive Rechtswidrigkeit

364 Die beabsichtigte Zueignung muss objektiv (normatives Tatbestandsmerkmal!) rechtswidrig sein[713]. Im subjektiven Tatbestand ist also noch einmal ein objektives Merkmal zu prüfen!

Diese Voraussetzung ist erfüllt, wenn der Täter keinen fälligen und einredefreien Anspruch auf Übereignung der Sache hat. Denken Sie daran, dass bei Gattungsschulden dem Schuldner (d.h. dem bisherigen Eigentümer) das Recht auf Auswahl zusteht (§ 243 Abs. 1 BGB), d.h. der Gläubiger, der sich einfach eine Gattungssache nimmt, rechtswidrig den Gewahrsam bricht[714]!

Eine Besonderheit gibt es allerdings bei **Geldschulden**[715]: Stellt man sich auf den Standpunkt, Geldschulden seien Gattungsschulden, würde also derjenige, der sich die Summe, auf die er einen fälligen und einredefreien Anspruch hat, selbst nimmt, statt auf die Konkretisierung der Scheine durch den Schuldner zu warten, objektiv rechtswidrig dessen Gewahrsam brechen. Nur kann es dem Schuldner – von Sonderfällen z.B. seltener Münzen einmal abgesehen – eigentlich völlig gleichgültig sein, welche Scheine der „Täter" auswählt, solange der durch sie verkörperte Wert stimmt; eine Strafbarkeit des Täters wegen Diebstahls scheint nicht angemessen.

Vertreter der sog. **Wertsummentheorie** argumentieren daher, in Fällen wie diesem sei die erstrebte Zueignung schon objektiv nicht rechtswidrig, da es bei Geld nach der Verkehrsauffassung nicht auf den Anspruch auf die konkrete Sache (Scheine und Münzen), sondern nur auf den Anspruch auf die Wertsumme ankomme, der ja bestehe[716]. Nach weitergehender Ansicht soll diese Wertsummenargumentation auch auf Fälle des eigenmächtigen (sogar verbotswidrigen) Geldwechselns übertragen werden können[717]. Da der gleiche Betrag wie der entnommene zurückgelassen werde, fehle es hier bereits am Tatbestandsmerkmal der Wegnahme, der Schutzbereich des § 242 sei nicht berührt.

Nach noch weitergehender Meinung soll der Gedanke auf alle andere vertretbare Sachen übertragen werden können[718].

365 Der BGH folgt diesen Konstruktionen nicht, sondern sucht Lösungen über die Vorstellungen des Täters zu finden. Da dieser Weg am ehesten ein sauberes Arbeiten ermöglicht, empfiehlt er sich auch in der Klausur (vorausgesetzt, es liegt eine entsprechende Einlassung des Täters vor oder kann noch vorgebracht werden!):

---

713 Vgl. dazu bereits oben Rn. 352.
714 Allerdings wird hier oft das Bewusstsein der Rechtswidrigkeit fehlen.
715 Sehr kurz bei F § 242 Rn. 50.
716 Eine **Übersicht** über den Meinungsstand findet sich bei Ebel, JZ 1983, 175 ff.
717 Vgl. Sch/Sch § 242 Rn. 6.
718 So Gribbohm, NJW 1968, 240 (241); vgl auch F § 242 Rn. 50.

- Behauptet der Täter (unwiderleglich), er habe gedacht, der Eigentümer habe sein Einverständnis mit der Zueignung erklärt, entfällt damit der Vorsatz hinsichtlich der Rechtswidrigkeit der Zueignung und damit der subjektive Tatbestand des Diebstahls.
- Das Gleiche gilt, wenn der Täter (entsprechend der Wertsummenargumentation) davon ausging (und ausgehen konnte), dass der Eigentümer, hätte man ihn gefragt, mit der Zueignung unter diesen Umständen einverstanden gewesen wäre. Zumindest nach der Vorstellung des Täters war damit die Zueignung gerechtfertigt[719], sodass wiederum der Vorsatz bzgl. der Rechtswidrigkeit der Zueignung und damit der subjektive Tatbestand des Diebstahls entfällt.
- Gibt der Täter schließlich an, er habe gedacht, bei Geldschulden sich selbst die ihm zustehende Summe nehmen zu dürfen, handelt es sich eigentlich um einen Subsumtionsirrtum (Verbotsirrtum), der grundsätzlich weder den Vorsatz noch die Rechtswidrigkeit entfallen lässt. Der BGH baut Tätern gerade in den beschriebenen Geldschuldenfällen aber dadurch goldene Brücken, dass er die irrige Annahme, der (fällige und einredefreie) Anspruch beziehe sich auf die konkreten Scheine, die entwendet wurden, als Tatbestandsirrtum gelten lässt, sodass – bei entsprechender Einlassung – wiederum der Vorsatz entfällt[720].

(b) Bewusstsein der Rechtswidrigkeit

In subjektiver Hinsicht muss dem Täter (bei entsprechender Parallelwertung in der Laiensphäre) bewusst sein, dass er keinen (fälligen und einredefreien) Anspruch auf Übereignung hat; eine Absicht ist – entgegen dem vielleicht missverständlichen Gesetzeswortlaut – insofern nicht erforderlich!

366

e) Regelbeispiele, § 243

Das Vorliegen eines Regelbeispiels betrifft nicht die Tatbestandsmäßigkeit, sondern die **Strafzumessung**. Unter welchen Voraussetzungen ein Regelbeispiel i.S.d. § 243 erfüllt ist, kann bei Bedarf im Fischer nachgelesen werden. Denken Sie daran, dass das Vorliegen eines Regelbeispiels nur die Regelwirkung nach sich zieht, d.h. eine im Einzelfall widerlegbare Vermutung für das Vorliegen eines besonders schweren Falles, genauso wie umgekehrt bei Verneinung eines Regelbeispiels nur in der Regel kein besonders schwerer Fall gegeben sein wird (sog. Gegenschlusswirkung[721]). Das bedeutet, dass im Einzelfall – sofern sich entsprechende Überlegungen aufdrängen – ausgeführt werden muss, ob trotz Nichterfüllung eines Regelbeispiels schärfende Umstände vorliegen, die einen besonders schweren Fall begründen bzw. ob trotz Erfüllung eines Regelbeispiels mildernde Umstände vorliegen, die zur Verneinung eines besonders schweren Falles führen. Fehlen die erforderlichen Ausführungen, kann dies z.B. mit der Revision gerügt werden.

367

Handelt es sich bei dem Diebstahlsobjekt um eine geringwertige Sache i.S.d. § 248a StGB (und ist dem Täter dies auch bewusst[722]!), ist gem. § 243 Abs. 2 ein besonders schwerer Fall in den Fällen § 243 Abs. 1 Nr. 1–6 ausgeschlossen – nicht dagegen im Fall der Nr. 7 (im Gesetz kommentieren)!

Zur Frage der Versuchsstrafbarkeit im Zusammenhang mit der Verwirklichung von Regelbeispielen lesen Sie bitte oben die entsprechenden Ausführungen im Kapitel „Versuch und Rücktritt" (Rn. 122).

---

719 Durch mutmaßliche Einwilligung in die Zueignung, vgl. F § 242 Rn. 51.
720 So BGH NJW 1990, 2832.
721 Zur Systematik vgl. F § 46 Rn. 88 ff.
722 Zur Vorsatz- und Irrtumsproblematik in diesem Zusammenhang vgl. F § 243 Rn. 26. BGH NStZ 2012, 571: Wenn der Vorsatz nicht (nur) auf eine geringwertige Sache gerichtet war, kann auch bei Wegnahme eines geringwertigen Gegenstands eine Bestrafung nach § 243 Abs. 1 in Betracht kommen.

TIPP: Beachten Sie in der praktischen Arbeit (Anklage, Urteil) folgende Besonderheiten:
- In der Sachverhaltsschilderung müssen die Tatsachen erwähnt sein, die zur Bejahung eines Regelbeispiels führen (z. B. dass der Täter ein Vorhängeschloss gewaltsam aufbrach);
- Im Tenor bzw. im Antrag wird der besonders schwere Fall dagegen nicht genannt[723] („Der Angeklagte ist schuldig des Diebstahls");
- In der Liste der angewandten Strafvorschriften wird § 243 mit der jeweils einschlägigen Nummer aber aufgeführt;
- Im Urteil wird erst in den Ausführungen zur Strafzumessung auf das Vorliegen eines besonders schweren Falles eingegangen. Nach Ansicht des BGH ist die Folge nicht eine Strafrahmenverschiebung, sondern lediglich die Anwendung einer Strafzumessungsregel[724], sodass in der Klausur das Wort „Strafrahmenverschiebung" in diesem Zusammenhang vermieden werden sollte.

f) Qualifikationen, §§ 244, 244a

368 Das Vorliegen eines dieser Qualifikationstatbestände hat neben dem erhöhten Strafrahmen (und der damit verbundenen längeren Verjährungsfrist, vgl. § 78 Abs. 3 Nr. 3!) weitere Folgen, die vor allem in der Praxis[725] bedeutsam sind: Im Unterschied zu Fällen des „einfachen" Diebstahls sind über die Verweisungen in § 244 Abs. 3 und § 244a Abs. 3 die zusätzlichen Sanktionen einer Vermögensstrafe (§ 43a, s. hierzu aber unten Teil 4 B IV 3!) und eines erweiterten Verfalls (§ 73d) zulässig. Außerdem sind die §§ 244, 244a Katalogtaten i. S. d. § 100a Abs. 1 Nr. 2 StPO, sodass in diesen Fällen im Ermittlungsverfahren eine Telefonüberwachung angeordnet werden kann.

TIPP: Beachten Sie, dass mangels Verweisung keine Einschränkung für den qualifizierten Diebstahl geringwertiger Sachen gilt!

aa) Anmerkungen zu § 244 I Nr. 1a und b

369
- Unterstreichen Sie sich im Gesetz „oder ein anderer Beteiligter" – auch der, der selbst keine Waffe bei sich führt, kann also als Täter eines Diebstahls mit Waffen verurteilt werden!
- Zum Begriff der Waffe und des gefährlichen Werkzeugs (Abs. 1 Nr. 1a) gibt es viel auf den ersten Blick unübersichtliche Rechtsprechung[726]. Diese lässt sich wie folgt (leicht vergröbernd) zusammenfassen:
  - „Waffe" ist strafrechtlich, nicht waffenrechtlich auszulegen. Danach ist jeder Gegenstand, der nach seiner bestimmungs**gemäßen** Art dazu bestimmt ist, zu Angriffs- oder Verteidigungszwecken gegen Menschen eingesetzt zu werden (also auch Menschen zu verletzen), eine Waffe[727].
  Soweit der GrSenBGH die geladene Schreckschusspistole, bei der der Explosionsdruck nach vorn austritt, unter den Waffenbegriff subsumiert hat, da diese zwar nicht zur Verletzung von Menschen bestimmt, aber bei entsprechender Verwendung dazu konkret geeignet sei, und hierzu ausdrücklich für die geladene Schreckschusspistole am bisherigen Waffenbegriff nicht mehr festhalten wollte[728], hat dies nur unnötige Verwirrung geschaffen. Die Einordnung als gefährliches Werkzeug wäre wohl zutreffender gewesen[729].

---

723 S. BGHSt 23, 254 ff.: Die Bewertung als schwerer Diebstahl ist nicht in den Schuldspruch aufzunehmen, da es sich nicht um eine selbstständige tatbestandliche Qualifikation handelt. (A. A. BGH NJW 1970, 2120: Bezeichnung im Schuldspruch als „schwerer Fall" ist nicht nötig, aber auch nicht falsch, da insofern der Richter gem. § 260 Abs. 4 S. 4 StPO ein Ermessen hat.)
724 A. A. F § 243 Rn. 2 m. w. N.
725 Und damit auch z. B. für eine mündliche Prüfung!
726 Lesen Sie hierzu F § 244 Rn. 3–24.
727 F § 244 Rn. 4.
728 GrSenBGH, BGHSt 48, 197.
729 So auch F § 250 Rn. 5d.

- Für das „gefährliche Werkzeug" besteht das Hauptproblem darin, ob man auf eine abstrakte Gefährlichkeit oder eine aufgrund seiner konkreten Verwendung konkrete Gefährlichkeit abzustellen hat. Sinnvollerweise ist danach zu differenzieren, ob die konkrete Norm eine Verwendung voraussetzt oder ein reines Beisichführen ausreichen lässt[730]. Daher gilt **für § 224 Abs. 1 Nr. 2 und für § 250 Abs. 2 Nr. 1**, die jeweils ein Verwenden verlangen, der Maßstab der **konkreten Gefährlichkeit**: ob die Art der Verwendung im Einzelfall geeignet war, erhebliche Verletzungen herbeizuführen.

  Dagegen gilt **für § 244 Abs. 1 Nr. 1a und für § 250 Abs. 1 Nr. 1a**, bei denen ein Beisichführen ausreicht, der Maßstab der **abstrakten Gefährlichkeit**, was nach h. L.[731] und neuerer Rechtsprechung des BGH[732] nach objektiven[733] Kriterien zu bestimmen ist: ob der Gegenstand aufgrund seiner objektiven Beschaffenheit potenziell/ersichtlich/naheliegenderweise zur Zufügung erheblicher Verletzungen verwendet werden kann und evtl. sogar „Waffenersatzfunktion" hat[734].

  Diese Unterscheidung hat vor allem Bedeutung für Alltagsgegenstände wie Kugelschreiber, Nagelscheren u. Ä., deren Herumtragen bei der Begehung eines Raubs nicht gleich zu der Strafandrohung des § 250 Abs. 2 führen soll, obwohl natürlich je nach Art der Handhabung mit diesen Gegenständen auch erhebliche Verletzungen herbeigeführt werden könnten.

- Das Beisichführen eines „sonstigen", d.h. **abstrakt ungefährlichen** Werkzeugs führt gem. **§ 244 Abs. 1 Nr. 1b und § 250 Abs. 1 Nr. 1b** nur zu einer höheren Strafe, wenn der Täter beabsichtigte, dieses zur Überwindung oder Verhinderung von Widerstand zu verwenden. Hierunter fallen vor allem die **Scheinwaffen**[735], wodurch das früher heiß diskutierte Problem, ob diese auch „Waffen" seien, erledigt wurde.

- „*Beisichführen*" bedeutet, das Tatmittel in Griffweite zu haben oder es jederzeit ohne nennenswerten Zeitaufwand benutzen zu können[736]. In subjektiver Hinsicht ist das Bewusstsein dieser Tatsache erforderlich.

- In zeitlicher Hinsicht kann das Beisichführen zwischen Versuchsbeginn und zumindest Vollendung irgendwann gegeben sein. Streitig ist, ob auch das Beisichführen einer Waffe lediglich im Zeitraum nach Vollendung, aber vor Beendigung (also z. B. auf der Fluchtfahrt nach gelungenem Diebstahl) tatbestandsmäßig ist[737]. Nach einem fehlgeschlagenen (einfachen) Versuch führt es jedenfalls nicht mehr zur Bejahung der Qualifikation, wenn der Täter sich für die Flucht mit einer Waffe ausstattet, da zu diesem Zeitpunkt die Tat bereits beendet ist[738]. Beachten Sie ferner, dass nicht erforderlich ist, dass der Täter die Waffe bereits selbst mitgebracht hat; es genügt, wenn er sie z. B. dem Opfer entreißt oder sie Teil der Beute ist.

- Nach der Rechtsprechung des BGH (BGHSt 30, 44 ff. [46]) kommt eine einschränkende Auslegung des Tatbestandsmerkmal „Beisichführen" auch bei berufsmäßigen Waffenträgern nicht in Betracht.

- Der Gesetzgeber ist bei der Neufassung des § 244 der bisherigen Rechtsprechung gefolgt, wonach das Beisichführen von Scheinwaffen zum Zwecke der Überwindung von Widerstand (wegen ihrer Einschüchterungs- und Bedrohungswirkung) ebenfalls unter § 244 fiel. Nunmehr ist in § 244 Abs. 1 Nr. 1b ausdrücklich jedes (auch ungefährliche) „*Mittel*"

---

730 So vor allem die Rechtsprechung, vgl. F § 250 Rn. 6, der selbst diese Aufspaltung kritisiert (Rn. 7 ff.).
731 Nachweise bei F § 244 Rn. 20.
732 BGH NJW 2008, 2861 = NStZ 2009, 93 (lesen – eine perfekte Zusammenfassung der Problematik!); BGH NStZ 2012, 571 f.
733 Nach anderer Ansicht soll es auf die Verwendungsabsicht des Täters ankommen, Nachweise bei F § 244 Rn. 19.
734 So die verschiedenen Ansätze, vgl. F § 244 Rn. 21 ff.
735 BGH NStZ 2011, 703: Wasserpistole. Darunter fallen auch Gegenstände, deren Gefährlichkeit durch einen objektiven Beobachter gar nicht eingeschätzt werden könnte, wie z. B. eine Sporttasche mit einem Mobiltelefon als angebliche „Bombe", vgl. BGH NStZ 2011, 278.
736 Diese Voraussetzung wurde z. B. vom BayObLG (NStZ 1999, 460 f.) für den Fall verneint, in dem der Täter bei der Tat ein relativ kleines Messer in einem verschlossenen, auf dem Rücken getragenen Rucksack hatte.
737 S. hierzu F § 244 Rn. 29 m. w. N. Bejaht z. B. vom BGH NStZ 2010, 327.
738 So auch BGHSt 31, 105 (108).

erfasst, das zu diesem Zweck mitgeführt wird, somit auch Waffenattrappen und ungeladene Schusswaffen[739]. Aus den Motiven zum Gesetzgebungsverfahren ergibt sich jedoch, dass trotzdem die bisher von der Rechtsprechung gemachte Einschränkung, wonach solche Gegenstände ausgenommen sein sollen, die nicht nur objektiv völlig ungefährlich sind, sondern auch nach ihrem äußeren Bild so erscheinen (z. B. ein Labellostift)[740], weiterhin Anwendung finden soll[741]. Maßgeblich ist demnach die Betrachtung, ob das mitgeführte Mittel als Drohmittel geeignet wäre, wenn es offen und ohne weitere Täuschung eingesetzt würde[742].

bb) Anmerkungen zu § 244 Abs. 1 Nr. 2 und § 244a

370
– Eine *Bande* kann schon ab drei[743] Personen bejaht werden.
– Denken Sie daran, dass bei Vorliegen der Nr. 2 *neben* anderen Nummern des § 244 oder neben § 243 der Verbrechenstatbestand des § 244a gegeben ist! Neben einem höheren Strafrahmen hat dies vor allem zur Folge, dass damit plötzlich auch bereits die Verabredung zu solchen Taten strafbar ist (§ 30).

cc) Anmerkungen zu § 244 Abs. 1 Nr. 3

371 Während der Einbruchsdiebstahl nach alter Rechtslage lediglich ein Regelbeispiel erfüllte (§ 243 Abs. I Nr. 1), ist nun in den Fällen, in denen in eine *Wohnung* eingebrochen wird, ein Qualifikationstatbestand verwirklicht, im Übrigen bleibt es bei § 243 Abs. 1 Nr. 1.

g) Konkurrenzfragen

372 Nimmt jemand aufgrund einheitlichen Tatplans (der auch noch während der Tatausführung erweitert werden kann) mehrere Sachen weg, nimmt die ständige Rechtsprechung natürliche Handlungseinheit und damit nur einen Diebstahl an. Dabei ist irrelevant, ob die Sachen verschiedenen Eigentümern gehören oder bezüglich mancher Sachen der Diebstahl nur versucht wurde[744]. Ein Betrug, der die durch einen Diebstahl geschaffene rechtswidrige Vermögenslage nur aufrechterhalten soll, ist mitbestrafte Nachtat (sog. Sicherungsbetrug). Dies gilt nicht, wenn durch den Betrug weitere Rechtsgüter (des bisher bereits Geschädigten oder Dritter) verletzt werden[745].

§ 263a ist gegenüber § 242 lex specialis; soweit man bei der unberechtigten Erlangung von Bargeld aus Geldautomaten überhaupt einen Gewahrsamsbruch bejaht[746], wird § 242 jedenfalls von § 263a verdrängt. Dagegen kann mit dem vorherigen Entwenden der Codekarte durchaus ein Diebstahl vorliegen, vorausgesetzt, der Täter plant, diese dem Berechtigten nicht zurückzugeben.

---

739 So die nun h. M. und die Rechtsprechung (Nachweise bei Sch/Sch § 244 Rn. 13; a. A. Krey, BT Bd. 2, Rn. 198 a). Bei F § 244 Rn. 26 unterstreichen Sie sich die Verweisung auf § 250 Rn. 10 ff. – hier gibt es noch mehr Ausführungen.
740 So BGHSt 38, 116 ff. (118); NStZ 1997, 184 f.; NStZ 1998, 38 f.
741 Vgl. BT-Drs. 13/9064. Sch/Sch § 244 Rn. 13a; ebenso BGH NStZ 2007, 332 (zu § 250 I Nr. 1b).
742 In F § 244 Rn. 26 sehr unauffällig durch Verweisung auf § 250 Rn. 11 f. kommentiert.
743 Entgegen der älteren Rechtsprechung lässt der BGH nun zwei Personen nicht mehr genügen, vgl. BGH NStZ 2001, 421 ff.; vgl. F § 244 Rn. 34.
744 BGH NStZ-RR 2009, 278 und 2009, 279.
745 Vgl. F § 263 Rn. 233.
746 So wird teilweise vertreten, das einen Gewahrsamsbruch grds. ausschließende Einverständnis des Automatenaufstellers mit der Geldabhebung gelte nur für ordnungsgemäße Abläufe und nicht für die Ausnutzung defekter Geldautomaten (sog. Lehre vom modifizierten Einverständnis); vgl. auch unten zu § 263a Rn. 437 ff.

3. Unterschlagung, § 246

a) Schutzgut

Schutzgut ist das Eigentum.   373

b) Vorgeschlagenes Prüfungsschema

I. *Objektiver Tatbestand*   374
   1. fremde bewegliche Sache
   2. Zueignung
   3. Rechtswidrigkeit der Zueignung
II. *Subjektiver Tatbestand*
   = Vorsatz
III. *Qualifikation: Anvertrautsein der Sache*
IV. *Rechtswidrigkeit, Schuld*
V. *Strafantrag in den Fällen der §§ 247, 248a*

c) Objektiver Tatbestand

aa) Tatobjekt

Tatobjekt ist wie beim Diebstahl die fremde bewegliche Sache, auf die obigen Ausführungen kann verwiesen werden.   375

bb) Systematik

Nach der Fassung des § 246 a.F., d.h. vor Inkrafttreten des 6. StrRG, war tatbestandsmäßige Voraussetzung, dass der Täter zum Zeitpunkt der Tathandlung „im Besitz oder Gewahrsam" der Sache sein musste. Diese gesetzliche Formulierung hatte zu unterschiedlichen Auslegungen und damit zu einer unterschiedlichen Reichweite des § 246 geführt: Zum einen wurde insbesondere von der Rechtsprechung vertreten, dass „Besitz" in diesem Zusammenhang nicht Besitz i.S.d. BGB meinte, sondern auch nur Gewahrsam meinte[747]. Damit war mittelbarer Besitz des Täters jedenfalls nicht genug. Nach strenger Auslegung musste der Täter sodann den Gewahrsam an der Sache schon haben, bevor er sie sich in einem späteren Akt zueignete[748], nach der sog. „kleinen berichtigenden Auslegung" genügte es, wenn Gewahrsamserlangung und Zueignungshandlung in einem Akt zusammenfielen[749], und nach der „großen berichtigenden Auslegung" war ein Gewahrsam, egal zu welchem Zeitpunkt, überhaupt nicht nötig, entscheidend war allein – in Abgrenzung zum Diebstahl – das Fehlen eines Gewahrsamsbruchs[750]. Gegen diese letzte Auffassung war vor allem vorgebracht worden, dass sie im Widerspruch zum ausdrücklichen Wortlaut des § 246 stünde und daher gegen das Analogieverbot (Art. 103 Abs. 2 GG) verstoße[751].   376

Durch die ersatzlose Streichung der Worte „die er in Besitz oder Gewahrsam hat" ist die Rechtslage i.S. der bisherigen „großen berichtigenden Auslegung" geklärt worden; danach ist nunmehr keinerlei vor oder während der Zueignung bestehende Herrschaftsbeziehung des Täters zu der Sache erforderlich[752]. Die gesetzliche Neufassung geht sogar noch insoweit über die „große berichtigende Auslegung" hinaus, als nunmehr – zumindest nach ihrem Wortlaut – auch Fälle *mit* Gewahrsamsbruch unter § 246 fallen. Damit besteht kein Exklusivitätsver-

---

[747] RGSt 37, 198 ff.
[748] Bsp.: A hat sich von E ein Fahrrad geliehen; er beschließt, es nicht zurückzugeben und verkauft es an B.
[749] Bsp.: A findet in der U-Bahn einen Geldbeutel; nachdem er sich mehrfach umgeschaut hat, hebt er ihn auf und steckt ihn ein, um ihn für sich zu behalten.
[750] Bsp.: A hat von E einen Computer unter Eigentumsvorbehalt erworben. Er verleiht ihn an C. Danach (nun hat A nur noch mittelbaren Besitz, was für die Annahme von Gewahrsam nicht ausreicht) verkauft er denselben Computer an C, d.h. geriert sich als Eigentümer.
[751] So auch BGHSt 2, 317 (319).
[752] BT-Drs.13/8587, S. 43.

hältnis mehr zwischen Diebstahl und Unterschlagung, vielmehr ist eine gleichzeitig begangene Unterschlagung gegenüber einem Diebstahl lediglich subsidiär (vgl. § 246 Abs. 1 a. E.). Die Unterschlagung ist durch die Gesetzesänderung zum **Auffangtatbestand**[753] für alle rechtswidrigen Zueignungshandlungen gestaltet worden, die nicht gleichzeitig nach anderen Vorschriften mit schwererer Strafe bedroht sind.

Gegen die Ausweitung des Delikts werden teilweise allerdings wiederum verfassungsrechtlichen Bedenken geltend gemacht, da die Vorschrift des § 246 n. F. zu konturenlos sei und damit gegen das Bestimmtheitsgebot des Art. 103 Abs. 2 GG verstoße[754]. Die Vorschrift müsse daher verfassungskonform restriktiv ausgelegt werden, wobei ein Weg darin bestehen könnte, – nunmehr entgegen dem Wortlaut – doch wieder eine Herrschaftsbeziehung zwischen dem Täter und dem Tatobjekt zu fordern, die neben dem bisher erforderlichen Gewahrsam auch in einem mittelbaren Besitz liegen könnte[755].

cc) Zueignung

377 Der Begriff der Zueignung ist derselbe wie in § 242, nur dass bei § 246 ein tatsächlicher, nach außen erkennbarer Zueignungsakt vorliegen muss, während bei § 242 ja die Absicht genügt. Der Täter eignet sich die Sache zu, wenn er die Sache oder den von ihr verkörperten Sachwert unter Ausschließung des wahren Eigentümers dem eigenen Vermögen einverleibt oder sich – insbesondere im Verhältnis zu Dritten – als Eigentümer „geriert" (z. B. indem er die Sache verschenkt)[756]. Erforderlich ist allerdings eine nach außen erkennbare Handlung, in der sich der Zueignungswille eindeutig manifestiert[757]. Daran fehlt es insbesondere dann, wenn sich das Verhalten des Täters gegenüber vorher in keiner Weise ändert[758] oder das Verhalten des Täters nicht zwingend für einen Zueignungswillen spricht, sondern auch nur auf reiner Nachlässigkeit beruhen kann[759]. Zueignungsakte können vor allem darin gesehen werden, dass der Täter die Sache (in eigenem Namen) weiterverkauft, sie versteckt, verschenkt oder verbraucht, oder dass er auf ausdrückliche Frage den Besitz ableugnet.

Wegen der ansonsten zu sehr ausufernden Strafbarkeit wird von einem Teil der Literatur zudem gefordert, dass eine Manifestation des Zueignungswillens durch reines „Berühmen" (lediglich verbale Manifestation) nicht ausreichen soll. Erforderlich sei ein irgendwie **besitzbezogenes Verhalten**[760]. Dem ist zuzustimmen, da anderenfalls auch Zueignungsakte wie z. B. das Abschließen von Kaufverträgen über Gegenstände, die sich überhaupt nicht im Herrschaftsbereich des Täter befinden[761], bereits als Unterschlagung strafbar wären, obwohl die Herrschaftsmöglichkeiten des Eigentümers dadurch noch in keiner Weise eingeschränkt oder auch nur gefährdet werden.

Beachten Sie weiterhin, dass – wie bei § 242 – mangels Aneignungskomponente keine Zueignung vorliegt, wenn der Täter die Sache dem Eigentümer lediglich entzieht.

---

753 Wie hier Wessels, BT Bd. 2, Rn. 277; F § 246 Rn. 2; a. A.: Grundtatbestand aller Zueignungsdelikte.
754 Krey, BT Bd. 2, Rn. 152, 152 a, 160 ff.
755 So Krey, BT Bd. 2, Rn. 152 a m. w. N. Einen Überblick über die verschiedenen Kritik- und Lösungsansätze finden Sie auch bei F § 246 Rn. 10, 10 a.
756 Näheres zum Begriff der Zueignung s. o. Rn. 357 ff.
757 Vgl. Sch/Sch § 246 Rn. 11: „Betätigung des Zueignungswillens in obj. erkennbarer Weise"; s. auch F § 246 Rn. 6, 6a.
758 Bsp.: A mietet einen Videofilm und gibt ihn – auch nach mehrfacher Aufforderung – nicht zurück. Ohne ein besonderes Verhalten des A (z. B. den Weiterverkauf des Films an einen Dritten) kann eine Zueignung nicht bejaht werden, da es an einer nach außen erkennbaren Handlung des A fehlt, aus der deutlich wird, dass er sich von nun nicht mehr als (säumiger) Mieter, sondern als Eigentümer des Films gerieren will.
759 Bsp.: Das Einstecken einer Fundsache macht für den objektiven Beobachter noch nicht deutlich, ob der Täter die Sache behalten oder nur bis zum Fundbüro, zur Polizei o. Ä. bringen will, und reicht daher als tatbestandlich erforderliche Manifestation eines (auch eingeräumten!) Zueignungswillens nicht aus. Unterlässt der Täter es in der Folge, die Sache abzugeben, liegt allein darin auch noch kein Zueignungsakt, da dieses Verhalten auch lediglich auf Nachlässigkeit beruhen kann.
760 Vgl. F § 246 Rn. 4 a m. w. N.; ebenso Wessels, BT Bd. 2, Rn. 293.
761 Bsp.: A schließt in Hamburg mit B einen Kaufvertrag über das Fahrrad des C, das in München steht.

Durch das 6. StrRG ist jetzt von § 246 auch ausdrücklich die Zueignung an einen Dritten erfasst. Wegen der erforderlichen Abgrenzung zwischen Sich-Zueignung und Dritt-Zueignung in Schenkungsfällen s. die entsprechenden Ausführungen zum Diebstahl[762].

Streitig ist, ob die Zueignung wiederholbar ist. Diese Frage stellt sich immer dann, wenn der Täter den Gewahrsam an der Sache bereits durch ein Zueignungsdelikt (Diebstahl, Betrug, Hehlerei) erlangt hat und die Sache endgültig seinem Vermögen (erkennbar) einverleibt. Während sich alle einig sind, dass diese nachfolgende Unterschlagung jedenfalls nicht mehr strafbar sein soll, wird dieses Ergebnis unterschiedlich – und mit unterschiedlichen daraus resultierenden Konsequenzen – begründet: Nach Ansicht des BGH[763] ist nach einmal erfolgter Zueignung ein weiterer Zueignungsakt schon begrifflich nicht mehr möglich, sodass bereits der Tatbestand des § 246 nicht erfüllt sein soll (sog. **Tatbestandslösung**). Dies hat zur Folge, dass mangels Haupttat auch eine Strafbarkeit eines eventuellen Gehilfen ausscheidet. Nach anderer Ansicht erfüllt die wiederholte Zueignung zwar zunächst den Tatbestand des § 246 (mit der Folge der Strafbarkeit eines Helfers wegen Beihilfe), dieser tritt aber als mitbestrafte Nachtat im Rahmen der Konkurrenzen zurück (sog. **Konkurrenzlösung**)[764].

d) Vorsatz

In subjektiver Hinsicht ist Vorsatz hinsichtlich aller objektiven Tatbestandsmerkmale, d.h. einschließlich der Widerrechtlichkeit der Zueignung, erforderlich; es kann auch insofern auf die entsprechenden Ausführungen zu § 242 verwiesen werden. Da der Gesetzeswortlaut – entgegen § 242 – nicht ausdrücklich Zueignungs**absicht** verlangt, entspricht es den allgemeinen Regeln, hinsichtlich der Zueignung, d.h. insbesondere auch hinsichtlich der Aneignungskomponente, bedingten Vorsatz ausreichen zu lassen[765]. Der Zeitpunkt der Zueignungsabsicht ist bei der Wegnahme von Gegenständen entscheidend für die Abgrenzung zwischen Diebstahl und Unterschlagung – fasst der Täter erst nach vollendeter Wegnahme den Entschluss, die Sachen auch behalten zu wollen, liegt Unterschlagung vor[766].

378

e) Qualifikation

War dem Täter die unterschlagene Sache anvertraut, gilt nach § 246 Abs. 2. ein höherer Strafrahmen. *Anvertrauen* bedeutet die Hingabe oder das Belassen in dem Vertrauen, der Besitzer werde nur im Sinne des Anvertrauenden mit der Sache verfahren. Dabei kommt es nicht darauf an, ob die Sache dem Täter vom Eigentümer oder einer anderen Person anvertraut wurde, solange sich der Anvertrauende nicht in Widerspruch zum Recht des Eigentümers setzt (z.B. bei Diebesgut). In subjektiver Hinsicht ist natürlich wiederum das Wissen erforderlich, dass ein Anvertrauen vorliegt.

379

TIPP: Beachten Sie: Das Anvertrautsein ist ein besonderes persönliches Merkmal i.S.d. § 28 Abs. 2, sodass sein Vorliegen anderen Teilnehmern, denen die Sache nicht ebenfalls anvertraut wurde, auch nicht zuzurechnen ist!

Denken Sie besonders in Fällen eines Auftrags, eines Mietvertrags, eines Eigentumsvorbehaltes oder einer Vormundschaft an diese Qualifikation.

---

762 S. o. Rn. 360.
763 S. GrSenBGH St 14, 38 (45); BGH NStZ-RR 1996, 132.
764 So RGSt 19, 61 (62); Schröder, JR 1960, 308 (309); Bockelmann, JZ 1960, 621 (624).
765 Wie hier Sch/Sch § 246 Rn. 24/25; F § 246 Rn. 20.
766 An sich eine Selbstverständlichkeit, achten Sie daher genau auf die Angaben im Sachverhalt. In BGH NStZ 2011, 36 erhielt diese Unterscheidung dadurch Brisanz, dass der BGH für handliche und leicht zu bewegende Gegenstände unter bestimmten Umständen bereits das bloße Ergreifen und Festhalten für einen Gewahrsamswechsel ausreichen ließ.

f) Strafantrag

380 In den Fällen der Unterschlagung einer geringwertigen Sache oder der Unterschlagung durch einen Angehörigen oder eine der genannten anderen nahestehenden Personen ist Verfahrensvoraussetzung ein (rechtzeitiger!) Strafantrag des Verletzten, §§ 247, 248 a. Und nur im Falle der Unterschlagung einer geringwertigen Sache kann die Staatsanwaltschaft ein entsprechendes Prozesshindernis durch die Bejahung des besonderen öffentlichen Interesses beseitigen!

g) Konkurrenzen

381 Denken Sie im Rahmen der Konkurrenzen immer an die unterschiedlichen Meinungen zur Frage der Wiederholbarkeit der Zueignung[767]. Die Subsidiaritätsklausel (Abs. 1 a. E.) gilt nach der Rechtsprechung nicht nur gegenüber Delikten mit ähnlichem Schutzzweck, sondern generell gegenüber allen Delikten; das durch § 246 zusätzlich verwirklichte Unrecht kann dann bei der Strafzumessung (strafschärfend) berücksichtigt werden[768]. Die Subsidiarität gilt auch für Fälle des Abs. 2 und Abs. 3[769]. Da auch der Diebstahl nur eine Strafandrohung bis 5 Jahre Freiheitsstafe vorsieht, kann in Fällen der veruntreuenden Unterschlagung (Abs. 2) eine tateinheitliche Verurteilung wegen Diebstahls *und* Unterschlagung ergehen.

4. Raub, § 249

a) Geschütztes Rechtsgut

382 – Eigentum, Gewahrsam (wie § 242)
– persönliche Freiheit (wie § 240)

b) Vorgeschlagenes Prüfungsschema

383 *I. Objektiver Tatbestand*
   1. Wegnahme einer fremden beweglichen Sache (wie § 242)
   2. Nötigung mittels
      a) Gewalt gegen eine Person oder
      b) Drohung mit gegenwärtiger Gefahr für Leib und Leben
   3. als Mittel zur Wegnahme
II. Subjektiver Tatbestand
   1. Vorsatz
   2. Absicht rechtswidriger Zueignung (wie § 242)
III. Rechtswidrigkeit, Schuld
IV. Schuld

c) Objektiver Tatbestand

aa) Wegnahme

383a Für die Wegnahme gelten dieselben Ausführungen wie zu § 242 (s. dort).

Nach der ständigen Rechtsprechung des BGH[770] ist das Tatbestandsmerkmal der Wegnahme das entscheidende Kriterium für die **Abgrenzung zwischen Raub und räuberischer Erpressung** (§ 255) – ein äußerst examensrelevantes Problem.

In diesem Zusammenhang muss Ihnen der Grundsatzstreit zwischen der Rechtsprechung des BGH und der herrschenden Meinung in der Literatur geläufig sein, ob nämlich die Erpressung

---

[767] S. o. Rn. 377.
[768] Vgl. F § 246 Rn. 23 c. A. A. F § 246 Rn. 23 a; Sch/Sch § 246 Rn. 32.
[769] BGH NStZ 2012, 628; F § 246 Rn. 23.
[770] Ständige Rechtsprechung des BGH, vgl. z. B. BGHSt 7, 252 (255); BGH NStZ 1999, 350 f. S. auch F § 249 Rn. 2, § 255 Rn. 6, der selbst allerdings der Literaturmeinung folgt und eine Vermögensverfügung verlangt (vgl. F § 253 Rn. 10, § 255 Rn. 5). Differenzierend dagegen Sch/Sch § 249 Rn. 2.

als ungeschriebenes Tatbestandsmerkmal eine Vermögensverfügung voraussetzt oder nicht[771]. Nach der Rechtsprechung des BGH ist dies nicht der Fall, wobei der BGH sich auf den Wortlaut des § 253 beruft und als weiteres Argument ansonsten drohende Strafbarkeitslücken anführt. Damit ist für den BGH der Raub letztlich nur ein Spezialfall der räuberischen Erpressung, bei der die abgenötigte Handlung in der Duldung der Wegnahme besteht.

D. h. (nach BGH): Weggabe führt zu räuberischer Erpressung, Wegnahme zu Raub; maßgeblich ist das äußere Erscheinungsbild. **Nimmt** sich der Täter die Beute (d. h. Einsatz von Zwang, die Wegnahme zu dulden), so liegt ein Raub vor; lässt er sich die Beute dagegen **aushändigen** (Einsatz von Zwang, die vermögensschädigende Handlung selbst vorzunehmen), handelt es sich um räuberische Erpressung. Dabei ist allerdings darauf hinzuweisen, dass die Bestimmung, zu welchem Zeitpunkt der Gewahrsam übergeht, d. h. ob eine Wegnahme oder eine Weggabe erfolgt, manchmal tückisch sein kann. So hatte der BGH in NStZ 1999, 350 f. festgestellt, dass ein Taxifahrer, der plötzlich von seinem Fahrgast mit einer Waffe bedroht wird und daher zunächst schnell aus dem Fahrzeug springt, bevor er dann wieder versucht, zu dem Täter, der nunmehr von innen die Türen verriegelt hat, in den Wagen zu gelangen, durch das Aussteigen noch nicht den Gewahrsam aufgegeben hat, sondern lediglich eine **sozialübliche Gewahrsamslockerung** vorliegt. Dies hat zur Folge, dass der Täter, der daraufhin mit dem Fahrzeug davonfährt, diesen Gewahrsam bricht, somit einen Raub und nicht (wie man angesichts des freiwilligen Aussteigens des Taxifahrers hätte meinen können) eine räuberische Erpressung begeht!

Die Rechtsprechung ist übrigens sehr formalistisch bei der Beurteilung, ob Wegnahme oder Weggabe vorliegt: Wird das Opfer durch Anwendung von Gewalt dazu gezwungen, ein Geldversteck (oder die PIN-Nummer) preiszugeben, sodass der Täter sich das Geld holen kann, stellt die Rechtsprechung auf den Zeitpunkt ab, in dem der Vermögensnachteil eintritt. Mit dem Argument, die Preisgabe des Verstecks bewirke für sich noch keinen Vermögensnachteil, und zwischen der Gewaltanwendung und der Wegnahme bestehe (im konkreten Fall) der erforderliche zeitliche und örtliche Zusammenhang, hat der BGH hier einen Raub angenommen[772].

383b

bb) Einsatz eines Nötigungsmittels („Raubmittel")

(1) Gewalt gegen eine Person

Gewalt ist körperlich wirkender Zwang durch eine unmittelbar oder mittelbar wirkende Kraftentfaltung, die nach der Vorstellung des Täters dazu bestimmt und geeignet ist, einen tatsächlichen oder erwarteten Widerstand des Opfers zu brechen:
— Der Zwang muss auf den Körper des Opfers gerichtet sein, d. h. eine rein „psychische Zwangswirkung" reicht nicht aus.
— Eine körperliche Berührung muss nicht stattfinden, auch eine **mittelbare Zwangswirkung** auf den Körper genügt (Bsp.: Verschließen einer Tür, um das Opfer einzusperren[773]; Abgabe von Schreckschüssen[774]).
— Wenngleich kein großer Kraftaufwand verlangt wird, muss die Kraftentfaltung so erheblich sein, dass sie aus Sicht des Täter geeignet ist, möglichen Widerstand zu brechen, und aus Sicht eines – wachen – Opfers als körperlicher Zwang empfunden würde[775]. Obwohl der BGH in vielen Fällen sehr großzügig bei der Annahme ausreichender Gewalt ist[776], ist beim sog. „**Handtaschenraub**" zu beachten, dass hier jedenfalls nicht jedes „Ansichnehmen"

384

---

[771] Hierzu s. auch unten Rn. 455.
[772] BGH NStZ 06, 38 f.
[773] RGSt 73, 344 f. (345); BGHSt 20, 194 ff. (195).
[774] RGSt 66, 335; BGHSt 1, 145 ff.
[775] Ständige Rechtsprechung, vgl. Nachweise bei F § 249 Rn. 4a.
[776] Beispiele: BGHSt 1, 145 ff.: Heimliches Beibringen eines Betäubungsmittels; BGHSt 16, 341 ff.: Wegschieben der Hand eines Sterbenden, um an die in der Hosentasche befindliche Geldbörse zu gelangen; BGHSt 4, 210 ff.: Wegtragen eines Bewusstlosen, um ihn an einem einsamen Ort auszuplündern.

genügt. Steht statt einer Kraftentfaltung lediglich List oder Schnelligkeit im Vordergrund (Überrumpelung), liegt kein Raub, sondern nur ein Diebstahl vor[777].
- Selbstverständlich kann auch die Tötung eines Menschen eine Gewalteinwirkung i. S. d. § 249 darstellen. Vorausgesetzt, dass die Tötung zum Zwecke der Wegnahme erfolgte (dazu gleich mehr unter cc)), ist dann wegen vollendeten Raubs (mit Todesfolge, § 251) in Tateinheit mit vollendetem Mord zu verurteilen.
- Die Gewalt muss nicht unbedingt gegen den Gewahrsamsinhaber gerichtet sein; es genügt auch, wenn sie gegen einen Dritten eingesetzt wird, der nach der Vorstellung des Täters den Gewahrsam schützen will (Bsp.: gegen den Ehemann, um der Ehefrau dann die Handtasche wegnehmen zu können).
- Streitig ist, ob Gewalt auch durch Unterlassen angewandt werden kann[778]. Hat der Täter bereits vor Eintritt der Zwangslage Wegnahmevorsatz und wird deshalb nicht tätig (Bsp.: Der Oberarzt lässt einen Patienten durch das Nichtverabreichen einer Medizin ins Koma fallen, um dessen Wertgegenstände an sich nehmen zu können), muss man sich entscheiden, ob man das Kriterium der Kraftentfaltung als wesentlich ansieht oder eher auf körperlich wirkenden Zwang als Ergebnis eines Verhaltens abstellen will. Wo – wie im genannten Beispielsfall – eine Garantenpflicht zum Tätigwerden besteht, ist die von dem Unterlassen ausgehende Zwangswirkung sicher mit der eines entsprechenden Tuns, das zu einem ähnlichen Ergebnis führen würde (hier z. B. Injizieren einer Substanz, die den Patienten ins Koma fallen lässt), vergleichbar. Fasst ein Täter dagegen erst nach Eintritt der Zwangslage Wegnahmevorsatz und unterlässt es, die Zwangslage des Opfers zu beenden, um diesem ungehindert in dessen Gewahrsam stehende Gegenstände wegzunehmen, gilt generell der Grundsatz, dass die bloße Ausnutzung einer ohne Wegnahmevorsatz eingetretenen Zwangslage oder Wehrlosigkeit kein Raub ist[779], da erforderlich ist, dass die Gewalt zum Zwecke der Wegnahme eingesetzt wird (dazu noch unter Rn. 377). Hiervon ist allerdings eine Ausnahme zu machen, wenn der Täter die Zwangslage durch Gewaltanwendung selbst (oder über die Grundsätze der Mittäterschaft zurechenbar) geschaffen hat und die Gewaltanwendung noch andauert[780]. Hier ist streitig, ob die fortdauernde Gewaltanwendung neben einem aktiven Tun auch in einem Unterlassen bestehen kann: Das weitere Festhalten einer Frau, die vergewaltigt werden sollte, um ihr nun ihre Wertsachen abzunehmen, fällt als aktive Gewaltanwendung nach allen Ansichten unter § 249. War die Frau dagegen gefesselt, so soll nach einer Ansicht die Gewaltanwendung mit der Fesselung beendet sein und das Unterlassen der Befreiung durch den Täter zum Zwecke der Wegnahme keine Gewaltanwendung i. S. d. § 249 sein[781], während nach anderer Ansicht durch das Gefesseltlassen weiterhin Gewalt angewendet wird (Gewaltanwendung durch Unterlassen)[782]. Wurde die Frau schließlich zunächst ohne Wegnahmeabsicht niedergeschlagen und nutzt der Täter nun ihre Benommenheit, um sie zu bestehlen, fällt die Ausnutzung der fortdauernden Wirkung der bereits abgeschlossenen Gewaltanwendung sicher nicht mehr unter § 249[783]. (Beachten Sie aber, dass nach der Rechtsprechung der Täter auch nach abgeschlossener Gewaltanwendung durch sein Verhalten – konkludent – mit der Anwendung weiterer Gewalt drohen und, sofern er sich dieser Ausstrahlung bewusst ist, damit immer noch den Tatbestand des Raubes verwirklichen kann[784]!)

---

[777] Bsp.: Täter greift im Vorbeifahren Handtasche, die lose über der Schulter des Opfers hängt: Diebstahl; Täter stößt Opfer zu Boden und greift Handtasche, die lose über dessen Schulter hängt: Raub; Täter reißt an Handtasche, die von Opfer geistesgegenwärtig festgehalten wird, bis der Tragriemen abreißt: Raub. Vgl. F § 249 Rn. 4b.
[778] Dagegen: Krey, Zum Gewaltbegriff im Strafrecht, 2. Teil, in: BKA (Hrsg), Was ist Gewalt?, Bd. 2, 1988, Rn. 127 – 134; Krey, BT Bd. 2, Rn. 186 ff., 193 m. w. N.; dafür: Sch/Sch § 249 Rn. 6b.
[779] BGH NJW 1969, 619; vgl. auch die **ausführliche Darstellung des Problems bei F § 249 Rn. 8 ff.**
[780] So BGH NStZ 1993, 77 (78). Nach BGHSt 21, 300 soll sogar „fortwirkende" Gewaltanwendung ausreichen.
[781] So Krey, BT Bd. 2, Rn. 193.
[782] So Sch/Sch § 249 Rn. 6b; Eser NJW 1965, 377 (379).
[783] So Sch/Sch § 249 Rn. 6a m. w. N. der BGH-Rechtsprechung.
[784] Vgl. hierzu F § 249 Rn. 13 ff.

(2)   Drohung mit einer gegenwärtigen Gefahr für Leib oder Leben

- Auch wenn der Gesetzeswortlaut lediglich von einer Gefahr für „Leib" (oder Leben) spricht, genügt die Drohung mit einer unerheblichen Körperverletzung jedoch nicht (RGSt 72, 229 ff.).   **385**
- Zu dem Erfordernis der Gegenwärtigkeit der Gefahr, mit der gedroht wird, beachten Sie bitte, dass – entgegen der Kommentierung in F § 249 Rn. 5 – die Rechtsprechung hier nicht den gleichen Maßstab wie bei § 34 StGB anlegt: Um einen ausreichenden Schutz für das Opfer zu gewährleisten, reicht bei § 249 und § 255 auch die Androhung einer „Dauergefahr", die (jetzt oder auch später) jederzeit in einen Schaden umschlagen kann[785].
- Auch bei dem Einsatz von Drohungen gilt, dass sich die Nötigung nicht unbedingt gegen den Gewahrsamsinhaber richten muss, solange nur der Einsatz der Nötigung dem Zweck der Wegnahme dient. So fällt selbstverständlich auch unter § 249, wenn der Täter dem Ehemann eine Pistole vorhält, um der Gattin den Schmuck wegzunehmen.

cc)   Als Mittel zur Wegnahme

Wichtig ist, dass der Einsatz von Gewalt oder Drohung erfolgen muss, um die Wegnahme zu ermöglichen; dies bedeutet, dass das Nötigungsmittel eingesetzt werden muss, *bevor* die Wegnahme vollendet ist. Hier ist die **Abgrenzung zum räuberischen Diebstahl** (§ 252) zu treffen, bei dem der Einsatz des Nötigungsmittels erst nach Vollendung der Wegnahme erfolgt.   **386**

Es bedeutet weiter, dass in dem Fall, in dem zunächst Gewalt angewendet wird, ohne dass eine Sache weggenommen werden soll, der Wegnahmeentschluss *vor* Beendigung der Gewaltanwendung gefasst werden muss; anderenfalls liegt kein Raub, sondern z.B. Körperverletzung in Tatmehrheit mit Diebstahl vor[786]. Auch das Ausnutzen der Wirkungen einer ohne Wegnahmeabsicht ausgeübten Gewalt (z.B. Bewusstlosigkeit des Opfers) genügt nicht[787].

Gewalt zum Zwecke der Wegnahme wird auch dann nicht ausgeübt, wenn die Gewalt lediglich der Erreichung einer zeitlich und örtlich von der Wegnahme getrennten Vorstufe dient, so z.B. der Erlangung einer Information (Zahlencode, Versteck o. Ä.) oder eines Schlüssels[788], aufgrund dessen dann später – nicht im gleichen zeitlichen und örtlichen Zusammenhang[789]! – eine Wegnahme ohne Gewalt möglich ist.

Streitig ist, ob zwischen Nötigung und Wegnahme objektiv ein **Kausalzusammenhang** bestehen muss. Nach Ansicht des BGH und der herrschenden Lehre kommt es hier lediglich auf die *Vorstellung des Täters* an, d.h. dieser muss subjektiv davon ausgehen, dass durch die Anwendung des Nötigungsmittels die Wegnahme gefördert wird, insbesondere das Mittel also geeignet ist[790]. Danach ist es unerheblich, ob der Einsatz des Nötigungsmittels objektiv kausal für das Verhalten des Opfers war. Daher handelt es sich auch um Raub, wenn das Opfer die Wegnahme zwar – für diesen nicht erkennbar – nicht ernst nimmt, aber aus anderen Gründen die Wegnahme duldet. Der insofern bestehende *Unterschied zu § 240* (wo auch objektiv ein Kausalzusammenhang zwischen Nötigungshandlung und Nötigungserfolg bestehen muss) wird mit dem Wortlaut des § 249 begründet, wo es nicht „durch Drohung", sondern „unter Anwendung von Drohung" heißt. Dass der Täter die Drohung als geeignet ansieht, bedeutet umgekehrt nicht, dass der Täter davon ausgehen muss, die Drohung wahr

---

785 Vgl. BGH NJW 1997, 265 (266).
786 Wenn das Opfer dagegen infolge der Gewaltanwendung bereits gestorben ist, bevor der Wegnahmeentschluss gefasst wird, liegt ein Tötungsdelikt (§ 212 oder § 211) in Tatmehrheit mit **Unterschlagung** vor!
787 BGH NStZ 06, 508.
788 Denken Sie daran: Hinsichtlich des Schlüssels liegt nur dann ein Raub vor, wenn der Täter auch insofern mit Zueignungsabsicht handelt, d.h. nicht, wenn er plant, den Schlüssel gleich nach Benutzung zurückzugeben!
789 Insofern war der oben in Rn. 383b angeführte Fall anders gelagert, da dort ein enger zeitlicher und örtlicher Zusammenhang zwischen der Gewaltanwendung und der Wegnahme bejaht wurde.
790 BGHSt 30, 375 (377); Wessels, BT Bd. 2, Rn. 322; F § 249 Rn. 6 m.w.N.; Sch/Sch § 249 Rn. 7 m.w.N. auch zur Gegenansicht, die auch einen objektiven Kausalzusammenhang fordert.

machen zu können. Es genügt wie bei § 240, dass er annimmt, das Opfer glaube dies[791]. Nicht die objektive Gefährlichkeit, die von dem Täter ausgeht, sondern der **Eingriff in die Willensbildungsfreiheit** ist für § 249 maßgeblich.

d) Subjektiver Tatbestand

387 Hier ist wiederum daran zu denken, dass es sich um ein Kombinationsdelikt aus Diebstahl und Nötigung handelt, sodass sowohl Diebstahlsvorsatz und Zueignungsabsicht wie bei § 242 als auch der entsprechende Vorsatz hinsichtlich der Nötigung[792] vorliegen müssen.

e) Vollendung und Beendigung

388 Hier gelten die gleichen Grundsätze wie bei § 242: Mit Gewahrsamsbruch ist der Raub vollendet, mit Erreichen einer gesicherten Verfügungsgewalt beendet.

f) Versuch

389 Versuchter Raub liegt vor, zu der Nötigung (mit dem Ziel der Wegnahme[793]) unmittelbar angesetzt wurde. Dagegen genügt das Ansetzen zur Wegnahmehandlung (ohne Nötigungsmittel) noch nicht für die Annahme eines versuchten Raubs, sondern nur für die Annahme eines versuchten Diebstahls[794].

g) Qualifikationen

390 Nach der Ansicht des BGH[795] kann der Räuber die Qualifizierung seiner Tat gem. §§ 250, 251 nicht nur bis zur Vollendung, sondern darüber hinaus auch noch bis zur Beendigung der Wegnahme verwirklichen. Diese Auffassung ist in der Literatur z. T. stark kritisiert worden[796], für sie spricht allerdings, dass die genaue Festlegung des Zeitpunktes, in dem Vollendung eingetreten ist, zum einen oft schwierig ist und zum anderen z.B. von der Größe der Beute abhängt, sodass hiervon ebenfalls die Höhe des Strafmaßes bei sonst identischer Fallgestaltung abhängen würde. Schwierigkeiten ergeben sich aus dieser Auffassung allerdings dann, wenn der Täter im Anschluss an den Raub noch einen räuberischen Diebstahl begeht und die qualifizierende Handlung nach Vollendung der Wegnahme, d.h. während der Begehung des räuberischen Diebstahls vornimmt. Während der BGH in diesen Fällen die Qualifikation dem Raub zurechnet[797], wird in der Literatur teilweise die gegenteilige Meinung vertreten[798]. Für die Lösung des BGH spricht das Konkurrenzverhältnis zwischen Raub als Vortat und räuberischem Diebstahl: Da der einfache Raub als Vortat den einfachen räuberischen Diebstahl verdrängt (näheres dazu unten Rn. 393), erscheint es nur konsequent, in Fällen, in denen die Qualifikation sowohl auf den Raub als auch auf den räuberischen Diebstahl bezogen werden könnte, wiederum Ersterem den Vorrang zu geben.

---

791 Vgl. F § 249 Rn. 5; Wessels, BT Bd. 2, Rn. 325.
792 Während die Rechtsprechung hier dol. evt. genügen lässt, verlangt die Gegenansicht Absicht, d.h. dol. dir. 1. Grades (Nachweise oben unter Rn. 279).
793 Maßgeblich ist dabei, dass die Wegnahme nach der Vorstellung des Täters in engem zeitlichen Zusammenhang mit der Nötigung erfolgen soll, da andernfalls die Anwendung des Nötigungsmittels nur Vorbereitungshandlung ist – vgl. hierzu auch Sch/Sch § 249 Rn. 10.
794 Ebenso F § 249 Rn. 17; Sch/Sch § 249 Rn. 10; anders noch die Vorauflage (str.).
795 Für § 250: BGHSt 20, 194 (197); bestätigt in BGH NStZ 1998, 354; für § 251: BGHSt 38, 295 ff.; ebenso Sch/Sch § 250 Rn. 10 f. Vgl. auch F § 250 Rn. 14, 18, 27.
796 So z.B. Hruschka, Anm. zu BGH JZ 1983, 216 f. m.w.N.
797 BGHSt 20, 194 (197).
798 Krey, BT Bd. 2, Rn. 218 m.w.N.

aa) § 250

(1) Abs. 1

Nach dem 6. StrRG entsprechen nun die Formulierungen in § 250 Abs. 1 Nr. 1 a denen in § 244 Abs. 1 Nr. 1 a und die in § 250 Abs. 1 Nr. 1 b denen in § 244 Abs. I Nr. 1 b. Hinsichtlich der sich hier ergebenden Auslegungsfragen (vor allem zum Begriff des gefährlichen Werkzeugs) vgl. oben zu § 244 Abs. 1 Nr. 1[799]. **391**

Ebenfalls entsprechen sich § 250 Abs. 1 Nr. 2 und § 244 Abs. 1 Nr. 2[800].

Durch § 250 Abs. 1 Nr 1 c wurde der Qualifikationstatbestand des gefährlichen Raubs erweitert.. Während es nach der alten Rechtslage erforderlich war, dass der Täter oder ein anderer am Raub Beteiligter durch die Tat einen anderen in die Gefahr des Todes (jetzt § 250 Abs. 2 Nr. 3 b) oder die Gefahr einer schweren Körperverletzung i. S. d. § 224 a. F. brachte, genügt es nun, dass durch die Raubtat ein anderer in die Gefahr einer *schweren Gesundheitsbeschädigung* gebracht wird. Dieser Begriff reicht weiter als jener der schweren Körperverletzung. So reicht es, wenn hierdurch die konkrete Gefahr einer ernsten langwierigen Krankheit, einer ernsthaften Störung der körperlichen Funktionen oder einer erheblichen Beeinträchtigung der Arbeitskraft entsteht[801]. Damit sind zudem auch Gefahren umfasst, die nicht nur generell jedem potenziellen Opfer drohen würden, sondern auch solche, denen das konkrete Opfer allein wegen seiner *individuellen besonderen Schadensdisposition* durch die Raubhandlung ausgesetzt ist[802].

Gegenüber der früheren Rechtslage, bei der schwerer Raub immer mit einer Mindeststrafe von 5 Jahren zu ahnden war, beträgt in den Fällen des Abs. 1 diese nunmehr nur noch 3 Jahre.

(2) Abs. 2

In Abs. 2 finden sich weitere selbstständige Qualifikationen, die zu einer Mindeststrafe von 5 Jahren führen. Hervorzuheben ist hier vor allem § 250 Abs. 2 Nr. 1, der eine Steigerung des § 250 Abs. 1 Nr. 1 a darstellt. Hat der Täter (oder ein anderer Beteiligter!) nicht nur eine Waffe oder ein anderes gefährliches Werkzeug dabei, sondern verwendet es auch, liegt nur der Fall des § 250 Abs. 2 Nr. 1 vor. Gefährliches Werkzeug i. S. dieser Qualifikation ist – wie auch schon bei § 223 a a. F. und nun bei § 224 Abs. 1 Nr. 2 – ein Gegenstand, der nach seiner **objektiven Beschaffenheit** und nach der Art seiner **Benutzung im konkreten Einzelfall** geeignet ist, erhebliche Verletzungen zuzufügen[803]. Wie bereits oben zu § 244 dargestellt[804], fallen hierunter also auch Gegenstände, die in der Variante des bloßen Beisichführens (§ 250 Abs. 1 Nr. 1 a) nicht als gefährliche Werkzeuge klassifiziert würden, wie z. B. Kugelschreiber oder Nagelscheren[805]. **392**

Umgekehrt verlangte der BGH in einer neueren Entscheidung[806] bei einem „objektiv gefährlichen" Tatmittel ausdrücklich nicht, dass sich aus der Art des Einsatzes eine konkrete Gefahr erheblicher Verletzungen ergeben muss. Bezogen auf die zuvor genannte Definition würde dies bedeuten, dass das „und" durch ein „oder" ersetzt werden könnte.

Zur Frage des „**Verwendens**" hat der BGH in NJW 99, 2198 f. Folgendes entschieden: **393**
– Eine „Waffe" ist ein gefährliches Werkzeug, das nach seiner Beschaffenheit und nach seinem Zustand zur Tatzeit bei bestimmungsgemäßer Verwendung geeignet ist, erhebliche Verletzungen zuzufügen; unerheblich für das Vorliegen einer Waffe ist, ob bei der Verwen-

---

[799] S. o. Rn. 369.
[800] Vgl. insofern F § 244 Rn. 33 ff., § 250 Rn. 16.
[801] Sch/Sch § 250 Rn. 21.
[802] BGH NJW 2002, 2043 (2043).
[803] So z. B. BGH NStZ 1999, 301 f. mit Nachweisen der bisherigen Rechtsprechung.
[804] Vgl. Rn. 369.
[805] Vgl. auch F § 250 Rn. 6 a, b. Ebenso BGH NStZ 2011, 211.
[806] BGH NStZ 2011, 158.

dung aufgrund anderer Umstände (hier: Panzerglas) im konkreten Fall keine Verletzungsgefahr besteht;
- „Verwenden" setzt nicht den Einsatz als Gewaltmittel voraus, auch der Einsatz als Drohmittel genügt[807];
- *Der Senat hält nicht mehr daran fest*, dass „Verwenden" eine konkrete Leibes- oder Lebensgefahr in dem Sinne voraussetzt, dass die Drohung jederzeit in die Realisierung der angedrohten Gewalteinwirkung umschlagen könnte. Auch in dem der Entscheidung zugrunde liegenden Fall, in dem ein bewaffneter Bankräuber in einer sonst menschenleeren Schalterhalle von einer hinter Panzerglas befindlichen Bankangestellten die Herausgabe des Geldes mit der Drohung verlangte, anderenfalls solange zu warten, bis Kunden in der Schalterhalle auftauchen würden, lag damit ein Verwenden einer Schusswaffe vor. Der BGH begründete seine Entscheidung damit, dass auch ein zunächst völlig ungefährliches Verwenden einer objektiv gefährlichen Waffe bei Hinzutreten weiterer Umstände (Eskalation, Hinzukommen weiterer Personen o. Ä.) jederzeit umschlagen könne, sodass die hohe Strafandrohung auch gerechtfertigt sei. Stelle sich a. E. heraus, dass bis zum Schluss keine Gefahr für irgendeine Person bestand, könne man dies durch die Annahme eines minder schweren Falls gem. § 250 Abs. 3 berücksichtigen.

393a Wird die Waffe oder das gefährliche Werkzeug erst nach Vollendung der Wegnahme (aber vor Beendigung der Tat) eingesetzt (sog. nachträgliche Verwendung), fällt dies nur unter § 250 Abs. 2 Nr. 1, wenn der Täter dabei mit Beutesicherungsabsicht (d. h. zur Herbeiführung der Beendigung) handelte[808]. Gleiches gilt für die Qualifikationstatbestände des § 250 Abs. 2 Nr. 3[809].

394 Hinsichtlich der Tenorierung im Schuldspruch ist zu beachten, dass der Täter im Fall des § 250 Abs. 2 wegen „**besonders** schweren Raubs" schuldig zu sprechen ist[810].

(3)   Abs. 3

395 In minder schweren Fällen gilt für alle Qualifikationsfälle ein Strafrahmen von 1 Jahr bis zu 10 Jahren[811]. Wichtig ist, dass der frühere Hauptanwendungsfall des § 250 Abs. 3, nämlich das Verwenden einer **Scheinwaffe**, nicht mehr als minder schwerer Fall angesehen werden kann, da dies nunmehr gerade den **Regelfall des neuen § 250 Abs. 1 Nr. 1 b** darstellt.

(4)   Konkurrenzen innerhalb des § 250

396 Ob außer zwischen § 250 Abs. 1 Nr. 1a und § 250 Abs. 2 Nr. 1, die sich gegenseitig ausschließen, zwischen mehreren gleichzeitig verwirklichten Qualifikationen Tateinheit möglich ist, ist selbst unter den verschiedenen Senaten des BGH umstritten[812]. Während der 4. Senat die Möglichkeit von Tateinheit ablehnt[813], wird dies vom 1. Senat des BGH bejaht (sog. **gleichartige Tateinheit**)[814]. Der Streit hat jedoch praktisch nur wenig Auswirkungen, da nach beiden Ansichten jedenfalls wegen § 260 Abs. 4 S. 5 StPO im Urteilstenor nur wegen **einer** Geset-

---

807 Nach BGH NStZ 2012, 389 setzt die „Verwendung" als Drohmittel allerdings voraus, dass das Drohmittel als solches überhaupt wahrgenommen wird und das Opfer dadurch in eine qualifizierte Zwangslage versetzt wird.
808 BGH NStZ 2009, 36.
809 BGH NStZ 2010, 451.
810 BGH NStZ 2011, 158; s. auch F § 250 Rn. 2.
811 Details bei F § 250 Rn. 29.
812 Vgl. F § 250 Rn. 30.
813 BGH NStZ 1994, 284 (Arg: auch bei der Verwirklichung mehrerer Mordmerkmale wird nur wegen eines Verstoßes gegen § 211 verurteilt; die Bezeichnung „Raub in zwei tateinheitlich zusammentreffenden Fällen" betrifft nur Fälle, in denen zwei verschiedene Personen geschädigt sind).
814 BGH NStZ 1994, 285 (Gegenargument: im Unterschied zu der Fassung des § 211 ist in § 250 durch das Aufführen besonderer Nummern vom Gesetzgeber der eigenständige Unrechtsgehalt der verschiedenen Begehungsweisen hervorgehoben).

zesverletzung zu verurteilen ist[815] und nach beiden Ansichten die mehrfache Verletzung des § 250 bei der Strafzumessung zu berücksichtigen ist. Der Unterschied zeigt sich daher nur in der Liste der angewandten Vorschriften (nach Ansicht des ersten und zweiten Senats ist hier § 52 aufzunehmen) und in den rechtlichen Erörterungen im Rahmen der Urteilsgründe. Welcher Ansicht Sie folgen, ist daher egal, solange Sie – in den Urteilsgründen oder zumindest im Hilfsgutachten – zeigen, dass Sie wissen, dass man hier auch anderer Meinung sein kann.

bb) § 251

(1) Todesfolge

Erforderlich ist, dass der Tod eines anderen[816] „durch den Raub" herbeigeführt wurde – und zwar wenigstens leichtfertig.

397

„Durch den Raub" ist der Tod verursacht, wenn er durch eine Handlung herbeigeführt wurde, die spezifischer Bestandteil der Raubbegehung ist[817]. Nicht genügt dagegen, dass der Tod allein durch die Wegnahme als solche eintritt[818], da der Tod in diesen Fällen nicht auf die spezifische gesteigerte Gefährlichkeit der Raubhandlung zurückzuführen ist, sondern bei einem – gewaltfreien – Diebstahl in vergleichbarer Situation ebenso eingetreten wäre. Die gegenüber einem Diebstahl (bei dem es keine Erfolgsqualifikation gibt) stark erhöhte Strafandrohung erschiene in diesen Fällen nicht angemessen[819].

Andererseits ist nicht erforderlich, dass der Tod allein infolge der tatbestandsmäßigen Gewalt eintritt, vielmehr reicht es aus, wenn das Opfer aufgrund des Schrecks (Herzinfarkt) oder infolge eines Fluchtversuchs verstirbt.

Der Tod muss aber unmittelbar auf einer Einwirkung des Täters beruhen; verstirbt das Opfer bei dem Versuch, dem fliehenden Täter zu folgen, oder kommt es durch Handlungen Dritter um (z.B. durch einen verirrten Schuss der Polizei), so ist dies dem Täter nicht über § 251 zuzurechnen.

Schließlich ist zu beachten, dass nach der Rechtsprechung selbst dann ein Raub mit Todesfolge vorliegt, wenn das Opfer infolge der (mit Wegnahmeabsicht ausgeführten) Nötigungshandlung gestorben ist, bevor die Wegnahme selbst erfolgt. Zwar haben Tote keinen Gewahrsam, der dann noch gebrochen werden könnte; allerdings sei in solchen Fällen auf den Gewahrsam bei Beginn/Vornahme der Raubhandlung abzustellen[820].

Leichtfertigkeit bedeutet, dass der Täter in einem erhöhten Maß fahrlässig handelt, d.h. in grober Achtlosigkeit nicht erkennt, dass er den Tatbestand verwirklicht oder sich besonders rücksichtslos über die klar erkannte Möglichkeit der Tatbestandsverwirklichung hinwegsetzt[821].

397a

Die Streitfrage, ob § 251 – über § 18 – auch in den Fällen anwendbar sein soll, in denen der Täter hinsichtlich der Todesfolge sogar vorsätzlich handelte[822], ist durch die Neufassung des Wortlauts der Vorschrift durch das 6. StrRG von 1998 zu Gunsten der **Konkurrenzlösung** entschieden worden, indem das Wort „wenigstens" eingefügt wurde.

---

815 Also nicht „A ist schuldig des schweren Raubs in Tateinheit mit schwerem Raub", sondern nur „A ist schuldig des schweren Raubs".
816 Streitig ist, ob auch ein Tatbeteiligter ein anderer i.S.d. § 251 sein kann. Dagegen z.B. Sch/Sch § 251 Rn. 3, F § 251 Rn. 2; dafür z.B. Kunath JZ 1972, 201 in Fn. 20 (zu § 316c Abs. 2 [heute Abs. 3], der inhaltsgleich mit § 251 ist).
817 Sch/Sch § 251 Rn. 4, F § 251 Rn. 3.
818 Bsp: Infolge der Wegnahme der Medizin stirbt der Kranke oder infolge der Wegnahme seiner Kleidung erfriert der Beraubte.
819 So z.B. Wessels, BT Bd. 2, Rn. 355; Sch/Sch § 251 Rn. 4 m.w.N. A.A. Krey, BT Bd. 2, Rn. 202.
820 So BGH NStZ 2010, 33.
821 Etwas undifferenzierter F § 15 Rn. 20 („grob achtlos handelt").
822 So GrSenBGH St 39, 100 (103 ff.; sog. **Konkurrenzlösung**, da in diesen Fällen §§ 249, 251 in Tateinheit mit Mord oder Totschlag vorliegen sollte); im Gegensatz dazu stand die sog. **Exklusivitätslösung**, wonach § 251 ausschließlich dann greifen sollte, wenn Leichtfertigkeit vorlag. S. auch unten Rn. 399.

TIPP: Denken Sie daran, dass wegen der Möglichkeit, dass der Täter den Todeserfolg „will", ein Versuch des § 251 nicht nur dann in Betracht kommt, wenn der Täter schon beim Versuch der Wegnahme den Tod des Opfers verursacht, sondern auch dann, wenn es zum Todeseintritt nicht kommt, der Täter diesen aber wollte oder billigend in Kauf nahm.

Bei mehreren Tatbeteiligten setzt die Zurechnung des verursachten Erfolgs zunächst voraus, dass der unmittelbare Verursacher nicht im Rahmen eines Exzesses gehandelt hat, die zum Erfolg führende *Handlung* von den anderen Tatbeteiligten also zumindest billigend in Kauf genommen wurde. Des Weiteren muss bei jedem, dem die Todesfolge zur Last gelegt werden soll, ebenfalls Leichtfertigkeit hinsichtlich dieser *Folge* vorliegen[823] – und zwar unabhängig davon, ob der unmittelbare Verursacher selbst überhaupt leichtfertig handelte[824]. Denkbar wäre daher sogar die Konstellation, dass der unmittelbare Todesverursacher (mangels Leichtfertigkeit) lediglich gem. § 249 (in Tateinheit mit § 222) zu bestrafen wäre, ein „Mitläufer" dagegen gem. § 251[825]! Ein Exzess ist übrigens nicht schon bei jeder Abweichung von Tatplan oder Vorstellung des Mittäters anzunehmen, insbesondere nicht bei Austausch der verabredeten Tatausführung durch eine in ihrer Gefährlichkeit und Schwere gleichwertige Tatausführung[826].

(2) Rücktritt vom Versuch

398 Nach BGH[827] ist der Rücktritt vom Versuch des qualifizierten Raubs nach §§ 249, 251 selbst dann möglich, wenn vor Vollendung der Wegnahme bereits der Tod des Opfers eingetreten ist. Die Entscheidung beruft sich auf den klaren Wortlaut des § 24 Abs. 1 S. 1, wonach die Aufgabe der weiteren Ausführung der Tat (also hier der Verzicht auf die Wegnahme, die zum Tatbestand des Raubs gehört) strafbefreiend wirkt. Hält man also den Rücktritt vom Grunddelikt (§ 249) unabhängig von eingetretenen sonstigen Folgen für noch möglich, entfällt mit dem Grunddelikt natürlich auch die Möglichkeit der Strafschärfung aus dem Qualifikationstatbestand[828].

(3) Verhältnis des § 251 zu anderen Delikten, die ebenfalls den Todeserfolg erfassen

399 *(a)* Hinsichtlich der §§ 222 und 227 ist zu unterscheiden, ob § 251 im Versuchsstadium steckengeblieben oder vollendet ist. Bei **Vollendung** verdrängt § 251 die §§ 222, 227 im Wege der **Gesetzeskonkurrenz** (in Form der Konsumtion, vgl. unten Rn. 787), weil Letztere gegenüber § 251 in der Regel[829] keinen eigenen, weitergehenden Unrechtsgehalt besitzen[830]. Nach einer neueren Entscheidung des BGH[831] besteht dagegen zwischen einer vollendeten Körperverletzung mit Todesfolge und einem **versuchten** Raub mit Todesfolge **Tateinheit**. Der BGH begründet dies mit einem Klarstellungsinteresse hinsichtlich des konkreten Unrechtsgehalts der Tat sowie dem Interesse an der Eröffnung eines angemessenen Strafrahmens: Da der Schuldspruch „versuchter Raub mit Todesfolge" sowohl den Fall betreffe, in dem der Wegnahmeerfolg ausbleibe, der Tod des Opfers aber schon leichtfertig herbeigeführt sei (sog. erfolgsqualifizierter Versuch), als auch den Fall umfasse, in dem das zumindest mit bedingtem Tötungsvorsatz eingesetzte Nötigungsmittel nicht zu dem in Kauf genommenen Todeserfolg

---

[823] BGH NStZ 2010, 33 und NStZ 2010, 81.
[824] BGHSt 19, 339 (341).
[825] In der Klausur müsste allerdings dieser Unterschied in der Vorwerfbarkeit schon sehr deutlich aus dem Aufgabentext zu erkennen sein (z.B. völlig fehlendes Verschulden des unmittelbaren Verursachers).
[826] BGH NStZ 2010, 81.
[827] BGH JZ 1997, 261 ff. = NJW 1996, 2663 ff. Vgl. auch F § 251 Rn. 8 a, 9.
[828] Im Ergebnis so auch Krey, BT Bd. 2, Rn. 206 b; Küper, JZ 1997, 229 ff.
[829] BGH NJW 2000, 1878 (1879) weist darauf hin, dass es – ausnahmsweise – auch ohne eine vorsätzliche Körperverletzung im Rahmen des § 251 zum Todeserfolg kommen kann (z.B. infolge des Schocks); *regelmäßig* – und dies genüge für die Annahme von Gesetzeskonkurrenz – sei der Tod des Opfers aber die Folge der vom Räuber eingesetzten Gewalt, die sich wiederum regelmäßig auch als vorsätzliche Körperverletzung darstelle.
[830] Sch/Sch § 251 Rn. 9/10; BGH NJW 1965, 2116 unter Aufgabe der früheren Rechtsprechung.
[831] BGH NJW 2000, 1878 ff.

geführt habe (sog. versuchte Erfolgsqualifikation), bedürfe es einer Klarstellung im Schuldspruch, welche der Alternativen im konkreten Fall vorliege. Im Fall des erfolgsqualifizierten Versuchs sei daher wegen versuchten Raubes mit Todesfolge in Tateinheit mit Körperverletzung mit Todesfolge (§ 227) zu verurteilen, während bei der versuchten Erfolgsqualifikation wegen versuchten Raubes in Tateinheit mit versuchtem Mord (§§ 211, 22) zu verurteilen sei. Durch die tateinheitliche Verurteilung wegen Körperverletzung mit Todesfolge im ersten Fall sei zudem auch sichergestellt, dass die Obergrenze des Strafrahmens für einen versuchten Raub, bei dem das Opfer getötet wurde, trotz möglicher Milderungen gem. §§ 49, 23 Abs. 2 nicht niedriger liege, als bei einer Körperverletzung, die zum Tod des Opfers führte[832].

(b) Hinsichtlich der §§ 211 ff. ist generell Tateinheit möglich, da § 251 gegenüber den §§ 211 ff. spezifisches Handlungsunrecht enthält und zudem auf diese Weise wieder die vorsätzliche Begehungsweise deutlich gemacht werden kann[833]. Hier ist aber zu beachten, dass im Verhältnis zu den Tötungsdelikten Tateinheit nur dann vorliegt, wenn die Gewahrsamserlangung vor oder unmittelbar im Anschluss an die Tötung des Opfers erfolgt, sodass die Tat bei natürlicher Betrachtung noch als einheitlicher Vorgang anzusehen ist[834]. Anderenfalls liegt nicht mehr Raub mit Todesfolge vor, sondern ein Tötungsdelikt in **Tatmehrheit** mit anschließender Unterschlagung!

h) Konkurrenzen

aa) zu § 253

Welches Konkurrenzverhältnis man zwischen § 249 und §§ 253, 255 annimmt, hängt davon ab, nach welchen Kriterien man die Abgrenzung zwischen diesen Delikten trifft (s. dazu oben). Folgt man der BGH-Ansicht, wonach es entscheidend auf das äußere Erscheinungsbild des „Gebens" oder „Nehmens" ankommt und eine Vermögens**verfügung** im Rahmen des § 253 nicht erforderlich ist, besteht kein Exklusivitätsverhältnis zwischen diesen Vorschriften[835], sondern mit § 249 sind immer auch die §§ 253, 255 verwirklicht, wobei § 249 aber lex specialis ist. Für die Klausur ist diese Unterscheidung nicht besonders bedeutsam, da nach jeder Meinung **nur wegen eines** der beiden Delikte zu verurteilen ist (und allenfalls im Hilfsgutachten Ausführungen zum Konkurrenzverhältnis veranlasst sind). Tateinheit zwischen § 249 und § 253 ist nach beiden Ansichten denkbar, wenn dieselbe Nötigungshandlung nicht nur zur Wegnahme einer Sache (§ 249), sondern darüber hinaus zur Herausgabe einer weiteren Sache oder zu einem anderen Vermögensnachteil (§ 253) führt. **400**

Schließlich verdrängt ein vollendeter Raub eine auf dasselbe Objekt gerichtete versuchte Erpressung und umgekehrt eine vollendete **räuberische** Erpressung einen auf dasselbe Objekt gerichteten versuchten Raub („gleichwertige Vollendung sticht Versuch"), während aber zwischen vollendeter **einfacher** Erpressung und versuchtem Raub – wegen des unterschiedlichen Unrechtgehalts – Tateinheit oder Tatmehrheit vorliegen kann[836].

bb) zu § 242

§ 249 verdrängt die §§ 242 ff. im Wege der Spezialität, was allerdings Tateinheit zwischen versuchtem Raub und vollendetem Diebstahl nicht ausschließt (so z. B. wenn das Opfer die Drohung erkennbar[837] nicht ernst nimmt, aber trotzdem die Wegnahme duldet). Auch wenn der Täter nach der Gewaltanwendung mehr an sich nimmt, als ursprünglich geplant war, liegt nicht Raub in Tateinheit mit Diebstahl, sondern nur ein Raub vor. Dies hat allerdings nichts **401**

---

832 § 251: 10–15 J.; Versuchsmilderung: 2 J. – 11 J. 3 Mo.; § 227: 3 J. – 15 J.
833 Sch/Sch § 251 Rn. 9/10 m. w. N. zum Meinungsstand.
834 Sch/Sch § 251 Rn. 9/10.
835 So aber z. B. Sch/Sch § 249 Rn. 2, § 253 Rn. 31.
836 Sch/Sch § 253 Rn. 31.
837 Wird dies für den Täter dagegen nicht erkennbar, liegt, da es nicht auf den objektiven Kausalzusammenhang zwischen Drohung und Wegnahme ankommt (vgl. dazu oben Rn. 386), vollendeter Raub vor!

mit dem Grundsatz der Spezialität zu tun, sondern liegt daran, dass der Wegnahmevorsatz sich sowohl beim Diebstahl als auch beim Raub nicht von vornherein auf bestimmte Sachen beziehen muss, sodass ein Richtungswechsel oder eine Erweiterung während der Tat irrelevant ist[838].

cc) zu § 252

402 Im Verhältnis zum räuberischen Diebstahl ist zu differenzieren: Gegenüber § 249 ist § 252 grundsätzlich subsidiär[839]; die zur Beutesicherung erneut eingesetzte Nötigung (Gewalt oder Drohung) wird aber gem. § 240 geahndet, der zu § 249 in **Tateinheit** steht (Verklammerung durch den subsidiären § 252)[840]. Gleiches gilt, wenn beide Delikte mit der Qualifikation des § 250 vorliegen. Ist die Qualifikation jedoch nur dem Raub oder nur dem räuberischen Diebstahl zuzurechnen, so wird jeweils das nicht qualifizierte Delikt von dem qualifizierten Delikt konsumiert[841]; hinsichtlich der Nötigung gegenüber dem Opfer des verdrängten Tatbestands greift wiederum (tateinheitlich) § 240.

dd) Tateinheit/Tatmehrheit

403 Werden mit einer Nötigungshandlung (z. B. mit einer Drohung mit einer Pistole) mehrere Personen beraubt, liegen mehrere Fälle des Raubs in Tateinheit vor, werden dagegen gegenüber mehreren beraubten Personen verschiedene Nötigungshandlungen vorgenommen (z. B. wird einer geschlagen und der andere bedroht), ist Tatmehrheit anzunehmen[842].

5. Räuberischer Diebstahl, § 252

a) Geschütztes Rechtsgut

404 – wie bei § 249 (Eigentum, Gewahrsam, persönliche Freiheit)

b) Vorgeschlagenes Prüfungsschema

405
I. *Objektiver Tatbestand*
   1. *Bei einem Diebstahl*
   2. *Auf frischer Tat betroffen*
   3. *Einsatz eines Nötigungsmittels*
II. *Subjektiver Tatbestand*
   1. *Vorsatz*
   2. *Besitzerhaltungsabsicht*
III. *Qualifikationen: §§ 250, 251*
IV. *Rechtswidrigkeit, Schuld*

c) Objektiver Tatbestand

406 § 252 ist ein raubähnliches Sonderdelikt, das wie der Raub aus den Komponenten Wegnahme und Nötigung besteht. Der Unterschied zum Raub besteht – strukturell gesehen – allein darin, dass dort die Nötigungshandlung zur Wegnahme, d. h. **vor** Vollendung der Wegnahme, eingesetzt wird, während sie hier der Beuteerhaltung **nach** Vollendung der Wegnahme dient.

---

838 Vgl. F § 242 Rn. 30; Sch/Sch § 242 Rn. 45.
839 Merksatz nach BGH: „Wer ohnehin als Räuber verurteilt wird, braucht nicht erst *gleich* einem Räuber bestraft werden".
840 Sch/Sch § 252 Rn. 13.
841 BGH GA 1969, 347. §§ 249, 250 verdrängen also § 252; §§ 252, 250 verdrängen dagegen § 249; vgl. hierzu auch Sch/Sch § 250 Rn. 36 und F § 252 Rn. 12.
842 Sch/Sch § 249 Rn. 13 (unteres Drittel); bei F § 249 Rn. 24 wird dieser Fall nicht explizit erwähnt.

aa) Der Diebstahl als Vortat

Neben der gerade erwähnten Voraussetzung, dass der Diebstahl als Vortat bei Einsatz des Nötigungsmittels bereits vollendet sein muss[843], ist vor allem darauf hinzuweisen, dass jeder Diebstahl, also auch der an sich privilegierte nach §§ 247, 248a, hier genügt[844]. Ebenfalls kann ein Raub, der ja die Komponente des Diebstahls in sich trägt, geeignete Vortat des § 252 sein (zu den Konkurrenzen vgl. oben Rn. 402).

407

Streitig ist, ob auch derjenige, der lediglich Gehilfe (oder Anstifter) der Vortat war, als Täter einen räuberischen Diebstahl verwirklichen kann. Vor allem vom BGH wird dies – unter Hinweis auf den Wortlaut des § 252 – bejaht unter der Voraussetzung, dass der Gehilfe sich im Besitz der gestohlenen Sache befindet und also ein Nötigungsmittel einsetzt, um **sich** im Besitz der Sache zu erhalten[845]. Nach anderer Ansicht fordert die Natur des § 252 als Kombination aus § 242 und § 240, dass beide Elemente täterschaftlich erfüllt werden müssen, sodass der Gehilfe der Vortat auch nur als Gehilfe beim § 252 (oder aber als Täter einer Nötigung gem. § 240) verfolgt werden kann[846]. In der Klausur empfiehlt sich grundsätzlich, der Ansicht des BGH zu folgen. Falls Sie der Literaturmeinung folgen, beachten Sie, dass für die Strafbarkeit als Gehilfe zunächst eine rechtswidrige Haupttat vorliegen muss, woran es fehlen könnte, wenn der Gehilfe des Diebstahls allein und nicht im Einvernehmen mit dem Dieb, sondern auf eigene Faust Gewalt einsetzt, um sich im Besitz der gestohlenen Sache zu halten, da in diesem Fall vom Dieb überhaupt kein räuberischer Diebstahl begangen würde.

bb) Auf frischer Tat betroffen

„Auf frischer Tat" bedeutet in engem räumlichen und zeitlichen Zusammenhang zum Diebstahl. Nach ganz herrschender Meinung ist die Tat jedenfalls dann nicht mehr frisch, wenn die Wegnahme beendet ist[847], der Dieb (oder Räuber) also bereits gesicherten Gewahrsam erlangt hat (oder die Beute endgültig verloren hat!!). Unabhängig davon kann auch schon vor Beendigung der Wegnahme die Tat nicht mehr frisch sein, wenn z. B. seit der Wegnahme schon geraume Zeit vergangen ist. Ein Einsatz von Nötigungsmitteln nach diesem Zeitpunkt kann nur noch über § 240 geahndet werden.

408

Betroffen wird der Täter, wenn er angetroffen, bemerkt oder schlicht wahrgenommen wird. Dabei ist ohne Belang, ob er dabei als Verdächtiger angesehen wird, oder die hinzukommende Person völlig ahnungslos ist. Zu den möglichen Konstellationen des „Betreffens" vgl. F § 252 Rn. 6, 7. Nur auf eine Streitfrage soll hier hingewiesen werden: Nach Ansicht des BGH wird auch derjenige „betroffen", der – noch bevor er wahrgenommen wurde – einer Entdeckung und damit verbundenen Problemen gleich durch den Einsatz von Nötigungsmitteln zuvorkommt (z. B. der Einbrecher, der dem heimkommenden Eigentümer auflauert und ihn niederschlägt, bevor dieser ihn gesehen hat)[848]. Nach anderer Ansicht ist diese Auslegung nicht mehr vom Wortsinn erfasst und soll daher eine unzulässige Analogie darstellen[849].

cc) Einsatz eines Nötigungsmittels

Hier kann grundsätzlich auf die entsprechenden Ausführungen zu § 249 verwiesen werden[850]. Wie auch beim Raub ist entscheidend, dass die Person, gegen die das Nötigungsmittel eingesetzt wird, **aus Tätersicht** potenziell schutzbereit ist, während es auf die tatsächlichen

409

---

843 BGH in ständiger Rechtsprechung; vgl. BGHSt 16, 271 und BGH NStZ 1987, 453 f.
844 Da § 252 nicht auf §§ 247, 248a verweist, ist also auch der räuberische Diebstahl einer geringwertigen Sache gem. § 252 strafbar!
845 So BGHSt 6, 248 ff. (250).
846 So z. B. Wessels, BT Bd. 2, Rn. 373a; Krey, BT Bd. 2, Rn. 222; Sch/Sch § 252 Rn. 10; F § 252 Rn. 11; Seier, NJW 1981, 2152 (2153).
847 Vgl. nur BGH NStZ 1987, 453 f.
848 So BGHSt 26, 95 ff. Ebenso F § 252 Rn. 6 m. w. N.; Krey, BT Bd. 2, Rn. 211 (ab 13. Aufl.).
849 Vgl. die Hinweise bei Krey, BT Bd. 2, Rn. 211 Fn. 70.
850 Vgl. oben Rn. 384 ff.

Gegebenheiten nicht ankommt. Daher begeht auch einen (vollendeten) räuberischen Diebstahl, wer aufgrund irriger Annahme Gewalt gegen einen in Wahrheit Ahnungslosen anwendet oder einen Mittäter irrtümlich für einen Verfolger hält[851].

d) Subjektiver Tatbestand

410 Neben dem allgemeinen Vorsatz (einschließlich der Vorstellung, dass das Opfer potenziell schutzbereit ist, eine Gewahrsamsentziehung also gegenwärtig ist oder zumindest unmittelbar bevorsteht) muss weiter die Absicht vorliegen, sich durch den Einsatz des Nötigungsmittels im Besitz der Beute zu halten. Unschädlich ist es, wenn daneben weitere Motive ein Rolle spielen, z. B. eine Ergreifung zu verhindern[852]. Denken Sie daran, dass sowohl in der Praxis als auch in der Klausur die Gewahrsamsbehauptungsabsicht positiv festgestellt werden muss! Neben der Aussage des Täters (der, wenn er gut beraten ist, immer nur behaupten wird, er habe ausschließlich fliehen wollen) können und müssen auch die äußeren Umstände herangezogen werden. Wirft der Täter die Beute vor der Gewaltanwendung bereits weg, ist klar, dass er nicht mehr handelte, um sich im Besitz der Beute zu halten. Nimmt der Täter dagegen – z. B. bei großen, sperrigen Diebstahlsobjekten – erhebliche Mühen auf sich, um samt Beute zu entkommen, lässt dies auf den Willen schließen, er habe sich zumindest auch die Beute sichern wollen. Letztlich müssen Sie nur deutlich machen, dass es eine Frage der Beweiswürdigung ist – zu der Sie je nach der Rolle, die Sie in der Klausur einnehmen sollen, natürlich unterschiedliche Auffassungen vertreten können.

e) Versuch und Vollendung

411 Anders als der Raub ist der räuberische Diebstahl bereits mit Einsatz des Nötigungsmittels vollendet, unabhängig davon, ob der gewünschte Erfolg eintritt. Für einen Versuch ist (neben einem untauglichen Versuch, wenn der Täter irrtümlich eine ihm gehörende Sache für fremd hält) daher nur dann Raum, wenn schon der Einsatz des Nötigungsmittels ausbleibt (z. B. der geplante Schuss sich nicht löst).

f) Qualifikationen

412 Die Rechtsfolgenverweisung, der Täter des räuberischen Diebstahls sei „gleich einem Räuber" zu bestrafen, führt dazu, dass auch die §§ 250, 251 Anwendung finden können. Auf die entsprechenden Ausführungen kann verwiesen werden[853].

g) Konkurrenzen

413 Zum Verhältnis des § 252 zu den §§ 249 ff. s. o. Rn. 402.

6. Unbefugter Gebrauch eines Fahrzeugs, § 248 b

a) Schutzgut

414 Durch § 248 b wird das Eigentum geschützt.

---

851 Etwas unauffällig angedeutet bei F § 252 Rn. 8.
852 BGHSt 26, 95 (97).
853 Vgl. oben Rn. 390 ff.

b) Vorgeschlagenes Prüfungsschema

I. *Objektiver Tatbestand*
   1. *vorübergehende Ingebrauchnahme*
   2. *gegen den Willen des Berechtigten*
II. *Subjektiver Tatbestand*
   1. *Vorsatz bzgl. I.*
   2. *keine Zueignungsabsicht (sonst § 242!)*
III. *Rechtswidrigkeit, Schuld*
IV. *Strafantrag, § 248 b III*

c) Erläuterungen

Denken Sie generell an § 248 b, wenn jemand ein fremdes Fahrzeug (bestimmungsgemäß) verwendet, sei es ein Auto, aber auch nur ein Fahrrad. Entscheidend ist allerdings, dass die Benutzung nur **vorübergehend** ist und sein soll, da ansonsten wegen der Subsidiaritätsklausel in § 248 b Abs. 1 a. E. die Tat ausschließlich gem. § 242 strafbar ist. Zur Abgrenzungsproblematik lesen Sie bitte oben die entsprechenden Ausführungen im Rahmen des Diebstahls[854]. Beachten Sie weiter, dass die Subsidiarität des § 248 b gegenüber § 242 nicht eingreift, wenn es nur um den Aspekt des Verbrauchs von (fremdem) Benzin durch die unbefugte Ingebrauchnahme geht. Insoweit ist durch eine Bestrafung gem. § 248 b der Diebstahl am Benzin mit abgegolten[855].

II. Vermögensdelikte

1. Betrug, § 263

a) Geschütztes Rechtsgut: Vermögen

b) Vorgeschlagenes Prüfungsschema

I. *Objektiver Tatbestand*
   1. *Täuschung über Tatsachen*
   2. *dadurch Irrtum erregt oder unterhalten*
   3. *dadurch unmittelbar vermögensmindernde Verfügung des Getäuschten*
   4. *dadurch Vermögensschaden (des Getäuschten oder nahestehenden Dritten)*
II. *Subjektiver Tatbestand*
   1. *Vorsatz mind. als dol. evtl.*
   2. *Absicht stoffgleicher (Eigen- oder Dritt-)Bereicherung*
   3. *Vorsatz mind. als dol. evtl. hins. der obj. gegebenen (!) Rechtswidrigkeit der erstrebten Bereicherung*
III. *Rechtswidrigkeit, Schuld*
IV. *ggfs. Strafantrag oder besonderes öffentliches Interesse, Abs. 4 i. V. m. §§ 247, 248 a*
V. *Strafzumessung: ggfs. besonders schwere Fälle, Abs. 3*
VI. *Qualifikation zum Verbrechen: Abs. 5*

c) Täuschung über Tatsachen

Der Betrüger täuscht über *Tatsachen*. Dies sind konkrete Vorgänge oder Zustände der Vergangenheit oder Gegenwart, die im Gegensatz zu *Werturteilen oder Meinungsäußerungen* **dem Wahrheitsbeweis zugänglich** sind. Die Abgrenzung erfolgt nach dem objektiven und sozialen Sinngehalt. Entscheidend ist, ob die Behauptung einen beweiszugänglichen Tatsachenkern

---

[854] S. o. Rn. 362 ff.
[855] Vgl. auch F § 248 b Rn. 11, dort auch zu weiteren Konkurrenzfragen.

hat[856]. Einen beweiszugänglichen Tatsachenkern kann auch übertriebene Werbung enthalten[857]. Darauf, dass die behauptete Tatsache wahrscheinlich oder glaubwürdig ist, kommt es nach ganz herrschender Ansicht[858] nicht an, sodass auch der Verkäufer eines Wundermittels und der Teufelsaustreiber als Betrüger strafbar sein können.

419 Die *Täuschung* kann durch *aktives Tun oder Unterlassen* erfolgen. *Aktiv täuscht*, wer ausdrücklich etwas **objektiv wahrheitswidrig** behauptet. Aktive Täuschung ist *auch durch schlüssiges Verhalten* möglich. Der Erklärungsgehalt bestimmt sich dabei nach der Verkehrsanschauung, wobei im Geschäftsverkehr der jeweilige Geschäftstyp und die hierbei geltende Risikoverteilung zu beachten sind.

Beispiele:
– Wer einen Vertrag abschließt, erklärt, dass er zur Erfüllung bereit und fähig ist, wer also Waren bestellt, dass er jetzt davon überzeugt ist, im Zeitpunkt der Fälligkeit zahlungsfähig und -bereit zu sein. Bei zeitlich gestrecktem Fälligkeitstermin und Dauerschuldverhältnissen wird die Auslegung freilich oft zum Ergebnis kommen, dass die Erfüllungsfähigkeit nur für den Fall einer normalen Geschäftsentwicklung erklärt wurde.
– Wer eine Leistung einfordert, erklärt konkludent, einen durchsetzbaren Anspruch darauf zu haben.
– Nach h. M.[859] täuscht auch, wer *irreführende Veränderungen an Sachen* vornimmt, soweit diese einen **Erklärungswert** haben (z. B. Preisschilder austauscht, falsche Beweismittel unterschiebt, an Strom-, Gas-, Wasser- oder Kilometerzählern manipuliert).
– Schließlich täuscht nach der Rechtsprechung auch, wer gezielt und planvoll Aufmerksamkeitsmängel ausnutzt, z. B. bei Zusendung von absichtlich irreführend gestalteten Scheinrechnungen, die in Wirklichkeit (erst) das Angebot auf den Abschluss uninteressanter (und überteuerter) Dienstleistungsverträge beinhalten[860]. Dass ein aufmerksamer Leser im Kleingedruckten den wahren Inhalt des Schreibens erkennen könnte, steht wegen des täuschenden Gesamteindrucks der Annahme einer (konkludenten) Täuschung nicht entgegen[861].

Im Sachverhalt muss Ihre *Formulierung* eindeutig erkennen lassen, welchen für die Betrugsstrafbarkeit relevanten Erklärungsinhalt Sie dem Verhalten des Täters beimessen.

> *Bsp. für konkludente Täuschung:*
> „... bestellte der Angeschuldigte 50 Posten ... und täuschte hiermit vor, dass er bereit und in der Lage sei, den Kaufpreis hierfür zu bezahlen."
> „... legte der Angeschuldigte zur Zahlung den Scheck mit der Nr. ..., gezogen auf die Bank ..., vor und brachte hiermit wissentlich und willentlich wahrheitswidrig zum Ausdruck, dass er von einer Deckung des Schecks im Zeitpunkt der Einlösung überzeugt war."[862]
> „... bot der Angeschuldigte dem X das Fahrrad der Marke ... des Z zum Kauf an und brachte hiermit wissentlich und willentlich wahrheitswidrig zum Ausdruck, dass er zur Verfügung über dieses Fahrrad befugt und zur Verschaffung des Eigentums hieran in der Lage sei."

– Demgegenüber sichert derjenige, der mit einer *Kreditkarte* bezahlt, nicht zugleich Bonität und Zahlungsbereitschaft zu. Denn es ist gerade Sinn des Kreditkartensystems, dass das

---

856 Zum *Spezialproblem*, inwiefern *Sachverständigengutachten* oder *Rechtsanwaltsauskünfte* Tatsachen darstellen: Krey, BT Bd. 2, Rn. 342 f. m. z. N.; F § 263 Rn. 8 b.
857 BGHSt 34, 199 (201) – Wundermittel.
858 Vgl. nur BGH a. a. O. Anders der sog. viktimologische, d. h. opferbezogene, Ansatz von Amelung, GA 1977, 1 ff.
859 F § 263 Rn. 15; Sch/Sch § 263 Rn. 12.
860 Vgl. hierzu F § 263 Rn. 28 ff.
861 BGH NJW 2001, 2187.
862 Vgl. BGH bei Holtz MDR 1982, 811.

Kreditkartenunternehmen immer zahlt, wenn die Formalien eingehalten sind. Die Rechtsprechung[863] bejaht hier zwar teilweise eine Täuschung, verneint aber den Irrtum[864].
- Ebenso wenig täuscht, wer eine Leistung entgegennimmt, auf die er keinen Anspruch hat, z.B. versehentlich zu viel gezahltes Geld[865]: Hier wird nur ein ohne eigenen Einfluss bestehender Irrtum ausgenutzt. Das könnte allenfalls als Täuschung durch Unterlassen strafbar sein, was jedoch an weitere Voraussetzungen geknüpft ist.

Täuschung durch *Unterlassen* (einer Aufklärung) setzt voraus, dass die Aufklärung *möglich* und *zumutbar* ist und eine *Aufklärungspflicht* besteht. Die Aufklärungspflicht kann folgen **420**
- *aus Gesetz*[866],
- aus *Ingerenz*, d.h. gefahrschaffendem Vorverhalten durch eine vorsatzlose Fehlinformation,
- *aus speziellen Verträgen*, die eine ausdrückliche Aufklärungspflicht oder ein besonderes Vertrauensverhältnis beinhalten[867];
- *ganz ausnahmsweise* auch aus dem Grundsatz von *Treu und Glauben* (§ 242 BGB): Dabei müssen solch außergewöhnliche Umstände vorliegen, dass ihr Verschweigen strafwürdig erscheint[868], wobei weder ein drohender besonders großer Schaden noch die besondere geschäftliche Unerfahrenheit des Gegenübers für sich alleine ausreichen[869]. (Bsp.: Ein Gebrauchtwagenhändler muss von sich aus offen legen, dass er einen Unfallwagen anbietet[870].) Nach einer neueren Entscheidung des BGH[871] muss bei Austauschverträgen grundsätzlich nicht über Umstände aufgeklärt werden, die in die Risikosphäre des Vertragspartners fallen, so insbesondere nicht über die Preisgestaltung (= keine Aufklärungspflicht über einkalkulierte Provisionen).

TIPP: Im Sachverhalt muss Ihre Formulierung die Möglichkeit und die Zumutbarkeit der Aufklärung sowie die Voraussetzungen der Aufklärungspflicht und den Vorsatz diesbezüglich vollständig wiedergeben.

d) dadurch Irrtum erregt oder unterhalten

Durch die Täuschung (*Kausalität*!) muss ein Irrtum erregt oder unterhalten werden. Mitursächlichkeit genügt. **421**

Zum Irrtum:
- Wer eine falsche Tatsache *glaubt*, irrt.
- Hegt der Erklärungsempfänger *konkrete Zweifel*, so bejaht der BGH einen Irrtum, wenn er die Wahrheit der fraglichen Tatsache für möglich hält und hierdurch zur Verfügung motiviert wird[872]. Denn auch dann beruhe die Verfügung auf einer täuschungsbedingten Fehlvorstellung[873].

---

[863] BGHSt 33, 244 (247 f.).
[864] Zum Kreditkartenmissbrauch s. auch unten Rn. 449 (§ 263a, Computerbetrug), Rn. 475 (Untreue, § 266) und Rn. 483 ff. (§ 266b, Missbrauch von Scheck und Kreditkarten).
[865] BGH MDR 1994, 186 f. Auch für Überweisungsaufträge oder Abhebungen von Guthaben, die auf bankinternen Fehlbuchungen oder auf Fehlüberweisungen Dritter beruhen, ist nach neuerer Rechtsprechung (BGHSt 46, 194 [196]) für den Überweisungsauftrag) davon auszugehen, dass allenfalls Täuschung durch Unterlassen in Betracht kommt. Diese scheitert aber regelmäßig an der fehlenden Garantenpflicht. Vgl. F § 263 Rn. 24 auch zur abw. Ansicht der vorangehenden obergerichtlichen Entscheidungen.
[866] S. hierzu die Beispiele bei F § 263 Rn. 40 ff.
[867] Einzelheiten bei F § 263 Rn. 45 ff.
[868] F § 263 Rn. 51 m.w.N. Vgl. BGHSt 6, 198 (199). Weitergehend dagegen z.B. Hauf, MDR 1995, 21 f.
[869] BGHSt 39, 392 (398 ff.).
[870] BayObLG NJW 1994, 1078 (1079).
[871] BGH NStZ 2010, 502.
[872] BGH NStZ 2003, 313 f.; so auch Sch/Sch § 263 Rn. 40 m.w.N. Abweichend fordert ein Teil der Literatur (Nachweise bei F § 263 Rn. 55), dass der Getäuschte die Wahrheit der fraglichen Tatsachen für wahrscheinlicher hält als die Unwahrheit, während die Vertreter des viktimologischen Ansatzes (z.B. Amelung, GA 1977, 1 ff.) wegen fehlender Schutzwürdigkeit des Opfers Tatbestandsmäßigkeit immer ablehnen, wenn die konkreten Zweifel derart waren, dass sie in eigene Schutzmaßnahmen hätten umgesetzt werden können.
[873] Beachten Sie auch an dieser Stelle, dass nach h.M. Leichtgläubigkeit, Fahrlässigkeit oder Dummheit des Opfers für die Strafbarkeit des Betrügers irrelevant sind. Denn gerade auch solche Opfer verdienen den Schutz der

– Nicht ausreichend ist das *bloße Für-wahr-Hoffen*.
– Geht der Getäuschte davon aus, es sei *„alles in Ordnung"*, ohne sich konkrete Vorstellungen zu machen, liegt nach h. M.[874] ein Irrtum vor, wenn sich dieses *unreflektierte Mitbewusstsein* auf eine *hinreichende Tatsachengrundlage* stützt, z. B. auf vorherige Kontrollen, eigene Lebenserfahrung oder Fehlen von Auffälligkeiten. Bsp.: Ticketkontrolleur, dem auf die Frage, ob noch jemand zugestiegen sei, vom Schwarzfahrer nicht geantwortet wird. Beachten Sie, dass Sie im Sachverhalt die hinreichende Tatsachengrundlage darstellen müssen.
– Hingegen fehlt es am Irrtum, wenn der Getäuschte die Tatsache nicht kennt oder sich keine Gedanken darüber macht (*ignorantia facti*), etwa beim versteckten blinden Passagier[875]. Prüfungsrelevante Fälle, in denen übrigens bereits das Vorliegen einer Täuschung problematisiert werden kann:
  – Legt ein Nichtberechtigter ein Sparbuch oder ein anderes *Legitimationspapier* vor, so ist fraglich, ob er hierbei seine Berechtigung vortäuscht bzw. der Gegenüber sich über seine Berechtigung Gedanken macht und die daraufhin getroffene Verfügung irrtumsbedingt vornimmt. Die wohl h. M.[876] bejaht diese Frage wegen des Haftungsrisikos, das den Leistenden (in der Regel eine Bank) trifft, wenn er grob fahrlässig oder vorsätzlich an den Nichtberechtigten leistet.
  – Auch beim Prozessbetrug ist in den Fällen des *Versäumnisurteils*, des *Beweislasturteils* und des *Mahnverfahrens* umstritten, ob das Gericht irrt bzw. die Entscheidung irrtumsbedingt trifft. Die Rechtsprechung[877] bejaht dies: Wegen der notwendigen Schlüssigkeitsprüfung und der Wahrheitspflicht (§ 138 ZPO) gehe das Gericht davon aus, dass die wesentlichen Tatsachen wahrheitsgemäß vorgetragen wurden. In der Literatur wird dagegengehalten, dass diese Entscheidungen nach rein formalen Kriterien ergingen[878]. Weitgehende Einigkeit besteht darüber, dass ein Prozessbetrug zumindest im *automatisiert* ablaufenden Mahnverfahren ausgeschlossen ist[879].

e) dadurch vermögensmindernde „Verfügung" des Getäuschten

422 Irrtumsbedingt (Kausalität!) muss der Getäuschte eine Disposition („Verfügung") treffen, die unmittelbar das Vermögen des Geschädigten mindert. Der Begriff „Vermögensverfügung" ist eigentlich irreführend. Es muss sich gerade nicht um eine Verfügung im zivilrechtlichen Sinne handeln. Vielmehr genügt jedes Tun, Dulden oder Unterlassen, das sich unmittelbar vermögensmindernd auswirkt.

Hauptfälle:
– Eingehen einer Verbindlichkeit,
– Annahme einer Leistung als Erfüllung,
– Nichtgeltendmachen einer Forderung,
– staatliche Hoheitsakte mit vermögensmindernder Wirkung, z. B. Klageabweisung oder Verurteilung zur Leistung im Zivilprozess.

Rechtsordnung, und das Verhalten des Täters wird hierdurch nicht weniger strafwürdig: Vgl. nur BGHSt 34, 199 (201).
874 BGHSt 2, 325 (326); Krey, BT Bd. 2, Rn. 380 m. w. N.
875 Vgl. auch BGH NStZ 2009, 694 und BGH NStZ 2012, 324: kein vollendeter Betrug durch Tanken an Selbstbedienungszapfsäule und anschließendes Wegfahren (ohne Bezahlen), wenn nicht festgestellt werden kann, dass das Kassenpersonal den Tankvorgang überhaupt wahrgenommen hat (aber versuchter Betrug, keine Unterschlagung).
876 Sch/Sch § 263 Rn. 48 m. w. N. So auch der BGH zur Parallelproblematik des Euroschecks vor Geltung des § 266b: BGHSt 24, 386 (389). Ebenso OLG Hamburg NJW 1983, 768 f. A. A.: OLG Düsseldorf NJW 1989, 2003 (2004) für Sparbuch.
877 RGSt 72, 113 (115) für Versäumnisurteil; OLG Düsseldorf, NStZ 1991, 586 f. für Mahnverfahren.
878 Sch/Sch § 263 Rn. 73 m. w. N.
879 Str. ist, ob im automatisierten Mahnverfahren durch falsche Angaben Computerbetrug nach § 263 a verwirklicht wird: Nachweise bei Krey, BT Bd. 2, Rn. 512 f., Fn. 19, der selbst verneint.

Geschädigter Vermögensinhaber kann ein Dritter sein (Dreiecksbetrug). Stets müssen jedoch *Getäuschter und Verfügender identisch* sein. Ein *Verfügungsbewusstsein* ist nach h. M.[880] *nicht* erforderlich[881]. Ausnahmsweise wird es aber in der Konstellation des *Sachbetrugs*[882] zur *Abgrenzung vom Trickdiebstahl*[883] gefordert.

TIPP: In unproblematischen Fällen genügt es, wenn Sie – bei der rechtlichen Würdigung kurz die Vermögensverfügung bezeichnen.
Z. B.: „Mit Abschluss des Kaufvertrags ist A eine Verbindlichkeit eingegangen und hat damit eine vermögensmindernde Verfügung getroffen." Oder: „Indem es A unterlassen hat, den Anspruch auf Restzahlung geltend zu machen, hat er eine vermögensmindernde Verfügung getroffen."

Im Einzelnen ist das Folgende zu beachten:

aa) Unmittelbare Vermögensminderung

Die unmittelbare *Vermögensminderung* kann in einem wirtschaftlichen Nachteil beliebiger Art bestehen. Die Frage, ob dieser Nachteil möglicherweise kompensiert wird, prüfen Sie erst bei der konkreten Schadensberechnung (Prüfungspunkt Vermögensschaden). *„Unmittelbar"* bedeutet insbesondere ohne weitere deliktische Handlungen des Täters. Dies ist wichtig für die Abgrenzung zum Trickdiebstahl.

423

bb) Geschütztes Vermögen

Ob ein betroffener Gegenstand zum strafrechtlich *geschützten Vermögen* i. S. d. § 263 gehört, ist ein Problem auf der Schnittstelle zwischen Vermögensverfügung und Vermögensschaden: Grundsätzlich ist die Vermögensverfügung „kurz abzuhaken", indem eine (zunächst) vermögensmindernde Verfügung festgestellt wird. Ob diese Vermögensminderung möglicherweise kompensiert ist, wird beim nächsten Prüfungspunkt, dem des Vermögensschadens, behandelt. Geht es nun darum, ob der Gegenstand, auf den sich die Disposition des Getäuschten bezieht, *überhaupt einen strafrechtlich geschützten Vermögenswert hat*, so kann dies bereits beim Prüfungspunkt der Vermögensverfügung zu problematisieren sein. Fraglich ist das insbesondere bei sitten- oder gesetzeswidrigen Leistungen, aber auch beim Einsatz von Gegenständen, die aus sitten- oder gesetzeswidrigen Leistungen erlangt wurden, und letztlich auch beim Einsatz an sich legaler Mittel zur Erfüllung eines sitten- oder gesetzeswidrigen Geschäftes. In all diesen (aber auch nur in diesen!) Fällen muss bei sauberer Prüfung bereits problematisiert werden, ob die vom Getäuschten erbrachte Leistung (in diesem Zusammenhang) einen strafrechtlich geschützten Vermögenswert hat. Darüber hinaus kann sich das Problem des strafrechtlich geschützten Vermögens aber auch noch beim Prüfungspunkt Vermögensschaden stellen, wenn man nämlich zu dem Ergebnis kommt, dass der Getäuschte über geschütztes Vermögen verfügt hat, so z. B. die h. M. beim Einsatz „legalen" bzw. „guten" Geldes zur Erfüllung eines sitten- oder gesetzeswidrigen Geschäfts, sich aber anschließend die Frage stellt, ob diese Leistung durch die sittenwidrige oder gesetzeswidrige Leistung hinreichend kompensiert wird.

424

---

880 BGHSt 14, 170 (172); F § 263 Rn. 74.
881 Bsp.: Weil ihm der Schuldner vortäuscht, längst bezahlt zu haben, macht der Gläubiger den Anspruch nicht mehr geltend. Die Vermögensverfügung liegt in der Nichtgeltendmachung der Forderung. Dass er durch dieses Verhalten vermögensmindernd verfügt, ist ihm aufgrund des Irrtums gerade nicht bewusst. Weiteres Bsp.: Unbewusstes Eingehen einer Verbindlichkeit durch Unterschrift auf einem Bestellformular, das täuschungsbedingt für ein Glückwunschtelegramm gehalten wird.
882 „Sachbetrug" meint den Betrug, der eine Sache i. S. d. § 242 zum Gegenstand hat. Demgegenüber hat der „Forderungsbetrug" eine Forderung zum Gegenstand. S. dazu die Beispiele in der vorhergehenden Fußnote.
883 Hierzu im Einzelnen unten Rn. 427.

TIPP: Arbeiten Sie hier also sauber und machen Sie sich immer klar, was Sie gerade prüfen: Geht es darum, ob die Leistung des Getäuschten strafrechtlich geschützt ist, dann prüfen Sie dies beim Vorliegen einer Vermögensverfügung. Geht es dagegen darum, ob die Gegenleistung zu einer hinreichenden Kompensation führt, was gerade bei Sitten- oder Gesetzeswidrigkeit der Gegenleistung problematisch ist, so müssen Sie dies beim Vermögensschaden prüfen. Im Falle des Getäuschten, der „gutes Geld" für die Erbringung einer sittenwidrigen Leistung gibt, können Sie die Frage des geschützten Vermögens dementsprechend an zwei Stellen prüfen: Zunächst bei der Vermögensverfügung, ob der Einsatz des legalen Geldes zu diesem Zweck wirklich die Minderung strafrechtlich geschützten Vermögens darstellt; sodann – wenn Sie die erste Frage mit der h. M. bejahen – beim Vermögensschaden, ob diese Vermögensminderung durch die sitten- oder gesetzeswidrige Gegenleistung hinreichend kompensiert wird, ob also diese Gegenleistung einen entsprechenden strafrechtlich anzuerkennenden Wert hat.

Ist das Vorliegen der Vermögensverfügung aber unproblematisch, so erübrigen sich an dieser Stelle weitere Ausführungen zum Vermögen.

425 Es gibt zwei gängige Vermögensbegriffe[884], den weiten wirtschaftlichen und den engeren juristisch-wirtschaftlichen. Der *wirtschaftliche Vermögensbegriff* umfasst alle wirtschaftlichen Güter einer Person, abzüglich der Verbindlichkeiten, unabhängig davon, ob diese Güter rechtlich gebilligt werden[885]. Argumentiert wird mit der Einheit der Strafrechtsordnung und damit, dass im „Ganovenumfeld" kein rechtsfreier Raum bestehen dürfe. Der heute herrschende *juristisch-wirtschaftliche Vermögensbegriff* schränkt diesen Ansatz ein auf diejenigen geldwerten Güter, die unter dem Schutz der Rechtsordnung stehen[886]. Argumentiert wird mit der Einheit der Gesamtrechtsordnung. Auch die Rechtsprechung, die ursprünglich den rein wirtschaftlichen Vermögensbegriff vertrat, ist dazu übergegangen, ihn normativ zu korrigieren, indem sie *rechtlich missbilligte Positionen* jedenfalls z.T. ausgenommen hat. Problematisch sind folglich nur diese. Unproblematisch sind: alle dinglichen Rechte einschließlich der Anwartschaften, schuldrechtliche Ansprüche, Expektanzen, die so konkret sind, dass ihnen der Geschäftsverkehr bereits einen wirtschaftlichen Wert beimisst, die Gewinnchance beim Spiel bzw. der Wette und die Arbeitsleistung, soweit für sie üblicherweise ein Entgelt erbracht wird. Keine geschützten Wirtschaftsgüter sind Geldstrafen, Geldbußen oder Geldauflagen der Strafverfolgungsbehörden, da ihr Zweck allein die Sanktion ist[887]. Wirtschaftlich wertlos und daher nicht geschützt sind nach der Rechtsprechung Reisepässe, Führer- und Kfz-Scheine[888]. Ebenfalls nicht unter das geschützte Vermögen fallen (z.B. wegen Uneinbringlichkeit) wertlose Forderungen[889] oder noch unbestimmte Hoffnungen oder Erwartungen auf Vermögenszuwachs[890].

426 *Strittig* sind vor allem die folgenden *Positionen*:
– *Sittenwidrige und verbotene „Dienste"*: Arbeits- und Dienstleistungen, die aufgrund sittenwidriger oder verbotener (und daher nach §§ 134, 138 BGB nichtiger) Rechtsgeschäfte

---

884 Einen Überblick über andere Ansätze (z.B. personaler Vermögensbegriff, funktionaler Vermögensbegriff, rein juristischer Vermögensbegriff) findet sich bei F § 263 Rn. 89.
885 RGSt 44, 230 (233); BGHSt 2, 364 (366ff.); OLG Düsseldorf, NJW 1988, 922 (923); Krey, BT Bd. 2, Rn. 433.
886 F § 263 Rn. 90ff.; Sch/Sch § 263 Rn. 82f. m.w.N.
887 F § 263 Rn. 99. Der staatliche Strafanspruch ist durch § 258 geschützt.
888 Nachweise bei F § 263 Rn. 97. Denken Sie dann aber an die Urkundsdelikte, insb. an die Urkundenunterdrückung.
889 Aus diesem Grund liegt kein Betrug vor, wenn der Inhaber eines ohnehin uneinbringlichen Anspruchs durch Täuschung (z.B. durch das Versprechen baldiger Zahlung) zum Abschluss eines Vergleichs gebracht wird, mit dem er auf einen Teil seiner Forderung verzichtet. – Eine Vermögensverfügung läge allerdings dann vor, wenn durch den Abschluss des Vergleichs der Gläubiger von der Durchführung von zu diesem Zeitpunkt noch erfolgversprechenden Zwangsvollstreckungsmaßnahmen abgehalten worden wäre.
890 Die Einzelfallentscheidungen der Rechtsprechung sind zum Teil nur schwer nachvollziehbar. So soll die Hoffnung auf einen Gewinn durch Weiterverkauf des Kaufgegenstands nur eine ungeschützte Hoffnung auf Vermögensmehrung sein (F § 263 Rn. 93), selbst wenn schon ein konkreter Käufer und ein konkreter Kaufpreis feststehen; dagegen soll die Gewinnchance beim Losbesitz unter das geschützte Vermögen fallen (F § 263 Rn. 92, 92a).

erbracht werden (sollen), haben nach ganz überwiegender Ansicht[891] aufgrund der zivilrechtlichen Missbilligung keinen selbstständigen wirtschaftlichen Wert. Die Leistung solcher Dienste ist daher keine Vermögensverfügung. Bsp.: Auftragsstraftat (z. B. Auftragsmörder wird durch falsches Versprechen eines hohen Entgelts zur Tötung veranlasst); dienstpflichtwidrige Leistungen; nicht die „lediglich" sozialversicherungs- und steuerrechtswidrige Schwarzarbeit. Die früheren Paradefälle der entgeltlichen sexuellen Leistungen (Fälle der Nichtzahlung von Telefonsex-Entgelt[892] und Dirnenlohn-Prellerei[893]) können nach dem am 1. 1. 2002 in Kraft getretenen Gesetz zum Schutz der Prostitution nicht mehr als sittenwidrig angesehen werden, sodass strafrechtlicher Schutz zu gewähren ist[894].

— *Getäuschter setzt Vermögenswerte ein zur Erfüllung eines verbotenen oder sittenwidrigen Geschäfts:* Hier handelt es sich um die Kehrseite der soeben vorgestellten Fälle. Überwiegend wird von Vertretern des wirtschaftlichen[895], aber auch des juristisch-wirtschaftlichen Vermögensbegriffs[896] die Vermögensverfügung und der Vermögensschaden bejaht. Es werde „gutes Geld" gegeben, ohne eine entsprechende Gegenleistung zu erhalten. Dass die Gegenleistung von der Rechtsordnung missbilligt wird, lassen nur wenige[897] zur Versagung des Strafrechtsschutzes genügen. Bsp.: Schmiergeld wird für eine nie beabsichtigte Dienstleistung gezahlt; Drogenkäufer erwirbt für sein Geld nur Imitat[898]; bezahlter Auftragsmörder führt Auftrag nicht aus.

TIPP: Zum Verständnis: Achten Sie also darauf, dass die Vertreter des juristisch-ökonomischen Vermögensbegriffs einschließlich der Rechtsprechung den Vermögenswerten, die im Zusammenhang mit verbotenen oder sittenwidrigen Geschäften stehen, nicht automatisch den Strafrechtsschutz versagen. Vielmehr tritt in einigen Fallgruppen die ökonomische („gutes Geld") und in anderen die juristische („kriminelle oder sittenwidrige Leistung") Betrachtung in den Vordergrund. Die h. M. ist deshalb heftiger Kritik ausgesetzt. In der Praxisklausur sollten Sie aber allenfalls als Verteidiger der abweichenden Ansicht folgen.

— *Illegal oder sittenwidrig erworbene Sachen oder sonstige Güter* sind nach h. M. geschützt, wenn sie einen Geldwert haben. Hier überwiegt wieder die wirtschaftliche Betrachtung.
— *Unredlich erlangter Besitz:* Ganz überwiegend wird der Strafrechtsschutz bejaht. Für den wirtschaftlichen Vermögensbegriff ist das selbstverständlich. Vertreter des juristisch-wirtschaftlichen Vermögensbegriffs verweisen auf die Besitzschutznormen (§§ 858 f. BGB)[899]. Ebenso wird das rechtswidrig erlangte, z. B. ertrogene Eigentum unter Verweis auf das zivilrechtliche Abstraktionsprinzip als schützenswerter Vermögenswert behandelt[900].

cc) Sonderfall Sachbetrug – Abgrenzung vom Trickdiebstahl

Wegen der andernfalls nicht möglichen, nach h. M.[901] aber erforderlichen Abgrenzung des Sachbetrugs[902] als Selbstschädigungsdelikt vom Trickdiebstahl[903] als Fremdschädigungsdelikt (Exklusivität), sind hier einige Besonderheiten zu beachten. Die Abgrenzung erfolgt in der Diebstahlsprüfung beim **Gewahrsamsbruch**, in der Betrugsprüfung bei der **Vermögensverfügung**: Beim Sachbetrug liegt die Verfügung des Getäuschten gerade in der Mitwirkung am Gewahrsamswechsel.

---

891 Sch/Sch § 263 Rn. 97 m.w.N.; F § 263 Rn. 106.
892 Kein Betrug: LG Mannheim NJW 1995, 3398 f.
893 Kein Betrug: BGHSt 4, 373; abw. Krey, BT Bd. 2, Rn. 430, 438 f.
894 F § 263 Rn. 107 m.w.N.
895 Statt aller Krey, BT Bd. 2, Rn. 443 f. m.w.N.
896 LK § 263 Rn. 242 m.w.N.
897 So z. B. Sch/Sch § 263 Rn. 150 m.w.N. (Arg: „Leisten auf eigene Gefahr.").
898 BGH NJW 2002, 2117.
899 LK § 263 Rn. 133.
900 Vgl. F § 263 Rn. 101, 102.
901 Krey, BT Bd. 2, Rn. 384, 388 ff. m. z. N. auch zur Gegenansicht.
902 „Sachbetrug" meint den Betrug, der eine Sache i. S. d. § 242 zum Gegenstand hat.
903 S. hierzu bereits oben beim Diebstahl Rn. 353.

TIPP: Auf das äußere Erscheinungsbild des Gebens oder Nehmens kommt es dabei nicht an, sondern auf die Sicht des Gewahrsamsinhabers: Entscheidet er sich bewusst und freiwillig für den vollständigen Gewahrsamswechsel, so ist Diebstahl ausgeschlossen, da ein tatbestandsausschließendes Einverständnis vorliegt. Zugleich liegt in dieser Entscheidung und ihrer Umsetzung die Vermögensverfügung des Betrugs.

Beim Sachbetrug ist dementsprechend **Verfügungsbewusstsein erforderlich, und zwar als Bewusstsein, freiwillig und vollständig zu verfügen.** An der *Freiwilligkeit* fehlt es (daher Diebstahl) z. B. in den Beschlagnahmefällen, in denen der Täter als angeblicher Gerichtsvollzieher oder Polizist Gegenstände beschlagnahmt und der Gewahrsamsinhaber dies zulässt, weil er glaubt, nicht mehr darüber entscheiden zu können. Da die *bloße Gewahrsamslockerung keine vollständige Verfügung* darstellt, liegt auch ein (Trick-)Diebstahl vor, wenn z. B. der Reisende seinen Koffer an einen falschen Gepäckträger übergibt, der damit verschwindet. Ebenso begeht derjenige einen Diebstahl und keinen Betrug, der unter der eigenen Tasche im Einkaufswagen versteckt unbezahlte Ware unerkannt am Kassierer vorbeischleust. Denn ein Verfügungsbewusstsein hat der Kassierer insofern nicht. Dagegen hat der Kassierer Verfügungsbewusstsein (daher Betrug), wenn er für ausgetauschte Ware *in einer Verpackung* nur den Preis für den Originalinhalt kassiert. Der BGH spricht insofern vom „konkretisierten Verfügungswillen" des Kassierers[904].

dd) Sonderfall Dreieckssachbetrug – Abgrenzung vom Diebstahl in mittelbarer Täterschaft

428 Ebenso einprägen müssen Sie sich die Besonderheiten beim Sachbetrug in der Dreieckskonstellation. Betrugsgeschädigter kann auch ein Dritter sein. Um den *Dreieckssachbetrug* vom Diebstahl in mittelbarer Täterschaft abzugrenzen, fordert die h. M.[905], dass der **Getäuschte (= Verfügende)** in einer besonderen **Nähebeziehung zum Geschädigten** stehen muss, wohingegen das Werkzeug des mittelbaren Diebstahls ein Außenstehender ist. Die Nähebeziehung wird unstreitig bejaht, wenn der Getäuschte (= Verfügende) durch Gesetz, behördlichen Auftrag oder Rechtsgeschäft befugt ist, Rechtsänderungen über das fremde Vermögen vorzunehmen und sich subjektiv in den Grenzen dieser Befugnis hält, sog. *„Repräsentant"*. Demgegenüber reicht eine rein faktische Einwirkungsmöglichkeit auf das Vermögen des Geschädigten nicht aus; hinzukommen muss stets eine gewisse Zurechnung „zum Lager" des Geschädigten[906]. Bsp.: Täter täuscht Parkplatzwächter über seine Berechtigung, sodass ihm dieser den Schlüssel für das Auto des Geschädigten aushändigt: Betrug. Gegenbeispiel: Täter bittet einen gutgläubigen Reisenden ihm einen fremden Koffer auszuhändigen, den er als seinen eigenen vorgibt: Diebstahl in mittelbarer Täterschaft.

f) Vermögensschaden

429 Durch die Vermögensverfügung muss beim Geschädigten unmittelbar ein Vermögensschaden eintreten.

> Vermögensschaden ist eine nachteilige Vermögensdifferenz beim Vergleich des Vermögensstands vor und nach der Verfügung. Sie wird berechnet durch Gesamtsaldierung unter Anwendung eines objektiv-individualistischen Maßstabs. Der Geschädigte muss *ärmer* geworden sein.

Dabei ist das Folgende zu beachten:

430 – Maßgeblicher *Zeitpunkt* für den Vergleich ist der Moment der **Vollendung** des Delikts. Dies gilt vor allem auch beim Eingehungsbetrug.

---

904 BGHSt 41, 198; F § 263 Rn. 74.
905 BGHSt 18, 221 (223 f.); Sch/Sch § 263 Rn. 66 f.; vgl. auch F § 263 Rn. 79 ff.
906 F § 263 Rn. 81 ff.; Sch/Sch § 263 Rn. 66 f.

TIPP: Fallen Sie nicht auf den häufig in Klausuren zu findenden Hinweis herein, wonach durch spätere Ereignisse letztlich doch kein Schaden entstanden sei. **Eine nachträgliche Beseitigung des Schadens** oder der schadensgleichen Vermögensgefährdung (dazu sogleich) **lässt den einmal verwirklichten Tatbestand unberührt.** Solche Entwicklungen sind lediglich bei der Strafzumessung zu berücksichtigen.

- Bei der Saldierung ist *im Rahmen von Austauschverhältnissen* eine *unmittelbar mit der Verfügung verbundene objektive* **Schadenskompensation** zu berücksichtigen. Mittelbare, nur im äußeren Zusammenhang stehende Zuflüsse bleiben dagegen unberücksichtigt. Unmittelbarkeit bedeutet, dass die Position durch die Vermögensverfügung selbst erworben sein muss. Dies sind *nicht*: gesetzliche Gegenrechte oder Ansprüche, die erst *infolge* der Täuschung entstanden sind[907]. Bei Qualitäts- und Rechtsmängeln einer gelieferten Sache ist daher ohne Weiteres ein objektiver Schaden gegeben. Nur wenn es noch nicht zum Leistungsaustausch gekommen ist, sind Gegenrechte, die der Betroffene kennt und ohne Beweisschwierigkeiten (!) sofort (!) durchsetzen kann, insbesondere spezielle Rücktrittsrechte[908], kompensationsfähig[909]. Sind Leistung und Gegenleistung wirtschaftlich gleichwertig, so begründet aber allein das Vorspiegeln werterhöhender Eigenschaften oder die Anpreisung als besonderes Schnäppchen nach h.M.[910] keinen Betrug. Denn beeinträchtigt ist dann nicht das Vermögen, sondern die wirtschaftliche Dispositionsfreiheit, die § 263 gerade nicht schützt[911]. Ein Schaden liegt also nicht schon deshalb vor, weil die Verfügung ohne die Täuschung nicht getroffen worden wäre. Anders kann es nur sein, wenn (in den unten dargestellten Grenzen) ein persönlicher Schadenseinschlag vorliegt. Bei der Frage der unmittelbaren Schadenskompensation müssen Sie auch erörtern, ob eine Gegenleistung, die in einer sitten- oder gesetzeswidrigen Dienstleistung oder in der Hingabe von Rechtsgütern mit sitten- oder gesetzeswidriger Herkunft einschließlich des unredlich erlangten Besitzes besteht, zu einer vollen Kompensation der Leistung des Getäuschten führt. In diesem Zusammenhang muss dann die Frage des strafrechtlich geschützten Vermögens (s.o. Rn. 424 ff.) erörtert werden.

- Nach bisher ständiger Rechtsprechung genügt für die Annahme eines Vermögensschadens auch eine konkrete Vermögensgefährdung, wenn sie bei wirtschaftlicher Betrachtung einem Schaden entspricht („schadensgleiche Vermögensgefährdung" oder „Gefährdungsschaden"). Die täuschungsbedingte Gefahr eines endgültigen Verlusts muss so groß sein, dass sie schon jetzt eine Minderung des Gesamtvermögens zur Folge hat[912].
Die grundsätzliche Verfassungsmäßigkeit dieser Schadenskategorie wurde auch durch das BVerfG (bezogen auf § 266) bejaht[913]; allerdings wurde durch das BVerfG auch festgestellt, dass wegen des Bestimmtheitsgebots auch bei einer Vermögensgefährdung konkrete Feststellungen zur Schadenshöhe getroffen werden müssen, notfalls durch Einsatz von Sachverständigen oder durch (begründete) Schätzung eines Mindestschadens. Sei eine Bezifferung (unter Verwendung von Bewertungsregeln bzgl. des Ausfallrisikos nach betriebswirtschaftlichen Grundsätzen) nicht möglich, müsse der Angeklagte freigesprochen werden[914].

431

432

---

907 Z.B. Anfechtbarkeit wegen arglistiger Täuschung.
908 Z.B. nach dem Haustürwiderrufsgesetz.
909 BGHSt 34, 199 (202 f.).
910 BGHSt 16, 220 (222 ff.); OLG Düsseldorf NJW 1991, 1841 (1842).
911 Bsp.: Das Opfer kauft dem Teppichhändler einen Teppich mit dem Verkehrswert 500 € für 500 € ab. Dabei hatte ihm der Teppichhändler vorgetäuscht, der Teppich habe einen Listenpreis von 1000 €. Bei Kenntnis der wahren Sachlage hätte O den Teppich nicht gekauft. T ist nicht des Betrugs strafbar. Es liegt kein Vermögensschaden vor, O ist nicht ärmer geworden. Er ist lediglich in einer Gewinnerwartung enttäuscht worden. Dass er durch Lüge zum Kauf veranlasst wurde, hat „nur" seine wirtschaftliche Dispositionsfreiheit beeinträchtigt. Ebenso der in BGH NStZ 2012, 629 entschiedene Fall: Es wurden angebliche Original-Autoreifen zum vermeintlichen Schnäppchenpreis angeboten, die Plagiate entsprachen in ihrem Wert dem günstigen Kaufpreis – kein Schaden, da der Getäuschte ein gleichwertige Gegenleistung erhielt.
912 F § 263 Rn. 159 m.w.N.
913 BVerfG NStZ 2009, 560 – eine sehr lesenswerte Entscheidung mit einer Vielzahl von examensrelevanten (Strafrechts-)Problemen!
914 BVerfG NJW 2010, 3209; vgl. hierzu F § 266 Rn 159 ff. (160a).

– Die Abgrenzung zwischen endgültigem („richtigem") Schaden und Vermögensgefährdung als Vermögensschaden ist schwierig und gelingt auch der Rechtsprechung nicht immer überzeugend. So soll nach BGH NStZ 2009, 330 bei der betrügerisch veranlassten Eingehung eines Risikogeschäfts[915] der Schaden durch das – nicht mehr vertragsimmanente, d.h. vom Vertragspartner nicht mehr einkalkulierte – Verlustrisiko bestimmt werden, dieses stelle eine endgültigen Schaden und nicht nur eine schadensgleiche Gefährdung dar. Dagegen soll nach BGH NStZ 2011, 160 in der betrügerischen Eröffnung eines Kontos (unter Vorlage gefälschter Ausweise und unter Vortäuschung der Zahlungswilligkeit) ein Vermögensschaden in Form einer schadensgleichen Vermögensgefährdung vorliegen, wenn die Bank plangemäß einen Überziehungskredit einräumt oder Kreditkarten aushändigt. Die Forderung des BVerfG, das durch Eingehung einer Verbindlichkeit übernommene Verlustrisiko für den Zeitpunkt der Eingehung wirtschaftlich zu bewerten (d.h. wie ein Kaufmann einen bestimmten Risikoabschlag auf die Gegenforderung zu machen), führt an sich dazu, dass das Institut der schadensgleichen Vermögensgefährdung zumindest in diesen Fällen überflüssig ist, da damit die Gegenforderung ja bereits als tatsächlich wertgemindert betrachtet wird.

– Egal, ob Sie beim **Eingehungsbetrug** einen „richtigen" Schaden oder eine schadensgleiche Vermögensgefährdung bejahen, entscheidend ist aber, dass Sie erkennen, dass damit der Betrug bereits *vollendet* ist. Werden dann die unausgewogenen Vermögenswerte ausgetauscht, so wird hiermit der Schaden nur noch vertieft und die Tat *beendet*. Eine eigenständige Bedeutung hat der **Erfüllungsbetrug** daher nur, wenn die Übervorteilung erst beim Leistungsaustausch erfolgt, z.B. der Vertragspartner seine Leistung nach Vertragsschluss zu einer minderwertigen manipuliert.

432a – Mit einer Entscheidung zum damals hochgradig medienträchtigen **Fußballwettskandal** hat der BGH den Begriff des „**Quotenschadens**" geprägt[916]. Danach soll in dem Fall, dass der Wettende durch Abschluss eines Wettvertrags wahrheitswidrig (konkludent) erklärt, er habe am Wettgegenstand nicht manipuliert, ein vollendeter Schaden (und nicht nur eine Vermögensgefährdung) darin liegen, dass durch die Manipulation die tatsächlich mit der Wette erkaufte Gewinnchance deutlich höher ist, als sie aufgrund der internen Kalkulation für den dafür gezahlten Wetteinsatz verkauft worden wäre. Die Ansicht des BGH, dieser Quotenschaden müsse nicht einmal beziffert werden, ist nach der genannten Entscheidung des BVerfG[917] allerdings nicht mehr haltbar. Daher ist auch hier konkret festzustellen, inwieweit die täuschungsbedingte Verlustgefahr über das vertraglich vorausgesetzte Risiko hinausgeht; der Schaden ist entsprechend dieser Wahrscheinlichkeiten unter Anwendung betriebswirtschaftlicher Berechnungsmethoden als Geldwert zu beziffern[918]. Kommt es dann zu der erstrebten Auszahlung, ist der (volle) ausgezahlte Gewinn der Schaden, da der Wettende aufgrund seiner Manipulation hierauf keinen Anspruch hätte; der Quotenschaden wird zum notwendigen Durchgangsstadium.

433 – *Gutgläubiger Erwerb*: Während die Lehre vorwiegend[919] den „nur" gutgläubigen Erwerb dem Volleigentum gleich wertet, bejahte die bisherige Rechtsprechung[920] dann eine konkrete Vermögensgefährdung, wenn das erlangte Gut aus diesem Grund schwer absetzbar ist, ein erhebliches Prozessrisiko besteht und/oder ein Ansehensverlust wegen Strafbezichtigung droht[921]. Auch diese Rechtsprechung erfuhr durch die Entscheidung des BVerfG zum Bestimmtheitsgebot[922] eine Einschränkung. Danach genügt die pauschale Bezugnahme auf ein „nicht unerhebliches Prozessrisiko" nicht mehr, vielmehr muss auch hier unter

---

915 Konkret ging es um den Abschluss von Lebensversicherungen, bei dem bereits geplant war, nach kurzer Zeit der Prämienzahlung durch Vortäuschung des Todes des Versicherten die Versicherungssumme zu kassieren.
916 BGH NStZ 2007, 151.
917 BVerfG NJW 2010, 3209.
918 BGH NStZ 2013, 234.
919 Krey, BT Bd. 2, Rn. 476 ff. m.w.N.
920 BGHSt 15, 83 (86 f.).
921 Die frühere „Makeltheorie" (RGSt 73, 61 [62]), wonach das nur gutgläubig erworbene Eigentum bereits wegen eines sittlichen Makels nicht vollwertig wäre, wird inzwischen nicht mehr vertreten.
922 BVerfG NJW 2010, 3209.

konkreten rechtlichen Erwägungen eine konkrete Verlustwahrscheinlichkeit festgestellt und das Verlustrisiko als Geldwert beziffert werden[923].

– Sind *in Austauschverhältnissen* Leistung und Gegenleistung an sich wirtschaftlich gleichwertig, kann sich **ausnahmsweise**[924] ein Schaden nach den Grundsätzen des **persönlichen Schadenseinschlags** ergeben[925]. Denn – so die stereotype Begründung der Rechtsprechung – die Schadensfeststellung hat auch die persönlichen Bedürfnisse und individuellen wirtschaftlichen Verhältnisse des Opfers nach dem vernünftigen Urteil eines objektiven Beobachters einzubeziehen. Diese Argumentation der Rechtsprechung sollten Sie ebenso stereotyp abspulen, keineswegs aber zur Begründung weiterer Ausnahmen von der rein wirtschaftlichen Schadensbestimmung heranziehen. Denn nach den Grundsätzen des persönlichen Schadenseinschlags wird ein Schaden **nur (!)** bejaht, wenn das Opfer 434

– die vertragliche Leistung weder zum vertraglich vorausgesetzten noch zu einem anderen zumutbaren Zweck einsetzen kann (individuell wirtschaftlich nutzlos)[926] oder
– durch die eingegangene Verpflichtung zu schädigenden Folgemaßnahmen gezwungen ist (Zwang zu weiterer Selbstschädigung) oder
– infolge der Verpflichtung nicht mehr zur ordnungsgemäßen Erfüllung von Verbindlichkeiten oder zu einer angemessenen Lebensführung in der Lage ist (Beeinträchtigung der wirtschaftlichen Bewegungsfreiheit)[927].

– Bei bewussten *einseitigen* Vermögensminderungen – und nur bei diesen – (z. B. Spenden oder anderen *unentgeltlichen Leistungen*, insb. auch öffentlichen Förderungen) liegt nach h. M.[928] ein Schaden vor, wenn der mit der Verfügung verfolgte *objektivierbare wirtschaftliche oder soziale Zweck*, bei öffentlichen Fördermitteln die Zweckbindung, *verfehlt* wird. Weitere subjektive Motive, etwa das bloße Affektionsinteresse, finden keine Berücksichtigung, da § 263 das Vermögen, nicht aber die Dispositionsfreiheit und subjektive Zielsetzungen des Einzelnen schützt[929]. 435

TIPP: Vermengen Sie nicht die Begriffe und unternehmen Sie auch nicht den geringsten Versuch, den persönlichen Schadenseinschlag oder die Zweckverfehlung über die hier aufgeführten anerkannten Bereiche auszudehnen.

– An der *Unmittelbarkeit* fehlt es, wenn weitere Zwischenschritte erforderlich sind, z. B. beim Testament oder beim Erschleichen einer Blankounterschrift. Beachten Sie aber, dass oft bereits eine *schadensgleiche Vermögensgefährdung* eingetreten ist, wenn die wesentliche Zugriffsschwelle überschritten ist, z. B. bei Preisgabe der PIN einer Geldkarte oder des Codes eines Tresors. 436

g) Absicht stoffgleicher (Eigen- oder Dritt-)Bereicherung

Absicht bedeutet hier, dass es dem Täter auf den Vermögensvorteil ankommt. Es genügt, dass er ihn neben anderen Zielen oder als (notwendiges) Zwischenziel anstrebt. Handelt es sich lediglich um eine unvermeidbare Nebenfolge eines anderen Zwecks, so differenziert die 437

---

[923] BGH NStZ 2013, 37 f.
[924] Als Ausnahme von der rein wirtschaftlichen Schadensermittlung.
[925] BGHSt 16, 321 ff.; vgl. auch F § 263 Rn. 146 ff.
[926] BGHSt 16, 321 (326); OLG Stuttgart, NJW 1980, 1177 (1178). Bsp.: Einem Blinden wird Zeitschriften-Abonnement untergeschoben.
[927] BayObLG NJW 1973, 633. Bsp.: Belastung eines Minderjährigen mit hoher Forderung.
[928] BGHSt 19, 37 (45); NStZ 1995, 134 f.; NStZ 06, 624 f.; Sch/Sch § 263 Rn. 102 m. z. N. Die verschiedenen abw. Ansichten können hier aus Raumgründen nicht dargestellt werden. Es ist auch unwahrscheinlich, dass deren Darstellung von Ihnen in der Praxisklausur erwartet wird. Lesen Sie auch F § 263 Rn. 137 ff.
[929] Bsp.: Der Spendensammler für eine gemeinnützige Organisation ändert den Eintrag der Spenderin S „S – 5 €" in „S – 15 €", obwohl S nur 5 € gezahlt hat. Hierdurch lässt sich die Nachbarin N der S hinreißen, auch 15 € zu geben, um nicht hinter S zurückzustehen. Hätte sie die Wahrheit gekannt, hätte sie auch nur 5 € gespendet. Kein Betrug, da S mit ihrer unentgeltlichen Leistung den verfolgten objektivierbaren sozialen Zweck erreicht, nur das Affektionsinteresse wird nicht befriedigt.

Rechtsprechung[930] danach, ob der Täter die Nebenfolge auch wünschte (dann Betrug) oder sie ihm peinlich oder lästig war (dann kein Betrug). Demgegenüber verneint die Literatur[931] in diesen Fällen den Betrug ohne vergleichbare Differenzierung.

> *Stoffgleich* bedeutet nicht etwa materialgleich, sondern nur, dass Vorteil und Schaden auf derselben Vermögensverfügung beruhen und der Vorteil direkt zu Lasten des geschädigten Vermögens geht (sog. „Kehrseite")[932]: Stoffgleichheit fehlt folglich, wenn eine weitere Vermögensverfügung oder eine andere Vermögensmasse zwischengeschaltet ist. Paradebeispiel ist der *Provisionsvertreterbetrug*[933].

h) Rechtswidrigkeit der erstrebten Bereicherung und Vorsatz diesbezüglich

438 Die Bereicherung ist *rechtswidrig*, wenn der Täter auf den erstrebten Vermögensvorteil **keinen fälligen einredefreien Anspruch** hat[934]. Hat der Täter einen solchen Anspruch, so wird die Vermögensverschiebung nicht allein dadurch strafbar, dass sich der Täter zu ihrer Durchsetzung rechtswidriger Mittel bedient. Es handelt sich – wie bei der Rechtswidrigkeit i. S. d. § 242 – um ein echtes objektives Tatbestandsmerkmal, das im subjektiven Tatbestand geprüft wird und auf das sich zumindest Eventualvorsatz beziehen muss. Nimmt der Täter die Rechtswidrigkeit irrig an, so liegt untauglicher Versuch vor. Nimmt er irrig an, einen Anspruch zu haben, so entfällt der Vorsatz nach § 16 Abs. 1 S. 1.

i) Konkurrenzen und Prozessuales

439 Der nach einem anderen Vermögensdelikt begangene Betrug, der die durch die erste Tat geschaffene Vermögenslage nur aufrechterhält (Sicherungsbetrug), ist mitbestrafte Nachtat („deckungsgleicher Schaden")[935]. Wenn dagegen die durch beide Taten verursachten Schäden nicht deckungsgleich sind, wird grundsätzlich Tatmehrheit vorliegen, so z. B., wenn ein durch Hehlerei erlangter Gegenstand an einen Dritten (unter Vorspiegelung der Fähigkeit zur Übereignung) verkauft wird[936].

Nach umstrittener Ansicht[937] erfolgt die *Abgrenzung gegenüber Erpressung und Nötigung* nicht schon im Tatbestand, sondern erst bei den Konkurrenzen: Steht eine Irrtumserregung allein im Dienst der Drohung, indem sie ihr die Grundlage liefert oder sie verstärkt, so konsumiert die Nötigung bzw. Erpressung den Betrug, z. B. Trittbrettfahrer erpresst Lösegeld. Ist dagegen die Drohung nur Grundlage oder Verstärkung der Täuschung, so konsumiert der Betrug die Nötigung bzw. die Erpressung, z. B. Täter gibt sich als Bote des Entführers aus. Werden Drohung und Täuschung dagegen selbstständig als zwei gleichrangige Mittel zur Willensbeeinflussung eingesetzt, indem neben der Drohung eine Täuschung über andere, nicht

---

930 BGHSt 16, 1 (6); OLG Köln NJW 1987, 2095 f. Vgl. auch F § 263 Rn. 190 und Sch/Sch § 263 Rn. 176.
931 Krey, BT Bd. 2, Rn. 494 m. w. N.
932 BGHSt 34, 379 (391).
933 Fall: P ist Provisionsvertreter für den Vertrieb von Zigarettenautomaten. Er veranlasst den Rentner R, einen Kaufvertrag zu unterschreiben, weil er ihm vorspiegelt, es handle sich nur um einen Aufstellvertrag. R wollte keinen Automaten kaufen. P reicht den Vertrag bei seiner Firma ein, die ihm daraufhin seine Provision auszahlt. Ein eigennütziger Betrug gegenüber und zu Lasten des Kunden (hier R) scheidet aus, da die erstrebte Provision aus einer weiteren Vermögensmasse, nämlich der vom Provisionsvertreter vertretenen Firma, kommen soll. Doch liegt eigennütziger Betrug gegenüber und zu Lasten dieser Firma vor, da ihr vorgespiegelt wird, die Voraussetzungen des Provisionsauszahlungsanspruchs lägen vor. Darüber hinaus ist fremdnütziger Betrug gegenüber dem Kunden zum Vorteil der vertretenen Firma gegeben, wobei es sich nicht etwa um eine bloße Nebenfolge, sondern um ein notwendiges Zwischenziel handelt.
934 BGHSt 3, 160 (162); 42, 268 (271 f.); F § 263 Rn. 191.
935 F § 263 Rn. 233 m. w. N.
936 So BGH NStZ 2009, 38.
937 Sch/Sch § 253 Rn. 37 m. w. N.; a. A. aber die Rspr., z. B. BGH NJW 1970, 1855 f. Nach beiden Ansichten ist der Teilnehmer, dem die Bereicherungsabsicht fehlt, der aber die Täuschung kennt, nach §§ 263, 27 strafbar. Die Rspr. stellt zur Begründng dieses Ergebnisses darauf ab, dass die vom Gehilfen vorgestellte Haupttat nicht mit der tatsächlichen rechtlichen Beurteilung übereinstimmen muss, sodass auch Beihilfe zu einem anderen Delikt geleistet werden kann, als durch den Haupttäter begangen wird (so BGH NJW 1958, 69 f.). Die Gegenansicht tut sich hier mit einer Begründung leichter, was für sie spricht.

mit dem in Aussicht gestellten Übel zusammenhängende Tatsachen verübt wird, so kommt Tateinheit zwischen Betrug und Erpressung oder Nötigung in Betracht[938]. Dient schließlich die Erpressung nur der Aufrechterhaltung des durch den Betrug erlangten Vermögensvorteils („Sicherungserpressung"), ist diese mitbestrafte Nachtat („deckungsgleicher Schaden")[939].

Der Betrug ist eine Katalogtat für den Haftbefehl aufgrund von Wiederholungsgefahr nach § 112a Abs. 1 Nr. 2 StPO.

j) Formulierungsbeispiele

In der Praxis haben sich die folgenden Formulierungen bewährt: **440**

> *Bestellbetrug (Anklageschrift):*
> „Am 1. 3. 2013 bestellte der Angeschuldigte bei der Firma ... unter Vortäuschung seiner Zahlungsfähigkeit und Zahlungswilligkeit 10 Hosen zum Gesamtkaufpreis von 1 000 €. Entsprechend seiner vorgefassten Absicht bezahlte er die ihm im Vertrauen auf seine Zahlungsfähigkeit und -willigkeit am 4. 3. 2013 gelieferte Ware nicht. Hierdurch ersparte er sich Aufwendungen in Höhe des Kaufpreises und es entstand ein entsprechender Schaden der Fa ..., was der Angeschuldigte auch wusste und zumindest billigend in Kauf nahm.
> *Bei geringwertigem Schaden je nachdem:*
> *Die geschädigte Firma ... hat durch ihren Geschäftsführer ... am 10. 3. 2013 schriftlich Strafantrag gestellt.*
> *Und/oder:*
> *Die Staatsanwaltschaft hält wegen des besonderen öffentlichen Interesses an der Strafverfolgung ein Einschreiten von Amts wegen für geboten."*

> *Vorlage eines gefälschten Schecks bei einer Bank (Anklageschrift, Betrug mit Urkundenfälschung):*
> „Am 1. 3. 2013 gegen 10:30 Uhr legte der Angeschuldigte in den Räumen der B-Bank in B den Scheck mit der Nr. ... gezogen auf das Konto Nr. ... bei der X-Bank, Kontoinhaber Rudi Geldig, vor. Diesen Scheck hatte der Angeschuldigte ca. 2 Stunden zuvor in seiner Wohnung über 1 000 € ausgestellt und mit einer Unterschrift „Geldig" versehen, um den Eindruck zu erwecken, er sei von einer berechtigten Person unterzeichnet worden. Das Kassenpersonal, so getäuscht, zahlte dem Angeschuldigten, wie von diesem beabsichtigt, den obengenannten Betrag aus, auf den der Angeschuldigte, wie er wusste, keinen Anspruch hatte. Hierdurch entstand ein Schaden in genannter Höhe."

> *Etikettentausch (Strafbefehl, Betrug mit Urkundenfälschung):*
> „Am 2. 1. 2013 gegen 17 Uhr entfernten Sie in den Geschäftsräumen der Firma ... in ... von einer CD-Rom „XY-Spiel" das Preisschild mit der Aufschrift 50 € und klebten stattdessen eines mit der Aufschrift 20 € auf, das Sie vorher von einer anderen CD-Rom „ZZ-Spiel" entfernt hatten. Dann legten Sie die Ware mit dem von Ihnen manipulierten Preis an der Kasse vor. Sie täuschten damit der Kassiererin vor, dass der von Ihnen manipulierte Preis richtig sei, damit diese von Ihnen nur 20 €, also 30 € weniger als den korrekten Preis, kassiert. Da die Kassiererin Ihre Manipulation nicht bemerkte, verlangte sie von Ihnen tatsächlich nur den manipulierten niedrigeren Preis. Die Firma ... wurde dadurch in Höhe von 30 € geschädigt, wie von Ihnen zumindest billigend in Kauf genommen. Sie

---

[938] Sch/Sch § 253 Rn. 37 m. w. N.; sehr kurz auch F § 253 Rn. 25.
[939] Vgl. F § 263 Rn. 233, 233 a. Dagegen verneint BGH NStZ 2012, 95 offenbar bereits die Kausalität zwischen Vermögensnachteil und Erpressung und damit schon den Tatbestand des § 253.

Teil 2 „Schuldspruch" – Materiellrechtliche Würdigung

> ersparten sich, wie von Anfang an beabsichtigt, Aufwendungen in der gleichen Höhe.
> Die Firma ... hat, vertreten durch ..., form- und fristgerecht Strafantrag gestellt. Darüber hinaus bejaht die Staatsanwaltschaft das besondere öffentliche Interesse an der Strafverfolgung."

> **Zahlung mit gefälschtem Scheck (Anklageschrift, Betrug mit Urkundenfälschung):**
> „Am 2. 1. 2013 kaufte der Angeschuldigte in den Geschäfträumen der Fa. ... in ... Ware ein. Zur Bezahlung übergab er den von ihm unberechtigt unterschriebenen Scheck mit der Nr. ..., gezogen auf das Konto Nr. ... bei der Bank ..., Kontoinhaber ..., ausgestellt über den Betrag von 500 €. Im Vertrauen auf seine Verfügungsberechtigung und die Einlösung des Schecks wurde dem Angeschuldigten die Ware überlassen. Nachdem der Scheck – wie der Angeschuldigte erwartete – nicht eingelöst wurde, entstand der Fa. ... ein Schaden in Höhe des Warenwertes. Der Angeschuldigte ersparte sich, wie von Anfang an beabsichtigt, Aufwendungen in dieser Höhe."

2. Computerbetrug, § 263a

441 Auch § 263a schützt das Vermögen. Schutzgegenstand ist hier allerdings das Ergebnis eines Datenverarbeitungsvorgangs vor Einflussnahmen. Er soll die Lücke schließen, die sich daraus ergibt, dass zahlreiche Vermögensdispositionen nicht mehr von Menschen getroffen werden, also niemand mehr „getäuscht" werden kann. Wegen der *Auffangfunktion* und der *Strukturgleichheit mit dem Betrug* wird die Vorschrift **betrugsnah ausgelegt**[940].

> **TIPP:** Machen Sie sich bei der Prüfung der Norm immer wieder klar, dass der Computerbetrug strukturgleich mit dem Betrug ist: Die Computermanipulationshandlung entspricht der Täuschung, die Beeinflussung des EDV-Ergebnisses entspricht dem Irrtum und der irrtumsbedingten unmittelbar vermögensmindernden Verfügung, z. B. Ausstellung eines Rentenbescheids oder Belastung eines Kontos. Zentrales Problem ist die Auslegung des Tatbestandsmerkmals „unbefugt".

a) Prüfungsschema

442 *I. Objektiver Tatbestand*
    1. Computermanipulationshandlung (alternativ):
       a) unrichtige Programmgestaltung
       b) Verwendung unrichtiger od. unvollständiger Daten
       c) unbefugte Verwendung von Daten
       d) unbefugte Einwirkung auf den Ablauf
    2. dadurch Beeinflussung des Ergebnisses des Datenverarbeitungsvorgangs mit unmittelbar vermögensmindernder Wirkung
    3. dadurch als unmittelbare Folge des Datenverarbeitungsvorgangs Vermögensschaden (des Systembetreibers oder eines Dritten)
II. – VII. wie bei § 263 (s. die Verweisung in § 263a Abs. 2)

b) Allgemeine Definitionen

443 *Daten* im Sinne dieser Norm sind kodierte Informationen[941]. Beachten Sie, dass sich der Datenbegriff von dem des § 202a Abs. 2, aber auch von anderen Begriffsbestimmungen (z. B.

---
940 Wessels, BT Bd. 2, Rn. 600 m. w. N.
941 F § 263a Rn. 3; Wessels, BT Bd. 2, Rn. 602.

§ 3 Abs. 1 BDSG) unterscheidet. *Datenverarbeitung* umfasst alle technischen Vorgänge, bei denen durch Aufnahme von Daten und ihre Verknüpfung nach Programmen bestimmte Arbeitsergebnisse erzielt werden[942]. Das *Ergebnis eines Datenverarbeitungsvorgangs* wird i.S.d. § 263a *beeinflusst*, wenn eine der genannten Manipulationen in den Verarbeitungsvorgang des Computers Eingang findet, seinen Ablauf mitbestimmt und unmittelbar eine Vermögensdisposition i.S. einer vermögensmindernden Verfügung auslöst. Irrelevant ist, ob sich der Datenverarbeitungsvorgang zum Zeitpunkt der Manipulationshandlung bereits in Gang befindet. Die Manipulation kann auch im Auslösen des Datenverarbeitungsvorgangs bestehen, so z.B. beim Abheben von Geldautomaten[943]. Prägen Sie sich ein, dass dieses Tatbestandsmerkmal dem Irrtum und der irrtumsbedingten vermögensmindernden Verfügung entspricht. An der Vermögensverfügung, die wie in § 263 ein ungeschriebenes Tatbestandsmerkmal ist, fehlt es insbesondere bei reinen Sabotagehandlungen[944].

c) Die Tathandlungen im Einzelnen – sog. Computermanipulationen

§ 263a zählt alternativ vier Computermanipulationshandlungen auf, die schwer voneinander abgrenzbar sind und sich teils überschneiden. So wird die 4. Alt. allgemein als Auffangtatbestand gesehen. Auch wird die 1. Alt. weithin als Spezialfall der 2. Alt. angesehen. In der Praxisklausur wird von Ihnen jedenfalls erwartet, dass Sie die praxis- und examensrelevanten Paradefälle, also insbesondere die Bank- und Spielautomatenfälle, richtig einordnen können.

444

aa) 1. und 2. Alt.: Unrichtige Programmgestaltung bzw. Verwendung unrichtiger oder unvollständiger Daten

Weithin wird die 1. Alt. nur als Spezialfall der 2. Alt. angesehen. *Programm* ist jede in Form von Daten fixierte Anweisung an den Computer[945]. *Unrichtig* i.S. der erforderlichen betrugsspezifischen Auslegung ist die Programmgestaltung dann, wenn sie gewissermaßen den Computer „täuscht", sodass das Ergebnis von dem Ergebnis abweicht, das nach der konkreten Aufgabenstellung im Blick auf das Verhältnis der Beteiligten erstrebt war. Es muss also ein objektiv unrichtiges Ergebnis bewirkt werden, wobei es nicht darauf ankommt, dass eine fehlerhafte Ausführung verursacht wird. Ebenso genügt etwa auch eine ungewollte Verknüpfung (Beispiel „Dialer-Programm"). Irrelevant ist, ob es der subjektiven Verwendungsabsicht des Programmbetreibers zuwiderläuft. Bsp.[946]: Täter beeinflusst Programm derart, dass auf ein von ihm eingerichtetes Konto Kindergeld für nicht existierende Personen überwiesen wird.

445

Die 2. Tatvariante erfasst die sog. *Input-Manipulationen,* also die Fälle, in denen Daten in einen anderen Zusammenhang gebracht oder unterdrückt werden. Nicht hierunter fallen Konstellationen, in denen die Daten nur unbefugt verwendet werden oder bei denen die (korrekten) Daten im Rahmen eines unzutreffenden Verwendungssachverhalts eingesetzt werden (z.B. unzutreffende Ausdrucke an Selbstbedienungswaagen). Demgegenüber fällt hierunter die Problematik des Antragstellers im **automatisierten Mahnverfahren**, der einen in Wahrheit nicht bestehenden Anspruch geltend macht. Ob er sich nach § 263a strafbar macht, ist ebenso umstritten wie die entsprechende Strafbarkeit nach § 263 im nichtautomatisierten Mahnverfahren. Die Strafbarkeit wird z.T. unter Hinweis auf die mangelnde Kausalität des „Irrtums" bzw. der Manipulation für die Vermögensverfügung abgelehnt, weil der Rechtspfle-

---

[942] F § 263a Rn. 3; Wessels, BT Bd. 2, Rn. 602.
[943] BGHSt 38, 120 (121); Wessels, BT Bd. 2, Rn. 602 f.; F § 263a Rn. 20. A.A.: LG Wiesbaden NJW 1989, 2551 (2552); LG Köln NJW 1987, 667 (669); Ranft, wistra 1987, 79 (83 f.). Dies war vor der BGH-Entscheidung so umstritten, dass es sich empfiehlt, einen Satz dazu zu schreiben.
[944] Diese können sicherlich auch zu großen Schäden führen. Soweit es aber an dem Unmittelbarkeitskriterium fehlt, wie z.B. auch bei Folgeschäden durch Reparaturkosten, scheidet § 263a aus. Denken Sie in diesen Fällen an § 303a.
[945] F § 263a Rn. 6; Wessels, BT Bd. 2, Rn. 606.
[946] Bei Wessels, BT Bd. 2, Rn. 606.

ger bzw. das Programm keine Schlüssigkeitsprüfung vornehme. Die Gegner argumentieren z.B., es müsse die Prüfungsmöglichkeit durch den Rechtspfleger genügen.[947]

bb) 3. Alt.: Unbefugte Datenverwendung

446 Klausurrelevant ist insbesondere die 3. Alt., die unbefugte Verwendung von Daten. Denn hier sind neben den Fallvarianten des Missbrauchs von Konto- und Anschlussdaten im Bereich des **Internet-Handels** und des **Online-Bankings** (insbesondere bei missbräuchlicher Nutzung von Zugangsdaten nach einem erfolgten „Phishing-Angriff"[948]) v. a. die der **missbräuchlichen Verwendung von Codekarten** zu erörtern. Unter den Begriff der *Daten* fallen alle codierten Informationen, also auch die PIN und die auf der Magnetkarte der ec-Karte gespeicherten Informationen. Unproblematisch ist in den Geldautomatenfällen auch die *Beeinflussung des EDV-Vorgangs*, da – wie oben bereits dargestellt – dieser Vorgang nicht bereits in Gang gesetzt sein muss. Vielmehr genügt es, dass er durch die Manipulation erst in Gang gesetzt wird. Bei der Auslösung handelt es sich nämlich um die stärkste Form der Beeinflussung.

Kernproblem ist der Begriff *unbefugt*. Zu seiner Auslegung werden im Wesentlichen drei Ansichten vertreten: Eine enge, objektive bzw. computerspezifische Auslegung[949] will auf das Programm abstellen; aus diesem müsse sich ergeben, dass die konkrete Datenverwendung unbefugt ist. Diese Ansicht verengt aber, ohne hierzu vom Wortlaut gezwungen zu werden, den Anwendungsbereich entgegen dem gesetzgeberischen Willen, der gerade den Geldautomatenmissbrauch unter diese Alternative fassen wollte. Demgegenüber stellt eine subjektivierende Ansicht[950] auf den wirklichen oder mutmaßlichen Willen des Systembetreibers ab, soweit er sich an vernünftigen Gründen orientiert und erkennbar ist. Hiergegen spricht, dass damit bloßes Vertragsunrecht unter Strafe stünde, was dem ultima-ratio-Prinzip des Strafrechts und auch der Betrugsverwandtschaft des § 263a zuwiderläuft. Die h.M.[951] hält eine Datenverwendung daher dann für unbefugt, wenn sie in Entsprechung zum Betrug **täuschungsäquivalent** ist. Täuschungsäquivalent ist die Datenverwendung dann, wenn sie gegenüber einer natürlichen Person Täuschungscharakter i.S.d. § 263 hätte. Dabei ist nach h.M. nicht auf eine die Interessen des Geschädigten umfassend wahrnehmende allwissende Person *abzustellen*, sondern *auf eine Person, deren Prüfung sich auf die Kontrollweite des Computers beschränkt*. In den Fällen des Geldautomatenmissbrauchs ergibt sich daraus das Folgende[952]:

(1) Missbrauch entwendeter oder manipulierter Geldautomatenkarten

447 Benutzt der Täter eine entwendete Geldautomatenkarte, zu der er auch die PIN hat oder die entsprechend manipuliert wurde, um Geld am Bankautomaten abzuheben, so handelt er nur nach der (zu engen) computerspezifischen Ansicht nicht tatbestandsmäßig[953]. Nach der (zu weiten) subjektivierenden Auslegung erfüllt er den Tatbestand. Auch nach der vorzugswürdigen herrschenden betrugsspezifischen Auslegung handelt er tatbestandsmäßig[954]: Er handelt *täuschungsäquivalent, weil er vorspiegelt, berechtigt zu sein*. Da – für jeden erkennbar die Geldautomaten mit einem Sicherungssystem versehen sind (PIN und codierte Informationen auf dem Magnetstreifen), das gerade die Berechtigung zum Abheben mit dieser Karte überprüft, erklärt der Abhebende auch konkludent, hierzu berechtigt zu sein.

---

947 Zum Streit s. F, § 263a Rn. 7a m.w.N.
948 Vgl. dazu näher: VI. Internetstrafrecht, Rn 753 ff.
949 OLG Celle NStZ 1989, 367.
950 BGHSt 40, 331 (334 f.) für das Merkmal der Unbefugtheit in der 4. Alt.
951 BGHSt 38, 121 f.; NJW 2002, 905 (906); F § 263a Rn. 11 m.w.N.; Wessels, BT Bd. 2, Rn. 609.
952 Die gleichen Grundsätze gelten auch für die Benutzung von Bankkarten im electronic-cash-Verfahren bzw. in POS-Systemen, bei denen die Zahlung nach Eingabe der Geheimzahl und Online-Überprüfung der Karte von der kartenausgebenden Bank wie bei einer Kreditkarte garantiert wird; vgl. hierzu Sch/Sch § 263a Rn. 13.
953 LG Wiesbaden NJW 1989, 2551 (2552); LG Köln NJW 1987, 667 (669); Ranft, wistra 1987, 79 (83 f.).
954 F § 263a Rn. 12a; Sch/Sch § 263a Rn. 10; BGHSt 38, 120 (121 f.).

Folgende Sachverhaltsformulierung hat sich in der Praxis bewährt (Beispiel Strafbefehl):

> *„Am ... um ... hoben Sie mit der für Schorsch Schussel, Kontonummer ... von der Sparkasse S ausgegebenen EC-Karte am Geldautomaten bei der R-Bank einen Geldbetrag in Höhe von 400 € ab. Hierbei wussten Sie, dass Sie zur Verwendung der Codekarte nicht berechtigt waren und auf das Geld keinen Anspruch hatten. Durch die Belastung des Kontos entstand dem Kontoinhaber Schussel ein Schaden in Höhe des genannten Betrages, was Sie zumindest billigend in Kauf nahmen."*

(2)   Abredewidrige Barabhebung nach Überlassung der Codekarte vom Berechtigten

Überlässt der Berechtigte seine Automatenkarte dem Täter und hebt dieser mehr ab als vereinbart, kommt ebenfalls die 3. Alt. des § 263a in Betracht. Problematisch ist wieder das Merkmal „unbefugt". Die computerspezifische Auslegung würde den Tatbestand verneinen. Die subjektivierende würde ihn bejahen, denn zum einen ist das Weiterreichen der Karte an Dritte durch die Banken-AGB meist ausbedungen, zum anderen hält sich der Täter nicht an die Abrede mit dem Berechtigten. Innerhalb des betrugsspezifischen Ansatzes ist die Frage umstritten. Eine Mindermeinung hält die Täuschungsäquivalenz für gegeben. Denn am Bankautomaten werde vorgespiegelt, zur Abhebung nicht nur überhaupt, sondern auch im getätigten Rahmen berechtigt zu sein. Nach der überwiegenden Meinung in Rechtsprechung und Literatur[955] hingegen fehlt die Täuschungsäquivalenz, da der Geldautomat respektive der vergleichbare Schalterangestellte lediglich das Bestehen der Berechtigung zum Abheben mit dieser Karte, also die Berechtigung zur Kartennutzung überhaupt, nicht aber den Umfang dieser Berechtigung prüfe. Der Täter am Bankautomaten überschreite daher nur die Grenzen im Innenverhältnis zum Berechtigten. Der Bank gegenüber trete er als Berechtigter auf. Denn die abgeleitete Berechtigung zur Kartennutzung als solche sei gegeben.

448

Es kommt aber zu Lasten des Berechtigten Betrug, wenn die abredewidrige Abhebung bereits geplant war, als die Karte überlassen wurde, oder Untreue in Betracht[956]. § 266b scheitert übrigens daran, dass „Überlassung" dort nur die Überlassung durch das Kreditinstitut meint.

Entsprechendes gilt im Übrigen auch für die Verwendung überlassener Telefon- oder Tankkarten.

(3)   Kontolimitüberziehende Barabhebung durch den Karteninhaber

Die computerspezifische Auslegung wird die Unbefugtheit wieder ablehnen, die subjektivierende Ansicht muss sie dagegen bejahen. In der herrschenden betrugsspezifischen Auslegung ist der Fall umstritten, inzwischen aber vom BGH entschieden. Von manchen[957] wird Unbefugtheit einschließlich Täuschungsäquivalenz bejaht: Bei der Abhebung spiegle der Karteninhaber vor, sich innerhalb des Limits zu bewegen. Demgegenüber erklärt der Abhebende nach der nun auch vom BGH vertretenen Gegenansicht[958] am Geldautomaten lediglich, dass er zur Kartennutzung berechtigt ist, nicht auch, dass er gerade in diesem Umfang dazu berechtigt ist. Denn dies wird vom Bankautomaten respektive einem vergleichbaren Schalterangestellten nicht geprüft. Überzieht der Karteninhaber das Limit, so überschreite er lediglich seine vertraglichen Befugnisse im Innenverhältnis. Für diese vertragswidrige Bargeldbeschaffung sei in der milden Sondernorm des § 266b eine abschließende Regelung getroffen.

449

---

955 Nachweise (auch zur Gegenansicht) bei F § 263a Rn. 13, 13a; Sch/Sch § 263a Rn. 12; OLG Köln NStZ 1991, 568 (587).
956 Vgl. BGHR § 263 I Konk. 6; Sch/Sch § 263a Rn. 12; F § 263a Rn. 13a (a.E.).
957 OLG Düsseldorf, NStZ-RR 1998, 137; weitere Nachweise bei F § 263a Rn. 14.
958 BGH NJW 2001, 905f.; OLG Stuttgart NJW 1988, 981 (982); F § 263a Rn. 14a; Sch/Sch § 263a Rn. 11 m.w.N.

Allerdings hatte die Literatur[959] für die euro-cheque-Karten (ec), die seit 1. 1. 2002 abgeschafft und durch schlichte electronic-cash-Karten (ec) ersetzt wurden, die Anwendung des § 266b (Scheck- und Kreditkartenmissbrauch) auf Bankomatenvorgänge abgelehnt: Es werde dabei nicht die tatbestandstypische Garantiefunktion der Scheckkarte, sondern nur ihre Codekartenfunktion (als Schlüssel für den Automaten) in Anspruch genommen. Die Rechtsprechung[960] bejahte demgegenüber § 266b unter Hinweis auf die „Richtlinien für das Deutsche ec-Geldautomatensystem" und die „Bedingungen für den ec-Service". Diese würden im Ergebnis bewirken, dass eine Zahlungsveranlassung vorliege, wie sie § 266b voraussetzt. Eine Anwendung des § 266b auf die nunmehr an die Stelle der Euroscheckkarten getretenen *schlichten electronic-cash-Karten* scheint aufgrund des eindeutigen Wortlauts „Scheckkarte" nicht mehr möglich. S. hierzu auch unten bei § 266b (Rn. 483ff.).

cc) 4. Alt.: Sonstige unbefugte Einwirkung auf den Ablauf

450 Die letzte Alternative hat *Auffangfunktion*. Sie soll vor allem *Hardware-Manipulationen* und noch unbekannte Manipulationsvarianten erfassen. Auch hier kommt dem Merkmal der *Unbefugtheit* große Bedeutung zu. Ob es genauso auszulegen ist wie in der 3. Alt., ist auch innerhalb der zur 3. Alt. herrschenden Ansicht unklar: Während der BGH in seiner Entscheidung zum **systematischen Leerspielen von Spielautomaten** hier die subjektivierende Ansicht vertreten und auf den Willen des Betreibers abgestellt hat, wird in der Literatur Täuschungsäquivalenz teils gefordert[961], teils – insbesondere von Fischer unter Verweis auf eine nicht näher belegte h.M. – für entbehrlich gehalten[962].

Die wichtigsten Anwendungsfälle sind die *Spielautomatenfälle*.

451 *(1)* Beim *systematischen Leerspielen von Spielautomaten*, bei welchem der programminformierte Täter die Risikotaste gezielt drückt, ist bereits umstritten, ob die 3. oder die 4. Alt. des § 263a einschlägig ist. Unbefugte Datenverwendung nach der 3. Alt. scheidet nach einer Ansicht aus, weil die Daten hierfür direkt in den Datenverarbeitungsvorgang eingegeben werden müssen. Nach anderer Ansicht genügt es auch, dass die Daten mittels gezielten Drückens der Risikotaste mittelbar in den Datenverarbeitungsvorgang einfließen[963]. Der BGH[964] hat diese Frage offen gelassen, da jedenfalls die 4. Alt. einschlägig sei. Da beide Alternativen ein unbefugtes Handeln voraussetzen, hängt die Entscheidung wieder von der Auslegung dieses Begriffs ab. Wie dargestellt befürwortet der BGH im Rahmen der 4. Alt. die Unbefugtheit, weil das Betätigen der Risikotaste bei Kenntnis des Programms dem Willen des Betreibers entgegenläuft. Anders als im Rahmen der 3. Alt. scheint er hier der subjektivierenden Ansicht zu folgen. Fordert man Täuschungsäquivalenz, dann kann man entweder argumentieren, dass beim Spielen mit Zufallsspielautomaten immer vorausgesetzt und konkludent erklärt werde, dass der Spieler das Programm nicht gezielt lenken kann[965]. Genauso gut lässt sich aber auch anführen, dass der Automat die Programmkenntnis gerade nicht untersucht, Täuschungsäquivalenz daher fehle[966]. Teilweise wird Täuschungsäquivalenz jedenfalls bei rechtswidriger Erlangung des Programms bejaht, denn dann bestehe eine Aufklärungspflicht aus Ingerenz[967].

452 *(2)* Das *Spielen am Spielautomaten mit manipulierten Münzen*[968] erfüllt zwar nach allen Ansichten die Tathandlung der sonstigen unbefugten Einwirkung auf den Ablauf. Wegen

---

959 F, 50. Aufl. (!), § 263a Rn. 8a, § 266b Rn. 1 m.w.N.
960 BGH NJW 2001, 905 f.; OLG Stuttgart NJW 1988, 981 (982).
961 Wessels, BT Bd. 2, Rn. 612 m.w.N. zu dieser Ansicht.
962 F § 263a Rn. 18 a.E.
963 BayObLG NStZ 1990, 595 (597 f.).
964 BGHSt 40, 331; vgl. auch F § 263a Rn. 19.
965 So Sch/Sch § 263a Rn. 17.
966 Vgl. OLG Celle NStZ 1989, 367 (368).
967 Wessels, BT Bd. 2, Rn. 612.
968 Also Münzen, die mittels Rückholfaden nach dem Spiel wieder herausgezogen und erneut verwendet werden können. Hierzu knapp und leider ohne Begründung F § 263a Rn. 19 (a.E.).

Bestehens der Münzprüfvorrichtung ist die Unbefugtheit nach „computerspezifischer", subjektivierender, aber auch betrugsspezifischer Auslegung gegeben. Die Tathandlung muss aber das Ergebnis des Datenverarbeitungsvorgangs *unmittelbar* vermögensmindernd beeinflussen. Hieran fehlt es. Denn die Überlistung des Münzprüfers eröffnet dem Täter erst die Möglichkeit, Gewinne zu erspielen. Fraglich ist, ob gleichwohl bereits eine schadensgleiche konkrete Vermögensgefährdung bejaht werden muss. Die obergerichtliche Rechtsprechung[969] hat dies abgelehnt, Gewahrsamslockerung wie beim Trickdiebstahl angenommen und wegen Diebstahls verurteilt!

d) Konkurrenzen

Im Verhältnis zum Betrug geht § 263 vor[970], dabei besteht Uneinigkeit, ob die Delikte (wenn sowohl ein Mensch als auch eine Maschine getäuscht wird und werden soll) sich bereits auf Tatbestandsebene ausschließen oder ein Fall der Subsidiarität gegeben ist[971]. **452a**

Stellt der Täter sich vor, eine Maschine zu täuschen, aber täuscht tatsächlich einen dahinterstehenden Menschen mit inhaltlicher Prüfungskompetenz, handelt es sich wegen einer unwesentlichen Abweichung vom Kausalverlauf um einen vollendeten Betrug, hinter dem der versuchte § 263a (wohl) zurücktritt[972].

Ist § 263 nur möglicherweise, § 263a dagegen sicher verwirklicht, kommt es zur Postpendenzfeststellung[973].

3. Erpressung, § 253

a) Geschütztes Rechtsgut

§ 253 schützt die Freiheit der Willensbildung und -betätigung sowie das Vermögen. **453**

b) Vorgeschlagenes Prüfungsschema

I. *Objektiver Tatbestand* **454**
    1. *Tathandlung: Einsatz eines Zwangsmittels*
       a) *Gewalt oder*
       b) *Drohung mit einem empfindlichen Übel*
    2. *Nötigungserfolg: Abgenötigtes Verhalten (Rspr.: Handlung, Duldung oder Unterlassen – h.L.: Vermögensverfügung)*
    3. *Kausalität und nötigungsspezifischer Zusammenhang zwischen Mittel und Erfolg („dadurch")*
    4. *Vermögensnachteil des Genötigten oder (h.L.: nahestehenden) Dritten*
II. *Subjektiver Tatbestand*
    1. *Vorsatz mind. als dol. evtl.*
    2. *Absicht stoffgleicher (Eigen- oder Dritt-)Bereicherung*
    3. *Vorsatz mind. als dol. evtl. hins. der obj. gegebenen (!) Rechtswidrigkeit der erstrebten Bereicherung*
III. *Rechtswidrigkeit, Abs. 2*
    1. *Fehlen von Rechtfertigungsgründen*
    2. *Verwerfliche Mittel-Zweck-Relation*
IV. *Schuld*
V. *Strafzumessung, insb. besonders schwere Fälle, Abs. 3 (Regelbeispiele)*
VI. *Qualifikationen:*

---

969 OLG Celle JR 1997, 345; OLG Düsseldorf NJW 1999, 3208.
970 F § 263a Rn. 23.
971 Vgl. F § 263a Rn. 38.
972 F § 263a Rn. 23 mit Hinweisen zu weiteren Irrtumskonstellationen.
973 BGH NStZ 2008, 396f.; F § 263a Rn. 38. Zur Postpendenzfeststellung s.u. Rn. 798.

- *Räuberische Erpressung, §§ 253, 255, 249*
- *Schwere räuberische Erpressung, §§ 253, 255, 249, 250*
- *Räuberische Erpressung mit Todesfolge, §§ 253, 255, 249, (250), 251*

c) Zum Verständnis: Verhältnis zwischen Erpressung, Betrug, Nötigung und Raub

455 Zwischen überwiegender Lehre[974] und Rechtsprechung[975] herrscht ein grundsätzlicher Streit über das Verständnis von § 253: Die h.L. hält § 253 für ein betrugsverwandtes Delikt der Selbstschädigung, das eine Vermögensverfügung des Erpressten verlange. Demgegenüber sieht die Rechtsprechung § 253 als ein nötigungsverwandtes Delikt, das seinem Wortlaut nach keine Vermögensverfügung des Erpressten fordere. Konsequenz ist, dass die Rechtsprechung letztlich den Raub (§ 249) als Spezialfall der Erpressung sieht, bei dem nämlich das abgenötigte Verhalten die Duldung der Wegnahme sei. Dieser Streit muss Ihnen geläufig sein, da er zahlreiche Auswirkungen hat.

> **TIPP:** Für die Praxisklausur kann Ihnen bei allen guten Argumenten der h.L. nur empfohlen werden, sich jedenfalls im Urteil, Plädoyer des Staatsanwalts und der staatsanwaltschaftlichen Abschlussverfügung der **Ansicht der Rechtsprechung** anzuschließen. Die Rechtsprechung argumentiert vor allem mit dem Wortlaut und der Vermeidung von Strafbarkeitslücken. Die h.L. beruft sich demgegenüber auf die Strukturverwandtheit mit dem Betrug und darauf, dass es der Gesetzessystematik widerspreche, Raub als Spezialfall der Erpressung anzusehen.

d) Einsatz eines Zwangsmittels

456 Die Nötigungsmittel „Gewalt" oder „Drohung mit einem empfindlichen Übel" sind wie bei § 240 zu verstehen. Es gelten aber die folgenden Besonderheiten:

Richtet sich die *Gewalt* gegen eine Person (den Erpressten oder einen Dritten), so ist die Qualifikation des § 255 einschlägig.

Streitig ist, ob § 253 auch *vis absoluta* umfasst. Dies hängt mit dem dargestellten *Grundsatzstreit* zwischen h.L. und Rechtsprechung zusammen: Die h.L. verlangt eine Vermögensverfügung, welche bei der willensausschließenden vis absoluta ausgeschlossen sei. Deshalb könne Gewalt i.S.d. § 253 nur die willensbeugende vis compulsiva sein. Demgegenüber hält die Rechtsprechung § 253 für ein nötigungsverwandtes Delikt, das seinem Wortlaut nach keine Vermögensverfügung des Erpressten fordere, weshalb wie bei § 240 vis absoluta erfasst sei.

e) Nötigungserfolg (Tun, Dulden oder Unterlassung): Vermögensverfügung?

457 Nach h.L. ist, wie dargelegt, „Tun, Dulden oder Unterlassen" nur eine bewusste Vermögensverfügung. Wann eine solche vorliegt, ist innerhalb der h.L. umstritten[976]. Die Rechtsprechung sieht demgegenüber wortlautgerecht § 253 als wesensverwandt mit der Nötigung und lässt als Opferreaktion jedes Verhalten genügen, das dem Täter ermöglicht, den Vermögensschaden herbeizuführen, sowohl die aktive Mitwirkung als auch die willenlose Duldung.

---

[974] Statt aller: F § 253 Rn. 2, 10 m.w.N.; Krey BT Bd. 2, Rn. 296 ff. m.w.N.; Sch/Sch § 253 Rn. 1, 8 f.
[975] BGHSt 14, 386 (390); 25, 224 (228); 41, 125; NStZ-RR 1997, 321; NStZ 1999, 350 (351).
[976] Nach Krey, BT Bd. 2, Rn. 314, kommt es auf die Freiwilligkeit des Opfers an, das eine Wahlmöglichkeit zwischen Vornahme des erpressten Verhaltens und Nichtvornahme habe. Andere (LK § 253 Rn. 3 m.w.N.) stellen darauf ab, ob die Mitwirkung aus Opfersicht zur Erreichung des Erpressungsziels notwendig ist, nur dann liege eine Vermögensverfügung vor. Wieder andere (Sch/Sch § 253 Rn. 8, 31) stellen auf den faktischen Verfügungswillen ab, für den das Erscheinungsbild des äußeren Verschaffungsakts (Geben oder Nehmen) indiziell sei. Damit nähert sich diese Ansicht der Rspr. zur Abgrenzung von Raub und räuberischer Erpressung stark an. Darüber hinaus ist innerhalb der h.L. umstritten, ob der Vermögensnachteil wie beim Betrug unmittelbar durch die Verfügung zugefügt werden muss: Statt aller Sch/Sch § 253 Rn. 8 m.w.N.

f) Kausalität und nötigungsspezifischer Zusammenhang zwischen Mittel und Erfolg („dadurch")

Im Opferverhalten muss sich wie bei § 240 gerade der Nötigungszwang widerspiegeln. Dies fehlt insbesondere, wenn nur auf den Rat der Polizei hin so gehandelt wird[977]. Dann liegt nur Versuch vor, es sei denn, der Nötigungszwang wäre für das Opferverhalten mitbestimmend gewesen.

458

g) Vermögensnachteil

Durch die Nötigung muss dem Erpressten oder einem Dritten (Dreieckserpressung) ein Vermögensnachteil zugefügt worden sein. Der Begriff des Vermögensnachteils entspricht nach allgemeiner Ansicht dem des Vermögensschadens in § 263. Es kann daher auf die dortigen Ausführungen, auch zum Umfang des geschützten Vermögens, verwiesen werden (Rn. 424, Rn. 429 ff.).

459

Für die *Dreieckserpressung* ist nach h.M.[978] ein Näheverhältnis zwischen Erpresstem und Vermögensinhaber erforderlich. Die Voraussetzungen hierfür sind im Einzelnen umstritten. Nach dem BGH[979] genügt es, dass der Erpresste im Zeitpunkt der Tatbegehung auf der Seite des Vermögensinhabers steht und ihm dessen Vermögensinteressen nicht gleichgültig sind. Die Literatur verlangt – wie beim Betrug – nach der sog. Lagertheorie[980], dass der Erpresste gleichsam im Lager des Geschädigten steht und ihm insbesondere eine tatsächliche Verfügungsmöglichkeit oder Mitgewahrsamsposition eingeräumt ist oder er als Schutzperson oder in sonstiger sozial gesteigerter Beziehung zum Geschädigten steht.

h) Absicht stoffgleicher rechtswidriger (Eigen- oder Dritt-)Bereicherung

Die Absicht stoffgleicher rechtswidriger Bereicherung wird wie beim Betrug behandelt. Wie dort scheidet eine Strafbarkeit nach § 16 StGB aus, wenn der Täter glaubt, er oder der begünstigte Dritte habe auf den Vermögensvorteil einen Anspruch[981]. Denken Sie in diesem Fall wieder an die dann verbleibende und nicht verdrängte Nötigung, für deren Rechtswidrigkeit es in der Regel keinen Unterschied macht, ob der Täter einen Anspruch auf das abgenötigte Verhalten hat oder nicht.

460

i) Versuch und Vollendung

Vollendung setzt voraus, dass der durch das abgenötigte Verhalten verursachte Vermögensnachteil eingetreten ist, nicht aber die erstrebte Bereicherung. Bestand zu keinem Zeitpunkt eine Gefahr für das Vermögen (z.B. weil das Konto, zu dem Bankkarte und PIN-Nummer herausgezwungen wurden, zu keinem Zeitpunkt gedeckt war[982]), kommt nur ein Versuch in Betracht. Mit Beginn der Nötigung in Bereicherungsabsicht ist auch die Erpressung bereits versucht.

461

j) Rechtswidrigkeit, insbesondere Verwerflichkeit, Abs. 2

Wie bei § 240 ist die Verwerflichkeit nach § 253 Abs. 2 nach h.M. Bestandteil der Rechtswidrigkeit und zu prüfen, nachdem das Fehlen von Rechtfertigungsgründen festgestellt worden ist. Es kann auf die Ausführungen bei § 240 verwiesen werden.

462

---

977 BGH NStZ 2010, 215.
978 BGHSt 41, 123 (125 f.); Sch/Sch § 253 Rn. 6 m.w.N.; F § 253 Rn. 11a.
979 BGHSt 41, 123 (125 f.).
980 Wessels, BT Bd. 2, Rn. 714 m.w.N.
981 So auch BGH NStZ 2011, 519 und 2009, 386. In dem letzteren Fall zwang der Täter das Opfer zur Ausstellung von Wechseln, um es auf diese Weise zur Begleichung einer Schuld bewegen zu können.
982 So in BGH NStZ 2011, 212.

k) Strafzumessung, insb. besonders schwere Fälle, Abs. 3

463 Denken Sie im Rahmen der Strafzumessung wie bei § 243 auch an die Möglichkeit des *unbenannten* besonders schweren Falls.

l) Konkurrenzen und Prozessuales

464 § 240 wird aus Spezialitätsgründen verdrängt und § 241 konsumiert, wenn kein über § 253 hinausgehendes Unrecht verwirklicht ist. Tateinheit zwischen §§ 240, 253 ist freilich anzunehmen, wenn mit der Nötigung ein über die Bereicherung hinausgehendes Ziel bezweckt ist. Zum Verhältnis zu § 263 s. Rn. 439. Denken Sie an § 154c StPO, hierzu s. bereits bei § 240 (Rn. 283). Achten Sie im Übrigen darauf, dass § 253 eine Katalogtat für den Haftbefehl wegen Wiederholungsgefahr (§ 112a Abs. 1 Nr. 2 StPO) und für die Telekommunikationsüberwachung ist (§ 100a S. 1 Nr. 2 StPO).

m) Qualifikation: Räuberische Erpressung, § 255

465 Die räuberische Erpressung, Qualifikation der einfachen Erpressung, setzt voraus, dass **als Nötigungsmittel** ein **Raubmittel**, also Gewalt gegen eine Person oder Drohung mit einer gegenwärtigen Gefahr für Leib oder Leben, eingesetzt wird. Zu den Raubmitteln s. im Einzelnen bei § 249. Die h. L. klammert wie bei § 253 im Gegensatz zur Rechtsprechung vis absoluta aus, da sie ja eine Vermögensverfügung verlangt. Die Rechtswidrigkeit ist bei § 255 durch den Tatbestand indiziert, d.h. sie entfällt nur, falls ein allgemeiner Rechtfertigungsgrund vorliegt. § 253 Abs. 2 ist nicht anwendbar.

Das *Verhältnis zu § 249* ist nach der h. L., die für § 253 betrugsangelehnt eine Vermögensverfügung verlangt, ein solches der Exklusivität. Demgegenüber vertritt die Rechtsprechung, der Sie in der Praxisklausur folgen sollten, die Ansicht, dass es sich bei §§ 253, 255 um die Grunddelikte und bei § 249 um den Spezialfall (Duldung der gewaltsamen Wegnahme) handle. Denn § 253 setze nach seinem Wortlaut nötigungsähnlich keine Vermögensverfügung voraus. Beim Einsatz von Raubmitteln erfolge hiernach die Abgrenzung zwischen § 255 und § 249 nach dem äußeren Erscheinungsbild des Gebens oder Nehmens (s. oben Rn. 383a, b). Geht der Täter von einer versuchten räuberischen Erpressung („Geld her!") zum Raub über (Täter nimmt sich das Geld mit Gewalt), ist nach der Rechtsprechung insgesamt nur wegen vollendeten Raubs zu verurteilen; da der Raub nur einen Spezialfall der (räuberischen) Erpressung darstellt, verdrängt der vollendete Raub die versuchte räuberische Erpressung, solange es sich noch um dieselbe Handlungseinheit handelt.

Der Täter ist gleich einem Räuber zu bestrafen, sodass die §§ 249, 250 und 251 zur Anwendung kommen. Übersehen Sie nicht die schwere räuberische Erpressung oder die räuberische Erpressung mit Todesfolge. Denken Sie auch an den erpresserischen Menschenraub (§ 239a), wenn der Erpresser eine Person in seiner Gewalt hat.

Beachten Sie im Übrigen, dass wegen des Verbrechenscharakters § 30 zur Anwendung kommt. § 255 ist Katalogtat für die Telekommunikationsüberwachung nach § 100a S. 1 Nr. 2 StPO.

4. Erpresserischer Menschenraub, § 239a

466 Auf die Examensrelevanz des erpresserischen Menschenraubs (§ 239a) war bereits bei der Darstellung der strukturverwandten Geiselnahme (§ 239b) hingewiesen worden. Verweisen Sie bei §§ 253, 255 auf diese Vorschrift, damit Sie sie in der Hitze des Gefechts nicht übersehen. Hauptproblem ist die **Tatbestandsrestriktion**. Hierzu und zu den allgemeinen Ausführungen kann auf die Behandlung der Geiselnahme (Rn. 296ff.) verwiesen werden. Nachfolgend daher nur einige Anmerkungen.

a) Geschütztes Rechtsgut

§ 239a schützt die Freiheit und Unversehrtheit des Entführten, die Freiheit und Unversehrtheit der in Sorge gebrachten Dritten und das Vermögen.

467

b) Vorgeschlagenes Prüfungsschema

I. Abs. 1, 1. Alt.:
   1. Objektiver Tatbestand:
      a) Tatobjekt: jeder Mensch
      b) Tathandlung: Entführen oder Sich-Bemächtigen
   2. Subjektiver Tatbestand
      a) Vorsatz mind. als dol. evtl.
      b) Absicht, die Sorge des Opfers oder eines Dritten zu einer Erpressung auszunutzen
II. Abs. 1, 2. Alt.:
   1. Objektiver Tatbestand: Ausnutzen einer vom Täter durch eine solche Handlung geschaffenen Lage zu einer solchen Erpressung
   2. Subjektiver Tatbestand: Vorsatz
III. Tatbestandsrestriktion im Zwei-Personen-Verhältnis
IV. Rechtswidrigkeit, Schuld
V. Strafzumessung, insb. tätige Reue, § 239a Abs. 4
VI. Erfolgsqualifikation, Abs. 3

468

c) Anmerkungen zum subjektiven Tatbestand

Das *Vorhaben muss alle Erpressungsmerkmale* aufweisen. Das erstrebte Verhalten muss aus Sicht des Täters *durch die Sorge um das Wohl des Entführten motiviert* sein, also durch die Befürchtung, der Entführte könnte beim Fortbestehen der vom Täter geschaffenen Lage körperlichen oder seelischen Schaden nehmen. Einer eigenständigen Drohung über den Entführungsakt bzw. den Akt des Sich-Bemächtigens hinaus bedarf es hierzu nicht. Im Zweipersonenverhältnis (der Entführte ist zugleich der Erpresste) ist wiederum eine Zweiaktigkeit zu fordern (vgl. oben zu § 239b, Rn. 305), auf die sich der Vorsatz des Täters ebenfalls erstrecken muss, d.h. nach seiner Vorstellung soll die Bemächtigungslage sich in gewissem Umfang stabilisieren und von eigenständiger Bedeutung neben den Nötigungsmitteln des § 253 sein. Außerdem muss der Täter das Ziel haben, dass das Opfer die abgepresste Vermögensverfügung bereits während der Dauer der Zwangslage (und nicht erst später) vornimmt, da es sonst am erforderlichen funktionalen und zeitlichen Zusammenhang fehlt[983].

469

Hat der Täter einen fälligen einredefreien Anspruch auf die erstrebte Leistung oder glaubt er einen solchen zu haben, so scheidet § 239a wie auch die Erpressung überhaupt mangels Rechtswidrigkeit der erstrebten Bereicherung aus. Es fehlt dann bereits am Vorsatz (§ 253: „um sich ... zu Unrecht zu bereichern."), nicht erst an der Rechtswidrigkeit der Tat. Gleichwohl kann § 239b erfüllt sein, s. dort (Rn. 296 ff.). § 253 Abs. 2 ist nicht anwendbar.

d) Konkurrenzen und Prozessuales

Beachten Sie bei den Konkurrenzen, dass mit § 239a auch immer der allgemeinere § 239b verwirklicht, aber verdrängt ist. Tateinheit mit § 239b ist nur anzunehmen, wenn neben die Bereicherung ein weiteres Nötigungsziel tritt (z.B. freies Geleit, Fluchtfahrzeug). Tateinheit ist möglich mit § 316a (erfordert Klarstellung, dass besondere Verhältnisse des Straßenverkehrs ausgenutzt wurden), §§ 253, 255 (erfordert Klarstellung, dass es zu einer vollendeten Erpressung gekommen ist[984]). § 239 ist aus Spezialitätsgründen verdrängt, ebenso die ver-

470

---

983 BGH NStZ-RR 2009, 16; BGH NStZ 2010, 239a (zur Stabilisierung).
984 Denn für die Verwirklichung des § 239a ist ja bereits die *Absicht* einer Erpressung ausreichend (F § 239a Rn. 21a; Krey, BT Bd. 2, Rn. 329 m.w.N.).

suchte Nötigung und die versuchte Erpressung. Tateinheit ist aber möglich mit § 239 Abs. 2. § 239a Abs. 3 verdrängt § 239 Abs. 4.

§ 239a ist eine Katalogtat für die Telekommunikationsüberwachung nach § 100a S. 1 Nr. 2 StPO.

5. Untreue, § 266

a) Geschütztes Rechtsgut

471 § 266 schützt das Vermögen.

b) Vorgeschlagenes Prüfungsschema

472 *I. Objektiver Tatbestand*
  1. Missbrauchstatbestand, Abs. 1, 1. Alt.
    a) Verfügungs- oder Verpflichtungsbefugnis für fremdes Vermögen
    b) Missbrauch der Befugnis
    c) Vermögensbetreuungspflicht des Täters (nach h.M.) oder
  2. Treubruchstatbestand, Abs. 1, 2. Alt.
    a) Vermögensbetreuungspflicht des Täters
    b) Verletzung der Vermögensbetreuungspflicht
  3. dadurch Vermögensnachteil für das zu betreuende Vermögen
II. Subjektiver Tatbestand: Vorsatz mind. als dol. evtl.
IV. Rechtswidrigkeit, Schuld
V. Strafzumessung, insb. besonders schwere Fälle, Abs. 2 i.V.m. §§ 263 Abs. 3, 243 Abs. 2
VI. ggfs. Strafantrag, Abs. 2 i.V.m. §§ 247, 248a

c) Zum Verständnis: Verhältnis zwischen Missbrauchs- und Treubruchstatbestand – Notwendigkeit einer Vermögensbetreuungspflicht

473 Der Tatbestand der Untreue enthält zwei Alternativen der Schädigung fremden Vermögens, den Missbrauchs- und den Treubruchstatbestand. In der ersten Alternative missbraucht der Täter eine Verfügungs- oder Verpflichtungsbefugnis dadurch, dass er sich zwar im Rahmen des rechtlichen Könnens im Außenverhältnis bewegt, dabei aber das rechtliche Dürfen im Innenverhältnis, insbesondere Weisungen, überschreitet. In der zweiten Alternative verletzt der Täter eine ihm obliegende spezifische Vermögensbetreuungspflicht. Eventualvorsatz genügt. Überschießende Innentendenzen, Bereicherungsabsicht o.Ä. sind nicht erforderlich. Die tatbestandliche Reichweite ist folglich insbesondere im Missbrauchstatbestand immens.

Um die Untreuestrafbarkeit auf ein sachgerechtes Maß zu beschränken, fordert daher die h.M.[985] auch für den Missbrauchstatbestand eine besonders qualifizierte Vermögensbetreuungspflicht, die der Täter verletzt. Im Wortlaut wird dies am Satzteil „und dadurch dem, dessen Vermögensinteressen er zu betreuen hat" festgemacht.

> Untreue ist deshalb die Schädigung fremden Vermögens durch vorsätzliche Verletzung einer Vermögensbetreuungspflicht. Folge dieser h.M. ist, dass der Missbrauchstatbestand nur ein Spezialfall des Treubruchstatbestandes ist. Beginnen Sie die Prüfung also immer mit dem Missbrauchstatbestand.

---

985 BGHSt 24, 386 (387); 33, 244 (250f.); aus neuerer Zeit: BGH NStZ 2013, 40f.; Krey, BT Bd. 2, Rn. 542; Wessels, BT Bd. 2, Rn. 750. Abw. Otto, § 54 Rn. 8ff.: Der Missbrauchstatbestand verlange keine besondere Vermögensbetreuungspflicht. Wiederum anders Sch/Sch § 266 Rn. 2, 11, wonach der Missbrauchstatbestand zwar eine Vermögensbetreuungspflicht voraussetze, diese aber nicht ebenso enge Voraussetzungen habe wie im Treubruchstatbestand.

d) Der Missbrauchstatbestand, Abs. 1, 1. Alt.

Der Missbrauchstatbestand setzt voraus, dass der Täter eine Befugnis, über fremdes Vermögen zu verfügen oder einen anderen zu verpflichten, missbraucht und dadurch dem, dessen Vermögensinteressen er zu betreuen hat, Nachteil zufügt.

474

Über die zahlreichen Möglichkeiten der *Verpflichtungs- oder Verfügungsbefugnis* können Sie sich bei **Fischer § 266 Rn. 10 ff.** einen Überblick verschaffen[986]. Grundsätzlich muss die Befugnis auch zur Tatzeit noch rechtswirksam sein. Gründet sie sich nur auf *Rechtsschein*, so differenziert die h. M.[987]: Gutglaubensvorschriften, die nicht an eine frühere Vollmachtserteilung durch den Berechtigten anknüpfen (z. B. §§ 407, 932 BGB, 366 HGB), können keine Befugnis i. S. d. § 266 StGB begründen. Dagegen sollen die Vollmachten genügen, die auf dem fingierten Fortbestehen (§§ 168, 674 BGB) oder auf dem Fortwirken (§§ 170 ff. BGB) einer ursprünglich wirksam erteilten Vollmacht beruhen.

> Missbrauch bedeutet, dass der Täter seine (gesetzlichen oder vertraglichen) Befugnisse im Innenverhältnis (sein rechtliches Dürfen), insbesondere Weisungen, überschreitet, während er im Rahmen seiner (gesetzlichen oder vertraglichen) Befugnisse im Außenverhältnis, also seines rechtlichen Könnens bleibt: Er muss folglich im Außenverhältnis zivilrechtlich wirksam handeln[988].

Klassisches Beispiel ist der Missbrauch der Vertretungsmacht etwa durch einen Handelsgehilfen im Geschäft, der die Weisung hat, selbst keine Preisnachlässe zu geben, sich dem jedoch widersetzt und einen Preisnachlass gewährt. Dabei muss sich die Wirksamkeit im Außenverhältnis aus der erteilten Befugnis ergeben, nicht etwa aus Gutglaubens- oder Schuldnerschutzvorschriften[989] (Ausnahme: fingiertes Fortwirken einer ursprünglich erteilten Vollmacht). Ist das Handeln auch nach außen unwirksam, z. B. in den Fällen der Vertretung ohne Vertretungsmacht (Prokurist tätigt ein Grundstücksgeschäft) oder der Kollusion, kann allenfalls die Treubruchsvariante eingreifen. Der Missbrauchstatbestand setzt rechtsgeschäftliches oder hoheitliches Handeln voraus, rein tatsächliches Handeln wie Verbindung, Vermischung, Verarbeitung, Zerstörung oder Eigenverbrauch kann diese Wirkung nicht entfalten[990]. Die Grenzen des Innenverhältnisses sind im Zweifel durch Auslegung zu ermitteln.

Darüber hinaus muss der Täter nach h. M. auch in der Missbrauchsalternative *eine spezifische Vermögensbetreuungspflicht* verletzen (s. o. Rn. 455). Eine solche ist zu bejahen, wenn der Täter innerhalb eines nicht unbedeutenden Pflichtenkreises bei Einräumung von Ermessensspielraum, Bewegungsfreiheit und Selbstständigkeit zu fremdnütziger Vermögenssorge verpflichtet ist. Hierbei muss die Wahrnehmung *fremder* Vermögensinteressen den *wesentlichen Inhalt* bzw. die Hauptpflicht des zugrunde liegenden Verhältnisses bilden und darf nicht allein im Interesse des Betreuers bestehen[991]: Aus diesem Grund hat die Rechtsprechung auch § 266 für die Fälle des Scheck- und Kreditkartenmissbrauchs abgelehnt[992]: Die Karten würden nur im Interesse des Karteninhabers, nicht des Geldinstituts ausgegeben. *Selbständigkeit, Bewegungsfreiheit und Eigenverantwortlichkeit* fehlen z. B., wenn der

475

---

[986] Bsp.: elterliche Sorge (§ 1629, 1705 BGB); Vormundschaft (§ 1793 BGB), Betreuung (§§ 1896 ff. BGB); Nachlasspflegschaft, Insolvenzverwaltung; Befugnisse des Gerichtsvollziehers nach §§ 753, 804 ZPO; behördlicher Auftrag des Finanzbeamten für das öffentliche Vermögen; Vollmacht nach §§ 166 Abs. 2 BGB, 80 f. ZPO; Ermächtigung nach § 185 BGB i. d. R. im Rahmen der Rechtsstellungen von Handelsgehilfen oder -vertretern, Treuhänder, Kommissionär, Rechtsanwalt, Notar, etc.

[987] F § 266 Rn. 20 m. w. N.; Sch/Sch § 266 Rn. 4.

[988] Achtung: Dies ist z. B. nicht gegeben, wenn der Vertreter auch seine Vertretungsmacht im Außenverhältnis überschreitet oder gegen das Verbot von In-sich-Geschäften nach § 181 BGB verstößt. Dann kommt nur der Treubruchstatbestand in Frage.

[989] Bsp.: Wer eine entliehene Sache als eigene verkauft, macht sich daher nach §§ 246, 263, nicht aber nach § 266 strafbar.

[990] Rein tatsächliches Verhalten kann aber den Treubruchstatbestand erfüllen.

[991] Zu den Voraussetzungen der Vermögensbetreuungspflicht vgl. z. B. BGH NStZ 2013, 40 f.

[992] BGHSt 33, 244 (250). Deshalb wurde § 266 b geschaffen.

Betreuer aufgrund detaillierter Anweisungen keinen Entscheidungsspielraum hat, so z. B. der sog. „Vertreter mit gebundener Marschroute", weitere Einzelheiten hierzu sogleich.

e) Der Treubruchstatbestand, Abs. 1, 2. Alt.

476 Der Treubruchstatbestand, nach richtiger Ansicht[993] Grundtatbestand für den Missbrauchstatbestand, setzt voraus, dass der Täter eine ihm kraft Gesetzes, behördlichen Auftrags, Rechtsgeschäfts oder aufgrund eines faktischen Treueverhältnisses obliegende Pflicht zur Wahrnehmung fremder Vermögensinteressen verletzt und dadurch dem, dessen Vermögensinteressen er zu betreuen hat, Nachteil zufügt.

477 Die *spezifische Vermögensbetreuungspflicht* kann hierbei anders als die Befugnis im Missbrauchstatbestand auch aus rein tatsächlichen Verhältnissen abgeleitet werden, insbesondere aus erloschenen oder unwirksamen Rechtsverhältnissen. Ob eine spezifische Vermögensbetreuungspflicht besteht, ist in einem ersten Prüfungsschritt dem Typ und der konkreten Ausgestaltung des zugrunde liegenden (Treue-)Verhältnisses zu entnehmen. Hierfür muss die Pflicht zur Wahrnehmung fremder Vermögensinteressen Hauptpflicht bzw. Bestandteil des Verhältnisses sein (*Fremdnützigkeit*). Es muss sich um eine nicht ganz unbedeutende Angelegenheit mit einem Aufgabenkreis von einigem Gewicht und einem gewissen Grad von Verantwortlichkeit handeln. Kriterien sind Art, Umfang und Dauer der jeweiligen Tätigkeit, insbesondere *Selbstständigkeit, Eigenverantwortlichkeit und Bewegungsfreiheit*[994]. Weist ein Verhältnis diese Voraussetzungen auf, so spricht man von einem Treueverhältnis. Diese Voraussetzungen fehlen in der Regel bei reinen Austauschverträgen, können aber bei atypischer Gestaltung ausnahmsweise gegeben sein; sie fehlen bei reinen Leistungs-, Zahlungs- oder Herausgabepflichten[995], bei ganz untergeordneten oder rein mechanischen Tätigkeiten wie Botendiensten oder Schreibarbeiten. Demgegenüber werden sie bejaht bei treuhänderisch-verwaltenden (z. B. Vermieter hinsichtlich der Mietkaution) bzw. buchhalterischen Tätigkeiten (einschließlich Quittungs- und Wechselgeldausgabe, sodass auch der eigenverantwortliche Alleinkassierer erfasst ist).

478 Haben Sie in einem ersten Prüfungsschritt festgestellt, dass ein solches spezifisches Treueverhältnis vorliegt, so ist in einem zweiten Schritt zu prüfen, ob der Betreuer *gerade die Vermögensbetreuungspflicht* verletzt hat. Es genügt nicht, dass er lediglich eine andere möglicherweise aus demselben Treuverhältnis folgende „normale" Vertragspflicht verletzt[996]. Die Pflichtverletzung, also der Treubruch, kann im Gegensatz zum Missbrauchstatbestand auch in einem rein tatsächlichen Verhalten liegen[997]. Anhaltspunkte für die Pflichtverletzung können sein: Vernachlässigung von Informationspflichten, Handeln außerhalb der Entscheidungsbefugnis, Handeln zum eigenen Nutzen, Überschreitung von Höchstkreditgrenzen, Verschleierungshandlungen, etc. Sie kann auch durch ein Unterlassen erfolgen[998], wobei die „Garantenpflicht" nach § 13, soweit man § 13 mit der h. M. überhaupt für anwendbar hält[999],

---

[993] S. Rn. 455.
[994] St. Rspr. des BGH: Nachweise bei F § 266 Rn. 35 ff.
[995] Daher keine Vermögensbetreuungspflicht des Eigentumsvorbehaltskäufers im Verhältnis zum Eigentumsvorbehaltsverkäufer (BGHSt 22, 190 (191 f.); anders u. U. beim Sicherungseigentum: BGH NStZ 1990, 437), des Forderungsverkäufers im Verhältnis zum Forderungskäufer beim Factoring (BGH NStZ 1989, 72 f.), des Leasingnehmers im Verhältnis zum Leasinggeber, der Bank gegenüber dem Inhaber eines normalen Sparkontos hins. der Verwaltung des Guthabens. In all diesen Konstellationen sollen Sie § 266 aber unbedingt *prüfen*!
[996] Bsp.: Inkassobeauftragter zieht Forderung auftragsgemäß ein, verwendet Geld dann aber für eigene Zwecke. Hiermit verstößt er gegen die Ablieferungspflicht, aber nicht gegen die das Verhältnis als Treueverhältnis prägende Pflicht zur ordnungsgemäßen Forderungseinziehung: keine Untreue, sondern Unterschlagung.
[997] Bsp.: Bankvorstand veranlasst die Zahlung der Geldstrafe gegen einen Bankangestellten aus dem Bankvermögen.
[998] Bsp.: Beauftragter Rechtsanwalt lässt die Forderung eines Mandanten verjähren.
[999] Relevant wird dies für die Frage der *Anwendbarkeit der Strafmilderungsmöglichkeit des § 13 Abs. 2*, die vom BGH bejaht wurde (BGHSt 36, 227). Nach a. A. (Sch/Sch § 266 Rn. 35, 53 je m. w. N.) bedürfe es des Rückgriffs auf § 13 nicht, vielmehr sei § 266 insofern echtes Unterlassungsdelikt. F § 266 Rn. 55 will zwar § 13 Abs. 2 entsprechend, aber nicht Abs. 1 anwenden.

hier gerade in der Vermögensbetreuungspflicht liegt. Ein alphabetisch geordneter Überblick über entschiedene Einzelfälle findet sich bei **Fischer § 266 Rn. 48 f.**

f) dadurch Vermögensnachteil im zu betreuenden Vermögen

Durch die Pflichtwidrigkeit muss ein Vermögensnachteil im zu betreuenden Vermögen bewirkt werden. Der Vermögensnachteil entspricht im Wesentlichen dem Vermögensschaden i. S. d. § 263[1000]. Wie dort genügt die konkrete Vermögensgefährdung, z. B. Anspruchsgefährdung oder Kreditvergabe ohne ausreichende Sicherheiten[1001]. Auf die Ausführungen oben Rn. 432 wird verwiesen. Auch der Vermögensbegriff deckt sich mit dem des § 263 und damit auch der Streit darüber, was dazu gehört[1002].

479

Beachten Sie, dass auch die Bildung sog. „schwarzer Kassen" nach der Rechtsprechung des BGH zu einem Vermögensnachteil i. S. v. § 266 führt, wenn den eigentlich Verfügungsberechtigten dadurch der Zugriff auf die abgezweigten Vermögenswerte entzogen wird und eine konkrete, vom Berechtigten nicht zu kontrollierende und nur noch im Belieben der Täter stehende Möglichkeit des endgültigen Vermögensverlusts eintritt. Dass die Täter planen, die Gelder im – selbstdefinierten – Interesse des Berechtigten zu verwenden, ändert hieran nichts, da sie zu dieser Art der Verwendung nicht berechtigt sind[1003].

Schließlich ist noch der Begriff der Schadenskompensation von Bedeutung: Danach fehlt es am Eintritt eines Vermögensschadens, wenn ein Nachteil durch *gleichzeitig* eintretende wirtschaftliche Vorteile für das betreute Vermögen ausgeglichen wird[1004]. Diese Konstellation ist von der *nachträglichen* Schadenswiedergutmachung abzugrenzen, die lediglich bei der Strafzumessung zu berücksichtigen ist. Ein durch die Tat entstehender vertraglicher oder deliktischer Schadensersatzanspruch genügt zur Annahme einer Nachteilskompensation nicht[1005].

g) Einverständnis des Geschädigten

Umstritten ist, ob das Einverständnis des Vermögensinhabers bereits tatbestandsausschließend oder erst rechtfertigend wirkt[1006]. Wichtig ist dies z. B. für die erschlichene Zustimmung. Denn das tatbestandsausschließende Einverständnis darf nach allgemeinen Grundsätzen auch an Willensmängeln kranken, solange der Zustimmende einwilligungsfähig ist und tatsächlich einwilligt. Die rechtfertigende Einwilligung darf dagegen keine Willensmängel aufweisen und setzt bei einem relevanten Wissensvorsprung des Vermögensbetreuers voraus, dass er den Vermögensinhaber aufgeklärt hat. Andererseits mutet es seltsam an, den Tatbestand der Untreue zu bejahen, wenn der Vermögensinhaber einverstanden ist. Deshalb will eine dritte Meinung[1007] zwar tatbestandsausschließendes Einverständnis annehmen, hierfür aber die Voraussetzungen der rechtfertigenden Einwilligung verlangen.

480

h) Täterschaft und Teilnahme

Die Untreue ist ein *Sonderdelikt*, das nur derjenige täterschaftlich verwirklichen kann, den die spezifische Vermögensbetreuungspflicht trifft. Außenstehende können nur Teilnehmer

481

1000 F § 266 Rn. 115; Sch/Sch § 266 Rn. 39.
1001 S. im Übrigen die Beispiele bei F § 266 152 ff.
1002 Vgl. F § 266 110 ff. Bsp.: Im Bereich der „Ganovenuntreue" wird § 266 verneint, wenn ein Beauftragter sitten- oder gesetzeswidrigen Abreden nicht nachkommt, andererseits aber der Treubruchstatbestand bejaht, wenn er sich abredewidrig an Geldern bereichert, die ihm zur Verwendung sittenwidriger Zwecke anvertraut wurden.
1003 Siehe BGH NStZ 2007, 583 (Fall Kanther/Weyrauch); BGH NStZ 2009, 95; F § 266 Rn. 130 ff.
1004 F § 266 Rn. 134, 164 ff.
1005 F § 266 Rn. 168.
1006 Tatbestandsausschließendes Einverständnis nehmen an OLG Hamm NStZ 1986, 119; Sch/Sch § 266 Rn. 21, 38; F § 266 Rn. 90 ff. Rechtfertigende Einwilligung befürworten BGHSt 9, 203 (216); NStZ 1997, 124 (125).
1007 Wessels, BT Bd. 2, Rn. 758.

sein. Für sie gilt § 28 Abs. 1[1008]. Beachten Sie bei juristischen Personen und Personengesellschaften § 14 Abs. 1.

i) Konkurrenzen

482 Beim Verhältnis zu anderen Vermögensdelikten ist grundsätzlich zu beachten, dass spätere Delikte, die nur der *Sicherung des durch ein früheres Vermögensdelikt erlangten Vermögensvorteils* dienen, als *mitbestrafte Nachtat* verdrängt sind, so z. B. der Sicherungsbetrug. Ebenso ist eine nachfolgende Untreuehandlung, durch die der bereits entstandene Schaden nur vertieft wird, als mitbestrafte Nachtat anzusehen[1009]. Im Übrigen ist Tateinheit möglich, wenn sich die Ausführungshandlungen jedenfalls teilweise decken, z. B. mit § 263, wenn Untreue- und Vorspiegelungshandlung zusammenfallen; mit § 242, wenn Angestellte Waren des Treugebers an sich nehmen und im eigenen Namen verkaufen.

§ 246 Abs. 1 ist subsidiär, soweit dasselbe Vermögen und derselbe Vermögensträger betroffen sind, es sei denn, der Zueignungsvorsatz wurde erst später gefasst: dann Tatmehrheit[1010]. Für § 246 Abs. 2 gelten die allgemeinen Regeln: Soweit dasselbe Vermögen und derselbe Vermögensträger betroffen sind, wird der Tatbestand von § 266 konsumiert.

6. Missbrauch von Scheck- und Kreditkarten, § 266 b

a) Geschütztes Rechtsgut

483 § 266 b schützt das Vermögen (des Kartenausstellers) und die Funktionsfähigkeit des bargeldlosen Zahlungsverkehrs. Die Vorschrift wurde geschaffen, um Strafbarkeitslücken zu schließen, vgl. insofern die Ausführungen zu den §§ 263, 263 a und 266[1011].

b) Vorgeschlagenes Prüfungsschema

484   *I. Objektiver Tatbestand*
    1. Täterqualität
    2. Scheck- oder Kreditkarte
    3. Missbrauch
    4. dadurch Schädigung des Kartenausstellers
  II. Subjektiver Tatbestand: Vorsatz mind. als dol. evtl.
  IV. Rechtswidrigkeit, Schuld
  V. ggfs. Strafantrag oder besonderes öffentliches Interesse, Abs. 2 i. V. m. § 248 a

c) Täterqualität

485 Täter dieses Sonderdelikts kann nur sein, wem die Karte *unmittelbar vom Kreditinstitut überlassen oder wem zusätzlich durch das Institut der Gebrauch gestattet* wurde. Die Überlassung durch den Karteninhaber an einen Dritten ist folglich nicht erfasst. Außenstehende können lediglich Teilnehmer sein.

d) Scheck- oder Kreditkarte

486 *Kreditkarte* meint nach h. M.[1012] nur eine solche im sog. „Drei-Partner-System", das dem Karteninhaber erlaubt, bei Vertragsunternehmen, die mit dem Aussteller über einen Rahmenver-

---

[1008] So auch BGH NStZ-RR 2009, 102 und BGH NStZ 2012, 316 f.: Fehlt dieses besondere persönliche Merkmal beim Gehilfen, ist die Strafe **doppelt** nach § 49 zu mildern! Dies gilt nicht, wenn **nur** wegen des Fehlens einer Vermögensbetreuungspflicht Beihilfe statt Täterschaft angenommen wurde, so BGH NStZ 2012, 630.
[1009] BGH NStZ 2011, 160.
[1010] So richtig: F § 266 Rn. 195.
[1011] § 266 scheitert an der fehlenden Vermögensbetreuungspflicht, § 263 an fehlender Täuschung bzw. fehlendem Irrtum eines Menschen und § 263 a (nach wohl h. M.) an der fehlenden Täuschungsäquivalenz.
[1012] BGHSt 38, 281 (282); F § 266 b Rn. 10 ff.; Sch/Sch § 266 b Rn. 5 ff.

trag verbunden sind, Waren oder Dienstleistungen unter Kartenvorlage in Anspruch zu nehmen, z. B. Visa, American Express. Nicht erfasst sind Karten im „Zwei-Karten-System", wie z. B. „goldene" Kundenkarten, da dort keine „Zahlung veranlasst", sondern schlicht Kredit gewährt wird.

Unter den Begriff *Scheckkarte* war angesichts der im Gesetzeswortlaut beschriebenen Funktion („eingeräumte Möglichkeit, den Aussteller zu einer Zahlung zu veranlassen") *bis 2001* die *Euroscheckkarte* gefasst worden[1013]. Diese konnte auf zweierlei Weise verwendet werden: Zum einen als Garantiekarte im eurocheque-Verkehr, bei welchem aufgrund des Garantievertrags mit der ausstellenden Bank eine Zahlungsgarantie bis zu einem bestimmten Geldbetrag bestand. In dieser Garantiefunktion war die Euroscheckkarte nach einhelliger Ansicht von § 266 b erfasst. Zum anderen konnte man mit der Euroscheckkarte an Bankomaten Geld abheben. Nach dem BGH[1014] war die Euroscheckkarte auch in ihrer reinen Codekartenfunktion beim Abheben von Bankomaten (Bankomatenmissbrauch) von § 266 b geschützt. Denn die „Richtlinien für das Deutsche ec-Geldautomatensystem" und die „Bedingungen für den ec-Service" bewirkten eine Einlösungsgarantie im Drei-Personen-Verhältnis, sodass auch hier der Aussteller zu einer Zahlung veranlasst werde, wie in § 266 b vorausgesetzt. Freilich wurde dies nicht beim Geldabheben am Automaten der ausstellenden Bank angenommen, da es insofern am tatbestandstypischen Dreiecksverhältnis fehlt. § 266 b kam insofern nur beim Abheben an Automaten fremder Institute in Betracht.

487

Seit Anfang 2002 ist das Euroschecksystem aber *abgeschafft,* sodass der Begriff der „Scheckkarte" in § 266 b leerläuft[1015]. Die Euroscheck-Karten wurden durch reine Zahl- bzw. Codekarten („ec" für „electronic cash"-Karten) ersetzt, wobei die Abwicklung des bargeldlosen Zahlungsverkehrs nach wie vor deutschlandweit im deutschen ec-System und international im sog. Maestro-System erfolgt. Hier ist wie folgt zu differenzieren: Wird die Karte als aufladbare Geldkarte eingesetzt, kann nur über den vorher aufgeladenen Geldbetrag verfügt werden, eine Zahlungsgarantie wie bei einem Kredit ist damit gerade nicht verbunden[1016]. Wird die Karte im elektronischen Lastschriftverfahren (POZ-System) verwendet, erteilt man mit dem Vorgang lediglich eine Bankeinzugsermächtigung; auch hier übernimmt die kartenausstellende Bank keine Zahlungsgarantie, wenn das bezogene Konto nicht gedeckt ist. Streitig ist lediglich die Einordnung einer Verwendung im POS-System, wenn nach Eingabe einer PIN und online-Abfrage die kartenausstellende Bank die Zahlung authorisiert. Gegen die Subsumtion unter § 266 b StGB spricht jedoch, dass eine Garantiewirkung hier nicht bereits aufgrund der Ausgabe der Karte eintritt, sondern erst nach Prüfung und Freigabe der Transaktion im Einzelfall[1017].

e) Missbrauch

Der Karteninhaber missbraucht die Befugnis, wenn er wie in § 266 Abs. 1, 1. Alt. nach außen im Rahmen seines rechtlichen Könnens handelt, dabei aber seine Befugnisse im Innenverhältnis überschreitet[1018]. Paradebeispiel ist die Zahlung im bargeldlosen Zahlungsverkehr mit Kreditkarte, obwohl das zugrunde liegende Konto nicht gedeckt ist. Demgegenüber liegt kein Missbrauch der vertraglich eingeräumten Befugnis vor, wenn die Karte zu deliktischen Zwecken weitergereicht wird: hier fehlt es am nach außen wirksamen Auftreten. Nicht erfasst sind missbräuchliche Verhaltensweisen gegenüber dem kartenausgebenden Institut selbst, da hier kein Handeln nach außen gegeben ist.

488

1013 Vgl. F § 266 b Rn. 6.
1014 BGH NJW 2002, 905 f. Ebenso: BayObLG MDR 1998, 114 (115); OLG Stuttgart NJW 1988, 981 (982).
1015 F § 266 b Rn. 6, Sch/Sch § 266 b Rn. 4.
1016 Ganz h. M., vgl. Sch/Sch § 266 b Rn. 5 a.
1017 So auch F § 266 b Rn. 6 a, b mit Nachweisen auch zur Gegenansicht; Sch/Sch § 266 b Rn. 5 a.
1018 BGH NStZ 1992, 278 (279); F § 266 b Rn. 15.

f) dadurch Schädigung des kartenausgebenden Instituts

489 Dieser Begriff entspricht dem Vermögensschaden in §§ 263 und 266. Er entfällt insbesondere, wenn die Bank über hinreichende Sicherheiten zum Ausgleich verfügt oder der Täter bei Überschreitung der im Innenverhältnis gezogenen Kreditlinie jederzeit willens und in der Lage ist, das Konto auszugleichen[1019].

g) Konkurrenzen

490 Soweit man hinsichtlich des von § 266b erfassten Unrechts auch den Tatbestand der §§ 263, 263a oder 266 bejaht, ist die milde Sondernorm des § 266b lex specialis. Hat der Täter die Karte nur durch Täuschung über seine Vermögensverhältnisse erlangt und hierdurch bei der ausstellenden Bank bereits einen Gefährdungsschaden verursacht, so ist das Verhältnis des dadurch verwirklichten § 263 zu nachfolgenden Missbrauchstaten nach § 266b fraglich: Hat der Täter von vornherein geplant, die betrügerisch erlangte Karte missbräuchlich einzusetzen, so hat der BGH[1020] Tateinheit angenommen. Wird der Vorsatz aber erst später gefasst, so wird man Tatmehrheit annehmen müssen.

7. Hehlerei, § 259

a) Geschütztes Rechtsgut

491 § 259 schützt das Vermögen insbesondere gegen die Aufrechterhaltung der rechtswidrigen Vermögenslage, die durch eine Vortat geschaffen wurde.

b) Vorgeschlagenes Prüfungsschema

492 *I. Objektiver Tatbestand*
　1. Tatobjekt: Sache, von anderem durch Vortat gegen fremdes Vermögen erlangt
　　a) rechtswidrige Vortat, § 11 Abs. 1 Nr. 5
　　b) Vortat gegen fremdes Vermögen gerichtet
　　c) Vortat eines anderen Täters
　　d) dadurch rechtswidrige Vermögenslage vor Hehlerei entstanden
　　e) dieselbe Sache, insb. keine Ersatzsache
　2. Aufrechterhaltung der rechtswidrigen Vermögenslage
　3. Tathandlungen (alternativ)
　　a) Absetzen
　　b) Absatzhilfe
　　c) Sich-Verschaffen
　　d) Ankaufen
　　e) einem Dritten verschaffen
II. Subjektiver Tatbestand
　1. Vorsatz zumindest als dol. evtl.
　2. Absicht der Eigen- oder Drittbereicherung
IV. Rechtswidrigkeit, Schuld
V. ggfs. Strafantrag oder bes. öffentliches Interesse, Abs. 2 i.V.m. §§ 247, 248a
VI. Qualifikationen: §§ 260, 260a

c) Tatobjekt

493 Bezugsobjekt der Hehlerei ist eine Sache[1021], die ein anderer durch eine Vortat erlangt hat, die gegen fremdes Vermögen gerichtet war. Bei der Vortat muss es sich um eine *rechtswidrige Tat*

[1019] Wessels, BT Bd. 2, Rn. 796, F § 266b Rn. 18.
[1020] BGHSt 47, 160 (169f.).
[1021] D.h. ein körperlicher Gegenstand gem. § 90 BGB, der weder beweglich noch fremd sein muss, vgl. F § 259 Rn. 2.

i. S. d. § 11 Abs. 1 Nr. 5 handeln. Sie muss sich zumindest auch *gegen fremdes Vermögen* gerichtet haben, was nicht nur bei reinen Vermögensdelikten, sondern auch bei Delikten wie Urkundenfälschung oder Meineid gegeben sein kann[1022]. Dagegen tangiert die Geldfälschung allein die Allgemeinheit. Die Vortat muss die *Tat eines anderen*, d.h. eines anderen Täters sein. Daraus folgt, dass Täter der Vortat (Allein-, Mit- oder mittelbarer Täter) nicht Täter der Hehlerei sein kann – wohl aber ist es möglich für einen Teilnehmer der Vortat, Täter der Hehlerei zu sein, jedenfalls wenn durch die Teilnahme an der Vortat nicht bereits eine Herrschaftsgewalt oder ein „Anrecht" an der Beute begründet wurde[1023]. Umgekehrt kann aber der Täter der Vortat nicht zugleich Teilnehmer der Hehlerei sein, wobei streitig ist, ob dies schon auf Tatbestandsebene feststeht oder erst auf Konkurrenzebene (mitbestrafte Nachtat)[1024]. Streitig ist, ob der Vortäter tauglicher Hehler ist, wenn er die Sache vom zwischengetretenen Hehler zurückerwirbt. Die Befürworter[1025] argumentieren, maßgebliche Vortat sei dessen Hehlerei und nicht mehr die ursprüngliche Vortat. Die Gegenansicht[1026] argumentiert, hier fehle es an einer weiteren Aufrechterhaltung der rechtswidrigen Vermögenslage, jedenfalls handle es sich nur um eine mitbestrafte Nachtat.

494 Durch die Vortat muss eine *rechtswidrige Vermögenslage geschaffen* worden sein, die zeitlich zumindest eine logische Sekunde *vor der Hehlerei* entstanden ist[1027]. Jedenfalls die Sacherlangung durch die Vortat muss also abgeschlossen sein. Ansonsten liegt Beteiligung an der Vortat vor[1028]. Überschneiden sich Hehlerei und Vortat zeitlich, müssen Sie daher sehr exakt arbeiten. Vortat ist in diesen Fällen häufig eine Unterschlagung. Entscheidend ist dann in aller Regel, worin die Manifestation des Zueignungswillens durch den Vortäter zu sehen ist: Bietet der Entleiher eines Buches dieses einem bösgläubigen Dritten zum Verkauf an, so liegt bereits im Verkaufsangebot die Manifestation des Zueignungswillens und die Unterschlagung ist damit vollendet. Nimmt der Dritte das Angebot schließlich an und erwirbt das Buch, so ist er als Hehler strafbar. Demgegenüber würde ein Verkaufsangebot nicht genügen, wenn es sich auf noch nicht ausgesonderte Teile einer Gattung bezieht, da hier der Zueignungswille noch nicht auf eine konkrete Sache gerichtet ist. Erst mit der Aussonderung kann die Unterschlagung dann vollendet sein.

495 Bezugsobjekt der Hehlerei muss dieselbe Sache sein, die der Vortäter *unmittelbar* aus der Vortat erlangt hat. Stellen Sie deshalb klar, was das Bezugsobjekt der Hehlerei und was aus der Vortat erlangt ist. Die sog. *Ersatzhehlerei*, also Hehlerei an einer Ersatzsache, ist nämlich *nicht* tatbestandsmäßig. Hehlereitauglich ist selbstverständlich auch das unmittelbar aus der Vortat erlangte Bargeld. Und auch hier ist nach h. M.[1029] die Hehlerei am Surrogat nicht tatbestandsmäßig, weil der Wortlaut des § 259 insofern eindeutig ist[1030]. Übersehen Sie aber nicht, dass der Erwerb der Ersatzsache häufig eine neue Vermögensstraftat (z. B. Betrug) darstellt, sodass die Ersatzsache im Hinblick auf die neue Tat durchaus ein taugliches Hehlereiobjekt ist[1031].

[1022] Steht fest, dass die Sache aus einer gegen fremdes Vermögen gerichteten Vortat erlangt ist, so ist es unschädlich, wenn sich diese Tat nicht mehr genau bestimmen lässt (Sch/Sch § 259 Rn. 11). Sie müssen die Alternativen dann aber im Sachverhalt darstellen.
[1023] F § 259 Rn. 31.
[1024] Sch/Sch § 259 Rn. 50; recht unauffällig F § 259 Rn. 31, erster Satz.
[1025] Rengier, BT Bd. 1, § 22, Rn. 43.
[1026] Vgl. Krey, BT Bd. 2, Rn. 578 m. w. N.; Wessels, BT Bd. 2, Rn. 868 m. w. N.; Sch/Sch § 259 Rn. 48.
[1027] So die h. M. (F § 259 Rn. 8; Sch/Sch § 259 Rn. 14, jeweils m. z. N., bei Sch/Sch auch zur Gegenansicht).
[1028] So auch BGH NStZ 2012, 700.
[1029] Krey, BT Bd. 2, Rn. 573; F § 259 Rn. 7; Sch/Sch § 259 Rn. 13 m. w. N. auch zur abw. Wertsummentheorie, die bei gewechseltem Bargeld von „materialer Identität" spricht. Vgl. dazu auch oben Rn. 364.
[1030] Bsp.: Mit dem gestohlenen Bargeld (= unmittelbar aus der Vortat erlangte Sache) kauft der Dieb eine Uhr. Diese Uhr verkauft sein Freund, der die Herkunft kennt, weiter: Keine Hehlerei, denn nur das Bargeld, nicht die Uhr ist unmittelbar aus der Vortat erlangt. Die Uhr selbst ist auch nicht unmittelbar aus einer weiteren Straftat erlangt, da der gutgläubige Verkäufer Eigentum am Bargeld erwirbt (§ 935 Abs. 2) und deshalb nicht betrogen ist. Geldwäsche, § 261, kommt nur in Betracht, wenn eine Katalogtat nach § 261 Abs. 1 vorläge, z. B. gewerbs- oder bandenmäßiger Diebstahl.
[1031] Bsp.: Den gestohlenen Schmuck (= unmittelbar aus der Vortat 1 [= Diebstahl] erlangte Sache) tauscht der Dieb beim ahnungslosen Schmuckhändler gegen eine Uhr. Die Uhr ist zwar bzgl. der Vortat 1 Ersatzsache. Doch hat der Dieb den Schmuckhändler beim Tausch betrogen: Der Schmuckhändler hat wegen § 935 Abs. 1 BGB kein

Beachten Sie auch, dass die Mitwirkung beim Erlangen einer Ersatzsache oft zugleich Absatz oder Absatzhilfe für die Beute aus der Vortat ist.

Achtung: Denken Sie immer, wenn Sie Hehlerei ablehnen, weil sie sich nur auf ein Surrogat bezieht, an Geldwäsche bzw. Verschleierung unrechtmäßig erlangter Vermögenswerte nach § 261 und an Begünstigung, § 257.

d) Aufrechterhaltung der rechtswidrigen Vermögenslage

496 An der erforderlichen Aufrechterhaltung (Perpetuierung) der rechtswidrigen Vermögenslage fehlt es, wenn diese nach den Regeln des BGB beendet ist, z.B. durch Vererbung, Verbindung und Vermischung oder gutgläubigen Eigentumserwerb. Streitig ist, ob bei *Rückveräußerung an den Eigentümer* die rechtswidrige Vermögenslage aufrechterhalten bleibt, sodass ein „Absetzen" gegeben ist[1032].

e) Tathandlung

497
> „*Absatz*" ist die selbstständige entgeltliche[1033] Veräußerung der Sache mit Einverständnis und im Interesse des Vortäters, insbesondere Verkauf, Tausch und Verpfändung.
> Die Konstellation entspricht der der Verkaufskommission.
> „*Absatzhilfe*" ist jede weisungsabhängige Unterstützungshandlung, die dem Vortäter mit seinem Einverständnis und in seinem Interesse bei der Verwertung der Sache geleistet wird. Die Konstellation entspricht der des Verkaufsgehilfen[1034].

Nach Ansicht der Rechtsprechung[1035] ist Absatzhilfe auch zu bejahen, wenn die Freundin dem Vortäter hilft, einen Pelz auszusuchen, den er ihr mit dem gestohlenen Bargeld kauft. Denn hiermit setze sie einen mitursächlichen Beitrag zur Absatzhandlung des Vortäters. Demgegenüber genügt der alleinige Mitgenuss von mit Diebesgut bezahlten Speisen auf Einladung des Vortäters nicht[1036]. Dieses kann tatbestandsmäßig nur sein, wenn es sich, wie soeben im Fall des Kleiderverkaufs dargestellt, wirklich als Verwertungshilfe subsumieren lässt, der bösgläubige Eingeladene also bei der Auswahl des Essens hilft.

Ein oft geprüftes Problem ist die Frage, ob „Absetzen" und „Absatzhilfe" einen *Absatzerfolg* voraussetzen (so die h.L.[1037]) oder bereits jede auf Absatz gerichtete Tätigkeit genügt (so die Rechtsprechung[1038]). Früher sprach der Gesetzestext vom „Mitwirken beim Absatz". Die Ansicht der Rechtsprechung war deshalb zwar bereits umstritten, bot aber weniger Angriffsfläche als jetzt. Der Gesetzgeber wollte durch die Änderung nur klarstellen, dass der Hehler auch selbstständig tätig sein kann. Deshalb und auch weil sie diese Auslegung noch vom Wortsinn gedeckt sieht, bleibt die Rechtsprechung bei der bisherigen Auffassung. Sie lässt es beispielsweise für den Beginn des Absetzens genügen, dass der Hehler das Diebesgut in der Absicht lagert, einen bereits feststehenden Absatzplan durchzuführen[1039]. Demgegenüber

---

Eigentum am Schmuck erworben. Die Uhr ist folglich eine unmittelbar aus dem Betrug (= Vortat 2) erlangte Sache. Verkauft der Freund des Diebs diese Uhr in Kenntnis der Herkunft, so liegt Hehlerei vor.

1032 So noch RGSt 54, 124 (125) für den Fall, dass der Eigentümer die Sache nicht als „seine" wiedererhält, sondern als neue/andere angeboten bekommt. A.A. die heute h.M., vgl. Sch/Sch § 259 Rn. 4, 30; Wessels, BT Bd. 2, Rn. 868; F § 259 Rn. 16 (jeweils m.w.N.).
1033 Nach BGH NJW 1976, 1950 ist das Verschenken nur erfasst, wenn es jedenfalls teilweise entgeltlichen Charakter hat, z.B. Dienste damit abgegolten werden sollen oder eine Gegenleistung erwartet wird. Bei F § 259 Rn. 15 heißt es nur „gegen Entgelt (str.)".
1034 Z.B.: Kontaktvermittlung; Umlackieren eines gestohlenen Kfz. Weitere Beispiele bei F § 259 Rn. 20.
1035 BGHSt 10, 1 f. Die Gegenauffassung (Sch/Sch § 259 Rn. 34) sieht hierin kein Handeln im Interesse des Vortäters, sondern nur im eigenen Interesse.
1036 BGHSt 9, 137; F § 259 Rn. 20.
1037 Krey, BT Bd. 2, Rn. 591 ff. m.z.N.; Sch/Sch § 259 Rn. 29, 31; F § 259 Rn. 21 ff.
1038 BGHSt 26, 358 (359); 27, 45 (48 ff.); NStZ 1983, 455; NJW 1990, 2897 (2898). Dem BGH folgend: Wessels, BT Bd. 2, Rn. 867.
1039 BGH NJW 1989, 1490 (1491); NStZ 1994, 395 (396). Nicht ausreichend sei dagegen die bloße Absicht, das Diebesgut irgendwann zu verkaufen.

sieht die h.L.[1040] die Wortlautgrenze damit überschritten. Vor Eintreten des Absatzerfolgs komme daher allenfalls Versuch (Abs. 3) in Betracht. Der BGH[1041] fordert jedoch zwischenzeitlich zumindest, dass das auf Absatz gerichtete Bemühen des Hehlers überhaupt geeignet ist, einen Absatzerfolg herbeizuführen, bei dem die rechtswidrige Vermögenslage fortdauert. Dies wird beispielsweise verneint, wenn der Täter an einen V-Mann der Polizei verkaufen will. Dann kommt aber Versuch in Betracht.

> Wer hingegen nicht dem Vortäter, sondern dem Absetzenden oder Absatzhelfer hilft, macht sich nur der Beihilfe zur Hehlerei strafbar.

Eine andere Frage ist, ab wann eine Unterstützungshandlung die Schwelle von der straflosen Hilfeleistung im Vorbereitungsstadium zur strafbaren Absatzhilfe überschreitet. Hier ist nach BGH[1042] danach abzugrenzen, ob sich die Hilfeleistung in einen bereits festgelegten Absatzplan einfügt und aus der Sicht des Vortäters den Beginn des Absatzvorgangs darstellt (dann strafbare Absatzhilfe) oder ob der Absatz noch nicht im Einzelnen absehbar oder konkret geplant ist (dann straflose Vorbereitung). **497a**

„Sich-Verschaffen" verlangt abgeleiteten Erwerb zu eigener Verfügungsgewalt und eigenem wirtschaftlichem Interesse. **498**

Ein Unterfall ist das Ankaufen. Nicht ausreichend ist die Übernahme zur Entsorgung oder das Verwahren allein im Interesse des Vortäters[1043]. Wer den Erwerber unterstützt, leistet keine täterschaftliche Absatzhilfe, sondern nur *Beihilfe zum „Sich-Verschaffen"*. Miete und Leihe genügen nicht, da es an der eigenständigen Verfügungsgewalt fehlt. Aus demselben Grund ist nach h.M.[1044] auch der Mitverbrauch bzw. -verzehr von Nahrungs- oder Genussmitteln nicht tatbestandsmäßig. *„Einem Dritten verschafft"*, wer die Sache ohne zwischenzeitlichen Eigenbesitz weiterleitet oder wer für seinen Geschäftsherrn eigenmächtig erwirbt. Für all diese Erwerbsvorgänge ist **einverständliches Zusammenwirken mit dem Vortäter** erforderlich. Insbesondere genügt es nach der h.M.[1045] nicht, die Überlassung der Sache durch Erpressung oder Nötigung zu erzwingen bzw. durch Betrug zu erschwindeln.

f) Subjektiver Tatbestand

Für den bedingten Vorsatz genügt, dass der Täter es für möglich hält und hinnimmt, dass die Sache aus *irgendeiner* rechtswidrigen Vermögensstraftat stammt und die hierdurch hergestellte rechtswidrige Vermögenslage noch fortbesteht. Zudem bedarf es der *Absicht der Eigen- oder Drittbereicherung*. Im Gegensatz zu § 263 sind weder Stoffgleichheit des erstrebten Vermögensvorteils noch Rechtswidrigkeit der erstrebten Bereicherung erforderlich. Achtung: Handelt der Hehler nur für den Vortäter, so fehlt es an dieser Absicht. Denn der Vortäter wird nach inzwischen ganz herrschender Ansicht[1046] nicht als Dritter angesehen. Es ist dann entweder Beteiligung an der Vortat oder Begünstigung einschlägig[1047]. Gerade die Bereicherungsabsicht unterscheidet die Hehlerei von der Begünstigung. **499**

1040 Krey, StrafR BT, Bd. 2, Rn. 603: straflose Vorbereitungshandlung.
1041 BGHSt 43, 110 (111).
1042 BGH NStZ 2008, 152.
1043 Beim Verwahren kann aber Absetzen oder Absatzhilfe in Betracht kommen, wenn schon ein konkreter Absatzplan besteht, der die Verwahrung voraussetzt.
1044 BGHSt 9, 137 (138 f.); NStZ 1992, 36; F § 259 Rn. 12. A. A. Sch/Sch § 259 Rn. 22.
1045 BGH NJW 1996, 2877. F § 259 Rn. 13 a; Sch/Sch § 259 Rn. 37; differenzierend hins. Nötigung und Betrug: Krey, BT Bd. 2, Rn. 587 a.
1046 BGH NStZ 1995, 595; F § 259 Rn. 27 m.w.N.; Stichwort: „ein anderer" ist nicht gleich „ein Dritter"; gerade die Bereicherungsabsicht unterscheidet die Hehlerei von der Begünstigung. A. A. Sch/Sch § 259 Rn. 50.
1047 Zur Abgrenzung s. die Ausführungen bei § 257, unten Rn. 558.

g) Qualifikationen, §§ 260, 260a

500 Die Qualifikationen der §§ 260, 260a, die an gewerbsmäßige oder bandenmäßige Tatbegehung anknüpfen, sind wenig examensrelevant. Sie sollten aber wissen, dass nach der BGH-Rechtsprechung[1048] eine Bande erst ab drei Mitgliedern angenommen werden kann. §§ 260 und 260a sind Katalogtatbestände für die Telekommunikationsüberwachung nach § 100a S. 1 Nr. 2 StPO und § 260 für den Haftbefehl aufgrund von Wiederholungsgefahr nach § 112a Abs. 1 Nr. 2 StPO.

h) Konkurrenzen

501 Lässt sich nicht klären, ob der „Hehler" an der Vortat als einer von mehreren Tätern beteiligt war, steht aber fest, dass er einen Teil der Beute in Kenntnis der Vortat von einem Vortäter erhalten hat, so ist er nach den Grundsätzen der *Postpendenz* „der Hehlerei schuldig" zu sprechen[1049]. Im Sachverhalt müssen Sie dann die Tatumstände der (feststehenden) Hehlerei schildern und hierbei die verschiedenen Möglichkeiten hinsichtlich der Vortatbeteiligung wahldeutig darstellen. Lässt sich hingegen nicht klären, ob der Angeklagte Vortäter war oder die Sache nur vom Vortäter einverständlich erworben hat, so ist er nach den Grundsätzen der Wahlfeststellung wegen hier vorliegender rechtsethischer und psychologischer Vergleichbarkeit „des Diebstahls oder der Hehlerei schuldig" zu sprechen. Im Sachverhalt müssen auch dann beide Varianten dargestellt werden.

Abschnitt 3: Straftaten gegen Gemeinschaftswerte

I. Straftaten gegen die Rechtspflege und andere staatliche Interessen

502 Die Straftaten gegen die Rechtspflege schützen die Prozessziele der Wahrheit und Gerechtigkeit sowie die Justizförmigkeit.

1. Falsche Verdächtigung, § 164

a) Geschütztes Rechtsgut

503 § 164 schützt die innerstaatliche Rechtspflege gegen Irreführung und unbegründete Inanspruchnahme sowie den Einzelnen vor der Gefahr, als Unschuldiger Gegenstand staatlicher, auch ausländischer, Ermittlungen zu werden. Nach h.M.[1050] genügt die Verletzung *eines* Schutzguts, um den Schutz auszulösen.

b) Vorgeschlagenes Prüfungsschema

504 *I. Objektiver Tatbestand*
   1. einen anderen (Abs. 1)/über einen anderen (Abs. 2)
   2. öffentlich oder bei Behörde/Amtsträger, die für Entgegennahme von Anzeigen zuständig
   3. Tathandlung Abs. 1: einer rechtswidrigen Tat falsch verdächtigen
   4. Tathandlung Abs. 2: objektiv falsche Behauptung, geeignet, behördl. Maßnahme/Verfahren herbeizuführen oder fortdauern zu lassen
II. Subjektiver Tatbestand
   1. Vorsatz mind. als dol. evtl.
   2. Wissentlichkeit bzgl. der Falschheit (dol. dir. 2. Grades)

[1048] BGHSt NStZ 2001, 421 ff.
[1049] So jedenfalls die Rechtsprechung des BGH, z.B. NStZ 2011, 510. Ausführlich hierzu s. Rn. 798.
[1050] Sch/Sch § 164 Rn. 1a („Alternativitätstheorie") m.w.N. auch zu abw. Ansichten. Arg.: § 165. Ebenso F § 264 Rn. 2.

3. *„Absicht"*, behördl. Maßnahme/Verfahren herbeizuführen oder fortdauern zu lassen (dol. dir. 2.(!) Grades)
III. Qualifikation des Abs. 3: Absicht der Erschleichung von Strafmilderung

c) ein anderer/über einen anderen

Die Tat muss sich gegen einen anderen lebenden, identifizierbaren Menschen richten, der der inländischen Rechtspflege unterworfen ist. Die Anzeige gegen Unbekannt und die Selbstbezichtigung werden allenfalls vom Tatbestand des Vortäuschens einer Straftat, § 145 d, erfasst.

d) öffentlich oder gegenüber einer Behörde oder einem zur Entgegennahme von Anzeigen zuständigen Amtsträger oder militärischen Vorgesetzten

Öffentlich bedeutet gegenüber einem größeren Personenkreis, der nicht durch persönliche Beziehungen zusammengehalten wird. Wer *zur Entgegennahme von Anzeigen zuständig* ist, folgt aus § 158 StPO. Der *Amtsträgerbegriff* ist in § 11 Abs. 1 Nr. 2 legaldefiniert. Alternativ steht der militärische Vorgesetzte oder die Behörde.

TIPP: Denken Sie an das Schutzgut der Tat: Falls ein der inländischen Rechtspflege Unterworfener betroffen ist, kann auch die Anzeige gegenüber einer ausländischen Behörde tatbestandsmäßig sein[1051].

Die Anschuldigung kann auch einer Privatperson gegenüber erfolgen, wenn sie an Strafverfolgungsbehörden weitergeleitet werden soll.

e) einer rechtswidrigen Tat falsch verdächtigen (Abs. 1)

Verdächtigen bedeutet einen Verdacht hervorrufen, verstärken oder auf einen bestimmten anderen hinlenken. Nach ganz h. M.[1052] ist hierfür – anders als bei Abs. 2 – keine Behauptung erforderlich, sodass auch die Schaffung einer verdächtigen Beweislage genügt. Auch das reine Unterlassen in Garantenstellung, z. B. Verschweigen von entlastenden Umständen, ist tatbestandsmäßig. Der Schwerpunkt liegt auf dem aktiven Tun, wenn Strafanzeige erhoben wird, in der die entlastenden Umstände bewusst verschwiegen, hingegen auf dem Unterlassen, wenn eine gutgläubig erstattete Anzeige nach Kenntnis ihrer Falschheit nicht berichtigt wird[1053].

Beachten Sie aber, dass nach dem Rechtsgedanken des § 136 StPO das *Hinlenken eines Verdachts auf einen anderen* dann nicht vom Tatbestand erfasst ist, wenn es zwangsläufige Folge des bloßen Ablenkens von sich selbst ist (*Selbstbegünstigungsprivileg*) und nicht darüber hinaus die Beweislage verändert oder einen Verdacht bestärkt. Kommt beispielsweise als Alternativverdächtiger von vornherein nur eine Person in Betracht, so darf nach h. M.[1054] jeder Verdächtige den anderen ausdrücklich der Tat bezichtigen, ohne sich nach § 164 strafbar zu machen (sog. modifizierendes Leugnen)[1055].

1051 Vergessen Sie dann nicht, die Anwendbarkeit deutschen Strafrechts nach § 7 Abs. 1 zu prüfen. Ihr Fehlen wäre ein Verfahrenshindernis mit den oben in Rn. 14, Rn. 16 und Rn. 25 aufgelisteten Folgen!
1052 F § 164 Rn. 4 m. w. N.
1053 F § 164 Rn. 4 m. w. N.
1054 Nachweise bei F § 164 Rn. 3 a, der offenbar eher der Gegenansicht zuneigt, wonach diese aktive Falschbezichtigung nicht mehr von § 136 StPO gedeckt sei.
1055 Gerne geprüft wird in diesem Zusammenhang der Platztausch zwischen dem fahruntauglichen Fahrzeugführer und dem fahrtauglichen Beifahrer oder einem fahruntauglichen Beifahrer, der aber weniger auf den Führerschein angewiesen ist. Einerseits wird hier lediglich der Alternativverdächtige bezichtigt, andererseits die gesamte Beweislage umgestellt. Ist der *Beifahrer fahrtauglich*, so scheiden §§ 164 und 145 d aus, da die vorgetäuschte Variante ja eine straflose ist (weiterführend unten bei § 145 d, Rn. 514). In Betracht kommt freilich § 258, der wiederum bei Angehörigen ausscheidet. Ist der *Beifahrer fahruntauglich*, so liegt nach der Rechtsprechung (OLG Celle NJW 1964, 733 f.; zust. Krey, BT Bd. 1, Rn. 611 ff.) auch kein Fall des § 164, sondern für beide Beteiligte ein Fall des § 145 d Abs. 2 Nr. 1 vor. Denn letztlich handle es sich um eine bloße Selbstbezichtigung durch den ursprünglichen Beifahrer, an der der ursprüngliche Fahrzeugführer selbstbegünstigend

Falsch setzt ein Abweichen von der Wirklichkeit *in einem straf- bzw. disziplinarrechtlich relevanten Punkt* voraus. Weder bloßes Aufbauschen ohne rechtlich relevante Unrechtserhöhung noch eine falsche rechtliche Würdigung genügen.

Streitig ist die Falschheit, wenn der Täter nur falsches Beweismaterial für einen objektiv richtigen Verdacht liefert (sog. *„Beweisfälschung"*). Obwohl die h. L. („Unterbreitungs-Theorie") zahlreiche Argumente für eine Strafbarkeit anführt[1056], scheitert eine Strafbarkeit hier, wie die Rechtsprechung zu Recht wiederholt entschieden hat[1057], an der Wortlautgrenze, wonach sich das „bessere Wissen" auf die rechtswidrige Tat und nicht auf die Verdächtigung als solche bezieht („Beschuldigungs-Theorie"). Nach dieser Ansicht bleibt lediglich die Strafbarkeit als Verleumdung, § 187, mit Strafantragserfordernis.

Die Verdächtigung muss eine *rechtswidrige Tat* (§ 11 Abs. 1 Nr. 5) oder eine *dienstpflichtwidrige Handlung* betreffen. Hier können sich interessante Irrtumsprobleme stellen. Denkt der Täter irrig, das verdächtigte Verhalten sei strafbar oder kennt er die bestehenden Rechtfertigungs-, Entschuldigungs- oder Schuldausschließungsgründe nicht (Konstellation des untauglichen Versuchs), so entfällt die Strafbarkeit, weil § 164 den Versuch straflos lässt.

f) Subjektiver Tatbestand

508 Subjektiv setzt der Tatbestand neben dem Vorsatz im Übrigen (dol. evt. genügt) Wissentlichkeit (dol. dir. 2. Grades) hinsichtlich der Falschheit und die „Absicht", behördliche Maßnahmen herbeizuführen oder fortdauern zu lassen, voraus. Der Absichtsbegriff ist hier nicht im technischen Sinn des dol. dir. 1. Grades zu verstehen. Vielmehr genügt auch insofern dol. dir. 2. Grades. Es reicht also, dass der Täter den Erfolgseintritt für sicher hält, ohne dass es ihm darauf ankommt. Achten Sie in der Sachverhaltsschilderung darauf, diese Voraussetzungen hinreichend darzustellen.

> *Bsp.: Am ... gegen ... Uhr zeigte der Angeschuldigte auf der Polizeiinspektion P den B an, ihm zu einem nicht näher feststellbaren Zeitpunkt im Dezember 2001 seinen Pkw Mercedes mit dem amtlichen Kennzeichen X-S 1 gestohlen zu haben.*
> *Dabei wusste der Angeschuldigte, dass der angezeigte Sachverhalt nicht der Wahrheit entsprach. Er ging davon aus, dass infolge seiner Anzeige Ermittlungen der Strafverfolgungsbehörden gegen G aufgenommen werden würden.*

Ein Spezialproblem stellt sich, wenn die Tat zum *Verdacht gegen einen anderen als den eigentlich beabsichtigten* führt. Im Hinblick auf den durch die Norm geschützten Einzelnen handelt es sich um eine „aberratio ictus". Die Folge wäre nach den allgemeinen Regeln Straflosigkeit, da § 164 weder die fahrlässige noch die versuchte Tatbegehung unter Strafe stellt. Nach der Rechtsprechung[1058] ist aber wieder entscheidend, dass auch die Rechtspflege von § 164 geschützt wird. Insofern handelt es sich aber nur um eine *unwesentliche Abweichung vom vorgestellten Kausalverlauf.* Die Rechtsprechung bejaht deshalb die Strafbarkeit. Demgegenüber fordert ein Teil der Lehre[1059] unter Berufung auf den Wortlaut die Absicht, dass sich die Maßnahmen gegen denjenigen richten, der aus Sicht des Täters auch verdächtigt werden soll.

---

als „Mittäter" beteiligt ist. Die Mittäterschaft an einer Selbstbezichtigung erfülle den Tatbestand des § 164 aber nicht. Neben § 145 d tritt § 258. Vgl. auch unten Rn. 514.

1056 Sch/Sch § 164 Rn. 16 m.w.N.: Das Rechtsgut der Rechtspflege sei verletzt; auch ein Schuldiger habe einen Anspruch, nicht aufgrund falschen Beweismaterials verfolgt zu werden; Strafverfolgungsorgane müssen schon jedem hinreichenden Verdacht nachgehen, § 152 Abs. 2 StPO.
1057 BGHSt 35, 52 f.; ebenso F § 164, Rn. 6 m.w.N. auch zur Gegenansicht.
1058 BGHSt 9, 240 (242 f.).
1059 Krey, BT Bd. 1, Rn. 594 m.w.N.

g) Qualifikation des Abs. 3

Zusammen mit § 145 d Abs. 3 u. 4 sowie § 46 b wurde dieser Absatz 2009 eingefügt. Im Unterschied zu sonst wirkt die Absicht, sich selbst zu begünstigen, hier nicht strafmildernd, sondern in erheblichem Maße strafschärfend, da Dritte in Mitleidenschaft gezogen werden.

508a

h) Rechtswidrigkeit und sonstige Strafbarkeitsvoraussetzungen

Die Rechtswidrigkeit entfällt grundsätzlich nicht durch *Einwilligung* des Betroffenen, da Schutzgut auch die Rechtspflege ist. Da es sich aber um die inländische handeln muss, wirkt die Einwilligung rechtfertigend, wenn nur eine ausländische Behörde betroffen ist.

509

Beachten Sie, dass eine *analoge* Anwendung der *Abs. 5 und 6 des § 258*, also eine Straflosigkeit der zu eigenen Gunsten oder zu Gunsten von Angehörigen begangenen Tat, *nicht* in Betracht kommt.

i) § 165 – Bekanntgabe der Verurteilung

Beachten Sie hinsichtlich dieser Folge die Antragsvoraussetzungen. Das Antragsrecht entfällt, wenn der Betroffene in die falsche Verdächtigung eingewilligt hat[1060].

510

j) § 154 e StPO

Kommentieren Sie sich diese Norm an § 164 StGB. Ist im von Ihnen zu bearbeitenden Sachverhalt wegen der angezeigten oder behaupteten Tat ein Straf- oder Disziplinarverfahren anhängig, so achten Sie auf die Einstellungsmöglichkeit nach § 154 e StPO (aber Bearbeitervermerk in der Klausur beachten!). Wichtig ist, dass es sich für die Staatsanwaltschaft um eine Soll-Vorschrift handelt, aus besonderen Gründen also weiterermittelt oder sogar angeklagt werden kann (z. B. drohender Beweisverlust), Abs. 1. Dagegen muss das Gericht nach Erhebung der Klage die Anhängigkeit des anderen Verfahrens als vorübergehendes Verfahrenshindernis jederzeit von Amts wegen berücksichtigen und das Verfahren ggfs. nach § 206 a StPO einstellen, Abs. 2.

511

2. Vortäuschen einer Straftat, § 145 d

a) Geschütztes Rechtsgut

Innerstaatliche Rechtspflege und Schutz der Präventivorgane gegen Irreführung und unbegründete Inanspruchnahme von außen.

512

b) Vorgeschlagenes Prüfungsschema

I. *Objektiver Tatbestand*
   1. *einer Behörde oder zur Entgegennahme von Anzeigen zuständigen Stelle*
   2. *Tathandlung:*
      a) *Vortäuschen einer rechtswidrigen Tat (Abs. 1 Nr. 1)*
      b) *Vortäuschen bevorstehender Verwirklichung einer der Taten des § 126 Abs. 1 (Abs. 1 Nr. 2)*
      c) *Versuch der Täuschung über einen Beteiligten an einer solchen Tat (Abs. 2)*
      d) *Vortäuschung einer bevorstehenden (in § 46 b oder § 31 BtMG genannten) Straftat (Abs. 3 Nr. 2)*
      e) *Versuch der Täuschung über einen Beteiligten an einer solchen Tat (Abs. 3 Nr. 3)*

513

1060 BGHSt 5, 66 (69); Sch/Sch § 165 Rn. 5 („Wer einwilligt, ist nicht Verletzter").

II. Subjektiver Tatbestand
   1. Vorsatz mind. als dol. evtl.
   2. Wissentlichkeit bzgl. Täuschungsgegenstand (dol. dir. 2. Grades)
   3. In den Fällen des Abs. 3: Absicht der Erschleichung einer Strafmilderung

c) Vortäuschen einer rechtswidrigen Tat (Abs. 1 Nr. 1)

514 Vortäuschen bedeutet Erregen oder Bestärken des Verdachts einer begangenen rechtswidrigen Tat (§ 11 Abs. 1 Nr. 5). Die Tat darf objektiv nicht stattgefunden haben. *Bauscht* dagegen der Täter eine tatsächlich stattgefundene rechtswidrige Tat auch unrechtserhöhend (z.B. Raub statt Diebstahl) *auf*, so erfüllt das nach der Rechtsprechung[1061] erst dann den Tatbestand, wenn die Tat hiernach ein völlig anderes Gepräge erhält oder sich der Ermittlungsaufwand wesentlich erhöht.[1062] Gleichgültig ist, wer oder ob überhaupt jemand als Täter angegeben wird, sodass auch die *Selbstbezichtigung* erfasst ist. Damit das Schutzgut verletzt ist, muss die Täuschungshandlung *Anlass zu Ermittlungen geben können*. Schildert der Täter zugleich Schuldausschlussgründe oder Prozesshindernisse, fehlt es hieran. Andererseits ist es freilich nicht nötig, dass die Täuschung wirklich zu einem Irrtum oder zu Ermittlungen führt. § 145d ist ein schlichtes Tätigkeits-, kein Erfolgsdelikt.

Wegen des Rechtsgedankens des § 136 StPO ist die *Selbstbegünstigung* straflos, soweit das bloße Leugnen nicht überschritten ist, insbesondere nicht aktiv getäuscht oder die Beweislage manipuliert wird.

Der *Platztausch zwischen Fahrer und Beifahrer* (s. auch oben Rn. 507 mit den entspr. Fußnoten) ist für beide mittäterschaftliche Tatbestandsverwirklichung, vorausgesetzt, die damit vorgetäuschte Situation verwirklicht einen Straftatbestand, z.B. Beifahrer und nicht tatsächlicher Fahrzeugführer habe Unfallflucht begangen; nicht jedoch, wenn der nüchterne Beifahrer den Platz des fahruntauglich alkoholisierten Fahrzeugführers einnimmt: In diesem Fall wird keine *Straftat* vorgetäuscht, sondern eine solche *verschleiert*[1063]. Auch für § 145d Abs. 2 Nr. 1 genügt dies nicht. In Betracht kommt folglich allenfalls eine Strafvereitelung, § 258, die straflos ist, wenn sie zu eigenen Gunsten oder zu Gunsten von Angehörigen begangen wird (Abs. 5, 6).

d) Vortäuschen der bevorstehenden Verwirklichung einer der in § 126 Abs. 1 genannten Taten (Abs. 1 Nr. 2)

515 Diese Tatbestandsalternative ergänzt den Schutz der §§ 126 Abs. 2 und 241 Abs. 2, tritt aber nicht hinter sie zurück. Denken Sie an falsche Bombendrohungen und Ähnliches. Beachten Sie, dass teilweise schon die Vorbereitung solcher Taten strafbar ist, sodass dann beide Nummern des Abs. 1 (tateinheitlich) gegeben sind.

e) Versuch der Täuschung über einen Beteiligten an einer solchen Tat (Abs. 2)

516 Streitig ist, ob es für Abs. 2, Nr. 1 darauf ankommt, dass die *Tat objektiv begangen* ist[1064], wofür der Wortlaut der Norm und die Abgrenzung von Abs. 1 Nr. 1 angeführt werden, oder ob es ausreicht, dass der Täter dies glaubt[1065]. Die letztgenannte Ansicht argumentiert, dass der Schutz der Verfolgungsorgane vor unrechtmäßiger Inanspruchnahme und Irreführung bereits in diesem Fall angezeigt ist und die Formulierung „versucht" auf die Maßgeblichkeit der subjektiven Sicht hinweise. Konsequenz ist auch, dass sich nach der ersten Ansicht Abs. 1 Nr. 1

1061 Vgl. BGH v. 30. 8. 1973, 4 StR 406/73; OLG Hamm, NJW 1971, 1324 f.; BayObLG NJW 1988, 83.
1062 Überfliegen Sie hierzu die in F § 145d Rn. 5 ff. zitierten Beispiele und machen Sie sich wieder klar, dass es in der Prüfung auf Ihre Argumente ankommt.
1063 Vgl. BGHSt 19, 305 (307): Dieser Fall ist nicht vom Tatbestand erfasst.
1064 So ein Teil der Rspr. (OLG Frankfurt/Main NJW 1975, 1895 [1896]) und der Lehre (F § 145d Rn. 7; Krey, BT Bd. 1, Rn. 607 m.w.N.).
1065 So ein anderer Teil der Rspr. (OLG Hamm NJW 1963, 2138) und der Lehre (Sch/Sch § 145d Rn. 13 m.w.N.)

und Abs. 2 Nr. 1 gegenseitig ausschließen[1066], wohingegen nach der zweiten Ansicht Idealkonkurrenz möglich ist. Wie für Abs. 1 Nr. 1 genügt es nicht, vorzutäuschen, es sei keine rechtswidrige Tat begangen worden[1067].

Wiederum ist die *Selbstbezichtigung* wegen § 136 StPO straflos, soweit sie sich auf das Leugnen – auch sinngemäß – beschränkt.

Darüber hinaus genügt es nach h. M.[1068] auch nicht, nur den Verdacht von einem Tatbeteiligten abzulenken („Verdachtsablenkung"), solange die *Ermittlungsbehörden* nicht *unmittelbar auf eine falsche Fährte* geführt werden („Verdachtsumlenkung"). Die h. M. kann sich dabei auf den Schutzzweck der Norm berufen, für den es gerade nicht ausreicht, dass die Überführung des Schuldigen erschwert oder verhindert wird. Die Gegenansicht[1069] argumentiert, dass der Wortlaut diese enge Auslegung nicht verlange.

f) Tatvarianten des Abs. 3

Abs. 3 Nr. 1 stellt eine Qualifikation zu den Grundtatbeständen des Abs. 1 Nr. 1 und Abs. 2 Nr. 1 dar, die voraussetzt, dass der Täter diese Handlungen vornahm, um in den Genuss einer Strafmilderung oder eines Absehens von Strafe nach § 46 b StGB oder § 31 BtMG zu kommen.

Nr. 2 und 3 beinhalten eigene Grundtatbestände, in denen das genannte Ziel der Strafmilderung zum normalen subjektiven Tatbestand gehört. Hier geht es um die Vortäuschung von oder die Täuschung über die Beteiligung an bevorstehenden (in § 46 b und § 31 BtMG genannten) Straftaten.

Beachten Sie, dass es für diese Fälle wiederum einen in Abs. 4 geregelten minder schweren Fall gibt, der auf den Strafrahmen der Abs. 1 und 2 zurückführt.

g) Subjektiver Tatbestand

Subjektiv setzt der Tatbestand Wissentlichkeit (dol. dir. 2. Grades) hinsichtlich des Täuschungsgegenstands und mind. dol. evt. hinsichtlich der übrigen Tatbestandsvoraussetzungen (dass die Täuschungshandlung eine Behörde erreicht und Anlass zu Ermittlungen geben kann) voraus.

517

h) Sonstige Strafbarkeitsvoraussetzungen

Eine *analoge* Anwendung der *Abs. 5 und 6 des § 258*, also eine Straflosigkeit der zu eigenen Gunsten oder zu Gunsten von Angehörigen begangenen Tat, kommt auch hier *nicht* in Betracht, da der Gesetzgeber auf eine solche Regelung bewusst verzichtet hat.

518

i) Konkurrenzen

Es besteht für die Fälle des Abs. 1 und Abs. 2 („ebenso wird bestraft") eine ausdrückliche Subsidiarität gegenüber den §§ 164, 258, 258 a. Beachten Sie aber, dass § 145 d zur Anwendung kommt, wenn § 258 wegen Abs. 5 oder 6 nicht greift, denn das Schutzgut des § 145 d ist in diesem Fall verletzt und diese Verletzung auch nicht durch § 258 StGB verbraucht.

519

3. Aussagedelikte, §§ 153–163

a) Geschütztes Rechtsgut

Staatliche inländische Rechtspflege, insbesondere in ihrer Aufgabe der Wahrheitsfindung.

520

1066 Anders ohne Begründung F § 145 d Rn. 7.
1067 BGHSt 19, 305 (306 ff.).
1068 BayObLG JZ 1984, 902 f.; Krey, BT Bd. 1, Rn. 606; F § 145 d Rn. 8.
1069 Nachweise in Sch/Sch § 145 d, Rn. 1 und 14.

b) Uneidliche Falschaussage, § 153

aa) Vorgeschlagenes Prüfungsschema

521 I. Objektiver Tatbestand
1. Täterqualität: nur Zeuge und Sachverständiger
2. Falsch aussagen in einer Vernehmung
3. vor einer zur eidlichen Vernehmung von Zeugen/Sachverständigen zuständigen Stelle

II. Subjektiver Tatbestand
Vorsatz bzgl. aller objektiven Tatbestandsmerkmale

III. Rechtswidrigkeit, Schuld

IV. Strafzumessung, insb. §§ 157 (Aussagenotstand), 158 (Aussageberichtigung)

bb) Zeuge oder Sachverständiger

522 Dieses *eigenhändige Delikt* können nur Zeugen oder Sachverständige begehen. Die mittelbare Begehung steht aber nach § 160 unter Strafe.

cc) Falsch aussagen in einer Vernehmung

523 *Aussage* ist eine mündliche[1070] Tatsachenbehauptung. Beim Sachverständigen tritt das *Werturteil*, also die Behauptung einer eigenen Überzeugung über den Vernehmungsgegenstand hinzu. Strafbar ist die Falschaussage nur *in einer Vernehmung*.

> *Falsch* bedeutet nach der herrschenden „objektiven Theorie"[1071] das objektive Abweichen von der äußeren oder inneren Wirklichkeit. Demgegenüber stellt die „subjektive Theorie"[1072] auf das Wissen des Aussagenden ab[1073].

Während die subjektive Theorie zwar der menschlichen Unzulänglichkeit am ehesten entspricht, ist die Gesetzessystematik auf die objektive Theorie abgestimmt: §§ 160, 163 wären sonst nahezu gegenstandslos. Wird ein Vorgang wahrheitswidrig als Gegenstand eigener Wahrnehmung dargestellt („ich habe es selbst gesehen") oder ein unsicheres Erinnerungsbild als zweifelsfrei geschildert („ich bin mir ganz sicher, dass es so war"), so ist die Aussage nach allen Ansichten falsch. Beachten Sie im Einzelnen die folgenden Besonderheiten:

– Die *Wahrheitspflicht* umfasst alle Angaben, die den Gegenstand der Vernehmung, das *Beweisthema*, betreffen: Im Zivilprozess ist dieses durch den Beweisbeschluss (§ 359 ZPO), im parlamentarischen Untersuchungsausschuss durch den Einsetzungsbeschluss umgrenzt. Im Strafprozess gehört hierzu alles, das mit der prozessualen Tat zusammenhängt oder zusammenhängen kann. Das Beweisthema kann grundsätzlich durch Fragen erweitert werden, nicht jedoch im parlamentarischen Untersuchungsausschuss. Zeugen müssen auch zu ihrer Person wahre Angaben machen (§§ 68 StPO, 395 ZPO), nicht jedoch der Sachverständige (§§ 79 StPO, 410 ZPO). Ob die Aussage für das später in diesem Prozess ergangene Urteil letztlich von Bedeutung war, ist ohne Belang.

– Auch die *unvollständige Aussage* ist falsch: Der Aussagende muss alle ihm bekannten Tatsachen angeben, die mit dem Gegenstand in untrennbarem Zusammenhang stehen oder hierfür erkennbar bedeutsam sind.

[1070] Vgl. F § 153 Rn. 3. Ausn.: § 186 GVG. A. A. für verfahrensrechtlich zulässige schriftliche Äußerungen, z. B. die schriftliche Zeugenaussage nach § 377 III ZPO: Sch/Sch Vor §§ 153 Rn. 22.
[1071] RGSt 10, 339; 37, 395 (398); BGHSt 7, 147 (148). Zu den vertretenen Meinungen vgl. F § 153 Rn. 4 f.
[1072] LK Vor§ 153 Rn. 9; BGH 13. 3. 1962, 1 StR 57/62.
[1073] Eine weitere in der Literatur vertretene sog. „Pflichttheorie" (Otto, JuS 1984, 161 ff.) stellt auf die prozessuale Wahrheitspflicht des Aussagenden ab, ob er also nach pflichtgemäßer Prüfung seines Wissens und seiner Vorstellung mit allen Zweifeln aussagt. Diese Ansicht lässt sich allerdings mit dem Gesetzeswortlaut schwer vereinbaren.

– *Spontanäußerungen* außerhalb der eigentlichen Vernehmung sind nur tatbestandsmäßig, wenn sie innerhalb der Vernehmung bestätigt werden.
– *Vollendet* ist die Tat mit *Abschluss der Vernehmung*, die sich allerdings über mehrere Verhandlungstage erstrecken kann. Es können auch mehrere Vernehmungen an einem Verhandlungstag stattfinden. Die Vernehmung ist abgeschlossen, wenn der Aussagende nichts mehr bekunden und kein Verfahrensbeteiligter mehr Fragen an ihn richten will, in der Regel wenn zur Beeidigung bzw. Entscheidung über die Beeidigung übergegangen wird. Bis zu diesem Zeitpunkt führt eine Berichtigung zur Straflosigkeit, da es *keine Versuchsstrafbarkeit* gibt. Eines Rückgriffs auf § 158 bedarf es dann nicht.

dd) vor einer zur eidlichen Vernehmung von Zeugen und Sachverständigen zuständigen Stelle

Zuständige Stellen sind allein ein Gericht (§§ 161a Abs. 1 S. 3 StPO, 452 ZPO) und ein parlamentarischer Untersuchungsausschuss. 524

ee) Vorsatz und Irrtumsprobleme

Der Vorsatz (bedingter genügt) muss sich auch auf die Zuständigkeit der Stelle, auf die Falschheit gerade des Teils der Aussage, auf den sich die Wahrheitspflicht bezieht, und auf die Täterqualität erstrecken. Da es keine Versuchsstrafbarkeit des § 153 gibt, führt ihre irrige Annahme hier zur Straflosigkeit. Anders verhält es sich bei § 154[1074]. 525

ff) Beteiligung

Zur Beteiligung an den Aussagedelikten s.u. Rn. 537 ff. 526

gg) Strafzumessung, insb. Aussagenotstand und -berichtigung, §§ 157, 158

Strafmilderungsmöglichkeiten bis zum Absehen von Strafe schaffen die §§ 157 und 158 i.V.m. § 49 Abs. 2. Für die Annahme des *Aussagenotstands nach § 157* kommt es auf die Sicht des Täters an[1075]. Die Gefahr muss wegen einer *vor* der Falschaussage liegenden Straftat drohen: Es genügt nicht die Falschaussage selbst, wohl aber z.B. die Falschaussage in einer vorherigen Instanz oder eine falsche Verdächtigung in der polizeilichen Vernehmung. Denn auch die schuldhafte Herbeiführung des Aussagenotstands schadet nicht. Außerdem gilt diese Privilegierung *nur für den Täter*, nicht für den Anstifter oder Gehilfen des Aussagedelikts, da bei Letzteren die typische Notlage fehlt. Besteht die Möglichkeit des § 157, so ist die *unterbliebene Prüfung Revisionsgrund*. 527

Im Gegensatz zu § 157 kommt *§ 158 auch dem Gehilfen oder Anstifter* zu Gute. Berichtigung nach § 158 setzt voraus, dass die frühere falsche Aussage durch eine in allen wesentlichen Punkten vollständige und wahrheitsgemäße Darstellung ersetzt wird. Ein Schuldeingeständnis ist aber nicht erforderlich: Rückt der Aussagende von seiner vorherigen Darstellung ab, indem er behauptet, „so etwas nie gesagt zu haben", und sagt er nunmehr vollständig richtig aus, so greift § 158 trotzdem. Dies gilt nach dem *Zweifelssatz* sogar dann, wenn sich nicht klären lässt, ob die neue Darstellung falsch oder richtig ist. Besteht die Möglichkeit des § 158, so ist die *unterbliebene Prüfung Revisionsgrund*. *Verspätet* ist die Berichtigung, wenn sie bei der die Instanz abschließenden Sachentscheidung nicht mehr verwertet werden kann, wenn aus der Tat bereits ein Nachteil für einen anderen entstanden ist oder wenn gegen den Täter bereits Anzeige erstattet oder Ermittlungen eingeleitet worden sind.

1074 Dementsprechend sind auch die Irrtumskonstellationen im Fischer bei § 154 Rn. 11 f. kommentiert.
1075 OLG Düsseldorf NJW 1986, 1822; F § 157 Rn. 4.

c) Meineid, § 154

528 § 154 ist für die Zeugen- und Sachverständigenaussage Qualifikationstatbestand gegenüber § 153. Als weitere objektive Tatbestandsmerkmale sind erforderlich das *falsche Schwören* in einem *Verfahren, das den Eid vorsieht*. Es handelt sich um ein Verbrechen, sodass der Versuch (§ 23 Abs. 1) und auch die Verabredung hierzu (§ 30) strafbar sind.

aa) Vorgeschlagenes Prüfungsschema

529 I. *Objektiver Tatbestand*
 1. *Täterqualität: Zeuge, Sachverständiger und Partei*
 2. *Falsch aussagen und schwören in einer Vernehmung*
 3. *vor einer zur Eidesabnahme zuständigen Stelle*
 4. *in einem Verfahren, das den Eid vorsieht*
II. *Subjektiver Tatbestand*
 Vorsatz bzgl. aller objektiven Tatbestandsmerkmale

bb) Täter

530 Täter des Meineids kann neben Zeugen und Sachverständigen auch die Partei des Zivilprozesses (§ 452 ZPO) sein, nicht aber der Beschuldigte. Er muss das Wesen von Aussage und Eid nach seiner Einsichtsfähigkeit verstehen, ausgeschlossen sind Personen, die vom Wesen des Eids keine hinreichende Vorstellung haben (§ 60 Nr. 1 StPO)[1076]. Es handelt sich um ein eigenhändiges Delikt, mittelbare Täterschaft ist in § 160 unter Strafe gestellt.

cc) vor einer zur Eidesabnahme zuständigen Stelle in einem Verfahren, das den Eid vorsieht

531 Die eidabnehmende Stelle muss beeidigungsbefugt sein. Zudem muss der Vernehmende auch hierzu berechtigt sein. Dies fehlt z. B. beim Referendar, § 10 GVG. Schließlich muss auch das Verfahren den Eid vorsehen. Solange nur die zuständige Stelle den Eid abnimmt, sind etwaige Verfahrensverstöße (z. B. gegen das Vereidigungsverbot nach § 60 Nr. 2 StPO oder gegen die Belehrungspflicht nach §§ 57, 63 StPO) unschädlich und lediglich bei der Strafzumessung zu berücksichtigen[1077].

dd) Falsch schwören

532 Tathandlung ist das Beschwören einer (im vom Eid erfassten Teil) falschen Aussage. Sowohl die Eidesleistung als auch die Wahrheitspflicht müssen sich auf diese falschen Angaben beziehen. *Vollendet* ist die Tat im Fall des Nacheids mit Abschluss des Eids, im Fall des Voreids mit Abschluss der Aussage. Übersehen Sie nicht die über § 155 dem Eid gleichgesetzte Bekräftigung und Berufung auf den früheren Eid bzw. die frühere Bekräftigung. Für die falsche eidesstattliche Versicherung gilt § 156.

ee) Versuch und Irrtumsprobleme

533 Der versuchte Meineid ist im Gegensatz zur Falschaussage strafbar, da Meineid ein Verbrechen ist. Im Fall des Nacheids ist *Versuchsbeginn* der Beginn des Schwurs, d. h. der gesprochenen Eidesformel, und im Fall des Voreids der Beginn der Falschaussage. Maßgebliche Frage bei der Irrtumsproblematik ist wiederum, ob der Täter sich über Tatsachen oder eine rechtliche Bewertung irrt. So führt die irrige Annahme, die tatsächlich richtige Aussage sei objektiv falsch/die eidabnehmende Person sei ein Richter, zu einem untauglichen Versuch,

---

[1076] F § 154 Rn. 14.
[1077] Lesen Sie hierzu F § 154 Rn. 4 und kommentieren Sie sich hier als Gedächtnisstütze § 46 II StGB sowie – soweit bei Ihnen zulässig – F § 154 Rn. 19 an den Rand.

während eine irrige Unkenntnis dieser Tatsachen den Vorsatz entfallen ließe. Dagegen führt ein Irrtum über rechtliche Fragen, so z. B. über den Umfang der durch den Eid gedeckten Aussageteile/die Grenzen der Wahrheits- oder Offenbarungspflicht/die Zuständigkeit der eidabnehmenden Person für die Abnahme von Eiden je nach Richtung zum Verbotsirrtum oder zum straflosen Wahndelikt. Im Einzelnen ist hier allerdings vieles umstritten[1078].

ff) Beteiligung

S. zur Beteiligung an den Aussagedelikten unten Rn. 537 ff. **534**

gg) Konkurrenzen

Für die Konkurrenzen spielen nach der Rechtsprechung des BGH[1079] drei Gesichtspunkte eine wesentliche Rolle[1080]: Erstens der Begriff der *Vernehmung*, respektive *Aussage*: Ist eine Aussage[1081] in mehreren Punkten falsch, so liegt gleichwohl nur eine Falschaussage vor. Zweitens der Charakter des *§ 154 als lex specialis* gegenüber § 153: Hinsichtlich *derselben Aussage* verdrängt § 154 als lex specialis § 153. Soweit darüber hinaus ein nicht beschworener Teil der Aussage falsch war, tritt § 153 als subsidiär zurück. Interessante Konkurrenzprobleme stellen sich, wenn *innerhalb eines Rechtszugs mehrere Vernehmungen* oder Vereidigungen erfolgen. Auch insofern gilt der *Grundsatz*, dass mit jedem Vernehmungsende die Tat vollendet ist, grundsätzlich also – mit Wegfall der Rechtsfigur der fortgesetzten Tat – Tatmehrheit zwischen mehreren Falschaussagen besteht[1082] (offen gelassen hat dies der BGH aber für den Fall, dass mit den verschiedenen Aussagen ein einheitlicher Prozessbetrug bezweckt wird). Hiervon macht der BGH[1083] eine *Ausnahme*, wenn der Vernommene innerhalb eines Rechtszugs nach einer oder mehreren abgeschlossenen (also vollendeten!) uneidlichen Falschaussagen jedenfalls hinsichtlich eines Teils der bisherigen falschen Aussagen vereidigt wird: Dann verdränge der eine Meineid alle vorherigen Falschaussagen als subsidiär (genauer: mitbestrafte Vortaten), da § 153 lediglich Hilfscharakter gegenüber § 154 zukomme und der Aussagende auf die Gestaltung des Verfahrens, insbesondere der Vernehmungen, regelmäßig keinen Einfluss habe. Dieses *Wertungsargument* ist der dritte der eingangs erwähnten wesentlichen Gesichtspunkte. Er gilt freilich nicht mehr in verschiedenen Rechtszügen: Hier kommt nach Wegfall der fortgesetzten Tat nur noch Tatmehrheit in Betracht. Das Wertungsargument gilt auch nicht für Falschaussagen innerhalb derselben Instanz, die nach abgeschlossenem Meineid gemacht werden, da sich die Vereidigung hierauf dann nicht mehr beziehen kann. **535**

Demgegenüber wird in der Literatur[1084] z. T. die Ansicht vertreten, es sei eine rechtliche Handlungseinheit anzunehmen, solange die verschiedenen Falschaussagen im Rahmen derselben Instanz Grundlage einer einheitlichen gerichtlichen Entscheidung sein können.

> **TIPP:** Denken Sie auch an die Möglichkeit der Wahlfeststellung, falls nicht mehr festgestellt werden kann, welche von mehreren Aussagen falsch war[1085].

1078 Vgl. F § 154 Rn. 11, 12; Sch/Sch § 154 Rn. 15, jeweils mit Nachweisen zur insoweit auch nicht einheitlichen Rechtsprechung.
1079 GrSenBGHSt 8, 301 (312 ff.).
1080 S. hierzu auch F § 153 Rn. 17, 18 und § 154 Rn. 20.
1081 Das sind die Bekundungen innerhalb **einer** Vernehmung, die sich auch über mehrere Verhandlungstage erstrecken kann.
1082 So auch F § 153 Rn. 17.
1083 GrSenBGHSt 8, 301 (312 ff.), kommentiert bei F § 154 Rn. 20.
1084 Sch/Sch § 153 Rn. 14 m. w. N.
1085 Vgl. unten Rn. 797.

hh) Strafzumessung, insb. §§ 154 Abs. 2, §§ 157, 158

536 Ein minder schwerer Fall nach § 154 Abs. 2 kommt insbesondere in Betracht bei schweren Verfahrensfehlern, z. B. Vereidigung entgegen § 60 Nr. 2 StPO[1086], Unterlassen der Belehrung nach § 55 Abs. 2 StPO. Für die Strafmilderungen der §§ 157, 158 s. o. Rn. 527.

d) Beteiligung an Aussagedelikten, insbesondere §§ 159, 160

537 Die Beteiligung an den Aussagedelikten weist einige Besonderheiten auf, die man wegen ihrer Prüfungsrelevanz kennen muss.

aa) Täterschaft, insbesondere Verleitung zur Falschaussage, § 160

538 Wegen der Eigenhändigkeit der Aussagedelikte können Personen ohne Täterqualität keine Mittäter oder mittelbare Täter sein, die Zurechnung nach § 25 Abs. 2 oder § 25 Abs. 1 S. 2 ist nicht möglich. Um die Strafbarkeitslücke für die mittelbare Täterschaft zu schließen, wird diese in § 160 ausdrücklich unter Strafe gestellt.

§ 160 wirft zwei Probleme auf, die die *Bös- bzw. Gutgläubigkeit des Aussagenden* und damit auch die *Abgrenzung von der Anstiftung zur Falschaussage bzw. zum Meineid* betreffen. Das Erste stellt sich im objektiven Tatbestand: Ist die Gutgläubigkeit des Aussagenden erforderlich? Das Zweite stellt sich im subjektiven Tatbestand: Muss der Verleitende von der Gutgläubigkeit des Aussagenden ausgehen?

Bsp.: H überredet V, in einem Zivilprozess zu schwören, dass H sich für längere Zeit im Ausland befunden habe (was nicht stimmt), sodass eine Zustellung an ihn nicht wirksam gewesen sei. Wie sind folgende Varianten zu beurteilen:
a) V glaubt, dass H im Ausland war; H hält V (zutreffend) für gutgläubig.
b) Wie a), aber H denkt irrig, dass V die Unwahrheit kennt.
c) V weiß, dass das nicht stimmt; H hält V aber (irrig) für gutgläubig.
d) Wie c), aber H hält V (zutreffend) für bösgläubig.

Nach der wohl h. M.[1087] setzt der *objektive Tatbestand* des § 160 die Gutgläubigkeit des Aussagenden nicht voraus, sodass auch bei dessen Bösgläubigkeit die Strafbarkeit wegen Vollendung und nicht, wie die Gegenmeinung[1088] annimmt, nur wegen Versuchs nach § 160 Abs. 2 möglich ist. Während die letztgenannte Literaturmeinung das Erfordernis der Gutgläubigkeit auf das Wort „Verleiten" stützt, argumentiert die wohl h. M., dass die Gesetzesformulierung nicht zwischen dem Verleiten zu einer vorsätzlichen oder unvorsätzlichen Aussage differenziere[1089], die Rechtspflege gefährdet und der Verleiter in diesem Fall nicht weniger strafwürdig sei.

Nach h. M.[1090] setzt demgegenüber der *subjektive Tatbestand*, der Verleitervorsatz, die Vorstellung vom unvorsätzlichen (gutgläubigen) Aussagenden voraus.

Denn würde der Hintermann die Bösgläubigkeit des Vordermanns kennen, würde er ihn vorsätzlich zu dessen vorsätzlicher Falschaussage bestimmen – also eine Anstiftung begehen.

Hieraus folgt – nach h. M. – folgende Beurteilung der obigen Varianten:
a) § 160
b) versuchte Anstiftung (§ 30) zu § 154
c) § 160 (nach der Gegenmeinung dagegen nur Versuch, § 160 II)
d) Anstiftung (§ 26) zu § 154

[1086] Nach BGH NStZ 2012, 567 f. auch bei Verstoß „nur" gegen § 59 Abs. 1 StPO.
[1087] BGHSt 21, 116; Sch/Sch § 160 Rn. 9; F § 160 Rn. 7 (irreführend in Rn. 2!). Achtung: In Rn. 15 zu § 154 folgt F dagegen wohl noch der Gegenansicht (= Versuch)!
[1088] Krey, BT Bd. 1, Rn. 570 f.
[1089] „Die Vorsatztat des Aussagenden umfasst die vom Täter gewollte nicht vorsätzliche Tat", vgl. F § 160 Rn. 7.
[1090] F § 160 Rn. 4, Sch/Sch § 160 Rn. 8.

Beim Meineid folgt die Strafbarkeit dann aus §§ 154, 30 Abs. 1 1. Alt., bei der uneidlichen Falschaussage aus § 159 i. V. m. § 30 Abs. 1 1. Alt.

bb) Teilnahme

(1) Anstiftung

Strafbare Anstiftung (§ 26) zu den Delikten der §§ 153, 154, 156 ist unproblematisch möglich. Zur Abgrenzung von der mittelbaren Täterschaft nach § 160 s. dort.

539

(2) Anstiftung zum Versuch

Nachdem der Versuch nur beim Meineid, jedoch nicht bei §§ 153, 156 strafbar ist, kann die Anstiftung zum Versuch nur bei §§ 154, 22, 23 strafbar sein. Bedeutsam ist das vor allem in der Konstellation des untauglichen Versuchs, insbesondere wenn der Aussagende irrig die Falschheit seiner in Wirklichkeit richtigen Aussage annimmt, eine Konstellation, die wohl in der Praxis seltener vorkommt als in Klausuren. Die herrschende objektive Theorie nimmt hier einen untauglichen Versuch an. Der hierzu Anstiftende ist dann nur im Falle des versuchten Meineids strafbar.

540

(3) Versuch der Anstiftung zum Meineid, §§ 154, 30 Abs. 1, und zur uneidlichen Falschaussage, §§ 159, 30 Abs. 1

Die versuchte Anstiftung zum Meineid ist nach §§ 30 Abs. 1 1. Alt., 154 strafbar, da der Meineid ein Verbrechen ist. § 159 macht § 30 Abs. 1 auch anwendbar für die versuchte Anstiftung zu den Vergehen der §§ 153, 156. Damit wird hier zum Schutz des Zeugenbeweises vor unlauterer Einflussnahme die versuchte Anstiftung unter Strafe gestellt, obwohl der Versuch der Haupttat selbst straffrei ist. Erfasste Konstellationen sind erfolglose Anstiftungen, erfolglos z. B. weil der Adressat nicht reagiert, weil er ohnehin schon entschlossen ist oder weil die Vernehmung unterbleibt. Erfasst ist auch die Konstellation des gutgläubig falsch Aussagenden, den der Hintermann für bösgläubig hält[1091].

541

Nach dem Wortlaut des § 159 ist in diesem Zusammenhang nicht danach zu unterscheiden, ob der Versuch der Anstiftung tauglich (d. h. eine Vollendung grundsätzlich möglich) oder untauglich gewesen ist. Dennoch ist in Rechtsprechung und Literatur streitig, ob dies auch dann gelten soll, wenn der Anstiftungstäter einen untauglichen Versuch der Anstiftung begeht, weil er über die *Zuständigkeit der Stelle* irrt, bei welcher die betreffende falsche Erklärung abgegeben werden soll[1092]. Während der 5. Senat des BGH die Frage bejaht hat, da es bei § 159 wie bei § 30 nur auf die Vorstellung des Versuchstäters ankomme[1093], hat der 2. Senat entschieden, eine Bestrafung „entsprechend" § 30 Abs. 1 käme nur dann in Betracht, wenn die vorgestellte Tat überhaupt tatsächlich strafbar wäre, also nicht, wenn die falsche Aussage mangels Zuständigkeit der Stelle keine rechtliche Wirkung habe[1094]. Es erscheint zweifelhaft, ob diese Auslegung vom Wortlaut des § 159, insbesondere seiner Verweisung auf § 30 Abs. 1 und damit auch auf § 23 Abs. 3 (Absehen von Strafe *nur* bei besonders grobem Unverstand) noch gedeckt ist.

(4) Beihilfe zu Aussagedelikten (§ 27), insbesondere durch Unterlassen (§ 13)

Vorweg ist festzuhalten, dass ein prozessual zulässiges Verhalten – auch wenn es objektiv ein Falschaussagedelikt möglicherweise fördert – nicht strafbar sein kann[1095]. Zunächst sollten Sie sich daher jeweils fragen, ob das vorgeworfene Tun oder Unterlassen prozessordnungs-

542

1091 Siehe oben Rn. 538, Variante b).
1092 Vgl. die Darstellung bei F § 159 Rn. 5, 6.
1093 BGHSt 17, 303 ff.
1094 BGHSt 24, 38 ff.
1095 So auch Sch/Sch Vor § 153 ff. Rn. 36.

gemäß war. So darf eine Partei im Zivilprozess einen Zeugen für eine behauptete Tatsache benennen, auch wenn sie über die Wahrheit ihrer Behauptung im Ungewissen ist (kein Verstoß gegen § 138 ZPO); ebenso darf der Angeklagte eine Tatsache wahrheitswidrig leugnen, auch wenn dadurch die Wahrscheinlichkeit einer falschen Zeugenaussage steigt (nemo-tenetur-Grundsatz).

Schafft eine Partei im Zivilprozess oder der Angeklagte im Strafprozess dagegen durch prozessordnungs*widriges* Verhalten eine Situation, die die Gefahr der Falschaussage bzw. des Meineids eines anderen birgt, und unterlässt es dann, gegen diese Falschaussage einzuschreiten, so ist streitig, inwiefern sie/er sich der Beihilfe durch Unterlassen strafbar gemacht hat[1096]. Eine *Rechtspflicht zur Verhinderung der Falschaussage* ergibt sich weder aus der zivilprozessualen Wahrheitspflicht noch aus der anwaltlichen Standespflicht noch aus der Existenz eines Ehe- oder Angehörigenverhältnisses[1097]. Streitig ist, unter welchen Voraussetzungen sich eine solche Rechtspflicht aus dem Gesichtspunkt der Ingerenz ergeben kann. Nach der Rechtsprechung wird Ingerenz bejaht, wenn die Aussageperson vom Täter in eine „prozessunangemessene, besondere Gefahr der Falschaussage" gebracht wurde[1098]. Danach müssen zu der bloßen Benennung des Zeugen für eine bewusst wahrheitswidrige Behauptung weitere Umstände hinzukommen; als ausreichend wurde angesehen, dass die Partei im Zivilprozess durch schlüssiges Verhalten zu verstehen gibt, sie werde die Falschaussage decken[1099], oder dass der Angeklagte mit einem Zeugen dessen falsche Aussage abspricht[1100] oder einen bislang unbekannten Mittäter als Entlastungszeugen benennt, in der Erwartung, dieser werde, auch um eigener Bestrafung zu entgehen, falsch aussagen[1101]. Demgegenüber stellt ein beachtlicher Teil der Literatur[1102] auf die eigene prozessuale Verantwortlichkeit des Zeugen ab und verneint grundsätzlich eine Pflicht zum Einschreiten für den Täter im Zivilprozess ebenso wie im Strafprozess. Eine ganz andere Frage ist allerdings, inwieweit in dem unterstützenden Verhalten (wie Aussageabsprache, Signalisieren, man werde die Falschaussage decken) nicht bereits eine Beihilfehandlung durch aktives Tun gesehen werden kann[1103].

e) Fahrlässiger Falscheid, fahrlässige Versicherung an Eides statt, § 163

543 Eine Verletzung der Sorgfaltspflicht nach § 163 liegt etwa vor, wenn es der Aussagende entgegen § 378 ZPO unterlassen hat, zur Verfügung stehende Unterlagen einzusehen, wenn er sein Gedächtnis während der Vernehmung aus Nachlässigkeit nicht ausreichend angestrengt hat, erkennbare Fehlerquellen seiner Wahrnehmungsmöglichkeiten nicht berücksichtigt oder bei Zweifeln über den Umfang seiner Wahrheits oder Eidespflicht nicht nachfragt. Die rechtzeitige Richtigstellung ist hier ein persönlicher Strafaufhebungsgrund, §§ 163 Abs. 2, 158.

4. Strafvereitelung, §§ 258, 258a

a) Geschütztes Rechtsgut

544 §§ 258, 258a schützen die ungestörte Verwirklichung des sachlich begründeten Strafanspruchs durch die innerstaatliche Rechtspflege.

1096 Vgl. F § 154 Rn. 17.
1097 Sch/Sch Vor § 153 ff. Rn. 38; F § 154 Rn. 17, jeweils mit Hinweis auf die Ausnahme einer bestehenden Aufsichtspflicht.
1098 BGHSt 17, 321 (323); weitere Nachweise bei F § 154 Rn. 17.
1099 BGHSt 14, 231.
1100 BGH NStZ 1993, 489.
1101 OLG Hamm NStZ 1993, 82 f.
1102 Krey, BT Bd. 1, Rn. 580; Sch/Sch Vor § 153 ff. Rn. 40, jeweils m. w. N.
1103 Vgl. auch Sch/Sch Vor § 153 ff. Rn. 40 a. E. Folgerichtig sind diese Beispiele bei F § 154 Rn. 16 auch unter „Beihilfe durch aktives Tun" aufgeführt.

b) Vorgeschlagenes Prüfungsschema

I. *Objektiver Tatbestand*
   1. *Tathandlung: Verursachen des Vereitelungserfolgs*
   2. *Erfolg: Vereitelung*
      a) *der Verfolgung (Abs. 1)*
      b) *der Vollstreckung (Abs. 2)*
II. *Subjektiver Tatbestand*
   1. *Vorsatz bzgl. aller objektiven Tatbestandsmerkmale*
   2. *Wissentlichkeit oder Absicht (dol. dir. 1. oder 2. Grades) bzgl. der Besserstellung*
III. *Rechtswidrigkeit, Schuld*
IV. *ggfs. persönlicher Strafaufhebungsgrund, Abs. 5 (Selbstbegünstigungsprivileg)*
V. *ggfs. persönlicher Strafaufhebungsgrund, Abs. 6 (Angehörigenprivileg)*
VI. *Qualifikation: § 258a (Strafvereitelung im Amt)*

c) Tathandlung: Verursachung des Vereitelungserfolgs

TIPP: Grenzen Sie bei der Tathandlung die (versuchte) Strafvereitelung ab von der Beihilfe zur Vortat: Nur wenn die Unterstützungshandlung nicht auch die Begehung der Vortat (möglicherweise auch nur durch psychische Beihilfe) gefördert hat, sondern ihre Wirkung erst später entfaltet, kommt § 258 zum Zuge. Achten Sie darauf, dies auch in der Sachverhaltsformulierung zum Ausdruck zu bringen.

Nicht tatbestandsmäßig sind *sozialadäquate*, also *normale alltägliche*, insbesondere berufstypische *Verhaltensweisen*[1104] wie das Beherbergen, der Verkauf von Lebensmitteln, die Beförderung in öffentlichen Verkehrsmitteln wie einen gewöhnlichen Fahrgast oder die ärztliche Behandlung. Ausnahmsweise kann ein solches Verhalten strafbar sein, wenn der Täter über die bloße Selbstbegründung hinaus positiv die Besserstellung des Vortäters erstrebt und hierfür einen besonderen Verursachungsbeitrag setzt[1105].

Für die *Unterlassensstrafbarkeit* ist zu beachten, dass es *keine allgemeine Anzeigepflicht* (über §§ 138, 139 hinaus) gibt. Übersehen Sie nicht die verschiedenen *Aussageverweigerungsrechte*, die eine Pflicht zur Aufdeckung einer Straftat – auch auf konkrete Frage hin – entfallen lassen. Hier bietet sich eine elegante Möglichkeit, prozessuales Wissen im Rahmen der materiellen Strafbarkeitsprüfung abzufragen. Eine Sonderstellung nehmen *Staatsanwaltschaft und Polizei* aufgrund des Legalitätsprinzips ein, woraus eine Garantenstellung der Strafverfolgungsbeamten für die Strafrechtspflege gefolgert wird. Nach h.L.[1106] ergibt sich hieraus aber für *privat* erlangte Kenntnisse eine Anzeigepflicht nur bei besonders schweren, die Rechtsgemeinschaft besonders tangierenden Vergehen und Verbrechen. Der BGH[1107] fordert zusätzlich, dass es sich um schwere Straftaten handeln muss, die wie Dauerdelikte oder auf ständige Wiederholung angelegte Handlungen während der Dienstausübung des Strafverfolgungsbeamten fortwirken. Eine Sonderstellung nimmt auch der *Strafverteidiger* mit seiner Doppelstellung als unabhängiges Organ der Rechtspflege, § 1 BRAO, und Beistand des Beschuldigten, § 137 Abs. 1 StPO, ein. Ihn trifft nach § 203 Abs. 1 Nr. 3 eine strafbewehrte Schweigepflicht hinsichtlich aller belastenden Umstände, sodass eine Garantenpflicht zum Aufdecken ihm bekannter Straftaten seines Mandanten abzulehnen ist.

1104 F § 258 Rn. 7.
1105 Bsp.: Busfahrer verhindert Festnahme eines von der Polizei verfolgten Freundes, indem er den Flüchtenden außerhalb der üblichen Haltestellen zusteigen lässt und die Busroute ändert, um ihn an einem „sicheren Ort" aussteigen zu lassen.
1106 F § 258 Rn. 12, § 258a Rn. 4a m.w.N. Kommentieren Sie sich – soweit bei Ihnen zulässig – F § 258a Rn. 4a an § 258 Rn. 12!
1107 BGHSt 38, 388 (391 f.).

549 Allgemein gilt, dass prozessual zulässiges Verhalten stets tatbestandslos ist. Gleichwohl ist der *Strafverteidiger* nach h. M.[1108] nicht von der Pflicht zur Wahrhaftigkeit und vom Verdunkelungsverbot freigestellt: Er muss sich jeder bewussten Verdunkelung der wahren Sachlage und Behinderung der Wahrheitserforschung durch prozessual unzulässige, unlautere Mittel enthalten. So darf er weder eine Falschaussage noch einen wahrheitswidrigen Geständniswiderruf herbeiführen. Andererseits darf er sich für die Straflosigkeit des Mandanten auch dann einsetzen, wenn er von dessen Schuld überzeugt ist. Nach h. M.[1109] darf er sogar aussagebereite Zeugen zum Gebrauch ihres Zeugnisverweigerungsrechts bewegen, sofern er dabei keine unlauteren Methoden (z. B. Zwang, Täuschung, Drohung, Einschüchterung) einsetzt. Im Einzelnen sind die Schranken zulässiger Strafverteidigung sehr streitig.

Ein weiteres Stichwort ist die sog. „Sperrwirkung" des § 258. So wird diskutiert, ob bei fehlender Vereitelungs**absicht** der subjektive Tatbestand (genauer: das voluntative Element) auch anderer Delikte, die durch eine am Interesse des Mandanten orientierte Verteidigung erfüllt werden könnten (z. B. Urkundsdelikte durch Vorlage unechter Beweismittel), ausgeschlossen sein soll.

Der BGH[1110] hat zwar einerseits eine solche Sperrwirkung explizit abgelehnt, andererseits jedoch im Ergebnis die gleiche Wirkung erzielt, indem er vorgibt, zwar sei bei anderen verteidigungsspezifischen Begleittaten weiterhin bedingter Vorsatz ausreichend. An dessen Feststellung seien jedoch im Rahmen eines nach § 258 zulässigen Verteidigungsverhaltens „erhöhte Anforderungen" zu stellen – so sei insbesondere zu berücksichtigen, dass der Verteidiger in der Regel einen „inneren Vorbehalt" habe, ein solches Delikt gerade nicht verwirklichen zu wollen, und lediglich aus der Pflicht heraus handele, seinen Mandanten bestmöglich zu vertreten.

Zu der Kritik an dieser Rechtsprechung s. F § 258 Rn. 24–27.

d) Erfolg: Vereitelung der Strafverfolgung (Abs. 1) oder Strafvollstreckung (Abs. 2)

550 Als Erfolg muss ganz oder teilweise vereitelt werden, dass entweder ein anderer der objektiv verwirkten strafrechtlichen Sanktion unterworfen (Verfolgungsvereitelung) oder die rechtskräftig verhängte Sanktion vollstreckt (Vollstreckungsvereitelung) wird. *Ausreichend* ist eine erhebliche zeitliche Verzögerung oder ein Zurückbleiben hinter der verwirkten Sanktion.

Die Selbstbegünstigung ist bereits tatbestandslos (Abs. 5 erfasst nur die Fälle, in denen zugleich auch ein anderer begünstigt wird).

Der Tatbestand der *Verfolgungsvereitelung* (Abs. 1) setzt einen durchsetzbaren staatlichen Strafanspruch voraus, d. h. eine rechtswidrige schuldhafte Vortat, das Fehlen von Strafausschließungs- und Strafaufhebungsgründen und von Verfolgungshindernissen (beachten Sie insb. Strafantragserfordernis und Verjährung). Bei der Prüfung besteht hier keine Bindung an eine rechtskräftige verurteilende oder freisprechende Entscheidung.

Der Tatbestand der *Vollstreckungsvereitelung* (Abs. 2) erfordert die materiellrechtlichen Voraussetzungen der Maßnahmen (einschließlich Rechtskraft, vgl. § 449 StPO) und das Fehlen von Verfolgungshindernissen. Die Rechtskraft des Urteils ist hier verbindlich. Den Tatbestand erfüllt nach der Rechtsprechung[1111] im Hinblick auf das Analogieverbot nicht, wer die *Geldstrafe für einen anderen zahlt*. In diesem Fall wird nicht die Vollstreckung als solche, sondern nur die persönliche Betroffenheit verhindert, sog. bloße Straf*zweck*vereitelung.

[1108] BGHSt 38, 345 (348); lesen Sie unbedingt F § 258 Rn. 17–28.
[1109] F § 258 Rn. 18a m. w. N.
[1110] BGHSt 38, 345 ff. (Urkundenfälschung); 46, 53 ff. (Volksverhetzung).
[1111] BGHSt 37, 226 (229 ff.); s. auch F § 258 Rn. 32.

e) Besonderheiten des Versuchs, §§ 258 Abs. 4, 22

Die *Abgrenzung* zwischen strafbarem Vereitelungsversuch und *strafloser Vorbereitungshandlung* kann mitunter schwierig sein. Wenden Sie die allgemeinen Grundsätze konsequent an: Der Versuch setzt das unmittelbare Ansetzen zur Herbeiführung des Vereitelungserfolgs voraus. So genügt noch nicht die Zusage des Zeugen zur entlastenden Falschaussage, erst mit Beginn der Falschaussage ist die Schwelle zum „Jetzt geht's los" aus der maßgeblichen Tätersicht überschritten. Demgegenüber genügt für eine versuchte Strafvereitelung bereits der Antrag des Strafverteidigers auf Vernehmung eines Zeugen, den er zur Falschaussage bewogen hat, da der Strafverteidiger aus seiner Sicht bereits zu diesem Zeitpunkt alles zur Vollendung Erforderliche getan hat.

551

Der Rücktritt vom Versuch ist bis zum Eintritt des Vereitelungserfolgs möglich.

f) Schuld/Strafwürdigkeit, insb. § 258 Abs. 5 und Abs. 6

Die Privilegien der Selbst- und Angehörigenbegünstigung (§ 11 Abs. 1 Nr. 1) greifen auch, wenn zugleich zwangsläufig ein anderer begünstigt wird. Sie gelten auch für den Anstifter.

552

Vortatbeteiligt i. S. d. Abs. 5 sind auch der Hehler oder der Begünstiger. Abs. 5 gilt aber nicht, wenn die Beteiligung an der Vortat allein in der Zusage der anschließenden Strafvereitelung besteht, da dann die gesetzestypische Zwangslage nicht besteht[1112]. Das Selbstbegünstigungsprivileg des Abs. 5 gilt auch nicht, wenn der Vortäter wegen der Vortat bereits rechtskräftig verurteilt und eine Selbstbegünstigung daher ausgeschlossen ist.

Kann nicht sicher aufgeklärt werden, ob der Täter auch an der Vortat beteiligt war, ist nach Ansicht des BGH im Wege der Postpendenz (nur) wegen Begünstigung schuldig zu sprechen[1113].

Umstritten ist, wie die Privilegien rechtlich zu qualifizieren sind und welche Konsequenzen sich hieraus im **Irrtumsfall** ergeben[1114]. Mit der (neueren) Rechtsprechung des BGH und einem Teil der Lehre ist wohl davon auszugehen, dass es sich bei Abs. 5 und Abs. 6 jeweils um persönliche Strafausschließungsgründe handelt[1115].

Nimmt der Täter irrig an, Mittäter der Vortat zu sein, handelt er mit dem Ziel, seine (vermeintliche) Verfolgung zu verhindern. Schon nach dem Wortlaut des § 258 Abs. 5 („vereiteln will") ist er auch in diesem Fall straffrei. Streitig ist, ob dies auch gelten soll, wenn sein Irrtum vermeidbar gewesen wäre. Eine Ansicht in der Literatur will in diesem Fall entsprechend § 35 Abs. 2 zu einer Strafbarkeit kommen[1116]. Gegen diese Ansicht spricht jedoch der eindeutige Wortlaut des § 258 Abs. 5, der eine derartige Unterscheidung (*zu Ungunsten* des Täters!) nicht trifft, sowie die notstandsähnliche Zwangslage des Täters, die unabhängig davon besteht, ob der Täter seinen Irrtum hätte vermeiden können[1117].

Die Formulierung des § 258 Abs. 6 „zu Gunsten eines Angehörigen" lässt dagegen vom Wortlaut her verschiedene Interpretationsmöglichkeiten zu. Infolgedessen stellen einige allein auf das objektive Vorliegen eines Angehörigenverhältnisses ab, während andere wiederum auf die notstandsähnliche Zwangslage verweisen, die bei irriger Annahme eines Angehörigenverhältnisses nicht geringer sei als bei dem tatsächlichen Bestehen eines solchen[1118]. Auch hier ist die Frage aufzuwerfen, ob zwischen vermeidbarem und unvermeidbarem Irrtum zu unterscheiden wäre. Folgt man der „objektiven" Ansicht, könnte die Unvermeidbarkeit des

---

1112 BGHSt 43, 356 (358 ff.).
1113 S. unten Rn. 798.
1114 Zu § 258 Abs. 5 vgl. die Nachweise bei F § 258 Rn. 34 sowie bei Krey BT Bd. 1 Rn. 627 Fn. 149. Zu § 258 Abs. 6 vgl. die Nachweise bei F § 285 Rn. 39 sowie Wessels AT, Rn. 500.
1115 So BGHSt 9, 180 (182); BGH NStZ 1998, 245 (246); F § 258 Rn. 34, 39; Krey, BT Bd. 1, Rn. 627 m. w. N.
1116 Nachweise bei Sch/Sch § 258 Rn. 37, der dieser Ansicht nicht folgt.
1117 Vgl. Sch/Sch § 258 Rn. 37 sowie F § 258 Rn. 34.
1118 Nachweise zu beiden Seiten bei F § 258 Rn. 39, bei Sch/Sch § 258 Rn. 41 sowie bei Wessels, AT, Rn. 500.

Irrtums entsprechend § 35 Abs. 2 (*zu Gunsten* des Täters) dennoch zu einer Straflosigkeit führen. Folgt man dagegen der „subjektiven" Theorie, könnte umgekehrt die Vermeidbarkeit des Irrtums entsprechend § 35 Abs. 2 (zu Ungunsten des Täters) zu einer – lediglich nach § 49 Abs. 1 gemilderten – Strafbarkeit führen. Hiergegen spricht allerdings, dass wiederum die Zwangslage unabhängig von der Vermeidbarkeit des Irrtums besteht und dass eine unterschiedliche Behandlung des Irrtums in Abs. 5 und in Abs. 6 nicht gerechtfertigt wäre[1119].

g) Qualifikation: Strafvereitelung im Amt, § 258a

553 Es handelt sich um ein unechtes Amtsdelikt. Die Amtsträgereigenschaft wirkt hier nur strafschärfend und nicht strafbegründend. Konsequenz ist die Anwendung von § 28 Abs. 2 und nicht Abs. 1.

h) Konkurrenzen und Sonstiges

554 Wenn gleichzeitig persönliche und sachliche Begünstigung vorliegt (z. B. durch eine Falschaussage, die den Verdacht vom Täter ablenkt und ihm damit die Vorteile der Tat sichert), ist Tateinheit zwischen §§ 257 und 258 möglich.

Beachten Sie die Konsequenzen nach §§ 60 Abs. 1 Nr. 2 (Vereidigungsverbot) und 138a Abs. 1 Nr. 2 StPO (Ausschließung des Verteidigers), wenn ein Zeuge der Strafvereitelung/Begünstigung verdächtig ist. Eine weitere klausurmäßig bedeutsame Konsequenz ist der Wegfall eines ansonsten eventuell bestehenden Beschlagnahmeverbots gem. § 97 Abs. 2 S. 3 StPO.

5. Begünstigung, § 257

a) Geschütztes Rechtsgut

555 § 257 stellt im Gegensatz zu § 258 die *sachliche* Begünstigung, sog. Restitutionsvereitelung, unter Strafe. Geschützte Rechtsgüter sind je nach vertretener Auffassung die Rechtspflege und das durch die Vortat verletzte Rechtsgut[1120].

b) Vorgeschlagenes Prüfungsschema

556 *I. Objektiver Tatbestand*
   1. Täterqualität: nicht Vortäter
   2. rechtswidrige Vortat
   3. Vorteil
   4. Tathandlung: Hilfeleisten
II. Subjektiver Tatbestand
   1. Vorsatz bzgl. aller objektiven Tatbestandsmerkmale
   2. Absicht (dol. dir. 1. Grades) bzgl. Vorteilssicherung
III. Rechtswidrigkeit, Schuld
IV. Strafausschluss bei Vortatbeteiligung, Abs. 3
V. ggfs. Strafantrag, Abs. 4

c) Täterqualität

557 Täter kann nicht der Vortäter sein („ein anderer"). Abs. 3 S. 1 trifft demgegenüber einen Strafausschließungsgrund bzw. eine Konkurrenzregelung für den Vortat*beteiligten*. Dessen Begünstigungshandeln ist zunächst tatbestandsmäßig.

1119 So z. B. Wessels, AT, Rn. 501.
1120 F Vor § 257 Rn. 2 m.w.N. Zu eng dagegen wäre es, lediglich das Vermögen als Schutzgut des § 257 (so aber wohl BGHSt 23, 361) anzusehen, da rechtswidrige Vortaten auch Nichtvermögensdelikte sein können, vgl. hierzu Sch/Sch § 257 Rn. 4.

d) Rechtswidrige Vortat

Es muss eine rechtswidrige Vortat (§ 11 Abs. 1 Nr. 5) vorliegen, wobei es auf die Schuld und die übrigen Voraussetzungen der Verfolgbarkeit anders als bei der Verfolgungsvereitelung nach § 258 Abs. 1 nicht ankommt[1121]. Sie muss sich nicht gegen fremdes Vermögen richten. Die Vortat muss nicht beendet sein, auch ein strafbarer Versuch genügt. Hierbei stellt sich die Problematik der *Abgrenzung zur Vortatbeihilfe, insb. zur sukzessiven Beihilfe*:

558

TIPP: Nach h. M.[1122] ist nach der Vorstellung und Willensrichtung der Beteiligten zu entscheiden: Soll die Unterstützung hiernach noch der Vortat selbst zu Gute kommen und ihre erfolgreiche Beendigung fördern, so ist Vortatbeihilfe anzunehmen und die Begünstigung tritt nach § 257 Abs. 3 zurück. Soll die Tat nur die Ergebnisse aus der Vortat sichern, liegt Begünstigung vor. In der Sachverhaltsschilderung müssen Sie dies jeweils zum Ausdruck bringen:

> *Begünstigung: „... Dabei handelte der Angeklagte ausschließlich mit dem Ziel, dem Vortäter die – wie er wusste – gestohlene Uhr zu sichern."*
> *Beihilfe zur Vortat: „... Dabei kam es dem Angeklagten hauptsächlich darauf an, den Vortäter bei ... (Schilderung der konkreten zum Diebstahl gehörenden Handlung) und damit bei dem von diesem begangenen Diebstahl zu unterstützen."*

Die abweichende Ansicht[1123] argumentiert, dass nach der Wertung des § 257 Abs. 3 sukzessive Beihilfe generell der Begünstigung vorgehe.

Ob eine Vortat tatsächlich vorliegt, entscheidet das Gericht unabhängig vom Ausgang des Strafverfahrens gegen den Vortäter, d. h. kann diese z. B. auch dann bejahen, wenn der Vortäter rechtskräftig freigesprochen wurde[1124].

e) Unmittelbar aus der Vortat stammender Vorteil

Es muss weiterhin ein unmittelbar aus der Vortat stammender Vorteil noch vorhanden sein. In Betracht kommen nicht nur materielle Vorteile, sodass beispielsweise der erlangte Vorteil eines Diebstahls nicht allein im Sachbesitz, sondern auch in der angemaßten eigentümerähnlichen Verfügungsgewalt besteht. Das Erfordernis der *Unmittelbarkeit* soll die Ersatzbegünstigung an nur mittelbaren Vorteilen ausklammern. Der Unmittelbarkeitsbegriff ist hier aber *weiter als bei der Hehlerei* (hier: „Vorteile", dort „erlangte Sachen"). *Sachidentität ist nicht erforderlich*. Entscheidend ist vielmehr, dass unter Berücksichtigung der Eigenart der Vortat Vorteilsidentität (auch sog. „Tatidentität") besteht[1125]. So kommt es beispielsweise nach der für den Betrug maßgeblichen wirtschaftlichen Betrachtungsweise nicht darauf an, in welcher Verkörperung der geldwerte Vorteil noch beim Betrüger vorhanden ist, solange er in dessen Vermögen nachvollziehbar besteht und seinem Zugriff offen steht.

559

f) Hilfeleisten

> Hilfeleisten ist ein Verhalten, das objektiv geeignet ist, den Vorteil gegen Restitution, also Entzug zu Gunsten des Verletzten, zu sichern. Bsp.: Aufbewahren des Diebesguts, Abheben des Geldes vom entwendeten Sparbuch, falsche Angaben gegenüber den Ermittlungsbehörden[1126].

560

1121 Begünstigung kann also z. B. auch in Bezug auf entschuldigte oder verjährte Taten begangen werden.
1122 BGHSt 4, 132 (133); OLG Köln NJW 1990, 587 (588).
1123 Sch/Sch § 257 Rn. 7.
1124 Sch/Sch § 257 Rn. 9.
1125 Etwas dünn F § 257 Rn. 6.
1126 Letzteres kann übrigens auch den Tatbestand des § 258 erfüllen.

Demgegenüber ist der Schutz gegen rechtswidrige Angriffe auf den Vorteil oder gegen Naturgewalten nicht vom Normzweck umfasst. Fehlt es an der objektiven Eignung zur Restitutionsvereitelung, z. B. weil der Vortäter den Vorteil nicht mehr innehat[1127], so scheidet eine Begünstigung auch dann aus, wenn der Täter irrig von dieser Eignung ausgeht (= umgekehrter Tatbestandsirrtum)[1128]. Denn der Versuch ist nicht mit Strafe bedroht. In Abgrenzung zur straflosen Vorbereitung fängt freilich Hilfeleisten bereits mit dem unmittelbaren Ansetzen dazu an.

g) Absicht der Vorteilssicherung

561 Subjektiv ist neben dem auch bedingt ausreichenden Vorsatz hinsichtlich aller objektiven Tatbestandsmerkmale zusätzlich die Absicht i. S. d. dol. dir. 1. Grades erforderlich, dem Täter die Vorteile der Vortat zu sichern, d. h. die Wiederherstellung des gesetzmäßigen Zustands im Interesse des Vortäters zu verhindern oder zu erschweren. In der Sachverhaltsdarstellung kann dies dann beispielsweise wie folgt erscheinen:

> *„Der Angeschuldigte nahm von der anderweitig Verfolgten V den Schmuck an sich, von dem er wusste, dass sie ihn gestohlen hatte, damit dieser der V nicht mehr abgenommen werden konnte."*

h) Besonderheiten

562 Die *Privilegierung des Vortatbeteiligten* nach Abs. 3 S. 1 setzt die objektive und sichere Strafbarkeit der Vortatbeteiligung voraus. Ob es sich um einen objektiven Strafausschließungsgrund oder um eine Konkurrenzregelung (mitbestrafte Nachtat) handelt, ist eine rein akademische Frage. Kann nicht aufgeklärt werden, ob der Begünstiger auch an der Vortat beteiligt war, ist nach Ansicht des BGH im Wege der Postpendenz (nur) wegen Begünstigung schuldig zu sprechen[1129].

Nach h. M. ist das Angehörigenprivileg des § 258 Abs. 6 grundsätzlich nicht analog anwendbar. Eine Ausnahme gilt dann, wenn der Täter den Vereitelungserfolg des § 258 nach seiner Vorstellung nicht ohne die Begünstigung erreichen kann, diese also das Mittel für die Vereitelung ist[1130].

Achtung: Der Strafrahmen für die Begünstigung bestimmt sich nach dem der Vortat, soweit dieser *günstiger* ist als der in Abs. 1 festgesetzte (**Straflimitierung** des Abs. 2).

6. Geldwäsche und Verschleierung unrechtmäßig erlangter Vermögenswerte, § 261

a) Geschütztes Rechtsgut

563 § 261 dient nach umstrittener h. M.[1131] dem Schutz der Rechtspflege und in seinem Abs. 2 auch dem Schutz des durch die Vortat verletzten Rechtsguts. Der BGH geht von einem eigenständigen Unrechtsgehalt des § 261 aus, der jedoch nicht näher konkretisiert wird[1132]. Sinn der Norm ist vor allem die Bekämpfung der organisierten Kriminalität.

1127 Die bloße vorläufige Beschlagnahme durch die Strafverfolgungsbehörden genügt hierfür nicht (BGH NStZ 2000, 259).
1128 BGHSt 4, 221 (224).
1129 S. Rn. 798.
1130 Vgl. F § 258 Rn. 40.
1131 Vgl. F § 261 Rn. 3 m. w. N.
1132 BGH NJW 1997, 3322.

b) Vorgeschlagenes Prüfungsschema

I. *Objektiver Tatbestand*
    1. *Tatobjekt: aus Katalogtat (Abs. 1 S. 2 Nr. 1–5) herrührender vermögenswerter Gegenstand*
    2. *Tathandlungen:*
        a) *Verschleierungstatbestand: Zugriff auf Gegenstand erschweren, Abs. 1 oder*
        b) *Isolierungstatbestand: Verschaffen, Verwahren, Verwenden, Abs. 2*
    3. *kein Tatbestandsausschluss für Abs. 2 durch redlichen Zwischenerwerb (Abs. 6)*
II. *Subjektiver Tatbestand*
    1. *Vorsatz bzgl. aller objektiven Tatbestandsmerkmale*
    2. *hins. der Herkunft des Gegenstandes*
        a) *Vorsatz im Zeitpunkt des Erlangens, Abs. 2 Nr. 2* **oder**
        b) *Leichtfertigkeit im Zeitpunkt des Erlangens, Abs. 5*
III. *Rechtswidrigkeit, Schuld*
IV. *Persönlicher Strafausschließungsgrund der Vortatbeteiligung, Abs. 9 S. 2*
V. *Persönlicher Strafaufhebungsgrund der Selbstanzeige, Abs. 9 S. 1*
VI. *Strafzumessung:*
    1. *Regelbeispiele für besonders schwere Fälle, Abs. 4 S. 2*
    2. *Fakultative Strafmilderung oder Absehen von Strafe, Abs. 10*

c) Aus einer Katalogtat herrührender vermögenswerter Gegenstand

Makelbehafteter Gegenstand können **Sachen oder Rechte jeglicher Art** sein, soweit sie einen **Vermögenswert** darstellen, z.B. auch Buchgeld, Forderungen, Immobilien[1133]. Nicht erfasst sind Gegenstände ohne Vermögenswert, z.B. Falschgeld. Der Gegenstand muss aus einer *Katalogtat* des Abs. 1 S. 2 herrühren. Hierunter fallen insbesondere nach Nr. 1 Verbrechen, nach Nr. 2a Bestechung und Bestechlichkeit und nach Nr. 4a allerlei Vermögens- u. Eigentumsdelikte, die aber gewerbsmäßig oder bandenmäßig begangen worden sein müssen (unterstreichen!). Die Vortat muss nach dem Wortlaut nicht von einem anderen begangen sein (vgl. aber unten Rn. 570).

Der Begriff des „Herrührens" ist bewusst weit gehalten, sodass der Bezug zur Vortat weiter reicht als bei der Begünstigung („Vorteile der Tat" – Tatidentität) oder erst recht bei der Hehlerei („durch (…) Tat erlangt" – Sachidentität). Im Einzelnen sind die Konturen aber längst nicht hinreichend geklärt. In der Literatur wird kontrovers diskutiert und die Rechtsprechung hatte bislang wenig Gelegenheit zur näheren Eingrenzung. Dem Gesetzgebungsverfahren lag das Verständnis zugrunde[1134], dass ein Gegenstand aus einer Straftat herrührt, wenn diese *trotz möglicher auch mehrfacher wirtschaftlicher Transaktionen* noch kausal für den Vermögensgegenstand in seiner konkreten Gestalt ist. Dabei ist unschädlich, wenn der ursprüngliche Gegenstand durch einen anderen ersetzt wurde, solange er nur seinen **Wert beibehält** (*wirtschaftliche Betrachtungsweise*). Allerdings wird ein Rückgriff auf den Gegenstand dann abgelehnt, wenn er zwischenzeitlich durch eine selbstständige Leistung eines Dritten weiterverarbeitet worden ist und sein jetziger Wert gerade auf der Verarbeitung beruht. Unstreitig erfasst sind Gegenstände, die i.S.d. §§ 73, 74 aus der Vortat erlangt oder hervorgebracht sind, sowie die Tat(vorbereitungs)mittel und deren Surrogate[1135]. Gerade Letztere werfen Abgrenzungsprobleme auf, insbesondere wenn der *fragliche Gegenstand nur teilweise aus bemakeltem Vermögen* besteht: Solange hierbei der bemakelte Teil noch **identifizierbar**, getrennt **konkretisierbar** und umschreibbar ist, lässt sich dieser Teil als taugliches Objekt der Geldwäsche noch hinreichend greifen. Bei der Frage, ob und wieweit § 261 greift, wenn das inkriminierte Tatobjekt ein *unteilbares Wirtschaftsgut* (z.B. Bankkonto, Gesellschaftsanteil) darstellt, in das sowohl legale als auch bemakelte Vermögenswerte eingeflossen

---

1133 F § 261 Rn. 6.
1134 BT-Drs. 12/989, S. 27.
1135 F § 261 Rn. 7 ff. m.w.N.

sind, soll es nach einer Entscheidung des OLG Karlsruhe darauf ankommen, dass der eingeflossene Anteil „aus wirtschaftlicher Sicht nicht völlig unerheblich" ist[1136]; dann bereits sei das komplette Wirtschaftsgut „bemakelt", ebenso die dafür erlangten Surrogate. Nach anderer Ansicht ist entscheidend, ob die Ausgabe für das Surrogat den zugeflossenen „sauberen" Anteil übersteigt; nur dann sei das Surrogat „bemakelt", da anderenfalls nicht ausgeschlossen werden könne, dass es aus dem „sauberen" Anteil stamme[1137]. Diese Ansicht hat den Nachteil, dass bei zwei angeschafften Surrogaten, die jedes für sich, aber nicht gemeinsam, mit dem sauberen Anteil angeschafft worden sein könnten, nach dem Grundsatz „in dubio pro reo" für jedes davon ausgegangen werden müsste, dass es nicht bemakelt ist[1138].

d) Tathandlung

566 Als Tathandlungen erfasst der sog. *Verschleierungstatbestand* des Abs. 1 so ziemlich alle denkbaren Verhaltensweisen, die darauf abzielen, die bemakelten Tatobjekte unter Verdeckung ihrer Herkunft in den Finanz- und Wirtschaftskreislauf einzuschleusen und dem Zugriff der Strafverfolgungsbehörden zu entziehen. Eine scharfe Abgrenzung der einzelnen Alternativen ist nicht immer möglich.

> **TIPP:** Merken müssen Sie sich, dass das Verhalten des Täters in jedem Fall konkret geeignet sein muss, den Vereitelungserfolg herbeizuführen, woran es insbesondere fehlt, wenn der Gegenstand einem verdeckten Ermittler der Polizei übergeben wird, sodass dann nur Strafbarkeit wegen (untauglichen) Versuchs (Abs. 3) vorliegt[1139].

Der sog. *Isolierungstatbestand* des Abs. 2 soll als Auffangtatbestand fungieren und die inkriminierten Gegenstände praktisch verkehrsunfähig machen. *Sich oder einem Dritten verschaffen* bedeutet wie bei § 259 die Begründung eigener Verfügungsgewalt auf abgeleitetem Weg. Vorausgesetzt ist nur, dass der Geldwäscher den Gegenstand im Einvernehmen mit dem Vortäter erlangt, nicht aber, dass der Vortäter frei von Willensmängeln (aufgrund Drohung oder Täuschung) einwilligt[1140]. *Verwahren* heißt in Gewahrsam (i. S. d. § 242) nehmen oder halten. *Für sich oder einen Dritten verwenden* meint vor allem den bestimmungsgemäßen Gebrauch.

e) Kein Tatbestandsausschluss durch redlichen Vorerwerb (Abs. 6) im Fall des Isolierungstatbestands

567 Im Interesse des allgemeinen Rechtsverkehrs, insbesondere gutgläubiger Erwerber, sind die Tathandlungen des Abs. 2 straflos, wenn ein Dritter den Gegenstand zuvor erlangt hat, ohne hierdurch eine Straftat zu begehen. Nach wohl h. M.[1141] soll hiermit nur eine Straftat nach § 261 gemeint sein. Der Zwischenerwerb durch einen Dritten schließt also die Strafbarkeit der Tathandlungen des Abs. 2 immer dann aus, wenn der Dritte hierdurch nicht selbst eine Geldwäsche begangen hat. Ein weiterer Streit besteht darüber, ob der Tatbestandsausschluss des redlichen Vorerwerbs nicht auch auf Tathandlungen nach Abs. 1 erstreckt werden sollte. Dies wird von einem nicht unerheblichen Teil der Lehre[1142] wegen der Weite des Abs. 1 vertreten.

1136 OLG Karlsruhe NJW 2005, 767.
1137 So z. B. Sch/Sch § 261 Rn. 11, weiter zum Meinungsstand F § 261 Rn. 8.
1138 Eine solche Unterwanderung des § 261 durch sukzessives Vorgehen sei hinzunehmen, vertritt Sch/Sch a. a. O. dazu.
1139 BGH NJW 1999, 436 (437).
1140 BGH NStZ 2010, 517.
1141 Sch/Sch § 261 Rn. 17 m. w. N. Arg.: Denn es bestünde kein vernünftiger Grund, die Kette der Strafbarkeit auch zu verlängern, wenn der Zwischenerwerber hierdurch ein anderes Delikt begangen habe. Die Gegenansicht (F § 261 Rn. 27 m. w. N.) argumentiert, dass diese Einschränkung vom Wortlaut nicht gefordert werde und der bewirkte Schutz dessen, der sich den inkriminierten Gegenstand vom Dieb oder Betrüger verschafft, nicht einzusehen sei.
1142 Wessels, BT Bd. 2, Rn. 901; Lackner/Kühl, § 261 Rn. 5; kritisch auch Sch/Sch § 261 Rn. 17 a. E.; ebenso F § 261 Rn. 28 a. E.

f) Einschränkung des Anwendungsbereichs?

In der Literatur ist vielfach eine einschränkende Anwendung des § 261 gefordert worden. So wollen manche Geschäfte des täglichen Lebens[1143], andere die Erwerbsgeschäfte zur Deckung des existenziellen Lebensbedarfs[1144] ausnehmen, wodurch die Verfolgung auf den Erwerb von Luxusgegenständen beschränkt würde; die Abgrenzung könnte im Einzelfall mangels klarer Kriterien schwierig werden[1145]. Weit verbreitet war auch die Forderung, die *Entgegennahme von Honorarleistungen durch Rechts- oder Steuerberater* auszuklammern[1146]. Hierfür wurde ebenfalls die Sozialadäquanz zitiert, zudem aber auch die in Art. 12 Abs. 1 GG geschützte Betätigungsfreiheit des Strafverteidigers sowie das als Ausdruck des Fair-trial-Prinzips nach Art. 6 Abs. 3 c EMRK garantierte Recht des Beschuldigten, sich des Beistands eines Verteidigers zu bedienen. Auch auf das aus Art. 2 Abs. 1 GG i.V.m. dem Rechtsstaatsprinzip hergeleitete Recht des Beschuldigten, sich im Strafverfahren durch einen Verteidiger seines Vertrauens verteidigen zu lassen, wurde in diesem Zusammenhang hingewiesen.

568

Der BGH[1147] war diesen Bestrebungen für die Entgegennahme inkriminierter Honorarleistungen durch den Strafverteidiger entgegengetreten: Der Wortlaut sei insofern eindeutig. Der Gesetzeszweck einer weitgehenden Isolierung des Straftäters vom Wirtschaftskreislauf gestatte eine Ausnahme für Strafverteidiger nicht. Alle zitierten höherrangigen Rechte und Institute würden für die Wahlverteidigung voraussetzen, dass der Mandant über hinreichende Mittel verfüge. Wer lediglich über bemakeltes Vermögen verfüge, sei einem mittellosen Beschuldigten gleichzustellen. Seine Rechte seien dabei mit dem Anspruch auf einen Pflichtverteidiger hinreichend geschützt, da auch bei der Pflichtverteidigerbeiordnung nach § 142 Abs. 1 S. 2 und 3 StPO dem Wunsch des Beschuldigten nach einem Verteidiger seines Vertrauens weitgehend zu entsprechen ist.

Diesen Argumenten ist das BVerfG[1148] nicht gefolgt: § 261 Abs. 2 Nr. 1 sei verfassungskonform dahin auszulegen, dass der Strafverteidiger nur dann mit Strafe bedroht sei, wenn er im Zeitpunkt der Honorarentgegennahme sichere Kenntnis von dessen Herkunft aus einer Katalogtat hat. Als Gründe hat das BVerfG die in der Literatur vorgebrachten angeführt[1149].

g) Subjektiver Tatbestand

Die Strafbarkeit nach Abs. 1 und 2 setzt Vorsatz, jedenfalls in bedingter Form, hinsichtlich aller Merkmale des objektiven Tatbestands voraus. Hierbei genügt es freilich, dass der Täter die für die Katalogtaten vorausgesetzten Umstände ihrem sozialen Sinngehalt nach kennt (Parallelwertung in der Laiensphäre). Die in Abs. 2 Nr. 2 geforderte Kenntnis des Makels zum Zeitpunkt des Erlangens gilt selbstverständlich auch im Falle der Nr. 1. Klargestellt wird damit, dass die spätere Kenntnis nicht genügt. Für Kenntnis genügt auch bedingter Vorsatz, nach h.M. also das Für-möglich-Halten und billigende Inkaufnehmen einer illegalen Herkunft. Abs. 5 stellt zudem das leichtfertige Verkennen der illegalen Herkunft unter Strafe. *Leichtfertigkeit* liegt vor, wenn sich die illegale Herkunft aus den Umständen aufdrängt und der Täter dies aus besonderer Gleichgültigkeit oder grober Unachtsamkeit außer Acht lässt[1150]. Achtung: Die Leichtfertigkeit bezieht sich nur auf die Herkunft, im Übrigen ist (bedingter) Vorsatz erforderlich. Da die Tathandlungen des Abs. 1 im Normalfall wohl voraussetzen, dass man die illegale Herkunft kennt oder zumindest für möglich hält (warum sonst sollte man verschleiern, verbergen, vereiteln, usw.), erhält Abs. 5 vor allem Bedeutung für die mehr alltäglichen Handlungen des Abs. 2 (verschaffen, verwahren, verwenden).

569

1143 Barton, StV 1993, 156 ff.
1144 Nachweise u. Auseinandersetzung bei Sch/Sch § 261 Rn. 19.
1145 Hierzu F § 261 Rn. 31.
1146 Lesen Sie hierzu F § 261 Rn. 32 ff.
1147 BGH NJW 2001, 2891 ff.
1148 BVerfG NJW 2004, 1305 (1308 ff.).
1149 Ausführlich und kritisch zum Ganzen: F § 261 Rn. 35 ff.
1150 BGHSt 33, 66 (67); F § 261 Rn. 42.

h) Sonstiges

570 Übersehen Sie nicht die *Versuchsstrafbarkeit* (Abs. 3), die gerade im Hinblick auf die Gefährdungsalternative in Abs. 1 zu einer sehr weiten Strafbarkeit führt. Beachten Sie auch den *persönlichen Strafausschluss der Vortatbeteiligten* (Abs. 9 S. 2). Hierfür muss die Vortatbeteiligung feststehen. Ist sie ungewiss, die Geldwäschehandlung aber gewiss, so ist nach § 261 im Wege der Postpendenz zu verurteilen[1151]. Hat der Täter den objektiven Tatbestand einer Vortat (z. B. Hehlerei) erfüllt, kann ihm aber der entsprechende Vorsatz nicht nachgewiesen werden, greift mangels „Strafbarkeit wegen der Vortat" § 261 Abs. 9 S. 2 nicht. Der BGH hat die Annahme einer „*Sperrwirkung*" des objektiven Tatbestands der Hehlerei ausdrücklich abgelehnt[1152]. Einen Strafaufhebungsgrund stellt die tätige Reue nach Abs. 9 S. 1 dar. Unterstreichen Sie sich das Wörtchen „und" am Ende von Nr. 1 und kommentieren Sie sich § 46b an diesen Absatz – fehlen die Voraussetzungen für eine Straffreiheit, kommt immer noch eine Strafmilderung gem. §§ 46b, 49 in Betracht! Beachten Sie auch, dass es sich bei § 261 um eine Katalogtat für die *Überwachung der Telekommunikation* nach § 100a StPO handelt (S. 1 Nr. 2).

7. Widerstand gegen Vollstreckungsbeamte, § 113

a) Geschütztes Rechtsgut

571 § 113 schützt die rechtmäßig tätige Vollstreckungsgewalt des Staates und die zu ihrer Ausübung berufenen Organe.

b) Vorgeschlagenes Prüfungsschema

572
I. *Objektiver Tatbestand*
   1. Betroffener: Zur Vollstreckung berufener Amtsträger oder Soldat
   2. bei der Vornahme einer Vollstreckungshandlung
   3. Tathandlungen
      a) Widerstandleisten durch Gewalt oder Drohung mit Gewalt, Abs. 1 1. Alt. oder
      b) Tätlicher Angriff, Abs. 1 2. Alt.
II. *Subjektiver Tatbestand: Vorsatz*
III. *Objektive Strafbarkeitsbedingung: Rechtmäßigkeit der Diensthandlung, Abs. 3*
IV. *Rechtswidrigkeit der Widerstandshandlung*
V. *Schuld*
entfällt insb. beim unvermeidbaren Irrtum über die Rechtmäßigkeit der Diensthandlung, soweit auch kein Rechtsbehelf zumutbar (Abs. 4 S. 2)
VI. *Strafzumessung, insb.*
   1. besonders schwerer Fall, Regelbeispiele: Abs. 2
   2. Möglichkeit der Strafmilderung (§ 49 Abs. 2) oder des Absehens von Strafe bei
      a) vermeidbarem Irrtum über Rechtmäßigkeit der Vollstreckungshandlung (Abs. 4 S. 1)
      oder
      b) Zumutbarkeit eines Rechtsbehelfs bei unvermeidbarem Irrtum über Rechtmäßigkeit der Vollstreckungshandlung (Abs. 4 S. 2)

c) Täter

573 Täter des § 113 kann jeder, nicht nur der von der Vollstreckungsmaßnahme Betroffene sein. Ist der Täter nicht der Betroffene, so kann dies bei der Strafzumessung schärfend ins Gewicht fallen.

1151 So die Rechtsprechung, s. Rn. 798.
1152 BGH NStZ 06, 343 f.

d) Zur Vollstreckung berufener Amtsträger oder Soldat

574 Die Tat muss sich gegen einen *inländischen*[1153] Amtsträger (§ 11 Abs. 1 Nr. 2) oder Soldaten der Bundeswehr richten, soweit er zur Vollstreckung von Gesetzen, Rechtsverordnungen, Urteilen, Gerichtsbeschlüssen oder Verfügungen berufen ist. Dazu gehören z. B. Polizeibeamte des Vollzugsdienstes und Gerichtsvollzieher bei der Zwangsvollstreckung. Der geschützte Personenkreis wird durch § 114 erweitert.

e) Bei der Vornahme einer Vollstreckungshandlung

575 Der Amtsträger muss gerade eine konkrete Vollstreckungshandlung vornehmen. Das ist eine Handlung, durch die der bereits konkretisierte, d. h. die Regelung eines Einzelfalls betreffende Staatswille notfalls mit Zwangsmitteln verwirklicht werden soll. Der Diensthandlung i. S. d. § 113 sind die Vollstreckungs- und Unterstützungshandlungen des § 114 gleichgestellt. Erfasst sind z. B. allgemeine Verkehrskontrollen nach § 36 Abs. 5 StVO, Zwangsvollstreckungsmaßnahmen des Gerichtsvollziehers und die Festnahme nach der StPO[1154].

> „Bei der Vornahme" bedeutet, dass die **Vollstreckungshandlung unmittelbar bevorsteht oder noch im Gang** ist[1155]. Sie ist solange nicht beendet, wie das Verhalten der Vollstreckungsbeamten noch in so engem Zusammenhang mit der Durchsetzung des Staatswillens steht, dass es nach natürlicher Lebensauffassung als Bestandteil der zur Regelung eines Einzelfalls ergriffenen Maßnahme angesehen werden muss, so z. B. auch der Rückweg zum Dienstfahrzeug bei einer Verkehrskontrolle[1156].

Nicht erfasst sind dagegen andere Amtshandlungen, insbesondere *schlichte Gesetzesanwendungen*, z. B. Streifenfahrt ohne konkreten Einsatz, schlichte Ermittlungstätigkeit (z. B. Zeugen- oder Beschuldigtenvernehmung), bloßes Beobachten Verdächtiger. Nicht erfasst sind auch Maßnahmen, die sich auf eine erst künftig drohende Vollstreckung richten. In diesen Fällen kommen nur §§ 240, 241, 223 ff. in Betracht.

f) Tathandlungen

aa) Widerstand mit Gewalt oder Gewaltandrohung

576 *Gewalt* i. S. d. § 113 ist wie bei § 240 körperlich wirkender Zwang. *Widerstandleisten* ist jede Aktivität, die die Vollstreckung erschweren oder verhindern soll. Ob sie „erfolgreich" ist, ist irrelevant. Bsp.: Verstellen des Weges, Aus- oder Einsperren. **Passiver Widerstand oder bloßer Ungehorsam genügen nicht** (Widerstand*leisten*). Wer die gegebene Situation nicht verändert, leistet grundsätzlich keinen Widerstand (z. B. Liegenbleiben, Nichtaufstehen bei Sitzstreik), es sei denn, er hat diese Situation gezielt vorbereitet, um die erwartete Vollstreckung zu erschweren (*vorweggenommenes tätiges Handeln*), z. B. Verbarrikadieren der Tür vor erwartetem Besuch des Gerichtsvollziehers.

Droht der Täter nicht mit Gewalt, sondern nur mit einem *empfindlichen Übel*, so ist strittig, ob § 240 zur Anwendung kommen kann oder durch § 113 gesperrt ist. Zum Teil wird vertreten, dass § 240 nur verdrängt werde, soweit tatsächlich die Voraussetzungen des § 113 erfüllt seien[1157]. Droht der Täter also z. B. mit einem empfindlichen Übel, könnte danach § 240 zur Anwendung kommen. Zu Gunsten des Täters werden dann aber § 113 Abs. 3 und 4 analog herangezogen. Die wohl h. M.[1158] hält § 240 dagegen bei Vorliegen einer Vollstreckungssitua-

---

[1153] Ausnahmsweise sind ausländische Amtsträger erfasst, wenn sie nach einem internationalen Abkommen auch im Inland Hoheitsakte vollziehen dürfen, z. B. Pass- oder Zollkontrolle.
[1154] Weitere Beispiele bei F § 113 Rn. 7 ff.
[1155] Wessels, BT Bd. 1, Rn. 626 m. w. N.
[1156] Wessels, BT Bd. 1, Rn. 626.
[1157] So OLG Hamm NStZ 1995, 547 (548); weitere Nachweise bei F § 113 Rn. 2, 2a.
[1158] So BGHSt 30, 236 (in einem obiter dictum); F § 113 Rn. 2a; Sch/Sch § 113 Rn. 68 jeweils m. w. N.

tion generell für verdrängt, jedenfalls soweit das Nötigungsziel lediglich in der Abwehr der Vollstreckungsmaßnahme besteht.

bb) Tätlicher Angriff

577 Der tätliche Angriff ist eine körperliche Aggression in feindseliger Absicht unmittelbar gegen den Körper.

Auch hier ist irrelevant, ob der Angriff „erfolgreich" ist. Es genügt schon das Ausholen zum Schlag. Irrelevant ist beim tätlichen Angriff auch, ob er darauf gerichtet ist, die Vollstreckung zu erschweren.

g) Subjektiver Tatbestand

578 Der Täter muss (zumindest bedingt) vorsätzlich hinsichtlich aller Merkmale des objektiven Tatbestands handeln. Nach h.M.[1159] gehört die Rechtmäßigkeit der Vollstreckungsmaßnahme aber *nicht* zum objektiven Tatbestand (Näheres sogleich). Erkennt der Täter nicht, dass die Maßnahmen von Amtsträgern vorgenommen werden (Bsp.: Zivilstreife), so fehlt es gemäß § 16 am Vorsatz für § 113; es ist auf § 240 zurückzugreifen[1160].

h) Rechtmäßigkeit der Vollstreckungshandlung – objektive Strafbarkeitsbedingung

579 Objektive Bedingung für die Strafbarkeit[1161] ist die Rechtmäßigkeit der Vollstreckungshandlung. **Irrtümer** bzgl. der Rechtmäßigkeit der Vollstreckungshandlung sind in § 113 **Abs. 3 und 4 eigenständig und abschließend** geregelt, sodass § 16 keine Anwendung findet. Der Streit in der Literatur[1162], wie diese Regelungen systematisch einzuordnen sind, ist für die Praxisklausur irrelevant.

Um effektives Staatshandeln nicht zu gefährden, gilt ein **eigenständiger strafrechtlicher Rechtmäßigkeitsbegriff**. Die Rechtswidrigkeit ist auf gewisse schwere Mängel beschränkt, die insbesondere die formale Richtigkeit betreffen[1163]:
- sachliche und örtliche Zuständigkeit,
- wesentliche Förmlichkeiten hinsichtlich Ob und Wie des Eingriffs (Ermächtigungsgrundlage und Vollzugsregeln, die nicht nur reine Ordnungsvorschriften sind),
- pflichtgemäße Ermessensausübung,
- Befolgung einer verbindlichen Weisung im Befehls- oder Auftragsverhältnis[1164].

Sind diese Anforderungen alle eingehalten, so handelt der Amtsträger rechtmäßig i.S.d. § 113, auch wenn er die Sachlage im Ergebnis falsch beurteilt[1165].

TIPP: Beachten Sie also in der Klausur, dass nicht die komplette Rechtmäßigkeit der Maßnahme inzident zu prüfen ist, sondern nur die hier aufgeführten Punkte.

Sind die Vollstreckungsmaßnahmen in diesem (strafrechtlichen) Sinne rechtswidrig, stellen sie einen gegenwärtigen rechtswidrigen Angriff auf die Freiheitsrechte des Betroffenen dar, sodass dieser sich hinsichtlich der Strafbarkeit aus anderen Normen auf Notwehr berufen kann, soweit die übrigen Voraussetzungen, insbesondere die Gebotenheit der Abwehr, gegeben sind.

[1159] Wessels, BT Bd. 1, Rn. 631, 633; vgl. F § 113 Rn. 10.
[1160] Wessels, BT Bd. 1, Rn. 631.
[1161] So die Einordnung durch die wohl h.M.: Wessels, BT Bd. 1, Rn. 633 m.w.N. Vgl. auch F § 113 Rn. 10.
[1162] Ausführlich Wessels, BT Bd. 1, Rn. 633 m. z. N.
[1163] BGHSt 4, 161 (164); 24, 125 (130); F § 113 Rn. 11 ff.; Wessels, BT Bd. 1, Rn. 635.
[1164] Wessels, BT Bd. 1, Rn. 638 m. z. N.
[1165] BGHSt 21, 334 (363).

i) Schuld, insb. § 113 Abs. 4 S. 2

Nach § 113 Abs. 4 S. 2 entfällt die Schuld, wenn der Täter sich in einem *unvermeidbaren Irr-* **580** *tum über die Rechtmäßigkeit der Vollstreckungsmaßnahme* befindet *und* ihm *Rechtsbehelfe* gegen die Maßnahme *nicht zumutbar* sind. Verwirklicht der Täter durch den Widerstand noch andere Delikte, so kommen für diese anderen Delikte die Grundsätze der Putativnotwehr[1166] zur Anwendung.

aa) Vermeidbarer/unvermeidbarer Irrtum

Ist der Irrtum vermeidbar, so handelt der Täter schuldhaft. Es bleibt dann die Strafmilde- **581** rungsmöglichkeit nach § 49 Abs. 2 (Abs. 4 S. 1) und die Möglichkeit, bei geringer Schuld von Strafe abzusehen. Ob ein Irrtum vermeidbar ist oder nicht, bestimmt sich nach den für § 17 geltenden Grundsätzen[1167].

bb) Zumutbarer/unzumutbarer Rechtsbehelf

Haben Sie festgestellt, dass der Irrtum unvermeidbar war, so schließt sich die Frage an, ob es **582** dem Betroffenen zuzumuten war, Rechtsbehelfe gegen die Maßnahme zu ergreifen. Hierfür ist eine *Abwägung* anzustellen zwischen der Bedeutung des dem Betroffenen drohenden Schadens durch die Vollstreckung und der Möglichkeit der Schadensabwendung mittels Rechtsbehelfs einerseits sowie andererseits dem Grad der Gefahr, die dem Amtsträger durch die zur Abwendung der Vollstreckung „erforderliche" Widerstandshandlung durch den Täter droht[1168]. Kommt man hiernach zum Ergebnis, dass es zumutbar gewesen wäre, einen Rechtsbehelf zu ergreifen, so handelte der Täter schuldhaft. Es bleibt dann die Möglichkeit, die Strafe nach § 49 Abs. 2 zu mildern oder bei geringer Schuld von Strafe abzusehen.

j) Strafzumessung, insb. besonders schwerer Fall, Regelbeispiele Abs. 2

Die besonderen Strafmilderungsmöglichkeiten nach Abs. 4 sind soeben dargestellt worden. **583** Strafschärfend kann sich hingegen die Verwirklichung eines Regelbeispiels auswirken, Abs. 2:

- Abs. 2 Nr. 1: Neben der Waffe ist seit 5.11.2011 auch das gefährliche Werkzeug hier aufgeführt. Damit ist der frühere Streit, ob „Waffe" im technischen Sinn (also Gegenstände, die zu Angriffs- o. Verteidigungszwecken gegen Menschen *bestimmt* sind) oder im untechnischen Sinn (also auch Gegenstände, die *zweckentfremdet* als Waffe benutzt werden) zu verstehen ist[1169] überholt. Da nicht erst die (geplante!) Verwendung, sondern bereits das Beisichführen in Verwendungsabsicht ausreicht, ist wie bei § 244 I Nr. 1 und § 250 I Nr. 1 a auf die „abstrakte" („waffenähnliche") Gefährlichkeit des Gegenstands abzustellen[1170].
- Abs. 2 Nr. 2: Hier handelt es sich nicht um Erfolgsqualifikationen i.S.d. § 18, sondern um Gefährdungstatbestände. Auf die Gefahr muss sich daher zumindest bedingter Vorsatz beziehen (§ 15)[1171].
- Beispiele unbenannter schwerer Fälle: **Fischer § 113 Rn. 37**.

1166 Hierzu oben Rn. 94.
1167 S. o. Rn. 91.
1168 BGHSt 21, 334 (366); F § 113 Rn. 33.
1169 Nachdem Rechtsprechung und h. L. den Begriff der Waffe stets untechnisch aufgefasst hatten und Gegenstände wie das Kfz oder eine Fahnenstange darunter hatten fallen lassen, hatte das BVerfG (NStZ 2009, 83) dies als Verstoß gegen das Bestimmtheitsgebot des Art. 103 Abs. 2 GG verworfen. Der Gesetzgeber löste das Problem auf seine Art.
1170 Vgl. oben zu § 244 (Rn. 369).
1171 BGHSt 26, 176 (180 f.); 244 (245); F § 113 Rn. 39.

k) Konkurrenzen

584 Verhältnis zu § 240:
- Der vollständig verwirklichte § 113 verdrängt als lex specialis § 240. Tateinheit besteht aber, wenn der Täter mit weiteren Mitteln oder zu einem weiteren Verhalten nötigt.
- Scheitert der objektive Tatbestand des § 113 (z. B.: Drohung nicht mit Gewalt, sondern mit empfindlichem Übel, oder Widerstand gegen ausländische Staatsgewalt), so kann nach einer Ansicht gegenüber diesen Amtsträgern bei der Vornahme einer Vollstreckungshandlung § 240 anwendbar sein, jedoch modifiziert durch die Anwendung von § 113 Abs. 3 und 4 sowie durch die Sperrwirkung des Strafrahmens von § 113. Nach a. A. ist § 240 auch in diesem Fall gesperrt; auf die Ausführungen oben Rn. 576 wird verwiesen.
- Scheitert § 113 am subjektiven Tatbestand, weil der Täter nicht erkennt, dass es sich um Vollstreckungsbeamte handelt, so kommt § 240 ohne die Privilegien des § 113 zur Anwendung, da der entscheidende psychische Grund für die Sperrwirkung der Privilegien (Erregungszustand dem Zugriff der Staatsgewalt gegenüber) fehlt.
- Ist der Täter wegen Rechtswidrigkeit der Vollstreckungsmaßnahme aus § 113 nicht strafbar (Abs. 3), so kommt für § 240 eine Rechtfertigung wegen Notwehr (§ 32) in Betracht, auch die Verwerflichkeit wird dann meist fehlen. Im Einzelnen kommt es hierfür insbesondere auf die Gebotenheit und Verhältnismäßigkeit der Abwehr an.
- Handelt der Täter nach § 113 Abs. 4 S. 2 schuldlos, weil er sich in einem unvermeidbaren Irrtum über die Rechtmäßigkeit der Vollstreckungshandlung befindet und auch ein Rechtsbehelf unzumutbar ist, so scheitert auch eine Strafbarkeit nach § 240 an § 17 S. 1.

§ 241 wird ggfs. von § 113 konsumiert.

II. Urkundsdelikte

585 §§ 267 ff. schützen die *Sicherheit und Zuverlässigkeit des Beweisverkehrs* mit Urkunden, technischen Aufzeichnungen und Daten als Beweismittel (sog. beweiserhebliche Informationsträger).

Neben den im Folgenden dargestellten Tatbeständen dürfen Sie nicht die speziellen Vorschriften zum Schutz des Vertrauens in die inhaltliche Richtigkeit amtlicher Ausweise, aufenthaltsrechtlicher Papiere und Fahrzeugpapiere (§§ 273, 275, 276, 276 a und 281) übersehen. Die Strafbarkeit reicht insofern von den bloßen Vorbereitungshandlungen (§ 275) bis zum Missbrauch durch „Dritte" (§ 281). Beachten Sie auch die Spezialtatbestände für Gesundheitszeugnisse (§§ 277 bis 279).

Denken Sie bei den Rechtsfolgen an die spezielle Einziehungsregelung in § 282 Abs. 2, mit der Folge der Sicherstellungsmöglichkeit nach § 111 b StPO.

1. Urkundenfälschung, § 267

a) Geschütztes Rechtsgut

586 § 267 schützt das Vertrauen in die **Echtheit und Unverfälschtheit** von Urkunden im Beweisverkehr, *nicht* hingegen das Vertrauen in die inhaltliche Wahrheit[1172].

b) Vorgeschlagenes Prüfungsschema

587 *I. Objektiver Tatbestand*
   1. Tatobjekt: Urkunde
   2. Tathandlung:
      a) 1. Alt.: Herstellen einer unechten Urkunde

1172 Diese wird lediglich in §§ 348, 271, 272, 273, 277 bis 279 insb. für öffentliche Urkunden geschützt. S. hierzu unten Rn. 608 ff.

b) 2. Alt.: Verfälschen einer echten Urkunde
　　　c) 3. Alt.: Gebrauchen einer unechten oder verfälschten Urkunde
II. Subjektiver Tatbestand
　　1. Vorsatz bzgl. aller objektiven Tatbestandsmerkmale
　　2. Täuschungswille im Rechtsverkehr (dol. dir. 2. Grades)
III. Rechtswidrigkeit, Schuld
IV. Strafzumessung, insb. besonders schwere Fälle, Abs. 3
V. Qualifikation, Abs. 4

c) Urkundsbegriff

> Urkunde ist jede verkörperte menschliche Gedankenerklärung, die allgemein oder für die Beteiligten verständlich, visuell wahrnehmbar sowie geeignet und bestimmt ist, eine außerhalb ihrer selbst liegende Tatsache im Rechtsverkehr zu beweisen, und die ihren Aussteller wenigstens für die Beteiligten erkennen lässt[1173].

588

Der Urkundsbegriff enthält damit die folgenden notwendigen Elemente:

aa) Verkörperte menschliche Gedankenerklärung über eine außerhalb ihrer selbst liegende Tatsache

Insofern wird auch vom Perpetuierungselement oder der *Perpetuierungsfunktion* der Urkunde gesprochen.

589

(1) Menschliche Gedankenerklärung

Der Gedankeninhalt grenzt die Urkunde ab vom *bloßen Augenscheinsobjekt*, das durch sein Vorhandensein und seine Gestalt nur Schlussfolgerungen ermöglicht (z. B. Blutflecke, Fingerabdrücke). Am *menschlichen Gedankeninhalt* fehlt es auch den *technischen Aufzeichnungen*. Diese werden aber zu Urkunden, wenn eine Person sie im Rechtsverkehr als eigene Erklärung gelten lassen will (z. B. maschinell erstellter Mahnbescheid oder Kontoauszug). Die Gedankenerklärung fehlt auch in Blanketten und Formularen, sodass sie erst mit dem Ausfüllen zur Urkunde werden.

590

(2) Gedankenerklärung über eine außerhalb ihrer selbst liegende Tatsache

Dass sich die Gedankenerklärung auf *eine außerhalb ihrer selbst liegende Tatsache* bezieht, grenzt die Urkunde vom *Kennzeichen* ab. Letzteres ist ein bloßes Unterscheidungszeichen und trifft keine Aussage über eine Tatsache außerhalb seiner selbst. Die Abgrenzung des Kennzeichens zum *Beweiszeichen*, das über sein bloßes Dasein hinaus eine beweiserhebliche Gedankenerklärung seines Urhebers erkennen lässt und – oft in der Form der zusammengesetzten Urkunde – Urkundenqualität hat, kann im Einzelfall schwierig sein. Ziehen Sie im Zweifel den Kommentar[1174] zu Rate. Nach der Rechtsprechung sind bloße Kennzeichen z. B. Dienststempel auf dienstlichen Gegenständen, Garderobenmarken, rote Kfz-Kennzeichen für Überführungsfahrten.

591

(3) Verkörperung der Gedankenerklärung

Die Gedankenerklärung muss eine **gewisse Festigkeit bzw. Beständigkeit** aufweisen, sodass Zeichen im Schnee ebenso ausscheiden wie Daten, die nur auf einem Bildschirm sichtbar gemacht werden können.

592

1173 BGHSt 3, 82 (84 ff.); F § 267 Rn. 2.
1174 F § 267 Rn. 5 (Beweiszeichen), Rn. 8 (Kennzeichen).

bb) Verständlichkeit wenigstens für die Beteiligten

593 Verständlichkeit wenigstens für die Beteiligten bedeutet, dass auch Abkürzungen und gewisse Zeichen genügen können. Wichtig ist dies vor allem für die *Beweiszeichen*, bei denen Zeichen oder Kürzel i.V.m. einem Gegenstand einen jedenfalls für die Beteiligten verständlichen Erklärungsinhalt aufweisen: z.B. Eichstempel, Motor- und Fahrgestellnummer eines Kfz.

cc) Visuelle Wahrnehmbarkeit der Gedankenerklärung („Verkörperung")

594 Die Gedankenerklärung selbst muss visuell wahrnehmbar sein. Gedankenerklärungen auf CDs oder anderen Speichermedien, die sich erst beim Abhören oder Abrufen erschließen, scheiden hier aus – ihre Verfälschung kann aber unter § 269 fallen.

dd) Beweiseignung und Beweisbestimmung

595 Die Gedankenerklärung muss geeignet und bestimmt sein, eine außerhalb ihrer selbst liegende Tatsache zu beweisen (Beweiselement oder *Beweisfunktion* der Urkunde). Die *Beweiseignung* bestimmt sich objektiv. Es genügt, dass die Erklärung allein oder i.V.m. anderen Beweismitteln irgendetwas Rechtserhebliches enthält und somit bei einer richterlichen Überzeugungsbildung mit ins Gewicht fallen könnte. Damit sollen der **rein gesellschaftliche Verkehr und bloße zwischenmenschliche Beziehungen ausgenommen** werden[1175]. Die *Beweisbestimmung* ist dagegen subjektiv zu ermitteln und setzt den nach außen getretenen Willen voraus, die Erklärung im Rechtsverkehr als Beweismittel einzusetzen. Hierfür reicht das Bewusstsein, dass irgendjemand mit der Urkunde Beweis führen werde. Die Beweisbestimmung kann auch erst nachträglich erfolgen (z.B. Veröffentlichung eines privaten Briefs), sie kann sich inhaltlich ändern (z.B. bei Dokumenten, die nur noch für interne Kontrollen benötigt werden) oder verloren gehen (z.B. eingezogener Reisepass).

ee) Erkennbarkeit des Ausstellers

596 Aus der Erklärung muss ein Aussteller erkennbar sein (*Garantiefunktion* der Urkunde).

> Aussteller ist, wer nach dem Anschein der Erklärung für diese einsteht[1176], d.h. geistig hinter der Erklärung steht, weil er sie als seine gelten lässt und sie ihm auch rechtlich zurechenbar ist.

Irrelevant ist, wer die Erklärung hergestellt hat. Irrelevant ist auch, ob der Aussteller tatsächlich existiert und ob er tatsächlich für die Erklärung einstehen will. Es kommt nur auf den **Empfängerhorizont**, den äußeren Anschein an. Hierbei sind der Verwendungszweck, die Beweisrichtung und die beteiligten Verkehrskreise zu berücksichtigen. Der Aussteller muss aber individualisierbar sein, z.B. nach Gesetz, Tradition (z.B. Striche auf Bierdeckel durch Kellner), Vereinbarung. Eine Erklärung, bei der neben der Unterschrift ein Firmen- oder Behördenstempel gesetzt ist, gilt nach der Verkehrsauffassung als Erklärung der Firma oder der Behörde und nicht des „p.p.", „i.V." oder „i.A." Unterzeichnenden. Nicht ausreichend ist es, wenn sich der Aussteller erst durch weitere Beweise ermitteln lässt. Die Ausstellererkennbarkeit fehlt anonymen Erklärungen. Anonym sind insofern alle Erklärungen, aus denen sich ergibt, dass der Aussteller unerkannt bleiben will, also auch bei unleserlichem Schriftzug, offensichtlichem Deck- oder Allerweltsnamen.

[1175] BGHSt 33, 105 (109); Krey, BT Bd. 1, Rn. 689.
[1176] Heute ganz herrschende „Geistigkeitstheorie" (geistiges Einstehen) im Gegensatz zur Herstellungstheorie; vgl. F § 267 Rn. 11.

ff) Die Urkundseigenschaft von Mehrfertigungen, Abschriften, Fotokopien, Telefaxen und Ähnlichem

Ob Mehrfertigungen, Abschriften, Fotokopien und Telefaxe den Urkundsbegriff erfüllen, ist ein häufiges Klausurproblem. Fraglich ist jeweils, ob es sich wirklich um die **unmittelbare Verkörperung der Gedankenerklärung** handelt, und ob aus ihnen ein **Aussteller erkennbar** ist, der für ihre Richtigkeit einsteht. 597

- *Mehr- und Ausfertigungen* sind Urkunden. Denn sie werden gerade hergestellt, um mehrere Originalexemplare als Beweismittel zu haben, für die der Urheber auch einstehen will.
- Schlichte *Abschriften* sind dagegen keine Urkunden[1177], weil sie nicht die eigentliche Verkörperung der Gedankenerklärung, sondern nur eine Wiedergabe darstellen, und der Urheber nicht für die Richtigkeit der Wiedergabe einstehen will. Jedoch verleiht der Beglaubigungsvermerk den *beglaubigten Abschriften* den Charakter einer zusammengesetzten Urkunde, weil im Beglaubigungsvermerk eine verkörperte Gedankenerklärung liegt und die Amtsperson damit die Verantwortung für die Richtigkeit der Wiedergabe übernimmt[1178].
- Gerne geprüft wird die *Fotokopie.* Sie ist grundsätzlich zu werten wie eine bloße Abschrift[1179], eine bloße Wiedergabe, die nicht selbst die verkörperte Gedankenerklärung ist und für deren Richtigkeit der Urheber nicht einstehen will. Doch rückt die Fotokopie nach h. M.[1180] zur Urkunde auf, wenn der Täter mit ihr den Anschein einer Originalurkunde erwecken und sie als solche ausgeben will. Hierfür genügt, dass eine Verwechslung mit dem Original jedenfalls nicht ausgeschlossen werden kann.
- Beim Telefax liegt nach der Rechtsprechung eine Urkunde vor, weshalb die Einlegung z. B. eines Rechtsmittels per Telefax auch wirksam ist[1181]. Denn im Unterschied zur Fotokopie, bei der eine vorhandene Urkunde nur abgebildet werden soll, handelt es sich beim Telefax um diejenige verkörperte Gedankenerklärung des Ausstellers, die mit seinem Willen dem Adressaten übermittelt wird, also um das technisch hergestellte, für den Empfänger bestimmte Original[1182]. Dies schließt selbstverständlich nicht aus, dass im Einzelfall ein Faxgerät (lediglich) als Kopierer verwendet wird und auf diese Weise auch nur eine Kopie hergestellt wird; entscheidend sollte hier auf den Inhalt und den Willen des Absenders abgestellt werden, ob mit dem Fax eine eigenständige Erklärung abgegeben oder lediglich eine bereits irgendwo vorhandene Urkunde abgebildet werden soll[1183].
- Eine weitere Fortentwicklung ist das Computerfax, bei dem beim Absender nicht einmal mehr ein Original verbleibt, da das Schriftstück mit einem Schreibprogramm hergestellt, in der Regel mit einer eingescannten Unterschrift versehen und dann über ein PC-Modem an ein Empfänger-Fax versendet wird, wo es ausgedruckt wird. Auch bei dieser Art des Faxes (man könnte sagen: erst recht, da es kein anderes Original gibt) liegt eine Urkunde vor[1184].
- Eingescannte Schriftstücke an sich sind wiederum nur Kopien, wenn sie (ohne mit einem eigenen Erklärungsgehalt versehen zu werden) ausgedruckt werden; wird an eingescannten Schriftstücken per Bildbearbeitungsprogramm herumgebastelt, so kann hierin aber (wie beim Basteln mit Kopien) ein Herstellen einer unechten Urkunde liegen, wenn das Ergebnis ein „Original" darstellen soll[1185].
- Zweifelhaft ist dagegen, ob eine E-Mail eine Urkunde darstellt, da es sich in erster Linie nur um eine Datei und keine verkörperte Gedankenerklärung im Sinne eines Schriftstücks handelt. Wird die E-Mail ausgedruckt, so hat nicht der Absender, sondern der Empfänger diese

---

1177 BGHSt 2, 50 (51).
1178 Krey, BT Bd. 1, Rn. 714 a. E.; Sch/Sch § 267 Rn. 40a; F § 267 Rn. 18.
1179 BGHSt 24, 140 (141); BayObLG NJW 1990, 3221.
1180 BayObLG NJW 1989, 2553 (2554); NJW 1992, 3311f.; F § 267 Rn. 20; Sch/Sch § 267 Rn. 42ff.
1181 In diesem Sinne 2000 entschieden durch den gemeinsamen Senat des BGH, BGHZ 144, 160.
1182 So Sch/Sch § 267 Rn. 43; verneinend F § 267 Rn. 21.
1183 So auch Zielinksi, CuR 1995, 286 (291f.).
1184 Vgl. F § 267 Rn. 22; Sch/Sch § 267 Rn. 43a.
1185 BGH NStZ 99, 620 (eingescannte Stempel wurden auf vorbereitete „Urkunde" aufgedruckt). Anders BGH NStZ 2010, 703 (an eingescanntem Kaufvertrag wird manipuliert, bevor er wieder ausgedruckt wird).

Verkörperung „hergestellt"; auch ist der Absender nicht immer wirklich erkennbar[1186]. Die Rechtsprechung erkennt allerdings zunehmend auch ausgedruckte E-Mails als schriftliche Anträge an[1187].

TIPP: Achtung: Ist das Original selbst eine unechte oder verfälschte Urkunde, so liegt strafbarer *Gebrauch* vor, wenn der Täter dieses Original per Fax oder Kopie dem Empfänger zugänglich macht.

gg) Sonderfall: Zusammengesetzte Urkunden

598 Von zusammengesetzten Urkunden spricht man, wenn eine verkörperte Gedankenerklärung **(vor allem Beweiszeichen)** mit einem Bezugsobjekt räumlich fest (!) zu einer Beweiseinheit verbunden ist[1188]. Die *gesamte Beweiseinheit unterfällt dem Schutz des § 267*, sodass auch der Austausch des Bezugsobjekts strafbar ist. Bsp.: Amtliches Kennzeichen mit Zulassungsstempel wird von einem Kfz an ein anderes geschraubt. Weitere Beispiele: Künstlerzeichen auf Gemälde, Preisauszeichnungen auf Waren, sofern fest verbunden[1189], datierte Durchlochung des Bahntickets. Ob Verkehrsschilder zusammen mit dem Straßenabschnitt, auf den sie sich beziehen, zusammengesetzte Urkunden darstellen oder lediglich Kennzeichen sind, die keinen über sich selbst hinausgehenden Erklärungswert haben, ist heftig umstritten[1190]. Problematisch ist hier zum einen die von der Verkehrsauffassung zu fordernde räumliche Überschaubarkeit des dazugehörigen Straßenabschnitts sowie die Bestimmung zu Beweiszwecken (eher Kundgabe als Beweis eines entsprechenden Verwaltungsaktes)[1191].

hh) Sonderfall: Gesamturkunde

599 In einer Gesamturkunde werden Einzelurkunden[1192] derart körperlich zusammengefasst, dass eine neue, über den Inhalt der Einzelurkunden hinausgehende Vollständigkeits- und Abgeschlossenheitserklärung (mit eigenem Beweiswert) entsteht[1193]. Dieser *neue „Gesamterklärungsgehalt" wird eigenständig* (neben dem weiterbestehenden Schutz der Einzelurkunden) *urkundenrechtlich geschützt*[1194]. Die Zusammenfassung muss von einer gewissen Festigkeit sein und eine neue Einheit bilden. Die Einrichtung bzw. Herstellung und Führung der Gesamturkunde muss auf Gesetz, Geschäftsgebrauch oder Vereinbarung beruhen und jedem Beteiligten ein Beweisführungsrecht verleihen. Entscheidend ist hierbei, dass nicht nur einzelne Vorgänge, sondern eine Vielzahl von Vorgängen vollständig und erschöpfend dokumentiert werden soll. Bsp.: Strafakten, kaufmännische Handelsbücher, Sparbücher[1195].

d) Herstellen einer unechten Urkunde (1. Alt.)

600 *Unecht* ist eine Urkunde, wenn derjenige, der in ihr als Aussteller erscheint, nicht für ihre Richtigkeit einstehen, sie sich nicht zurechnen lassen will. Echtheit bedeutet *Authentizität* – nicht etwa inhaltliche Richtigkeit oder Wahrheit. Eine unechte Urkunde täuscht nur über die *Identität des Ausstellers*. Dementsprechend fallen *nicht* unter § 267: die schriftliche Lüge,

---

1186 So auch Sch/Sch § 267 Rn. 43 a; nicht sehr hilfreich F § 267 Rn. 21 a.E.
1187 Z.B. OLG Karlsruhe NJW 2012, 1822 (E-Mail als Antrag gem. § 23 FamFG zulässig). Anders LSG Bayern MMR-Aktuell 2012, 336950 (Rechtsmittelschriftsatz als pdf-Datei als Anhang zur E-Mail nicht zulässig).
1188 BGH NStZ 1984, 73 (74); Krey, BT Bd. 1, Rn. 694; F § 267 Rn. 23 (sehr knapp); Sch/Sch § 267 Rn. 36 a.
1189 Preisschilder auf losen Verpackungen (z.B. Faltkartons) sind nicht hinreichend fest angebracht.
1190 Vgl. hierzu Sch/Sch § 267 Rn. 24 und 36 a.
1191 Vgl. hierzu OLG Köln NJW 1999, 1042 ff.
1192 Nach Ansicht der Rechtsprechung (BGHSt 12, 108 (112)) muss es sich nicht notwendig um Urkunden handeln, die Einzelteile der Gesamturkunde können auch Erklärungen sein, die keinen Aussteller erkennen lassen (Bsp. Wahlurne i.V.m. Wählerverzeichnis).
1193 RGSt 60, 17 (19); Sch/Sch § 267 Rn. 30 ff.; Krey, BT Bd. 1, Rn. 686; F § 267 Rn. 23 ff.
1194 Beachten Sie: das Entfernen von Einzelurkunden aus der Gesamturkunde fällt daher nicht nur unter § 274, sondern zugleich (§ 52) unter § 267 – Verfälschen!
1195 Weitere Beispiele bei F § 267 Rn. 24 f.

das Ausgeben einer fremden Erklärung als eigene des Ausstellers und das unter gewissen Voraussetzungen[1196] erlaubte Zeichnen für den Aussteller.

TIPP: Haben Sie im Rahmen der Prüfung des Urkundsbegriffs sauber geprüft, ob die Erklärung einen Aussteller erkennen lässt, so ist es nun ein Leichtes festzustellen, ob dieser auch tatsächlich für die Richtigkeit der Erklärung einstehen will. Zur Wiederholung: Wer als Aussteller der Urkunde erscheint, ist vom Empfängerhorizont nach ihrem Verwendungszweck, ihrer Beweisrichtung und den beteiligten Verkehrskreisen zu ermitteln. Gibt der Erklärende einen anderen Namen oder andere Daten an als seine eigenen, so ist dies nur dann Urkundenfälschung, wenn die beteiligten Verkehrskreise dadurch von einem anderen Aussteller ausgehen. Kennen sie den Erklärenden nur unter diesem Namen mit diesen Daten, liegt dagegen keine Identitätstäuschung vor. Merken Sie sich, dass es auf die Identität des Ausstellers aus der Sicht der beteiligten Verkehrskreise (Empfängerhorizont!) ankommt und nicht zwangsläufig auf die Richtigkeit des angegebenen Namens[1197].

601 *Vertretungsfälle:* Eine Erklärung, bei der neben der Unterschrift ein Firmen- oder Behördenstempel gesetzt ist, gilt nach der Verkehrsauffassung als Erklärung der Firma oder der Behörde und nicht des „p. p.", „i. V." oder „i. A." Unterzeichnenden. Fehlen dabei aber die Voraussetzungen für eine wirksame Vertretung der Behörde (nämlich: Vertreter handelt mit Vertretungswillen, ist vertretungsbefugt und die Vertretung zulässig), so stellt der so Unterzeichnende eine unechte Urkunde her[1198]. Achtung: Bei der offenen Vertretung von natürlichen Personen begründet die fehlende Vertretungsmacht demgegenüber noch keine unechte Urkunde, da als Aussteller der Vertreter angesehen wird, von dem die Erklärung ja auch stammt[1199]. Füllt aber der Vertreter ein Blankett mit der Unterschrift des Vertretenen abredewidrig aus, so stellt er eine unechte Urkunde her, denn als Aussteller erscheint jetzt der Vertretene, von dem die Erklärung in dieser Gestalt gerade nicht stammt.

602 *Erschlichene und erzwungene Erklärungen:* Erklärungen, die durch Zwang oder Täuschung zustande kommen, sind nur dann unecht, wenn vis absoluta (unwiderstehliche Gewalt: gewaltsames Führen des Stifts) vorliegt oder dem Erklärenden das Erklärungsbewusstsein fehlt[1200]. Die bloße Anfechtbarkeit spielt – wie im Zivilrecht – keine Rolle.

In der Sachverhaltsformulierung müssen Sie die Fälschungshandlung beschreiben, es genügt nicht zu schreiben „fälschte er das Formular". Vielmehr müssen Sie die Ausführungshandlung (freilich ohne unnötiges Beiwerk) wiedergeben:

> *„Der Angeschuldigte überklebte am ... in ... wissentlich und willentlich auf einer früher vom Geschädigten G in anderer Sache erhaltenen Quittung das Datum, setzte dafür maschinengeschrieben das Datum des 5. 5. 2002 ein, und fertigte hiervon eine Kopie, die einem Original täuschend ähnlich sieht. Die so hergestellte „Quittung" wollte der Angeschuldigte bei Bedarf dem G und Dritten gegenüber als Nachweis dafür entgegenhalten, dass er seine Leistung ... am 5. 5. 2002 dem G erbracht habe."*

1196 Voraussetzungen sind die Vertretungsbefugnis auch in der Unterschrift und dass nicht von Gesetzes wegen Eigenhändigkeit der Unterschrift vorgesehen ist (Krey, BT Bd. 1, Rn. 710; F § 267 Rn. 28).
1197 Bsp.: Wer im Hotel unter falschem Namen auftritt, weil er unerkannt bleiben will, täuscht nicht über seine Identität, sondern nur über seinen Namen. Dagegen kann jemand über seine Identität täuschen, obwohl er mit richtigem Namen unterschreibt, wenn nach den Umständen die beteiligten Verkehrskreise davon ausgehen, dass es sich um eine andere Person desselben Namens handelt, so z. B. wenn der illiquide Besteller einem Versandhaus gegenüber als neuer Kunde auftritt, indem er z. B. ein falsches Geburtsdatum angibt.
1198 BGHSt 33, 159 (161); vgl. F § 267 Rn. 28, 30.
1199 BGH NStZ 1993, 491.
1200 F § 267 Rn. 28 a. E.; ebenso Krey, BT Bd. 1, Rn. 713 m. w. N. auch auf die Mindermeinung, dass u. U. auch bei vis compulsiva oder Drohung Herstellung einer unechten Urkunde vorliegen kann.

e) Verfälschung einer echten Urkunde (2. Alt.)

603 Verfälschen ist jedes nachträgliche Verändern des gedanklichen Inhalts einer echten Urkunde, soweit dadurch der Anschein erweckt wird, der Aussteller habe die Erklärung so abgegeben, wie sie nach der Veränderung erscheint. **Vor und nach dem Verändern** muss eine **Urkunde** vorliegen. Nur deren Beweisrichtung ändert sich. Nach herrschender Ansicht kann auch der Aussteller selbst die Urkunde verfälschen, soweit er die *Abänderungsbefugnis* verloren hat[1201].

Er verliert die Abänderungsbefugnis, wenn die Urkunde in den Rechtsverkehr gelangt oder ein Dritter einen Anspruch auf unversehrten Bestand der Urkunde erwirbt. Eine Gesamturkunde wird bereits gefälscht, wenn eine Einzelurkunde aus der Gesamturkunde vernichtet oder eine nichtzugehörige Erklärung hinzugefügt wird (s. o.)

> Die Verfälschung durch einen anderen als den Aussteller ist immer auch Herstellung einer unechten Urkunde; die 1. Alt. tritt dann aber hinter der spezielleren 2. Alt. zurück.

f) Gebrauchmachen von einer unechten oder verfälschten Urkunde (3. Alt.)

604 Gebrauchmachen bedeutet Wahrnehmbarmachen[1202]. Es genügt das Vorlegen einer Kopie vom (manipulierten) Original. Vollendung tritt ein, wenn sie so in den Machtbereich des zu Täuschenden gelangt, dass dieser von ihr Kenntnis nehmen kann. Tatsächliche Kenntnisnahme ist nicht erforderlich[1203]. Beachten Sie die Gleichstellung der fälschlichen Beeinflussung einer Datenverarbeitung durch § 270.

g) Subjektiver Tatbestand

605 Neben dem Vorsatz hinsichtlich aller objektiven Merkmale des Tatbestands muss der Täter den *Täuschungswillen im Rechtsverkehr* haben. Der Täter muss einen anderen über die Echtheit (Alt. 1) oder Unverfälschtheit (Alt. 2) der Urkunde täuschen wollen, *um dadurch irgendein rechtlich erhebliches Verhalten zu erreichen*. Es genügt dol. dir. 2. Grades, d. h. dass der Täter die Täuschung und die rechtserhebliche Reaktion als sicher vorhersieht, auch wenn es ihm nicht darauf ankommt[1204]. Beachten Sie die Gleichstellung in § 270.

h) Konkurrenzen

606 Die verschiedenen Tatmodalitäten verhalten sich wie folgt zueinander: Hegt der Täter beim Herstellen oder Verfälschen schon die Absicht eines bestimmten nachfolgenden Gebrauchens und gebraucht er die Urkunde hernach dementsprechend, so liegt eine tatbestandliche Handlungseinheit[1205], also nur eine Urkundenfälschung vor. Handlungseinheit und damit nur eine Tat liegt weiter beim *planmäßig gleichzeitigen* Gebrauchmachen mehrerer gefälschter Urkunden vor, selbst wenn die Fälschungshandlungen selbst auf verschiedenen Willensbetätigungen beruhen und damit ursprünglich rechtlich selbstständige vollendete Urkundsdelikte darstellen[1206]. Wird der Entschluss zur gleichzeitigen Verwendung erst nachträglich gefasst (und umgesetzt), ändert sich die Bewertung in Tateinheit (mehrere separat hergestellte Urkunden werden durch dieselbe Handlung eingesetzt)[1207]. Hegt der Täter beim Herstellen oder Verfälschen einer Urkunde die Absicht *mehrerer* Gebrauchshandlungen, ist umstritten[1208], ob eine

---

1201 OLG Koblenz NStZ 1995, 138 f.; Krey, BT Bd. 1, Rn. 688 m. z. N.; F § 267 Rn. 34.
1202 BGH NStZ 1989, 178 (179).
1203 Bsp.: Benutzen eines Kfz mit gefälschtem Kennzeichen ist vollendetes Gebrauchmachen.
1204 Heute h. M.: F § 267 Rn. 42 m. w. N.
1205 BGHSt 5, 291 (293). Arg: § 267 ist von seiner Struktur her ein zweiaktiges Delikt, dessen zweiter Akt (Gebrauchmachen) in den subjektiven Tatbestand verlegt wurde; so Sch/Sch § 267 Rn. 79. Andere Ansichten vertreten mitbestrafte Nachtat (Gebrauchmachen) bzw. mitbestrafte Vortat (Fälschen).
1206 BGH NStZ 06, 100 f.
1207 F § 267 Rn. 58
1208 Für eine Tat: Sch/Sch § 267 Rn. 79 b. Für Tatmehrheit wohl: Wessels, BT Bd. 1, Rn. 853.

Tat im Sinne einer tatbestandlichen Bewertungseinheit oder Tatmehrheit anzunehmen ist. Tatmehrheit ist jedenfalls gegeben, wenn bei der Manipulationshandlung noch keine bestimmte Gebrauchsabsicht vorlag oder der spätere Gebrauch von der ursprünglichen Vorstellung abweicht[1209]. Urkundenfälschung steht häufig in Tateinheit (wegen Teilidentität der Ausführungshandlungen) mit Betrug. Soweit eine Urkundenvernichtung nur Durchgangsstadium für das Herstellen oder Verfälschen einer Urkunde ist, liegt eine natürliche Handlungseinheit vor und § 267 konsumiert insofern § 274.

2. Fälschung technischer Aufzeichnungen, § 268, und Datenfälschung, § 269

Aus Raumgründen und wegen der geringen Examensrelevanz werden für die Tatbestände der §§ 268, 269 nur die wichtigsten Punkte aufgeführt:

607

Die beiden Vorschriften schließen Lücken im Schutz des Beweisverkehrs, die sich durch die Nutzung von Maschinen und Computern ergeben. Denn Daten i.S.d. § 269 sind nicht hinreichend verkörpert und visuell sichtbar, um als Urkunden i.S.d. § 267 gelten zu können. Und technische Aufzeichnungen i.S.d. § 268 sind keine menschlichen Gedankenerklärungen i.S.d. Urkundsbegriffs (Bsp.: Lkw-Fahrtenschreiber, Elektrokardiogramme). Vereinfacht ausgedrückt schützt **§ 268** vor der **Manipulation** eines Geräteablaufs, also **des Arbeitsmodus**, während **§ 269** vor **Input-Manipulationen** schützt. Beachten Sie bei § 268, dass bloße Anzeigegeräte, die die Information nicht in einem vom Gerät abtrennbaren Stück enthalten, keine technischen *Aufzeichnungen* i.S. der Vorschrift sind, z.B. Strom- und Kilometerzähler. Da die Aufzeichnungen durch das Gerät jedenfalls teilweise selbsttätig bewirkt werden müssen, scheiden auch bloße technische Reproduktionen wie Fotokopien, Filme und Tonbandaufnahmen aus.

Bei der Anwendung beider Vorschriften ist zu beachten, dass sie lediglich den Schutz des § 267 auf technische Aufzeichnungen und Daten übertragen, aber nicht darüber hinausgehen. Dementsprechend muss das Schutzobjekt immer beweiserheblich sein. Geschützt werden auch hier nur die Echtheit oder Unverfälschtheit: *Unecht* ist die *technische Aufzeichnung* danach, wenn sie nicht oder nicht in ihrer konkreten Gestalt aus einem ungestört ablaufenden Gerät stammt, obwohl sie diesen Eindruck erweckt. Bei der *Datenfälschung* ist das Ergebnis der Manipulation hypothetisch mit einer unechten oder verfälschten Urkunde zu vergleichen. Hierfür stellt man sich vor, dass dieses Ergebnis auf ein Schriftstück ausgedruckt wurde. Dieses hypothetische Schriftstück muss dann alle Merkmale einer unechten oder verfälschten Urkunde aufweisen.

Im Rahmen des § 269 soll ausdrücklich noch auf die Fragen bei der Fälschung von Daten im Internetverkehr hingewiesen werden. Ausgangspunkt ist auch hierbei die Frage, ob durch die Datenspeicherung oder -manipulation eine unechte oder verfälschte Urkunde hergestellt würde, wenn die Daten wahrnehmbar wären (d.h. in Form einer verkörperten Gedankenerklärung vorliegen würden). Dies erfordert neben der Beweisfunktion einen sachlichen Aussagegehalt, die Erkennbarkeit des Ausstellers und eine Täuschung hierüber. Abzugrenzen ist dies wiederum von der bloßen schriftlichen Lüge. Wenn etwa ein Täter im Namen einer Bank per E-Mail Kontakt zu seinem Opfer aufnimmt, um ihn zur Preisgabe seiner Zugangsdaten zu bewegen („**Phishing**"), so ist nach h.M. zu differenzieren: Gibt sich der Täter als real existierende Bank aus, so liegt eine Täuschung über die Identität und damit tatbestandliches Handeln vor. Anderes soll gelten, wenn der Name einer fiktiven Bank oder eines fiktiven Unternehmens verwendet wird[1210]. Gleiches gilt beim Locken auf gefälschte Internetseiten. Bei der Anmeldung auf einer Internet-Auktionsplattform (eBay u.a.) unter falschem Namen sollte dahingehend differenziert werden, ob damit eine Identitätstäuschung verbunden werden soll

607a

1209 BGHSt 5, 291 (293 f.); F § 267 Rn. 58.
1210 F § 269 Rn. 8.

oder ob nur über den zutreffenden Echtnamen getäuscht werden soll[1211]. Verlangt jedoch der Anbieter grundsätzlich Echtdaten, so dürfte eine Identitätstäuschung i.d.R. zu bejahen sein.

3. Delikte zum Schutz der Wahrheit in öffentlichen Urkunden, §§ 271, 348

a) Geschütztes Rechtsgut

608 §§ 271, 348 schützen das Vertrauen in die inhaltliche Wahrheit öffentlicher Urkunden. § 348 bestraft die Falschbeurkundung im Amt und kann als eigenhändiges Delikt nur von einem Amtsträger begangen werden. § 271 eröffnet die Möglichkeit, auch Außenstehende als Täter einer (mittelbaren) Falschbeurkundung zu belangen.

b) Vorgeschlagenes Prüfungsschema für § 348

609 *I. Objektiver Tatbestand*
 1. Täter: Amtsträger, zur Aufnahme solcher öffentlicher Urkunden zuständig
 2. Tatobjekt: öffentliche Urkunde
 3. Tathandlung: Falsches Beurkunden einer rechtserheblichen Tatsache mit öffentlicher Beweiskraft
II. Subjektiver Tatbestand: Vorsatz
III. Rechtswidrigkeit, Schuld

c) Vorgeschlagenes Prüfungsschema für § 271

610 *I. Objektiver Tatbestand*
 1. Täter: jedermann, der nicht als Beteiligter nach § 348 strafbar ist
 2. Tatobjekt: öffentliche Urkunde
 3. Tathandlung: Bewirken der Falschbeurkundung einer rechtserheblichen Tatsache mit öffentlicher Beweiskraft
II. Subjektiver Tatbestand: Vorsatz
III. Rechtswidrigkeit, Schuld
IV. Qualifikation, Abs. 3

d) Täter des § 348

611 § 348 ist echtes Amtsdelikt. Täter kann nur sein, wer als Amtsträger (§ 11 Abs. 1 Nr. 2) zur Aufnahme öffentlicher Urkunden befugt sowie sachlich und örtlich zuständig ist. Fehlt eine dieser Voraussetzungen, so kommt täterschaftlich nur die Verwirklichung der §§ 267 ff., insb. der mittelbaren Falschbeurkundung nach § 271, und die Beteiligung (§§ 26, 27) an § 348 in Betracht. Den Teilnehmern kommt die Strafmilderungsmöglichkeit des § 28 Abs. 1 i.V.m. § 49 Abs. 1 zu Gute.

e) Öffentliche Urkunde i.S.d. §§ 348 und 271

612 Für den Begriff der öffentlichen Urkunde ist zunächst von der Legaldefinition in **§ 415 ZPO** auszugehen[1212]. Die Urkunde muss zudem die **vorgeschriebene Form** aufweisen. Darüber hinaus muss sie **öffentliche Beweiswirkung** haben, d.h. für den allgemeinen Rechtsverkehr bestimmt sein und dem Zweck dienen, Beweis für und gegen jedermann zu erbringen[1213]. Die öffentliche Beweiswirkung kann sich aus Gesetz oder nach der Verkehrsanschauung ergeben. Innerdienstliche Urkunden, die nicht für den Verkehr nach außen bestimmt sind, z.B. polizeiliche Vernehmungsprotokolle, werden folglich nicht erfasst. Öffentliche Urkunde sind

---

1211 F § 269 Rn. 5.
1212 Hiernach handelt es sich um Urkunden, die von einer öffentlichen Behörde innerhalb der Grenzen ihrer Amtsbefugnisse oder von einer mit öffentlichem Glauben versehenen Person im Rahmen ihrer Zuständigkeit und in der vorgeschriebenen Form errichtet worden sind.
1213 BGHSt 19, 19 (21); F § 271 Rn. 4–6.

z. B. der Führerschein, die Geburtsurkunde, die Heiratsurkunde. Die erhöhte Beweiskraft der Urkunde muss sich gerade auch auf die falsch beurkundete Tatsache erstrecken. Die Reichweite der Beweiskraft der Urkunde ist nach ihrem Typus und nach dem Zweck der für die Errichtung der Urkunde geltenden Vorschriften zu ermitteln. In der Klausur sollten Sie an dieser Stelle einen Blick in die Kommentierung[1214] werfen. Beachten Sie, dass die öffentliche Beweiswirkung in der Regel kürzer reicht, als man zunächst denkt.

f) Bewirken der falschen Beurkundung, § 271

Noch einmal: Die falsch beurkundete Tatsache muss von der besonderen öffentlichen Beweiswirkung der Urkunde erfasst sein. Die Falschbeurkundung bewirkt i. S. d. § 271, wer sie auf irgendeine Weise vorsätzlich herbeiführt, ohne Täter oder Teilnehmer einer Tat nach § 348 zu sein. Nach h. M.[1215] soll § 271 nicht auf die klassischen Fälle mittelbarer Täterschaft beschränkt sein. Er soll vielmehr auch dann greifen, wenn der beurkundende Amtsträger gutgläubig ist, der Hintermann ihn aber für bösgläubig hält (eigentlich die Konstellation der versuchten Anstiftung, §§ 348, 30 Abs. 1) oder umgekehrt der beurkundende Amtsträger bösgläubig ist, der Hintermann ihn aber für gutgläubig hält. § 271 greift nach dieser h. M. also als Auffangtatbestand für alle Fälle des vorsätzlichen Bewirkens einer Falschbeurkundung, soweit keine Teilnahme an § 348 vorliegt. Vom Wortlaut des § 271 ist dies gedeckt.

613

g) Konkurrenzen

Die Anstiftung zu § 348 geht als speziell der Strafbarkeit nach § 271 vor[1216].

614

4. Urkundenunterdrückung, § 274

a) Geschütztes Rechtsgut

§ 274 schützt den Bestand und die äußere Unversehrtheit und damit die jederzeitige Verfügbarkeit von echten Urkunden, technischen Aufzeichnungen, etc. zum Schutz des Beweisverkehrs. Geschützt wird dabei auch das Recht, mit der Urkunde bzw. technischen Aufzeichnung Beweis zu erbringen.

615

b) Vorgeschlagenes Prüfungsschema

I. *Objektiver Tatbestand*
   1. *Tatobjekt: echte Urkunde oder technische Aufzeichnung, die dem Täter nicht oder nicht ausschließlich „gehört" (Beweisführungsbefugnis)*
   2. *Tathandlung: Vernichten, Beschädigen oder Unterdrücken*
II. *Subjektiver Tatbestand:*
   1. *Vorsatz*
   2. *Nachteilszufügungsabsicht (ausr. dol. dir. II) bzgl. eines Beweisnachteils als Folge der Urkundenvorenthaltung*
III. *Rechtswidrigkeit, Schuld*

616

c) Tatobjekt: echte Urkunde oder technische Aufzeichnung, die dem Täter nicht „gehört"

Der Bestandsschutz des § 274 erstreckt sich nur auf *echte* Urkunden (bzw. technische Aufzeichnungen, beweiserhebliche Daten und Grenz- bzw. Wasserstandszeichen). Die Urkunde darf dem Täter nicht oder nicht ausschließlich *„gehören"*. Damit ist hier nicht Eigentum oder

617

1214 F § 271 Rn. 9 ff.; § 348 Rn. 6, 6 a.
1215 RGSt 13, 52 (56); Krey, BT Bd. 1, Rn. 737 f.; F § 271 Rn. 16; a. A.: Sch/Sch § 271 Rn. 30 (Arg.: es gibt keinen Tatbestand der versuchten Anstiftung zur Falschbeurkundung im Amt, eine dem § 159 entsprechende Vorschrift fehlt).
1216 F § 271 Rn. 25, § 348 Rn. 10.

Besitz, sondern nur die **Beweisführungsbefugnis** gemeint. Danach „gehört" die Urkunde nur dann dem Täter, wenn ihm allein das Recht zur Benutzung der Urkunde als Beweismittel zusteht[1217]. Ziehen Sie zu dieser Frage im Zweifel den Kommentar zu Rate.

d) Tathandlung: Vernichten, Beschädigen oder Unterdrücken

618 Die Interpretation der Tathandlungen orientiert sich am Zweck der Norm, d. h. am Schutz des Beweisverkehrs: Demnach ist die Urkunde *vernichtet*, wenn die **beweiserhebliche Substanz völlig beseitigt** ist. *Beschädigt* ist sie, wenn der **Beweiswert beeinträchtigt** ist. *Unterdrückt* ist sie schließlich, wenn der Berechtigte – auch nur vorübergehend – **an** ihrer **Benutzung als Beweismittel gehindert** wird.

e) Nachteilszufügungsabsicht

619 Neben dem Vorsatz hinsichtlich aller Merkmale des objektiven Tatbestands muss der Täter die Absicht haben, dem Berechtigten einen Nachteil zuzufügen. Dol. dir. 2. Grades genügt, sodass es ausreicht, wenn der Täter weiß, dass ein Nachteil als sichere Folge seines Tuns eintreten werde[1218]. Der (beabsichtigte oder erkannte) **Nachteil** muss gerade dadurch hervorgerufen werden, dass dem Berechtigten die Urkunde in einer aktuellen Beweissituation vorenthalten wird[1219].

TIPP: Achtung: Die Vereitelung eines staatlichen Straf- oder Bußgeldanspruchs stellt keinen solchen Nachteil dar[1220]. Wer den Lkw-Fahrtenschreiber zerstört, ist daher nicht nach § 274 strafbar[1221].

f) Konkurrenzen

620 § 274 verdrängt als lex specialis die Sachbeschädigung. Hat der Täter auch Zueignungsabsicht, dann besteht Tateinheit mit Diebstahl[1222]. Denken Sie bei § 274 auch immer an den Verwahrungsbruch, § 133. Kommentieren Sie sich diese Vorschrift neben § 274.

5. Geldfälschung/Inverkehrbringen von Falschgeld, §§ 146, 147

a) Geschütztes Rechtsgut

621 Die Geldfälschungsdelikte sind *Spezialfälle der Urkundenfälschung*. Sie schützen – ergänzt durch die §§ 148 bis 152a – die Sicherheit des Rechtsverkehrs im Umgang mit Zahlungsmitteln und Wertzeichen. § 146 ist ein Verbrechen! Die Vorbereitungshandlungen sind nach § 148 strafbar. Beachten Sie darüber hinaus § 30 (Versuch der Beteiligung) und § 138 (Nichtanzeige eines geplanten Verbrechens).

b) Vorgeschlagenes Prüfungsschema für § 146

622 *I. Objektiver Tatbestand*
    1. Tatobjekt: Falschgeld
    2. Tathandlung
        a) Nachmachen von Geld/Verfälschen von Geld, Abs. 1 Nr. 1
        b) Sichverschaffen von Falschgeld, Abs. 1 Nr. 2

1217 F § 274 Rn. 3 m. w. N.; Krey, BT Bd. 1, Rn. 701.
1218 H. M.: BGH NJW 1953, 1924; F § 274 Rn. 9a; Sch/Sch § 274 Rn. 15; Krey, BT Bd. 1, Rn. 692.
1219 F § 274 Rn. 9; Krey, BT Bd. 1, Rn. 692 m. w. N.
1220 F § 274 Rn. 9.
1221 BayObLG NZV 1989, 81. Demgegenüber macht sich derjenige nach § 268 Abs. 3 strafbar, der bspw. den Schreibstift des Fahrtenschreibers so verbiegt, dass dieser immer eine niedrigere als die tatsächliche Geschwindigkeit anzeigt, oder der eine für den Fahrtenschreibertyp ungeeignete Diagrammscheibe einlegt, die nur bis zu einer niedrigeren als der tatsächlich gefahrenen Höchstgeschwindigkeit anzeigt.
1222 F § 267 Rn. 11.

c) *Falschgeld als echt in Verkehr bringen, Abs. 1 Nr. 3*
II. *Subjektiver Tatbestand*
   1. *Vorsatz bzgl. aller Merkmale des objektiven Tatbestands*
   2. *Absicht des Inverkehrbringens bzw. deren Ermöglichung*
III. *Rechtswidrigkeit, Schuld*
IV. *Strafzumessung, insb. minder schwere Fälle nach Abs. 3*
V. *Qualifikation, Abs. 2*

c) Falschgeld

Falschgeld ist unechtes Geld, also Geld, das nicht, jedenfalls nicht in der konkreten Form, vom Währungsmonopolinhaber, sondern von einer anderen Person stammt.

623

d) Nachmachen oder Verfälschen von Geld, Abs. 1 Nr. 1

Nachgemachtes Geld liegt vor, wenn die Falsifikate den Anschein gültiger Zahlungsmittel erwecken, mit echtem Geld verwechselt werden können und im gewöhnlichen Verkehr den Arglosen zu täuschen geeignet sind. Nur ganz plumpe Fälschungen scheiden aus. Verfälschen ist ein derartiges Verändern echten Geldes, dass es als Zahlungsmittel höheren Werts erscheint.

624

e) Sichverschaffen von Falschgeld, Abs. 1 Nr. 2

Sichverschaffen von Falschgeld fordert, dass der Täter das Falschgeld in die eigene Verfügungsgewalt bringt, um eigene wirtschaftliche Zwecke zu verfolgen (Verteilungsgehilfen, Verwahrer und Empfangsboten können daher keine Täter, sondern nur Gehilfen sein)[1223] und zu diesem Zeitpunkt die Unechtheit kennt. Hierfür genügt bedingter Vorsatz.

625

TIPP: Der Zeitpunkt, zu dem der Täter die Unechtheit kennt, spielt bei den Geldfälschungsdelikten eine wichtige Rolle. Auch in der Sachverhaltsdarstellung dürfen Sie die Angaben dazu nicht vergessen.

f) Falschgeld als echt in Verkehr bringen, Abs. 1 Nr. 3

Der Täter muss unter Vorspiegelung der Echtheit das Geld vollständig aus der eigenen Verfügungsgewalt entlassen, sodass ein anderer die tatsächliche Verfügungsgewalt daran erlangen kann. Die Aufgabe der Verfügungsgewalt muss sich im Außenverhältnis auch tatsächlich vollziehen.

626

TIPP: Achtung: Gibt der Empfänger das Geld wieder zurück, weil er es als unecht erkennt, liegt gleichwohl bereits vollendetes Inverkehrbringen vor.

Inverkehrbringen wird sogar beim Wegwerfen an einem allgemein zugänglichen Ort bejaht. Hierbei muss der Täter die Echtheit des Falschgeldes vorspiegeln („als echt"). Nach der Rechtsprechung des BGH[1224] genügt es aber auch, wenn der Täter das Falschgeld an einen Eingeweihten überreicht, um diesem das Inverkehrbringen zu ermöglichen. Dass in Abs. 1 Nr. 3 nicht wie in den Nr. 1 und 2 das Inverkehrbringen mit dem Ermöglichen eines Inverkehrbringens gleichgestellt werde, sei ein Redaktionsfehler des Gesetzgebers. Es wäre widersinnig, das Ermöglichen bei Nr. 3 auszuklammern. Der Verkauf an einen polizeilichen Scheinaufkäufer ist strafbarer untauglicher Versuch, da ein „Inverkehrbringen" auf diese Weise objektiv gerade nicht möglich ist[1225].

1223 BGH NJW 1998, 2064 (2065); F § 146 Rn. 11.
1224 BGHSt 42, 162 (167 f.); F § 146 Rn. 19, 20 m.w.N. auch zur Gegenansicht (= Analogieverbot verletzt).
1225 BGH StV 2000, 305 (306).

g) Verbreitungsabsicht

627 Subjektiv fordern Abs. 1 Nr. 1 und 2 jeweils neben dem Vorsatz hinsichtlich aller Merkmale des objektiven Tatbestands die Verbreitungsabsicht, die echte Absicht (dol. dir. 1. Grades) ist.

h) § 147

628 Im Gegensatz zu § 146 ist § 147 kein Verbrechen. Erfasst werden die Fälle, in denen die Verbreitungsabsicht für § 146 Abs. 1 Nr. 1 oder 2 fehlte oder das Falschgeld gutgläubig erworben worden war, nach Erkennen oder Vermuten der Falschheit aber in Verkehr gebracht wird. Sie müssen hier in der Sachverhaltsdarstellung sauber arbeiten und genau darstellen, ab welchem Zeitpunkt die Falschheit bekannt war oder vermutet wurde.

i) Konkurrenzen und Prozessuales

629 § 147 wird vom speziellen § 146 verdrängt. Wenn der Täter sich durch eine einheitliche Handlung eine gewisse Menge an Falschgeld beschafft und dieses, nach einem vorgefassten Tatplan, in mehreren Einzelakten absetzt, so liegt – entsprechend der sog. **Bewertungseinheit** beim Handeltreiben mit Betäubungsmitteln – nur eine Tat nach § 146 Abs. 1 Nr. 3 vor[1226].

> **TIPP:** Beachten Sie in Klausuren mit Falschgeld, dass Geldfälschung keine taugliche Vortat des § 259 ist (kein Vermögensdelikt im dortigen Sinne) und das Falschgeld selbst mangels eines objektiven Vermögenswertes auch kein taugliches Objekt der Geldwäsche, § 261, ist.

§ 146 ist ein Katalogtatbestand für die Telekommunikationsüberwachung nach § 100 a S. 1 Nr. 2 StPO.

III. Bestechungsdelikte

1. Vorteilsannahme und Vorteilsgewährung, §§ 331, 333

a) Geschütztes Rechtsgut

630 der §§ 331 ff. ist neben der Lauterkeit des öffentlichen Dienstes auch das Vertrauen der Bevölkerung in diese Lauterkeit; deshalb ist nicht nur die in die Zukunft gerichtete Verknüpfung von Vorteilen mit bestimmten Diensthandlungen, sondern sogar die nachträgliche Gewährung von Vorteilen für – an sich nicht zu beanstandende – Diensthandlungen (§ 331) unter Strafe gestellt.

b) Vorgeschlagenes Prüfungsschema (Vorteilsannahme)

631 *I. Objektiver Tatbestand*
 1. Amtsträger oder für den öffentlichen Dienst besonders Verpflichteter (Abs. 1)
 2. Fordern, Sich-Versprechen-Lassen oder Annehmen eines Vorteils
 3. für die Dienstausübung
 oder
 1. Richter oder Schiedsrichter (Abs. 2)
 2. Fordern, Sich-Versprechen-Lassen oder Annehmen einer Gegenleistung
 3. für eine (bestimmte) richterliche Handlung
II. Subjektiver Tatbestand: Vorsatz
III. Rechtswidrigkeit, insb. Rechtfertigungsgrund des Abs. 3
IV. Schuld

[1226] F § 146 Rn. 22.

c) Täter

Es handelt sich (wie § 333) um ein echtes Amtsdelikt, d. h. Täter kann nur ein Amtsträger (im weiteren Sinne) sein. Achten Sie auf die Begriffsdefinitionen in § 11 Abs. 1 Nr. 2 (Amtsträger), Nr. 3 (Richter) und Nr. 4 (für den öffentlichen Dienst besonders Verpflichteter). Danach ist nicht nur der klassische Beamte Amtsträger i. S. der Bestechungsdelikte, sondern insbesondere auch derjenige, der „dazu **bestellt** ist, bei einer Behörde ... oder in deren Auftrag Aufgaben der öffentlichen Verwaltung ... wahrzunehmen"[1227]. Voraussetzung einer solchen (auch konkludent möglichen[1228]) Bestellung ist aber stets, dass die Bestellung zu einer über einen einzelnen Auftrag hinausgehenden Tätigkeit führt (Argument der Dauer) oder zu einer Eingliederung in die Behördenstruktur führt (Argument der Eingliederung)[1229]. Dagegen kommt es nach der Klarstellung des Gesetzgebers des Korruptionsbekämpfungsgesetzes (KorrBekG)[1230] eindeutig nicht mehr darauf an, ob die Verwaltung in öffentlich-rechtlicher oder privatrechtlicher Organisationsform ihre Ziele verfolgt (anders noch BGHSt 38, 199 ff. [203]).

632

Durch §§ 1, 4 IntBestG[1231] und § 1 EUBestG[1232] wird eine Ausdehnung der für inländische Amtsträger geltenden Strafvorschriften auf ausländische Amtsträger ermöglicht.

Für den öffentlichen Dienst besonders verpflichtet i. S. d. § 11 Abs. 1 Nr. 4 ist nur derjenige, der nach dem Verpflichtungsgesetz (VerpflG) förmlich auf die gewissenhafte Erfüllung seiner Obliegenheiten verpflichtet und auf die strafrechtlichen Folgen einer Pflichtverletzung hingewiesen wurde[1233] – ob dies der Fall ist, muss sich im Examen aus dem Klausurtext ergeben.

d) Tathandlung

ist das Fordern, Sich-versprechen-Lassen oder Annehmen eines Vorteils für die Dienstausübung. *Dienstausübung* ist jede Handlung, durch die ein Amtsträger oder ein besonders Verpflichteter die ihm übertragenen Aufgaben wahrnimmt. Im Unterschied zu den Qualifikationen der Bestechlichkeit bzw. Bestechung (§§ 332, 334) fallen unter den Grundtatbestand der §§ 331, 333 nur Vorteile für **rechtmäßige** Diensthandlungen. Streichen Sie sich aber in diesem Zusammenhang § 332 Abs. 3 Nr. 2 dick an! Pflichtwidrig ist es schon, sich bei einer Ermessensentscheidung von dem Empfang eines Vorteils beeinflussen zu lassen; daher fällt bei der Vereinbarung von Vorteilen für *künftige* Diensthandlungen das Andeuten, man werde sich dadurch in seiner Ermessensentscheidung beeinflussen lassen, schon unter den Qualifikationstatbestand (unabhängig davon, ob die Ermessensentscheidung letztlich korrekt zustande kam oder nicht).

633

Ein *Vorteil* ist jede materielle oder immaterielle Besserstellung des Empfängers, auf die er keinen (legalen) Anspruch hat. Hierunter fallen auch sog. verdeckte Zuwendungen, die zwar offiziell eine Gegenleistung – z. B. für „Beratungstätigkeit" – sein sollen, in ihrer Höhe aber den Wert der (oft gar nicht erbrachten) Beratungsleistung weit übersteigen und sich in aller Regel insgeheim doch i. S. der §§ 331 ff. auf die (pflichtgemäße oder pflichtwidrige) Dienstausübung beziehen.

634

1227 § 11 Abs. 1 Nr. 2 c. Aufgaben der öffentlichen Verwaltung sind dabei sicher Aufgaben, die der **Eingriffsverwaltung** zuzurechnen sind, sowie solche, die zur **Daseinsvorsorge** gehören. Streitig ist dagegen, ob auch die auf Gewinnerzielung gerichtete fiskalische Betätigung des Staates zu den öffentlichen Aufgaben gehört; s. hierzu Krey, BT Bd. 1, Rn. 666.
1228 F § 11 Rn. 20.
1229 F § 331 Rn. 4a; BGH NStZ 1997, 540 ff.
1230 Vom 13. 8. 1997 (BGBl. I 2038).
1231 Vom 10. 9. 1998 (BGBl. II 2327).
1232 Vom 10. 9. 1998 (BGBl. II 2340).
1233 § 1 Abs. 1 S. 1, Abs. 2 S. 2 VerpflG, kommentieren Sie sich diese Vorschriften an § 11 Abs. 1 Nr. 4!

Schließlich wurde durch das KorrBekG klargestellt, dass es nicht darauf ankommt, ob der Vorteil an den Amtsträger selbst oder an einen Dritten fließt, sodass das Problem der mittelbaren Bestechung weitgehend entschärft wurde[1234].

635 Das Herstellen des Zusammenhangs zwischen der Dienstausübung und der Gewährung des Vorteils wird als **Unrechtsvereinbarung** bezeichnet; bei den Varianten des Sich-versprechen-Lassens und des Annehmens muss diese Unrechtsvereinbarung – zumindest konkludent – zustande gekommen sein, bei der Variante des Forderns genügt es, dass der Täter zumindest billigend in Kauf nimmt, dass der andere diesen Zusammenhang zwischen Dienstausübung und Vorteilsgewährung erkennt.

> **TIPP:** Beachten Sie, dass zwar der Versuch der Vorteilsannahme nur für Richter im Rahmen des § 331 Abs. 2 strafbar ist, die Tat aber auch schon mit dem – erfolglosen – Fordern eines Vorteils bereits vollendet ist!

Im Gegensatz zu der früheren Fassung des § 331 ist es seit der Änderung durch das KorrBekG *im Rahmen des Abs. 1* (bei „normalen Amtsträgern") *nicht mehr erforderlich*, dass der Vorteil nach dem Willen oder der Vorstellung der Beteiligten für eine *bestimmte* Diensthandlung gefordert wird. Insbesondere genügt es, wenn der Täter den Vorteil in dem Bewusstsein annimmt, dass ihm dieser im Hinblick auf eine amtliche Tätigkeit gewährt wird, die er irgendwann einmal im Rahmen des Aufgabenbereichs seiner Behörde für den Vorteilsgeber vorgenommen hat oder in Zukunft möglicherweise einmal für ihn vornehmen soll[1235]. Damit fallen nun auch Zuwendungen zur „Klimapflege" (sog. „Schmieren") und Vorteile, mit denen der Amtsträger erst „angefüttert" werden soll[1236], unter die §§ 331 Abs. 1, 333 Abs. 1[1237].

Der Unrechtszusammenhang ist nur dort zu verneinen, wo es sich um *reine sozialadäquate Leistung*en handelt, d.h. Leistungen, die der Höflichkeit oder Gefälligkeit entsprechen und als gewohnheitsrechtlich anerkannt gelten (z.B. kleinere Geschenke zum Geburtstag, kleinere Werbegeschenke). Die Grenzen sind hier natürlich fließend[1238].

Beachten Sie schließlich § 336, wonach (selbstverständlich) der Vornahme einer Diensthandlung oder richterlichen Handlung deren **Unterlassen** gleichsteht.

e) Vorsatz

636 Der Täter muss hinsichtlich aller Tatbestandsmerkmale vorsätzlich handeln, insbesondere auch hinsichtlich der Amtsträgereigenschaft. Hierzu genügt es jedoch, wenn ihm die Tatsachen, aus denen sich die Amtsträgereigenschaft ergibt, bekannt sind (sog. „Parallelwertung in der Laiensphäre"), unerheblich ist, ob er daraus auch die richtigen rechtlichen Schlüsse zieht.

f) Genehmigung, § 331 Abs. 3

637 Erfolgt die in den §§ 331 Abs. 3, 333 Abs. 3 beschriebene Genehmigung, handelt der Täter **nur** in den Fällen der §§ 331 Abs. 1, 333 Abs. 1 gerechtfertigt. Beachten Sie vor allem in der Klausur, dass umgekehrt bei richterlicher Tätigkeit oder bei pflichtwidrigen Handlungen auch eine Genehmigung nicht mehr die Strafbarkeit entfallen lässt!

1234 Lesen Sie hierzu F § 331 Rn. 13–16.
1235 Sch/Sch § 331 Rn. 28.
1236 Schaffung eines Abhängigkeitsverhältnisses, um in einem zweiten Schritt dann Amtspflichtverletzungen (gegen Bezahlung) zu fordern.
1237 Beachten Sie, dass demgegenüber bei der erhöhten Strafdrohung der §§ 331 Abs. 2, 333 Abs. 2 der Vorteil sich nach wie vor auf eine *bestimmte* richterliche Handlung beziehen muss – fehlt es an diesem Bezug, da die Zuwendung nur allgemein „für die richterliche Tätigkeit" gewährt bzw. versprochen wurde, greift aber immer noch die allgemeine Strafdrohung des Abs. 1 ein (so auch F § 331 Rn. 29 a).
1238 F § 331 Rn. 25 ff. m.w.N.

g) Vollendung/Beendigung

Die Tat ist mit Vornahme einer der beschriebenen Tathandlungen **vollendet**; das bedeutet, dass schon beim Fordern eines Vorteils kein Versuch mehr vorliegt, sofern die Forderung zumindest bei der anderen Seite ankommt[1239]. Spätere Tathandlungen, die sich jeweils auf dieselbe Unrechtsvereinbarung beziehen (der Vorteil wird erst gefordert, später dann vereinbart und noch später entgegengenommen), begründen insgesamt nur eine Tat (tatbestandliche Handlungseinheit); die jeweils früheren „Stadien" gehen in der letzten Handlung auf[1240]. Dies gilt selbst dann, wenn der Vorteil in mehreren Teilzahlungen gewährt wird. Anders liegt der Fall allerdings dann, wenn aufgrund einer einmaligen „**Rahmenvereinbarung**" für wiederkehrende Diensthandlungen wiederkehrend Vorteile angenommen werden; hier stehen die einzelnen Annahmen zueinander im Verhältnis der Tatmehrheit[1241].

638

Die Tat ist **beendet** mit Vornahme der letzten zum Gegenstand der Unrechtsvereinbarung gehörenden Handlung. Dies kann die Vornahme der Diensthandlung bzw. des letzten dazu gehörenden Teilaktes sein, wenn die Vorteilsgewährung im Vorhinein erfolgte, oder die Annahme der letzten Teilzahlung, wenn zu diesem Zeitpunkt die Diensthandlung bereits vorgenommen war. Erst in diesem Moment beginnt die Verjährung zu laufen (§ 78a S. 1).

h) Vorteilsgewährung

Der Tatbestand der Vorteilsgewährung gem. § 333 entspricht spiegelbildlich dem der Vorteilsannahme, die Tathandlung besteht hier im Anbieten, Versprechen oder Gewähren eines Vorteils. Solange der Vorteilsgeber selbst nach den §§ 333, 334 strafbar ist, tritt eine gleichzeitig begangene Anstiftung (oder Beihilfe) zur Vorteilsannahme/Bestechlichkeit des Amtsträgers dahinter im Wege der Subsidiarität zurück.

639

2. Bestechlichkeit und Bestechung, §§ 332, 334

a) Objektiver Tatbestand

Der Unterschied zur Vorteilsannahme/Vorteilsgewährung besteht nur im Inhalt der Unrechtsvereinbarung: Erforderlich für das Eingreifen der Qualifikationstatbestände der §§ 332, 334 ist, dass der Vorteil in Zusammenhang mit der Vornahme einer **bestimmten** und zwar **pflichtwidrigen** Diensthandlung gesetzt wird. Fehlt es an dem Nachweis einer dieser beiden Voraussetzungen, greifen immer noch die §§ 331, 332 als Auffangtatbestände ein[1242].

640

Beachten Sie, dass eine Handlung nicht dadurch ihre Qualifikation als Diensthandlung verliert, dass sie unter Verletzung von Kompetenzen oder sonstigen Regeln vorgenommen wird – dies begründet vielmehr ihre Bewertung als pflichtwidrig!

Im Hinblick auf die erforderliche Abgrenzung zwischen rechtmäßigen und pflichtwidrigen Diensthandlungen ist erneut auf § 332 Abs. 3 bzw. § 334 Abs. 3 hinzuweisen: Sofern es um die Vornahme **künftiger** Diensthandlungen geht, genügt es für das Eingreifen der Qualifikationstatbestände, dass der Amtsträger sich *bereit zeigt*, Pflichten zu verletzen (Nr. 1) oder sich bei der Ausübung eines bestehenden Ermessens von der Vorteilsgewährung beeinflussen zu las-

---

1239 Versuch also nur dann, wenn eine schriftliche Forderung unterwegs verloren geht oder eine mündliche Forderung akustisch nicht vernommen wird. Strafbar ist der Versuch nur im Fall der Vorteils*annahme* durch einen *Richter oder Schiedsrichter* (§ 331 Abs. 2 S. 2); die versuchte Vorteilsgewährung (§ 333) ist generell straflos!
1240 F § 331 Rn. 30. Eine Ausnahme ist nur dann gegeben, wenn zwischen der früheren und der späteren Tathandlung der Handlungszusammenhang bereits unterbrochen wurde, z.B. durch Aburteilung der früheren Tathandlung oder dadurch, dass die angestrebte Unrechtsvereinbarung aus Sicht des Täters zunächst als endgültig gescheitert erschien, vgl. F § 331 Rn. 39.
1241 F § 331 Rn. 39.
1242 Vgl. auch Krey, BT Bd. 1, Rn. 658 und 659 a.

sen (Nr. 2). Damit liegt auch dann eine Straftat der Bestechlichkeit/Bestechung vor, wenn sich im Nachhinein herausstellt, dass die Diensthandlung nicht zu beanstanden war[1243]!

Dagegen soll nach Ansicht des BGH[1244] der Amtsträger nicht gem. § 332 strafbar sein, wenn er lediglich vortäuscht, eine pflichtwidrige Diensthandlung **bereits vorgenommen** zu haben, und hierfür einen Vorteil fordert oder erhält. Diese Ansicht, die sich auf den Wortlaut des Gesetzes stützen kann („vorgenommen hat ... und ... verletzt hat" statt „... habe"), wird allerdings dem Schutzzweck, der auch in der Vermeidung des Anscheins einer Käuflichkeit besteht, nicht gerecht[1245].

b) Vorsatz

641 Über den sich auf die allgemeinen Tatbestandsmerkmale beziehenden Vorsatz hinaus (hierzu s. o. Rn. 636) muss der Täter die objektive Pflichtwidrigkeit der Diensthandlung kennen bzw. billigend in Kauf nehmen – hierzu genügt nicht, dass er die objektiven Umstände kennt, aus denen sich die Pflichtwidrigkeit ergibt, vielmehr muss er – laienhaft – erkennen oder für möglich halten, dass diese die Diensthandlung pflichtwidrig machen[1246].

> **TIPP:** Für die Strafbarkeit des Amtsträgers nach § 332 ist allerdings nicht erforderlich, dass auch derjenige, der ihm den Vorteil verspricht, die Pflichtwidrigkeit der Handlung kennt.
> Dies kann dazu führen, dass wegen derselben Unrechtsvereinbarung der Amtsträger wegen Bestechlichkeit zu bestrafen ist, während der andere sich lediglich wegen Vorteilsgewährung strafbar macht.

Glaubt der Amtsträger irrig, die Diensthandlung sei pflichtwidrig, ist er wegen versuchter Bestechlichkeit in Tateinheit mit Vorteilsannahme strafbar. Beachten Sie, dass – anders als für den Amtsträger, vgl. § 332 Abs. 1 S. 3 – für den Vorteilsgeber der Versuch der Bestechung eines „normalen" Amtsträgers nicht strafbar ist, da eine Versuchsstrafbarkeit nur in § 334 Abs. 2 S. 2 für die Fälle der Richterbestechung angeordnet ist (insofern ist der § 334 nicht ganz die spiegelbildliche Entsprechung des § 332)[1247]!

c) Besonders schwere Fälle, § 335

642 Das Vorliegen besonderer Tatumstände (vgl. die Regelbeispiele in § 335 Abs. 2) ist bei der Strafzumessung strafschärfend zu berücksichtigen; beachten Sie dabei die Systematik, wonach sich bei der Bestechung „normaler" Amtsträger und Richter sowie bei der Bestechlichkeit von „normalen" Amtsträgern die Mindeststrafe auf 1 Jahr erhöht, während für die Bestechlichkeit von Richtern dann eine Mindeststrafe von 2 Jahren gilt.

d) Besondere Rechtsfolgen der Tat

643 Neben den üblichen Rechtsfolgen kann wegen einer aktiven Bestechung unter den in § 338 Abs. 2 bestimmten Voraussetzungen der erweiterte Verfall (§ 73 d) oder eine Vermögensstrafe (§ 43 a, s. hierzu aber unten Rn. 816!) angeordnet werden. Gegen den bestochenen Amtsträger kann gem. § 338 Abs. 1 unter bestimmten Voraussetzungen der erweiterte Verfall (§ 73 d) angeordnet werden. Darüber hinaus kann ihm, sofern er zu einer Freiheitsstrafe von mind. 6 Monaten verurteilt wurde (was nur bei Annahme eines minderschweren Falles gem. § 332 Abs. 1 S. 2 nicht bereits die Mindeststrafe darstellt), gem. § 358 die Amtsfähigkeit aberkannt werden.

1243 Sei es, dass eine Pflichtverletzung nicht erforderlich wurde, sei es, weil der Amtsträger von vornherein den geheimen Vorbehalt hatte, seine Pflichten nicht zu verletzen.
1244 BGHSt 29, 300 (302).
1245 Zum Meinungsstand F § 331 Rn. 10.
1246 Sog. Parallelwertung in der Laiensphäre.
1247 Zur besseren Übersicht wäre es hilfreich, sich die jeweilige Versuchsstrafbarkeit durch entsprechende Markierung hervorzuheben, so kann in der Hitze des Gefechts nichts übersehen werden.

3. Abgeordnetenbestechung bzw. -bestechlichkeit, § 108 e

Die Bestechung eines Abgeordneten des Landtags oder des Bundestags fällt nicht unter die §§ 331 ff., da ein Abgeordneter weder in einem (sonstigen) öffentlich-rechtlichen Amtsverhältnis steht (§ 11 Abs. 1 Nr. 2 b), noch – als Teil der Legislative – i. S. d. § 11 Abs. 1 Nr. 2 c „Aufgaben der öffentlichen Verwaltung" wahrnimmt[1248]. Gem. § 108 e ist sie im Übrigen nur strafbar, wenn damit ein bestimmtes, in der Zukunft liegendes Abstimmungsverhalten erkauft werden soll. Umgekehrt sind daher alle Zuwendungen, bei denen nicht ein konkreter Zusammenhang zu einem bestimmten Stimmverhalten besteht (oder nachgewiesen werden kann) oder die – ohne vorherige Unrechtsvereinbarung – erst im Nachhinein als Belohnung für eine bestimmte Art der Ausübung des Stimmrechts gewährt werden, straflos. Die gleichen Voraussetzungen gelten für die spiegelbildliche Bestechlichkeit von Abgeordneten.

644

Die Vorschrift des § 108 e enthält eine im Verhältnis zu den §§ 331 ff. abschließende Sonderregelung[1249].

Wegen der Einzelheiten kann auf die Kommentierung im Fischer verwiesen werden.

4. Bestechlichkeit und Bestechung im geschäftlichen Verkehr, § 299

Die Vorschrift ist parallel zu den §§ 332, 334 aufgebaut und ersetzt die alte Vorschrift des § 12 UWG (sog. „Schmieren"). Abs. 1 betrifft die (passive) Bestechlichkeit, Abs. 2 die (aktive) Bestechung von Angestellten oder Beauftragten eines geschäftlichen Betriebes. Geschütztes Rechtsgut ist der freie Wettbewerb, wie auch aus der Überschrift des durch das KorrBekG eingefügten 26. Abschnitts zu entnehmen ist.

645

Täter des § 299 Abs. 1 können ausschließlich Angestellte oder Beauftragte eines geschäftlichen Betriebes sein; für die Bejahung eines Geschäftsbetriebes reicht dabei aus, dass dieser auf eine gewisse Dauer durch den Austausch von Leistungen und Gegenleistungen am Wirtschaftsleben teilnimmt – auf eine Gewinnerzielungsabsicht kommt es nicht an, sodass auch wohltätige oder soziale Einrichtungen erfasst sind.

646

Zu beachten ist aber die – unter Berücksichtigung des geschützten Rechtsgutes schwer nachvollziehbare – Beschränkung auf *Angestellte oder Beauftragte*. Obwohl dadurch der Wettbewerb genauso gefährdet wird, ist das Schmieren des **Betriebsinhabers** selbst **nicht** gem. § 299 strafbar.

Wie im Rahmen der Bestechung/Bestechlichkeit gem. §§ 332, 334 ist auch bei § 299 eine **Unrechtsvereinbarung** bezogen auf eine *konkrete* Bevorzugung im Wettbewerb erforderlich – anders als bei den §§ 332, 334 muss diese aber stets **in der Zukunft** liegen.

647

Gem. § 301 wird die Tat nur auf Strafantrag oder bei Bejahung des besonderen öffentlichen Interesses an der Strafverfolgung verfolgt.

5. Wettbewerbsbeschränkende Absprachen bei Ausschreibungen, § 298

Dieser Straftatbestand wurde durch das KorrBekG neu geschaffen. Hintergrund dieser Neuerung war die Schwierigkeit, Preisabsprachen von Unternehmen im Rahmen von Ausschreibungen insbesondere der öffentlichen Hand unter den Betrugstatbestand des § 263 zu subsumieren. Probleme bereiteten vor allem die Tatbestandsmerkmale der *Täuschung*, wenn Mitarbeiter des Auftraggebers in die Absprache involviert waren oder die Tatsache von bestehenden Kartellen ein „offenes Geheimnis" war, und vor allem des *Vermögensschadens*, da es

648

[1248] Inwieweit dies auch für Gemeinderäte, Stadträte u. Ä. gilt, ist umstritten. Hier soll eine Verwaltungstätigkeit jedenfalls nicht vorliegen, soweit „Legislativtätigkeit" gegeben ist, d. h. der Erlass kommunaler Satzungen; vgl. Krey, BT Bd. 1, Rn. 666 m. w. N. Nach BGH NStZ 06, 389 sind diese keine Amtsträger, es sei denn, sie werden mit konkreten Verwaltungsaufgaben betraut, die über ihre Mandatstätigkeit in der kommunalen Volksvertretung und den zugehörigen Ausschüssen hinausgehen.

[1249] BGH NStZ 06, 389.

im Nachhinein unmöglich war festzustellen, wie hoch (oder wie niedrig) unter Berücksichtigung der konkreten Wettbewerbssituation zum Zeitpunkt der Ausschreibung das niedrigste Angebot ohne die stattgefundene Absprache ausgefallen wäre. Konsequent ist daher auf diese Tatbestandsmerkmale im neuen § 298 verzichtet worden.

a) Geschütztes Rechtsgut

649 ist nicht das Vermögen des Veranstalters der Ausschreibung, sondern der freie Wettbewerb.

b) Vorgeschlagenes Prüfungsschema

650 I. *Objektiver Tatbestand*
  1. *Abgabe eines Angebots*
  2. *bei einer Ausschreibung (Abs. 1) oder einer freihändigen Vergabe nach vorangegangenem Teilnahmewettbewerb (Abs. 2)*
  3. *Rechtswidrige Absprache*
  4. *Beruhen*

II. *Subjektiver Tatbestand*
  Vorsatz hinsichtlich aller objektiven Tatbestandsmerkmale

III. *Tätige Reue, § 298 Abs. 3*

IV. *Rechtswidrigkeit, Schuld*

c) Objektiver Tatbestand

651 Das Angebot ist abgegeben, wenn es dem Veranstalter so **zugeht**, dass es bei ordnungsgemäßem Ablauf im Ausschreibungsverfahren berücksichtigt werden kann[1250].

Die Abgabe muss im Rahmen einer (öffentlichen oder beschränkten) Ausschreibung[1251] (Abs. 1) oder einem Teilnahmewettbewerb (Abs. 2) durch die öffentliche Hand bzw. einem nach vergleichbaren Regeln von privaten Unternehmen[1252] durchgeführten Vergabeverfahren erfolgen, und die Lieferung von Waren oder gewerbliche Leistungen[1253] betreffen. Beachten Sie, dass die – ebenfalls oft anzutreffende – freihändige Vergabe *ohne* vorausgegangenen Teilnahmewettbewerb *nicht* durch § 298 geschützt ist!

652 Das abgegebene Angebot muss auf einer rechtswidrigen Absprache[1254] beruhen.

Ob die Absprache dem Veranstalter unbekannt ist, also eine Täuschung stattfindet, ist im Rahmen des § 298 irrelevant, weil auch bei Kenntnis des Veranstalters der freie Wettbewerb gestört ist.

Rechtswidrig ist die Absprache, wenn sie gegen § 1 GWB verstößt; gerechtfertigt kann sie in Ausnahmefällen, wenn mildere Mittel nicht denkbar sind, gem. § 34 sein. Ob die Rechtswidrigkeit der Absprache Tatbestandsmerkmal ist, auf die sich daher auch der Vorsatz des Täters zu beziehen hat, ist streitig, wird von der h.M. aber bejaht[1255].

Dass das absprachegemäß abgegebene Angebot auf der Absprache „beruht", liegt auf der Hand. Problematisch ist, ob dies auch dann zu bejahen ist, wenn ein Bieter in Kenntnis der Absprache (und der anderen Angebote) die Absprache unterläuft, indem er ein Angebot abgibt, von dem er weiß, dass es unter dem des herausgestellten[1256] Bieters liegt, um selbst den Auftrag zu erhalten (sog. „Abschuss"). Hierzu werden unterschiedliche Ansichten ver-

---

1250 F § 298 Rn. 15.
1251 Vgl. VOB/A bzw. VOL/A Abschn. 1 § 3 Nr. 1 Abs. 1 und 2.
1252 S. F § 298 Rn. 6 m.w.N.
1253 Leistungen, die von Unternehmen i.S.d. § 1 GWB sowie von Freiberuflern im geschäftlichen Verkehr erbracht werden, vgl. F § 298 Rn. 8.
1254 Zur Definition vgl. F § 298 Rn. 11.
1255 Vgl. F § 298 Rn. 12, 18 m.w.N. auch zur Gegenansicht.
1256 Also desjenigen, der nach dem Ziel der Absprache den Auftrag erhalten sollte.

treten[1257]. Eine Diskussion sollte sich jedenfalls auch mit dem geschützten Rechtsgut („ist ein Abschuss schon wieder richtiger Wettbewerb oder nicht?") auseinandersetzen.

d) Vorsatz

Der Vorsatz muss alle objektiven Tatbestandsmerkmale (nach h. M. auch die Rechtswidrigkeit der Absprache) umfassen einschließlich des Ziels der Absprache, den Veranstalter zu der Annahme eines bestimmten Angebots zu veranlassen.

653

e) Beendigung, Verjährungsbeginn

Streitig ist, ob mit Zugang des Angebots die Tat auch gleichzeitig beendet ist, mit der Folge, dass bereits jetzt die Verjährungsfrist zu laufen begänne. Dagegen spricht jedoch der Wortlaut des § 298 Abs. 3, der demjenigen, der die Annahme des Angebots oder die Leistungserbringung durch den Veranstalter freiwillig verhindert, Straffreiheit zusagt (**tätige Reue**). Da demnach Annahme des Angebots und Leistungserbringung noch zum tatbestandlichen Erfolg gehören sollen, erscheint es nur sachgerecht, dementsprechend auch Beendigung erst mit dem Bezahlen der Schlussrechnung anzunehmen[1258]. Diese Auffassung findet ihre Bestätigung darin, dass dann eine Tat nach § 298 und ein möglicherweise gleichzeitig begangener Betrug auch zum gleichen Zeitpunkt verjähren.

654

f) Täterschaft/Teilnahme

Hinsichtlich der Frage, wer Täter des § 298 sein kann, enthält das Gesetz keine Einschränkungen. Beachten Sie, dass als (Mit-)Täter nicht nur derjenige in Betracht kommt, der das Angebot selbst abgibt, sondern auch derjenige, der für seine Firma an der eigentlichen Absprache teilnimmt, wenn es aufgrund dessen zu der Abgabe eines abgesprochenen Angebots kommt[1259]. Mittäter (durch Unterlassen) kann auch der Geschäftsführer sein, der weiß, dass einer seiner Angestellten an einer Absprache teilgenommen hat und ein absprachegemäßes Angebot abgibt[1260].

655

g) Konkurrenzen

Tateinheit kann gegeben sein zu den §§ 263, 299, 331 ff. oder 266 (auf Seiten des kollusiv beteiligten Mitarbeiters des Veranstalters). Insbesondere wird – entgegen dem im Gesetzgebungsverfahren eingebrachten Entwurf des Bundesrates[1261] – § 298 nicht durch § 263 verdrängt.

656

IV. Brandstiftungsdelikte

Mit der Prüfung der Brandstiftungsdelikte kann zum einen festgestellt werden, ob Sie mit der komplexen Systematik der Brandstiftungsdelikte umgehen können. Zum anderen können auch verschiedene Probleme des Allgemeinen Teils, insbesondere im Zusammenhang mit Erfolgsqualifikationen, abgefragt werden. Außerdem ist eine saubere Subsumtion hier (wieder einmal) unerlässlich.

657

Die Systematik:

658

Prägen Sie sich ein, dass § 306 (**Brandstiftung**) im Gegensatz zu den nachfolgenden Tatbeständen kein rein gemeingefährliches Delikt und deshalb auch kein allgemeiner Grundtatbe-

---

[1257] Vgl. F § 298 Rn. 14 mit Hinweis auf die jeweiligen Argumente.
[1258] So auch F § 298 Rn. 15 b; ebenso ohne weitere Begründung Sch/Sch § 298 Rn. 19; ausführlicher König, JR 1997, 395 (402).
[1259] F § 298 Rn. 17.
[1260] F § 298 Rn. 16.
[1261] BT-Drs. 13/3353.

stand der Brandstiftungsdelikte ist. Denn Tatobjekt muss eine *fremde* Sache sein; die „Brandstiftung" des Eigentümers ist nicht erfasst. § 306 ist also ein Spezialfall der Sachbeschädigung, der zusätzlich ein Element der Gemeingefährlichkeit enthält[1262].

Wichtige Konsequenzen daraus sind: Wer mit Einwilligung des Eigentümers handelt, ist gerechtfertigt. § 306 wird – bei (Teil-)Identität der Ausführungshandlungen – nicht verdrängt, sondern steht in Tateinheit mit §§ 306a Abs. 2, und auch in Tateinheit zu den Qualifikationen des § 306a, insbesondere zu § 306d 3. Alt.[1263] Nur bei der Brandlegung an ein und demselben Objekt, insb. an einem Wohnzwecken dienenden Gebäude, nimmt der BGH[1264] an, § 306a Abs. 1 verdränge § 306 Abs. 1. Denn bei Brandlegung an ein und demselben fremden Objekt seien alle Tatbestandsmerkmale des § 306 auch in § 306a (jedenfalls in der Tatvariante des fremden Brandobjekts) enthalten. Zudem würden die beiden Delikte auch nicht völlig unterschiedliche Rechtsgüter schützen, da § 306 neben dem Eigentumsschutz auch ein Element des Schutzes vor Gemeingefährlichkeit und umgekehrt § 306a automatisch auch ein Element des Eigentumsschutzes aufweise.

Die „schwere Brandstiftung" nach § 306a stellt einen echten gemeingefährlichen Tatbestand dar. Er enthält in seinen beiden Absätzen unterschiedliche Tatbestände: § 306a Abs. 1 erfasst die abstrakte Gefahr, die durch die Brandlegung von Objekten entsteht, in denen sich typischerweise Menschen aufhalten. § 306a Abs. 2 erfasst die konkrete Gesundheitsgefährdung eines anderen durch Inbrandlegung bestimmter Sachen. Wer Eigentümer der Sachen ist, ist dabei irrelevant, ebenso wie dessen evtl. Einwilligung. Während Abs. 1 nach der Rechtsprechung den § 306 Abs. 1 verdrängen kann, wird dies für § 306a Abs. 2 abgelehnt, vielmehr ist hier bei (Teil-)Identität der Ausführungshandlungen immer Tateinheit anzunehmen. § 306b (**Besonders schwere Brandstiftung**) enthält wie § 306c (**Brandstiftung mit Todesfolge**) Erfolgsqualifikationen, die an die Grundtatbestände des § 306 oder § 306a anknüpfen. Diese Erfolgsqualifikationen verdrängen dann den tatsächlich verwirklichten Grundtatbestand (§ 306 oder § 306a) wegen Spezialität.

Fahrlässigkeitstaten bestraft **§ 306d**. Dabei knüpft die Vorschrift an die Delikte der § 306 und § 306a an. **§ 306f** erfasst als konkretes Gefährdungsdelikt verschiedene **Vorbereitungshandlungen**.

Denken Sie daran, dass die Tatbestände der §§ 306, 306a, 306b und 306c Katalogtaten für die Telekommunikationsüberwachung nach § 100a S. 1 Nr. 2 StPO und für den Haftbefehl wegen Wiederholungsgefahr nach § 112a Abs. 1 Nr. 2 StPO sind.

659 **TIPP:** Aufbau:
Wenn Brandstiftungsdelikte in Betracht kommen, dann prüfen Sie diese immer vor allgemeinen Sachbeschädigungsdelikten (die in der Regel bei den Konkurrenzen verdrängt werden), und zwar zunächst der Reihe nach alle vorsätzlichen Grundtatbestände der §§ 306 ff., dann die Qualifikationen und zuletzt ggfs. die Fahrlässigkeits- und Vorbereitungstatbestände. Nur die §§ 212, 211 sollten – wie immer – vorweg behandelt werden.

1. Brandstiftung, § 306

a) Geschütztes Rechtsgut

660 § 306 schützt das Eigentum und nach dem BGH[1265] auch die Allgemeinheit. Zur Erinnerung: Es handelt sich um einen Sonderfall der Sachbeschädigung, darf nach dem BGH aber nicht auf diese Funktion reduziert gesehen werden. § 306 ist kein allgemeiner Grundtatbestand der Brandstiftungsdelikte. Dies ist vielmehr § 306a. Für § 306 findet sich jeweils eine Erfolgsqua-

---

[1262] So der BGH NStZ 2001, 196.
[1263] BGH NStZ-RR 2000, 209; F § 306 Rn. 25, § 306a Rn. 10b, sog. *Konkurrenzlösung*, da die systematischen Unstimmigkeiten der Brandstiftungsdelikte auf Konkurrenzebene gelöst werden.
[1264] BGH NStZ 2001, 196.
[1265] BGH NStZ 2001, 196: „Element der Gemeingefährlichkeit". Arg.: Systematik, Motive des Gesetzgebers.

lifikation in § 306b Abs. 1 und in § 306c, dagegen nicht in § 306a (setzt keine Fremdheit voraus). Achtung: § 306 Abs. 1 ist ein **Verbrechenstatbestand**, der Versuch daher strafbar gemäß § 23 Abs. 1.

b) Vorgeschlagenes Prüfungsschema

I. *Objektiver Tatbestand*
   1. *Tatobjekt*
      a) aus dem Katalog des Abs. 1 b) in fremdem Eigentum
   2. *Tathandlung*
      a) 1. Alt.: Inbrandsetzen oder
      b) 2. Alt.: Durch Brandlegung ganz oder teilweise zerstören
II. *Subjektiver Tatbestand:* Vorsatz mind. als dol. evtl.
III. *Rechtswidrigkeit,* insbesondere keine rechtfertigende Einwilligung des Eigentümers
IV. *Schuld*
V. *Strafzumessung,* insb.
   - minder schwerer Fall, Abs. 2
   - persönlicher Strafmilderungsgrund der tätigen Reue § 306e Abs. 1
VI. *Qualifikationen,* § 306b Abs. 1, § 306c

661

c) Tatobjekte

Das Tatobjekt muss zum Zeitpunkt der Tathandlung *fremd* sein. „Fremd" bedeutet wie bei § 242 im Allein-, Mit- oder Gesamthandseigentum eines anderen stehend. Erfasst sind daher nicht Sachen im Alleineigentum des Täters und herrenlose Sachen.

662

Es muss sich um ein *Tatobjekt aus dem Katalog des Abs. 1* handeln. Lassen Sie sich durch die Pluralformulierung nicht in die Irre führen: Auch die Brandstiftung an nur einem Objekt aus dem Katalog ist tatbestandsmäßig. Sind mehrere Objekte betroffen, kann wegen dieser Gesetzesformulierung aber problemlos eine tatbestandliche Handlungseinheit gebildet werden, sodass insgesamt nur eine Brandstiftung begangen ist. Unter welchen Voraussetzungen ein Tatobjekt des Katalogs bejaht wird, kann bei Bedarf im Fischer nachgelesen werden.

d) Tathandlungen

> Ein Gegenstand ist *in Brand gesetzt* i. S. d. 1. Alt., wenn ein für den bestimmungsgemäßen Gebrauch des Gegenstands wesentlicher Bestandteil so vom Feuer erfasst ist, dass er auch nach Entfernen oder Löschen des Zündstoffs selbstständig weiterbrennen kann[1266].

663

Im Sachverhalt der Anklage bzw. in den Feststellungen des Urteils müssen Sie daher ausführen, *was wie* gebrannt hat und wodurch dieser Brand verursacht wurde. Auch ein bereits brennendes Objekt kann in Brand gesetzt werden, wenn ein neuer Brandherd gesetzt wird, der die genannten Voraussetzungen erfüllt.

> *Durch Brandlegung ganz oder teilweise zerstört* ist ein Gegenstand, wenn er mind. in funktionell selbstständigen Teilen durch typische Feuergefahren beim Versuch des Inbrandsetzens unbrauchbar gemacht wurde.

Erfasst sind hiervon insbesondere die jedenfalls teilweise Unbrauchbarmachung durch Explosion des Zündstoffs[1267], Hitze-, Ruß-, Gas- oder Rauchentwicklung oder durch Kontaminierung mit gefährlichen Giften, die durch den Brand freigesetzt wurden. Ob auch die Zer-

---

[1266] F § 306 Rn. 14. Bsp.: Das Brennen von Zündstoff oder Inventar wie Stühle, Tische, Tapeten, Regale genügt nicht, wohl aber der Brand von Gebäudeteilen wie Fußböden, Treppe oder Türen.
[1267] Denken Sie dann auch an § 308 Abs. 1 i. V. m. Abs. 6 (fahrlässige Herbeiführung einer Explosion).

störung des Gegenstands (erst) durch das Löschmittel erfasst ist, ist streitig[1268]. Die Reichweite dieses erst mit der 6. Strafrechtsreform aufgenommenen Tatbestandsmerkmals wird Ihnen klar, wenn Sie bedenken, dass hierdurch all die Fälle erfasst werden sollten, in denen ein Inbrandsetzen im genannten Sinne nicht vorlag, gleichwohl aber eine teilweise oder völlige Zerstörung durch typische Feuergefahren bewirkt wurde. Denken Sie auch hier in der Anklage und im Urteil daran, alle tatsächlichen Feststellungen zu treffen, die erforderlich sind, um den Tatbestand auszufüllen.

Für beide Tathandlungen ist ein Brennen mit heller Flamme nicht erforderlich.

Beide Tatmodalitäten können nicht nur durch aktives Tun, sondern auch durch *Unterlassen* verwirklicht werden. Voraussetzung ist wie immer (§ 13), dass das Unterlassen einer möglichen und zumutbaren Erfolgsverhinderung dem aktiven Tun gleichsteht, insbesondere eine *Garantenstellung* vorliegt. Diese kann hier vor allem folgen aus:
– der Eigentümerstellung (beherrscht Gefahrenquelle für Dritte),
– tatsächlicher Gewährübernahme bzw. Amtsträgerstellung (z. B. Bewachungspersonal),
– Ingerenz nach vorheriger fahrlässiger Brandverursachung.

Hat der Garant selbst keinen Brandherd gesetzt und bleibt nur hinsichtlich einer von einem anderen in Brand gesetzten Sache untätig, so kann unter den weiteren Voraussetzungen der möglichen und zumutbaren Erfolgsverhinderung nur dann (Unterlassungs-)Täterschaft angenommen werden, wenn der Garant auch *Tatherrschaft* hat. Diese wird aber verneint, solange der aktiv handelnde Brandstifter am Tatort bleibt. Solange kommt nur Beihilfe durch Unterlassen in Betracht.

e) Vorsatz

664 Vorsatz muss zumindest als bedingter Vorsatz alle Elemente des objektiven Tatbestands erfassen, also insbesondere alle Aspekte, aus denen sich ergibt, dass ein Tatobjekt aus dem Katalog des Abs. 1 vorliegt, und auch alle Gesichtspunkte, die für das Inbrandsetzen oder die Zerstörung durch Brandlegung wichtig sind. Entscheidend ist hierbei das Erfassen in der Parallelwertung der Laiensphäre.

f) Konkurrenzen

665 § 306 ist speziell gegenüber §§ 303, 305 (Sachbeschädigung, Bauwerkszerstörung). Denken Sie an den häufig mitverwirklichten Versicherungsmissbrauch, § 265, der bereits mit der Inbrandsetzung des versicherten Objekts vollendet ist. Er steht in Tateinheit mit § 306 und ggfs. §§ 306a ff. § 265 wird aber von einem anschließenden Brandversicherungsbetrug nach § 263 Abs. 1, Abs. 3 S. 2 Nr. 5 als formell subsidiär verdrängt.

Da § 306 ein eigenständiges Delikt jedenfalls gegenüber § 306a Abs. 2 ist, muss grundsätzlich Tateinheit (§ 52) angenommen werden, wenn sich die Ausführungshandlungen überschneiden. Abweichend nimmt der BGH[1269] an, dass § 306a *Abs. 1* den § 306 Abs. 1 verdrängt, wenn ein und dasselbe fremde Objekt in Brand gesetzt werden. Tateinheit kann hier nur angenommen werden, wenn fremde und eigene Gegenstände in Brand gesetzt werden. Tateinheit ist nach der im Übrigen anzuwendenden Konkurrenzlösung anzunehmen im Verhältnis zu den Qualifikationen und Privilegierungen des § 306a Abs. 2, insbesondere für die Vorsatz-Fahrlässigkeitskombination des § 306d 3. Alt. (vorsätzliche Brandlegung mit fahrlässiger Gesundheitsgefährdung). Dies ist eminent wichtig für den Strafrahmen: Setzt der Täter beispielsweise am Samstagnachmittag ein fremdes Warenlager vorsätzlich in Brand (Tatbestand des § 306 Abs. 1 voll verwirklicht) und bringt dabei einen dort Überstunden verrichtenden Lagerarbeiter fahrlässig, weil er nicht damit rechnete, dass sich zu dieser Zeit Menschen dort aufhalten, in Gesundheitsgefahr (damit zugleich Tatbestand des § 306d 3. Alt. als Privilegierung zu

---

1268 Vgl. F § 306 Rn. 15.
1269 BGH NStZ 2001, 196; hierzu bereits oben bei Darstellung der Systematik der Brandstiftungsdelikte, Rn. 658.

§ 306a Abs. 2 verwirklicht), so ist er nicht etwa nur aus dem niedrigen Strafrahmen des § 306d zu bestrafen[1270], sondern er ist

> „schuldig der Brandstiftung in Tateinheit mit fahrlässiger Brandstiftung gemäß §§ 306 Abs. 1 Nr. 3, 306a Abs. 2, 1. Alt., § 306d 3. Alt., 52".

Der Strafrahmen ist folglich der höhere aus § 306: Freiheitsstrafe von 1 bis zu 10 Jahren. § 306 tritt nur dann wegen Spezialität gegenüber einem der Tatbestände der §§ 306b ff. zurück, wenn der zusätzlich verwirklichte Tatbestand an den voll verwirklichten § 306 anknüpft, so z.B. § 306b Abs. 1, § 306c, § 306d 1. Alt.

2. Schwere Brandstiftung, § 306a

a) Geschütztes Rechtsgut

§ 306a schützt die Allgemeinheit vor den Gefahren einer Brandlegung, und hierbei insbesondere die Gesundheit. Abs. 1 und Abs. 2 sind eigene Tatbestände. Sie sind keine Qualifikationen des § 306[1271]. Während es sich bei Abs. 1 um ein abstraktes Gefährdungsdelikt handelt, ist Abs. 2 ein konkretes Gefährdungsdelikt und wird als Grundtatbestand für die konkrete Gesundheitsgefährdung eines anderen Menschen durch Brandlegung gewertet, damit insbesondere auch als Grundtatbestand für die konkreten Gefährdungsdelikte des § 306b angesehen[1272].

666

TIPP: Prüfen Sie die zwei Absätze immer getrennt, nacheinander, sauber und machen dabei stets deutlich, welchen Tatbestand Sie gerade prüfen.

b) § 306a Abs. 1 (Abstraktes Gefährdungsdelikt)

aa) Vorgeschlagenes Prüfungsschema für § 306a Abs. 1

I. *Objektiver Tatbestand*
  1. Nr. 1
     a) Tatobjekt: Räumlichkeit, der Wohnung von Menschen dienend, insb. Gebäude, Schiff, Hütte (Eigentumsverhältnisse irrelevant)
     b) Tathandlung
        aa) 1. Alt.: Inbrandsetzen
        bb) 2. Alt.: Durch Brandlegung ganz oder teilweise zerstören
  2. Nr. 2
     a) Tatobjekt: der Religionsausübung dienendes Gebäude, insb. Kirche
     b) Tathandlung: wie Nr. 1
  3. Nr. 3
     a) Tatobjekt: Räumlichkeit, zumindest zeitweise dem Aufenthalt von Menschen dienend
     b) Tathandlung: wie Nr. 1 und Nr. 2
     c) Ausbruch des Brandes oder Eintritt der Zerstörung zu einer Zeit, während der sich üblicherweise Menschen in den Räumlichkeiten aufhalten
II. *Subjektiver Tatbestand:* Vorsatz mind. als dol. evtl., nicht notwendig bzgl. der Gefährdung von Menschen

667

1270 Dies würde ja bedeuten, dass derjenige, der vorsätzlich ein Objekt des § 306 in Brand setzt, ohne eine Gefährdung herbeizuführen, schärfer bestraft würde, als hätte er hierdurch zusätzlich fahrlässig eine Gesundheitsgefährdung veranlasst (§ 306d 3. Alt.) Dies ist übrigens einer der Widersprüche, die die Brandstiftungsgesetzgebung in Lehre und Rechtspraxis erheblicher Kritik aussetzen (vgl. F § 306a Rn. 10a, b). In der Praxisklausur werden Sie diese Probleme am besten in den Griff bekommen, wenn Sie sich an die oben dargestellten wichtigen Leitlinien im System der §§ 306ff. halten.
1271 BGH NStZ-RR 2000, 209.
1272 F § 306a Rn. 10a, b.

III. Rechtswidrigkeit, Schuld
IV. Strafzumessung, insb.
  – minder schwerer Fall, Abs. 3
  – persönlicher Strafmilderungsgrund der tätigen Reue § 306e Abs. 1

bb) Tathandlung

668 Für die Tathandlungen kann auf die Ausführungen zu § 306 verwiesen werden.

cc) Tatobjekt

669 Die Eigentumsverhältnisse spielen in allen drei Alternativen des § 306a Abs. 1 keine Rolle. Das Delikt kann also **auch durch den Eigentümer und auch an herrenlosen Gegenständen** verübt werden. Aus diesem Grund führt auch eine eventuell vorliegende Einwilligung des Eigentümers nicht zur Rechtfertigung[1273]. Wann die Voraussetzungen eines in Nr. 1 bis Nr. 3 aufgeführten Tatobjekts vorliegen, können Sie bei Bedarf im Fischer nachlesen. Auf die folgenden wichtigen Punkte sei hingewiesen:

– *Räumlichkeiten, die der Wohnung von Menschen dienen (Nr. 1)*, sind auch gemischt genutzte Räumlichkeiten, sofern sie eine Einheit bilden. Dann ist die Alternative allerdings nur erfüllt, wenn (zumindest) ein zum selbstständigen Gebrauch bestimmter Teil des *Wohngebäudes* durch die Brandlegung in Brand gesetzt (Alt. 1) oder für Wohnzwecke ganz oder teilweise unbrauchbar gemacht wurde (Alt. 2)[1274]. Die Wohnungseigenschaft bestimmt sich nach den **tatsächlichen** Gegebenheiten. Auch ein Wochenend- oder Ferienhaus, ein Zelt, ein als Wohnung genutzter Eisenbahnwagen oder ein Lkw mit Schlafkoje sind erfasst. Die Wohnungseigenschaft kann durch Entwidmung (Aufgabe des Wohnzwecks) aller die Wohnung nutzender Erwachsenen wieder aufgehoben werden. Eine Entwidmung liegt übrigens auch dann vor, wenn der bisherige Besitzer die Wohnung in Brand setzt[1275].

– Kontrovers diskutiert wird, ob der **Tatbestand teleologisch reduziert** werden solle, wenn im Zeitpunkt des Inbrandsetzens eine Gefährdung von Menschenleben absolut ausgeschlossen war und der Täter sich hiervon genauestens vergewisserte[1276]. Insbesondere für kleinere, auf einen Blick erfassbare Räume wird gefordert, die abstrakte Gefährlichkeitsvermutung des Tatbestands dann als widerlegt anzusehen.

> **TIPP:** Stellt sich dieses Problem in Ihrer Arbeit, so stehen Sie auf der sicheren Seite, wenn Sie all diese Ansätze mit der überzeugenden BGH-Argumentation verwerfen, es liege „im Wesen abstrakter Gefährdungsdelikte, dass sie gelegentlich auch Sachverhalte erfassen, in denen sich im Einzelfall die Gefahr nicht verwirklichen konnte"[1277].

– Eine *Räumlichkeit, die zeitweise dem Aufenthalt von Menschen dient*, ist ein abgeschlossener Raum, der eine gewisse Bewegungsmöglichkeit gewährt (daher kein Pkw), und der tatsächlich zeitweise zum Aufenthalt verwendet wird. Auf die Zweckbestimmung durch den Berechtigten kommt es dabei nicht an. Die Brandlegung *und der eigentliche Brand* müssen zu einer Zeit stattfinden, zu der sich Menschen in den Räumlichkeiten aufzuhalten pflegen.

– Zu den Konkurrenzen s.u. Rn. 675.

1273 Dies gilt auch für die übrigen gemeingefährlichen Tatbestände.
1274 BGH NStZ 2012, 214.
1275 BGH NStZ 2009, 100: Eine Strafbarkeit nach § 306b Abs. 2 kommt dann nur in Betracht, wenn er dabei das Abbrennen auch des Nachbarhauses zumindest billigend in Kauf nimmt.
1276 Vgl. F § 306a Rn. 2a.
1277 So BGHSt 33, 133 (135f.).

c)   § 306 a Abs. 2 (Konkretes Gefährdungsdelikt)

aa)   Vorgeschlagenes Prüfungsschema für § 306 a Abs. 2

I.   Objektiver Tatbestand 670
   1. Tatobjekt: unabhängig von den Eigentumsverhältnissen Objekt aus Katalog des § 306 Abs. 1 Nr. 1–6
   2. Tathandlung
      a) 1. Alt.: Inbrandsetzen oder
      b) 2. Alt.: Durch Brandlegung ganz oder teilweise zerstören
   3. Eintritt einer konkreten Gefahr der (einfachen) Gesundheitsschädigung eines anderen Menschen
   4. Spezifischer Risikozusammenhang zwischen Tathandlung und konkreter Gefährdung
II.   Subjektiver Tatbestand: Vorsatz mind. als dol. evtl., auch bzgl. Eintritt der konkreten Gefährdung eines anderen Menschen
III. Rechtswidrigkeit
IV.   Schuld
V.   Strafzumessung, insb.
   – minder schwerer Fall, Abs. 2
   – persönlicher Strafmilderungsgrund der tätigen Reue, § 306 e Abs. 1

bb)   Tatobjekt aus dem Katalog des § 306 Abs. 1

Die Verweisung auf § 306 Nr. 1 bis 6 in § 306 a Abs. 2 knüpft nur an die dort aufgezählten 671
Objekte, nicht aber an die Fremdheit an. Auf die Eigentumsfrage kommt es also in keinem der
Fälle des § 306 a an (und damit auch nicht auf eine evtl. Einwilligung des Eigentümers).

cc)   Eintritt einer konkreten Gefahr der Gesundheitsschädigung eines anderen Menschen

Anderer ist jede vom Täter verschiedene Person. Ob Tatbeteiligte (Gehilfe, Anstifter) erfasst 672
sind, ist umstritten[1278]. Zum Teil[1279] wird vertreten, sie müssten ausscheiden, da sie nicht die
Allgemeinheit, sondern die Tätersphäre repräsentieren. Zum Teil wird vertreten, sie seien
erfasst, da bei Abs. 2 nicht eine abstrakte Gemeingefahr, sondern eine konkrete Individualgefahr
maßgebend sei[1280].

Die Tathandlung muss zu einer kritischen Situation für das geschützte Rechtsgut geführt
haben. Aufgrund einer objektiven nachträglichen Beurteilung muss die Sicherheit einer
bestimmten Person so stark beeinträchtigt worden sein, dass es nur noch vom Zufall abhing,
ob es zur Rechtsgutverletzung kommt oder nicht. Die Anforderungen an die Feststellung der
konkreten Gefahr dürfen hierbei nach BGH[1281] nicht überspannt werden. Kommt es tatsächlich
zu einer Körperverletzung, also zur Realisierung der Gefahr, ist dieses Tatbestandsmerkmal
immer erfüllt.

dd)   Gefahrspezifischer Zusammenhang

Darüber hinaus muss – wie bei jeder Erfolgsqualifikation – ein gefahrspezifischer Zusammenhang 673
vorliegen: Die konkrete Gefährdung muss gerade auf eine spezifische Gefährlichkeit der
Brandlegung beruhen (typische Folge). Auch Gesundheitsgefährdungen bei Rettungsaktionen sind erfasst.

1278 Leider fehlt darauf jeder Hinweis bei F § 306 a Rn. 11.
1279 LK, 11. Aufl. (7. Lieferung, 1993), § 307 a. F. Rn. 3. Das wäre nach der Rechtsprechung zu § 315 c („anderer Mensch" ist nicht der Tatbeteiligte) das konsequente Ergebnis.
1280 So Sch/Sch § 306 a Rn. 21, der aber die Zurechenbarkeit wegen eigenverantwortlicher Selbstgefährdung einschränkt.
1281 BGH NStZ 1999, 32 (33).

ee) Subjektiver Tatbestand

674 Der – zumindest bedingte Vorsatz muss sich auch auf die konkrete *Gefährdung*[1282] anderer Menschen richten. § 18 gilt hier nicht, wie sich aus den eigenen Fahrlässigkeitstatbeständen des § 306 d ergibt. Die Anforderungen an diese Feststellung sind nicht zu hoch zu hängen, da gerade kein (bedingter) *Verletzungs*vorsatz verlangt wird. Weiß und billigt der Täter, dass das Feuer eine Größe einnehmen kann, die sich seiner Beherrschung entzieht, und dass es auch auf Wohnflächen ausgreifen kann, so ist bedingter Gefährdungsvorsatz in aller Regel zu bejahen. Dass der Täter vage hofft, niemanden zu verletzen, ja möglicherweise fest glaubt, dass niemand verletzt wird, schließt den *Gefährdungs*vorsatz nicht aus.

> **TIPP:** In der Klausur wird dies oft falsch gemacht. Trennen Sie daher immer sehr sorgfältig zwischen Gefährdungsvorsatz („Täter ist einverstanden damit, dass es gefährlich wird") und Verletzungsvorsatz („Täter ist einverstanden damit, dass jemand zu Schaden kommt") und tappen Sie nicht in die vorbereitete Falle, wenn der Klausursteller den Täter sagen lässt, er habe fest darauf vertraut, dass schon nichts passiert.

d) Konkurrenzen

675 Bei (Teil-)Identität der Ausführungshandlungen wird § 306 Abs. 1 nur von § 306 a Abs. 1 verdrängt, soweit ein und dasselbe Objekt in Brand gesetzt wird[1283]. Im Übrigen ist im Verhältnis zwischen § 306 Abs. 1 und § 306 a Abs. 1 sowie § 306 a Abs. 2 immer Tateinheit anzunehmen, da es sich um eigenständige Delikte mit eigenständiger Schutzrichtung handelt. Das gilt auch im Verhältnis von § 306 a Abs. 1 und § 306 a Abs. 2. Dementsprechend steht § 306 a (Abs. 1 oder Abs. 2) auch in Tateinheit mit den Eigentumsdelikten §§ 303, 305. Im Verhältnis zu §§ 306 b ff. werden §§ 306 a Abs. 1 und 306 a Abs. 2 aus Spezialitätsgründen verdrängt, soweit der zusätzlich verwirklichte Tatbestand an den voll verwirklichten Grundtatbestand des § 306 a Abs. 1 oder § 306 a Abs. 2 anknüpft, also gegenüber §§ 306 b Abs. 1 in der an § 306 a anknüpfenden Alternative, gegenüber 306 b Abs. 2 und gegenüber 306 c.

3. Besonders schwere Brandstiftung, § 306 b

a) Geschütztes Rechtsgut

676 Auch § 306 b schützt die Allgemeinheit vor den Gefahren einer Brandlegung, insbesondere die Gesundheit.

b) § 306 b Abs. 1 (Erfolgsqualifikationen für §§ 306, 306 a)

aa) Vorgeschlagenes Prüfungsschema für § 306 b Abs. 1

677 I. *Objektiver Tatbestand*
   1. *Vorsätzliche Verwirklichung des Tatbestands von § 306 oder § 306 a*
   2. *Erfolgsqualifikation:*
      a) *1. Alt.: Schwere Gesundheitsschädigung eines anderen Menschen*
      b) *2. Alt.: Gesundheitsschädigung einer großen Zahl von Menschen*
   3. *Gefahrspezifischer Zusammenhang*
II. *Subjektiver Tatbestand: Wenigstens fahrlässige Verursachung der Erfolgsqualifikation, § 18*
III. *Rechtswidrigkeit*
IV. *Schuld*
V. *Strafzumessung, insb.*
   – *minder schwerer Fall, Abs. 3*
   – *persönlicher Strafmilderungsgrund der tätigen Reue, § 306 e Abs. 1*

1282 Nicht dagegen auf den *tatsächlichen* Eintritt eines Verletzungs*erfolgs*.
1283 S. o. Rn. 658.

bb) Schwere Gesundheitsschädigung eines anderen Menschen

Anderer ist jede vom Täter verschiedene Person. Zur Frage, ob der Tatbeteiligte erfasst ist, s. bereits bei § 306a (Rn. 672). Schwere Gesundheitsschädigung eines anderen Menschen reicht weiter als die schwere Körperverletzung des § 226 und erfasst auch das Verfallen in eine ernste langwierige Krankheit und die erhebliche Beeinträchtigung der Arbeitskraft oder anderer körperlicher Fähigkeiten.

678

cc) Gesundheitsschädigung einer großen Zahl von Menschen

Eine große Zahl von Menschen ist jedenfalls mehr als nur 3 (mehr als „mehrere"), evtl. auch mehr als 10, aber nicht notwendig eine unübersehbar große Menschengruppe[1284]. Der BGH[1285] hat beispielsweise 14 Personen ausreichen lassen.

679

dd) Gefahrspezifischer Zusammenhang

Darüber hinaus muss – wie bei jeder Erfolgsqualifikation – ein gefahrspezifischer Zusammenhang zwischen Grunddelikt und Erfolgsqualifikation vorliegen: Die schwere Gesundheitsschädigung eines anderen oder die Gesundheitsschädigung einer großen Zahl von Menschen muss gerade ein brandtypisches Risiko darstellen.

680

ee) Subjektiver Tatbestand

Für den subjektiven Tatbestand gilt § 18, da die zwei Alternativen des § 306b Abs. 1 echte Erfolgsqualifikationen sind: Dem Täter oder Teilnehmer (Prüfung für jeden Beteiligten separat!) muss hinsichtlich der Erfolgsqualifikation *wenigstens Fahrlässigkeit* zur Last liegen. § 18 sollten Sie sich neben § 306b Abs. 1 kommentieren. Im Sachverhalt der Anklageschrift oder des Urteils könnte dies z.B. so aussehen:

681

> *„Hierdurch (vorher näher ausgeführte Brandlegungshandlung des Täters) erlitten 25 in den Nachbarhäusern wohnende Personen eine Rauchvergiftung. Er hätte dies bei Einhaltung der ihm zumutbaren Sorgfalt vermeiden können und müssen."*

TIPP: Vergessen Sie nicht, dass der Tatbestand auch erfüllt ist, wenn der Täter Vorsatz hinsichtlich der Erfolgsqualifikation hat.

c) § 306b Abs. 2 (Qualifikationen für § 306a)

aa) Vorgeschlagenes Prüfungsschema für § 306b Abs. 2

I. Tatbestand
   1. Vorsätzliche Verwirklichung des Tatbestands von § 306a
   2. Nr. 1
      a) Objektiver Tatbestand: Todesgefahr eines anderen Menschen durch die Tat
      b) Subjektiver Tatbestand: Vorsatz auch hinsichtlich der Todesgefahr, § 15
   3. Nr. 2: Subjektiv zusätzlich (reine Absichtsqualifikation): Absicht, durch die Tat eine andere Tat zu ermöglichen oder zu verdecken
   4. Nr. 3:
      a) Objektiver Tatbestand: Erschweren oder Verhindern der Brandlöschung
      b) Subjektiver Tatbestand: Vorsatz auch diesbzgl., § 15
II. Rechtswidrigkeit, Schuld

682

1284 F § 306b Rn. 5.
1285 BGH NStZ 1999, 84f.

III. Strafzumessung, insb.
  – minder schwerer Fall, Abs. 3
  – persönlicher Strafmilderungsgrund der tätigen Reue, § 306e Abs. 1

bb) Keine echten Erfolgsqualifikationen i. S. d. § 18

683 Bei den drei Alternativen des § 306b Abs. 2 handelt es sich – anders als in Abs. 1 – nicht um Erfolgsqualifikationen. § 18 gilt daher hier nicht, sodass fahrlässige Erfolgsherbeiführung nicht ausreicht. Nr. 1 und 3 sind vorsatzbedürftige Qualifikationen, für die § 15 gilt. Kommentieren Sie dies im Gesetz! Nr. 2 ist eine reine Absichtsqualifikation wie bei § 211.

cc) Nr. 1: Herbeiführung der Todesgefahr für einen anderen

684 Der Täter muss vorsätzlich eine konkrete Lebensgefahr für einen anderen, der kein Tatbeteiligter ist, herbeiführen. Kommt es tatsächlich zur Tötung dieser Person, so ist zu differenzieren: Trifft den Täter einfache Fahrlässigkeit hinsichtlich des Todeseintritts, so bleibt es bei § 306b Abs. 2 Nr. 1 (tateinheitlich mit § 222); handelte er diesbezüglich leichtfertig, so kommt § 306c zur Anwendung.

dd) Nr. 2: Absicht, eine andere Straftat durch die Tat zu ermöglichen oder zu verdecken

685 Insofern kann auf die Ausführungen zum entsprechenden Mordmerkmal bei § 211 Abs. 2, 3. Gruppe verwiesen werden[1286]. Erforderlich ist wie bei § 211 ein Finalzusammenhang. Es reicht aber bedingter Vorsatz sowohl für die Brandstiftung als auch für die weitere Straftat aus. Eine von der Literatur propagierte restriktive Auslegung wegen der hohen Strafdrohung hat der BGH verworfen[1287]. Sie hatte gefordert, dass der Finalzusammenhang nur vorliegen solle, wenn der Täter gerade die brandtypische Krisensituation zur Ermöglichung oder Verdeckung ausnutzen wollte.

Eine Einschränkung ist nun aber durch den 3. Strafsenat des BGH erfolgt[1288]. Danach ist jedenfalls *keine andere Tat* i. S. v. § 306b II Nr. 2 ein Versicherungsmissbrauch (§ 265) oder eine Sachbeschädigung (§ 303), die *durch* die Brandstiftung verwirklicht wird. Insofern handele es sich nicht um „eine andere" Tat, sondern um ein durch dieselbe Tathandlung tateinheitlich verwirklichtes Delikt. Ob daraus folgen soll, dass zukünftig auch im Hinblick auf andere Delikte – insbesondere Tötungsdelikte – stets das Hinzutreten eines weiteren Handlungsakts erforderlich ist[1289], bleibt abzuwarten.

ee) Nr. 3: Erschweren oder Verhindern der Brandlöschung

686 Die Tat ist erst vollendet, wenn sich die Maßnahme (z. B. Abschalten des Rauchmelders, Entfernen des Löschgeräts) des Täters auch tatsächlich verhindernd oder erschwerend auf das Löschen des Brandes auswirkt. Kommt es gar nicht zum Brand, so kommt allenfalls Versuch in Betracht. Denken Sie hier auch an § 145 Abs. 2 Nr. 2 (Beeinträchtigung von Unfallverhütungs- und Nothilfemitteln).

ff) Konkurrenzen

687 Da § 306b **Abs. 1** Spezialtatbestand (Qualifikation) gegenüber §§ 306 und 306a ist, ist der jeweilige Grundtatbestand verdrängt. Dieser Grundtatbestand muss aber in die Reihe der angewandten Vorschriften aufgenommen werden, damit klargestellt wird, an welchen Grundtatbestand § 306b Abs. 1 im konkreten Fall anknüpft. Sind beide Absätze des § 306b

---

[1286] S. o. Rn. 242ff.
[1287] Hierzu F § 306b Rn. 9ff.
[1288] BGH NStZ 07, 640; vgl. auch F § 306b Rn. 10, 10a.
[1289] Anders die bisherige Rechtsprechung, wohingegen die Literatur teilweise dies bereits verlangt; Nachweise s. F § 306b Rn. 10a.

durch (teil-)identische Handlungen verwirklicht, ist ebenfalls § 52 anzunehmen[1290], um den weiteren Schuldgehalt der Tat klarstellend zum Ausdruck zu bringen. § 306 b **Abs. 2 Nr. 1** verdrängt als speziell § 306 a Abs. 2; § 306 b **Abs. 2 Nr. 2 und 3** stehen dagegen in Tateinheit zu § 306 a Abs. 2.

4. Brandstiftung mit Todesfolge, § 306 c

a) Geschütztes Rechtsgut

§ 306 c schützt das Leben vor den Gefahren einer Brandlegung. **688**

b) Vorgeschlagenes Prüfungsschema

I. *Vorsätzliche Verwirklichung des Tatbestands von § 306 oder § 306 a* **689**
II. *Weitere Voraussetzung im objektiven Tatbestand:*
   1. *Tod eines anderen Menschen*
   2. *Gefahrspezifischer Zusammenhang*
III. *Weitere Voraussetzung im subjektiven Tatbestand: Wenigstens leichtfertige Verursachung der Erfolgsqualifikation*
IV. *Rechtswidrigkeit*
V. *Schuld*

c) Gefahrspezifischer Zusammenhang

Wie bei jeder Erfolgsqualifikation muss ein gefahrspezifischer Zusammenhang zwischen Grunddelikt und Erfolgsqualifikation vorliegen: Die Tötung muss gerade ein brandtypisches Risiko darstellen. Ob sich das Opfer zur Zeit der Brandlegung an der Brandstelle aufhielt oder erst später hinzukam, ist irrelevant, solange sich die *brandtypische Gefahr* realisiert. Damit ist auch der Tod von Mitgliedern der Löschmannschaften erfasst. **690**

d) Subjektiver Tatbestand

Für den subjektiven Tatbestand schreibt § 306 c mind. Leichtfertigkeit hinsichtlich des Todes vor. § 18 gilt hier also nicht, die dort ausreichende einfache Fahrlässigkeit genügt hier nicht. Vielmehr sind tatbestandsmäßig nur Leichtfertigkeit oder Vorsatz bzgl. der Todesfolge. Leichtfertig handelt, wer in grober Achtlosigkeit verkennt, dass er den Tatbestand verwirklicht, obwohl es sich ihm unter den Voraussetzungen seiner Erkenntnisse und Fähigkeiten aufdrängen muss[1291], was jedem einleuchten muss. **691**

e) Sonderproblem: Versuch

Unterscheiden Sie wieder – wie bei allen Erfolgsqualifikationen – die versuchte Erfolgsqualifikation (Täter verursacht schwere Folge nicht, handelte aber auch diesbezüglich vorsätzlich) und den erfolgsqualifizierten Versuch (Täter verursacht schwere Folge, ohne das Grunddelikt zu vollenden). Die versuchte Erfolgsqualifikation (z. B. Täter wusste, dass im angezündeten Haus Menschen wohnten, und hatte sich mit deren möglicher Tötung abgefunden) ist hier unproblematisch strafbar, da § 306 c auch die vorsätzliche Erfolgsqualifikation erfasst[1292]. Mit der h. M.[1293] muss auch eine Strafbarkeit des erfolgsqualifizierten Versuchs (bei der Brandlegung wird bereits ein Mensch getötet, die Brandstiftung wird aber nicht vollendet) bejaht werden: Denn das Gesetz knüpft den strafschärfenden Erfolg bereits an die **692**

1290 Sog. gleichartige Tateinheit. Der Tenor lautet dann aber trotzdem nur: „Der Angeklagte ist schuldig der besonders schweren Brandstiftung", in den angewandten Strafvorschriften steht „§§ 30 b Abs. 1, 2, 52 StGB".
1291 F § 15 Rn. 20.
1292 Zur Erinnerung: Bei den Erfolgsqualifikationen, die nur fahrlässig begangen werden können (z. B. § 227), kommt eine Strafbarkeit der versuchten Erfolgsqualifikation nicht in Betracht. S. o. Rn. 123.
1293 F § 306 c Rn. 5 m. w. N.

Tatbestands*handlung* des Grunddelikts. Dies ist jedenfalls anzunehmen, solange sich in dem Erfolg, also in der Tötung, die typische Gefährlichkeit einer Brandlegung realisiert.

f) Konkurrenzen

693 Bei vorsätzlicher Tötung liegt Tateinheit mit §§ 211, 212 vor. Bei Leichtfertigkeit wird § 222 wegen Spezialität verdrängt.

5. Fahrlässige Brandstiftung, § 306 d

694 § 306 d enthält **vier eigenständige Tatbestände**, drei Fahrlässigkeitsdelikte und eine Vorsatz-Fahrlässigkeitskombination. Auch hier ist es wieder eminent wichtig, der Reihe nach und sauber zu arbeiten und den geprüften Tatbestand genau zu zitieren.

Bei den Konkurrenzen müssen Sie wieder beachten, dass § 306 und § 306 a eigenständige Delikte sind, sodass zwischen § 306 und § 306 d Abs. 1, 3. Alt. Tateinheit anzunehmen ist.

6. Herbeiführen einer Brandgefahr, § 306 f

a) Geschütztes Rechtsgut

695 Die verschiedenen Tatbestände des § 306 f verhalten sich zueinander wie die §§ 306, 306 a Abs. 2 und 306 d. Wie diese divergieren sie auch in ihrer Schutzrichtung. Während § 306 f Abs. 1 wie § 306 das Eigentum schützt, schützt § 306 f Abs. 2 wie § 306 a die Gesundheit. Entsprechendes gilt auch für § 306 f Abs. 3 1. Alt. (Eigentum) und 2. Alt. (Gesundheit).

b) Konkrete Brandgefahr für einen geschützten Gegenstand

696 Erforderlich ist eine über die abstrakte Brandgefahr hinausgehende naheliegende Wahrscheinlichkeit eines Brandes. Dies ist immer dann anzunehmen, wenn ein Brand nur durch Zufall oder rechtzeitiges Eingreifen Dritter verhindert wurde oder wenn andere Gegenstände bereits brannten[1294].

c) Konkurrenzen

697 Auch für die Konkurrenzen kann auf die Parallelität zu §§ 306, 306 a Abs. 2, 306 d Abs. 1, 1. Alt., 2. Alt. und 3. Alt. verwiesen werden. Hieraus folgt, dass § 306 f Abs. 2 keine Qualifikation des Abs. 1 ist, da Abs. 1 anders als Abs. 2 Fremdheit der gefährdeten Objekte voraussetzt. Abs. 1 und Abs. 2 stehen daher – bei (Teil-)Identität der Ausführungshandlungen in Tateinheit; ebenso Abs. 1 und Abs. 3, 2. Alt.

V. Verkehrsdelikte und Vollrausch

1. Trunkenheit im Verkehr, § 316

698 a) Schutzgut: Sicherheit des Verkehrs

b) Vorgeschlagenes Prüfungsschema

699 *I. Objektiver Tatbestand*
1. Führen eines Fahrzeugs im Verkehr
2. im Zustand der rauschbedingten Fahruntüchtigkeit
II. Subjektiver Tatbestand
1. Vorsatz (Abs. 1) oder
2. Fahrlässigkeit (Abs. 2)
III. Rechtswidrigkeit, Schuld

1294 F § 306 f Rn. 4.

c) Führen eines Fahrzeugs im Verkehr

Der Begriff des Fahrzeugs entspricht dem in § 24 StVG, wichtig für die Klausur ist daher vor allem, *auch bei Fahrradfahrern* an § 316 (bzw. § 315 c) zu denken.

700

> Führen des Fahrzeugs (vgl. § 21 StVG) bedeutet in Bewegung setzen oder unter Handhabung seiner technischen Vorrichtungen während der Fahrbewegung lenken[1295].

Daher fallen – klausurrelevant – neben dem üblichen Benutzen eines Fahrzeugs auch z. B. das Lenken des Fahrzeugs, während man abgeschleppt wird, oder das Anschieben, um den Motor in Gang zu setzen, unter diesen Begriff[1296]. Solange sich das Fahrzeug jedoch nicht in Bewegung gesetzt hat, liegt nach neuerer BGH-Rechtsprechung noch kein Führen i. S. der §§ 316, 315 c vor, so z. B. beim Anlassen des Motors oder beim Lösen der Bremse[1297]. Da bei § 316 der Versuch nicht strafbar ist (anders als bei § 315 c!), ist hier eine Strafbarkeit in diesem Stadium ausgeschlossen.

Auch wenn § 316 grundsätzlich *für alle Verkehrsbereiche* gilt, also auch für die in § 315 genannten, liegt sein Hauptanwendungsbereich im Straßenverkehr.

TIPP: Beachten Sie, dass – anders als bei § 315 b! – bei den §§ 316, 315 c nicht nur der öffentliche Verkehr, sondern auch der Verkehr auf nichtöffentlichen Straßen und Plätzen geschützt ist[1298].

d) Rauschbedingte Fahruntüchtigkeit

> Fahruntüchtig ist ein Fahrer, der nicht in der Lage ist, eine längere Strecke so zu steuern, dass er den Anforderungen des Verkehrs, und zwar auch bei plötzlich auftretenden Schwierigkeiten, so gewachsen ist, wie es von einem durchschnittlichen Fahrzeugführer zu erwarten ist[1299].

701

Dieser Zustand muss auf Alkohol- oder Drogenkonsum beruhen, nicht unter § 316 fällt dagegen die (rein) auf Medikamenteneinnahme zurückzuführende Fahruntüchtigkeit. Es ist zu unterscheiden zwischen *absoluter* und *relativer* Fahruntüchtigkeit, d. h., ob die Feststellung von Fahrfehlern oder sonstigen Ausfallerscheinungen erforderlich ist oder nicht. Beim Fahren unter Alkoholeinfluss ist dies relativ leicht, da die Rechtsprechung hier *feste Grenzwerte* eingeführt hat. So ist ein Kraftfahrer[1300] mit einer Blutalkoholkonzentration (BAK) von 1,1 ‰ und ein Radfahrer mit 1,6 ‰ absolut fahruntüchtig[1301], ab 0,3 ‰ kann relative Fahruntüchtigkeit vorliegen[1302]. Diese festen Werte gibt es beim Fahren nach Drogenkonsum nicht, hier kann stets nur über die weiteren Umstände des Einzelfalls eine (relative) Fahruntüchtigkeit begründet werden.

Zu den BAK-Werten ist noch zu beachten, dass es seit BGHSt 25, 246 ff. (251) genügt, wenn der Täter zur Tatzeit eine Alkoholmenge *im Körper* hat, die (nach vollständiger Resorption) zu einer BAK von 1,1 ‰ führt (Rechtsprechung zum sog. „Schluss-Sturztrunk"). Grund für diese Rechtsprechung ist die besonders starke Wirkung des Alkohols in der sog. „Anflutungsphase". Damit ist absolute Fahruntüchtigkeit auch dann anzunehmen, wenn die Messung beim Täter – wegen noch nicht abgeschlossener Resorption – zunächst nur zu einem Wert

---

1295 F § 315 c Rn. 3 a.
1296 Wegen weiterer Einzelfälle vgl. F § 315 c Rn. 3 a–c.
1297 BGHSt 35, 390 (393 f.); anders noch z. B. BGHSt 7, 315 (317 f.).
1298 BGH VRS 1961, 123; F § 315 c Rn. 2.
1299 F § 315 c Rn. 4 und § 316 Rn. 6.
1300 Hierunter fällt ein Mofafahrer ebenso wie ein Auto- oder Motorradfahrer!
1301 F § 316 Rn. 25, 27 (unwiderlegliche Vermutung!).
1302 F § 316 Rn. 31.

unter 1,1‰ führt, wenn bei einer späteren Blutprobe dann ein Wert über 1,1‰ erreicht wird[1303].

702 Ergibt die Blutprobe einen Wert von unter 1,1‰, ist stets zu prüfen, ob im Wege der **Rückrechnung** für die Tatzeit doch noch ein Wert von über 1,1‰ festgestellt werden kann[1304]. Dazu ist zunächst der Zeitraum zu ermitteln, der für die Rückrechnung herangezogen werden kann. Dessen *Ende* ist stets durch den Zeitpunkt der Blutentnahme bestimmt; zur Bestimmung des *Anfangs* ist festzustellen, ob zur Tatzeit die Resorption bereits (sicher) abgeschlossen war oder nicht. Bei der Rückrechnung unter dem Aspekt der Fahruntüchtigkeit ist zu Gunsten des Täters davon auszugehen, dass erst zwei Stunden nach Trinkende die Resorption abgeschlossen ist (= Ermittlung der mind. gegebenen Alkoholisierung)[1305].

Hat man in der Klausur also Angaben zum Trinkende, und fand die Tat zwei Stunden (oder noch länger) später statt, kann die volle Zeit zwischen *Tat* und Blutentnahme zur Rückrechnung herangezogen werden:

```
                                                                          →
| Trinkende        | Resorptionsende    | Tat              | Blutentnahme
| - - - 2 Stunden - - - |                | - - - rückrechenbare Zeit - - - |
```

Hat man Angaben zum Trinkende und fand die Tat *innerhalb* des Resorptionszeitraums von 2 Stunden statt, darf nur die Zeit zwischen *Ende der Resorption* (Trinkende plus 2 Stunden) und Blutentnahme zur Rückrechnung herangezogen werden:

```
                                                                          →
| Trinkende         | Tat              | Resorptionsende    | Blutentnahme
| - - - - - - - - - - 2 Stunden - - - - - - - - - - | - - - - - rückrechenbare Zeit - - - - - |
```

Hat man gar keine Angaben zum Trinkende (was für den Täter am günstigsten wäre), muss man zu seinen Gunsten davon ausgehen, dass erst kurz vor der Tat die Alkoholaufnahme beendet war, sodass die nächsten zwei Stunden wiederum von der Rückrechnung auszunehmen sind. Eine Rückrechnung kommt dann nur in Betracht, wenn die Blutentnahme länger als zwei Stunden nach der Tat erfolgte (und nur für den Zeitraum, der nach Abzug dieser zwei Stunden noch übrig bleibt).

Hat man den rückrechenbaren Zeitraum in Stunden und Minuten ermittelt, sind pro volle Stunde 0,1‰ und pro volle sechs Minuten 0,01‰ zum festgestellten BAK-Wert **hinzuzurechnen**[1306].

Berechnungsbeispiel 1:

Tatzeitpunkt: 23.00 Uhr
Blutentnahme: 1.00 Uhr: 0,94‰
Trinkende: 20.30 Uhr

Resorptionsende ist damit um 22.30 Uhr (also *vor* Begehung der Tat), d.h. die volle Zeit zwischen Tatzeitpunkt und Blutentnahmezeitpunkt ist zur (für um 1.00 Uhr) ermittelten BAK hinzuzurechnen (weil sich die BAK seit der Tat schon wieder etwas abgebaut hat, entscheidend aber ist, ob der Täter zur Tat – und nicht noch Stunden später – mehr als 1,1‰ hatte). Der rückrechenbare Zeitraum reicht hier daher von 23.00 Uhr (Tat) bis 1.00 Uhr (Blutentnahme), beträgt also genau 2 Stunden. Zu der ermittelten BAK von 0,94‰ sind daher 2 × 0,1‰

1303 F § 316 Rn. 29.
1304 Eine (sehr kurze) Kurzanleitung finden Sie auch bei F § 316 Rn. 19.
1305 Vgl. auch F § 316 Rn. 19. Bei der Rückrechnung zur Klärung der Frage der Schuldunfähigkeit ist dagegen – ebenfalls zu Gunsten des Täters – die komplette Zeit ab Trinkende anzusetzen (= Ermittlung der maximalen Alkoholisierung)!
1306 Achtung: In Klausuren findet man häufig den Denkfehler, der Betrag müsse vom BAK-Wert abgezogen werden. Da die BAK sich aber abbaut, muss der Wert zu einem früheren Zeitpunkt *höher* gewesen sein, der Betrag ist also hinzuzuaddieren!

hinzuzurechnen, zur Tatzeit hatte der Täter also (mind.[1307]) 1,14‰, war also absolut fahruntüchtig.

Berechnungsbeispiel 2:

Wie oben, aber Trinkende erst 22.30 Uhr.

Da Resorptionsende hier erst um 0.30 Uhr war (also erst *nach* Begehung der Tat), kann nur noch der Zeitraum von 0.30 Uhr bis zur Blutentnahme um 1.00 Uhr für die Rückrechnung herangezogen werden. Zu der ermittelten BAK von 0,94‰ sind daher 5 × 0,01‰ hinzuzurechnen, zur Tatzeit hatte der Täter also (mind., s.o.) 0,99‰, wäre also nicht absolut fahruntüchtig gewesen[1308].

In der Praxis besteht weiterhin die Möglichkeit, aufgrund der angegebenen Trinkmengen von einem Sachverständigen die BAK zur Tatzeit errechnen zu lassen; dies wird in der Klausur jedoch nicht verlangt.

Ist eine absolute Fahruntüchtigkeit nicht feststellbar, ist eine relative Fahruntüchtigkeit zu erörtern. Hier sind folgende Umstände zu berücksichtigen[1309]: Fahrfehler (nur solche, die „alkoholtypisch" sind!), Ausfallerscheinungen (z.B. Schwanken, Lallen), äußere Umstände, die erhöhte Anforderungen an den Fahrer stellen (z.B. Schneetreiben, Eisglätte), subjektive Umstände, die die Fahrleistung ohnehin schon mindern (Müdigkeit, Erkrankung).

e) Subjektiver Tatbestand

Sowohl die vorsätzliche als auch die fahrlässige Trunkenheitsfahrt ist strafbar, vgl. § 316 Abs. 2, und mit dem gleichen Strafrahmen bedroht. Es hat daher kaum eine praktische Bedeutung, welche Begehungsform bejaht wird, sodass in der Praxis – außer bei entsprechend freimütiger Einlassung des Täters (selten!) – grundsätzlich von fahrlässiger Begehung ausgegangen wird. Insbesondere ist es auch nicht möglich, anhand der BAK Rückschlüsse auf den Vorsatz vorzunehmen. Zwar liest man in Übungsklausuren oft, angesichts eines hohen BAK-Wertes hätte es dem Täter ja wohl klar sein müssen, dass er zum sicheren Führen eines Autos nicht mehr in der Lage war; einer solchen Argumentation ist aber entgegenzuhalten, dass erstens streng genommen „hätte klar sein müssen" auch wieder nur eine Umschreibung für Fahrlässigkeit ist und zweitens mit einer starken Alkoholisierung zumeist auch eine grobe Selbstüberschätzung einhergeht, sodass es gar nicht so unglaubwürdig ist, wenn der Täter angibt, er habe sich ungeheuer fahrtüchtig gefühlt.

Auf eine strenge Abgrenzung zwischen der fahrlässigen und der vorsätzlichen Begehungsweise käme es allerdings dann an, wenn für einen weiteren Beschuldigten eine Beihilfe oder Anstiftung zur Trunkenheitsfahrt im Raum stünde – diese wäre nämlich an eine *vorsätzliche* rechtswidrige Haupttat geknüpft!

1307 Beachten Sie, dass bei der – für den Täter negativen – Frage der Fahruntüchtigkeit bei der Berechnung stets von der Variante auszugehen ist, die zur geringsten BAK führt. D.h. zu seiner Sicherheit wird von einem besonders langen Resorptionszeitraum von 2 Stunden ausgegangen und der Mindestwert von 0,1‰ angesetzt, um den sich die BAK stündlich auf jeden Fall abbaut. Ginge es dagegen um die Frage der – für den Täter positiven – Schuldunfähigkeit, würde man (wiederum zu seinen Gunsten) von einer sehr schnellen Resorption innerhalb von nur einer Stunde ausgehen und den Höchstwert von 0,2‰ ansetzen, um den sich die BAK max. stündlich abbaut. Unter dem Gesichtspunkt der eventuell geminderten Schuldfähigkeit käme man daher im selben Bsp. auf einen (maximalen) Wert von 1,34‰ zum Tatzeitpunkt.

1308 Wie die Berechnungsbeispiele zeigen, ist es also für den Täter günstig, einen möglichst *späten* Zeitpunkt des Trinkendes anzugeben. Dies gilt es sich – z.B. als Rechtsanwalt – bewusst zu machen, da der Mandant oft (irrig) davon ausgehen wird, dass ein möglichst frühes Trinkende für ihn positiver wäre („habe schon lange vorher aufgehört, noch was zu trinken") und den Ablauf daher möglicherweise für ihn schädlicher schildert, als er wirklich war. Hier muss man dann erklären und nachfragen!

1309 S. auch F § 316 Rn. 30 ff.

f) Schuldfähigkeit

704 Ist jemand wegen zu hohen Alkohol-(oder Drogen-)konsums nicht mehr in der Lage, Auto zu fahren, ist der Schritt zur Schuldunfähigkeit u. U. nicht mehr weit. Die Rechtsprechung hat hier BAK-orientierte Faustregeln entwickelt, die allerdings nicht eine Prüfung im Einzelfall ersetzen. Danach kommt bei Werten um 2,0‰ eine verminderte Schuldfähigkeit in Betracht (d. h. eine Verurteilung gem. § 316 bzw. § 315c Abs. 1 Nr. 1a, bei der die Strafe gem. § 21 gemildert werden kann), und bei Werten um 3,0‰ könnte Schuldunfähigkeit vorliegen[1310].

> **TIPP:** Denken Sie daran, dass der BGH[1311] die Figur der a. l. i. c. für die Fälle der §§ 316 und 315c Abs. 1 (und des Fahrens ohne Fahrerlaubnis gem. § 21 StVG) für nicht (mehr) anwendbar erklärt hat, sodass hier eine Verurteilung stets nur noch gem. § 323a möglich ist[1312].

g) Konkurrenzen

705 Eine Bestrafung gem. § 316 ist nur möglich, wenn die gleiche Tat nicht schon nach § 315a oder § 315c strafbar ist, § 316 Abs. 1. § 316 ist eine *Dauerstraftat*, die regelmäßig erst mit Abschluss der Fahrt beendet[1313] ist. Hiervon ist eine sehr klausurrelevante Ausnahme insbesondere dann zu machen, wenn im Laufe der Fahrt ein Unfall stattfindet, von dem der Täter sich nunmehr aufgrund eines neuen Tatentschlusses entfernen will (sog. *Zäsurwirkung der Unfallflucht*)[1314]. In einem solchen Fall läge zunächst eine Trunkenheitsfahrt (oder eine Straßenverkehrsgefährdung nach § 315c Abs. 1 Nr. 1a) vor, hierzu stünden die anschließend verwirklichte Unfallflucht und die gleichzeitig (tateinheitlich) verwirklichte weitere Trunkenheitsfahrt in Tatmehrheit[1315]. Ist der Unfall offensichtlich auf die Alkoholisierung zurückzuführen (und musste das auch dem Täter klar gewesen sein), kann für die zweite Trunkenheitsfahrt sogar Vorsatz angenommen werden – dies gilt umgekehrt dann aber nicht, wenn der Unfall auf einem Fahrfehler beruht, der auch einem nüchternen Fahrer unterlaufen könnte und daher nicht geeignet ist, dem Täter seine Fahruntüchtigkeit vor Augen zu führen!

Beachten Sie schließlich, dass die soeben geschilderte Konstellation von §§ 315c, 142, 316, 52, 53 DAS Paradebeispiel für das Vorliegen nur einer prozessualen Tat (i. S. v. § 264 StPO) trotz materiellrechtlicher Tatmehrheit ist.

h) Nebenfolgen

706 > **TIPP:** Da es in der Praxis enorm relevant ist, wird auch von Ihnen in der Klausur erwartet, dass Sie bei verwirklichten Verkehrsdelikten (und hier insbesondere bei Fahrten unter Alkoholeinfluss sowie bei Unfallflucht) daran denken, dass neben der zu verhängenden Geld- oder Freiheitsstrafe auch die Entziehung der Fahrerlaubnis sowie die Verhängung einer Sperrfrist für die Neuerteilung gem. §§ 69, 69a im Raum steht.

1310 Zu diesen Richtwerten vgl. F § 20 Rn. 19 ff. Bei der Rückrechnung ist darauf zu achten, dass in diesem Zusammenhang der höchste Wert der für den Täter günstigste ist!
1311 BGHSt 42, 235 ff.
1312 Vgl. F § 316 Rn. 52 (hierin sollten Sie sich auch eine Verweisung auf F § 20 Rn. 19 ff. kommentieren. Zur a. l. i. c. s. auch unten Rn. 742 ff.
1313 Vollendung bereits mit Fahrtbeginn!
1314 Hiervon ist natürlich der Fall zu unterscheiden, dass der Täter von vornherein vorhat, einen Unfall zu verursachen und weiterzufahren (z. B. in der Absicht, jemanden zu verletzen oder zu töten); mangels neuen Tatentschlusses gibt es hier auch keine Zäsurwirkung durch den Unfall. Der Sachverhalt ist also (wie immer) genau zu lesen!
1315 Entfällt umgekehrt im Laufe der Hauptverhandlung der Vorwurf der Unfallflucht, entfällt damit grds. auch die Zäsurwirkung, sodass die beiden Trunkenheitsfahrten wieder zu einer einzigen verschmelzen. Achtung: Ein Freispruch ist dann weder im Hinblick auf eine der beiden Trunkenheitsfahrten (beide sind weiterhin strafbar, nur eben nicht tatmehrheitlich, sondern als eine Dauerstraftat) noch im Hinblick auf die Unfallflucht (die ja in Tateinheit mit der immer noch verfolgten (zweiten) Trunkenheitsfahrt gestanden hätte) veranlasst!

Dies kann unter den verschiedensten Blickwinkeln eine Rolle spielen: sei es, dass diese Verschlechterung bei einem Einspruch gegen einen Strafbefehl droht, sei es, dass im Plädoyer des Staatsanwalts auch daran zu denken ist, oder sei es, dass die Nichtbeachtung der Regelwirkung des § 69a Abs. 2 in der Revision gerügt werden könnte.

TIPP: Planen Sie, in Ihrem „Werk" (Urteil, Plädoyer oder Anklage) die Entziehung der Fahrerlaubnis zu bejahen, müssen Sie daran denken, am Ende der Sachverhaltsschilderung, die sich auf diese Tat bezieht, zu schreiben „Der Angeklagte/Angeschuldigte hat sich als ungeeignet zum Führen von Kraftfahrzeugen erwiesen" sowie bei den Paragrafen („strafbar als ...gemäß...") die §§ 69, 69a dazuzuschreiben.[1316].

Wegen der Einzelheiten zu den §§ 69, 69a im Übrigen vgl. unten Rn. 840ff.

i) § 24a StVG

Zumindest für die mündliche Prüfung wäre es noch gut zu wissen, dass in den Fällen, in denen weder eine absolute noch eine relative Fahruntüchtigkeit festgestellt werden kann, immer noch eine Ordnungswidrigkeit gem. § 24a StVG (ab 0,5‰) im Raum steht. Zur Terminologie im Ordnungswidrigkeitenrecht ist zu beachten, dass die Tat nicht „bestraft", sondern „geahndet" wird und der Täter nicht „Beschuldigter", sondern „Betroffener" heißt.

2. Gefährdung des Straßenverkehrs, § 315c

a) Schutzgut

Ob durch § 315c die Sicherheit des Straßenverkehrs geschützt wird (so der BGH[1317]) oder vielmehr nur die gefährdeten Rechtsgüter der anderen Verkehrsteilnehmer, ist zwar streitig, für die Klausur aber wie für die Praxis eher nebensächlich[1318]. Entscheidend ist, sich den Unterschied zu den §§ 315, 315b klarzumachen, der darin besteht, dass jene dreistufig zu prüfen sind, d.h. die Tathandlung zunächst zu einer Beeinträchtigung der Sicherheit des Straßenverkehrs führen muss, die dann zu einer konkreten Gefährdung von Individualrechtsgütern führt (Einzelheiten s.u. bei § 315b), während es bei § 315c ausreicht, dass das tatbestandsmäßige Fehlverhalten unmittelbar und ausschließlich zu einer Gefährdung der dort genannten Individualrechtsgüter führt (zweistufige Prüfung).

707

708

b) Vorgeschlagenes Prüfungsschema

I. *Objektiver Tatbestand*
   1. *Führen eines Fahrzeugs*
   2. *im Zustand der Fahruntüchtigkeit (Nr. 1) oder*
   3. *grob verkehrswidriges Verhalten (Nr. 2)*
   4. *dadurch konkrete Gefährdung eines anderen Menschen oder fremder Sachen von bedeutendem Wert*
II. *Subjektiver Tatbestand*
   1. *Vorsatz bzgl. Pflichtwidrigkeit und Gefährdung (Abs. 1) oder*
   2. *Vorsatz bzgl. Pflichtwidrigkeit und Fahrlässigkeit bzgl. Gefährdung (Abs. 3 Nr. 1) oder*

709

1316 Die rechtlichen Ausführungen unter Angabe der genauen (!) Vorschriften erfolgen im Urteil in den Urteilsgründen zur Strafzumessung, im Plädoyer in der Strafzumessung und in der Anklage a.E. des Wesentlichen Ergebnisses der Ermittlungen. Ist bislang noch kein § 111a-Beschluss ergangen, sollte in der Anklage in den Anträgen auch die vorläufige Entziehung der Fahrerlaubnis gem. § 111a StPO beantragt werden.
1317 BGH NJW 1989, 1227 (1228); NJW 1989, 2550f.
1318 Auswirkungen hat diese Frage allerdings auf die Beurteilung der Konkurrenzen; so liegt nach BGH – wegen der einheitlichen Gefährdung der Sicherheit des Straßenverkehrs durch *eine* Trunkenheitsfahrt – selbst dann nur *ein* Vergehen (und keine Tateinheit) vor, wenn während der Fahrt in verschiedenen Gefährdungssituationen mehrere Personen gefährdet werden.

3. *Fahrlässigkeit bzgl. Pflichtwidrigkeit und Gefährdung (Abs. 3 Nr. 2)*
III. *Rechtswidrigkeit*
IV. *Schuld*
  1. *Rücksichtslosigkeit bei Abs. 1 Nr. 2*
  2. *allgemeine Voraussetzungen*

c) Tathandlung

710 Zum Tatbestandsmerkmal „Führen eines Fahrzeugs" kann auf die Ausführungen oben zu § 316 verwiesen werden, auch soweit dies im Zustand der rauschbedingten Fahruntüchtigkeit stattfindet (§ 315c Abs. 1 Nr. 1 a). Zu beachten ist, dass – anders als bei § 316 – auch das Fahren im Zustand körperlich oder seelisch bedingter Fahruntüchtigkeit tatbestandsmäßig sein kann, wo wiederum zwischen absoluter und relativer Fahruntüchtigkeit zu unterscheiden ist[1319].

711 Zu den in **Abs. 1 Nr. 2** aufgezählten Verkehrsverstößen kann wegen der Einzelheiten auf die Kommentierung im Fischer verwiesen werden. Beachten Sie, dass es sich um eine abschließende Aufzählung handelt und nur in *genau* den genannten Fällen eine Strafbarkeit nach § 315c in Betracht kommt. Übersehen Sie nicht das zusätzliche Tatbestandsmerkmal „**grob verkehrswidrig**", das nur bei besonders schweren Verkehrsverstößen – in Abgrenzung zu der einfachen Ordnungswidrigkeit – erfüllt ist[1320]. Die umstrittene Frage, ob das zusätzliche Merkmal „**rücksichtslos**" Tatbestandsmerkmal[1321] oder aber besonderes Schuldmerkmal ist[1322], würde ich in einer Klausur nicht weiter problematisieren. Das positive Vorliegen dieses Merkmals in einer Sachverhaltsschilderung (sei es in einer Anklage, in einem Plädoyer oder einem Urteil) darzustellen, gelingt am besten (und schnellsten) mit der in der Praxis verwendeten stereotypen[1323] Wendung:

> *„Der Angeschuldigte/Angeklagte ließ aus Gleichgültigkeit gegenüber anderen Verkehrsteilnehmern und um seines schnelleren Fortkommens willen von vornherein keine Bedenken gegen seine Fahrweise aufkommen."*

d) Konkrete Gefährdung

712 Durch die Tathandlung muss es zu einer konkreten Gefährdung einer anderen Person oder einer fremden Sache von bedeutendem Wert gekommen sein. Während von der h.L. und einem Teil der Rechtsprechung[1324] bisher angenommen wurde, dass die hier anzusetzende Mindestgrenze mit derjenigen zu § 69 Abs. 2 Nr. 3 identisch ist (und damit derzeit bei ca. 1300 € läge), hat der BGH 2011 entschieden, dass dem nicht so sei, da beide Vorschriften unterschiedliche Zielsetzungen hätten[1325]. Damit gilt für § 315c (seit über 10 Jahren) eine Mindestgrenze von 750 €. Maßgeblich ist hier – ebenfalls anders als bei § 69 Abs. 2 Nr. 3 – die reine Sachschadenshöhe **ohne Abschleppkosten**[1326].

Folgende Besonderheiten sind zu beachten:
– Da „andere" Personen gefährdet sein müssen, fällt die alleinige Gefährdung des Täters oder eines Teilnehmers (Anstifter oder Gehilfe)[1327] nicht unter § 315c.

1319 Einzelheiten hierzu s. bei F § 315c Rn. 4a ff.
1320 Beispiele bei F § 315c Rn. 13.
1321 So Sch/Sch § 315c Rn. 30; F § 315c Rn. 12.
1322 So z.B. Wessels, AT, Rn. 422.
1323 Diese Formulierung geht auf BGHSt 5, 392 (395) zurück.
1324 Nachweise bei F § 316 Rn. 16a.
1325 BGH NStZ 2011, 215f.
1326 Dagegen ist ein eventueller *Nutzungsausfall* weder bei den §§ 315, 315b, 315c noch bei § 69 Abs. 2 Nr. 3 zu berücksichtigen (vgl. F § 69 Rn. 28 m.w.N.)!
1327 Ständige Rechtsprechung, vgl. nur BGH NStZ 2012, 701f.

- An die Kausalität („dadurch") ist nach einer neueren BGH-Entscheidung die Anforderung zu stellen, dass sich gerade die gefahrentypische Situation in Richtung einer Gefährdung auswirkt. Danach genügt es z. B. im Rahmen des § 315c Abs. 1 Nr. 2d nicht, dass ein Unfall wegen zu schnellen Fahrens zufällig an einer Kreuzung stattfindet – vielmehr muss der Unfall darauf zurückzuführen sein, dass der Täter gerade an einer unübersichtlichen Stelle/Kreuzung zu schnell gefahren ist[1328].
- Eigentlich entgegen dem Wortlaut reicht es nach der Rechtsprechung nicht aus, dass eine Sache von bedeutendem Wert (irgendwie) gefährdet wird; erforderlich ist vielmehr, dass die wertvolle Sache auch in einem bedeutenden Umfang konkret gefährdet wird[1329]! Dies ist besonders bei Unfällen mit niedriger Geschwindigkeit (z. B. beim Ausparken) zu beachten. Hier kann man sagen, dass die Gefährdung grundsätzlich nicht größer ist als der tatsächlich eingetretene Schaden. Liegt dieser unter der Mindestgrenze, ist damit auch eine konkrete Gefährdung in bedeutendem Umfang zu verneinen. Werden Sie in der Klausur vor allem dann misstrauisch, wenn der entstandene Schaden unter der Mindestgrenze liegt und der Wert der Sache nicht angegeben ist – wahrscheinlich kommt es dann mit obiger Begründung auch nicht auf den Wert der Sache an!
- Das vom Täter benutzte Fahrzeug scheidet nach h. M. und BGH aus dem Schutzbereich des § 315c aus, auch wenn es ihm nicht gehört, da es als Tatmittel nicht zugleich Gefährdungsobjekt sein kann[1330].
- Beifahrer (die nicht schon Anstifter oder Gehilfe sind!) sind nach neuerer Rechtsprechung nicht schon durch das Mitfahren bei einem fahruntüchtigen Fahrer konkret gefährdet, sondern nur dann, wenn es infolge der Fahruntüchtigkeit zumindest zu einem „Beinahe-Unfall" gekommen ist[1331].
- Erkennt der Beifahrer die Fahruntüchtigkeit des Täters und fährt trotzdem mit, stellt sich die Frage, ob dies etwas an der Strafbarkeit des Täters ändert. Hier ist wie folgt zu differenzieren: Eine eigenverantwortliche Selbstgefährdung würde den Zurechnungszusammenhang zwischen der Gefährdung und einem etwaigen Erfolg (Verletzung/Tötung bei einem Unfall) entfallen lassen[1332]. Abzugrenzen ist die eigenverantwortliche Selbstgefährdung aber von der einverständlichen Fremdgefährdung nach der Tatherrschaft über das Geschehen[1333], die im Verhältnis Fahrer – Beifahrer wohl stets beim Fahrer liegen dürfte. Die danach allenfalls mögliche (rechtfertigende) Einwilligung des Beifahrers ist abhängig vom jeweiligen geschützten Rechtsgut: So ist eine rechtfertigende Einwilligung in § 315c nicht möglich, da das Schutzgut der Sicherheit des Straßenverkehrs für den Einzelnen nicht disponibel ist[1334]. Hingegen ist eine rechtfertigende Einwilligung in die *Gefährdung* der Gesundheit/körperlichen Integrität nach Maßgabe des § 228 nach h. M. möglich[1335], sodass eine Strafbarkeit wegen fahrlässiger Körperverletzung entfallen könnte. Beachten Sie auch hier die möglicherweise im Sachverhalt angelegte „Falle": Eine Einwilligung in den Verletzungs*erfolg* ist bei Fahrlässigkeitsdelikten nicht erforderlich, vielmehr genügt die Einwilligung in die *Gefährdung* (d. h. in die zur Gefährdung führende pflichtwidrige Handlung); es ist daher irrelevant, wenn der Klausursteller den Beifahrer sagen lässt, er sei mit einer Beschädigung seines Körpers natürlich nicht einverstanden gewesen.

e) Subjektiver Tatbestand

Das Gesetz sieht zwei unterschiedliche Strafrahmen vor, je nachdem, ob der Täter komplett vorsätzlich oder zumindest hinsichtlich der Herbeiführung der Gefahr fahrlässig gehandelt

---

1328 BGH NStZ 07, 222.
1329 F § 315 Rn. 16b. m. w. N.; BGH NStZ 2012, 216.
1330 BGH NJW 1977, 1109f.; Sch/Sch § 315c Rn. 31, F § 315c Rn. 15b, jeweils m. w. N.
1331 BGH NJW 1995, 3131 (3132) unter Aufgabe der früheren Rechtsprechung (z. B. BGH NJW 1989, 1227 (1228)), s. F § 315c Rn. 15b.
1332 F Vor § 13 Rn. 36.
1333 F Vor § 13 Rn. 37.
1334 So der BGH, Nachweise bei F § 315c Rn. 17, auch zur Gegenansicht.
1335 Vgl. F § 228 Rn. 4.

hat (Abs. 1 und Abs. 3). Ob Fahrlässigkeit nur hinsichtlich der Herbeiführung der Gefahr oder auch hinsichtlich der Tathandlung vorliegt (= Abgrenzung zwischen Abs. 3 Nr. 1 und Nr. 2), ist vor allem relevant für die Frage, ob eine teilnahmefähige vorsätzliche rechtswidrige Haupttat gegeben ist. Hierfür genügt es, dass der Täter jedenfalls hinsichtlich des Eingriffs vorsätzlich gehandelt hat (Abs. 1 und Abs. 3 Nr. 1), da die Gefährdung ja nur eine Folge ist (vgl. § 11 Abs. 2).

f) Vollendung

714 Für die Vollendung ist der Eintritt der konkreten Gefahr erforderlich, aber auch ausreichend; auf den Eintritt eines Schadens kommt es dagegen nicht mehr – bzw. nur für die Strafzumessung – an. Anders als bei § 315b gibt es bei § 315c auch keine tätige Reue gem. § 320.

g) Nebenfolgen

715 Eine Straftat nach § 315c ist ein Regelfall für die Entziehung der Fahrerlaubnis gem. § 69 Abs. 1, Abs. 2 Nr. 1 (Näheres s.o. zu § 316 und unten Rn. 840 ff.).

3. Gefährlicher Eingriff in den Straßenverkehr, § 315 b

716 **a) Geschütztes Rechtsgut: Die Sicherheit im öffentlichen Straßenverkehr**

b) Vorgeschlagenes Prüfungsschema

717 *I. Objektiver Tatbestand*
  1. verkehrsfremder Eingriff von außen in den öffentlichen Verkehr
  2. dadurch: Beeinträchtigung der Sicherheit des Verkehrs
  3. dadurch: Konkrete Gefährdung einer Person oder einer Sache von bedeutendem Wert
II. Subjektiver Tatbestand
  1. Vorsatz bzgl. Eingriff und Gefährdung (Abs. 1) oder
  2. Vorsatz bzgl. Eingriff, Fahrlässigkeit bzgl. Gefährdung (Abs. 4) oder
  3. Fahrlässigkeit bzgl. Eingriff und Gefährdung (Abs. 5)
III. Qualifikation: Deliktische Absicht, Abs. 3 i.V.m. § 315 Abs. 3
IV. Rechtswidrigkeit, Schuld

c) Verkehrsfremder Eingriff

718 Der Eingriff muss den Verkehr betreffen, der in einem **öffentlichen Verkehrsraum** stattfindet. Hierbei kommt es nicht auf die Eigentumsverhältnisse an dem Grundstück an, sondern auf die – auch nur faktische – Öffnung der Örtlichkeiten für die Allgemeinheit oder zumindest eine allgemein bestimmte Gruppe von Benutzern (Autobahn: Autofahrer; Anliegerstraße: Anlieger; Parkhaus: Kunden). Nicht öffentlicher Verkehrsgrund ist dagegen z.B. eine Tiefgarage oder ein Innenhof, der durch Zufahrtshindernisse (Schranke, Tor) für die Allgemeinheit gesperrt ist und zu dem nur ganz bestimmte Berechtigte Zufahrt haben[1336].

Die Tathandlungen i.S. der Nr. 1 und Nr. 2 machen bei der Subsumtion in der Regel wenig Schwierigkeiten; anders ist es allerdings mit der Nr. 3 (*„ähnlicher, ebenso gefährlicher Eingriff"*). Hierunter fallen Verhaltensweisen, die unmittelbar auf Verkehrsvorgänge einwirken, den Eingriffen nach Nr. 1 und Nr. 2 ihrer Art nach verwandt sind und außerdem genauso abstrakt gefährlich sind[1337]. Auch wenn hier – insbesondere beim Referendar in der Examensklausur – Unsicherheiten, ob nun ein Eingriff darunter fällt oder nicht, nicht ausbleiben, soll dieses Tatbestandsmerkmal dennoch aus verfassungsrechtlicher Sicht genügend bestimmt sein[1338]. Im Unterschied zu § 315 Abs. 1 Nr. 4 muss bei § 315b der Eingriff „verkehrsfremd"

[1336] Weitere Einzelfälle s. F § 315b Rn. 3f.
[1337] F § 315 Rn. 11.
[1338] BGHSt 22, 365 (366f.).

sein, d.h. grundsätzlich von außen kommen („verkehrsfremder Außeneingriff"). Damit sind Störungen, die von einem anderen Verkehrsteilnehmer ausgehen, grundsätzlich nicht gemeint; diese stellen entweder nur eine Ordnungswidrigkeit oder aber in den abschließend aufgeführten Fällen eine Straftat nach § 315c dar. Eine Ausnahme gilt nur dann, wenn ein Verkehrsteilnehmer sich nicht nur verkehrs*widrig,* sondern verkehrs*feindlich* verhält und einen Verkehrsvorgang zu einem Eingriff „pervertiert"[1339], insbesondere sein Fahrzeug als Waffe gegen einen anderen verwendet[1340]. Entscheidend ist hier jeweils, dass dem Täter eine verkehrsfeindliche innere Einstellung nachgewiesen werden kann und der Eingriff sich als schwerwiegend darstellt.

In den Fällen der sog. „Polizeiflucht", in denen der Täter angibt, er habe mit seinem Pkw lediglich fliehen wollen und habe gehofft, an dem im Weg stehenden Polizeibeamten noch vorbeifahren zu können (auch dann, wenn dieser nicht zur Seite springt), war nach der bisherigen Rechtsprechung eine Verfolgung wegen § 315b in der Regel nur möglich, wenn dem Täter diese Einlassung widerlegt werden und nachgewiesen werden konnte, er habe das Fahrzeug *auch* als *Werkzeug,* um sich einen Fluchtweg zu eröffnen, benutzen wollen[1341]. In einer neueren Entscheidung hat der BGH aber selbst dies noch weiter eingeschränkt[1342]: Danach stellt das Benutzen eines Fahrzeugs innerhalb des Verkehrs dann grundsätzlich keine „Perversion" des Verkehrsvorgangs dar, wenn der Täter lediglich mit Gefährdungsvorsatz (und nicht mit Verletzungsvorsatz) auf eine andere Person zugefahren ist, denn in diesem Fall sei primäres Ziel jedenfalls das eigene Fortkommen[1343].

d) Beeinträchtigung der Sicherheit des Straßenverkehrs

Nach dem Wortlaut des Gesetzes muss durch den Eingriff die Sicherheit des Straßenverkehrs beeinträchtigt sein „und dadurch" eine konkrete Gefahr für Leib, Leben oder bedeutende Sachwerte verursacht sein. Die Rechtsprechung hat daraus zunächst eine strikte Dreistufigkeit abgeleitet und stets betont, dass es gerade nicht genügt, wenn infolge des Eingriffs unmittelbar eine konkrete Gefahr für einzelne Betroffene entsteht, aber nicht darüber hinaus eine weitere abstrakte Gefahr für die Verkehrssicherheit vorliegt[1344]. Diese Rechtsprechung ist aus Anlass der „Steinwerfer" modifiziert worden: Nach heutiger Rechtsprechung genügt es, wenn die Tathandlung *unmittelbar* zu einer konkreten Gefahr oder Schädigung führt, „sofern dieser Erfolg sich als Steigerung der abstrakten Gefahr darstellt" oder (anders formuliert) sich die abstrakte Gefahr in einer konkreten Gefahr „verdichtet"[1345]. Auf eine zeitliche Abfolge oder eine Zäsur zwischen (zuerst) Gefährdung der Verkehrssicherheit und (dann) Gefährdung des Einzelnen kommt es daher ausdrücklich nicht mehr an. Ausgeschieden bleiben aber weiterhin Fälle, in denen der Täter losgelöst vom Verkehrsgeschehen ein Fahrzeug beschädigt (z.B. die Bremsleitung durchtrennt) und dieser Schaden *nicht Folge* einer Gefährdung der Verkehrssicherheit ist. Soweit hierdurch eine *Ursache* für die abstrakte Gefährdung der Verkehrssicherheit gesetzt wird, kann das Verhalten erst unter § 315b fallen, wenn diese abstrakte Gefahr wiederum in eine konkrete Gefahr für (diesen oder andere) Verkehrsteilnehmer im Sinne eines Beinahe-Unfalls umschlägt[1346].

719

1339 BGHSt 41, 231 (239).
1340 Wegen Einzelfällen vgl. die Kommentierung bei F § 315b Rn. 8–14.
1341 Vgl. BGH NStZ 1985, 267: § 315b ist nicht gegeben, wenn der Täter nicht auf die im Weg stehende Person zufahren, sondern lediglich – sei es auch in einem gefährlichen Ausweichmanöver – an ihr vorbeifahren wollte.
1342 BGHSt 48, 233 ff.
1343 S. hierzu auch F § 315b Rn. 9, 13 ff. m.w.N.; BGH NStZ 2010, 391.
1344 Vgl. F § 315b Rn. 17.
1345 BGHSt 48, 119 ff., BGH NStZ 2009, 100.
1346 F § 315b Rn. 19.

Die Sicherheit des Straßenverkehrs ist jedenfalls dann nicht beeinträchtigt, wenn bei einem von **allen** Beteiligten absichtlich herbeigeführten Unfall lediglich die Tatbeteiligten und ihre Fahrzeuge gefährdet wurden (z. B. zum Zweck des Versicherungsbetrugs)[1347].

e) Konkrete Gefährdung

720 Infolge bzw. „in Verdichtung" der Beeinträchtigung der Verkehrssicherheit muss es zu einer konkreten Gefährdung einer Person oder einer Sache von bedeutendem Wert gekommen sein. Auf die obigen Ausführungen zu § 315c (Rn. 712) kann verwiesen werden. Auch bei § 315b ist das Fahrzeug, von dem die Gefährdung ausgeht, als Tatmittel nicht von der Vorschrift geschützt; reduziert sich die eingetretene konkrete Gefahr auf dieses, ist daher § 315b nicht erfüllt.

f) Subjektiver Tatbestand

721 Zwar ist die Tat sowohl als reine Vorsatztat (Abs. 1) als auch als Vorsatz-Fahrlässigkeitstat (Abs. 4) als auch als reine Fahrlässigkeitstat (Abs. 5) strafbar, wegen der unterschiedlichen Strafrahmen ist es aber auch für die Klausur wichtig, hier sauber zu subsumieren und die richtige Variante anzugeben. Liegt ein Eingriff nach Nr. 3 in Form einer „Pervertierung" eines Verkehrsvorganges vor, ist es wegen des bewussten verkehrsfeindlichen Einsatzes des Fahrzeugs eigentlich ausgeschlossen, dass der Täter hinsichtlich der geschaffenen Gefährdungslage lediglich fahrlässig gehandelt haben könnte.

g) Vollendung

722 Mit Eintritt der konkreten Gefahr ist das Delikt bereits vollendet, sodass ein Rücktritt von diesem Zeitpunkt an – unabhängig davon, ob schon ein Schaden eingetreten ist – nicht mehr in Betracht kommt. Denken Sie aber daran, dass die (freiwillige) Abwendung der Gefahr durch den Täter, sodass ein Schaden nicht mehr entsteht, als Fall der **tätigen Reue** diesen vor Strafe bewahrt (§ 320 Abs. 3 Nr. 1b bei reinen Fahrlässigkeitstaten) oder immerhin eine Milderungsmöglichkeit eröffnet (§ 320 Abs. 2 Nr. 2 in den übrigen Fällen).

> **TIPP:** Zu diesem Zweck sollten Sie sich den § 320 unbedingt an sämtliche Delikte, auf die er sich bezieht, herankommentieren.

h) Qualifikationen

723 **TIPP:** Erfahrungsgemäß werden Verweisungen wie in § 315b Abs. 3 im Eifer des Gefechts gern überlesen, deshalb streichen Sie sich diesen Absatz gut an (Verbrechenstatbestand!).

Wegen der Einzelheiten lesen Sie bitte die Kommentierung bei **Fischer § 315 Rn. 21 ff.**

4. Unerlaubtes Entfernen vom Unfallort, § 142

a) Schutzgut

724 Geschütztes Rechtsgut ist (allein) das private Interesse der Unfallbeteiligten an der Feststellung und Sicherung der durch einen Unfall entstandenen Ansprüche bzw. an der Abwehr unberechtigter Ansprüche[1348]. Aus dieser Auffassung folgen einige Einschränkungen bei der Auslegung des objektiven Tatbestands (dazu gleich im Folgenden).

1347 So auch BGH NStZ 1992, 233 f.
1348 BGHSt 29, 138 (142); F § 142 Rn. 2. Ebenso Wessels, BT Bd. 1, Rn. 1002.

b) Vorgeschlagenes Prüfungsschema

I. *Objektiver Tatbestand*
1. *Unfall im (öffentlichen) Straßenverkehr*
2. *Täter ist Unfallbeteiligter i. S. d. Abs. 5 und*
3. *entfernt sich, obwohl eine feststellungsbereite Person anwesend wäre, ohne die erforderlichen Feststellungen zu ermöglichen (Abs. 1 Nr. 1), oder*
4. *entfernt sich, wenn keine feststellungsbereite Person anwesend war, ohne eine angemessene Zeit gewartet zu haben (Abs. 1 Nr. 2), oder*
5. *hat sich zwar berechtigt entfernt, aber nicht unverzüglich nachträglich die erforderlichen Feststellungen ermöglicht (Abs. 2 i. V. m. Abs. 3).*

II. *Subjektiver Tatbestand*
Vorsatz hinsichtlich allen Tatbestandsmerkmalen

III. *Rechtswidrigkeit, Schuld*

c) Unfall im Straßenverkehr

> Hierunter fällt jedes plötzlich eintretende Ereignis, das mit dem Straßenverkehr und seinen typischen Gefahren zusammenhängt und das zu einem nicht völlig belanglosen Personen- oder Sachschaden führt[1349].

Der Begriff des Straßenverkehrs ist der des § 315 b; demnach fallen also nur Vorfälle, die auf öffentlich zugänglichem Verkehrsgrund stattfinden, unter § 142[1350]. Die Grenze zum nicht von § 142 umfassten Bagatellschaden ist aktuell bei ca. 25 € anzusetzen[1351]. Aus dem Schutzzweck der Norm (s. o.) folgt, dass ein Unfall i. S. d. § 142 auch dann nicht vorliegt, wenn *ausschließlich* der Täter Schäden erlitten hat. Denken Sie aber daran, dass es genügt, wenn der Täter (ohne Drittbeteiligung) *fremde Gegenstände* beschädigt hat wie Zäune, Leitplanken, Bäume usw.! Ein Unfall ist begrifflich nicht dadurch ausgeschlossen, dass einer der Unfallbeteiligten diesen absichtlich herbeigeführt hat; entscheidend ist, ob wenigstens einer der Geschädigten den Unfall nicht gewollt und Feststellungsinteressen hat. Allerdings besteht dann kein Zusammenhang mehr mit dem Straßenverkehr und seinen typischen Gefahren, wenn ein Fahrzeug *ausschließlich* zu verkehrsfeindlichen Zwecken eingesetzt wird[1352].

d) Unfallbeteiligter, Abs. 5

Nur ein Unfallbeteiligter kann Täter des § 142 sein (Sonderdelikt), für andere kommt allenfalls Anstiftung oder Beihilfe in Betracht. Unfallbeteiligter kann zunächst der Fahrer eines Pkw sein, aber auch dessen Halter[1353] (vorausgesetzt, er ist beim Unfall dabei – ein späteres Dazukommen macht ihn nicht zum Unfallbeteiligten!). Ein Mitinsasse, der nicht Halter des Pkw ist, ist nur dann Unfallbeteiligter, wenn er durch sein Verhalten – auch mittelbar – zu dem Unfall beigetragen hat[1354]. Ein Dritter, der zwar zum Unfall beigetragen hat, sich zum Zeitpunkt des Unfalls aber nicht am Unfallort befindet (z. B. der schlampige Monteur), ist dagegen nicht Unfallbeteiligter i. S. d. § 142.

1349 Definition bei F § 142 Rn. 7.
1350 S. auch F § 142 Rn. 8 mit Beispielen.
1351 S. F § 142 Rn. 11.
1352 S. auch F § 142 Rn. 13 Mitte. Sobald aber das Fahrzeug gleichzeitig auch zur Fortbewegung (z. B. zur Flucht) eingesetzt wird, greift § 142 wieder ein – unterstreichen Sie sich in Rn. 13 daher die Worte „ausschließlich", „verkehrs-atypisch" und „zur Flucht"!
1353 Den mitfahrenden Halter trifft – neben dem Fahrer – die Pflicht, im Falle eines Unfalls die erforderlichen Feststellungen zu ermöglichen!
1354 Beispiele bei F § 142 Rn. 17, 18.

e) Unerlaubtes Entfernen (Abs. 1)

728 Die Fallalternativen des Abs. 1 unterscheiden sich danach, ob eine feststellungsbereite Person am Unfallort anwesend ist (Nr. 1) oder nicht (Nr. 2). Dabei kommt es nicht darauf an, ob die anwesende Person selbst geschädigt ist; es genügt, wenn sie erkennbar bereit ist, zu Gunsten eines Berechtigten (i. S. d. Abs. 3) Feststellungen zu treffen, um diese weiterzugeben.

Ist so jemand anwesend, muss man die erforderlichen Feststellungen, insbesondere die seiner Person (Personalien), seines Fahrzeugs (Kennzeichen) und die Art seiner Beteiligung am Unfall (Schuldfrage!) **ermöglichen**, indem man angibt, an dem Unfall beteiligt zu sein (= aktive Vorstellungspflicht), sowie bis zum Ende der Feststellungen anwesend ist (= passive Feststellungsduldungspflicht). Weitere Angaben muss man nicht machen, insbesondere muss man gegenüber Privatpersonen auch nicht seine Personalien aktiv angeben oder den Fahrzeugschein zeigen (man muss dann allerdings auf sein Verlangen auf das Eintreffen der Polizei warten!). Unter Hinweis darauf, der andere könne sich ja das Kennzeichen notieren, weiterzufahren, genügt jedoch nicht[1355]. Streitig ist, ob der Unfallbeteiligte sogar verdunkelnde Maßnahmen ergreifen darf, wie z. B. falsche Personalien anzugeben oder sein Fahrzeug von einem Dritten vom Unfallort entfernen zu lassen[1356].

Ist keine feststellungsbereite Person anwesend, muss man am Unfallort eine „angemessene" Zeit warten, ob noch jemand auftaucht. Die Wartepflicht entfällt nicht deshalb, weil es unwahrscheinlich erscheint, dass jemand kommt. Ihre Dauer bemisst sich nach den Umständen des Einzelfalls, insbesondere nach der Höhe des Schadens, der Tageszeit, der Witterung und der Verkehrsdichte[1357]. Da es feste Sätze hier nicht gibt und die von der Rechtsprechung entschiedenen Fälle stark differieren, müssten die Fälle in der Klausur schon recht deutlich liegen, wenn von Ihnen eine bestimmte Entscheidung erwartet wird (z. B. stundenlanges Warten bei relativ niedrigem Schaden oder äußerst kurzes Warten bei sehr hohem Schaden). Entscheidend zu wissen ist, dass Ersatzmaßnahmen wie Zettel zu hinterlassen vor Ablauf der Wartezeit grundsätzlich nicht ausreichend sind – auch nicht, statt zu warten, gleich zur Polizei zu fahren![1358]

Der Täter hat sich vom Unfallort entfernt, wenn er sich außerhalb des Bereichs befindet, in dem feststellungsbereite Personen ihn noch als Wartepflichtigen vermuten würden. Dies kann schon nach wenigen Metern der Fall sein, wenn dadurch eine entsprechende Herauslösung aus dem Unfallgeschehen stattfindet[1359]. Ein einverständliches Entfernen – z. B. zu einem weniger verkehrsbehindernden Platz – fällt als „berechtigtes" Entfernen nicht unter § 142 Abs. 1, dort muss der Unfallbeteiligte aber gem. Abs. 2 (i. V. m. Abs. 3) die Feststellungen weiter ermöglichen.

Verzichten dagegen alle Berechtigten bereits am Unfallort endgültig auf die (oder auf weitere) Feststellungen, greift § 142 bereits tatbestandsmäßig überhaupt nicht mehr ein; insofern wird ein weiteres „Ermöglichen" vom Unfallbeteiligten nicht mehr verlangt[1360]. Dies gilt allerdings nicht, wenn der Täter die Verzichtserklärung erschlichen hat oder wenn der Verzichtende (erkennbar) keine zutreffende Vorstellung von der Bedeutung des Verzichts hat[1361].

1355 S. auch F § 142 Rn. 27.
1356 S. hierzu F § 142 Rn. 29; Sch/Sch § 142 Rn. 29; Wessels, BT Bd. 1, Rn. 1006, jeweils m. w. N.
1357 Einzelheiten bei F § 142 Rn. 36.
1358 Dies folgt aus der Systematik des § 142, wonach das Benachrichtigen der Polizei nur dann entlasten kann, wenn zuvor eine angemessene Zeit gewartet wurde (vgl. § 142 Abs. 2 Nr. 1 i. V. m. Abs. 3).
1359 F § 142 Rn. 21.
1360 Wie hier F § 142 Rn. 30; Sch/Sch § 142 Rn. 30a. Nach anderer Ansicht (Nachweise bei F § 142 Rn. 30) soll lediglich ein Rechtfertigungsgrund vorliegen.
1361 Z. B. bei unfallbeteiligten Kindern, vgl. auch F § 142 Rn. 31, 31 a.

f) Nachträgliche Ermöglichung der Feststellungen (Abs. 2, 3)

Wer sich nach Ablauf der Wartezeit entfernt (Abs. 2 Nr. 1), muss genau wie der, der sich berechtigt (= gerechtfertigt) oder entschuldigt[1362] bereits vor Ablauf der Wartezeit entfernt hat (Abs. 2 Nr. 2), die Feststellungen unverzüglich nachträglich ermöglichen. Was hierzu getan werden muss, regelt Abs. 3 (beachten Sie Abs. 3 S. 2!). 729

Streitig war, ob dies auch für den gilt, der den Unfallort unvorsätzlich oder sogar willenlos verlassen hat. Der BGH[1363] hatte dies bejaht für den Fall, dass jemand sich in Unkenntnis des Unfalls entfernt und erst anschließend – aber noch innerhalb eines zeitlichen und räumlichen Zusammenhangs – von dem Unfall erfährt. Hier scheidet eine Strafbarkeit nach Abs. 1 aus, da kein Vorsatz hinsichtlich des Entfernens von einem *Unfall*ort vorliegt. Das BayObLG[1364] ging sogar noch einen Schritt weiter und entschied, dass sich auch jemand gem. § 142 Abs. 2 Nr. 2 strafbar mache, der gegen seinen Willen vom Unfallort entfernt worden sei und dann nicht nachträglich die erforderlichen Feststellungen ermögliche. Der Streit ist durch das BVerfG[1365] entschieden worden: Die Erweiterung des § 142 Abs. 2 Nr. 2 auf ein unvorsätzliches Entfernen verstößt – wie bereits früher von der h. L. vertreten – gegen das Analogieverbot (Art. 103 II GG)[1366]. Wer erst nachträglich an einem anderen Ort von dem Unfall erfährt, macht sich daher nicht nach § 142 Abs. 2 strafbar[1367]. Dabei darf auch der Begriff des Unfallortes nicht weiter als in Abs. 1 ausgelegt werden. Es liegt auf der Hand, dass damit auch eine Erweiterung auf willenlos entfernt „Gewordene" (wie durch das BayOLG) ebenfalls ausscheidet, da es hier sogar bereits am aktiven „Sich-Entfernen" fehlt. Wer sich allerdings unvorsätzlich entfernt, weil er sich in einem Erlaubnistatbestandsirrtum befindet (irrige Annahme eines Rechtfertigunggrundes), wird immer noch von der h. M. dem sich tatsächlich berechtigt Entfernenden gleichgestellt, da es nicht verständich wäre, dass jemand, für den tatsächlich ein Rechtfertigungsgrund streitet, der Pflicht des Abs. 2 unterworfen ist, nicht aber jemand, der nur vermeintlich gerechtfertigt den Unfallort verlässt[1368].

Zum Entfernen in (nicht ausschließbar) schuldunfähigem Zustand vgl. auch Rn. 750.

Zum Verhältnis zwischen den verschiedenen Tatbestandsalternativen des Abs. 1 und Abs. 2 gilt also Folgendes: Wer die erforderlichen Feststellungen am Unfallort gem. § 142 Abs. 1 Nr. 1 ermöglicht hat, kann sich nicht mehr wegen Unfallflucht strafbar machen; die in Abs. 2 normierten Pflichten sind für ihn gegenstandslos. Wer umgekehrt bereits den Tatbestand des § 142 Abs. 1 Nr. 1 oder Nr. 2 erfüllt hat, ohne dass ein Rechtfertigungs- oder Entschuldigungsgrund greift, kann sich auch durch die Nachholung seiner Pflichten nicht mehr vor Strafe schützen – Abs. 2 ist hier nicht mehr anwendbar, allenfalls noch Abs. 4 (dazu gleich unten). Abs. 2 enthält damit nur eine **zusätzliche** Pflicht für denjenigen, der sich nicht oder jedenfalls nicht vorwerfbar vor Ablauf der Wartezeit entfernt hat.

g) Vorsatz

Strafbar ist allein das vorsätzliche Entfernen vom Unfallort, d. h. das Handeln in Kenntnis aller zum Tatbestand gehörenden Umstände, insbesondere also in Kenntnis vom Vorliegen eines Unfalls und der eigenen Beteiligung daran, wobei es genügt, dass der Täter das Vorliegen eines Unfalls samt seiner Beteiligung daran für möglich hält (dol. evt.). Der Irrtum über die Pflicht zu warten (statt z. B. einen Zettel zu hinterlassen), betrifft nicht den Tatbestand, sondern eine Rechtspflicht und führt daher nicht zum Ausschluss des Vorsatzes, sondern – da vermeidbar – lediglich zur Möglichkeit einer Strafmilderung gem. § 17 S. 2. Dies führt ins- 730

[1362] Zu den in Betracht kommenden Rechtfertigungs- und Entschuldigungsgründen bitte gründlich F § 142 Rn. 45–49 lesen!
[1363] BGHSt 28, 129 ff. (133).
[1364] NJW 82, 1059 f.
[1365] BVerfG NJW 2007, 1666.
[1366] F § 142 Rn. 51 f.; Sch/Sch § 142 Rn. 55.
[1367] So jetzt auch BGH NStZ 2011, 209.
[1368] Vgl. F § 142 Rn. 50; Sch/Sch § 142 Rn. 55.

besondere im Zusammenhang mit der Bagatellgrenze zu folgender Unterscheidung: Nimmt der Täter irrig an, der verursachte Fremdsachschaden läge unter 25 €, so handelt es sich um einen den Vorsatz (bzgl. des Tatbestandsmerkmals „Unfall") ausschließenden Tatbestandsirrtum; nimmt er dagegen irrig an, bei dem von ihm zu Recht als niedrig (aber über der Bagatellgrenze liegenden) eingeschätzten Fremdsachschaden sei die Einhaltung einer Wartezeit nicht erforderlich oder genüge das Warten weniger Minuten, so hat er den objektiven Tatbestand zutreffend erkannt, sodass lediglich ein vermeidbarer Verbotsirrtum vorliegt. Schwierigkeiten macht in der Praxis die Einlassung des Täters, er habe den Anstoß zwar bemerkt, bei Betrachtung des fremden Pkw jedoch keinen Schaden gesehen. An sich führt diese Einlassung dazu, dass der Vorsatz hinsichtlich des Vorliegens eines Unfalls mit nicht völlig unbedeutendem Fremdsachschaden eben nicht vorliegt (bzw. jedenfalls nicht nachgewiesen werden kann). Ist jedoch der entstandene Schaden gut zu sehen, ist diese Einlassung wenig glaubwürdig. Überdies ist zu berücksichtigen, dass es genügt, dass der Täter aufgrund des Anstoßes eine Beschädigung des fremden Pkw **für möglich hält** und sich trotzdem entfernt. Da wohl fast jeder Verkehrsteilnehmer weiß, wie schnell (teure) Schäden an einem Auto entstehen können, kann auch bei schlecht oder sogar gar nicht sichtbaren Schäden[1369] bei einer entsprechenden Anstoßwucht (und einer tatsächlich vorliegenden erheblichen Beschädigung) davon ausgegangen werden, dass der Täter trotz angeblicher Nachschau das Entstehen eines nicht unerheblichen Schadens zumindest für möglich hielt.

h) Tätige Reue (Abs. 4)

731 Ein persönlicher[1370] Strafaufhebungs- oder Milderungsgrund wurde durch Einfügung des Abs. 4 geschaffen, um für den Täter – im Interesse einer wenn auch verspäteten Aufklärung des Unfalls – einen Anreiz zu schaffen, sich auch dann noch zu melden, wenn er eigentlich schon die Strafverfolgung befürchten muss. Voraussetzungen sind ein Zeitlimit (innerhalb von 24 Stunden ab dem Unfallzeitpunkt), ein Wertlimit (kein bedeutender Fremdsachschaden, d.h. unter 1 300 €[1371]) und die Begrenzung auf Unfälle „außerhalb des fließenden Verkehrs" (d.h. weder das Täterfahrzeug noch die beschädigten Fahrzeuge der anderen Unfallbeteiligten dürfen gerade am fließenden Verkehr teilgenommen haben). Die Vorschrift erhält damit Bedeutung nur für kleinere Schäden, die beim Rangieren auf Parkplätzen, Parkbuchten oder Einfahrten an anderen geparkten Autos (oder Zäunen, Verkehrszeichen o.Ä.) verursacht wurden[1372]. Der Strafaufhebungs- bzw. Milderungsgrund greift allerdings nur, wenn der Täter die nachträglichen Feststellungen **freiwillig ermöglicht**; daran fehlt es, wenn der Täter von der Polizei bereits ausfindig gemacht wurde oder die Feststellungen schon auf andere Weise getroffen werden konnten.

i) Konkurrenzen

732 Man kann sich merken, dass das unerlaubte Entfernen vom Unfallort grundsätzlich aufgrund eines neuen Tatentschlusses stattfindet, der eine Zäsurwirkung dergestalt hat, dass zwischen vorher verwirklichten Delikten und dem unerlaubten Entfernen grundsätzlich Tatmehrheit besteht (während zu gleichzeitig mit der Wegfahrt verwirklichten Delikten natürlich Tateinheit besteht). Der Paradefall, den man unbedingt kennen sollte, ist die Fahrt unter Alkoholeinfluss, die zu einem alkoholbedingten Unfall führt, von dem sich der Täter dann (ebenfalls unter Alkoholeinfluss) unerlaubt entfernt, wobei der Täter zunächst fahrlässig seine Fahruntüchtigkeit nicht erkannt, aufgrund des Unfalls aber erkannte, dass er fahruntüchtig ist: Hier ist eine Strafbarkeit wegen fahrlässiger Straßenverkehrsgefährdung gem. § 315c Abs. 1 Nr. 1a,

---

[1369] Z. B. Schäden innerhalb der Stoßstange oder Dellen, die aufgrund der Witterungsverhältnisse (dunkel, Regen) kaum sichtbar sind.
[1370] D. h. es gilt § 28 Abs. 2!
[1371] S. F § 142 Rn. 64.
[1372] Vgl. F § 142 Rn. 63: Nicht unter Abs. 4 fällt dagegen das Streifen am Rand geparkter Fahrzeuge, während der Täter sich im fließenden Verkehr bewegt.

Abs. 3 Nr. 2[1373] in Tatmehrheit unerlaubtem Entfernen vom Unfallort, dieses in Tateinheit mit vorsätzlicher Trunkenheitsfahrt gem. § 316 Abs. 1 gegeben[1374]. Ebenso ist bei im Zusammenhang mit der Unfallflucht begangenen Körperverletzungen grundsätzlich zu differenzieren: Ist die Körperverletzung bei dem Unfall eingetreten, von dem der Täter dann flieht, liegt Tatmehrheit vor; wird erst bei der Fluchtfahrt jemand verletzt, liegt Tateinheit vor[1375].

5. Räuberischer Angriff auf Kraftfahrer, § 316a

a) Vorgeschlagenes Prüfungsschema:

I. *Objektiver Tatbestand*
   1. *Angriff auf Leib, Leben oder Entschlussfreiheit eines Kraftfahrzeuginsassen*
   2. *Unter Ausnutzung der besonderen Verhältnisse im Straßenverkehr*
II. *Subjektiver Tatbestand*
   1. *Vorsatz*
   2. *Absicht der Begehung eines Raubes, eines räuberischen Diebstahls oder einer räuberischen Erpressung*
III. *Rechtswidrigkeit, Schuld*

733

b) Objektiver Tatbestand

aa) Verüben eines Angriffs auf Leib, Leben oder Entschlussfreiheit eines Kraftfahrzeuginsassen

Beachten Sie: Seit dem 6. StrRG handelt es sich bei § 316a nicht mehr um ein Unternehmensdelikt; daher stellt der versuchte Angriff auf einen Kraftfahrer keinen vollendeten § 316a mehr dar (ist aber als Versuch gem. §§ 316a, 22, 23 dennoch strafbar). Nach BGH NStZ 1989, 476 f. war der Unternehmenstatbestand bereits erfüllt mit Antritt der Fahrt, wenn der Täter mit einem genügend konkreten Angriffsvorsatz in dem Fahrzeug Platz genommen hatte; übertragen auf die heutige Rechtslage würde dies bedeuten, dass damit ein unmittelbares Ansetzen i. S. d. Versuchsstrafbarkeit vorläge[1376].

734

Während sich bereits aus dem Gesetzeswortlaut ergibt, dass Opfer des Angriffs sowohl der Führer eines Kfz als auch ein Mitfahrer sein kann, übersieht man in der Klausur schon einmal leicht, dass auch der Täter – neben einem außenstehenden Dritten – wiederum der Führer oder ein Mitfahrer sein kann!

TIPP: Dabei sind grundsätzlich alle Konstellationen der Verteilung denkbar, sowohl Täter als auch Opfer können sich innerhalb oder außerhalb des Kfz befinden.

bb) Unter Ausnutzung der besonderen Verhältnisse des Straßenverkehrs

Diese Einschränkung ist die Rechtfertigung für die besonders hohe Strafandrohung, da nur die Zuverlässigkeit und Funktionsfähigkeit des Straßenverkehrs und das Vertrauen der Bevölkerung in dessen Sicherheit durch § 316a geschützt werden soll; andererseits führt diese Einschränkung zu den eigentlichen Problemen in einer Klausur. Denn liest man die Kommentierung im Fischer, erscheint einem die Unterscheidung in Fälle, in denen dieses Merkmal vorliegen bzw. nicht vorliegen soll, ziemlich willkürlich.

735

1373 Ist der Unfall nicht alkoholbedingt, dann wegen Trunkenheitsfahrt!
1374 Für die Aufgabenstellung „Staatsanwaltschaftliche Abschlussverfügung" ist aber darüber hinaus zu beachten, dass trotz Tatmehrheit nur eine Tat im prozessualen Sinn gem. § 264 StPO vorliegt, mit der Folge, dass bei Wegfall einzelner Vorwürfe keine Teileinstellung, sondern nur ein Vermerk verfasst werden darf.
1375 Wegen weiterer Einzelheiten s. F § 142 Rn. 68.
1376 Streitig, vgl. F § 316a Rn. 8, 13; nach anderer Ansicht soll ein unmittelbares Ansetzen erst dann gegeben sein, wenn nach dem Täterplan der Angriffszeitpunkt unmittelbar bevorsteht (so z. B. Günther, JZ 1987, 16 [23 ff.]); Sch/Sch § 316a Rn. 8.

> Das Fahrzeug muss unter Ausnutzung einer sich aus dem fließenden Straßenverkehr ergebenden, ihm eigentümlichen Gefahrenlage für den Kraftfahrzeugverkehrsteilnehmer in die Tat unmittelbar einbezogen werden[1377]. Weder erforderlich noch ausreichend ist es, dass das Fahrzeug selbst Gegenstand des Raubs ist.

Die dem fließenden Straßenverkehr eigentümliche Gefahrenlage besteht darin, dass beim Fahren erhöhte Konzentration erforderlich ist, Fluchtmöglichkeiten und Gegenwehrmöglichkeiten erschwert sind und der Einzelne in seinem Kfz isoliert ist und daher Hilfe von außen kaum zu erwarten hat[1378].

Eine sich aus dem fließenden Straßenverkehr ergebende Gefahrenlage wird dagegen nicht ausgenutzt bei Überfällen in einer Garage oder einer Gaststätte, zu der das Opfer hingefahren ist.

Das Fahrzeug muss „unter Ausnutzung ..." in die Tat unmittelbar einbezogen sein, d. h., es muss ein enger Zusammenhang zwischen der Tat und der Nutzung des Kfz als Verkehrsmittel bestehen. Hier ist die neuere – den Tatbestand einschränkend auslegende – Rechtsprechung des BGH zu beachten[1379]:

Grundsätzlich ist erforderlich, dass der Angriff während des Führens (oder Mitfahrens) erfolgt („zu einem Zeitpunkt, in dem sich der Fahrer/Mitfahrer mit dem Fahrzeug im fließenden Verkehr befindet"[1380]); dies ist bei einem Angriff auf Insassen eines **fahrenden** Pkw unproblematisch – bei einem Angriff auf Insassen eines **haltenden** Pkw ist zu verlangen, dass das Opfer als Fahrer noch „mit der Bewältigung von Verkehrsvorgängen" befasst ist (z.B.: Beobachtung des Verkehrs an einer Einmündung, betriebsbereites Warten auf Umschalten der Ampel auf „Grün", Betätigen der Bremse bei vorübergehendem Halt) bzw. der Mitfahrer wegen des Umstands, dass die Fahrt nach Veränderung der Verkehrssituation sogleich fortgesetzt werden wird, keine Möglichkeit zum gefahrlosen Verlassen des Pkw hat[1381]. Bei einem nicht verkehrsbedingten Halt bedarf es zur Annahme einer Ausnutzung der spezifischen Bedingungen des Straßenverkehrs besonderer Umstände[1382]. Wenn der Motor des Pkw im Zeitpunkt des Angriffs nicht (mehr) läuft, scheidet eine besondere Ausnutzung der Umstände des Straßenverkehrs regelmäßig aus.

Wird das Opfer mit dem Kfz planmäßig an eine einsame Stelle gebracht, um es dort zu berauben, ist zu unterscheiden, ob das Opfer schon mit Gewalt oder Drohung zu dieser Stelle zu fahren genötigt wurde (dann bereits Angriff während der Fahrt = § 316 a[1383]) oder ob das Opfer mit List/durch Angabe einer falschen Adresse dorthin gelockt wurde, um es dort *nach* dem Anhalten zu überfallen (dann kein § 316 a[1384]).

c) Subjektiver Tatbestand

aa) Vorsatz

736 Der Entschluss zum Angriff muss vor Beendigung der Teilnahme am fließenden Straßenverkehr gefasst sein, sonst liegt nicht der erforderliche enge Zusammenhang zur Nutzung des Kfz als Verkehrsmittel vor (s.o.).

1377 F § 316 a Rn. 9.
1378 Vgl. BGH NStZ 1989, 476 (477).
1379 Vgl. F § 316 a Rn. 11, 11 a.
1380 BGH NStZ 2013, 43.
1381 BGH NStZ 2013, 43.
1382 So genügt nach BGH NJW 2005, 2564 das Laufenlassen des Motors (beim Geldwechseln durch den Taxifahrer) als „Führen" des Kfz nicht.
1383 F § 316 a Rn. 11 b.
1384 F § 316 a Rn. 11.

bb) Absicht der Begehung einer in § 316a genannten Tat

Der Entschluss zum Raub (oder einem anderen genannten Delikt) kann vor Beginn der Angriffshandlung, muss aber spätestens vor Vollendung der Angriffshandlung gefasst werden. Dabei muss der Täter eine hinreichend konkrete Vorstellung von der beabsichtigten Tat i. S. d. §§ 249, 252, 255 haben. Ob die Angriffshandlung selbst bereits auch schon den Tatbestand des Raubs, des räuberischen Diebstahls oder der räuberischen Erpressung erfüllt, oder ob hier noch eine gesonderte tatbestandsmäßige Handlung erfolgen muss, ist unerheblich.

737

d) Konkurrenzen

§ 316a steht mit den *vollendeten* Delikten der genannten Raubarten in Tateinheit[1385], ebenso natürlich mit gleichzeitig verwirklichten Körperverletzungsdelikten. Dagegen werden gleichzeitig verwirklichte *versuchte* Raubdelikte grundsätzlich konsumiert, da diese in aller Regel bei Begehung des § 316a vorliegen[1386]. Dies gilt nach BGH allerdings nicht für den Versuch eines *schweren* Raubs (räuberischen Diebstahls, räuberischer Erpressung), da der im Qualifikationsmerkmal liegende spezifische Unrechtsgehalt durch den Tatbestand des § 316a Abs. 1 nicht oder jedenfalls nicht erschöpfend erfasst wird[1387].

738

6. Fahren ohne Fahrerlaubnis, § 21 StVG

Detaillierte Kenntnisse bzgl. der – in der Praxis oft sehr schwierigen – Frage, unter welchen Umständen jemand welche Art von Fahrerlaubnis hätte haben müssen und damit i. S. d. § 21 StVG die erforderliche Fahrerlaubnis eben nicht hatte, werden im Examen sicher nicht verlangt werden. Für Sie reicht es zu wissen,
- dass es diese Strafvorschrift außerhalb des StGB überhaupt gibt,
- dass sie eingreift, wenn jemand entweder noch nie einen Führerschein hatte oder dieser sichergestellt oder beschlagnahmt wurde oder wenn ihm die Fahrerlaubnis gem. § 69 entzogen oder gegen ihn ein Fahrverbot gem. § 44 verhängt wurde,
- dass sowohl die vorsätzliche als auch die fahrlässige Begehung strafbar ist
- und dass sowohl der Fahrer selbst (wegen des Führens) als auch der Halter (wegen des Anordnens oder Zulassens des Führens) bestraft werden kann.

739

7. Vollrausch, § 323a, und die Grundsätze der actio libera in causa

War der Täter aufgrund eines Rauschzustandes schuldunfähig (§ 20) oder seine Schuldunfähigkeit nicht ausschließbar (§ 20 i. V. m. dem Zweifelsgrundsatz), so müssen Sie weiterprüfen, ob er des Normaldelikts i. V. m. den Grundsätzen des vorsätzlichen oder fahrlässigen Ingangsetzens des Geschehensablaufs (a. l. i. c.) oder eines Vollrausches nach § 323a strafbar ist.

740

a) Aufbauhinweis

§ 323a ist ein Auffangtatbestand, der erst zur Anwendung kommt, wenn die Normaltat scheitert, weil zum Tatzeitpunkt Schuldunfähigkeit vorlag oder nicht ausgeschlossen werden kann und auch die zeitliche Vorverlagerung des Schuldanknüpfungspunkts mittels der actio libera in causa (a. l. i. c.) scheitert.

741

1385 Da § 316a bereits mit der Angriffshandlung unabhängig vom Gelingen des geplanten Raubdelikts erfüllt ist.
1386 So Sch/Sch § 316a Rn. 21; kritisch F § 316a Rn. 20.
1387 BGH, Urteil 1 StR 12/77 v. 15. 2. 1977 (besprochen in MDR 1977, 807 f.).

Prüfen Sie daher in dieser Reihenfolge:

1. *Verwirklichtes Delikt (z.B. § 223, 212, 315 c)*
   a) *Tatbestand*
   b) *Rechtswidrigkeit*
   c) *Schuld*
      (1) *§ 20 bzw. nicht ausschließbar § 20*
      (2) *vorsätzliche oder fahrlässige a.l.i.c.*
2. *§ 323 a.*

b) Die Grundsätze der actio libera in causa

742 Nach den Grundsätzen des vorsätzlichen oder fahrlässigen Ingangsetzens eines Geschehensablaufs (sog. a.l.i.c.)[1388] wird im Falle rauschbedingter Schuldunfähigkeit oder nicht ausschließbarer Schuldunfähigkeit der Zeitpunkt für die Schuldfeststellung vom Tatzeitpunkt vorverlagert auf den Zeitpunkt, zu dem der Täter sich in diesen Zustand versetzt. Es handelt sich also um eine Rechtsfigur, die allein die *Schuld* betrifft. Nach neuerer BGH-Rechtsprechung sind die Grundsätze der a.l.i.c. in ihrer **Anwendung eingeschränkt**. Im Einzelnen gilt Folgendes:

743 **Vorsätzliche a.l.i.c.:** Wer vorsätzlich einen die Schuldunfähigkeit ausschließenden Zustand herbeiführt und dabei den Vorsatz hat, in jenem Zustand eine (bestimmte!) rechtswidrige Tat zu begehen *(doppelter Vorsatz)*, ist, falls er dies dann auch tut, wegen der vorsätzlichen Tat strafbar[1389]. In der Sachverhaltsschilderung müssen all diese Gesichtspunkte einschließlich des doppelten Vorsatzes und der verschiedenen zeitlichen Anknüpfungspunkte deutlich werden. Bsp.:

> *Direkter Vorsatz:*
> *„Um sich Mut anzutrinken, nahm der Angeschuldigte am ... um ... Uhr in ...*[1390] *wissentlich und willentlich*[1391] *so viele, in Art und Menge nicht mehr näher ermittelbare alkoholische Getränke*[1392] *zu sich, dass seine BAK um ... Uhr*[1393] *3,1‰*[1394] *betrug. Als um ... Uhr*[1395]*, wie vom Angeschuldigten von vornherein erwartet*[1396]*, X hereinkam, stach der Angeschuldigte – wie von Anfang an beabsichtigt*[1397] *– ..."*

1388 Auch „Grundsätze der vorverlegten Verantwortlichkeit", bei *Fischer* kommentiert unten § 20 Rn. 49 ff.
1389 BGHSt 17, 333 (334 f.). Allerdings hat der BGH in NStZ 2002, 28 offengelassen, ob ein doppelter Vorsatz in diesem Sinne für die vorsätzliche a.l.i.c. erforderlich sei. Bsp. für Umstände, bei denen die vorsätzliche a.l.i.c. unproblematisch zu bejahen ist: Täter trinkt sich für die Tat Mut an; Täter will bei Tatbegehung schuldunfähig sein; Täter hatte im betrunkenen Zustand schon wiederholt Taten dieser Art begangen, und es ist ihm gleichgültig, ob er im betrunkenen Zustand wieder solche Taten begeht (bedingter Vorsatz).
1390 Tatort des Herbeiführens eines die Schuldfähigkeit ausschließenden Zustands.
1391 Vorsatz für das Herbeiführen eines die Schuldunfähigkeit ausschließenden Zustands.
1392 Falls bekannt, müssen die Art und Menge des konsumierten Alkohols aufgenommen werden, da sie für die BAK und die Schuldfähigkeit von Bedeutung sind.
1393 Zeitpunkt der BAK-Feststellung darf nicht fehlen, da er nicht immer mit Zeitpunkt der Tat übereinstimmt und dann für die maßgebliche Schuldfähigkeit zum Tatzeitpunkt zurückgerechnet werden muss.
1394 BAK muss aufgenommen werden, da für Frage der Schuldfähigkeit hier entscheidend.
1395 Tatzeit.
1396 Hiermit wird ausgedrückt, dass der Tatvorsatz – wie bei der vorsätzlichen a.l.i.c. erforderlich – bereits vorlag, als der Täter begann, sich zu betrinken.
1397 Auch hiermit wird ausgedrückt, dass der Tatvorsatz bereits vorlag, als der Täter begann, sich zu betrinken.

> *Bedingter Vorsatz:*
> *„Obwohl er schon oft im angetrunkenen Zustand gewalttätig geworden war[1398], betrank sich der Angeschuldigte am ... wissentlich und willentlich[1399] in ... Dabei war ihm gleichgültig, dass er im angetrunkenen Zustand möglicherweise wieder gewalttätig werden würde[1400]. Um ... Uhr[1401] schlug er dann in ... Zu diesem Zeitpunkt betrug seine BAK 3,1‰ ..."*

Im Tenor taucht die a. l. i. c. nicht auf.

> **Bsp.:**
> *„... ist schuldig des Totschlags gem. § 212 StGB."*

Die vorsätzliche a. l. i. c. soll einer Entscheidung des 4. BGH-Strafsenats aus dem Jahr 1996[1402] jedenfalls auf **§§ 315 c StGB und 21 StVG** keine Anwendung mehr finden, da keines der diversen Begründungsmodelle für die Schuldvorverlagerung im Wege der a. l. i. c. bei diesen Delikten greife. Das gelte auch für § 316. Für diese Delikte, die eine bestimmte Handlung voraussetzen, insbesondere für schlichte Tätigkeitsdelikte, kommt hiernach bei fehlender Schuldfähigkeit im Tatzeitpunkt nur noch § 323a in Betracht. Außerhalb dieses Anwendungsbereichs hat der BGH aber an der Rechtsfigur der a. l. i. c. festgehalten, sie z. B. bei einem schweren Raub ohne jegliche Problematisierung für anwendbar gehalten[1403].

Die Strafbarkeit aus dem vorsätzlichen Delikt nach den Grundsätzen der vorsätzlichen a. l. i. c. führt dazu, dass § 323 a nicht mehr greift, da ja aus dem Normaltatbestand bestraft wird.

Fahrlässige a. l. i. c.: Wer vorsätzlich oder fahrlässig einen die Schuldunfähigkeit ausschließenden Zustand herbeiführt und dabei fahrlässig nicht erkannt hat, dass er in jenem Zustand eine rechtswidrige Tat begehen werde, oder darauf vertraut hat, eine solche nicht zu begehen, ist der fahrlässigen Tat strafbar[1404], soweit die fahrlässige Begehung des Delikts unter Strafe steht (*Vorsatz-Fahrlässigkeit-Kombination oder Fahrlässigkeit-Fahrlässigkeit-Kombination*). Allerdings will der 4. Strafsenat des BGH[1405] in der zitierten Entscheidung Delikte wie §§ 315 c, 316 StGB und § 21 StVG auch aus der fahrlässigen a. l. i. c. ausklammern. Darüber hinaus hat der 4. Strafsenat in dieser Entscheidung einen Rückgriff auf die fahrlässige a. l. i. c. ganz grundsätzlich **bei fahrlässigen Erfolgsdelikten abgelehnt**, da hier bereits der normale Fahrlässigkeitsvorwurf an das Sichberauschen im Zeitpunkt der Schuldfähigkeit anknüpfe. Gegenstand des strafrechtlichen Vorwurfs bei den fahrlässigen Erfolgsdelikten wie § 222 sei *jedes* in Bezug auf den tatbestandsmäßigen Erfolg sorgfaltswidrige Verhalten des Täters, das diesen ursächlich herbeiführt. Aus diesem Grunde bestünden, wenn mehrere Handlungen als sorgfaltswidrig in Betracht kommen (wie Sichberauschen trotz erkennbarer Gefahr einer anschließenden Trunkenheitsfahrt mit Unfallrisiko einerseits und diese Fahrt selbst andererseits) keine Bedenken, den Fahrlässigkeitsvorwurf an das zeitlich frühere Verhalten anzuknüpfen, das dem Täter – anders als das spätere – auch als schuldhaft vorgeworfen werden kann. Die Lehre[1406] will die a. l. i. c. gleichwohl auch auf diese Fälle noch anwenden.

744

1398 Hiermit wir die Vorhersehbarkeit als Bestandteil des bedingten Vorsatzes ausgedrückt. Der zweite Bestandteil (Gleichgültigkeit) folgt im nächsten Satz.
1399 Vorsatz für das Herbeiführen eines die Schuldfähigkeit ausschließenden Zustands.
1400 Zweiter Bestandteil des bedingten Vorsatzes.
1401 Eigentliche Tat(uhr)zeit.
1402 BGHSt 42, 235 (238 ff.). Hierzu F § 20 Rn. 54.
1403 BGH NStZ 1999, 448 f.
1404 Z. B.: Täter hat im betrunkenen Zustand schon wiederholt Taten dieser Art begangen, glaubt aber, sich dieses Mal besser beherrschen zu können.
1405 BGHSt 42, 235 (239).
1406 Krey, BT Bd. 1, Rn. 793 a m. w. N.

Gleichzeitig mit der fahrlässigen a.l.i.c. können die Voraussetzungen eines vorsätzlichen Vollrausches erfüllt sein, da dieser ja Vorsatz nur hinsichtlich des Sichberauschens, nicht aber hinsichtlich der Rauschtat voraussetzt. Es ist dann Tateinheit anzunehmen[1407].

c) § 323a

aa) Geschütztes Rechtsgut

745 § 323a schützt die Allgemeinheit vor den Gefahren, die der Zustand des Vollrausches wegen der damit verbundenen herabgesetzten Fähigkeit zur Normerkenntnis und -befolgung erfahrungsgemäß mit sich bringt.

bb) Vorgeschlagenes Prüfungsschema § 323a

746
I. *Objektiver Tatbestand: Sichberauschen*
II. *Subjektiver Tatbestand: Vorsatz oder Fahrlässigkeit bzgl. des Sichberauschens*
III. *Objektive Strafbarkeitsbedingung: Rauschtat*
IV. *Rechtswidrigkeit des Sichberauschens*
V. *Schuld beim Sichberauschen*
VI. *Strafzumessung, abhängig von Rauschtat, § 323a Abs. 2*
VII. *Strafverfolgungsvoraussetzungen, abhängig von Rauschtat, § 323a Abs. 3*

cc) Tathandlung: Sichberauschen

747 Tathandlung des § 323a ist das eigenhändige oder mittelbare Sichberauschen, d.h. das selbstverschuldete Herbeiführen eines Rausches. Rausch ist ein Zustand akuter Intoxikation durch Alkohol oder andere Rauschmittel. Hierbei ist es umstritten und in der Rechtsprechung des BGH[1408] bislang offen gelassen, ob die Voraussetzungen des § 21 sicher feststehen müssen, sodass die Möglichkeit voller Schuldfähigkeit ausgeschlossen wäre. Vor allem die obergerichtliche Rechtsprechung[1409] fordert, dass der sichere Bereich des § 21 erreicht sein muss und verweist hierfür auf den Wortlaut („Rausch") und den Zweifelssatz. Die Gegner[1410] argumentieren, dass der Wortlaut gerade keinen nach §§ 21 oder 20 klassifizierbaren Schweregrad erfordere und § 323a schließlich als Auffangtatbestand für die Fälle konzipiert sei, in denen wegen Schuldfähigkeitsproblemen aus dem eigentlichen Delikt nicht bestraft werden kann.

Auch nach dieser Ansicht muss aber jedenfalls ein Rausch vorliegen; kann nicht sicher festgestellt werden, dass der Täter zur Tatzeit überhaupt berauscht war (d.h. kann nicht ausgeschlossen werden, dass er evtl. sogar ganz nüchtern war), kommt eine Bestrafung nach § 323a wegen des Grundsatzes „in dubio pro reo" nicht in Betracht[1411].

Da nach allgemeiner Ansicht eine Wahlfeststellung zwischen Rauschtat und Vollrausch typischerweise nicht möglich ist, da es an der rechtsethischen und psychologischen Vergleichbarkeit fehlt[1412], und auch kein Stufenverhältnis zwischen diesen Delikten gegeben ist, kommt in einer solchen Situation nur eine doppelte Anwendung des „in-dubio"-Grundsatzes mit der Folge eines Freispruchs in Frage[1413].

1407 BGHSt 2, 14 (17 ff.).
1408 BGHSt 32, 48 (54); NStZ 1989, 365.
1409 OLG Hamm NJW 1977, 344; OLG Schleswig MDR 1977, 247; BayObLG NJW 1978, 957; JR 1980, 27 (28); OLG Köln VRS 1968 (1985), 38 (39). Zustimmend: Wessels, BT Bd. 1, Rn. 1032f.; Krey, BT Bd. 1, Rn. 805, 805a.
1410 F § 323a Rn. 11c; weitere Nachweise bei Sch/Sch § 323 Rn. 8a, der jedoch selbst sicher festgestellte erheblich verminderte Schuldfähigkeit verlangt.
1411 BGHSt 32, 54f.; F § 323a Rn. 12.
1412 BGHSt 9, 390 (392); OLG Köln VRS 1968, 38 (41).
1413 Vgl. auch F § 323a Rn. 12.

dd) Subjektiver Tatbestand

748 Anknüpfungspunkt des subjektiven Tatbestands des § 323a ist allein das Sichberauschen. Dieses muss vorsätzlich oder fahrlässig begangen sein. Vorsätzlich handelt derjenige, der weiß oder in Kauf nimmt, dass er durch die Rauschmittel in den Zustand nicht ausschließbarer Schuldunfähigkeit gerät[1414]. Zur Erinnerung: Vergessen Sie nicht, vorweg die a.l.i.c. zu prüfen. Gerade beim vorsätzlichen Sichberauschen werden häufig die Voraussetzungen der a.l.i.c. vorliegen. Fahrlässig handelt, wer objektiv damit hätte rechnen können und subjektiv damit hätte rechnen müssen, dass durch das eingenommene Rauschmittel ein die Schuldfähigkeit beeinträchtigender Zustand herbeigeführt werden würde[1415]. Strittig ist, ob der Täter die generelle Gefahr, dass es durch den Rausch zu Rechtsverletzungen kommen kann, gekannt oder fahrlässig nicht gekannt haben muss. Auch die Rechtsprechung des BGH ist insofern uneinheitlich. In einer Entscheidung hat der BGH[1416] dies wegen des Schuldprinzips gefordert. Es bedürfe hierzu regelmäßig zwar keiner besonderen Feststellungen, ausnahmsweise könne die Strafbarkeit nach § 323a aber hieran scheitern, nämlich bei völlig unerfahrenen jungen Menschen, bei vorherigen Vorkehrungen gegen Rauschtaten und bei versuchten Selbsttötungen mit Rauschmitteln.[1417]

ee) Objektive Strafbarkeitsbedingung: Rauschtat

749 Objektive Bedingung der Strafbarkeit nach § 323a ist die Rauschtat, also eine im Zustand des Rausches begangene tatbestandsmäßige und rechtswidrige Tat, aus der nur deshalb nicht bestraft werden kann, weil der Täter schuldunfähig war (§ 20) oder die Schuldunfähigkeit nicht ausgeschlossen werden kann. Zur Problematik, ob die Voraussetzungen des § 21 feststehen müssen, s. bereits oben Rn. 747. Im Übrigen müssen alle Deliktsmerkmale der Rauschtat vorliegen, insbesondere
- eine willensgetragene Handlung bzw. ein willensgetragenes Unterlassen[1418] und keine Zwangshandlung wie Erbrechen, Krampfanfall, Torkeln;
- je nachdem: Fahrlässigkeit oder Vorsatz;
- Tatbestandsirrtümer sind nach h.M.[1419] immer beachtlich, auch wenn sie rauschbedingt sind, und lassen nach § 16 den Vorsatz entfallen. Denken Sie dann aber an möglicherweise strafbare fahrlässige Tatbegehung.
- Auch rauschbedingte Erlaubnistatbestandsirrtümer sind beachtlich und lassen nach h.M.[1420] die Vorsatzschuld analog § 16 entfallen. Denken Sie auch dann an fahrlässige Tatbegehung.
- Dagegen sind rauschbedingte Verbots- oder Erlaubnisirrtümer unbeachtlich. Im Rahmen der Schuld können nur Irrtümer beachtlich sein, denen der Täter auch im nüchternen Zustand erlegen wäre. Denn gerade die Schuldfähigkeit ist ja das Problem der Rauschtat.

1414 Sch/Sch § 323a Rn. 9; F § 323a Rn. 16; BGH NStZ-RR 2001, 15f..
1415 BayObLG NJW 1990, 2334.
1416 BGHSt 10, 247 (249ff.) = 5. Strafsenat. Der 1. Strafsenat vertritt dagegen bisher die Ansicht, es brauche keinerlei subjektive Beziehung des Täters zur Rauschtat zu bestehen (BGHSt 16, 124ff. = NJW 1961, 1733ff.). In neueren Entscheidungen fand eine Beschäftigung mit dieser Frage nicht mehr statt.
1417 Zum Streitstand und auch zu den unterschiedlichen BGH-Entscheidungen: Krey, BT Bd. 1, Rn. 797 m.w.N.; F § 323a Rn. 18f.
1418 Auch echte Unterlassensdelikte können Rauschtaten sein, da sich die Handlungsfähigkeit am konkret Möglichen orientiert: § 323c beispielsweise verlangt vom Berauschten nur eine Hilfeleistung, zu der er im maßgeblichen Zeitpunkt konkret imstande ist.
1419 F § 323a Rn. 7; Wessels, BT Bd. 1, Rn. 1038. Bsp.: Infolge seiner Alkoholisierung glaubt der Täter, er habe noch genug Geld für seine weitere Bestellung im Restaurant (was tatsächlich nicht der Fall ist) – kein Vorsatz bzgl. Täuschung, kein Vorsatz bzgl. rechtswidriger Bereicherung (Fall nach BGH NJW 1963, 667f.). Auf der anderen Seite berührt es den inneren Tatbestand nach ständiger Rechtsprechung nicht, wenn der Täter infolge seines Zustands Tatsachen verkennt, die jeder geistig Gesunde richtig erkannt hätte, vgl. F § 323a Rn. 7, § 63 Rn. 3. Bsp.: Infolge ihres Zustands (dort: Wahnvorstellungen) glaubt die Täterin, die Bank habe ihr Falschgeld angedreht, und überfällt mit Schreckschusspistole die Bank, um die Herausgabe echter Geldscheine zu erzwingen – trotz vermeintlichen Anspruchs wurde eine räuberische Erpressung (im Zustand der Schuldunfähigkeit) bejaht (BGH NStZ-RR 2003, 11f.).
1420 Wessels, BT Bd. 1, Rn. 1038 m.w.N.

TIPP: Achtung: Mehrere Rauschtaten, die während desselben Rausches begangen worden sind, sind nur unselbstständige Bestandteile einer einzigen Bestrafung nach § 323 a[1421].

ff) Sonderproblem: „Entschuldigtes Sichentfernen" gemäß § 142 und § 323 a

750 Begeht ein Berauschter im Zustand der Schuldunfähigkeit (oder im Zustand, in dem die Schuldunfähigkeit nicht ausgeschlossen werden kann[1422]) eine Unfallflucht, so ist umstritten, ob hierin ein entschuldigtes Entfernen nach § 142 Abs. 2 Nr. 2 zu sehen ist, sodass eine Strafbarkeit wegen § 323 a mit § 142 Abs. 1 als Rauschtat von § 142 Abs. 2 Nr. 2 verdrängt würde und der Täter straflos wäre, wenn er der Nachholungspflicht (nach Ausnüchterung) nachkommt. Diese Ansicht wird vielfach in der Literatur vertreten[1423]. Demgegenüber hält die Rechtsprechung[1424] § 142 Abs. 2 nur für anwendbar, wenn sich der Täter insgesamt straflos vom Unfallort entfernt, d.h. auch keine Strafbarkeit gem. § 323 a i.V.m. § 142 Abs. 1 gegeben wäre. Andernfalls würde dem Täter mit der Nachholungspflicht letztlich auferlegt, sich selbst einer Straftat (§ 323 a bzw. § 316 Abs. 1 oder 2) zu bezichtigen.

gg) § 323 a Abs. 2 und Abs. 3

750a Während nach § 323 a Abs. 1 die Strafandrohung Geldstrafe bis Freiheitsstrafe von 5 Jahren umfasst, ist nach Abs. 2 weiter darauf zu achten, dass die Strafe im Ergebnis nicht höher sein darf, als für die Rauschtat selbst verhängt werden könnte. Dies ist besonders zu beachten, wenn Schuldunfähigkeit nicht sicher vorlag und wegen der möglicherweise stattdessen nur gegebenen verminderten Schuldfähigkeit eine Verschiebung der Strafrahmens der Rauschtat nach §§ 21, 49 in Betracht gekommen wäre. Gleiches gilt für zwingende Strafrahmenverschiebungen (insb. § 27 Abs. 2 S. 2) und für die Annahme eines minder schweren Falls[1425].

Ist die Rauschtat ein Antragsdelikt, muss auch für die Verfolgung des Vollrauschs ein Strafantrag vorliegen, § 323 Abs. 3.

hh) Konkurrenzen

751 Mehrere Rauschtaten, die während desselben Rausches begangen worden sind, sind nur unselbstständige Bestandteile einer einzigen Bestrafung nach § 323 a[1426].

TIPP: Sie prüfen in einem solche Fall also zunächst die Deliktstatbestände nacheinander und dabei nach Ablehnung der Schuldfähigkeit jeweils die Grundsätze der a.l.i.c. Kommen Sie hierbei zu keiner Strafbarkeit, so prüfen Sie einmal § 323 a und hierbei als objektive Strafbarkeitsbedingung die verschiedenen Rauschtaten. Tenor:

> „... ist schuldig des vorsätzlichen Vollrausches."

Auch in der Liste der angewandten Strafvorschriften erscheint die Rauschtat nicht.

Ist der Täter für mehrere in einem Rausch begangene Taten teilweise nach den Delikten i.V.m. den Grundsätzen der a.l.i.c. und teilweise nach § 323 a strafbar, so liegt insgesamt Tateinheit vor[1427]. Denkbar ist dies, wenn der Vorsatz oder die Fahrlässigkeit nur für einen Teil der begangenen Delikte vorverlagert werden kann, weil der übrige Teil z.B. für den Täter nicht vorhersehbar bzw. nicht gebilligt war. Denkbar ist diese Konstellation weiterhin, wenn

---

[1421] BGH StV 1990, 404.
[1422] Hierzu s.o. Rn. 747.
[1423] Nachweise bei F § 142 Rn. 48.
[1424] BayObLG NJW 1989, 1685; so auch F § 142 Rn. 48; Sch/Sch § 142 Rn. 54; Wessels, BT Bd. 1, Rn. 1015.
[1425] F § 323 a Rn. 21 a.
[1426] BGH StV 1990, 404.
[1427] F § 20 Rn. 50.

der Täter zum Zeitpunkt des Sichberauschens nur fahrlässig hinsichtlich einer der nachfolgenden Taten handelte, diese Tat aber nur vorsätzlich strafbar ist.

ii) Beteiligung

Zu unterscheiden ist die Beteiligung am Delikt des § 323a sowie die Beteiligung an der Rauschtat: § 323a ist eigenhändiges Delikt, Mittäterschaft oder mittelbare Täterschaft sind hier folglich ausgeschlossen. Eine Teilnahme in Form von Anstiftung oder Beihilfe zur (vorsätzlichen) *Begehung des § 323a* ist dagegen möglich, wenn der Teilnehmer den entsprechenden doppelten Vorsatz, der auch die konkrete Gefährlichkeit des Berauschten umfassen muss[1428], aufweist.

752

Die Beteiligung *an der Rauschtat* ist nach allgemeinen Regeln möglich. So ist z.B. an mittelbare Täterschaft zu denken, wenn der Betrunkene als schuldunfähiges Werkzeug benutzt werden soll. Erkennt der Hintermann die mangelnde Verantwortlichkeit des Betrunkenen (und damit die eigene Tatherrschaft) nicht, kommt Anstiftung oder Beihilfe zur Rauschtat in Betracht. Fahrlässige Begehung der Rauschtat ist möglich sowohl durch fahrlässige Unterstützung bei der Rauschtat als auch durch vorsätzliche oder fahrlässige Herbeiführung des Rauschzustands, wenn der Täter damit rechnen musste, dass der Berauschte eine Straftat begehen werde[1429].

Abschnitt 4: Internetstrafrecht

Mit dem rasant ansteigenden Einfluss des Internets auf das private und wirtschaftliche Leben nehmen auch Zahl und Varianten missbräuchlicher Einflussnahmen auf oder durch elektronische Daten zu. Die Frage, wie diese sich laufend der neuen technischen Entwicklung anpassenden Handlungsweisen strafrechtlich zu würdigen sind, ist derzeit in weiten Zügen noch umstritten. Unter Prüfungsgesichtspunkten können sich im Zusammenhang mit der Internetstrafbarkeit hierbei unterschiedliche Problemfelder eröffnen: Zum einen ergeben sich neue verfahrensrechtliche Fragen wie Probleme der Datenbeschlagnahme, zum anderen Probleme hinsichtlich der Zuständigkeit und der Anwendbarkeit deutschen Strafrechts und schließlich natürlich im Hinblick auf die materiellrechtliche Strafbarkeit im Einzelfall. An dieser Stelle soll nur auf einige aus unserer Sicht möglicherweise prüfungsrelevante Problemfelder eingegangen werden.

753

1. Anwendbarkeit deutschen Strafrechts

Sofern in einer Klausur ein Täter in Deutschland das *Internet* zur Begehung von Straftaten gegen ein in Deutschland ansässiges **Opfer** einsetzt, haben Sie keine Probleme mit der Anwendbarkeit deutschen Strafrechts, da nach § 3 StGB das deutsche Strafrecht für Taten, die in Deutschland begangen werden, gilt. Das gilt auch dann, wenn ein Anbieter von Daten einen Sitz im Inland hat, selbst wenn sich der eigentliche Server im Ausland befindet. Es ist allerdings zu raten, § 3 StGB wenigstens anzusprechen.

754

Schwieriger wird es, wenn Täter oder Opfer nach dem Sachverhalt nicht in Deutschland sind, da sich dann wegen § 3 die Frage nach dem Tatort stellt, soweit nicht ausnahmsweise eine tatortunabhängige Strafbarkeit nach den §§ 5, 6 gegeben ist[1430]. Nach § 9 Abs. 1 ist die Tat an jedem Ort begangen, an dem der Täter gehandelt hat (…) oder an dem der zum Tatbestand gehörende Erfolg eingetreten ist (…).

755

1428 Sch/Sch § 323a Rn. 23.
1429 Sch/Sch § 323a Rn. 24, 25.
1430 Im Zusammenhang mit der Begehung durch das Internet sind hier relevant § 5 Nr. 6, 12, 13, 14 und insbesondere § 6 Nr. 6. § 7 kann dagegen in einer Klausur kaum relevant werden, da die Strafbarkeit nach ausländischem Recht geprüft werden müsste.

Da das Internet eine weltweite Verbreitung ermöglicht, stellt sich bei Delikten, welche die Verbreitung von Informationen/Dateien zum Gegenstand haben, die Frage, ob bereits das Argument, die Daten seien auch in Deutschland **abrufbar** gewesen, eine weltweite Allzuständigkeit deutscher Justizbehörden begründen kann[1431].

756 *Beispiel (BGH St 46, 212):*

Der Angeklagte A. ist australischer Staatsbürger und stellt in Australien Texte ins Internet, die den Holocaust als Erfindung interessierter jüdischer Kreise darstellen („Auschwitzlüge"). Die Texte werden auf einem australischen Server gespeichert, über die Homepage des Angeklagten sind sie weltweit abrufbar. Nicht festgestellt werden kann, ob auch deutsche Internetnutzer (außer den ermittelnden Polizisten) die fragliche Homepage aufgerufen haben. Kann/muss in Deutschland ein Verfahren gegen A. wegen Volksverhetzung (§ 130 Abs. 3) eingeleitet werden?

757 Da in diesem Fall kein Handeln des Täters im Inland i. S. d. § 9 Abs. 1, 1. Alt., vorliegt, bleibt nur die Möglichkeit, auf einen Erfolgsort in Deutschland abzustellen. Dies führt aber zu der Frage, in welchen Fällen ein „Erfolg" überhaupt zum gesetzlichen Tatbestand gehört. Während dies bei den Erfolgsdelikten – aber auch bei den konkreten Gefährdungsdelikten in Form der eingetretenen Gefahr – stets der Fall ist, fordern abstrakte Gefährdungsdelikte und Tätigkeitsdelikte gerade keinen Erfolg. Dies gilt auch für § 130, den sowohl Rechtsprechung als auch herrschende Lehre als sogenanntes „potenzielles Gefährdungsdelikt" oder „abstraktkonkretes Gefährdungsdelikt" qualifizieren.

Für den Bereich der abstrakten Gefährdungsdelikte und der Tätigkeitsdelikte wird daher zum Teil darauf abgestellt, ob im Rahmen der Datenwege auch inländische Datenanbieter oder Provider tätig werden. Nach einer anderen Ansicht ist eine Art Tathandlungserfolg darin zu sehen, dass Daten gezielt im Inland übermittelt werden[1432].

758 Im Beispielsfall hat der BGH entgegen der vorherrschenden Ansicht in der Literatur[1433] den Eintritt eines zum Tatbestand des § 130 Abs. 1, 3 gehörenden Erfolgs in Deutschland bejaht, da die Äußerungen konkret zur Friedensstörung im Inland geeignet gewesen seien; allein durch die Einrichtung der Web-Seite und die Möglichkeit des Aufrufens habe sich der Gefährdungserfolg der potenziellen Friedensstörung verwirklicht. Ob es tatsächlich zu einem Aufruf in Deutschland gekommen sei, sei demnach nicht entscheidend. Im Hinblick auf die Informationsmöglichkeit des Internets habe damit gerechnet werden müssen, dass die Publikationen einer breiten Öffentlichkeit in Deutschland bekannt werden. Zumindest bei potenziellen Gefährdungsdelikten sei die Wendung „zum Tatbestand gehörender Erfolg" (§ 9 Abs. 1, 3. Alt.) nicht im Sinne der allgemeinen Tatbestandslehre auszulegen; vielmehr habe sich die Auslegung an der ratio legis des § 9 auszurichten. Ob bei rein abstrakten Gefährdungsdelikten ein Erfolgsort jedenfalls dann anzunehmen wäre, wenn die Gefahr sich (irgendwo) realisiert hat, hat der BGH ausdrücklich offengelassen.

Interessant ist noch, dass der BGH als weiteres Zuständigkeitskriterium einen *„völkerrechtlich legitimierenden Anknüpfungspunkt"* verlangt hat. Dieses *ungeschriebene Kriterium* wurde von der Rechtsprechung ursprünglich im Zusammenhang mit § 6 Nr. 1 StGB entwickelt und verlangt einen besonderen objektiven Bezug der Tat zur Bundesrepublik.

759 Die Entscheidung ist in der Literatur stark kritisiert worden[1434]; abgesehen von dogmatischen Bedenken führt diese Entscheidung auch dazu, dass deutsche Staatsanwaltschaften nunmehr gezwungen sind, bei jedem (!) über das Internet verbreiteten Holocaust-Leugnen Ermittlungen aufzunehmen, und dass andererseits in Deutschland Ausländer wegen im Ausland

---

1431 Vgl. hierzu F § 9 Rn. 5 ff.
1432 Es gibt darüber hinaus weitere, hier nicht aufgeführte Ansätze; zum Meinungsstand vgl. F § 9 Rn. 5 c ff.
1433 Siehe hierzu auch die Übersicht bei Sch/Sch § 9 Rn. 7 a – dd; Koch, Zur Strafbarkeit der „Auschwitzlüge" im Internet – BGH St 46, 212, JuS 2002, 123 ff.
1434 Vgl. Koch, Zur Strafbarkeit der „Auschwitzlüge" im Internet, JuS 2002, 123 ff.; Hörnle, Anmerkung zu BGH St 46, 212, in NStZ 2001, 309 ff.; Sch/Sch § 9 Rn. 7 a m. w. N.; F § 9 Rn. 8, 8 a.

begangener Handlungen verfolgt werden, die im Ausland selbst unter Umständen gar nicht strafbar sind[1435].

Abzuwarten bleibt, ob der Gesetzgeber hier regelnd eingreifen wird.

TIPP: Die Anwendbarkeit deutschen Strafrechts ist eine Prozessvoraussetzung, sodass in dem Fall, in dem diese nicht gegeben ist, der Täter nicht freizusprechen, sondern das Verfahren einzustellen ist (vgl. oben Teil 1)!

2. Materielle Strafbarkeit

Eine abschließende Sonderregelung für das materielle Internetstrafrecht existiert weder im StGB noch in einem anderen Gesetz, wäre im Hinblick auf die Vielfalt und laufende Fortentwicklung der Handlungsvarianten auch kaum möglich. Die einschlägigen Normen verteilen sich vielmehr auf verschiedene Einzelgesetze, von denen für das Examen nur das StGB von Bedeutung sein dürfte[1436].

760

Auch dort findet sich jedoch keine strukturell abgegrenzte Normierung der Internetstrafbarkeit. Neben einigen speziellen Daten- und Computervorschriften muss vielmehr stets im Rahmen der allgemeinen Straftatbestände an Handlungsvarianten gedacht werden, die eben auch mittels der Technologie des Internets begangen werden können. Für die Klausur bedeutet dies, dass bei entsprechenden Sachverhalten – wie stets – die Tatbestandsmerkmale aller in Frage kommenden Delikte säuberlich geprüft und unter dem Gesichtspunkt der neuen Technologie und den damit besonderen Eigenheiten besonders gründlich diskutiert werden müssen.

Eine Strukturierung der Delikte mit Internetbezug könnte wie folgt vorgenommen werden:

761

Taten, die mittels Internet begangen werden, wie etwa:
- Betrug in Form von Dialerprogrammen und Abo- oder Kostenfallen, § 263 (ggf. i.V.m. § 303a),
- Computerbetrug, § 263a,
- Verbreitung pornographischer Schriften, §§ 184, 184a, 184b,
- Beleidigung, üble Nachrede, Verleumdung, §§ 185ff.,
- Verbreitung von Propagandamitteln verfassungswidriger Organisationen u.Ä., §§ 86, 86a,
- Verletzung des Fernmeldegeheimnisses, § 206,
- Volksverhetzung, § 130,

und Taten, die „an Daten" begangen werden, wie etwa:
- Ausspähen und Abfangen von Daten, §§ 202a–c,
- Datenveränderung und Computersabotage, §§ 303a, 303b,
- Fälschung, Löschung oder Unterdrückung beweiserheblicher Daten, §§ 269, 274 Abs. 1 Nr. 2,
- Fälschung von Zahlungskarten, § 152a.

Zu einigen dieser Normen sind zurückliegend bereits bedeutsame BGH-Entscheidungen ergangen, die sich mit der Verwirklichung einzelner Tatbestandsmerkmale mittels des Mediums Internet befassen[1437]. Es wird empfohlen, diese Entscheidungen nachzuarbeiten.

1435 So ist das Leugnen des Holocaust z.B. in Australien, USA, Kanada, Großbritannien und Schweden nicht strafbar, sondern von der Meinungsfreiheit gedeckt.
1436 Weitere Regelungen finden sich etwa im Telekommunikationsgesetz (TKG), im Gesetz gegen den unlauteren Wettbewerb (UWG), im Telemediengesetz (TMG), im Urhebergesetz (UrhG) und im Jugendmedienschutz-Staatsvertrag (JMStV).
1437 BGH 4 StR 623/07: Computerbetrug (Wahlfeststellung mit Betrug) bei Beantragung von Telefonguthaben unter Verwendung fremder Kreditkartendaten; BGH NJW 2001, 3558: Verbreitung kinderpornographischer Schriften im Internet (zu § 184 III Nr. 1 a.F., entspricht § 184a Nr. 1 n.F.); BGH NStZ 2003, 661: Vermarktung kinderpornographischer Schriften im Internet (zu § 184 III Nr. 3 a.F., entspricht § 184a Nr. 3 n.F.); BGH MMR 1999, 29 (1 StR 801/97): Verabredung eines Verbrechens durch Angebot sadomasochistischer Praktiken an Kindern im Internet (verneint mangels Nachweises der Ernstlichkeit des Angebots); BGH NStZ 2007, 216: Ver-

762 Ausdrücklich sollen hier noch kurz die in diesem Zusammenhang besonders bedeutsamen Vorschriften der §§ 202a–c sowie einige typische Sonderprobleme im Zusammenhang mit der Internetkriminalität angesprochen werden. Ergänzend wird auf die Ausführungen zum Computerbetrug (Rn. 441 ff.) und zu § 269 (Rn. 607) verwiesen.

3. Ausspähen von Daten, § 202a

a) Prüfungsschema

763 *I. Objektiver Tatbestand*
  1. Tatgegenstand/-objekt
    a) Daten i. S. Abs. 2
    b) Nicht für den Täter bestimmt
    c) Gegen unberechtigten Zugang besonders gesichert
  2. Tathandlung
    a) Zugangsverschaffung
    b) Unter Überwindung der speziellen Zugangssicherung
    b) Unbefugt
II. Subjektiver Tatbestand: (bedingter) Vorsatz

b) Allgemeines

764 Die Norm stellt eine Kernvorschrift des Computerstrafrechts dar. Im Rahmen der Internetkriminalität erfasst die Norm (nach ihrer tatbestandlichen Erweiterung im Rahmen des 41. StrÄndG auf den Begriff der Zugangsverschaffung) nunmehr insbesondere auch das sogenannte „Hacking", also das bloße Eindringen in Daten- und Informationssysteme. Man spricht deshalb bei § 202a auch vom „elektronischen Hausfriedensbruch". In der aktuellen Fassung bedarf es nunmehr keiner tatsächlichen Verschaffung der Daten mehr. Für die Vollendung genügt vielmehr bereits die Möglichkeit des bloßen Zugangs, also eines Zustands, durch den die Vertraulichkeit der Daten konkret gefährdet ist.

Beachten Sie, dass der Versuch nicht strafbar ist, Vorbereitungshandlungen jedoch unter § 202c fallen können. Nach § 205 ist ein Strafantrag oder die Bejahung des öffentlichen Interesses an der Strafverfolgung erforderlich.

c) Tatobjekt

765 Der im Rahmen dieser Norm relevante Datenbegriff ist im Absatz 2 definiert. Beachten Sie, dass der Datenbegriff im StGB nicht einheitlich verwandt wird. So unterscheidet sich das Merkmal definitorisch hier sowohl von den §§ 268, 269 als auch von dem Datenverarbeitungsbegriff des § 263 a[1438]. Beachten Sie v. a. die Einschränkung auf die nicht unmittelbare Wahrnehmbarkeit. Ein heimliches Auskundschaften von notierten Passwörtern etwa fällt nicht darunter.

Da als weitere Voraussetzung zu fordern ist, dass die Daten nicht für den Täter bestimmt sind, fällt die unzulässige Nutzung durch eine grundsätzlich berechtigte Person, also denjenigen, für den die Daten (zumindest auch) bestimmt sind, nicht unter den Tatbestand. Aus diesem Grund scheidet nach dieser Norm etwa die Strafbarkeit eines Polizeibeamten aus, der Polizeidaten, die ja grundsätzlich für seine dienstliche Verwendung bestimmt sind, ohne tatsächlichen dienstlichen Anlass abfragt und weitergibt. Gleiches muss für Raubkopien gelten,

---

breitung von Schriften i. S. v. § 130 II Nr. 1 (Volksverhetzung) durch Aufruf im Internet; BGH NJW 2007, 2782: Werbung um Mitglieder einer terroristischen Vereinigung durch die Verbreitung von Audio- und Videobotschaften in einem Chatroom (Abgrenzung zur Unterstützung einer terroristischen Vereinigung gemäß § 129a V); KG, NStZ-RR 2004, 249: jugendgefährdende Pornographie im Internet, §§ 184 Abs. 1 Nr. 1; BGH 4 StR 93/09 und 4 StR 555/09: das Auslesen von Magnetstreifen von Zahlungskarten ist für sich gesehen noch nicht nach § 202a strafbar.
1438 Zum hier relevanten Datenbegriff vgl. F § 202a Rn. 3 ff.

wenn der Täter als Nutzer die Daten berechtigt erworben hat. Auch auf die Eigentümerstellung muss es nicht unbedingt ankommen. Prüfen Sie daher an dieser Stelle stets, ob der Täter von der bzgl. der Daten verfügungsberechtigten Person ermächtigt wurde, die Daten zu nutzen. Meist wird sich dies aus zivilrechtlichen, dienstrechtlichen oder verwaltungsrechtlichen Regelungen herleiten lassen.

Erforderlich ist ferner die besondere Sicherung der Daten gegen unberechtigten Zugang. Dies können rein äußerliche Sicherungen wie Schlösser oder Verplombungen sein. Gemeint sind aber v. a. elektronische Sicherungen wie Passwörter, Verschlüsselungen oder sonstige systeminterne Sicherungen wie Firewalls oder Antivirenprogramme. Nicht ausreichend sind dagegen bloße Verbote oder betriebsinterne Kontrolleinrichtungen wie Videoüberwachungen oder reine Zugangskontrollen zu EDV-Systemen durch geheime Zugangsidentifizierungen oder Benutzernamen. Nach den jüngsten Entscheidungen des BGH begründet daher das sog. „Skimming", also das Auslesen der auf einem Magnetstreifen einer Zahlungskarte gespeicherten Daten, kein strafbares Verhalten nach § 202a, da das bloße Speichern noch keine Sicherung im Sinne der Norm ist. Beim weiteren Ausnutzen der erlangten Daten wird freilich in diesen Fällen strafbares Verhalten nach § 152a oder § 263a anzunehmen sein[1439].

d) Tathandlung

Eine Zugangsverschaffung liegt vor, wenn der Täter sich in die Lage versetzt hat, sich die Daten zugänglich zu machen. Dies ist der Fall bei erfolgter Kopie, aber z.B. auch bei einem erfolgreich installierten „Trojaner", „Keylogger" oder „Sniffer[1440]". Ausdrücklich ist hierdurch also bereits das sog. „Hacking" sanktioniert. Erforderlich ist dabei nach h. M. aber zudem, dass der Täter in der Lage ist, die Verschlüsselung auch zu knacken. Die bloße körperliche Inbesitznahme ohne diese Fähigkeit reicht daher noch nicht aus[1441].

766

Die (Zugangs-)Verschaffung muss schließlich gerade unter Überwindung oder Umgehung der speziellen Zugangssicherung erfolgen. Hierdurch sollen die Fälle ausgeschieden werden, bei denen der Täter besonders geschützte Daten in anderer Weise erlangt hat. Fraglich ist, ob hierfür ein nicht unerheblicher technischer und/oder zeitlicher Aufwand zu fordern ist[1442].

4. Abfangen von Daten, § 202 b, und Vorbereitungshandlungen gemäß § 202 c

§ 202 b erfasst die Eingriffe in den Datenübermittlungsvorgang. Dieser, nicht der Dateninhalt selbst, muss nichtöffentlich sein. Hierunter fallen z.B. Datenübertragungen per Telefon, Fax, E-Mails, LAN-Verbindungen (nach h. M. auch unverschlüsselte), aber auch W-LANs. Auch hier ist Voraussetzung, dass die Daten nicht für den Täter bestimmt sind. Eine besondere Verschlüsselung ist nicht erforderlich. Im Gegensatz zu § 202 a genügt hier nach dem Wortlaut jedoch nicht die bloße Zugangsverschaffung; erforderlich ist vielmehr eine tatsächliche Verschaffung der Daten. Das „Hacking", bei dem in einen Datenübermittlungsvorgang eingedrungen wird ohne tatsächliche Erlangung von Daten, fällt daher nicht unter die Norm. Mit *Fischer* lasst sich dies aus dem Umstand herleiten, dass der Gesetzgeber, obwohl ihm das Problem vor dem 41. StrÄG bekannt war, die „Zugangsverschaffung" gerade nicht in den Gesetzestext aufgenommen hat.[1443]

767

Im Hinblick auf die Subsidiaritätsklausel ist die Vorschrift überdies nicht anwendbar, wenn die Tat bereits nach anderen Vorschriften, etwa nach §§ 201, 202a, mit einer schweren Strafe bedroht ist (so etwa dann, wenn die Daten besonders gesichert sind).

1439 BGH 4 StR 93/09 und 4 StR 555/09.
1440 Software, die in der Lage ist, den Datenverkehr eines Netzwerks zu empfangen und auszuwerten.
1441 Vgl. etwa F § 202a Rn. 11, 11 a.
1442 Dagegen F § 202a Rn. 11 b.
1443 F § 202b Rn. 5.

§ 202 c stellt als ein abstraktes Gefährdungsdelikt bereits Vorbereitungshandlungen zu beabsichtigten Taten nach §§ 202 a und b unter Strafe, wobei der Täter entweder nach der ersten Alternative Passwörter oder Sicherungscodes oder nach der zweiten Alternative Computerprogramme herstellen, verschaffen, verkaufen usw. muss. Unter die zweite Ziffer der Norm fallen dabei insbesondere sogenannte „Hacker-Tools". Erfasst sind hierbei aber nur solche Programme, deren wesentliche Zweckbestimmung die Begehung einer Tat nach § 202 a oder b ist. Programme, die anderen Zwecken dienen und lediglich missbraucht oder verändert werden, scheiden daher aus, selbst wenn sie auch geeignet wären, Tathandlungen nach §§ 202 a, b zu ermöglichen.

Unabhängig von der erforderlichen Zweckbestimmung der Programme im Rahmen der zweiten Alternative ergibt sich aus dem ersten Halbsatz des ersten Absatzes zudem, dass insgesamt eine Strafbarkeit nach dieser Norm nur in Betracht kommt, wenn die tatbestandliche Handlung gerade zur Vorbereitung eines Delikts nach § 202 a oder § 202 b begangen wird. Der bloße Besitz der Daten muss daher noch nicht zwingend strafbar sein.

Beachten Sie, dass die Vorschrift des § 263 a Abs. 3 eine weitestgehend parallele Strafnorm für Vorbereitungshandlungen zum Computerbetrug nach § 263 a Abs. 1 darstellt. Bei der dortigen Kommentierung lassen sich daher ergänzende Hinweise und Begriffsdefinitionen finden.

5. Sonderprobleme

a) „Phishing"/„Pharming"

768

769 Unter „Phishing" versteht man das missbräuchliche Ausspähen und anschließende Ausnützen fremder geheimer Zugangsdaten. Hierbei versendet der Täter zunächst fingierte und manipulierte E-Mails und/oder installiert mittels Schadprogramm täuschende Internetseiten (z. B. von Banken) beim Opfer, um so im Wege täuschungsbedingter Preisgabe an private Zugangsdaten, vor allem Geheimwörter oder PINs, zu gelangen. Von „Pharming" spricht man, wenn mittels Schadprogrammen eine automatische Umleitung auf eine gefälschte Web-Seite erfolgt. Gegebenenfalls erfolgen in einem zweiten Schritt die erforderliche Datenmanipulation und schließlich die missbräuchliche Ausnützung zu eigenen Zwecken, meist in Form der Abbuchung oder Überweisung. Entsprechend müssen auch bei der strafrechtlichen Aufarbeitung diese Schritte streng gesondert geprüft werden. Inwieweit dabei die jeweiligen Handlungsabschnitte strafbar sind, ist derzeit in weiten Teilen noch in der Diskussion (was das Thema durchaus zu einem Prüfungsthema machen könnte).

aa) Versendung der fingierten E-Mails

769a Fraglich ist, ob dieser erste Schritt bereits strafrechtliche Relevanz besitzt. §§ 263, 263 a Abs. 1 scheitern daran, dass die hierdurch unmittelbar erstrebte Preisgabe der Zugangsdaten keine Vermögensverfügung darstellt. Zu weit ginge es wohl, hierin bereits eine konkrete Vermögensgefährdung zu sehen. Auch wird man nicht annehmen können, dass in diesem ersten Schritt bereits ein unmittelbares Ansetzen zu dem später in einem weiteren Schritt beabsichtigten Betrug liegt. Die Verschaffung der Zugangsdaten stellt vielmehr erst eine Vorbereitungshandlung zur Erlangung eines Tatmittels dar.

Da die eingesetzten E-Mails/Internetseiten auch keine Programme zur Begehung eines Computerbetruges im engeren Sinne sind, scheidet auch eine Strafbarkeit nach § 263 a Abs. 3 aus.

§ 202 a könnte deshalb ausscheiden, da die Herausgabe der Zugangsdaten aus der Hand des Berechtigten und nicht durch Überwindung einer gerade hierfür eingerichteten Sicherung erfolgt. Andererseits wird argumentiert, dass bei vernünftiger Gesamtbetrachtung nach dem Sinn und Zweck der Norm die durch Zugangsbarrieren geschützten Daten sehr wohl als besonders gesichert anzusehen sind, sodass durchaus von einer einschlägigen Zugangsverschaffung hinsichtlich der Kontodaten (nicht der Zugangsdaten) ausgegangen werden könne[1444].

Eine Strafbarkeit nach § 202 c Abs. 1 Nr. 1 kommt in Betracht, wenn die Erlangung des Passwortes gerade zur Begehung einer Tat nach § 202 a oder b erfolgte. Allerdings bleibt der bloße Versuch mangels entsprechender Regelung straffrei.

In Betracht kommt schließlich eine Fälschung beweiserheblicher Daten nach § 269. Zu prüfen ist hierbei, ob die Übersendung der fingierten E-Mails eine Fälschung i. S. der Norm darstellt und dabei auch die rechtlichen Anforderungen an eine Urkunde erfüllt. Hierfür ist es zum einen erforderlich, dass die falschen Daten einen Aussteller erkennen lassen. Zutreffend differenziert *Fischer* dabei danach, ob die Mail über die Identität des Ausstellers oder nur den Namen oder die IP-Adresse täuscht. Nur in ersterem Fall, insbesondere etwa bei Vortäuschung, die Mail stamme von einer real existierenden Bank, sei das Merkmal zu bejahen. Im Übrigen (z. B. bei Verwendung eines fiktiven Banknamens) käme nur eine straflose Lüge in Betracht. Gleiches gelte dann, wenn der Aussteller selbst eine Fälschung an der Mail vorgenommen habe[1445].

Zum anderen ist es erforderlich, dass die Mail auch beweiserheblich im Sinne der Urkundendelikte ist. Hieran könnten Zweifel bestehen, wenn es, wie regelmäßig bei solchen E-Mails, an der Unterschrift fehlt[1446], da man argumentieren könnte, dass sie den Aussteller nicht erkennen lässt. In Anlehnung an die Begriffsdefinition der „Eignung zum Beweis" bei § 267[1447] erscheint es sinnvoll, im Einzelfall im Wege der Auslegung zu prüfen, ob die jeweilige E-Mail nach dem Verständnis der Beteiligten einem Schreiben mit Unterschrift gleichzusetzen ist und damit als verbindlich und somit im Rechtsverkehr als beweiserheblich angesehen werden soll. Dies wird bei E-Mails im Rahmen der heutigen Datenkommunikation oftmals naheliegen.

Beim „Pharming" kann bereits im Hinblick auf die Manipulation durch die Schadprogramme zudem eine Strafbarkeit nach § 303 a und b in Betracht kommen.

bb) Die Folgehandlungen beim „Phishing"

Soweit der Täter sich im Anschluss als Nutzer bei der Bank oder dem Datenbetreuer (z. B. eBay) einloggt und dort Veränderungen vornimmt, kommt § 303 a in Betracht.

769b

Die anschließende Transaktion von Geldbeträgen schließlich fällt regelmäßig unter die 3. Alternative des § 263 a Abs. 1. Relevant könnte dabei u. U. die Frage sein, wer Geschädigter ist. Soweit die Bank im Innenverhältnis den Schaden zu tragen hat, wird sie in jedem Fall (auch) Geschädigte sein. Hinsichtlich des Kontoinhabers wäre an eine konkrete Vermögensgefährdung im Hinblick auf die zivilrechtlichen Folgerisiken (die jedoch beziffert werden müssten!) zu denken.

b) Sonderproblem „Steuersünder-CDs"

Hochaktuell stellt sich die Frage der Strafbarkeit im Zusammenhang mit der Verschaffung von sog. „Steuersünder-CDs", also Datenträgern, auf denen mutmaßliche Steuerhinterzieher gelistet werden. Für die Behörden stünde v. a. ein strafbares Verhalten in Form der Hehlerei im Raum.

770

Voraussetzung hierfür wäre jedoch zunächst eine Vortat i. S. des § 259 Abs. 1. Als solche käme je nach Konstellation natürlich eine Unterschlagung oder ein Diebstahl auf Seiten des „Datenlieferanten" in Betracht. Handelt es sich bei dem Vermittler allerdings um einen Bank-

---

1444 So F § 202 a Rn. 9 a.
1445 F § 269 Rn. 8.
1446 Soweit nicht ausdrücklich mit digitaler Signatur versehen.
1447 Vgl. etwa F § 267 Rn. 14.

mitarbeiter, der grds. befugt war, auf die Bankdaten zuzugreifen, und begeht er außer der Kopie der Daten kein sonstiges Vermögensdelikt, so ist fraglich, ob eine Vortat vorliegt. Nach dem oben Gesagten ist insbesondere davon auszugehen, dass § 202a gerade nicht vorliegt.

c) Die Internet-Blockade (sog. „Denial-of-Service"-Angriff) und das sog. „Wardriving"

771 Bei der Internet-Blockade werden Internetseiten der Betroffenen durch massenhafte (meist automatisierte) Zugriffe blockiert. In Betracht kommen dabei die Tatbestände der Nötigung, § 240 (problematisch: Gewalt als körperlich wirkende Kraftentfaltung? Zwangswirkung?), der Datenunterdrückung, § 303a Abs. 1, 2. Alt. (problematisch: Verfügungsberechtigung der Nutzer, die infolge der Blockade auf die Seite nicht mehr zugreifen können? Kurzfristige Beeinträchtigung tatbestandsmäßig?), der Unbrauchbarmachung von Daten, § 303a Abs. 1, 3. Alt. und der Computersabotage, § 303b Abs. 1 Nr. 1[1448]:

„Wardriving" ist das gezielte Suchen von (ungesicherten) W-LANs durch Herumfahren mit dem Auto, um solche Internetzugänge dann heimlich unbefugt zu benutzen. Zu prüfen wären § 202a (problematisch: nicht besonders gesichert bei offenem Funknetz; sicher aber dann zu bejahen, wenn Umgehung von Sicherungsmaßnahmen oder Verschlüsselungen), § 263a (problematisch: täuschungsgleiche Handlung), Erschleichen von Leistungen, § 265a (problematisch: öffentliche TK-Anlage? Vorgesehenes Entgelt für Benutzer?).

d) Verantwortlichkeit der Provider

772 Problematisch für eine Zurechenbarkeit nach allgemeinen strafrechtlichen Grundsätzen ist, dass der *Provider* in der Regel keine Kenntnis hat von illegalen Inhalten, die auf dem Server gespeichert sind oder die vom Internet heruntergeladen beziehungsweise dorthin eingestellt werden. Aus diesem Grund ist 1997 mit dem Gesetz über die Nutzung von Telediensten (TDG) eine rechtsgebietsübergreifende gesetzliche Grundlage der Verantwortlichkeit geschaffen worden. Die Normen wurden 2001 im Rahmen der Umsetzung einer EU-Richtlinie umstrukturiert und 2006 in das *Telemediengesetz* (TMG) übernommen[1449]. Dies schadet nicht zu wissen, auch wenn das TMG kein Prüfungsstoff ist.

C. Konkurrenzen

773 Vielleicht anders als im Ersten Staatsexamen sind die Konkurrenzen im Zweiten Staatsexamen von erheblicher Bedeutung, entscheidet doch ihre richtige Beurteilung darüber, ob die begangenen Taten in der richtigen Weise geahndet werden, mithin der richtige Antrag gestellt oder der richtige Urteilstenor abgefasst wird[1450]. Da dies quasi die Überschrift der abgelieferten Arbeit ist, haben die Konkurrenzen einen nicht zu unterschätzenden Einfluss auf den wichtigen „ersten Eindruck". Dem Referendar ist daher unbedingt ans Herz zu legen, sich auch mit dieser Materie vor dem Examen noch einmal zu beschäftigen.

I. Handlungseinheit und Handlungsmehrheit

774 Ausgangspunkt der richtigen Einordnung der Delikte als in Tateinheit (§ 52) oder in Tatmehrheit (§ 53) stehend ist die Frage, ob – juristisch gesehen – „eine Handlung" (sog. *Handlungs-*

1448 Vgl. hierzu Gercke, Einführung in das Internetstrafrecht, JA 2007, 838 ff.
1449 Dabei ist generell zwischen Hosting-Providern und Access-Providern zu unterscheiden. Nach § 8 TMG sind Access-Provider grundsätzlich nicht für rechtswidrige Handlungen der Nutzer verantwortlich, während nach § 10 TMG Hosting-Provider nur dann nicht verantwortlich sind, wenn sie keine Kenntnis der rechtswidrigen Inhalte oder Handlungen hatten oder sie die Inhalte unverzüglich nach Kenntniserlangung löschen.
1450 Zutreffend nennt daher Wessels (AT, Rn. 751) die Konkurrenzlehre die Nahtstelle zwischen der Lehre von der Straftat und der Lehre von den Unrechtsfolgen.

einheit) oder „mehrere Handlungen" (sog. *Handlungsmehrheit*) vorliegen¹⁴⁵¹. Hierbei gilt der **Grundsatz**, dass eine Willensbetätigung (eine „Handlung im natürlichen Sinn") stets eine Handlungseinheit darstellt und mehrere Willensbetätigungen in der Regel eine Handlungsmehrheit darstellen¹⁴⁵². Die für das Examen wichtige **Ausnahme** besteht darin, dass in manchen Fällen aus juristischen Gründen mehrere Handlungen im natürlichen Sinn zu einer „Handlung im juristischen Sinn", also einer juristischen Handlungseinheit zusammengefasst werden. Hierzu gibt es eigentlich nur zwei Fallgruppen:

1. Die tatbestandliche Handlungseinheit

Tatbestandliche Handlungseinheit liegt vor, wenn **der gesetzliche Tatbestand** mehrere natürliche Willensbetätigungen zu einer rechtlich-sozialen Bewertungseinheit verbindet. Hier gibt es folgende Untergruppen:

- der gesetzliche Straftatbestand nennt selbst mehrere Teilakte, die kumulativ erfüllt sein müssen oder können (z. B. § 249: Gewaltanwendung und Wegnahme);
- der gesetzliche Tatbestand beschreibt die inkriminierte Tathandlung nur ganz pauschal (z. B. § 29 Abs. 1 Nr. 1 BtMG: Handeltreiben¹⁴⁵³; § 225 Abs. 1: Quälen);
- alle Teilakte gehören zu demselben Dauerdelikt (z. B. Freiheitsberaubung, § 239);
- bei unechten Unterlassungsdelikten verbindet der eingetretene Erfolg *einer* Rechtsgutverletzung auch das Verstreichenlassen mehrerer Rettungsmöglichkeiten zu einer Handlungseinheit;
- durch den eingetretenen Erfolg werden auch bei Tätigkeitsdelikten mehrere Teilakte miteinander verbunden, vorausgesetzt, es handelt sich um gleichartige Tätigkeitsakte, die auf einem einheitlichen Willensentschluss beruhend den gleichen Straftatbestand *in unmittelbarer Aufeinanderfolge* schrittweise (sukzessiv) oder wiederholend (iterativ) erfüllen (z. B. mehrere Misshandlungen, bis der Tod schließlich wie geplant eintritt (sukzessive Tatbestandserfüllung¹⁴⁵⁴), oder das Einstecken mehrerer kleiner Gegenstände im Kaufhaus aufgrund eines einheitlichen Willensentschlusses (iterative Tatbestandserfüllung)¹⁴⁵⁵. In solchen Fällen nur „eine" Handlungseinheit anzunehmen ist angemessen, weil die Herbeiführung des tatbestandlichen Erfolgs in mehreren Teilakten hier das einmal begangene Unrecht lediglich quantitativ steigert.
- Entsprechend soll es bei mehreren fehlgeschlagenen Versuchen, einen bestimmten Tatbestandserfolg zu verwirklichen, nach der Rechtsprechung des BGH darauf ankommen, ob die verschiedenen Teilakte „einen einheitlichen Lebensvorgang" bilden, was nur bejaht werden könne, wenn diese in einem engen räumlichen und zeitlichen Zusammenhang stehen¹⁴⁵⁶. Ist dies der Fall, soll nur „ein" Versuch vorliegen¹⁴⁵⁷. Dies leuchtet ein, bedenkt man, dass während der ersten Teilakte ja noch offen ist, ob der Erfolg letztlich eintritt oder nicht, und derjenige, bei dem der Erfolg schließlich ausbleibt, nicht schlechter gestellt werden kann als derjenige, der ihn letztlich herbeiführt (s. vorherige Fallgruppe).

Soweit entsprechende Ausführungen in der Klausur sich nicht ohnehin verbieten (z. B. sollte man nicht eigens erklären, dass trotz Gewaltanwendung *und* Wegnahme nur *ein* Fall des Rau-

---

1451 Vgl. § 52: „Verletzt *dieselbe* Handlung …"
1452 Dies gilt übrigens auch bei Anstiftung/Beihilfe und mittelbarer Täterschaft: Eine Einwirkungs- oder Förderungshandlung begründet nur eine Anstiftung/Beihilfe/mittelbare Täterschaft, auch wenn der (unmittelbare) Täter selbst mehrere selbstständige Straftaten begeht.
1453 Vgl. hierzu F Vor § 52 Rn. 17 (erfasste Teilakte des Handeltreibens sind: Einfuhr, Erwerb, Besitz und Abgabe).
1454 Vgl. BGH NStZ 07, 578: sukzessive Tatausführung bei zweistufigem Subventionsvergabeverfahren stellt eine rechtliche Handlungseinheit („Bewertungseinheit") dar.
1455 So hat der BGH in NStZ 2011, 213 auch für den Fall, dass aufgrund eines einheitlichen Tatplans und auf der Grundlage derselben vorangegangenen und gegenwärtigen Bedrohung des Geschädigten dieser nacheinander dreimal erpresst wurde, nur insgesamt eine Tat im Rechtssinne angenommen.
1456 BGHSt 40, 75 (80).
1457 Von dem dann – auch nach bereits fehlgeschlagenen Teilakten – noch insgesamt zurückgetreten werden kann! Bsp.: Der Ehemann versucht über Tage, seine Frau durch verschiedene Anschläge im Haus zu töten, was jeweils misslingt; am letzten Tag versöhnen sie sich.

bes vorliegt!), sollten diese bei der tatbestandlichen Handlungseinheit bereits auf der Ebene der Tatbestandsmäßigkeit erfolgen. Denn die Bejahung der tatbestandlichen Handlungseinheit führt (jedenfalls wenn dadurch auch nur ein Rechtsgut verletzt wurde, s. dazu unten Rn. 778 ff.) dazu, dass **nur eine Gesetzesverletzung** vorliegt, sodass man – mangels mehrerer Delikte – gar nicht mehr zu den Konkurrenzen kommt.

2. Die sog. „natürliche" Handlungseinheit

776 Es handelt sich um eine Konstruktion der Rechtsprechung, bei der (ergebnisorientiert) mehrere Handlungen im natürlichen Sinn zu einer Handlung im juristischen Sinn zusammengefasst werden. Die Voraussetzungen sind derart vage, dass sie für den Referendar keine echte Hilfe bedeuten:

> Eine natürliche Handlungseinheit soll vorliegen, wenn mehrere im Wesentlichen gleichartige Verhaltensweisen von einem einheitlichen Willen getragen werden und aufgrund ihres räumlich-zeitlichen Zusammenhangs derart eng miteinander verbunden sind, dass das gesamte Tätigwerden objektiv auch für einen Dritten bei natürlicher Betrachtungsweise als ein einheitliches, zusammengehöriges Tun erscheint[1458].

Die oben beschriebenen Voraussetzungen für eine tatbestandliche Handlungseinheit in Form der sukzessiven oder iterativen Tatbestandserfüllung werden damit um die Möglichkeit erweitert, dass durch die Teilakte auch mehrere, *verschiedene* Straftatbestände erfüllt werden können.

TIPP: Für die Klausur erscheint die Annahme einer natürlichen Handlungseinheit grundsätzlich wenig empfehlenswert, außer man kennt eine konkrete, auf den Fall zutreffende Entscheidung des BGH, denn grundsätzlich ist die Verletzung mehrerer Strafgesetze durch mehrere Handlungen der Paradefall für die Annahme von Tatmehrheit. Da es sich in diesen Fällen nicht um eine, sondern jedenfalls um mehrere Gesetzesverletzungen handelt, sind die Delikte nacheinander abzuhandeln und ggfs. erst auf der Ebene der Konkurrenzen zu einer juristischen Handlungseinheit (mit der Folge der Verurteilung in Tateinheit, § 52) zusammenzufassen.

Beachten Sie noch, dass auch nach der Rechtsprechung trotz engstem räumlich-zeitlichen Zusammenhang meist **keine** natürliche Handlungseinheit vorliegt, wenn durch mehrere Teilakte *höchstpersönliche Rechtsgüter* (Leib, Leben, sexuelle Selbstbestimmung) verschiedener Personen verletzt werden[1459]. Eine Ausnahme soll nur bei außergewöhnlich engem und situativen Zusammenhang gelten (z. B. bei einer tumultartigen, schnellen und ununterbrochenen Schlägerei).

3. Die fortgesetzte Handlung

777 Eines vorweg: Die fortgesetzte Handlung gibt es nicht mehr. Seit der Entscheidung des Großen Senats des BGH[1460] ist die Anwendung dieser Rechtsfigur auf solche Ausnahmefälle beschränkt, in denen der spezielle Deliktstatbestand es „ausnahmsweise gebietet", zur sachgerechten Erfassung des begangenen Unrechts und der Schuld wiederholte Tatbestandsverwirklichungen zu „einer" Tat im juristischen Sinn zusammenzufassen. Bisher wurde in keinem Fall eine solche Ausnahme vom BGH anerkannt.

Da bis heute in Praxis und Lehre noch einige Unsicherheit darüber herrscht, auf welche Weise dann die besonderen Probleme bei Serienstraftaten gelöst werden sollen[1461], kann auch der

---

1458 Seit BGHSt 10, 230 (231) ständige Rechtsprechung.
1459 Vgl. BGH NStZ 1996, 129 (Regel); BGH NStZ-RR 1998, 233 (Ausn.).
1460 BGHSt GrS 40, 138 (145 ff.).
1461 Hierzu F Vor § 52 Rn. 48 ff., 51 ff.

Referendar im Examen eigentlich nichts richtig falsch machen, solange er jedenfalls eine fortgesetzte Handlung verneint.

Als Ersatz greift der BGH für diese Fälle verstärkt zur Annahme einer **natürlichen Handlungseinheit**, wovon dem Referendar zumindest für das Examen aber abgeraten wird (s. o. Rn. 776). Folgen gleichartige Straftaten unmittelbar aufeinander, kommt eventuell eine **tatbestandliche Handlungseinheit** in Betracht (s. o. Rn. 775). In allen übrigen Fällen sollte der Referendar aber einfach von mehreren, selbstständigen Taten ausgehen, die zueinander in Tatmehrheit stehen. Dann gelten für jede einzelne Tat die Anforderungen des § 200 Abs. 1 StPO, dass sie nämlich in Anklage und Urteil hinreichend konkretisiert dargestellt werden muss, und jede einzelne darf noch nicht verjährt sein. Bei der Strafzumessung wird der Abschaffung der fortgesetzten Tat dadurch Rechnung getragen, dass zwar für jede Einzeltat eine (angemessene) Einzelstrafe verhängt wird, bei der Gesamtstrafenbildung aber ein solcher „Rabatt" gegeben wird, dass die Gesamtstrafe ungefähr der früher auf der Grundlage der fortgesetzten Tat verhängten Strafe entspricht (d. h. je mehr Einzeltaten, desto höher der „Rabatt"; sog. **Strafzumessungslösung**).

Neuerdings hat die Rechtsprechung unter dem Begriff des „uneigentlichen Organisationsdelikts" eine weitere Möglichkeit entwickelt, mehrere Taten zu einer einheitlichen Tat i. S. v. § 52 zusammenzufassen. So soll ein solches uneigentliches Organisationsdelikt vorliegen, wenn einzelne Straftaten (z. B. Betrugstaten) im Rahmen eines Geschäftsbetriebs unter Schaffung und Ausnutzung von Unternehmensstrukturen „gleichsam organisiert" begangen wurden. Auch hier verlangt der BGH allerdings die Schilderung der Einzelfälle in einer Weise, die die Verwirklichung der Tatbestandsmerkmale (z. B. des Betrugs) in jedem einzelnen Fall darlegt[1462].

II. Tateinheit und Tatmehrheit

1. Tateinheit

Sind Sie – durch natürliche Betrachtung oder durch Bejahung einer juristischen Handlungseinheit – zu dem Ergebnis gekommen, dass im natürlichen oder rechtlichen Sinn nur eine Handlung vorliegt, ist **in einem zweiten Schritt** zu untersuchen, wie viele Gesetzesverletzungen dadurch verwirklicht wurden. Wenn nämlich durch eine Handlung nur ein Gesetz nur einmal verletzt wurde, besteht für weitere Ausführungen zu den Konkurrenzen und damit auch für die Anwendung des § 52 kein Raum.

778

Bsp.: In mehreren Teilakten erschlägt, ersticht und erwürgt der Ehemann seine Frau.

Durch die Bejahung einer tatbestandlichen (juristischen) Handlungseinheit liegt eine Handlung mit einer Gesetzesverletzung vor. Tenor:

> „... ist schuldig des Totschlags."

a) Grundsatz

Demnach greift § 52 nur ein, wenn die eine Handlung einen Straftatbestand mehrmals (gleichartige Tateinheit) oder aber mehrere verschiedene Straftatbestände (ungleichartige Tateinheit) erfüllt.

779

1462 BGH NStZ 2010, 103.

Bsp.: Mit einem Schuss werden zwei Personen getötet. Tenor:

> „... ist schuldig des Totschlags in zwei tateinheitlichen Fällen."

780 Besteht die Tatbestandsverwirklichung (bis zur Beendigung!) aus mehreren Ausführungshandlungen (Bsp. §§ 242, 243 Abs. 1 Nr. 1: Einbrechen, Beute herausholen, Beute wegschaffen), so genügt es für die Annahme von Tateinheit, wenn nur ein Teilakt gleichzeitig ein anderes Strafgesetz verletzt (sog. Teilidentität der Ausführungshandlungen)[1463].

Bsp.: Der Einbrecher, der die Beute mit dem Auto wegschafft, hat keinen Führerschein. Tenor:

> „... ist schuldig des Diebstahls in Tateinheit mit Fahren ohne Fahrerlaubnis."

781 Wird **während eines Dauerdeliktes** (z. B. Hausfriedensbruch, § 123) eine neue Straftat begangen, liegt auf jeden Fall dann dieselbe Handlung i. S. d. § 52 vor, wenn sich die *Ausführungshandlungen zumindest teilweise decken*[1464], so z. B. bei einer Körperverletzung durch Unfall während eines Fahrens ohne Fahrerlaubnis. Ebenso klar ist keine Handlungsidentität (und damit also Tatmehrheit) anzunehmen, wenn die neue Straftat nur *„gelegentlich"* des Dauerdelikts begangen wird, mit diesem also in keinem inneren Zusammenhang steht, so z. B. Beleidigung gegenüber dem Opfer einer Freiheitsberaubung.

Problematisch sind aber die Fälle, in denen sich die Ausführungshandlungen zwar nicht decken, die Delikte aber dergestalt in einem *inneren Zusammenhang* stehen, dass das eine zur Ermöglichung/Aufrechterhaltung des anderen dient[1465]:

Dient das Dauerdelikt dazu, eine andere Straftat vorzunehmen, ist Tatidentität zu bejahen, und zwar nach h. M. unabhängig davon, ob der *Vorsatz des Täters schon bei Beginn des Dauerdelikts* auf die Begehung eines bestimmten anderen Delikts gerichtet war und das Dauerdelikt genau diesem Zweck dient (Bsp.: Hausfriedensbruch, um die Bewohnerin zu vergewaltigen) oder ob der Täter erst während des Dauerdelikts den Vorsatz zu einer weiteren Tat fasste[1466].

Dient umgekehrt das neue Delikt dazu, die Aufrechterhaltung des rechtswidrigen Dauerzustands zu sichern, liegt Tatidentität i. S. d. § 52 vor, wenn dadurch die Beendigung des Dauerdelikts *unmittelbar verhindert* wird und dies genau der Zweck der neuen Straftat war (Bsp.: Der ohne Fahrerlaubnis fahrende Täter übt bei einer Verkehrskontrolle Widerstand, um weiterfahren zu können).

782 Beachten Sie, dass der Tatentschluss zur Begehung eines neuen Delikts eine sog. **Zäsurwirkung** entfalten kann, mit der Folge, dass das Dauerdelikt in zwei zueinander in Tatmehrheit stehende zeitliche Abschnitte aufgespalten wird. Typisches Bsp. hierfür ist die Trunkenheitsfahrt, die zu einem Unfall führt, von dem sich der Täter aufgrund eines neu gefassten Tatentschlusses entfernt (s. o. Rn. 732).

783 Schließlich ist noch eine teilweise Tatidentität in der Weise denkbar, dass verschiedene Ausführungshandlungen eines Delikts sich teilweise mit einem zweiten, teilweise aber auch mit einem vom zweiten unabhängigen (d. h. eigentlich hierzu in Tatmehrheit stehenden) dritten Delikt überdecken. Der BGH[1467] bejaht in diesen Fällen eine **Klammerwirkung** des vermittelnden Delikts, sodass sämtliche Taten zueinander in Tateinheit stehen. Diese Verklamme-

---

1463 Vgl. BGHSt 18, 29 (32 ff.); 43, 317 (319 f.).
1464 Vgl. BGH NStZ 1999, 83.
1465 Vgl. hierzu Sch/Sch Vor § 52 Rn. 91.
1466 Sch/Sch Vor § 52 Rn. 91; BGH NJW 1982, 2080. Nach der Gegenansicht soll in der zweiten Variante Tatmehrheit vorliegen.
1467 BGH NStZ 2000, 25.

rung soll nur dann nicht greifen, wenn *beide* an sich in Tatmehrheit zueinander stehenden Delikte (im konkreten Fall) schwerer wiegen als das vermittelnde Delikt[1468].

b) Ausnahme: Gesetzeskonkurrenz

Leider ist nun aber nicht in jedem Fall, in dem „eine" Handlung zu „mehreren" Gesetzesverletzungen führt, auch tatsächlich Tateinheit zwischen den verwirklichten Delikten anzunehmen. Vielmehr sind zuvor noch **in einem dritten Schritt** die Fälle auszusondern, in denen der Unrechtsgehalt einer Handlung bereits durch einen der verwirklichten Straftatbestände erschöpfend erfasst wird (Fälle der Gesetzeskonkurrenz oder Gesetzeseinheit)[1469]. Hier gibt es wiederum folgende Fallgruppen[1470]:

784

aa) Spezialität

Spezialität ist gegeben, wenn *sämtliche* Tatbestandsmerkmale der einen Vorschrift auch in einer anderen (spezielleren) Strafvorschrift enthalten sind, sodass mit Verwirklichung des spezielleren Delikts auch stets und *zwangsläufig* das allgemeinere Delikt mit verwirklicht ist. Hier wird nur wegen **einer** Gesetzesverletzung (der spezielleren) bestraft.

785

Dies ist der Fall bei
– Qualifikationen und Privilegierungen gegenüber dem Grundtatbestand;
– „zusammengesetzten" Delikten gegenüber ihren „Einzelbestandteilen" (z.B. § 249 gegenüber § 242 und § 240);
– erfolgsqualifizierten Delikten gegenüber den gleichzeitig verwirklichten Fahrlässigkeitsdelikten (z.B. § 251 gegenüber § 222)[1471];
– vollendeter Tötung gegenüber vollendeter Körperverletzung[1472].

bb) Subsidiarität

Ein Straftatbestand ist gegenüber einem anderen subsidiär, d.h. nur *hilfsweise* für den Fall anwendbar, dass der andere nicht bereits eingreift, wenn dies entweder im Gesetz ausdrücklich so geregelt ist (z.B. § 246 Abs. 1 a.E., § 265a Abs. 1 a.E., sog. formelle Subsidiarität) oder sich durch Auslegung der entsprechenden Vorschriften ergibt, weil das geschützte Rechtsgut und die Angriffsrichtung dieselben sind oder ein leichteres Delikt im Tatbestand eines schwereren enthalten ist (sog. materielle Subsidiarität). Subsidiär ist danach insbesondere:
– der Versuch gegenüber der Vollendung derselben Tat[1473];
– Teilnahme gegenüber Täterschaft;
– Beihilfe gegenüber Anstiftung;
– das konkrete Gefährdungsdelikt gegenüber dem gleichzeitig verwirklichten Verletzungsdelikt (sofern ausschließlich dieselben Rechtsgüter geschützt werden und die Gefährdung nicht über die Verletzung hinausgeht).

786

1468 BGHSt 31, 29 (31).
1469 BGHSt 31, 380; 25, 373.
1470 Vgl. auch F Vor § 52 Rn. 40 ff.
1471 Beachten Sie aber, dass in den Fällen, in denen die qualifizierende Folge nicht nur fahrlässig, sondern (bedingt) vorsätzlich herbeigeführt wurde, nach der neueren Rechtsprechung wegen des erfolgsqualifizierten Delikts *in Tateinheit mit der gleichzeitig verwirklichten Vorsatztat* zu verurteilen ist, weil nur so der volle Unrechts- und Schuldgehalt im Tenor erkennbar wird (sog. Klarstellungsfunktion der Tateinheit), vgl. BGHSt GrS 39, 100 (108 f.).
1472 Anders aber, wenn bei vollendeter Körperverletzung das Tötungsdelikt im Versuchsstadium steckengeblieben ist: Da ein versuchter Totschlag nicht zwangsläufig eine bereits eingetretene Körperverletzung des Opfers beinhaltet, ist wiederum zur Klarstellung des Unrechtsgehalts wegen versuchten Totschlags *in Tateinheit mit vorsätzlicher Körperverletzung* zu verurteilen (so z.B. BGHSt 44, 196 [199]).
1473 Sofern es sich nicht bereits um nur eine tatbestandliche Handlungseinheit in Form der sukzessiven Tatbestandserfüllung handelt, s.o. Rn. 775.

cc) Konsumtion

787 Im Unterschied zur Spezialität liegt Konsumtion vor, wenn ein (leichterer) Tatbestand zwar nicht zwingend in einem anderen (schwereren) enthalten ist, aber *regelmäßig und typischerweise* mit diesem zusammentrifft, sodass der Unrechts- und Schuldgehalt der Tat bereits (allein) durch die Anwendung des schwereren Tatbestands ausreichend erfasst ist[1474].

Ein recht klausurrelevantes Problem ist die Frage, ob durch die **Verwirklichung des Regelbeispiels** des § 243 Abs. 1 Nr. 1 (Einbruchsdiebstahl) die §§ 123 und 303 konsumiert werden bzw. werden können[1475]. Dagegen sprechen zunächst systematische Bedenken, da ein Regelbeispiel eben gerade kein gesetzlicher (Grund- oder Qualifikations-)Tatbestand ist, sondern nur eine Strafzumessungsregel, sodass sein Vorliegen für die Bejahung weiterer (echter) Tatbestände ohne Bedeutung sein dürfte[1476]. Für das Verhältnis zu § 303 kommt noch hinzu, dass zumindest heutzutage die Sachbeschädigung kaum mehr als „typische Begleittat" für Einbruchsdiebstähle zu bezeichnen ist, da diese häufig genug ohne die Beschädigung von Sachen stattfinden (z.B. durch „intelligente" Überwindung elektronischer Sicherungen oder Schlösser) – von den anderen Varianten des § 243 Abs. 1 Nr. 1 (Nachschlüsseldiebstahl, Einsteigediebstahl) ganz zu schweigen.

Schließlich ist noch zu beachten, dass selbst eine typischerweise mitverwirklichte Begleittat im konkreten Fall dann einen eigenständigen Unrechtsgehalt aufweisen kann (und daher nicht konsumiert wird), wenn sie zugleich der Begehung weiterer, „untypischer" Straftaten dienen soll (Bsp.: Der Hausfriedensbruch soll von vornherein nicht nur den Einbruchsdiebstahl, sondern auch den Mord am Hausherrn ermöglichen).

dd) Rechtsfolge

788 Liegt ein Fall der Gesetzeskonkurrenz vor, so wird nur nach dem die anderen verdrängenden Gesetz bestraft; im Schuldausspruch wird das verdrängte Strafgesetz nicht erwähnt (im Falle einer Qualifikation oder Privilegierung wird der Grundtatbestand allerdings in der Regel in der Aufzählung der angewandten Paragrafen mit genannt).

> **TIPP:** Versuchen Sie in der Klausur, im Falle von Gesetzeskonkurrenz die konkrete Art (Spezialität, Subsidiarität oder Konsumtion) zu benennen, auch wenn im Fischer oft nur schlicht „Gesetzeskonkurrenz" steht. Sie zeigen damit eigenes Denken und die Fähigkeit, das Ergebnis auch zu begründen.

Das verdrängte Delikt behält aber seine Bedeutung für die Strafzumessung[1477]: Hier kann sein Vorliegen strafschärfend berücksichtigt werden, seine Mindeststrafe darf nicht unterschritten werden[1478] (außer das verdrängende Gesetz sieht im Rahmen der *Spezialität* gerade einen milderen Strafrahmen vor) und Maßregeln und Nebenstrafen, die an das verdrängte Gesetz anknüpfen, können verhängt werden.

Ist das verdrängende Gesetz aus irgendeinem Grund doch nicht anwendbar (z.B. wegen Eingreifens eines Rechtfertigungsgrundes oder eines Strafausschließungsgrundes), lebt das verdrängte Gesetz grundsätzlich wieder auf. Dies gilt nicht im Fall einer fehlenden Bestrafungsmöglichkeit aus dem verdrängenden Gesetz mangels Strafantrag[1479]. Um einen Überblick zu bekommen, wie komplex dieses Thema ist, lesen Sie Sch/Sch Vor § 52 Rn. 135–143.

1474 F Vor § 52 Rn. 43.
1475 So z.B. Sch/Sch § 243 Rn. 59 (m.w.N.).
1476 So jetzt auch BGH NJW 2002, 150 ff. Folge: Es ist von Tateinheit zwischen besonders schwerem Diebstahl und Sachbeschädigung bzw. Hausfriedensbruch auszugehen. Vgl. auch F § 243 Rn. 30.
1477 S. hierzu auch F Vor § 52 Rn. 45.
1478 Beides ständige Rechtsprechung seit BGHSt 1, 152 (155).
1479 F Vor § 52 Rn. 46; ebenso BGHSt 19, 320.

2. Tatmehrheit

a) Grundsatz

Sind Sie bei der rechtlichen Beurteilung der einzelnen Willensbetätigungen zu dem Ergebnis **789** gekommen, dass nicht nur bei natürlicher Betrachtung, sondern auch im juristischen Sinn **mehrere Handlungen (Handlungsmehrheit)** vorliegen, ist grundsätzlich ein Fall der Tatmehrheit gegeben. Wiederum können durch die relevanten Handlungen mehrere verschiedene Strafgesetze oder auch dasselbe Strafgesetz mehrmals verletzt worden sein. Tenor:

> *„... ist schuldig des Diebstahls in Tatmehr mit Betrug."*

bzw.

> *„... ist schuldig des Diebstahls in drei tatmehrheitlichen Fällen."*

b) Ausnahme: Mitbestrafte Vortat/mitbestrafte Nachtat

Aber auch zwischen mehreren an sich selbstständigen Straftaten kann ein derartiges Verhält- **790** nis bestehen, dass die Verwirklichung des einen Straftatbestandes den **Unrechts- und Schuldgehalt** eines vorausgegangenen (Ermöglichungs-)Delikts oder eines anschließend begangenen (Verwertungs-)Delikts **regelmäßig mit erfasst**. Es werden insoweit dieselben Rechtsgedanken wie bei der Subsidiarität oder der Konsumtion herangezogen. Voraussetzung ist regelmäßig, dass die mitbestrafte Vor- oder Nachtat (ausschließlich!) gegen dasselbe Rechtsgut wie die Haupttat gerichtet ist und auch in ihren negativen Auswirkungen nicht (wesentlich) über diese hinausgeht. Klassische Beispiele sind

- für die mitbestrafte Vortat: der Diebstahl eines Schlüssels zur Vorbereitung eines Einbruchsdiebstahls (Konsumtion); die Unterschlagung eines Kfz-Schlüssels zur Vorbereitung des Diebstahls des Kfz (Konsumtion); die Verabredung zu einem Verbrechen (§ 30 Abs. 2) zur tatsächlichen Begehung des Verbrechens (Subsidiarität);
- für die mitbestrafte Nachtat: die Weiterveräußerung (= Unterschlagung) eines zuvor entwendeten Gegenstands[1480] (Konsumtion).

TIPP: Denken Sie daran, dass die Verdrängung einer mitbestraften Vor- oder Nachtat erst auf der Ebene der Konkurrenzen stattfindet, sodass die Möglichkeit der strafbaren Teilnahme an dieser durch Dritte hiervon unberührt bleibt! Ebenso lebt die Strafbarkeit einer eigentlich straflosen mitbestraften Nachtat wieder auf, wenn die Haupttat verjährt[1481].

3. Hinweise zur Formulierung

Bei der Frage, mit welchen sprachlichen Mitteln die Tatsache der Tateinheit oder Tatmehrheit **791** dargestellt werden soll, gibt es verschiedene Möglichkeiten[1482] – und hierbei sicher regionale Unterschiede. Wählen Sie die Variante, die in Ihrer Gegend am geläufigsten ist, so haben Sie das geringste Risiko, den Prüfer zu brüskieren.

Bei der **Tenorierung** („Der Angeklagte ist schuldig des ...") haben Sie grundsätzlich die Wahl zwischen folgenden Varianten (Gleiches gilt in der **Anklageschrift** in dem Teil nach „strafbar als ..."):

1480 Sofern man nicht ohnehin i. S. der „Tatbestandslösung" hier bereits das Tatbestandsmerkmal der (erneuten) Zueignung verneint; s. hierzu oben Rn. 385.
1481 BGH NStZ 2009, 203.
1482 S. F Vor G 52 Rn. 67.

Tateinheit:

> „... ist schuldig des Diebstahls **in Tateinheit mit** Hausfriedensbruch"
> „... ist schuldig des Diebstahls **rechtlich zusammentreffend mit** Hausfriedensbruch"
> „... ist schuldig der Beleidigung **in drei rechtlich zusammentreffenden Fällen**"
> „... ist schuldig des Diebstahls **mit** Hausfriedensbruch"[1483]

Tatmehrheit:

> „... ist schuldig des Diebstahls **in Tatmehrheit mit** Urkundenfälschung"
> „... ist schuldig des Diebstahls **sachlich zusammentreffend mit** Urkundenfälschung"
> „... ist schuldig des Diebstahls **in 43 sachlich zusammentreffenden Fällen**"
> „... ist schuldig des Diebstahls **und/sowie** der Urkundenfälschung"

Nach BGH[1484] sollen jedoch die Formulierungen „rechtlich zusammentreffend" und „sachlich zusammentreffend" nicht mehr verwendet werden, weil hierbei zu oft Fehler gemacht wurden. Weil aber auch nicht jeder Prüfer die Formulierungen „und"/„sowie"/„und mit" schätzt, kann nur die völlig eindeutige Formulierung „in Tateinheit mit" oder „in Tatmehrheit mit" bzw. „in 2 tateinheitlichen/tatmehrheitlichen Fällen" empfohlen werden.

In der **Anklageschrift** ist die Tatsache der Tateinheit oder Tatmehrheit **schon einen Schritt vorher**, nämlich in dem Teil, der auf die Formulierung „Der Angeklagte wird daher beschuldigt, ..." folgt und in dem der gesetzliche Tatbestand abzuschreiben ist (Bsp.: „... eine fremde Sache beschädigt zu haben"), sprachlich zum Ausdruck zu bringen. Hier sollten Sie am besten streng formalistisch vorgehen und jeden neuen Tatbestand (in einer neuen Zeile beginnend!) mit der entsprechenden stereotypen Wendung anhängen:

Tateinheit:

> „... und durch dieselbe Handlung ..."

Tatmehrheit:

> „... und durch eine weitere selbstständige Handlung ..."

Sprachlich schöner wäre es sicher, bei mehreren im gleichen Konkurrenzverhältnis stehenden Delikten dessen Angabe quasi vor die Klammer zu ziehen (Bsp.: „... durch jeweils dieselbe Handlung ..."), allerdings entspricht dies nicht der ständigen Übung der Praxis. Auch hier sollten Sie für jeden gesetzlichen Tatbestand eine neue Zeile anfangen, um die – auch in der Praxis wichtige – Übersichtlichkeit zu gewährleisten.

III. Wahlfeststellung und Postpendenzfeststellung

792 Während die Frage nach den Konkurrenzen sich erst stellt, wenn die Verwirklichung mehrerer Tatbestände zweifelsfrei feststeht, ist die Problematik der Wahlfeststellung schon einen logischen Schritt früher anzusiedeln: Was passiert, wenn schon die Verwirklichung eines Tatbestands nicht zweifelsfrei feststeht? Grundsätzlich ist dies mit dem Grundsatz **„in dubio pro reo"** zu beantworten, der eine Konsequenz aus dem Grundsatz „nullum crimen, nulla poena

---

1483 Zumindest in Bayern selten, sollte hier daher vermieden werden.
1484 NJW 86, 1116 f.

sine lege" (Art. 103 Abs. 2 GG) darstellt: Steht die Tatbestandsverwirklichung nicht eindeutig fest, kann der Beschuldigte deswegen auch nicht verurteilt werden. Dieses Ergebnis scheint aber in den Fällen unangemessen, in denen immerhin zweifelsfrei feststeht, dass der Beschuldigte jedenfalls eine strafbare Handlung begangen hat, und nur nicht mehr aufklärbar ist, welche von mehreren in Betracht kommenden. Hier ist – unter den im Folgenden darzustellenden Voraussetzungen – mit dem BGH und der h.L. auf das Rechtsinstitut der Wahlfeststellung, d.h. der **Verurteilung auf mehrdeutiger Tatsachengrundlage**, zurückzugreifen[1485].

1. Allgemeine Voraussetzungen

Zunächst müssen alle Möglichkeiten der **Sachverhaltsaufklärung** ausgeschöpft worden sein, ohne dass eine eindeutige Feststellung der *Geschehnisse*[1486] möglich wurde. Dies muss auch in den Urteilsgründen dargelegt werden.

793

Außerdem muss nach der erfolgten Sachverhaltsaufklärung feststehen, dass keine Möglichkeit denkbar ist, nach der der Täter sich **gar nicht strafbar** gemacht hat[1487], da in diesem Falle für eine Abweichung vom Grundsatz „in dubio pro reo" keine Rechtfertigung bestünde. Das Gericht muss zu der Überzeugung kommen, dass, wenn nicht die eine Alternative gegeben ist, jedenfalls die andere vorliegt (oder jedenfalls eine eventuell im Raum stehende dritte, vierte usw.), eine nicht in die Wahlfeststellung einbeziehbare weitere Alternative jedenfalls sicher nicht denkbar ist (sog. **exklusive Alternativität** der in Betracht kommenden Sachverhalte). *Keine* Alternativität in diesem Sinne ist gegeben, wenn die in Frage kommenden *Tatsachen* in einem *Stufenverhältnis* stehen, d.h. die eine denkbare Variante nur eine Weiterführung der anderen ist (Bsp.: einfacher Diebstahl oder Diebstahl mit Waffen). In diesen Fällen ist einfach nach dem Grundsatz „in dubio pro reo" nur von der Verwirklichung des sicher verwirklichten Grundtatbestands auszugehen[1488].

Prozessual ist zu beachten, dass alle in Frage kommenden Sachverhaltsvarianten auch tatsächlich **angeklagt** sein müssen – sei es gleich in Form einer wahldeutigen Anklage oder in Form einer Nachtragsanklage gem. § 266 StPO[1489].

In der Anklage oder im Urteil sind die alternativen Tatsachen jeweils bei der **Sachverhaltsdarstellung** (in der Anklage oder im Urteil) nacheinander und durch ein „oder" getrennt zu schildern.

1485 Selbstverständlich ist die Anerkennung dieses – gesetzlich nicht normierten – Rechtsinstituts als solches wie auch seine einzelnen Voraussetzungen heftig umstritten, vgl. hierzu die Darstellung bei Sch/Sch § 1 Rn. 57 ff. In einer Examensklausur braucht dies – außer bei entsprechend deutlichen Hinweisen im Aufgabentext – jedoch nicht besonders problematisiert zu werden, solange man den vom BGH aufgestellten Grundsätzen folgt. Es genügt zur Begründung dieser Grundsätze ein Hinweis auf den Widerstreit zwischen Art. 103 Abs. 2 GG einerseits und den Interessen materieller Gerechtigkeit andererseits.
1486 Zur Klarstellung: Voraussetzung ist immer eine Unsicherheit im tatsächlichen Bereich. Keinesfalls kann zur Wahlfeststellung gegriffen werden, wenn Sie sich bei einem feststehenden Sachverhalt nur hins. der rechtlichen Würdigung unsicher sind.
1487 Beachten Sie, dass nicht nur fehlende Tatbestandsmäßigkeit, sondern auch entgegenstehende Verfahrenshindernisse die Strafbarkeit entfallen lassen können!
1488 D.h. es erfolgt eine eindeutige Verurteilung auf eindeutiger Tatsachengrundlage; kein Fall der Wahlfeststellung!
1489 So z.B. Sch/Sch § 1 Rn. 97 m.w.N. Nach anderer Ansicht soll eine Wahlfeststellung – unabhängig von der Art der Anklage – nur dann zulässig sein, wenn alle in Frage kommenden Varianten eine einheitliche Tat i.S.d. § 264 StPO darstellen (so z.B. F § 1 Rn. 33 mit Hinweisen auf die Rechtsprechung des BGH). Dies würde jedoch dazu führen, dass in vielen Fällen auf Kosten der materiellen Gerechtigkeit eine Wahlfeststellung abzulehnen wäre, weil die in Frage kommenden Handlungen zeitlich zu weit auseinanderliegen würden. So hat der BGH in NJW 1984, 2109f. eine ins Auge gefasste Wahlfeststellung auch ausdrücklich nicht daran scheitern lassen, dass es sich bei den Vorwürfen um verschiedene Taten i.S.v. § 264 StPO handelte, sondern lediglich daran, dass eine von beiden niemals angeklagt worden war.

Während die Tatsachengrundlage der Verurteilung also immer „wahldeutig" sein muss, kann die Verurteilung (der Schuldspruch) selbst ebenfalls „wahldeutig" oder aber „eindeutig" sein:

2. Echte Wahlfeststellung

794 Die sog. echte oder auch ungleichartige Wahlfeststellung kommt in Betracht, wenn trotz aller Aufklärungsbemühungen zweifelhaft bleibt, welche von mehreren alternativ in Betracht kommenden Handlungen begangen und damit welcher von mehreren **verschiedenen** (ungleichartigen) Tatbeständen erfüllt wurde. Die Bezeichnung als „echt" beruht darauf, dass dies der einzige früher in § 2 b geregelte Fall der Wahlfeststellung war.

Bsp.: Der Beschuldigte ist im Besitz einer gestohlenen Sache, es kommt nur in Betracht, dass er sie entweder selbst (in Alleintäterschaft) gestohlen oder aber in Kenntnis ihrer Herkunft vom Dieb erworben hat. Auf wahldeutiger Tatsachengrundlage erfolgt eine **wahldeutige Verurteilung** wegen Diebstahls oder Hehlerei.

Tenor:

> „Der Angeklagte ist schuldig des Diebstahls oder der Hehlerei."

Die **Strafe** ist aus dem Gesetz zu entnehmen, das für den konkreten Fall (d. h. unter Berücksichtigung der konkreten Strafmilderungs- oder Strafschärfungsgründe) den niedrigsten Strafrahmen vorsieht; Nebenstrafen und Nebenfolgen dürfen nur verhängt werden, wenn sie nach beiden Tatbestandsalternativen zulässig sind.

Spezielle Voraussetzungen:

795 Nach ständiger BGH-Rechtsprechung[1490] ist eine echte wahldeutige Verurteilung nur dann zulässig, wenn die in Betracht kommen Delikte „rechtsethisch und psychologisch vergleichbar" oder „gleichwertig" sind, was der Fall sein soll, wenn die möglichen Taten im allgemeinen Rechtsempfinden sittlich gleich oder zumindest ähnlich bewertet werden (rechtsethische Gleichwertigkeit) und auf einer einigermaßen gleichartigen seelischen Einstellung des Täters beruhen (psychologische Gleichwertigkeit).

Empfohlen wird folgende **Checkliste**, die auch gleichzeitig Argumentationshilfe ist:
– gleiches o. ä. Rechtsgut verletzt
– gleiche o. ä. sittliche Missbilligung der Bevölkerung
– gleiche o. ä. innere Beziehung des Täters zu den möglichen Verhaltensweisen

„Klassische Fälle" sind Diebstahl/Hehlerei, Diebstahl/Begünstigung, Diebstahl/Betrug, Raub/räuberische Erpressung, Alleintäterschaft/Mittäterschaft/mittelbare Täterschaft.

796 Kann keine Gleichwertigkeit zwischen zwei *völlig verschiedenen* Delikten angenommen werden, kommt eine wahldeutige Verurteilung nicht in Betracht. Unter doppelter Anwendung des Grundsatzes „in dubio pro reo" ist der Täter, da keine der Varianten mit der erforderlichen Sicherheit nachgewiesen werden kann, freizusprechen.

Besteht dagegen zwischen den in Frage kommenden Varianten (*tatbestandlich*)[1491] ein *Stufenverhältnis* (wie z. B. bei Versuch/Vollendung, Unterlassen/Tun, Teilnahme/Täterschaft, Fahrlässigkeit/Vorsatz), ist mangels Gleichwertigkeit eine wahldeutige Verurteilung ebenfalls nicht möglich. Allerdings führt hier die Anwendung des Grundsatzes „in dubio pro reo"

1490 Ausgehend von RG 68, 257 ff.; vgl. BGHSt 9, 390 (394); 20, 100 (101 f.); 25, 182 (183).
1491 Beachten Sie den Unterschied zu oben unter Ziff. 1, in der es um ein Stufenverhältnis auf der Ebene der Tatsachenfeststellung ging, welches schon die Voraussetzung der Tatsachenalternativität entfallen lässt; hier geht es dagegen um ein Stufenverhältnis auf der Ebene der rechtlichen Würdigung (der wahlweise verwirklichten Tatbestände), welches – bei bestehender Tatsachenalternativität – die von der Rechtsprechung verlangte Gleichwertigkeit entfallen lässt.

nicht dazu, dass der Täter sich überhaupt nicht nachweisbar strafbar gemacht hat, sondern dass er zumindest die leichtere „Stufe" verwirklicht hat und nur von der Verwirklichung der schwereren „Stufe" zu seinen Gunsten nicht ausgegangen werden kann. Auf wahldeutiger Tatsachengrundlage (Darstellung im Anklagesatz/Tatbestand!) hat daher eine (eindeutige) Verurteilung wegen der milderen Würdigung zu erfolgen.

> „Der Angeklagte ist schuldig des versuchten Diebstahls."

Nach denselben Grundsätzen ist vorzugehen, wenn zwei in Frage kommende Qualifikationstatbestände als nicht gleichwertig (und nicht in einem Stufenverhältnis stehend) zu beurteilen sind. Eine wahldeutige Verurteilung wegen Verwirklichung der einen oder der anderen Qualifikation ist mangels Gleichwertigkeit nicht zulässig; die Anwendung des Grundsatzes „in dubio pro reo" lässt aber den jedenfalls erfüllten Grundtatbestand unberührt. Hier hat auf eindeutiger Tatsachengrundlage (nämlich die Geschehnisse, die den Grundtatbestand verwirklichen) eine eindeutige Verurteilung wegen des erfüllten Grundtatbestands zu erfolgen[1492].

3. Unechte Wahlfeststellung

Um einen Fall der unechten oder auch gleichartigen Wahlfeststellung handelt es sich, wenn nicht aufklärbar ist, welche von mehreren in Betracht kommenden Handlungen letztlich den auf jeden Fall verwirklichten **einen Tatbestand** erfüllt hat.

797

Bsp.: Der Beschuldigte hat bei verschiedenen Zeugenaussagen jeweils das Gegenteil ausgesagt; welche Aussage wahr und welche falsch war, lässt sich nicht mehr aufklären.

Der Schuldspruch bleibt von dieser Unsicherheit unberührt, es erfolgt auf wahldeutiger Tatsachengrundlage[1493] eine **eindeutige Verurteilung**:

> „Der Angeklagte ist schuldig der falschen uneidlichen Aussage."

Die Zulässigkeit der unechten Wahlfeststellung ist nur an die allgemeinen, unter Rn. 793 beschriebenen Voraussetzungen geknüpft; insbesondere kommt es, da jedenfalls nur ein Delikt erfüllt ist, auf die Frage der Gleichwertigkeit nicht an.

4. Postpendenzfeststellung

Schließlich gibt es Fälle, in denen die Strafbarkeit einer (feststehenden) Handlung davon abhängt, ob der Täter auch bereits an der Vortat beteiligt war, was aber nicht mehr feststellbar ist[1494].

798

Bsp.: Der Beschuldigte hat eine gestohlene Sache in Kenntnis ihrer Herkunft weiterverkauft; unaufklärbar bleibt, ob er selbst an dem Diebstahl der Sache beteiligt war.

Nach Ansicht des BGH[1495] besteht hier für die Annahme einer echten Wahlfeststellung kein Raum, weil die vorrangige Möglichkeit einer (eindeutigen) Verurteilung wegen des in tatsächlicher Hinsicht feststehenden Verhaltens bestehe (im Bsp. also im Wege der Postpendenz Ver-

---

1492 Anders als bei der vorherigen Fallgruppe (Stufenverhältnis) müssten hier auch die alternativen Geschehensabläufe hins. der möglicherweise verwirklichten Qualifikationen im Tatbestand nicht dargestellt werden, da sie jeweils „in dubio pro reo" als nicht nachweisbar angesehen werden. Nur wenn sie in einem Stufenverhältnis stünden, wären sie zu schildern und führten – nunmehr auf wahldeutiger Tatsachengrundlage – zu einer eindeutigen Verurteilung wegen der – in dubio – leichteren Qualifikation.
1493 Vergessen Sie daher nicht, im Tatbestand/Anklagesatz die alternativen Geschehensabläufe zu schildern!
1494 Oder umgekehrt: Abhängigkeit davon, ob der Täter auch an der Nachtat beteiligt war, sog. Präpendenz.
1495 So z.B. BGH NStZ 1989, 573; NStZ 1995, 500; NStZ 2011, 510. S. hierzu auch F § 1 Rn. 45 f.

urteilung wegen Hehlerei). Demgegenüber differenziert ein Teil der Lehre[1496] danach, ob das vorhergehende, nicht feststehende Verhalten für die rechtliche Beurteilung des späteren, feststehenden Verhaltens **„tatbestandsrelevant"** ist (d.h. dessen Tatbestandsmäßigkeit entfallen lassen würde – dann wahldeutige Verurteilung auf wahldeutiger Tatsachengrundlage [wenn die übrigen Voraussetzungen der echten Wahlfeststellung vorliegen]) oder nur **„konkurrenzrelevant"** ist (d.h. das auf jeden Fall verwirklichte spätere Delikt verdrängen würde – dann [wie nach BGH] eindeutige Verurteilung allein wegen des feststehenden Sachverhalts). Für die Ansicht der Literatur spricht, dass sie den Grundsatz „in dubio pro reo" sauberer anwendet: Der nicht feststehende Sachverhalt scheidet nach diesem Grundsatz ohnehin aus, währendbei der Prüfung der Strafbarkeit hinsichtlich des feststehenden Sachverhalts zu Gunsten des Täters unterstellt werden muss, dass dieser bereits Täter der Vortat ist. Führt diese Annahme dazu, dass der Tatbestand des in Frage stehenden Delikts deshalb eben nicht erfüllt ist (so z.B. bei § 259 „ein anderer" oder gem. § 257 Abs. 3), wäre der Täter eigentlich „in dubio pro reo" von beiden Delikten freizusprechen, sofern man nicht auf das Rechtsinstitut der Wahlfeststellung zurückgreift. Von einer jedenfalls bestehenden Möglichkeit der Verurteilung wegen des (in tatsächlicher Hinsicht) feststehenden späteren Verhaltens kann also bei genauer Betrachtung keine Rede sein. Dennoch empfiehlt es sich, in der Klausur der BGH-Ansicht zu folgen, da diese für die Praxis Vorrang hat.

[1496] So z.B. Sch/Sch § 1 Rn. 98 m.w.N.

Teil 3
„Rechtsfolgenausspruch" – Strafzumessung, §§ 38 ff.

Ausführungen zur Strafzumessung fallen dem Referendar ebenso wie dem Berufsanfänger naturgemäß schwer. Es fehlt die Erfahrung zum einen hinsichtlich der typischen (revisionssicheren) Formulierungen, zum andern hinsichtlich der Einordnung des in Frage stehenden Delikts innerhalb des zumeist sehr weiten Strafrahmens. Da dieses Problem auch Examensprüfern bekannt ist, brauchen Sie nicht zu befürchten, dass Sie dadurch Punkte verlieren, dass Sie im Ergebnis eine Strafe befürworten, die in der Praxis für dieses Delikt nie verhängt würde. Allerdings wird von Ihnen erwartet, dass Sie den Weg der Strafzumessung selbst beherrschen und auch mit den entsprechenden Formulierungen darstellen können. Dabei will Ihnen dieses Kapitel helfen. Die Auswertung der bayerischen Examensklausuren seit ca. 1990 hat gezeigt, dass dieses Thema durchaus examensrelevant ist und selbst fundierte Kenntnisse der nachträglichen Gesamtstrafenbildung erwartet werden. Die Strafzumessung kann in den Klausurtypen Schlussplädoyer und Urteil, aber auch im Rahmen einer Revisionsklausur (betreffend die Ausführungen des angegriffenen Urteils) eine Rolle spielen. Bedenken Sie, dass die Ausführungen zur Strafzumessung in der Regel mehr am Ende der Klausur an der Reihe sind und Sie hier noch den Korrektor versöhnen – oder aber gänzlich gegen Sie aufbringen können!

A. Übersicht über die Sanktionsmöglichkeiten

Strafen, §§ 38 ff.:

Freiheitsstrafe	1 Mo. – 15 J./lebenslang, § 38
Geldstrafe	5 – (grds.) 360 TS, § 40 Abs. 1 S. 2 Tagessatzhöhe 1–30 000 €, § 40 Abs. 2 S. 3
Vermögensstrafe, § 43 a[1]	= vom Tagessatzsystem unabhängige, am „verdächtigen" Vermögen zu messende Geldsummenstrafe (neben Freiheitsstrafe von über 2 Jahren mögl.)
Nebenstrafe	= Fahrverbot, § 44 StGB Dauer: 1–3 Monate
Nebenfolge	= Verlust der Amtsfähigkeit, der Wählbarkeit und des Stimmrechts, § 45 StGB Dauer: 2–5 Jahre

Maßregeln, §§ 61 ff.:

Unterbringung in psych. Krankenhaus, § 63	Dauer: unbegrenzt, § 67 d Abs. 1 (Rückschluss)
Unterbringung in Entziehungsanstalt, § 64	Dauer: max. 2 Jahre, § 67 d Abs. 1
Unterbringung in Sicherungsverwahrung, § 66[2]	Dauer: grds. max. 10 Jahre, bei besonderer Gefährlichkeit auch unbegrenzt, § 67 d Abs. 3

---

1 Vom BVerfG für nichtig erklärt (NJW 2002, 1779 ff.)!
2 Vom BVerfG für nichtig erklärt (NStZ 2011, 450 ff.)!

Führungsaufsicht, § 68	Dauer: 2–5 Jahre (in Einzelfällen verlängerbar), § 68 c
Entziehung der Fahrerlaubnis, § 69	Dauer: grds. 6 Mo. – 5 Jahre, § 69a Abs. 1 (erhöhtes Mindestmaß 1 Jahr in Fällen des § 69a Abs. 3; verkürztes Mindestmaß 3 Monate in Fällen des § 69a Abs. 4)
Berufsverbot, § 70	Dauer: grds. 1–5 Jahre, § 70 Abs. 1 (verkürztes Mindestmaß 3 Monate in Fällen des § 70 Abs. 2)

Verfall, §§ 73 ff. bzgl. der Früchte der Tat einschließlich der daraus gezogenen Nutzungen

Einziehung, §§ 74 ff. bzgl. der Tatmittel

B. Strafzumessung

800 Die folgende Darstellung entspricht der Reihenfolge, in der in einer Klausur (Plädoyer oder Urteil) Ausführungen zu machen sind. Zur Erleichterung sind jeweils Formulierungsvorschläge eingefügt, die selbstverständlich nicht zwingend sind.

Einleitender Satz:

> *„Hinsichtlich der Strafzumessung ist Folgendes auszuführen:"*

I. Bestimmung des anzuwendenden Strafrahmens

801

> *„Das Gesetz geht für ... von einem Strafrahmen von ... bis ... aus."*

1. Das anzuwendende Gesetz

a) Bei Tateinheit: § 52

802
– Für alle tateinheitlich verwirklichten Delikte wird nur eine einzige Strafe (nach den nachfolgenden Regeln) verhängt, § 52 I StGB.
– Auszugehen ist von dem Strafrahmen des Delikts, dessen obere Strafgrenze am höchsten ist (bei der späteren Festlegung der Strafe ist dann noch zu berücksichtigen, dass sie nicht niedriger angesetzt werden darf, als es nach den übrigen verwirklichten Gesetzen zulässig ist, sog. Sperrwirkung des zurücktretenden Gesetzes).

b) Bei Tatmehrheit: §§ 53 ff.

803
– für jedes verwirklichte Delikt ist (nach den nachfolgenden Regeln) eine Einzelstrafe zu finden. In einem weiteren Schritt wird hieraus eine Gesamtstrafe gebildet, § 54 (s.u. Rn. 822 ff.).

2. Regelstrafrahmen und Sonderstrafrahmen

804 Aufgrund gesetzlicher Straf*änderungs*gründe kann im konkreten Fall ein anderer Strafrahmen anzuwenden sein als nach dem Grunddelikt. Hier ist zu unterscheiden zwischen Änderungen des Strafrahmens, die zu einer neuen Einstufung der Tat als Vergehen (§ 12 Abs. 2) oder Verbrechen (§ 12 Abs. I) führen können, und solchen, die hierauf keinen Einfluss haben (§ 12 Abs. 3):

Aufgrund des geänderten Strafrahmens ist die Einstufung neu vorzunehmen, wenn das Gesetz aus einem bestimmten Grundtatbestand durch Hinzufügen weiterer Merkmale neue Tatbestände mit selbstständiger Strafdrohung bildet; so bei:
- Qualifizierungen (Bsp.: § 226 gegenüber § 223)
- Privilegierungen (Bsp.: § 216 gegenüber § 212)
- selbstständige Tatbestände (Bsp.: § 249 gegenüber § 242)

Der bisherige Deliktstypus bleibt unverändert, wenn das Gesetz ohne bestimmte Beschreibung andersartigen Unrechts lediglich einen anderen Strafbarkeitsrahmen für gleichwertiges Unrecht in Fällen geringerer oder schwererer Bewertung vorsieht, so bei:

Minder schweren Fällen nach dem BT:	
– benannt	(Bsp: § 213 1. Alt.)
– oder unbenannt	(Bsp: § 226 Abs. 3)
Besonders schweren Fällen nach dem BT:	
– unbenannt	(Bsp: § 212 Abs. 2)
– als Regelbeispiel	(Bsp: § 243 Abs. 1 S. 2)
– oder als zwingendes Beispiel	(Bsp: § 129 Abs. 4)
Strafmilderungen nach dem AT:	
– zwingend	(Bsp: § 27 Abs. 2 S. 2)
– oder fakultativ	(Bsp: §§ 21, 23 Abs. 2)

Nur die letztgenannten Strafmilderungen nach dem AT führen zu einer sog. **Strafrahmenverschiebung** gem. § 49 Abs. 1 (s. u. Rn. 805).

Beachten Sie[3]:
- Vor den Milderungen nach dem AT muss immer zuerst geprüft werden, ob ein minder schwerer Fall vorliegt!
- Ein Umstand, der bereits für die Begründung eines minder schweren Falls oder die Verneinung eines besonders schweren Falls „verbraucht" wurde, darf nicht noch einmal als besonderer gesetzlicher Milderungsgrund zu einer Strafrahmenverschiebung gem. § 49 herangezogen werden! (= Verbot der Doppelverwertung, § 50)
- Ob ein minder schwerer Fall vorliegt, entscheidet der Tatrichter pflichtgemäß im Rahmen einer Gesamtwürdigung **aller** Umstände (gleichgültig, ob sie der Tat innewohnen, sie begleiten, ihr vorausgehen oder ihr folgen).

> **TIPP:** Wegen § 50 sollte mit den nicht vertypten[4] Milderungsgründen begonnen werden; begründen sie allein schon die Annahme eines minder schweren Falls, können evtl. vorliegende vertypte Milderungsgründe zu einer weiteren Milderung nach § 49 herangezogen werden, da sie dann noch nicht verbraucht sind[5].

Die Gesamtwürdigung muss ergeben, dass die Strafwürdigkeit im Vergleich zu den erfahrungsgemäß vorkommenden und bei der Bestimmung des ordentlichen Strafrahmens vom Gesetzgeber schon bedachten Fällen so sehr verringert ist, dass die Anwendung des Regelstrafrahmens nicht angebracht erscheint.
- Dagegen dürfen bei der Beurteilung eines besonders schweren Falls nur diejenigen Umstände berücksichtigt werden, die der Tat innewohnen oder doch wenigstens mit ihr in Zusammenhang stehen (d. h. nicht z. B. die Vorstrafen des Täters).

---
3 Vgl. zu dem Ganzen: F § 50 Rn. 3 ff. und § 46 Rn. 85 ff., 88 ff.
4 Vertypte Milderungsgründe sind solche, die im Gesetz ausdrücklich genannt sind und auf § 49 StGB verweisen.
5 Ständige Rspr., vgl. BGH NStZ 2012, 271 f.

- Das Vorliegen eines minder schweren oder besonders schweren Falls muss nicht in jedem Fall erörtert werden, sondern nur dann, wenn die getroffenen Feststellungen dazu drängen (d.h. nicht, wenn die Annahme fernliegt oder sogar abwegig erscheint).
- Wenn ein vertypter Milderungsgrund (wie z.B. § 21) vorliegt, kann dieser dazu führen, dass trotz Vorliegens eines Regelbeispiels ein besonders schwerer Fall nicht angenommen wird. Es ist aber zu prüfen, ob die Alternative „Bejahung des besonders schweren Falls, dafür Strafrahmenverschiebung nach § 49" für den Täter günstiger wäre[6].

3. Strafrahmenverschiebung, § 49 Abs. 1

805 Liegen vertypte Milderungsgründe vor, die noch nicht für die Annahme eines minder schweren (oder die Verneinung eines besonders schweren) Falls verbraucht wurden, so ist eine Strafrahmenverschiebung nach § 49 Abs. 1 zu erwägen (bei fakultativen Strafmilderungsgründen kann man sich unter Angabe eines sachlichen Grundes (Kommentar auf entschiedene Fälle durchlesen!) auch gegen eine Strafrahmenverschiebung entscheiden und den Milderungsgrund lediglich in der Strafzumessung i.e.S. zu Gunsten des Täters berücksichtigen)[7].

In der Klausur ist insbesondere in folgenden Situationen an eine Strafrahmenverschiebung zu denken:
- Unterlassungsdelikte, § 13 Abs. 2
- vermeidbarer Verbotsirrtum, § 17 S. 2
- verminderte Schuldfähigkeit, § 21
- Versuch, § 23 Abs. 2
- Beihilfe, § 27 Abs. 2 S. 2
- erfolgte (oder versuchte) Schadenswiedergutmachung, § 46a

Bei der Bestimmung des neuen Strafrahmens ist zwischen dem angedrohten Höchstmaß (= Obergrenze) und einem eventuell vorgesehenen Mindestmaß (= Untergrenze) zu unterscheiden:

Berechnung der **Untergrenze**: s. § 49 Abs. 1 Nr. 3.

Berechnung der **Obergrenze** gem. § 49 Abs. 1 Nr. 2 (sog. „3/4-Regel")[8]:

gesetzl. Höchststrafe	1. Milderung	2. Milderung
15 J.	11 J. 3 Mo.	8 J. 5 Mo.
10 J.	7 J. 6 Mo.	5 J. 7 Mo.
5 J.	3 J. 9 Mo.	2 J. 9 Mo.
2 J.	18 Mo.	13 Mo.
1 J.	9 Mo.	6 Mo.
360 TS	270 TS	
180 TS	135 TS	

Beachten Sie, dass durch die Anwendung mehrerer Strafmilderungsgründe der Strafrahmen **mehrfach** verschoben werden kann!

---

6 BGH NJW 2009, 9.
7 Wichtiges Beispiel: BGH NStZ 06, 274 (= bei selbstverschuldeter Trunkenheit ist in der Regel keine Strafrahmenverschiebung durchzuführen, wenn sich infolge der Alkoholisierung das Risiko der Begehung von Straftaten im konkreten Einzelfall vorhersehbar signifikant erhöht hat).
8 Es ist empfehlenswert, die erste Milderung von 10 J. auf 7 J. 6 Mo. sowie von 5 J. auf 3 J. 9 Mo. auswendig zu lernen, um in den Standardfällen nicht lange rechnen zu müssen.

Bsp.: Beihilfe zum versuchten Mord; der Angeklagte war vermindert schuldfähig

§ 211:	lebenslange Freiheitsstrafe
1. Milderung (Beihilfe): § 49 Abs. 1 Nr. 1 i. V. m. § 38 Abs. 2:	3–15 Jahre
2. Milderung (Versuch): § 49 Abs. 1 Nr. 2 und Nr. 3:	6 Monate – 11 Jahre 3 Monate
3. Milderung (§ 21): § 49 Abs. 1 Nr. 2, 3 i. V. m. § 38 Abs. 2:	1 Monat – 8 Jahre 5 Monate

II. Zwischenschritt: Weitere Eingrenzung der „angemessenen" Strafe

Da der gefundene gesetzliche Strafrahmen regelmäßig noch ziemlich weit sein wird, stellt sich (nicht nur dem Referendar) die Frage, wo in diesem weiten Bereich die für den konkreten Einzelfall angemessene Strafe anzusetzen sein wird.

806

1. Leitgesichtspunkte für die Bemessung der Strafe

finden sich in § 46 Abs. 1, sind aber auch darüber hinaus anerkannt:

807

– Die Schuld des Täters, d. h. das Maß des Vorwurfs, der dem Täter für seine Tat (einschließlich des damit zusammenhängenden Verhaltens vorher und nachher[9]) zu machen ist.
– Die Wirkung der Strafe (samt daneben zu verhängenden Nebenstrafen oder Maßregeln)[10] auf den Täter einschließlich der damit verbundenen – z. T. unbeabsichtigten – Auswirkungen auf den Täter (z. B. Verlust des Arbeitsplatzes, wirtschaftliche Existenzvernichtung, nur geringe Lebenserwartung, drohender Widerruf einer zur Bewährung ausgesetzten früheren Freiheitsstrafe).
– Die Verteidigung der Rechtsordnung ist zwar nicht in § 46 Abs. 1 ausdrücklich genannt, aber dennoch als Leitgesichtspunkt anerkannt, wie es sich auch z. B. aus § 47 Abs. 1 ergibt. Sie gebietet, das durch die Tat verletzte Recht gegenüber dem Täter durchzusetzen und zum Schutz der Rechtsgüter, aber auch der Rechtsordnung selbst, künftigen Verletzungen durch ihn und andere vorzubeugen. Gleichzeitig soll dadurch das Vertrauen der Bevölkerung, im Schutze der Rechtsordnung als einer Friedensordnung zu leben, aufrechterhalten werden, um so auch die Rechtstreue der Bevölkerung selbst zu sichern[11]. Die Verteidigung der Rechtsordnung umfasst damit auch den Gedanken der Generalprävention.

2. Spielraumtheorie

Ausgehend von der Schuld als Grundlage für die Strafzumessung (§ 46 Abs. 1 S. 1) ist der gefundene gesetzliche Strafrahmen in einem zweiten Schritt weiter einzuengen, indem im Hinblick auf den konkreten Unrechts- und Schuldgehalt der Tat ein *Schuldstrafrahmen* festgelegt wird, innerhalb dessen jede Strafe für diesen konkreten Fall schon bzw. noch angemessen erscheint (sog. **Spielraumtheorie** des BGH[12]):

808

---

9 Nach BGH NStZ 07, 150 können sogar nach der Tat erfolgte (weitere) Verurteilungen strafschärfend berücksichtigt werden; Voraussetzung ist dazu aber, dass sich aus den zugrunde liegenden Straftaten nach ihrer Art und nach der Persönlichkeit des Täters Schlüsse auf Rechtsfeindlichkeit, Gefährlichkeit und die Gefahr künftiger Rechtsbrüche ziehen lassen.
10 Der Verfall gem. § 73 StGB ist dagegen nicht zu berücksichtigen, da dieser nur der Gewinnabschöpfung dient, also nicht das Vermögen des Täters, wie es sich vor der Tat darstellte, angreift.
11 Begriffsbestimmung nach BGH, vgl. Hinweise bei F § 46 Rn. 10 ff.
12 BGHSt 20, 264 (266 f.). Dagegen gehen die Vertreter der sog. Theorie der Punktstrafe davon aus, dass für jede Tat nur genau eine Strafe schuldangemessen ist (Hinweise bei F § 46 Rn. 20)

(denkbar) schwerster Fall:	gesetzliche Höchststrafe
schwerer Fall:	oberes Drittel
Durchschnittsfall:	rechnerische Mitte
Regelfall:	**unterhalb der rechnerischen Mitte**
leichter Fall:	unteres Drittel
(denkbar)leichtester Fall:	gesetzliche Mindeststrafe

> „Im Hinblick auf ... ist die Tat wohl im mittleren Bereich[13] des gesetzlichen Strafrahmens anzusiedeln."

Allerdings wird dieser Schritt in der Praxis oft auch weggelassen, vor allem im Bereich der „Durchschnitts- und Regelfälle", bei denen dann nicht extra ausgeführt wird, dass sie eben irgendwo in der Mitte liegen. Je weiter eine Tat aber an die Extreme „besonders leicht" oder „besonders schwer" heranreicht, desto eher werden auch in der Praxis hierzu Ausführungen gemacht (und werden auch in einer Examensklausur erwartet).

III. Strafzumessung i. e. S.

809 Nach der Festlegung des verengten Schuldstrafrahmens sind die einzelnen für und gegen den Täter sprechenden Gesichtspunkte festzustellen und abzuwägen, § 46 Abs. 2.

> „Zu Gunsten des Angeklagten spricht ... Dagegen ist zu seinen Lasten zu werten, dass ..."

Hierbei ist zu berücksichtigen, dass § 46 Abs. 2 S. 2 keine abschließende Aufzählung enthält („namentlich").

Des Weiteren ist zu beachten, dass gem. § 160 Abs. 3 S. 1 StPO die Staatsanwaltschaft verpflichtet ist, die für den Rechtsfolgenausspruch bedeutsamen Tatsachen zu ermitteln (vgl. auch Nr. 15–17 RiStBV); dies entspricht der Pflicht des Gerichts, diese Tatsachen in der Hauptverhandlung aufzuklären. Sind sichere Feststellungen nicht möglich, gilt auch insofern der **Grundsatz „in dubio pro reo"**, die Verhängung einer „Verdachtsstrafe" ist nicht zulässig.

Die Strafzumessung i. e. S. hat **bei mehreren Tatbeteiligten für jeden getrennt** zu erfolgen, da jeder Täter nach dem Maß der eigenen Schuld abzuurteilen ist. Aus diesem Grund können auch Mittäter bei gleicher Tatbegehung verschieden schwer oder bei verschiedener Tatbegehung (trotzdem) gleich schwer bestraft werden.

Hinsichtlich der Vorgehensweise ist zu beachten, dass der BGH großen Wert darauf legt, dass nach der Feststellung der einzelnen Strafzumessungstatsachen für diese zunächst (isoliert) ihre jeweilig Bewertungsrichtung (strafmildernd oder strafschärfend) festgestellt wird. Dies ist bei ambivalenten Kriterien aufgrund der Umstände des Einzelfalls zu beurteilen. Erst danach dürfen die gefundenen Strafzumessungstatsachen nach ihrer Bedeutung und ihrem Gewicht gegeneinander abgewogen werden.

---

13 Nachdem der BGH mehrfach geurteilt hat, bei der Strafzumessung verbiete sich jede Anwendung von Rechenregeln (z. B. BGH NStZ-RR 2009, 43; BGH NStZ-RR 2009, 200), erscheint der Begriff „Bereich" besser als der Begriff „Drittel".

1. Die in § 46 Abs. 2 S. 2 genannten Strafzumessungstatsachen

Es empfiehlt sich, sowohl den Gesetzestext als auch die Kommentierung bei Fischer zu § 46 einmal im Zusammenhang durchzulesen, um einen Überblick darüber zu bekommen, was alles in einer Klausur im Rahmen der Strafzumessung Erwähnung finden könnte. Ein immer wiederkehrendes Problem soll hier jedoch gesondert angesprochen werden:

810

> **TIPP:** **Vorsicht geboten** ist immer, wenn an das **Aussageverhalten des Angeklagten** in der Hauptverhandlung angeknüpft werden soll! Da sich der Angeklagte nicht selbst belasten muss, kann grundsätzlich ein Verhalten, das auf diesem Recht beruht, nicht strafschärfend berücksichtigt werden, wie z. B. Flucht vor Strafverfolgung, Spurenbeseitigung, Aussageverweigerung (ganz oder in einzelnen Punkten), Leugnen[14]; keine Schadenswiedergutmachung, keine Bitte um Verzeihung, keine Angabe zu Hintermännern, wenn der Angeklagte die Tat überhaupt bestreitet oder keine Angaben macht. Dies gilt sogar dann, wenn der Schuldspruch infolge eines auf die Strafzumessung beschränkten Rechtsmittels bereits rechtskräftig ist[15].

Dies gilt auch für das bloße Dulden einer falschen Zeugenaussage in der Hauptverhandlung (schärfend dagegen, wenn eine rechtsfeindliche Gesinnung dadurch zum Ausdruck kommt, dass ein Zeuge eingeschüchtert und/oder zur Falschaussage bestimmt wird).

Nicht schärfend wirkt daher auch, wenn der Täter seinen eigenen Tatbeitrag (zwangläufig auf Kosten der anderen Tatbeteiligten) herunterspielt oder – bei Leugnen – die ganze Schuld auf die Mitangeklagten schiebt; ebenso, wenn er wahrheitswidrig eine Notwehrlage behauptet[16].

Ein Geständnis wirkt mildernd, wenn es von Schuldeinsicht und Reue getragen ist; (theoretisch[17]) daher nicht, wenn es nur aus prozesstaktischen Gründen abgegeben wird oder Leugnen ganz aussichtslos wäre.

2. Weitere Strafzumessungsgesichtspunkte

sind neben anderen z. B. die **Persönlichkeit des Opfers** (z. B. „arme Oma") und das Verhalten des Opfers (z. B. provozierend) sowie **Mitverschulden Dritter** (z. B. bei Straßenverkehrsdelikten). Der Ausländerstatus rechtfertigt nur bei Vorliegen besonderer Umstände – namentlich wenn der Angeklagte bei Vollzug einer Haftstrafe innerhalb der Haftanstalt erhebliche sprachliche Verständigungsschwierigkeiten zu gewärtigen hat oder der Kontakt zu seiner Familie erheblich erschwert ist – eine Strafmilderung[18].

811

Bei **mehreren** tateinheitlich verwirklichten **Delikten** kann schärfend berücksichtigt werden, dass durch eine Handlung mehrere Straftatbestände verletzt wurden. Dagegen sollte bei Tatmehrheit eigentlich für jede Einzeltat zunächst eine Strafe gefunden werden, ohne auf die anderen zu schielen. Dies kann jedoch dort zu Problemen führen, wo ein Täter z. B. wegen zahlreicher angeklagter kleinerer Diebstähle im Hinblick auf § 47 für jede Tat (nur) eine Geldstrafe bekommen müsste, aus der dann gem. § 54 S. 2 auch nur eine **Gesamtgeldstrafe** gebildet werden könnte. Hier erlaubt der BGH, hinsichtlich der Frage, ob die Verhängung einer kurzzeitigen (Einzel-)Freiheitsstrafe (aufgrund derer dann eine **Gesamtfreiheitsstrafe** gebildet werden könnte) unerlässlich ist, die übrigen Taten mit zu berücksichtigen. Diese Erwägung muss im Urteil dann zum Ausdruck kommen.

---

14 Es ist doch erstaunlich, wie oft versucht wird, Referendare mit der Formulierung „strafschärfend war zu berücksichtigen, dass der Angeklagte die Tat bis zuletzt hartnäckig leugnete" in eine Falle zu locken ...
15 BGH NStZ-RR 2009, 148; BGH NStZ 2012, 626.
16 BGH MStZ 2010, 692.
17 In der Praxis führt allerdings nahezu jedes Geständnis dazu, dass es als strafmilderndes Kriterium genannt wird – in welchem Maß es sich tatsächlich mildernd ausgewirkt hat, braucht ja nicht erwähnt zu werden. Aus diesem Grund sollten Sie im Hinblick auf die aus der Praxis stammenden Prüfer in der Klausur – außer in ganz krassen Fällen – ebenfalls ein Geständnis immer anerkennen.
18 BGH NStZ 06, 35.

Eine **(besonders) lange Verfahrensdauer** stellt wegen der damit einhergehenden nachteiligen Auswirkungen einen Umstand dar, der bei der Strafzumessung strafmildernd zu berücksichtigen ist, wobei es in der Regel auf die Gründe für die lange Verfahrensdauer nicht ankommt[19]. Damit ist dieser Umstand auch dann zu berücksichtigen, wenn es sachliche Gründe dafür gab.

Davon sauber zu unterscheiden ist die **konventionswidrige oder rechtsstaatswidrige Verfahrensverzögerung**, bei der *die Justizbehörden* bei der Behandlung des Falles gegen Art. 6 Abs. 1 MKR verstoßen haben[20]. Nach früherer Rechtsprechung war auch dies bei der Strafzumessung zu berücksichtigen (sog. „Strafzumessungslösung")[21]. Mit Entscheidung des Großen Senats des BGH von 2008 wurde diese Rechtsprechung aufgegeben zu Gunsten einer jetzt geltenden **„Vollstreckungslösung"**[22]. Danach ist zunächst die schuldangemessene Strafe ohne Berücksichtigung des Konventionsverstoßes, aber unter Einbeziehung des Umstands besonders langer Verfahrensdauer festzusetzen. In einem zweiten Schritt muss (in den Gründen des Urteils!) erwogen werden, welche Maßnahme zur Kompensation der Verfahrensverzögerung erforderlich ist. In weniger schwerwiegenden Fällen kann hierzu bereits die ausdrückliche Feststellung einer rechtsstaatswidrigen Verfahrensverzögerung ausreichen[23]. In schwerwiegenderen Fällen ist eine Kompensation in analoger Anwendung des § 51 Abs. 1 S. 1, Abs. 4 S. 2 dadurch vorzunehmen, dass ein genau bezifferter Teil der Strafe im Tenor als „bereits vollstreckt geltend" aufgeführt wird.

Der Tenor würde in einem solchen Fall also lauten:

> *I. Der Angeklagte ist schuldig des Betrugs.*
> *II. Er wird deshalb zu einer Freiheitsstrafe von 2 Jahren und 9 Monaten verurteilt, von der 6 Monate als vollstreckt gelten.*

Beachten Sie, dass nach ständiger Rechtsprechung die rechtsstaatswidrige Verfahrensverzögerung (bzw. deren fehlende Berücksichtigung) im Revisionsrecht grundsätzlich mit einer *Verfahrensrüge* geltend gemacht werden muss[24]!

Ergänzend sei noch darauf hingewiesen, dass auch im Falle eines Verstoßes gegen Art. 5 (Abs. 3) MRK nach BGH die Vollstreckungslösung gilt[25].

Dagegen stellt es keinen Milderungsgrund dar, dass die Ermittlungsbehörden aus ermittlungstaktischen Gründen nicht schon früher gegen den Täter eingeschritten sind, denn es besteht kein Anspruch eines Straftäters darauf, dass die Ermittlungsbehörden rechtzeitig eingreifen, um seine Tat zu verhindern[26].

3. Das Doppelverwertungsverbot, § 46 Abs. 3

812   Bei der Strafzumessung i.e.S.[27] dürfen folgende Umstände nicht (schärfend oder mildernd) berücksichtigt werden[28]:

---

19 F § 46 Rn. 61.
20 Vgl. hierzu F § 46 Rn. 121 ff. Beachten Sie, dass Verzögerungen, die durch den Beschuldigten – auch durch zulässiges Prozessverhalten – verursacht wurden, nicht hierunter fallen. Nach BGH NStZ 2010, 230 richtet sich die Pflicht des Art. 6 I MRK allerdings an den gesamten Vertragsstaat, weshalb auch Versäumnisse anderer staatlicher Stellen zu einer Ausgleichspflicht führen können.
21 Z.B. BGH NStZ 1992, 229 f.
22 GrSenBGH NJW 2008, 860.
23 BGH NStZ-RR 2009, 336.
24 F § 46 Rn. 127 m.w.N.
25 BGH NStZ 2010, 229. Weitere Fälle für die Anwendung der Vollstreckungslösung stehen bei F § 46 Rn. 145.
26 BGH NStZ 07, 635.
27 Machen Sie sich den Unterschied zwischen § 46 Abs. 3 und § 50 klar: Bei § 50 geht es um Strafrahmenverschiebungen (= aufgrund desselben Umstandes darf nicht zweimal der Strafrahmen verschoben werden).
28 Vgl. auch die nach Straftatbeständen sortierte Auflistung von Entscheidungen bei F § 46 Rn. 77 ff.

die Merkmale des Straftatbestands (= Wortlaut)	z. B. Habgier als Motiv im Rahmen des § 211[29]
die regelmäßigen Tatfolgen	z. B. die Erschütterung des Vertrauens der Öffentlichkeit in die Lauterkeit der Verwaltung bei §§ 331 ff.
Umstände, die ein Regelbeispiel eines besonders schweren Falles begründen	z. B. das Aufbrechen eines Schlosses bei § 243 Abs. 1 Nr. 1
Umstände, die bereits zu einer Milderung gem. § 49 Abs. 1 geführt haben	z. B. die Tatsache des Versuchs als solche (also dass die Tat nicht vollendet wurde) oder die Tatsache der verminderten Schuldfähigkeit als solche[30]
Umstände, die zur Ablehnung einer Milderung nach § 49 Abs. 1 herangezogen wurden	z. B. die Nähe zur Vollendung bei § 23
Umstände, die die Rechtswidrigkeit oder die Schuld mitbegründen	(dürfen nur nicht strafschärfend berücksichtigt werden, wohl aber strafmildernd)

Die gefundenen und in ihrer Bewertungsrichtung festgestellten Strafzumessungstatsachen sind dann gegeneinander abzuwägen, was zu einer konkreten (Einzel-)Strafe führt[31].

IV. Entscheidung zwischen Geld- und Freiheitsstrafe

Soweit der Strafrahmen alternativ Geld- oder Freiheitsstrafe vorsieht, muss man sich grundsätzlich für eine der beiden Sanktionen entscheiden (Ausn: § 41, der gleichzeitige Geld- und Freiheitsstrafe für *eine* Tat in bestimmten Fällen ermöglicht). Hierbei ist von dem Abstufungsverhältnis zwischen Geld- und Freiheitsstrafe auszugehen, wonach die Geldstrafe stets weniger einschneidend ist als eine Freiheitsstrafe (unbeachtlich – und damit ein fehlerhafter Strafzumessungsgesichtspunkt – wäre es daher, dass dem Angeklagten im konkreten Fall eine Freiheitsstrafe lieber wäre oder er eine Geldstrafe ohnehin nicht zahlen könnte). Es ist also ausgehend von dem festgestellten Maß der Schuld und den anerkannten Strafzwecken zu fragen, ob „noch eine Geldstrafe ausreichend" oder „schon eine Freiheitsstrafe erforderlich" ist.

813

1. Geldstrafe, §§ 40 ff.

Die Geldstrafe setzt sich zusammen aus der (schuldabhängigen) Anzahl der Tagessätze, die mit der (von den wirtschaftlichen Verhältnissen abhängigen) Höhe des einzelnen Tagessatzes multipliziert wird (sog. Tagessatzsystem). Im Falle einer noch für ausreichend erachteten Geldstrafe führen die o.g. Strafzumessungserwägungen zu einer bestimmten **Anzahl** von Tagessätzen, die im konkreten Fall für tat- und schuldangemessen gehalten wird. Dabei ist der Rahmen des § 40 Abs. 1 S. 2 zu beachten (5–360 TS).

814

In einem zweiten Schritt ist – nunmehr ausgehend von den wirtschaftlichen Verhältnissen des Angeklagten – die korrekte **Höhe** des Tagessatzes zu ermitteln.

---

29 Nach BGH NStZ 2009, 564 verstößt es auch gegen § 46 Abs. 3, wenn das Gericht bei der Festsetzung der Strafe für einen Totschlag maßgeblich auf den „unbedingten Vernichtungswillen" des Täters (= dessen Tötungsvorsatz!) abstellt. Dagegen verstößt es nach BGH NStZ 2012, 689 nicht gegen § 46 Abs. 3, wenn straferschwerend berücksichtigt wird, dass der Täter „absichtlich" einen Menschen getötet hat, er also nicht nur sicher um den Todeseintritt wusste, sondern es ihm gerade darauf ankam. Sie sehen, die Abgrenzung kann schon schwierig sein.

30 Dagegen dürfen die mit dem Milderungsgrund zusammenhängenden Umstände bei der Strafzumessung sehr wohl berücksichtigt werden (d.h. Differenzierungen innerhalb eines Milderungsgrundes); z.B. der Umstand, dass die Vollendung noch sehr fern lag oder dass die Verminderung der Schuldunfähigkeit selbst verschuldet war.

31 Zu den Anforderungen an die Strafzumessungserwägungen aus revisionsrechtlicher Sicht vgl. F § 46 Rn. 106–108, 146 ff.

Berechnung:

§ 40 Abs. 2 S. 2: monatliches Nettoeinkommen geteilt durch 30 (= Grundregel)

Das anzusetzende Nettoeinkommen wird errechnet, indem von allen berücksichtigungsfähigen Einkünften alle berücksichtigungsfähigen Belastungen abgezogen werden:

Einkünfte:	Belastungen:
zu berücksichtigen:	**zu berücksichtigen:**
Versorgungsbezüge Unterhaltsbezüge Naturalbezüge (z. B. mietfreie Wohnung) besondere Fallgruppen: nicht berufstätige Ehefrau: Naturalunterhalt und Taschengeld Studenten: regelmäßige Bezüge und Semesterarbeit Soldaten: Wehrsold und Naturalbezüge SozHEmpf., Rentner: Unterstützungs- und Fürsorgeleistungen incl. Sachbezüge (z. B. Sozialwohnung); mind. 150 € Arbeitsscheue[32]: potenzielles Einkommen	laufende Steuern Sozialversicherungsbeiträge Betriebsausgaben Werbungskosten Unterhaltsleistungen (Faustregel: nichterwerbstätige Ehefrau 1/5, je Kind 1/10 [in Ausbildung mehr, bei vielen Kindern weniger])
nicht zu berücksichtigen:	**nicht zu berücksichtigen:**
Steuerfreibeträge Lohnpfändungsfreigrenzen Lohnpfändungen kleine und mittlere Vermögen incl. Erbschaft, Schenkung	Schuldzinsen Abzahlungsraten (Ausn.: außergewöhnliche Belastungen)

Beachte § 40 Abs. 3:

Das Einkommen des Täters kann *geschätzt* werden, was sich insbesondere bei vermögenden Angeklagten anbietet, die zur Offenlegung ihrer wirtschaftlichen Verhältnisse nicht bereit sind.

2. Freiheitsstrafe, §§ 38, 39

815   Bei der Beantragung einer Freiheitsstrafe ist daran zu denken, dass nach § 47 Abs. 1 eine Freiheitsstrafe von unter 6 Monaten nur dann verhängt werden darf, wenn dies zur Einwirkung auf den Täter oder zur Verteidigung der Rechtsordnung unbedingt geboten erscheint. Aus dieser Vorschrift folgt, dass auch bei Delikten, die nach dem Wortlaut z. B. nur eine Freiheitsstrafe von 3 Monaten bis zu 5 Jahren vorsehen, eine Geldstrafe von (3 × 30 =) 90 Tagessätzen herauskommen kann.

Im Übrigen ist zu beachten, dass das Mindestmaß für die Freiheitsstrafe 1 Monat ist, allerdings bei Freiheitsstrafen von unter einem Jahr dieses Mindestmaß nicht nur in Monatsschritten, sondern auch in Wochenschritten erhöht werden kann. Freiheitsstrafen über einem Jahr müssen dagegen in ganzen Monaten (und Jahren) bemessen sein (§ 39).

---

[32] Personen, die ersichtlich einer Erwerbstätigkeit nachgehen könnten, wenn sie nur wollten.

Im Plädoyer wird erst am Ende der Ausführungen zur Strafzumessung i.e.S. die konkrete Strafe genannt:

> *„Unter Berücksichtigung der genannten für und gegen den Angeklagten sprechenden Gesichtspunkte erscheint eine Geld-/Freiheitsstrafe von ... tat- und schuldangemessen."*

Im Urteil heißt es an dieser Stelle:

> *„Unter Berücksichtigung ... erschien die verhängte Geld-/Freiheitsstrafe tat- und schuldangemessen."*

3. Für die mündliche Prüfung

a) Die Vermögensstrafe, § 43a

Die Vermögensstrafe ist – anders als die Geldstrafe – nicht an das Tagessatzsystem und damit an das laufende Einkommen gebunden, sondern orientiert sich an dem Vermögen; sie ist daher besonders dann eine interessante Sanktionsmöglichkeit, wenn dem Täter „offiziell" nur ein geringes regelmäßiges Einkommen zufließt, auf der anderen Seite aber auf der Hand liegt, dass er aus der – oft regelmäßigen (man denke an den Bereich der organisierten Kriminalität) – Begehung von oder Beteiligung an Straftaten ein nicht unbeträchtliches Vermögen angehäuft hat. Gegenüber dem Verfall, mit dem ja auch unrechtmäßig erworbenes Vermögen abgeschöpft werden kann, hat die Vermögensstrafe für den Staat den „Vorteil", dass sie nicht an den Nachweis gebunden ist, dass das zu konfiszierende Vermögen gerade aus der verurteilten Straftat stammt.

816

Gegen die Regelung des § 43a kann man eine Reihe von Bedenken ins Feld führen, da sie letztlich auf den bloßen Verdacht eines kriminellen Ursprungs des Vermögens (Verstoß gegen die Unschuldsvermutung) einen sehr weitgehenden Eingriff in das Eigentum ermöglicht (Verhältnismäßigkeitsprinzip?) ermöglicht, dessen Umfang nicht einmal – nach dem Gesetzeswortlaut – vom Grad des strafrechtlich relevanten Verschuldens abhängt (Verletzung des Schuldgrundsatzes). Zudem ist für den Täter der Umfang der ihm möglicherweise drohenden Vermögensstrafe völlig unvorhersehbar, da weder Ober- und Untergrenzen noch Berechnungsschlüssel existieren (Verstoß gegen den Bestimmtheitsgrundsatz, Art. 103 Abs. 2 GG).

Der **BGH** war der Ansicht, dass diesen Bedenken durch eine verfassungskonforme Auslegung in ausreichender Weise begegnet werden könnte[33]. Sowohl die Vermögensstrafe als auch die Ersatzfreiheitsstrafe seien im Höchstmaß begrenzt. Werde danach das gesamte Vermögen erfasst, so liege es nahe, jedenfalls bei Vermögen von nicht unerheblicher Größe, auf das Höchstmaß der Ersatzfreiheitsstrafe zu erkennen, wobei sich eine schematische Betrachtung allerdings verbiete. Des Weiteren seien die zu verhängende Freiheitsstrafe und die Vermögensstrafe in Beziehung zueinander zu setzen, d.h. beide gemeinsam sollten eine schuldangemessene Gesamtreaktion des Staates darstellen. Daher müsse die Verhängung einer Vermögensstrafe zu einer Reduzierung der ursprünglich angedachten Freiheitsstrafe führen.

Das **BVerfG** hat (mit fünf zu drei Stimmen) mit Urteil vom 20.3.2002 entschieden, dass die Vermögensstrafe nach § 43a in ihrer derzeitigen Ausgestaltung wegen Verstoßes gegen den Bestimmtheitsgrundsatz verfassungswidrig sei. Dem Gesetzgeber sei es nicht gelungen, das verfassungsrechtliche Minimum an gesetzlicher Vorausbestimmung zur Auswahl und Bemessung dieser Strafe bereitzustellen. Dadurch werde es dem von der Vermögensstrafe Betroffenen in rechtlich nicht mehr hinnehmbarer Weise erschwert, Art und Maß der Sank-

---

33 BGHSt 41, 20.

tion vorherzusehen, die er als staatliche Reaktion auf seine Straftat zu erwarten hat. **§ 43 a StGB wurde wegen Unvereinbarkeit mit Art. 103 Abs. 2 GG insgesamt für nichtig erklärt, § 95 Abs. 3 S. 2 BVerfGG** (BVerfGE 105, 135 ff. – sehr informativ, bitte wirklich lesen!).

b) Die Sicherungsverwahrung, §§ 66 ff.

817 Die frühere Gesetzeslage:

Die Sicherungsverwahrung ist eine Maßregel der Besserung und Sicherung, die neben der Strafe verhängt werden kann, wenn neben weiteren Voraussetzungen, die vorliegen müssen, die Gesamtwürdigung des Täters und seiner Taten ergibt, dass er infolge eines Hanges zu erheblichen Straftaten für die Allgemeinheit gefährlich ist (§ 66). § 66 regelt damit den Fall, dass die von dem Täter ausgehende Gefährlichkeit bereits in der Verhandlung festgestellt und im Urteil berücksichtigt werden kann. Ist die Gefährlichkeit bei der Verurteilung nicht mit hinreichender Sicherheit feststellbar, gibt § 66 a die Möglichkeit, die Anordnung der Sicherungsverwahrung vorzubehalten und eine Entscheidung hierüber zu einem späteren Zeitpunkt (sechs Monate vor Aussetzung des Strafrests zur Bewährung) zu treffen. Noch weiter ging der 2004 eingefügte (und 2007 nochmals geänderte) § 66 b, der es ermöglichte, die Sicherungsverwahrung nachträglich anzuordnen (das heißt auch dann, wenn in dem ursprünglichen Urteil hierüber nichts enthalten ist), wenn vor Ende des Vollzugs der Freiheitsstrafe Tatsachen erkennbar werden, die auf eine erhebliche Gefährlichkeit des Täters für die Allgemeinheit hinweisen.

818–821 Die momentane Rechtslage:

Nachdem zunächst sowohl der BGH[34] als auch das BVerfG[35] die Vorschrift des § 66 b für verfassungsgemäß erklärt hatten, entschied die Kleine Kammer des EGMR 2009 zu § 67 d Abs. 3, dass diese Vorschrift gegen Art. 5 Abs. 1 und Art. 7 Abs. 1 EMRK verstoße, weil es sich bei der deutschen Sicherungsverwahrung nach ihrer konkreten Ausgestaltung um eine *Strafe* im Sinne von Art. 7 Abs. 1 MRK handele[36]. Diese Begründung machte natürlich das ganze System der §§ 66 ff. angreifbar, soweit dadurch die nachträgliche Anordnung von Sicherungsverwahrung ermöglicht wurde. Entsprechend erklärte der EGMR im Jahr 2011 auch § 66 b für konventionswidrig. Durch das Gesetz zur Neuordnung der Sicherungsverwahrung, das etliche Änderungen der §§ 66 ff. mit sich brachte, und das Therapieunterbringungsgesetz (ThUG) versuchte der Gesetzgeber, das System der Sicherungsverwahrung zu halten. Mit Entscheidung vom 4.5.2011 hat das BVerfG[37] jedoch die §§ 66 ff insgesamt für verfassungswidrig erklärt und ihre Anwendbarkeit auf längstens bis zum 31.5.2013 beschränkt. Hauptargument war eine Verletzung des Verhältnismäßigkeitsprinzips insgesamt sowie eine Verletzung des Rückwirkungsverbots durch die Möglichkeiten nachträglicher Anordnungen bzw. Verlängerungen der Sicherungsverwahrung. Insbesondere sei nach der bisherigen Ausgestaltung der Sicherungsverwahrung kein genügend großer Abstand zum Strafvollzug gegeben (sog. „Abstandsgebot"), erforderlich seien eine umfassende Behandlung und Betreuung, Vollzugslockerungen und Rehabilitationsmaßnahmen, die der Vorbereitung des Alltags nach der Entlassung dienen, sowie eine regelmäßige Überprüfung der Fortdauer der Sicherungsverwahrung. Im Dezember 2012 wurde das „Gesetz zur bundesrechtlichen Umsetzung des Abstandsgebotes im Recht der Sicherungsverwahrung" verkündet, das zum 1.6.2013 in Kraft trat. Kern der Neuerung ist ein neuer § 66 c, der die Ausgestaltung der Sicherungsverwahrung (im Sinne des Abstandsgebots) regelt.

---

[34] BGHSt 50, 121 ff.
[35] BVerfG NJW 2006, 3483 ff.
[36] EGMR NJW 2010, 2495.
[37] BVerfG NStZ 2011, 450 ff.

V. Gesamtstrafenbildung
1. Grundfall: § 53 Abs. 1

(= **gleichzeitige** Aburteilung von tatmehrheitlich begangenen Straftaten) 822

a) Bestimmung des Gesamtstrafrahmens

Die *untere* Grenze wird festgelegt, indem die sog. **Einsatzstrafe** (d.h. die höchste beantragte/ 823
verhängte Einzelstrafe) **um eine Einheit erhöht** wird, § 54 Abs. 1 S. 2.

Bsp.:

(1) 60 TS (beantragt) plus 1 TS (§ 40 I 1) = mind. 61 TS (praktisch: 70 TS).
(2) 6 Mo. (beantragt) plus 1 Wo. (§ 39 1. HS) = mind. 6 Mo. 1 Wo.
(3) 1 J. 6 Mo. (beantragt) plus 1 Mo. (§ 39 2. HS) = mind. 1 J. 7 Mo.

Die *obere* Grenze ist die **Summe** aller beantragten/verhängten Einzelstrafen **minus eine Einheit** (s.o.), § 54 Abs. 2 S. 1; max. 15 Jahre oder 720 TS, § 54 Abs. 2 S. 2.

Wenn die höchste beantragte Einzelstrafe jedoch bereits in „**lebenslänglich**" besteht, erübrigt sich eine Erhöhung, da mehr als lebenslänglich ohnehin nicht verhängt werden kann. In diesem Fall kann die Rechnerei unterbleiben; der Täter wird automatisch zu einer lebenslänglichen **Gesamt**freiheitsstrafe verurteilt, § 54 Abs. 1 S. 1.

b) Bildung einer Gesamtstrafe

erfolgt nach der Grundregel des § 54 Abs. 1 S. 2 2. HS durch die Erhöhung der ihrer **Art** nach 824
schwersten Strafe, d.h.:

Aus mehreren Geldstrafen wird eine Gesamtgeldstrafe gebildet, aus mehreren Freiheitsstrafen eine Gesamtfreiheitsstrafe. Sind Geld- und Freiheitsstrafen zu einer Gesamtstrafe zusammenzufassen, wird dies grundsätzlich eine Gesamtfreiheitsstrafe, § 54 Abs. 1 S. 2 2. HS[38]. Gemäß § 53 Abs. 2 S. 2 ist es jedoch ausnahmsweise auch möglich, eine gesonderte (evtl. Gesamt-)Geldstrafe neben einer (evtl. Gesamt-)Freiheitsstrafe zu verhängen.

Die Festlegung der Höhe der Gesamtstrafe hat aufgrund einer (nochmaligen) **umfassenden Gesamtwürdigung** der Person des Täters und der einzelnen Straftaten zu erfolgen, § 54 Abs. 1 S. 3. Eine inoffizielle **Faustregel** aus der Praxis (die weder in der Klausur noch in der Praxis in dieser Form erwähnt werden darf, weil sie im Widerspruch zur „umfassenden Gesamtwürdigung" steht) lautet:

„Einsatzstrafe plus die Hälfte der Summe der übrigen Einzelstrafen."

Wenn Sie diese Faustregel nicht als Argumentationshilfe, sondern nur als (geheime) Rechenhilfe verwenden, sollte es Ihnen möglich sein, auch ohne entsprechende Erfahrung aus mehreren Einzelstrafen eine „praxisgerechte" Gesamtstrafe zu bilden.

Es verbietet sich jedoch eine zu schematische Anwendung. Je mehr (hohe) Einzelstrafen zusammengefasst werden sollen, desto größer wird jedoch der vom „errechneten" Mittelwert vorzunehmende Abschlag sein müssen. Umgekehrt kann zur Einwirkung auf den Täter auch schon mal geboten sein, die Gesamtstrafe deutlich über dem Faustregelwert anzusiedeln.

---

38 Wobei ein Tagessatz einem Tag Freiheitsstrafe entspricht, § 54 Abs. 3.

Soll die Gesamtstrafe ungefähr in der Mitte des ermittelten Gesamtstrafrahmens liegen, reicht der pauschale Satz:

> *„Unter nochmaliger Abwägung der für und gegen den Angeklagten sprechenden Gesichtspunkte erscheint eine Gesamtgeld-/-freiheitsstrafe von ... tat- und schuldangemessen"*

TIPP: Je mehr sich die Gesamtstrafe an den oberen oder den unteren Rand des Gesamtstrafenrahmens annähert, desto ausführlicher muss dies begründet werden!

2. Besonderheit: Nachträgliche Gesamtstrafenbildung, § 55

825 Hinter der im Detail recht komplizierten Regelung des § 55 steht der Gedanke, dass ein Täter bei gleichzeitiger Verurteilung wegen mehrerer Taten wegen der oben erläuterten Gesamtstrafensystematik stets einen (größeren oder kleineren) „Rabatt" bekommt. Deshalb soll ein Täter, der nacheinander wegen verschiedener Taten verurteilt wird, dann nicht schlechterstehen (und also auch noch seinen „Rabatt" erhalten), wenn die nun zu verurteilende Tat bei einer früheren Verurteilung bereits gem. §§ 53, 54 hätte einbezogen werden können (wenn sie zu dem Zeitpunkt schon bekannt gewesen wäre).

TIPP: Hellhörig muss man in einer Klausur daher werden, wenn sich herausstellt, dass der Täter seit Begehung der Tat, um die es geht, bereits wegen einer anderen Straftat verurteilt wurde.

Die Auswertung bayerischer Examensklausuren seit ca. 1990 zeigte, dass zumindest die folgenden Grundzüge als bekannt vorausgesetzt werden.

a) Voraussetzungen einer nachträglichen Gesamtstrafenbildung
aa) Frühere rechtskräftige Verurteilung

826 wegen anderer Vorfälle. Die Verurteilung muss im Zeitpunkt der Entscheidung über die nachträgliche Gesamtstrafenbildung rechtskräftig sein, da sonst ja nicht feststeht, ob es bei dieser bleibt und nicht womöglich die nachträglich gebildete Gesamtstrafe auf falschen Voraussetzungen beruht.

bb) Keine Erledigung

827 Die frühere Verurteilung darf noch nicht (vollständig!) vollstreckt, erlassen oder verjährt sein in dem Zeitpunkt, in dem die neue Tat zum letzten Mal von einem Tatrichter geprüft wurde. Dies ist insbesondere für eine Revisionsklausur wichtig: Wenn in dem angefochtenen Urteil eine nachträgliche Gesamtstrafenbildung noch möglich gewesen wäre, ist es unschädlich, wenn zwischenzeitlich die frühere Verurteilung komplett vollstreckt wurde; es ist trotzdem zur Nachholung der Gesamtstrafenbildung zurückzuverweisen[39].

cc) Neu abzuurteilende Tat

828 Die nun zur Verurteilung anstehende Tat muss vor der früheren Verurteilung begangen, d.h. **beendet** worden sein. Dabei kommt es nach § 55 Abs. 1 S. 2 auf den Zeitpunkt des letzten Urteils an, das noch auf einer Tatsachenprüfung beruhte[40].

---

39 BGH in ständiger Rechtsprechung, vgl. BGHSt 4, 366 (368); 15, 66 (71); NJW 1982, 2080 (2081); s. auch F § 55 Rn. 6a, b.
40 Hierunter fällt immer das erstinstanzliche Urteil; das Berufungsurteil nur dann, wenn es noch eine Entscheidung in der Sache enthält (und nicht nur z.B. die Berufung als unzulässig verwirft).

Bsp. 1: 829

(die **fett** gedruckte Tat markiert diejenige, die erst nachträglich bekannt wurde und nun zur Verurteilung ansteht)

1. 1.	**1. 5.**	10. 5.	1. 10.
Tat 1	**Tat 2**	Urteil 1 (Einzel)	Urteil 2: nachträgl. Gesamtstrafe

Tenor:

> 1. Der Angeklagte ist schuldig des ...
> 2. Er wird unter Einbeziehung der im Urteil des AG ... vom ... (Az: ...) verhängten Freiheitsstrafe von ... zu einer Gesamtfreiheitsstrafe von ... verurteilt.

b) Härteausgleich

Eine nachträgliche Gesamtstrafe kann nicht mit einem Urteil gebildet werden, dessen Strafe bereits erlassen, verjährt oder vollständig vollstreckt ist (vgl. § 55 Abs. 1 S. 1). 830

Muss aus diesem Grund eine eigentlich vorzunehmende Gesamtstrafenbildung unterbleiben (und kommt auch keine andere, zweitrangige in Betracht), so ist der auf diese Weise entgangene „Rabatt" dem Angeklagten im Wege einer Herabsetzung seiner eigentlich verwirkten Einzelstrafe zu gewähren (sog. **Härteausgleich**). Diese Erwägung muss im Urteil zum Ausdruck kommen.

c) Anwendung bei früherer Gesamtstrafe

Grundsätzlich kann auch eine nachträgliche Gesamtstrafe gebildet werden, wenn die frühere Verurteilung bereits selbst in einer Gesamtstrafe bestand. Zu diesem Zweck muss allerdings die Gesamtstrafe „aufgelöst" und auf die verhängten Einzelstrafen zurückgegriffen werden, da nicht eine Gesamtstrafe mit einer Gesamtstrafe gebildet werden kann[41]. 831

Bsp. 2:

1. 1.	**1. 2.**	**1. 5.**	10. 5.	1. 10.
Tat 1 a	**Tat 1 b**	**Tat 2**	Urteil 1 (Gesamt), § 53 StGB	Urteil 2: nachträgl. Gesamtstrafe unter Auflösung der früheren Gesamtstrafe in ihre Einzelstrafen

Tenor:

> 2. Der Angeklagte wird unter Auflösung der im Urteil des ... vom ... (Az: ...) verhängten Gesamtfreiheitsstrafe und Einbeziehung der Einzelstrafen zu einer Gesamtfreiheitsstrafe von ... verurteilt.

d) Zäsurwirkung früherer Verurteilungen

Gäbe es die Zäsurwirkung nicht, wäre alles noch einfach. Zäsurwirkung heißt, dass eine frühere Vorverurteilung für die nachfolgende Zeit eine Warnfunktion hat, sodass für **danach** begangene Taten auf eine **gesonderte** (Einzel- oder Gesamt-)Strafe zu erkennen ist (d. h. es gibt keinen Gesamtstrafenrabatt!). 832

---

41 RGSt 4, 53 (56 f.).

Bsp. 3:

1. 1.	**2. 1.**	1. 3.	**1. 5.**	10. 5.
Tat 1	**Tat 2**	Urteil 1	**Tat 3**	Urteil 2/3: nachträgliche Gesamtstrafe für Tat 1 und Tat 2 (unter Einbeziehung von Urteil 1); gesonderte Einzelstrafe für Tat 3, da hinsichtlich dieser Tat bereits „Verwarnung" durch Urteil 1 stattfand

Tenor:

> „Der Angeklagte wird wegen (Tat 2) unter Einbeziehung der Verurteilung des ... vom ... (Az: ...) zu einer Gesamtgeldstrafe von ... verurteilt. Wegen (Tat 3) wird er zu einer Geldstrafe von ... verurteilt."

Zu beachten ist, dass durch **mehrere Vorverurteilungen** auch mehrere Zäsurwirkungen entstehen, mit der Folge, dass immer nur die zwischen zwei Zäsuren begangenen Taten zu einer Gesamtstrafe zusammengefasst werden können.

Haben Sie eine neu abzuurteilende Tat und mehrere unerledigte Vorverurteilungen, ist die nachträgliche Gesamtstrafe mit der **frühesten** unerledigten Vorverurteilung zu bilden.

Bsp. 4:

1. 1.	**2. 1.**	1. 3.	1. 5.	1.7.	1. 10.
Tat 1	**Tat 2**	Urteil 1 (Einzel)	Tat 3	Urteil 3 (Einzel)	Urteil 2: Tat 2 liegt sowohl vor Urteil 1 als auch vor Urteil 3; maßgeblich ist aber Urteil 1 als das frühere. Da dieses eine Zäsurwirkung gegenüber der danach begangenen Tat 3 entfaltet, kann Urteil 3 nicht auch einbezogen werden; daher nachträgl. Gesamtstrafe (nur) bzgl. Tat 1 und Tat 2

Nach ständiger Rechtsprechung **entfällt** eine Zäsurwirkung allerdings, wenn die Strafe aus der zugrunde liegenden Vorverurteilung **vollständig vollstreckt** oder sonst erledigt ist, (obwohl das an der Warnfunktion an sich nichts ändert). Demzufolge könnte oben in Bsp. 3 wieder eine Gesamtstrafe für Tat 2 und Tat 3 gebildet werden, wenn die Zäsurwirkung von Urteil 1 infolge vollständiger Vollstreckung entfiele. Da der Täter durch die nun mögliche Gesamtstrafe bereits in den Genuss eines „Rabatts" kommt, bedarf es auch keines Härteausgleichs bzgl. der Einzelstrafe für Tat 2.

e) Nachträgliche Gesamtstrafe nach Rechtsmitteln

832a In der Berufungsinstanz, die ja wiederum Tatsacheninstanz ist, entscheidet das Berufungsgericht neu, ob zum jetzigen Zeitpunkt die Voraussetzungen einer nachträglichen Gesamtstrafenbildung vorliegen; weder prüft es also die Richtigkeit der amtsgerichtlichen Entscheidung, noch ist es an diese gebunden. Wurde z.B. in der Zeit zwischen erst- und zweitinstanzlicher Verhandlung die frühere Strafe vollständig vollstreckt, kommt eben jetzt eine nachträgliche Gesamtstrafe nicht mehr in Betracht, auch wenn sie in erster Instanz noch richtig war.

Dagegen wird auf die Revision, die ja nur noch Rechtsinstanz ist, die Richtigkeit der durch das Vorgericht verhängten Gesamtstrafe überprüft. Wird das Urteil aufgehoben und die Sache zurückverwiesen, kommt es auch in der erneuten Verhandlung nicht auf die aktuelle Lage, sondern auf das Vorliegen der Voraussetzungen der nachträglichen Gesamtstrafenbildung im

Zeitpunkt der vorhergehenden Verhandlung an, damit dem Täter keine Nachteile durch das Rechtsmittel der Revision entstehen[42].

VI. Strafaussetzung zur Bewährung, §§ 56 ff.

Überfliegen Sie die §§ 56 bis 58, damit Sie wissen, was es so alles gibt. Wichtig für die Klausur ist aber vor allem die Kenntnis der Systematik des § 56 (und dass Sie Ihre Ausführungen unter Angabe der einschlägigen Paragrafen machen!). 833

1. Freiheitsstrafen von bis zu einem Jahr

Die Frage der Strafaussetzung zur Bewährung richtet sich bei Freiheitsstrafen von bis zu einem Jahr nach § 56 Abs. 1 und ist demnach grundsätzlich zu bejahen, wenn dem Täter eine günstige Sozialprognose gestellt werden kann, wenn also erwartet werden kann, dass ihn allein die Tatsache der Verurteilung (ohne Vollzug) von weiteren Straftaten abhalten wird[43]. 834

Allerdings können Freiheitsstrafen von mind. sechs Monaten **trotz günstiger Sozialprognose** dann nicht zur Bewährung ausgesetzt werden, wenn die Verteidigung der Rechtsordnung den Vollzug gebietet, § 56 Abs. 3[44]. Dies bedeutet umgekehrt für die kurzzeitigen Freiheitsstrafen, die gem. § 47 Abs. 1 ohnehin nur in Ausnahmefällen verhängt werden sollen, dass diese ausschließlich in den Fällen, in denen nicht anzunehmen ist, dass der Täter auch ohne Vollzug keine Straftaten mehr begehen wird (also keine günstige Sozialprognose gestellt werden kann), ohne Bewährung verhängt werden dürfen. Sinn der §§ 47, 56 Abs. 3 ist es, die kurzzeitige Freiheitsstrafe so weit wie möglich zurückzudrängen, da diese in der Regel nur negativen Einfluss auf den Täter hat (Verlust sozialer Eingliederung, oft Verlust des Arbeitsplatzes, Kontakt mit „echten Kriminellen"), während umgekehrt in so kurzer Zeit kaum auf den Täter positiv eingewirkt werden kann.

2. Freiheitsstrafen von zwischen einem und zwei Jahren

Freiheitsstrafen von über einem Jahr können gem. § 56 Abs. 2 nur dann zur Bewährung ausgesetzt werden, wenn **zusätzlich zu der günstigen Sozialprognose** i. S. d. Abs. 1 **besondere Umstände** bei Berücksichtigung von Tat und Täter festgestellt werden können[45]. Freiheitsstrafen von über zwei Jahren können in keinem Fall mehr zur Bewährung ausgesetzt werden. Obwohl dies in der Praxis – natürlich unausgesprochen – häufiger so gehandhabt wird, darf eine an sich schuldangemessene Strafe von über zwei Jahren nicht deshalb unterschritten werden, um eine Strafaussetzung zur Bewährung zu ermöglichen[46]. 835

VII. Sonstiges

1. Verwarnung mit Strafvorbehalt, § 59

Die Verwarnung mit Strafvorbehalt ist sozusagen im Rahmen der Geldstrafe das Pendant zur Bewährung und somit auch an ähnliche Voraussetzungen geknüpft (Geldstrafe bis 180 TS, günstige Sozialprognose und besondere Umstände, „Vollzug" der Geldstrafe nicht zur Verteidigung der Rechtsordnung geboten); lesen Sie hierzu die §§ 59 ff. 836

---

42 BGH NStZ-RR 2009, 41.
43 Immerhin droht nach der Verhängung einer Bewährungsstrafe während des Laufs der Bewährungszeit ständig der Widerruf der Aussetzung gem. § 56 f Abs. 1 Nr. 1, wenn doch neue Straftaten begangen werden.
44 Vgl. hierzu die Definition des BGH, abgedruckt in F § 56 Rn. 14.
45 Lesen Sie hierzu F § 56 Rn. 20 ff.
46 BGHSt 29, 319 (321).

Teil 3 „Rechtsfolgenausspruch" – Strafzumessung, §§ 38 ff.

TIPP: Bedeutung könnte diese Sanktionsmöglichkeit z. B. in einer Beratungsklausur bekommen, wenn von Ihnen als Anwalt verlangt wird zu prognostizieren, was günstigstenfalls für Ihren Mandanten herauskommen kann.

Der Tenor im Urteil würde so aussehen[47]:

> *I. Der Angeklagte ist schuldig des Diebstahls.*
> *II. Er wird deshalb* **verwarnt***.*
> *III. Eine Verurteilung zu einer Geldstrafe von 40 TS zu je 30 €* **bleibt vorbehalten***.*
> *IV. Der Angeklagte hat die Kosten des Verfahrens zu tragen.*
> *[plus Bewährungsbeschluss gem. §§ 59 a StGB, 268 a StPO]*

2. Absehen von Strafe, § 60

837 Will das Gericht im konkreten Fall eine Geldstrafe oder eine Freiheitsstrafe von bis zu einem Jahr verhängen, kann es auch ganz von der Strafe absehen, wenn die Folgen der Tat **für den Täter** so schwer sind, dass eine weitere Bestrafung offenbar verfehlt wäre (z. B. wegen eigener erheblicher Verletzungen oder erheblicher wirtschaftlicher Folgen). Neben der Obergrenze von einem Jahr Freiheitsstrafe ist vor allem zu beachten, dass es sich – wie auch bei der Verwarnung mit Strafvorbehalt – um eine **Ermessensentscheidung** des Gerichts handelt, was eine sichere Prognose für den beratenden Anwalt schwer macht.

Urteilstenor[48]:

> *I. Der Angeklagte ist schuldig der fahrlässigen Trunkenheit im Verkehr.*
> *II. Von der Verhängung einer Strafe wird abgesehen.*
> *III. Der Angeklagte trägt die Kosten des Verfahrens.*

3. Verfall und Einziehung, §§ 73 ff.

838 Folgende Punkte sollten Ihnen – hauptsächlich im Hinblick auf die mündliche Prüfung – bekannt sein:
– Beide Sanktionen bestehen darin, dem Täter etwas wegzunehmen; die von ihm gezogenen Früchte der Tat (samt eventueller gezogener Nutzungen und Surrogate [§ 73 Abs. 2] oder sogar eines Wertersatzes [§ 73 a]) unterliegen dem Verfall, während Tatmittel (z. B. die blutige Axt oder das produzierte Falschgeld) eingezogen werden.
– Stellt sich erst im Nachhinein heraus, dass statt des Gegenstands selbst dessen Wertersatz eingezogen oder für verfallen erklärt hätte werden müssen, kann dies auch noch nachträglich geschehen, § 76.
– Um die spätere Einziehung oder den späteren Verfall im Urteil schon während des Ermittlungsverfahrens zu sichern (und zu verhindern, dass der Täter bis zum Abschluss des Verfahrens die diesen Maßnahmen unterliegenden Gegenstände beseitigt oder zu Geld macht oder sein Vermögen zur Seite schafft, sodass auch kein Wertersatz mehr greift), können nach den §§ 111 b ff. StPO die Gegenstände durch **Beschlagnahme** sichergestellt bzw. über Teile des Vermögens des Beschuldigten der **dingliche Arrest** angeordnet werden.

4. Entzug der Fahrerlaubnis und Fahrverbot

839 Aufgrund der vorgenommenen Auswertung der bayerischen Examensklausuren kann man davon ausgehen, dass im materiellen Recht Verkehrsdelikte einen wesentlichen Schwer-

---
47 S. F § 59 Rn. 12.
48 Leider nicht sehr deutlich F § 60 Rn. 7.

punkt ausmachen. Regelmäßig ist es auch Teil einer Klausur aus dem Verkehrsrecht, an die Möglichkeiten des Führerscheinentzugs oder des Fahrverbots überhaupt nur zu denken; es scheint daher relativ leicht, hier entsprechend zu punkten.

TIPP: Vorrangig ist zu prüfen, ob ein Führerscheinentzug gem. § 69 in Betracht kommt; nur soweit dies nicht der Fall ist[49], ist noch auf ein Fahrverbot gem. § 44 einzugehen. Es sollte eine Selbstverständlichkeit sein, dass Ihre Ausführungen zu diesen Rechtsfolgen mit genauen Paragrafenzitaten einhergehen; auch in diesem Punkt ist Subsumtion gefragt!

a) Entziehung der Fahrerlaubnis, §§ 69, 69a

Es handelt sich um eine Maßnahme der Besserung und Sicherung, die zum Zweck hat, ungeeignete Kraftfahrer aus dem Verkehr zu ziehen (während das Fahrverbot den Betreffenden lediglich verwarnen soll). Gegenstand des Entzugs kann sowohl die inländische (vgl. § 69 Abs. 3 S. 2: Einziehung im Urteil) wie auch die ausländische Fahrerlaubnis (vgl. § 69b Abs. 2: Einziehung oder Eintragung eines Sperrvermerks) sein. **840**

Voraussetzungen:
- Verurteilung wegen einer rechtswidrigen Tat als Täter oder Teilnehmer (oder Unterbleiben einer Verurteilung nur wegen erwiesener oder nicht ausschließbarer Schuldunfähigkeit)
- Tat steht im Zusammenhang mit dem Führen eines **Kraft**fahrzeugs oder unter Verletzung der Pflichten eines Kraftfahrzeugführers
- Täter hat sich durch die Tat als zum Führen von Kraftfahrzeugen ungeeignet erwiesen (beachten Sie insofern den Regelkatalog[50] des § 69 Abs. 2!)
- Gem. § 69 Abs. 1 S. 2 findet die sonst für Maßnahmen der Sicherung und Besserung obligatorische Verhältnismäßigkeitsprüfung nicht statt.

Der Satz

> „Der Angeklagte hat sich durch die Tat als zum Führen von Kraftfahrzeugen ungeeignet erwiesen."

gehört übrigens bereits an das Ende der Tatbestandsschilderung, während im Wesentlichen Ergebnis der Ermittlungen (der Anklageschrift) bzw. in den Gründen (des Urteils) allenfalls in Fällen außerhalb des Regelkatalogs des § 69 Abs. 2 Ausführungen dazu veranlasst sind, warum von der Ungeeignetheit im konkreten Fall auszugehen ist.

In der Regel wird dem Täter, der z.B. betrunken erwischt wurde, sofort der Führerschein im Wege der Sicherstellung (= freiwillig, § 94 Abs. 1 StPO) oder Beschlagnahme (= unfreiwillig, § 94 Abs. 2 StPO) abgenommen; im Falle der Beschlagnahme ist dann von der Staatsanwaltschaft noch vor Anklageerhebung ein richterlicher Beschluss über die vorläufige Entziehung der Fahrerlaubnis herbeizuführen (vgl. § 98 Abs. 2 StPO i.V.m. § 111a Abs. 3 StPO). Liegt bei Anklageerhebung noch kein § 111a-Beschluss vor, beantragt die Staatsanwaltschaft diesen im Rahmen der Anklageschrift; Bsp.: **841**

> „Ich beantrage
> a) die Anklage zur Hauptverhandlung vor ... zuzulassen
> b) einen Termin zur Hauptverhandlung zu bestimmen
> c) dem Angeschuldigten gem. § 111a StPO die Fahrerlaubnis vorläufig zu entziehen."

---

49 Nur ausnahmsweise kann neben dem Entzug der Fahrerlaubnis noch ein Fahrverbot verhängt werden, dann nämlich, wenn zusätzlich das Führen fahrerlaubnisfreier Fahrzeuge (z.B. Mofa) untersagt werden soll.
50 „In der Regel" bedeutet wie üblich, dass auch trotz Vorliegen einer Katalogtat von dem Entzug der Fahrerlaubnis ausnahmsweise abgesehen werden kann; dies ist im Urteil dann allerdings ausdrücklich zu begründen.

842 Gleichzeitig mit dem Entzug der Fahrerlaubnis ordnet das Gericht eine **Sperrzeit** an, in der dem Täter keine neue Fahrerlaubnis erteilt werden darf, § 69a Abs. 1 S. 1. War dem Täter die Fahrerlaubnis bereits entzogen, wird eine isolierte Sperre verhängt, § 69a Abs. 1 S. 2.

Hinsichtlich der **Dauer** der anzuordnenden Sperre gilt:
– Grundsatz: 6 Mo. bis 5 Jahre (Abs. 1 S. 1)
– ausnahmsweise: für immer (Abs. 1 S. 2)
– wenn in den letzten drei Jahren vor der Tat bereits schon einmal eine Sperre verhängt wurde: 1 Jahr bis 5 Jahre (Abs. 3)
– wenn zwischen Tat und Verurteilung die Fahrerlaubnis bereits vorläufig entzogen (oder auch nur sichergestellt oder beschlagnahmt, vgl. Abs. 6) war: mind. 3 Mo. bis 5 Jahre (Anrechnung der Zeit der vorläufigen Entziehung auf das Mindestmaß, das 3 Mo. aber nicht unterschreiten darf, Abs. 4)

> **TIPP:** Beachten Sie: Nur eine Sperre von bis zu zwei Jahren kann im Strafbefehlswege verhängt werden, § 407 Abs. 2 Nr. 2 StPO!

843 Urteilstenor:

> 1. Der Angeklagte ist schuldig der vorsätzlichen Trunkenheit im Verkehr.
> 2. Er wird deshalb zu einer Geldstrafe von ... TS zu je ... verurteilt.
> 3. Dem Angeklagten wird die Erlaubnis zum Führen von Kraftfahrzeugen **entzogen**. Der ihm erteilte Führerschein wird **eingezogen**. Die Verwaltungsbehörde darf dem Angeklagten vor Ablauf von ... keine neue Fahrerlaubnis erteilen.
> 4. Der Angeklagte trägt die Kosten des Verfahrens und seine Auslagen.
>
> Angewandte Strafvorschriften: §§ 316 Abs. 1, 69, 69a StGB.

b) Fahrverbot, § 44

844 Das Fahrverbot nach § 44 ist eine Nebenstrafe, die nur bei der Verurteilung wegen einer Straftat verhängt werden kann (demgegenüber sieht § 25 StVG die Verhängung eines Fahrverbots als erzieherische Nebenfolge bei der Verfolgung einer Verkehrsordnungswidrigkeit vor). Die Verhängung steht grundsätzlich im richterlichen Ermessen („kann"), dieses ist jedoch eingeschränkt, wenn eine vorsätzliche oder fahrlässige Trunkenheitsfahrt (§§ 315c Abs. 1 Nr. 1a, Abs. 3, 316) vorliegt und eine Entziehung der Fahrerlaubnis ausnahmsweise unterbleibt, vgl. § 44 Abs. 1 S. 2. Wegen der übrigen Voraussetzungen lesen Sie § 44 sowie **Fischer § 44 Rn. 5 ff.**

Die Dauer beträgt 1–3 Monate (wobei die Höchstgrenze von drei Monaten auch im Falle der Bildung einer Gesamtstrafe gilt).

> **TIPP:** Beachten Sie, dass das Fahrverbot zwar mit Rechtskraft des Urteils wirksam wird (d.h. ab jetzt macht sich derjenige, der trotzdem fährt, gem. § 21 StVG wegen Fahrens ohne Fahrerlaubnis strafbar), die Frist aber erst in dem Zeitpunkt zu laufen beginnt, in dem der Führerschein abgegeben wird, § 44 Abs. 4 S. 1!

Urteilstenor:

> 1. Der Angeklagte ist schuldig der fahrlässigen Trunkenheit im Verkehr.
> 2. Er wird deshalb zu einer Geldstrafe von ... TS zu je ... verurteilt.
> 3. Dem Angeklagten wird für die Dauer von 1 Monat verboten, Kraftfahrzeuge jeder Art im Straßenverkehr zu führen.
> 4. (Kosten)
>
> Angewandte Strafvorschriften: § 316 Abs. 1, 2, § 44 StGB.

Anhang
Beispiele zur Sachverhaltsformulierung

Erfahrungsgemäß bereitet es dem Referendar besondere Schwierigkeiten, im Sachverhalt der Anklage bzw. in den tatsächlichen Feststellungen des Urteils knapp und präzise alle Tatsachen wiederzugeben, die zur Ausfüllung des gesetzlichen Tatbestands auf objektiver *und* subjektiver Seite und auch im Übrigen für die Strafbarkeit (Rechtswidrigkeit, Schuld, objektive Bedingung der Strafbarkeit, etc.) erforderlich sind. An den folgenden zwei Beispielen soll demonstriert werden, worauf es hierbei besonders ankommt und welche Formulierungen auch in der Praxis gängig sind. In den Fußnoten wird erläutert, welche Bedeutung die jeweilige Formulierung hat.

845

Als **erstes Beispiel** haben wir in Anlehnung an eine Klausur im bayrischen Referendarexamen einen komplexen Sachverhalt aus dem Bereich der Straßenverkehrsdelikte (hier: gefährlicher Eingriff in den Straßenverkehr gem. §§ 315b Abs. 1 Nr. 3, Abs. 3, 315 Abs. 3 Nr. 1 lit. a) und b), Unerlaubtes Entfernen vom Unfallort gem. § 142 Abs. 1, dazu auch gefährliche Körperverletzung gem. § 224 Abs. 1 Nr. 2, 5) und Eigentumsdelikte (hier: schwerer räuberischer Diebstahl gem. §§ 252, 250 Abs. 1 Nr. 1 c), Abs. 2 Nr. 1 und 3 lit. b)) gewählt, der auch in der Darstellung der subjektiven Tatbestandsseite anspruchsvoll ist. Es kommt uns darauf an zu zeigen, dass alle objektiven und subjektiven Tatbestandsmerkmale sowohl der Grunddelikte als auch der verwirklichten Qualifikationen darzustellen sind:

846

> *Am 4. 11. 2013 um 10:25 Uhr[1] nahm der Angesch. im Geschäft ..., X-Str. 1 in X[2] aus einem Regal einen CD-Player der Marke Y im Verkaufswert von 749 €[3], versteckte ihn unter seiner Jacke[4], um den CD-Player ohne Bezahlung für sich zu behalten[5], und verließ das Geschäft[6].*
> *Der Ladendetektiv L, der den Diebstahl beobachtet hatte, verfolgte den Angesch. auf dem Weg aus dem Geschäft und forderte ihn zur Herausgabe des CD-Players auf[7]. Der Angesch., der die Aufforderung gehört hatte[8], rannte zu dem vor dem Geschäft stehenden Pkw der Marke BMW mit dem amtlichen Kennzeichen M-XX-1234. Er warf den CD-Player auf die Rückbank, stieg ein und ließ den Motor an. L erreichte gerade das Fahrzeug, als der Angesch. losfuhr. In der Annahme, den Angesch. auf diese Weise zum Anhalten zu bewegen, hielt sich L dann an der Fahrertür auf Höhe des geöffneten Fensters fest. Der Angesch. fuhr jedoch*

---

1 Die Angabe der *Tatzeit* hat so exakt wie möglich zu erfolgen, damit der Umgrenzungsfunktion der Anklage Genüge getan wird. Ist der Sachverhalt nicht ausreichend abgegrenzt und von möglichen anderen unterscheidbar, so ist die Anklage insofern unzulässig, vgl. M-G § 200 Rn. 7, 9. Ist die Tatzeit nicht exakt ermittelbar, so muss sie jedenfalls so konkret wie möglich angegeben werden, dass der betroffene historische Sachverhalt von anderen abgegrenzt werden (und die Frage der Verjährung ausgeschlossen werden) kann. Z. B.: „Am Abend des 10. 10. 2013" oder „Zu einer nicht näher feststellbaren Uhrzeit in der Nacht vom 10. 10. 2013 auf den 11. 10. 2013" oder „Zu drei selbstständigen nicht näher feststellbaren Zeitpunkten im Zeitraum zwischen dem 1. 5. 2013 und dem 30. 6. 2013".
2 Auch der *Tatort* muss so konkret wie möglich dargestellt werden.
3 Der Wert des Diebesguts ist nicht nur für die Strafantragspflicht, sondern auch für die Strafzumessung von Bedeutung und darf daher nicht fehlen.
4 = Gewahrsamsbruch (damit ist der Diebstahl vollendet).
5 Damit ist der Diebstahlsvorsatz einschließlich der Zueignungsabsicht dargestellt.
6 Die *Tatausführung* müssen Sie im Hinblick auf ihre *rechtlich relevanten* Teilakte und Aspekte so konkret wie möglich schildern. D. h. aber gerade nicht, dass sie jedes rechtlich irrelevante Detail aufnehmen dürfen. Bei mehraktigen Geschehensabläufen sind natürlich die Geschehnisse, die die jeweiligen Akte verbinden, wegen des Gesamtverständnisses ebenfalls darzustellen, aber so knapp wie irgend möglich!
7 Hiermit wird das Tatbestandsmerkmal „bei einem Diebstahl auf frischer Tat betroffen" des § 252 ausgefüllt.
8 Hiermit wird der subjektive Tatbestand des § 252 hins. des Umstands „bei einem Diebstahl auf frischer Tat betroffen" und insb. hins. der Absicht „um sich im Besitz des gestohlenen Gutes zu erhalten" begründet. Gerade das letztgenannte Tatbestandsmerkmal des § 252 wird im Sachverhalt von Referendarklausuren gerne übersehen.

> weiter und schleifte L ca. 320 m mit, wobei er wiederholt von ca. 25 km/h stark abbremste, um L abzuschütteln[9]. L konnte sich zunächst aber noch am Wagen festhalten. Als der Pkw Renault (amtl. Kz ...), der von Frau G gesteuert wurde, im Gegenverkehr herannahte, steuerte der Angesch. nach links über die Fahrbahnmitte[10]. Hierdurch kam L – wie vom Angesch. geplant[11] – mit der linken Fahrzeugseite des entgegenkommenden Wagens in Berührung und fiel wenige Meter weiter auf die Fahrbahn[12].
>
> L erlitt durch diesen Zusammenstoß und den Aufprall auf die Straße schwere Prellungen und starke Schürfwunden[13]. Nur dem Zufall ist es zu verdanken, dass es nicht zu einer tödlichen Verletzung kam[14].
>
> Der Angesch. war sich bei seiner Verhaltensweise[15] bewusst, dass L körperlich erheblich verletzt werden könnte. Dies entsprach seiner Absicht[16]. Ferner hatte er erkannt, dass L durch die Berührung mit dem Gegenverkehr in die Gefahr des Todes geraten könnte, was er zumindest billigend in Kauf nahm[17].
>
> Der Angesch. hatte bei dem gesamten Vorgang die Absicht, zu verhindern, dass ihm der CD-Player abgenommen wird[18] und dass er erkannt und später strafrechtlich verfolgt wird[19].
>
> Der Angesch. hat sich als ungeeignet zum Führen von Kraftfahrzeugen erwiesen.[20]

847 Als **zweites Beispiel** haben wir zwei Sachverhalte zur *a.l.i.c.* gewählt, weil hier für die schuldhafte Tatbestandsausfüllung zwei Vorgänge mit ihrer subjektiven Seite dargestellt werden müssen.

---

9 = Verübung von Gewalt i. S. v. § 252 sowie Verwenden des Pkw als Waffe i. S. v. § 250 Abs. 2 Nr. 1. Dass der Vorsatz des Täters sich auch auf die objektiven Tatbestandsmerkmale bezieht, wird aus den Formulierungen „der die Aufforderung gehört hatte" und „um L abzuschütteln" deutlich.

10 Anders als durch das Abbremsen wird durch diese Verhaltensweise über die konkrete Gefährdung des Opfers L auch die Sicherheit des Straßenverkehrs i. S. d. § 315b beeinträchtigt. Die Vorsätzlichkeit des Handelns ergibt sich aus der Verwendung der Aktivform („steuerte" – schreiben Sie daher in einem solchen Zusammenhang nie „geriet der Pkw auf die linke Spur"!) sowie aus dem Einschub im nächsten Satz „wie geplant".

11 Absicht bzgl. des Zusammenstoßes (s. nächste Fußnote).

12 Dies begründet einen ähnlichen, ebenso gefährlichen (verkehrsfremden) Eingriff in den Straßenverkehr nach § 315b Abs. 1 Nr. 3. Der Zusammenstoß, den der Angesch. absichtlich herbeiführt, ist (jedenfalls für L und G) ein Unglücksfall i. S. d. § 315b Abs. 3 i. V. m. § 315 Abs. 3 Nr. 1a. Die darin liegende Körperverletzung, deren *Folgen* im nächsten Satz dargestellt werden, wird unter Verwendung des Pkw als Waffe begangen, §§ 223, 224 Abs. 1 Nr. 2. Gleichzeitig liegt darin (weiterhin) die Erfüllung des Qualifikationstatbestands des § 250 Abs. 2 Nr. 1 (Verwenden einer Waffe).

13 Die Verletzungen sind für § 224 darzustellen (nicht nur unter dem Gesichtspunkt des Tatbestandsmerkmals, sondern auch als für die Strafzumessung wesentliches Detail). Zugleich ist in den eingetretenen Verletzungen als Minus auch die Gefährdung von Leib und Leben eines anderen Menschen i. S. d. § 315b Abs. 1 enthalten.

14 Aus dieser Formulierung wird das Vorliegen einer konkreten Todesgefahr i. S. v. § 250 Abs. 2 Nr. 3b deutlich. Gleichzeitig liegt hierin auch das Vorliegen einer abstrakt das Leben gefährdenden Behandlung i. S. v. § 224 Abs. 1 Nr. 5. Die – ggfs. schon durch das Abbremsen verwirklichte – Qualifikation des § 250 Abs. 1 Nr. 1c (Gefahr einer schweren Gesundheitsbeschädigung) wird durch § 250 Abs. 2 Nr. 3b verdrängt, vgl. F § 250 Rn. 13 a. E.

15 Gerade bei komplexen Geschehensabläufen, die eine längere Schilderung erfordern, kann es sich empfehlen, subjektive Tatbestandsmerkmale, die das ganze Geschehen betreffen, an den Schluss zu ziehen. Durch die Formulierung „bei seiner Verhaltensweise" oder „bei dem gesamten Vorgang ..." machen Sie dann deutlich, worauf sich diese subjektiven Merkmale beziehen.

16 Wissen und direktes Wollen bzgl. § 223.

17 Wissen und (bedingtes) Wollen bzgl. der konkreten Todes*gefahr* i. S. d. § 250 Abs. 2 Nr. 3b und gleichzeitig der abstrakten Todesgefahr nach § 224 Abs. 1 Nr. 5. Es ist eminent wichtig, den Gefährdungsvorsatz auch in der Formulierung zu unterscheiden vom Verletzungs- oder gar Tötungsvorsatz („Erfolgs"vorsatz). Andererseits enthält der Verletzungsvorsatz freilich zugleich den Gefährdungsvorsatz, der Vorsatz zur Körperverletzung folglich auch den Vorsatz zur Gesundheitsgefährdung.

18 Absicht, sich im Besitz des Diebesguts zu erhalten gem. § 252.

19 Verdeckungsabsicht nach § 315 Abs. 3 Nr. 1b (i. V. m. § 315b Abs. 3).

20 Voraussetzung für Maßnahmen nach §§ 69, 69a.

B. Strafzumessung

> *Um sich Mut anzutrinken, nahm der Angeschuldigte am Abend des 10. 10. 2013 im Lokal „Prost", Bahnhofstr. 1 in Hausen wissentlich und willentlich[21] so viele, in Art und Menge nicht mehr näher ermittelbare alkoholische Getränke[22] zu sich, dass seine BAK gegen 23 Uhr[23] 3,1‰[24] betrug. Als gegen 23 Uhr sein Nebenbuhler X, wie der Angeschuldigte erwartet hatte[25], das Lokal betrat, stach er – wie von Anfang an beabsichtigt[26] – mit dem mitgeführten Taschenmesser mind. zweimal in den Brustkorb des X ...*

> *Obwohl er schon oft im angetrunkenen Zustand gewalttätig geworden war[27], betrank sich der Angeschuldigte am Abend des 6. 6. 2013 wissentlich und willentlich[28] im Lokal „Prost", Bahnhofstr. 1 in Hausen. Dabei war ihm gleichgültig, dass er im angetrunkenen Zustand möglicherweise wieder gewalttätig werden würde[29]. Gegen 23:30 Uhr schlug er dann ohne erkennbaren Anlass[30] eine Fensterscheibe des Lokals[31] im Wert von 200 €[32] mit einem Bierkrug ein. Anschließend schlug er den Bierkrug[33] mit Wucht[34] gegen den Kopf des schimpfenden[35] Wirts W. Zu diesem Zeitpunkt betrug die BAK des Angeschuldigten 3,2‰. Der Wirt erlitt hierdurch ...*

---

21 „Wissentlich und willentlich" drückt hier den Vorsatz hins. des Herbeiführens eines die Schuldunfähigkeit ausschließenden Zustands aus.
22 Falls bekannt müssen die Art und Menge des konsumierten Alkohols dargestellt werden, da sie für die BAK und die Schuldfähigkeit von Bedeutung sind.
23 Der Zeitpunkt der BAK-Feststellung darf nicht fehlen, da er meist nicht mit Zeitpunkt der Tat übereinstimmt und dann für die maßgebliche Schuldfähigkeit zum Tatzeitpunkt zurückgerechnet werden muss.
24 BAK muss aufgenommen werden, da für Frage der Schuldfähigkeit entscheidend.
25 Hiermit wird ausgedrückt, dass der Tatvorsatz – wie bei der vorsätzlichen a.l.i.c. erforderlich – bereits vorlag, als der Täter begann, sich zu betrinken.
26 Auch hiermit wird ausgedrückt, dass der Tatvorsatz bereits vorlag, als der Täter begann, sich zu betrinken.
27 Hiermit wird die Vorhersehbarkeit als Element des bedingten Vorsatzes ausgedrückt. Das zweite Element (Gleichgültigkeit) folgt im nächsten Satz.
28 Vorsatz hins. des Herbeiführens eines die Schuldfähigkeit ausschließenden Zustands.
29 Zweites Element des bedingten Vorsatzes.
30 Wichtig für die Strafzumessung. Falls ein Anlass bekannt ist, müssen Sie diesen auch (ohne unnötiges Beiwerk) schildern.
31 Eigentumsverhältnisse für Bestimmung der Fremdheit und des Geschädigten der Sachbeschädigung erforderlich.
32 Schadenshöhe wichtig für Strafmaß und die Frage eines Strafantragserfordernisses der Sachbeschädigung.
33 Gefährliches Werkzeug i.S.d. § 224 Abs. 1 Nr. 2.
34 Lebensgefährdende Behandlung i.S.d. § 224 Abs. 1 Nr. 5.
35 Anlass.

Stichwortverzeichnis

(Die Zahlen bezeichnen die Seitenzahlen)

A

Abänderungsbefugnis 256
aberratio ictus 51, 83, 226
Ablationstheorie 166
Abschleppkosten 286
Absehen von Strafe 340
Absicht 45
Absichtsprovokation 96
abstrakt-konkretes Gefährdungsdelikt 304
actio libera in causa 297, 298
Affektionsinteresse 201
agent provocateur 22, 60, 85, 88
AIDS 134, 137
Alternativität 319
Amtsträger 247, 248, 258, 259, 263, 264, 265, 266
Aneignung 168
Angehörigenprivileg 242
animus auctoris 78
Anknüpfungspunkt, völkerrechtlich legitimierender 304
anonyme Erklärungen 252
Anstiftung 84
– Versuch 75, 76
Antragsdelikte 20
Arbeitskampf 145
ärztlicher Heileingriff 134
ärztlicher Kunstfehler 31
asthenische Affekte 105
Aufstiftung 85
Augenscheinsobjekt 251
Auschwitzlüge 304
Aussageberichtigung 230, 231
Aussagenotstand 231
Aussageverhalten 329
Aussageverweigerungsrechte 237
Aussteller 252, 253
Ausübung des Stimmrechts 267
Ausweis 169
Automatenkarte 170, 206, 207

B

Bandendiebstahl 174
Bedingungstheorie 26, 32
Beendigung der Tat 21, 60
Behältnis 164
Behandlungsabbruch 109
Beifahrer 228, 287
Beihilfe 86
– sukzessive 86
– zur Falschaussage durch Unterlassen 235
Belehrungspflicht 232

Beleidigung mit sexuellem Hintergrund 157
beleidigungsfreie Sphäre 157
berufsmäßige Waffenträger 173
Beschlagnahme, vorgetäuschte 165
Besitz 163, 175
besonders schwerer Fall 171, 249, 326
Betrug
– Abgrenzung zum Trickdiebstahl 166
– Täuschung durch Unterlassen 192
Beweiseinheit 254
Beweisfälschung 226
Beweisführungsbefugnis 259, 260
Beweisthema 230
Beweiszeichen 251
Bewertungseinheit 257, 262, 311
bewusste Fahrlässigkeit 28
Billigungstheorien 47
Blankett 251, 255
blinder Passagier 194

C

Computerstrafrecht 306
conditio-sine-qua-non-Formel 26, 32, 37

D

Daten 204, 303, 305, 306
Datenbegriff 306
Datenübermittlungsvorgang 307
Dauerdelikt 311, 314
Dauergefahr 98, 181
Demonstrationen 144
Denial-of-Service-Angriff 310
Diebesfalle 165
Diebstahl mit Waffen 172, 319
Dienstausübung 263
dinglicher Arrest 340
dolus directus 45
dolus eventualis 45
dolus subsequenz 44
Doppelverwertungsverbot 330
Dreiecksbetrug 195
– Abgrenzung vom Diebstahl in mittelbarer Täterschaft 198
– Nähebeziehung 198
Dreieckserpressung 211
Dreiecksnötigung 142
Drohung 142, 181

E

eigenhändige Delikte
– keine mittelbare Täterschaft 82

Eingehungsbetrug 200
Einkommensschätzung 332
Einsatzstrafe 335
einverständliche Fremdgefährdung 33
Einverständnis 99
Einwilligung 99
– mutmaßliche 101
Einwilligungstheorien 47
Einzelstrafe 313
Einziehung 340
E-Mail 307
– als Urkunde 253
– Beweiserheblichkeit 309
empfindliches Übel 142
Enteignung 169
Entsprechungsklausel (bei Unterlassungsdelikten) 38
Entziehung der Fahrerlaubnis 341
– vorläufige 341
erfolgsqualifizierte Delikte 41
– Rücktritt 71
Erfüllungsbetrug 200
Erlaubnistatbestandsirrtum 54–56, 91, 97
Ermessensentscheidung 263, 340
Ermöglichungsabsicht 124
error in objecto 50
– bei Mittäterschaft 81
– bei mittelbarer Täterschaft 83
error in persona 50
Ersatzgeisel 150
Ersatzhehlerei 221
Ex-tunc-Wirkung 162
Exzess 80, 82, 186

F
Fahrlässigkeit
– Abgrenzung zum bedingten Vorsatz 46
– unbewusst 28
Fahrtenschreiber 257, 260
Fahruntüchtigkeit 281
Fahrverbot 342
Fair-Trial- Grundsatz 22
Fehlbuchungen 193
fehlgeschlagener Versuch 59, 69, 70
Fehlüberweisungen 193
Festnahmerecht 106
Formalbeleidigung 157
fortgesetzte Handlung 312
freihändige Vergabe 268
freiverantwortliche Selbstgefährdung 33
Freiverkaufsfläche 167
Funktionsbeeinträchtigung 161
furtum usus 169

G
Ganovenuntreue 217
Garantenstellung 36
Gattungsschulden 170

Gebrauchsanmaßung 169
Gefährdungsdelikte 39, 40
– abstrakte 39, 304
– abstrakt-konkrete 39, 304
– konkrete 39, 273, 304
– potenzielle 40
gefährliches Werkzeug 137, 172, 183
gefahrspezifischer Zusammenhang 151, 275, 277, 279
Geistigkeitstheorie 252
Geldautomatenkarte 206
Geldschulden 170
Geldstrafe 323, 329, 331
gemeingefährliche Mittel 124
Gesamtbetrachtungslehre 69, 70
Gesamtstrafe 335
– Auflösung einer 337
– nachträgliche 336
Gesamturkunde 254, 256
Gesetzeskonkurrenz 315
Geständnis 329
Gewahrsam 163
– Bruch 164
Gewahrsamsbehauptungsabsicht 190
Gewahrsamsgehilfe 164
Gewahrsamslockerung 163, 179
Gewalt 140, 179
– durch Unterlassen 142, 180
Gewaltbegriff 141
– „vergeistigter" 141
– körperlicher 140
Gleichwertigkeit 320
grausam 124
große berichtigende Auslegung 175
gutgläubiger Erwerb 200

H
Hacking 306, 307
Handlung im natürlichen Sinn 311
Handlungsbegriff 26
Handlungseinheit 310–312
Handlungsmehrheit 310
Handtaschenraub 179
Härteausgleich 337
Hausrecht 152
Heimtücke 121
Hemmschwellentheorie 112
Herrschaftsbereich 163
Herrschaftswille 163
– genereller 163
Herstellungstheorie 252
Hochstiftung 85
Holocaust-Leugnen 304

I
Identitätstäuschung 255, 257, 258
ignorantia facti 194
Illationstheorie 166

in dubio pro reo 28, 37, 79, 135, 157, 158, 244, 300, 318–320, 321, 322, 328
– bei Unterlassungsdelikten 38
– beim Rücktritt vom Versuch 73
indirekte Sterbehilfe 110
Ingerenz 36
Internet 303
Internetbezug 305
Internet-Blockade 310
Internetstrafbarkeit 305
IP-Adresse 309
Irrtum
– über das Vorliegen von Rechtfertigungsgründen 54
– über den Kausalverlauf 51
– über Entschuldigungsgründe 56
– über privilegierende Tatbestandsmerkmale 53
– über Strafausschließungsgründe 57
isolierte Sperre 342
Isolierungstatbestand 244
iterative Tatbestandserfüllung 311

J
juristische Handlungseinheit 313

K
Kampflage 95, 113
Kausalität 26, 42
– alternative 26
Kennzeichen 251
Kettenanstiftung 85
– bei § 30 76
Klammerwirkung 314
Klarstellungsinteresse 186
Kollektivbezeichnung 158
Konkurrenzlösung 177, 185, 272
Konsumtion 316
Kontrektationstheorie 166
körperliche Tabusphäre 166
Korruptionsbekämpfungsgesetz 263
Kreditkarte 192, 200, 218
Kreuzung von Mordmerkmalen 115
Kunstfehler 135

L
Lagertheorie 166, 211
Leerspielen von Spielautomaten (siehe Spielautomaten)
Legalitätsprinzip 17, 237
Legitimationspapier 194
Leichtfertigkeit 28, 42, 185
limitierte Akzessorietät 88

M
Mahnverfahren 194, 205
Makeltheorie 200
Maßregeln 316, 323
minder schwerer Fall 325

mitbestrafte Nachtat 317
Mitbestrafte Vortat 317
Mitgewahrsam 163
– gestuftes 164
– gleichrangiges 163
Mittäterschaft 79
– Schein-Mittäter 63
– Versuch 63
mittelbare Täterschaft 81
– Irrtumskonstellationen 83
– Versuch 64
Mordlust 119
Mordmerkmale (im Zusammenhang mit § 28) 90
Münzen, manipulierte 208

N
Nachstellung (Stalking) 154
Nachtragsanklage 319
natürliche Handlungseinheit 312
neutrale Alltagshandlungen 88
Niedrige Beweggründe 120
Nötigungsnotstand 103
Notstand
– entschuldigender 102
– rechtfertigender 97
Notwehr 92
Notwehrexzess 105
Notwehrhandlung
– Erforderlichkeit 95
– Gebotenheit 96

O
objektive Strafbarkeitsbedingungen 57
objektive Theorie zum Falschheitsbegriff 230
objektive Vorhersehbarkeit 31
objektive Zurechnung 27, 31
öffentliche Beweiswirkung 258
öffentliche Urkunde 258
öffentlicher Verkehrsraum 288
omnimodo facturus 76, 84

P
Parallelwertung in der Laiensphäre 45, 50
Passwörter 306
Patientenverfügung 102, 110
persönlicher Schadenseinschlag 199
Pflichtenkollision 38, 106
Pflichttheorie 230
Pflichtwidrigkeitszusammenhang 32, 33, 37
Pharming 308
Phishing 308
PIN 206, 219, 308
Platztausch zwischen Fahrer und Beifahrer 228
politischer Meinungskampf 158
Polizeiflucht 289
Postpendenz 224, 239, 318, 321
potenzielle Gefährdungsdelikte 40, 304
pränatale Einwirkungen 108

Präpendenz 321
Preisabsprachen 267
Privatklagedelikte 136
privilegierende Tatbestandsmerkmale 53
Provider 310
Provisionsvertreterbetrug 202
Prozessbetrug 194
psychischer Zwang 141
Putativnotwehr 54, 97

R
Raubkopien 306
Rechtfertigungslage 91
rechtmäßiges Alternativverhalten 33
rechtsfolgenverweisende eingeschränkte Schuldtheorie 55
redlicher Vorerwerb 244
Regelbeispiel
– Konsumtion 316
Resorption 281
– Ende der 282
Restitutionsvereitelung 240
Rettungsfälle 36
Risikoerhöhungstheorie 33
Rückrechnung 282
Rücktritt
– Strafzumessung 68
Rücktritt vom Versuch 67
– bei mehreren Tatbeteiligten 74
Rücktrittshorizont 69
Rückwirkungsfiktion 162
Rückwirkungsverbot 334

S
Sachentziehung 161
sachgedankliches Mitbewusstsein 45
Sachherrschaft 163
Sachwert 167, 169
Schadenskompensation 199, 217
Schadenswiedergutmachung 217
Schadprogramm 308
Scheingeisel 150
Scheinwaffe 173, 184
Schlüssel 164, 170, 181, 317
Schmähkritik 158
Schreckschusspistole 172
Schuldausschließungsgründe 92
Schuldunfähigkeit 284
Schutzzweck der Norm 32, 229
Schwarzfahrer 194
Schweigepflicht 237
Selbstbegünstigungsprivileg 225, 237, 239
Selbstbezichtigung 225, 228, 229
Selbsttötung 108
Sicherungsbetrug 174, 202, 218
Sicherungsetiketten 167
Sicherungsverwahrung 334
– nachträgliche 334

Sitzblockade 141
Sitzstreik 247
Skimming 307
Sniffer 307
Sonderdelikte 79
– keine mittelbare Täterschaft 82
Sorgfaltspflichten
– beim Fahrlässigkeitsdelikt 29
Sozialadäquanz 88, 106, 237, 245
sozialadäquate Leistung 264
Sozialprognose 339
Sparbuch 169, 194
Sperrwirkung 246, 250
Sperrzeit 342
Spezialität 315
Spielautomaten 208
Spielraumtheorie 327
Spontanäußerungen 231
Stalking 154
Sterbehilfe 108
Steuersünder-CD 309
sthenische Affekte 106
Stoffgleichheit 202, 223
Strafaufhebungsgründe 92
– Rücktritt 74
Strafausschließungsgründe 92
Straflimitierung 242
Strafrahmen 324
Strafrahmenverschiebung 67, 325, 326
strafrechtlicher Rechtmäßigkeitsbegriff 248
Strafvereitelung
– durch Strafverfolgungsbeamte 237
– durch Strafverteidiger 237
Strafverteidigung
– § 261 245
– Schranken 238
Strafzweckvereitelung 238
Straßenblockade 145
strenge Schuldtheorie 55
subjektive Theorie zum Falschheitsbegriff 230
Subsidiarität 315
Substanzverletzung 161
sukzessive Tatbestandserfüllung 311

T
Tagessatzsystem 331
tatbestandliche Handlungseinheit 311
Tatbestandsirrtum 50
Tatbestandslösung 177
Tateinheit
– gleichartige 184
Täter-hinter-dem-Täter 82
Tatherrschaft 78
Tatherrschaftslehre 78
Tatherrschaftswechsel 109
Tatidentität 241
tätige Reue 294
Tatort 303

Tatsachenbehauptung 156
Täuschungsäquivalenz 207, 208
technische Aufzeichnungen 257, 259
Teilidentität 314
Telemediengesetz 310
Treueverhältnis 216
Trickdiebstahl 166, 195, 197, 209
Trojaner 307
Typenkorrektur 118

U
Unfall 291
Unfallbeteiligter 291
Unmittelbarkeitszusammenhang 42, 139
Unrechtsvereinbarung 264, 265, 267
unreflektiertes Mitbewusstsein 194
Unterlassen
– Abgrenzung zum Tun 35
Unterlassungsdelikte 35
– Irrtum 59
– Rücktritt 75
– Versuch 62
– Zumutbarkeit des normgerechten Verhaltens 39
Unternehmensdelikte
– Zeitpunkt der Vollendung 60
Urkunde
– Beweisfunktion 252
– Garantiefunktion 252
– öffentliche 258
– Perpetuierungsfunktion 251
– Vertretung 255

V
Verbotsirrtum 53
Verbrechen 58
Verdachtsstrafe 328
verdeckte Zuwendung 263
Verdeckungsabsicht 124
Verdunkelungsverbot 238
Vereidigungsverbot 232
Vereinigungstheorie 167
Verfahrensdauer 330
Verfahrenshindernis 19
Verfall 340
Verfolgungsvereitelung 238
Verfügungsbewusstsein 195, 198
Verjährung 21
– absolute 21
– Beginn 21
– Frist 21
– Unterbrechung 21
Verkehrsblockade 141
Vermeidbarkeit 53
Vermögensbegriff 196
– Anwartschaften 196
– Arbeitsleistung 196
– Expektanzen 196
– Gewinnchance 196
– juristisch-wirtschaftlicher 196
– schuldrechtliche Ansprüche 196
– sittenwidrige Dienste 196
– sittenwidriges Geschäft 197
– unredlich erlangter Besitz 197
– wirtschaftlicher 196
Vermögensbetreuungspflicht 214–217
Vermögensgefährdung 199, 209, 217
Vermögensminderung
– unmittelbare 195
Vermögensstrafe 323, 333
Vernehmung 230, 231
Verpflichtungsgesetz 263
Versammlungsfreiheit 144
Versäumnisurteil 194
Verschleierungstatbestand 244
Verschlüsselung 307
Versuch 57, 58
– beendeter oder unbeendeter 69
– der Erfolgsqualifikation 66
– erfolgsqualifizierter 66
– fehlgeschlagener 59
– im besonders schweren Fall 64
– untauglicher 58
Verteidigung der Rechtsordnung 327
Vertrauensgrundsatz 30
Vertretung und Urkundenfälschung 255
Verwarnung mit Strafvorbehalt 339
viktimologischer Ansatz 192
vis absoluta 142, 210, 212, 255
vis compulsiva 142, 210
V-Mann 22
Volksverhetzung 304, 305
Vollendung 60
Vollstreckungsvereitelung 238
voluntatives Element 44
Vorbereitungshandlung 60
Vorsatz
– beim Unterlassungsdelikt 38
– Schuld 55
– Theorie 55
Vorteil 263
Vorteilsidentität 241
Vorteilssicherung 242

W
Waffe 183
– Beisichführen 173
– Verwenden 183
wahldeutige Verurteilung 320
Wahlfeststellung 79, 224, 233, 300, 318
– echte 320
– gleichartige 321
– unechte 321
– ungleichartige 320
Wahndelikt 54, 58
Wahrheitspflicht 194, 230–232, 236

Wahrnehmung berechtigter Interessen 144, 158
Wardriving 310
Wechselgeldfalle 166
Wechselwirkungstheorie 158
Wegnahme 162
Wegnahmeentschluss 181
Wertsummentheorie 170, 221
Werturteil 157
wirtschaftliche Dispositionsfreiheit 199
Wohnung 174

Z
Zäsurwirkung 284, 294, 314, 337
ziviler Ungehorsam 144
Zueignung
– Wiederholbarkeit der 178
Zueignungsabsicht 167, 168
Zueignungswille 168, 176
zusammengesetzte Urkunde 254
Zwangswirkung
– mittelbare 179
– psychische 179
Zweck-Mittel-Relation 143–145
Zweckverfehlung 201